1a
'71

RECHERCHES

SUR

L'HISTOIRE POLITIQUE ET LITTÉRAIRE

DE

L'ESPAGNE

PENDANT LE MOYEN AGE

PAR

R. P. A. DOZY

MEMBRE CORRESPONDANT DE L'INSTITUT ROYAL DES PAYS-BAS
ASSOCIÉ ÉTRANGER DE LA SOCIÉTÉ ASIATIQUE DE PARIS, ETC.

TOME I

LEYDE
CHEZ E. J. BRILL
imprimeur de l'Université

1849.

A MESSIEURS

REINAUD

MEMBRE DE L'INSTITUT DE FRANCE
(ACADÉMIE DES INSCRIPTIONS ET BELLES LETTRES),
PROFESSEUR D'ARABE À L'ÉCOLE DES LANGUES ORIENTALES VIVANTES,
CONSERVATEUR ADJOINT DES MANUSCRITS DE LA BIBLIOTHÈQUE NATIONALE,
PRÉSIDENT DE LA SOCIÉTÉ ASIATIQUE,

ET

DEFRÉMERY

MEMBRE DU CONSEIL DE LA SOCIÉTÉ ASIATIQUE.

MESSIEURS ET HONORABLES AMIS,

Lorsque, dans l'année 1590, Spenser publia les trois premiers livres de sa *Faeree Queene*, on trouva en tête de ce poème une lettre à Sir Walter Raleigh, avec cette inscription :

A LETTER OF THE AUTHOR'S,

EXPOUNDING HIS WHOLE INTENTION IN THE COURSE OF THIS WORKE; WHICH,
FOR THAT IT GIVETH GREAT LIGHT TO THE READER, FOR THE BETTER
UNDERSTANDING IS HEREUNTO ANNEXED.

Puisque vous m'avez gracieusement permis de vous dédier cet ouvrage, et que j'éprouve le besoin de vous adresser quelques observations à son sujet, j'ose espérer que vous ne verrez aucun inconvénient si je suis l'exemple d'un de mes poètes favoris, si je mets le public dans notre confidence. Mais avant de commencer, je vous prie de me promettre une seule chose ; je vous en promettrai une autre à mon tour. Je crains que cette lettre ne s'allonge outre mesure ; je vous prie donc de m'accorder un grand fonds de patience, mais une merveilleuse patience, s'il vous plaît. De mon côté, je m'engage très-solennellement à ne plus vous envoyer des lettres qui pèchent par le défaut capital qu'aura celle-ci. Cela dit, j'entre en matière.

Vous connaissez les savants et consciencieux travaux des Morales, des Zurita, des Sandoval, des Diago, des Moret, des Salazar, des Florez, sur l'histoire de l'Espagne pendant le moyen âge ; vous savez que ces hommes laborieux ont passé leur vie à lire les inscriptions, à compulser les chartes, à publier les chroniques, à contrôler tous ces documents les uns par les autres ; vous pensez comme moi, que leurs travaux, quoique déjà anciens, n'ont nullement vieilli, et que probablement ils ne vieilliront que lorsqu'on cessera d'étudier l'histoire de la Péninsule.

Malheureusement ces excellents historiens qui, de nos jours, ont trouvé de dignes émules dans les Bofarull, les Yanguas et les académiciens de Madrid, étaient étrangers à une branche d'études, peu cultivée alors en Europe, et en Espagne moins qu'ailleurs, mais indispensable à tous ceux qui font de l'histoire d'Espagne au moyen âge, l'objet d'une étude sérieuse. Ils écrivaient l'histoire de leur patrie dont plusieurs provinces avaient, pendant huit siècles, obéi aux Arabes, sans connaître la langue de ce peuple. Ne pouvant donc consulter les écrits musulmans, ils trébuchaient presque à chaque pas quand il s'agissait de l'histoire des empires arabes, des guerres ou des relations des Chrétiens avec les Musulmans. Plusieurs faits de la dernière importance et relatifs à l'histoire des royaumes chrétiens, leur restaient inconnus, parce que ces faits ne se trouvaient ni dans les chartes ni dans les chroniques latines ou espagnoles, mais seulement chez les chroniqueurs, les rhéteurs, les poètes d'un peuple qui écrivait infiniment plus alors qu'aucun peuple de race romane.

Vous savez que, dans la seconde moitié du XVIIIe siècle, Casiri tâcha de remédier à cet inconvénient. Dans son Catalogue de la Bibliothèque de l'Escurial, il publia et il traduisit plusieurs passages d'auteurs arabes qui ont écrit sur l'histoire d'Espagne. Mais vous savez aussi que ces extraits laissent beaucoup à désirer sous le rapport de l'exactitude; que Casiri ne s'était pas suffisamment familiarisé avec le sujet qu'il voulait éclaircir, et qu'il ne se distingue pas d'ailleurs par un jugement ferme et éclairé.

Enfin parut le livre de Conde. Ce fut en 1820, et désormais, pensait-on, le plus difficile et le plus important était fait.

En attendant, Masdeu avait publié son histoire critique en vingt volumes. Puisqu'il ne connaissait rien d'autre des livres arabes que les extraits donnés par Casiri, on ne pouvait s'attendre à le voir éclaircir avec succès la partie arabe. Aussi s'attacha-t-il surtout à prouver que certains documents, et notamment une quantité considérable de chartes, sont apocryphes et ne méritent aucune confiance.

Il y avait donc, à une trentaine d'années d'ici, deux choses accomplies, du moins à ce que l'on croyait. On connaissait les récits des Arabes, et la fausseté de plusieurs documents latins et espagnols avait été démontrée.

Ces idées présidèrent à la composition des Histoires d'Espagne qui ont pour auteurs MM. Aschbach, Rosseeuw Saint-Hilaire, Romey, Schaefer, en un mot, à toutes celles qui ont paru depuis Conde jusqu'à ce jour. Les résultats de Masdou ne furent pas adoptés tous et sans restriction par ces historiens; mais ils en adoptèrent du moins une assez grande partie, et c'est surtout votre compatriote, M. Rosseeuw, qui a mis de côté, comme un bagage inutile, une foule de chartes et d'inscriptions. D'un autre côté, on s'aperçut bien qu'il y avait des fautes dans Conde, mais on considéra son livre, pris dans son ensemble, comme digne de confiance. » L'ou- » vrage de Masdeu," dit M. Aschbach (*Geschichte der Omaijaden*, p. VI), » mérite d'être préféré à tous les ouvrages d'his- » toire espagnols." » Conde," dit M. Romey (VI, p. 2) » sera » désormais plus particulièrement notre guide. Il fait autorité » sur la période arabe. C'est un maître. Il faut savoir recon- » naître et subir au besoin, malgré qu'on en ait, les maîtres."

Ce sont ces deux opinions que j'ai voulu combattre. Conde et Masdeu — » l'un des deux frères brisait des pots, l'autre, » des cruches. Ménage ruineux!" (Goethe.)

J'ai fait une large part à la polémique dans ce livre. J'ai tâché de prouver que plusieurs documents rejetés par Masdeu, méritent une confiance entière, ou que du moins on doit leur en accorder beaucoup plus que Masdeu et ses disciples n'ont voulu le faire. Je n'ignore pas qu'eu égard à la masse des documents qui peuvent fournir matière à discussion, je n'en ai examiné qu'un nombre assez restreint; mais je continuerai à suivre cette voie, non parce que j'ambitionne l'honneur de rompre des lances avec Masdeu (ce cavalier est trop aisé à désarçonner, et dans la suite j'éviterai, autant que possible, de venir toucher son écu), non parce que je crois à l'authenticité de tous les documents, sans exception, que l'on a déclarés suspects; loin de là. Je me tiens assuré au contraire que quelques-unes de ces pièces ont été forgées dans des temps relativement modernes; mais j'ai la ferme et inébranlable conviction que plusieurs autres méritent toute confiance et ont été déclarées apocryphes bien à tort. Il sera curieux par exemple, de voir que l'authenticité de quelques-unes d'entre elles est prouvée, plus ou moins directement, par le témoignage d'auteurs arabes.

Mais avant tout, j'ai voulu montrer ce que c'est que le livre de Conde, la source principale où l'on a puisé pour écrire l'histoire de l'Espagne arabe. Il se peut que j'aie eu une idée bien malheureuse. J'ai écrit quelques mémoires; puis j'ai comparé les récits de Conde avec les textes dont il s'était servi, et je l'ai critiqué. Il eût peut-être mieux valu choisir quelques passages très-marquants pour faire ressortir le caractère du livre de l'académicien de Madrid.

Eh bien, non, je ne l'ai pas fait, et si j'avais à recommencer mon travail, je ne le ferais pas davantage. Non, j'ai pris des passages de Conde, comme si j'avais ouvert son livre à la première page venue; je me suis laissé aller, le hasard seul m'a guidé. Je puis donc dire sans qu'on puisse m'accuser de partialité et avec une confiance entière : *Quidquid attigeris, ulcus est!*

Voilà le résumé des critiques que j'ai adressées à Conde. Et pourtant il y a peut-être des livres historiques dont on pourrait en dire autant avec toute justice; et qui cependant ne seraient pas aussi détestables que le sien. Disons donc :

Conde a travaillé sur des documents arabes sans connaître beaucoup plus de cette langue que les caractères avec lesquels elle s'écrit; mais

Suppléant par une imagination extrêmement fertile au manque des connaissances les plus élémentaires, il a, avec une impudence sans pareille, forgé des dates par centaines, inventé des faits par milliers, en affichant toujours la prétention de traduire fidèlement des textes arabes;

> Vois que fourbe sur fourbe à nos yeux il entasse
> Et ne fait que jouer des tours de passe-passe !
> (P. Corneille, *Le Menteur*, V, 7.)

Les historiens modernes, sans se douter qu'ils étaient la dupe d'un faussaire, ont copié fort naïvement tous ces mensonges ; quelquefois même ils ont laissé en arrière leur maître en combinant ses inventions avec les renseignements des auteurs latins et espagnols, qu'ils faussaient de cette manière. Ainsi

> Aprentif jugléor et escrivain mari
> Ont l'ystoire faussée, onques mès ne vi si.
> (*Berte aus grans piés*, I.)

Chose étrange ! des orientalistes du plus grand mérite, se sont laissé prendre à cette amorce, ont suivi ce feu follet.

Il faut avouer que Conde avait pris ses mesures pour que l'on ne découvrît pas facilement ses impostures. Il les cache sous un caquetage de faux bonhomme. Il s'est borné à mentionner les manuscrits dont il s'est servi, dans sa préface ; encore faut-il avouer que ce qu'il y dit n'est pas exact ; il prétend par exemple que, pour l'histoire des petites dynasties du onzième siècle, il s'est servi surtout d'Ibn-Baschkowâl. Nous connaissons ce livre, vous et moi, car il est dans la bibliothèque de la Société asiatique, et nous savons que ce Dictionnaire biographique, écrit dans le style d'un régistre de paroisse, contient des renseignements utiles pour l'histoire littéraire, mais que, pour l'histoire politique, il n'est presque d'aucune utilité. Il fallait donc posséder tous les ouvrages manuscrits dont Conde a pu se servir ; heureusement j'ai eu tous ceux qui se rapportent aux époques dont je me suis occupé. C'est vous surtout, Monsieur Reinaud, qui m'avez rendu un service éminent à cet égard. Non-seulement vous avez obtenu pour moi le prêt du volume d'Ibno-'l-Khatîb que possède la Bibliothèque nationale, mais c'est encore grâce à vous que la Société asiatique a bien voulu me confier la copie qu'elle possède de l'exemplaire d'Ibno-'l-Abbár qui appartient à l'Escurial, ouvrage extrêmement important, et l'un de ceux que Conde a mis le plus fréquemment à contribution.

Mais l'ouvrage de Conde n'a-t-il pas été remplacé, dans ces dernières années, par celui de M. de Gayangos? Ce savant, témoin sa préface (p. xiv), a voulu donner une Histoire critique des Arabes espagnols.

Je répondrai à cette question en reproduisant les paroles de M. le comte de Circourt, sans entrer dans l'examen du livre de M. de Gayangos. J'aurais bien plus de choses à dire à son sujet que cette lettre ne le comporte. Voici donc ce qu'on lit dans l'Histoire des Mores Mudejares et des Morisques (t. III, p. 334) : »Les documens arabes, je veux dire que l'on peut
» consulter facilement lorsque l'on n'est pas versé dans les lan-
» gues orientales, se réduisent à un petit nombre. J'ai suivi
» généralement l'Histoire de la domination des Arabes en Espa-
» gne, par Conde, ouvrage inachevé, mais *le plus copieux,*
» *et à tout prendre le mieux digéré de tous ceux qui ont*
» *été faits sur le même plan.* Les extraits donnés par Casiri,
» et la traduction publiée par M. Gayangos, m'ont fourni le
» moyen de *contrôler quelquefois* Conde." J'ai appris que M. La Fuente Alcantara, qui n'est pas versé non plus dans la langue arabe, a suivi la même méthode dans son Histoire de Grenade. Le livre de M. de Gayangos n'a donc pas remplacé celui de Conde. Aussi y a-t-il des périodes entières sur lesquelles le livre anglais ne donne que des renseignements maigres et vagues.

Somme toute : si l'on ne compte que le livre de Conde, considéré toujours comme le plus important et le plus complet sur l'histoire de l'Espagne arabe, le public d'aujourd'hui — et je parle ici des littérateurs non orientalistes — n'a pas plus de moyens de s'instruire de cette histoire, que n'en avait le public pour lequel écrivit Morales au seizième siècle. Il y a pis que cela : ceux qui ont lu et étudié Conde, se trouvent dans la nécessité de faire tout leur possible pour sortir de cette abominable route où il les a fourvoyés, d'oublier tout ce qu'ils avaient appris ; besogne infiniment plus difficile que d'apprendre quelque chose de neuf. Car on devra bien considérer désormais le livre de Conde comme non avenu : la vérité historique est à ce prix. Il serait plus facile de nettoyer les étables d'Augias, que de corriger toutes les fautes, de réfuter tous les mensonges, qui fourmillent dans le livre de Conde.

Je soupçonne qu'il se trouvera des personnes qui, au lieu d'examiner si mes arguments sont de bonne guerre, mes armes de bonne trempe, se récrieront contre certaines expressions, à la vérité peu parlementaires. Je me permettrai de rappeler à ces personnes, qu'il est des circonstances où la politesse est hors de mise. Il serait ridicule de vouloir user d'égards envers certains faiseurs ; on les met sans compliments à la porte.

Passe pour Conde, me dira-t-on peut-être ; mais vraiment, vous avez été trop mordant, trop impitoyable, pour les autres historiens modernes. Ils ne savaient pas l'arabe, et chacun d'eux peut s'écrier avec Géronte :

> Est-il affront plus grand pour un cœur généreux ?
> Ce Conde n'est qu'un fourbe ; et cet ingrat que j'aime,
> Après m'avoir fourbé me fait fourber moi-même ;
> Et d'un discours en l'air, qu'il forge en imposteur,
> Il me fait la trompette et le second auteur !
>
> (P. Corneille, *Le Menteur*, V, 2.)

Voici ma réponse : Ces Messieurs ont écrit sur des choses hors de leur portée ; ils ont été traités un peu rudement : c'est le revenant-bon du métier. »Le véritable obscurantisme,″ a dit Goethe, »ne consiste pas à empêcher que ce qui est vrai

» et utile se répande, mais à donner cours à ce qui est faux. »

Voilà pour la partie polémique de ce volume. Il résulte de ce que j'ai dit, que l'histoire de l'Espagne au moyen âge est à refaire. Je crois que l'on fera bien d'abandonner la route suivie jusqu'à présent. Au lieu de *faire* de l'histoire, on fera mieux peut-être d'étudier et de publier d'abord les textes.

Jusqu'à présent c'est à cela que se sont bornés mes travaux. Mais ayant à ma disposition un nombre de matériaux fort considérable, j'ose aller plus loin maintenant. Néanmoins, à quelques exceptions près, je me suis tenu dans les limites de l'histoire du onzième siècle. Mieux vaut approfondir une seule période, que de les traiter toutes d'une manière rapide et superficielle. Celle que j'ai choisie, est peut-être la plus intéressante pour ce qui concerne l'Espagne arabe; mais ce qui est incontestable, c'est qu'elle est la plus difficile. Je regrette que ce volume, déjà trop gros, n'ait pu contenir les morceaux qui devaient le terminer. Je me suis donc vu forcé de rejeter au volume suivant la traduction des pièces des troubadours qui se rapportent à l'histoire d'Espagne. La plupart de ces morceaux n'ont pas encore été traduits; on n'en a pas encore fait usage pour éclaircir l'histoire d'Espagne. J'y ai joint le texte et la traduction de quelques pièces provençales encore inédites. J'ai aussi dû rejeter au volume suivant l'histoire des princes chrétiens de l'Espagne, par Ibn-Khaldoun, texte, traduction et dissertations historiques. Vous connaissez ce curieux récit, M. Defrémery, car vous avez eu la bonté de le collationner pour moi sur les deux manuscrits de Paris, le nôtre étant très-fautif. C'est donc vous qui m'avez mis en état de donner de ce morceau un texte correct. Mais ce n'est là qu'un petit échantillon de votre bienveillance pour moi. Vos propres travaux qui vous ont valu un rang si distingué parmi les historiens-orientalistes, ne vous empêchent jamais de donner à vos amis tout votre temps. Des copies, des collations, vous m'avez toujours fourni à foison tout ce que j'exprimais le désir d'avoir. Agréez mes sincères remercîments pour les nombreux et importants services que vous m'avez rendus. J'en dois également à MM. les bibliothécaires Holtrop et Campbell, qui ont mis à ma disposition, avec une obligeance extrême, un grand nombre de livres espagnols imprimés qui appartiennent à la bibliothèque royale de la Haye, dépôt beaucoup plus riche en livres d'histoire, que la bibliothèque de notre université.

Le livre que je vous adresse, Messieurs et amis, vous dira le reste. Puissiez vous y voir un témoignage nouveau de ma haute estime, de tous les sentiments qui m'attachent à vous.

Leyde, ce 14 juillet 1849.

RECHERCHES

SUR LES TODJÍBIDES D'ARAGON, LES BENOU-HÁSCHIM, ROIS DE SARAGOSSE, ET LES BENOU-ÇOMADIH, ROIS D'ALMÉRIE.

Avant d'être Musulmans, les émirs des Arabes du Désert, de la race Maäddite, celle dont devait sortir le Prophète, et dont la langue devait devenir l'idiome commun, n'obéissaient à personne et jouissaient, dans leurs tribus, d'un pouvoir illimité. Trois fois seulement la crainte d'un ennemi commun, les a engagés à se réunir et à se ranger tous sous un même chef; mais, le danger passé, ils se sont élevés aussitôt contre un maître, fier de la victoire qu'il avait remportée, et jaloux de conserver l'empire que la confiance qu'on avait mise en sa bravoure, lui avait donné.

» Le droit musulman ne reconnaissait point d'autre noblesse
» que celle que le Prophète a transmise à ses descendants,
» d'autre distinction sociale que les fonctions publiques, le
» talent et la science. Il n'admettait point l'aristocratie de la
» naissance, et cependant il ne pouvait la détruire entièrement.
» Dans les premiers siècles de l'Islam, une noblesse, si nous
» pouvons nous servir de ce mot, existait naturellement chez
» des populations autrefois nomades, établies ensuite dans d'im-
» menses pays conquis, possédant toujours des esclaves, et or-
» ganisées enfin en familles ou plutôt en *clientèles*, pour la
» responsabilité pécuniaire des crimes [1]."

---

1) J'emprunte ces paroles à un article de M. Amari (*Nouvelle Revue encyclopédique*, cahier de Septembre 1846, p. 73, 74).

Si ces paroles doivent s'appliquer surtout aux Arabes Maäddites, on peut en dire presque autant des Arabes Yéménides. Ceux-ci, il est vrai, n'avaient pas été nomades ; ils avaient obéi à des monarques ; mais lorsqu'ils eurent embrassé l'Islamisme, les traditions des Maäddites, dont ils avaient fini par adopter la religion et la langue, exercèrent sur eux une influence bien grande. D'ailleurs ils se trouvèrent placés dans les mêmes circonstances que les Maäddites, dès qu'ils eurent franchi les limites de leur patrie, pour aller conquérir une grande partie de l'Asie, de l'Afrique et de l'Europe.

On peut affirmer que, dans les temps qui suivirent la conquête de l'Espagne par les Arabes, c'était l'aristocratie qui y régnait. Les khalifes Omaiyades de l'Orient, étaient à une trop grande distance pour pouvoir régler les actions de leurs gouverneurs en Espagne, et d'ailleurs ils avaient eux-mêmes des ennemis à combattre et des révoltes à réprimer. Mais lorsque les Abbásides eurent pris possession du trône, Abdorrahmán, le seul rejeton des Omaiyades qui échappa aux bourreaux de sa famille, arriva en Espagne, et le peuple, las des guerres civiles causées par les nobles, et qui préférait toujours la monarchie au gouvernement aristocratique, le proclama souverain avec enthousiasme. Les Omaiyades réussirent pendant longtemps par leurs talents à réprimer les nobles, lorsqu'ils tâchaient de secouer le joug, ou à s'en faire des amis ; mais dans le quatrième siècle de l'Hégire, un seul homme parvint non-seulement à frapper d'impuissance le khalife, son maître, mais à renverser, sinon la noblesse, du moins les nobles d'alors. Cet homme, qui ne reculait devant aucune lâcheté, devant aucun crime, devant aucun meurtre, pourvu qu'il arrivât au but de son ambition ; cet homme, profond politique et le plus grand général de son temps, l'idole de l'armée et du peuple, celui que la Fortune favorisait dans toutes les occasions ; cet homme, c'était le terrible premier ministre, le Hádjib de

Hischám II, c'était Almanzor. Cherchant uniquement à affermir son propre pouvoir, il se contenta d'assassiner successivement les chefs puissants et ambitieux de la caste noble, qui lui faisaient ombrage; mais il ne tâcha point de détruire l'aristocratie elle-même. Loin de confisquer les biens et les terres qu'elle possédait, il était au contraire l'ami de ceux des patriciens qu'il ne craignait pas. Aussi, peu de temps après la mort d'Almanzor, nous voyons l'aristocratie se relever avec plus de vigueur qu'elle n'en avait encore montré. Le trône des khalifes, qu'Almanzor lui-même avait sapé par les fondements, chancelait, et les nobles, profitant de la faiblesse de leur souverain légitime, refusèrent dorénavant de lui obéir et érigèrent les pays dont ils étaient les gouverneurs, en principautés indépendantes. D'un autre côté, les créatures d'Almanzor, les capitaines des troupes slaves et ceux des troupes berbères, avaient réussi à s'élever au niveau de la noblesse musulmane, et, à partir du cinquième siècle de l'Hégire, l'Espagne fut morcelée entre une foule de petits états et gouvernée par la caste noble.

Ici il nous sera permis de faire remarquer un fait bien digne d'être étudié, c'est que, sous le régime aristocratique, la littérature fut à son apogée, et que, sous ce même régime, la raison, cessant de se courber sous le joug de l'autorité spirituelle, reprenait ses droits. Il devait en être ainsi, si l'on considère le degré de civilisation auquel les Musulmans étaient arrivés alors. L'éducation du peuple était négligée, en Espagne moins qu'ailleurs, je l'avoue, mais là aussi, il n'y avait que les riches, les nobles, qui eussent l'avantage de recevoir une éducation soignée. Le peuple restait ignorant et bigot; excité par les prêtres, il lapidait ou brûlait vif celui qui était censé se livrer à l'étude de la philosophie [1]; Almanzor, fanatique

---

1) Ibn-Saíd *apud* al-Makkarí, man. de Gotha, fol. 45 r., et d'autres auteurs.

lui-même, gagna son amour, en livrant au bûcher les livres de philosophie et d'astronomie, qu'il avait trouvés dans la grande et célèbre bibliothèque, formée par al-Hacam II. Les nobles au contraire, qu'une éducation soignée avait affranchis de bien des préjugés, se montraient les protecteurs des penseurs en plusieurs occasions; et un auteur contemporain [1] atteste que, dans le cinquième siècle de l'Hégire, on pouvait s'adonner librement en Espagne à l'étude des sciences spéculatives, et que celles-ci étaient cultivées alors avec plus de zèle qu'elles ne l'avaient jamais été auparavant. Quelques princes osèrent même aller plus loin et attaquèrent hardiment et avec une raillerie amère, les dogmes de l'Islám.

Quant à la littérature, elle ne pouvait se passer alors de la protection et de l'encouragement des nobles. Chez les Arabes, comme partout ailleurs, les littérateurs devaient vivre; puisque l'imprimerie n'avait pas encore été inventée et que les manuscrits ne se multipliaient qu'avec une perte de temps énorme,

---

1) Ibn-Çáid de Tolède, man. 159, fol. 247 r.: فلم يزل الرعية من حينئذ في طلب العلم القديم شيئًا شيئًا وقواعد الطوائف تتمصّر قليلا قليلا الى وقتنا هذا فالحال بحمد الله افضل ما كانت » بالاندلس في اباحة العلوم والاعراض عن تحجير طلبها Après » la chute des Omaiyades, on se livra de plus en plus à l'étude des scien-
» ces spéculatives [littéralement: *de la science ancienne*, celle des Grecs et
» des Romains], les capitales des rois des petites dynasties devinrent peu
» à peu de grandes villes (où l'on cultivait les sciences), et à présent, Dieu
» en soit loué, la condition de la science est meilleure qu'elle ne l'a encore
» été en Espagne, car on tolère les sciences spéculatives et on a cessé d'op-
» poser des obstacles à ceux qui veulent s'y adonner." M. de Gayangos
(*History of the Mohammedan dynasties in Spain*, tom. I, Appendice,
p. XLI, XLII) a traduit ce passage d'une manière bien différente, et c'est ce qui m'a engagé à en donner ici le texte et la traduction.

la vente de leurs ouvrages leur rapportait fort peu ; mais de tout temps, une générosité, allant jusqu'à la profusion, avait été le trait caractéristique de l'aristocratie musulmane, et les nobles, amis des lettres, récompensaient généreusement les littérateurs qui leur dédiaient leurs ouvrages. Voulant d'ailleurs imiter en tout les monarques de l'Orient et les khalifes de Cordoue, les princes des petites dynasties espagnoles pensionnaient les poètes, générosité dont le khalife Yézid Ier avait donné l'exemple [1]. Un monarque, tout ami des lettres qu'il était, ne pouvait faire tout ce que faisait cette foule de princes indépendants, qui récompensaient à l'envi les poètes, les philologues, les philosophes, les naturalistes, les médecins et les astronomes.

Mais par une suite inévitable de ce régime aristocratique, les princes, jaloux les uns des autres, étaient presque toujours en guerre avec leurs voisins. Le paisible laboureur voyait à chaque instant ses moissons détruites par des cavaliers indisciplinés, qui ravageaient le territoire de son maître ; le pacifique bourgeois craignait toujours que la ville qu'il habitait, ne fût attaquée à l'improviste, non pas par un prince chrétien, — supposons-la bien éloignée de la frontière musulmane, — mais par un prince arabe voisin ; il tremblait que sa demeure ne fût pillée, ses femmes et ses filles déshonorées par des soldats sauvages ; tous enfin étaient surchargés d'impôts, afin que leur maître pût tenir sur pied une armée nombreuse. Accablés par des malheurs de tout genre, ils désiraient bien ardemment de voir l'Espagne musulmane réunie sous le sceptre d'un seul, et lorsque Yousof l'Almoravide parut en Espagne, le peuple le reçut à bras ouverts, seconda ses projets ambitieux et l'aida à renverser les petites dynasties. Dès lors l'aristocratie

---

1) *Voy.* l'excellente *Notice sur les trois poètes Akhtal, Ferazdak et Djérir* par M. Caussin de Perceval (*Nouveau journ. asiat.*, tom. XIV, p. 8).

andalouse tomba pour ne plus se relever; dès lors aussi, la littérature marcha lentement vers son déclin. Lorsque l'empire des Almoravides chancela, quelques individus tâchèrent vainement de rétablir le régime aristocratique et de relever les trônes abattus des nobles; la main puissante des Almohades, dynastie qui avait succédé à celle des Almoravides, sut bientôt réprimer ces tentatives.

Parmi toutes les familles nobles qui, dans le cinquième siècle de l'Hégire, s'emparèrent des débris du khalifat, il n'y en a qu'une seule dont l'histoire soit, pour ainsi dire, le type parfait de celle de l'aristocratie andalouse; c'est la famille des Todjíbides d'Aragon. Ces Todjíbides, puissants dès la seconde moitié du troisième siècle de l'Hégire, furent respectés et comblés d'honneurs par les khalifes Omaiyades qui, à différentes reprises, leur confièrent le gouvernement de Saragosse; néanmoins, ils refusèrent plus d'une fois d'obéir à leur souverain légitime, et s'armèrent contre lui. Plus tard, Almanzor tua le chef ambitieux de cette famille, mais il épargna son fils. Le petit-fils de ce même chef s'érigea en souverain indépendant, après la chute des Omaiyades, mais ensuite, une autre famille noble monta sur le trône d'Aragon, tandis qu'une autre branche des Todjíbides continua à régner à Almérie et à se montrer protectrice des lettres, jusqu'à l'époque fatale où Yousof chassa de leurs trônes tous les princes andalous, et où le dernier prince d'Almérie fut obligé de se réfugier en Afrique. Un demi-siècle après, les descendants de ces princes assistèrent avec joie à l'agonie de la dynastie des Almoravides, qui leur avaient ôté leur trône.

Ces considérations m'ont engagé à examiner l'histoire de cette noble famille et à faire part au lecteur du résultat de mes recherches. Mais, je dois en avertir d'avance, le but que j'ai eu en écrivant ce volume, exige que je ne me borne pas à raconter les faits. Il m'a paru utile et nécessaire de montrer par quelques exemples où en sont nos connaissances sur l'histoire des Arabes en Espagne ; c'est pour cela que je serai obligé de m'arrêter bien souvent, et d'examiner les récits de mes prédécesseurs, ceux de Conde surtout, dont le livre a été jusqu'à présent la source principale où l'on a puisé des détails sur l'histoire des Maures [1]. En même temps je me suis proposé de discuter les récits souvent contradictoires des historiens arabes, et de tâcher de réduire à sa juste valeur la confiance que chacun d'eux mérite. Une grande partie des faits que je vais avancer, sont puisés à des ouvrages inédits et dont on n'a pas encore fait usage ; ils auront donc au moins le mérite de la nouveauté. Du reste, je citerai les textes autant que possible, afin que le lecteur puisse juger par lui-même et ne soit pas obligé de s'en remettre à moi.

Depuis longtemps la famille la plus puissante d'Aragon, était celle des Benou-Lope (بنو لب). Souvent les membres de cette famille avaient rendu de grands services aux Omaiyades en faisant la guerre aux Chrétiens, mais l'année 258 (872), les deux frères Motarrif et Ismáil, fils de Mousá, de la famille des Benou-Lope, se soulevèrent contre le khalife Mohammed, firent prisonniers Abdo-'l-wahháb, gouverneur de Tudèle, et son fils Mohammed, gouverneur de Saragosse, et s'emparèrent des deux villes, où ces gouverneurs commandaient [2]. L'année suivante, le khalife marcha en personne contre ces deux rebelles ; il fit prisonnier Motarrif et, de retour à Cordoue, il le fit décapiter ainsi que ses fils. Mais Saragosse, où commandait

---

1) Je cite l'édition originale de l'ouvrage de Conde, celle de Madrid, 1820.
2) *Al-Bayáno 'l-mogrib*, man. 67, événements de l'année 258. On voit que la table généalogique des Benou-Lope, donnée par M. de Gayangos (*History of the Mohammedan dynasties in Spain*, tom. II, p. 440) est loin d'être complète.

Ismáíl, refusait toujours d'obéir au khalife, et celui-ci confia la tâche difficile de rétablir son autorité en Aragon, à Abdorrahmán. Cet Abdorrahmán, dit l'historien Ibn-Haiyán [1], était le chef de la famille puissante des Todjíbides ; il était le fils d'Abdo-'l-azíz, fils d'Abdolláh, fils d'al-Mohádjir. Cet al-Mohádjir était le fils d'Amírah (عميرة), le premier de sa famille qui entra en Espagne, au rapport d'Ibno-'l-Abbár dont je copierai plus tard les paroles. Abdorrahmán s'empara de Saragosse, et demeura gouverneur de cette ville [2]. Il paraît que son fils Abou-Yahyá Mohammed ibn-Abdorrahmán at-Todjíbí, connu sous le nom d'al-Ankar (الأنقر), lui succéda ; mais le khalife al-Mondhir lui ôta son poste, au commencement de son règne, et nomma Ahmed ibno-'l-Barrá, de la tribu de Koraisch, gouverneur de Saragosse. Indigné de cet affront, al-Ankar prit les armes et, l'année 276 (889), la seconde du règne d'al-Mondhir, il attaqua le nouveau gouverneur de Saragosse, le tua le dix-septième jour du mois de Ramadhán (13 janvier 890), et se rendit maître de la ville [3]. Néanmoins il prétendit qu'il avait toujours obéi au khalife, et, en lui écrivant, il prétexta qu'Ahmed ibno-'l-Barrá avait été le rebelle et non pas lui. Al-Mondhir fit semblant de croire à cette assertion, et l'année 278 (891, 2) il nomma al-Ankar gouverneur de Saragosse [4]. Celui-ci eut à soutenir de longues guerres contre les Benou-Lope, et en 285 (898), il fut assiégé dans Saragosse par le chef de cette famille, Mohammed ibn-Lope. Mais dans une sortie des assiégés, Mohammed ibn-Lope fut tué par une flèche, décochée par un homme de la tribu de Koraisch, qui s'était mis en embuscade

---

1) *Apud* de Gayangos, II, p. 441.   2) Ibn-Haiyán, *loco laud.*
3) *Voy.* Ibn-Haiyán, *loco laud.*, Isá ar-Rází, cité par Ibn-Haiyán (*apud* de Gayangos, II, p. 451) et le passage du *Bayáno 'l-mogrib* que je citerai plus loin.   4) *Voy.* le passage du *Bayáno 'l-mogrib* que je citerai plus loin.

derrière une haie. Al-ankar envoya la tête de son ennemi au khalife Abdolláh, et il demeura gouverneur de Saragosse jusqu'à l'époque de sa mort, arrivée en 313 (925) 1. Par la mort de Mohammed ibn-Lope, dit l'historien Isá ar-Rází, l'étoile des Benou-Lope fut éclipsée, et celle des Todjíbides brilla à sa place.

Ici il faut nous arrêter un instant, car, en comparant le récit d'Ibn Haiyán (*apud* de Gayangos, II, p. 441), le lecteur s'apercevra que tous les faits que j'ai cru devoir attribuer à al-Ankar, sont attribués par cet historien à son père Abdorrahmán. Suivant Ibn-Haiyán, *Abdorrahmán* aurait été destitué du gouvernement de Saragosse par Abdolláh 2, il aurait alors pris les armes, et tué le gouverneur de Saragosse en 276, et il serait mort en 313. Une foule de raisons me forcent à ne pas admettre ce témoignage. D'abord, la vie d'Abdorrahmán, supposé qu'il soit mort en 313, a été bien longue. En évaluant les générations à raison de *trois* par siècle, nous aurons pour le deuxième siècle de l'Hégire, Amírah qui entra en Espagne à l'époque de la conquête de ce pays par les Arabes, al-Mohádjir et Abdolláh; pour le troisième siècle, Abdo-'l-azíz, Abdorrahmán et al-Ankar. Cela est à merveille si nous supposons qu'al-Ankar soit mort en 313, mais il en sera autrement si nous admettons que son père Abdorrahmán soit mort à cette époque. D'ailleurs, lorsque le khalife Mohammed confia à Abdorrahmán la tâche bien épineuse de rétablir son autorité en Aragon, l'année 259, il est peu probable qu'il ait choisi un jeune hom-

---

1) *Voy*. Ibn-Haiyán *apud* de Gayangos II, p. 440, 441 et Isá ar-Rází, *loco laud*.   2) » Successeur de Mohammed," lit-on chez M. de Gayangos. Il est impossible qu'un historien tel qu'Ibn-Haiyán ait commis une erreur aussi grossière, car on sait qu'Abdolláh succéda à al-Mondhir, et que ce dernier succéda à Mohammed. Ces mots auront été ajoutés sans doute par le traducteur, qui s'est trompé par inadvertance.

me pour cette entreprise, qui demandait non-seulement des talents militaires, mais un jugement sûr et beaucoup d'expérience ; Abdorrahmán étant en outre, à cette époque, le chef de sa famille, il doit avoir eu au moins quarante ans l'année 259 ; or, s'il est mort en 313, il a vécu près d'un siècle, ce qui est peu probable. Aussi, nous verrons plus tard que dès l'année 322, un petit-fils d'Abdorrahmán fut gouverneur de Saragosse. Enfin, à ces doutes qui, j'ose le croire, ne sont pas dénués de fondement, j'ajouterai des faits incontestables. Suivant Isá ar-Rází, cité par Ibn-Haiyán (*apud* de Gayangos, II, p. 451), ce fut Abou-Yahyá Mohammed ibn-Abdorrahmán ibn-Abdo-'l-azíz at-Todjibí, connu sous le nom d'*al-Ankar*, qui s'empara de Saragosse l'année 276. Ceci est confirmé par le témoignage de l'auteur du *Bayáno 'l-mogrib* (man., événements de l'année 276) : وفيها ثار عبد العزيز التجيبي المعروف بالانقر. On voit que cet auteur dit également que ce fut al-Ankar qui se souleva en 276 ; du reste, celui-ci ne se nommait pas Abdo-'l-azíz, et il clair que quelques mots ont été sautés par le copiste, et qu'il faut lire : Abou-Yahyá Mohammed ibn-Abdorrahmán ibn-Abdo-'l-azíz. Mais il y a dans ce même ouvrage un passage bien plus important, et qui m'a mis en état d'ajouter quelques faits nouveaux au récit d'Ibn-Haiyán, et de l'expliquer. Il se trouve dans le catalogue des rebelles qui se soulevèrent contre le khalife Abdolláh, et il est conçu en ces termes : وثار ابو يحيى التجيبى المعروف بالانقر بمدينة سرقسطة واعمالها وقتل احمد بن البرا القرشى عامل الامير على سرقسطة واستولى عليها واظهر التمسك بطاعة الامير عبد الله وخاطبه وهو ينسب ابن البرا الى الخلاف فاظهر السلطان تصديقه وسجل له على سرقسطة فثبت بها قدمه. Voilà des passages bien décisifs, qui montrent que ce fut al-Ankar qui s'empara de Saragosse, l'année 276 ; on peut y en ajouter d'autres. Suivant Isá ar-Rází, cité par Ibn-Haiyán (*apud* de Gayangos, II, p. 451), ce fut Abou-Yahyá, c'est-à-dire al-Ankar, qui fut assiégé dans Saragosse par Mohammed ibn-Lope (en 285), et ce fait est confirmé *par Ibn-Haiyán lui-même* (*apud* de Gayangos, II, p. 440), dans son paragraphe sur Mohammed ibn-Lope. Ainsi, il est hors de doute qu'il y a une erreur dans le passage d'Ibn-Haiyán que j'ai critiqué [1].

Encore deux remarques. La première c'est qu'Isá ar-Rází se trompe quand il dit (*apud* de Gayangos, II, p. 451) qu'après qu'al-Ankar se fut emparé de Saragosse (événement qui eut lieu l'année 276), ce gouverneur eut à combattre Mohammed ibn-Lope » pendant douze années consécutives." Supposé même qu'Ibn-Lope ait attaqué al-Ankar dès l'année 276, cette guerre n'aurait duré que *neuf* années, car cet Ibn-Lope fut tué en 285, ainsi que le disent formellement Ibn-Haiyán (II, p. 440) et l'auteur du *Bayáno 'l-mogrib* (man., événements de l'année 285). L'autre remarque, c'est que le récit d'Ibn-Khaldoun (tom. IV, man. 1350, fol. 10 v.) est erroné. Il dit: » L'année 258, sous le règne de Mohammed, Lope ibn-Mo- » hammed ibn-Lope ibn-Mousá s'empara de Saragosse; il eut » à soutenir plusieurs attaques, mais il affermit son pouvoir et » Mohammed lui donna le gouvernement de Saragosse, de Tu- » dèle et de Tarazone." Ibn-Khaldoun se trompe d'abord en disant que Lope se souleva à Saragosse en 258; nous avons vu que Motarrif et Ismáil, fils de Mousá, de la famille des Benou-Lope, s'emparèrent de Tudèle et de Saragosse à cette époque.

---

1) Il est à remarquer que, dans un autre endroit (II, p. 470, note 5), M. de Gayangos dit qu'Abou-Yahyá Mohammed, c'est-à-dire al-Ankar, mourut en 312 (*lis.* 313), en renvoyant au passage d'Ibn-Haiyán qu'il a traduit à la page 441 et où néanmoins il fait dire à cet auteur que le père d'al-Ankar, Abdorrahmán, mourut en cette année. Serait-ce le traducteur, et non Ibn-Haiyán, qui se serait trompé?

Ensuite le Lope dont il parle, ne joue un rôle dans l'histoire que beaucoup plus tard; il était le fils de ce Mohammed ibn-Lope qui fut tué pendant le siége de Saragosse en 285. Enfin ce Lope a été, postérieurement à l'année 285, sous le règne d'Abdollâh, et non pas sous Mohammed (qui mourut en 273), ainsi que le dit Ibn-Khaldoun, gouverneur de Tudèle et de Tarazone (*voy.* Ibn-Haiyán, II, p. 440), mais non pas de Saragosse. Il résulte de ces observations que les renseignements donnés par Ibn-Khaldoun, sont tout-à-fait inexacts.

J'ignore si al-Ankar a eu des descendants; en tous cas, ce n'est pas d'eux que nous aurons à nous occuper, mais des descendants des deux frères d'al-Ankar. Citons d'abord un passage d'Ibno-'l-Abbár; il se trouve au commencement de l'article que cet auteur a consacré, dans son *al-Hollato 's-siyará* (man. de la Société asiatique de Paris, fol. 59 r.), à al-Motacim, prince d'Almérie:

هو (al-Motacim) محمد بن معن بن محمد بن احمد بن عبد الرحمن بن محمد بن عبد الرحمن بن صمادح بن عبد الرحمن (بن عبد العزيز *ajoutez*) بن عبد الله بن المهاجر بن عميرة الداخل الى الاندلس ابن المهاجر بن سريح (سُرَيْح *lis.*) بن حرملة بن تميم وفى عبد الرحمن (بن عبد العزيز *ajoutez*) بن عبد الله يجتمعون مع محمد بن هاشم واهل بيته التجيبيين (التجيبيون *lis.*) ولاةُ سرقسطة وامراتها فى الفتنة وقبلها ☙

Il résulte de ce passage qu'Abdorrahmán, sans compter al-Ankar, avait deux fils, savoir Háschim et Çomadih, et qu'un des fils de Háschim se nommait Mohammed. Nous reviendrons plus tard sur les Benou-Çomádih, et nous examinerons d'abord l'histoire des Benou-Háschim.

Je n'ai rien trouvé sur Háschim lui-même, mais je puis donner quelques renseignements sur ses deux fils Mohammed et Hodhail.

L'année 322 (934), le khalife an-Nácir (Abdorrahmán III) entreprit une expédition contre la forteresse d'Osma, et ordonna à Mohammed ibn-Háschim at-Todjíbí, gouverneur de Saragosse, de venir le joindre avec ses troupes; mais celui-ci, qui peut-être entretenait des intelligences avec les Chrétiens, refusa net. Distrait par d'autres soins, an-Nácir ne semble pas avoir eu le loisir de le punir; et Mohammed hasarda de se déclarer seigneur indépendant de Saragosse en 325 (937). En même temps, Motarrif ibn-Mondhir at-Todjíbí qui probablement était le petit-fils d'Abdorrahmán, ainsi que Mohammed, mais qui appartenait à une autre branche de cette famille, en fit autant à Calatayud. An-Nácir marcha en personne contre ces rebelles. Il se dirigea d'abord contre Motarrif, qui fut tué dans la première escarmouche, engagée sous les murs de Calatayud. Après la mort d'al-Motarrif, son frère Hacam se retira dans le château; mais il se rendit bientôt, et le khalife lui accorda son pardon et se contenta de mettre à mort les soldats chrétiens de l'Alava, qui faisaient partie de la garnison. Après une expédition en Navarre, le khalife retourna à Cordoue; mais ensuite (probablement l'année suivante) il se dirigea contre Mohammed et l'assiégea dans Saragosse. Mohammed capitula, à condition que le khalife lui laisserait le gouvernement de la ville [1]. Nous avons

---

1) Voici le texte d'Ibn-Khaldoun (tom. IV, man., fol. 14 r.): ثم انتقض
سنة ٢٥ امية بن اسحاق فى شنتبرين وقد مرّ ذكر اوليته ومحمد
ابن هشــام (هاشم .lis) التجيبى فى سرقسطة ومطرف بن منذر
التجيبى فى قلعة ايوب فغزاهم الناصر بنفسه وبدا بقلعة ايوب
فحاصرها وقتل مطرف فى اول جولة عليها وقتل معه يونس بن عبد
العزيز واللجا (ولجأ .lis) اخوه حكم الى القصبة حتى استامن
وعفا عنه وقتل من كان معهم من النصرانية اهل البة وفتح ثلاثين

déjà vu plus haut que les khalifes de Cordoue respectaient cette puissante famille, et évitaient de s'en faire des ennemis; nous pouvons faire ici la même observation, car an-Nácir, loin de punir les Todjíbides, ainsi que des rebelles le méritaient, les traita avec beaucoup de bonté.

Hodhail, fils de Háschim et frère de Mohammed, fut un des plus braves généraux d'Aragon, et se distingua dans plusieurs combats livrés aux Chrétiens, sous le règne d'an-Nácir et sous celui d'al-Hacam. Au rapport d'Ibn-Khaldoun [1], il commanda une expédition contre le comte de Castille, sous le règne d'al-Hacam, mais il s'était déjà distingué sous le règne

من حصونهم ويبلغ انتظار طوطة الملكة ملكة البشكنش فغزاها فى بنبلونة ودوّخ ارضها واستنباحها ورجع الى قرطبة ثم خرج ثانيا الى سرقسطة فحاصرها وافتتحها بالامان وعقد عليها لمحمد بن هشام (lis. هاشم). Il est étonnant que nous trouvions deux fois dans ce passage, Ibn-Hischám, au lieu d'Ibn-Háschim; la même erreur se rencontre deux fois dans un autre passage (fol. 15 r.): وكان غرسية بن شانجه ملك البشكنش فلما هلك قام بامرهم بعده امه طوطة وكفلت ولده ثم انتقضت سنة ٢٥ فغزا الناصر بلادها وخرب نواحى بنبلونة وردّد عليها الغزوات وفى اثنا هذه الغزوات نازل محمد بن هشام (lis. هاشم) التجيبى بسرقسطة حتى اطاع كما مرّ ــ ــ وكان الناصر سنة ٢٣ قد غزا الى وخشمة واستدعى محمد بن هشام (lis. هاشم) من سرقسطة فامتنع. Ibn-Khaldoun savait cependant très-bien que cette famille s'appelait les Benou-Háschim, ainsi qu'on le voit par le titre et par le commencement de son chapitre sur les rois de Saragosse. M. de Gayangos ne le savait pas, car il se trompe à chaque instant sur ce point, ainsi que nous le verrons bientôt.

1) Fol. 16 v. Notre manuscrit porte ici très-bien هذيل بن هاشم; dans la traduction de M. de Gayangos (II, p. 159), on lit *Hischám*.

de son prédécesseur. On trouve dans le *Bayáno 'l-mogrib* que plusieurs capitaines qui commandaient sur les frontières, arrivèrent à Cordoue, le huitième jour de Rebi II de l'année 344 (1 août 955), pour annoncer à an-Nácir qu'ils avaient remporté une victoire éclatante sur les Castillans. Parmi les noms de ces capitaines, on trouve ceux de Hodhail ibn-Háschim et de Motarrif. Ce dernier était peut-être le fils de Mohammed, car, ainsi que nous le verrons plus bas, Mohammed avait réellement un fils qui s'appelait Motarrif. Mais un autre de ses fils, Yahyá, se distingua bien plus que Motarrif, sous le règne d'an-Nácir et sous celui d'al-Hacam II.

Nous lisons dans le *Bayáno 'l-mogrib* que ce Yahyá remporta une victoire sur les Chrétiens, l'année 340 (951, 2) (le fait n'est pas précisé davantage). Ce Yahyá est appelé vézir, titre qui, à cette époque, était à peu près l'équivalent de celui de *duc*. L'année 355 (966), il remporta une autre victoire sur les Chrétiens. L'année 362 (973), al-Hacam lui ordonna de se rendre en Afrique, pour porter du secours à Gálib. Il paraît que Yahyá resta en Afrique pendant trois années consécutives, mais l'année 365 (975, 6), il fut remplacé par Yahyá et Djafar, les deux fils d'Alí ibn-Hamdoun ibno-'l-Andalosí. (*Al-Bayáno 'l-mogrib*: وفى سنة ٣٦٣ خرج من قرطبة جعفر ويحيى ابنا علي بن حمدون بن الاندلسى قائدين الى الغرب من العدوة وبين ايديهما الالوية والطبول مزيلآيين للوزير يحيى بن محمد بن هاشم.) De retour en Espagne, il fut nommé par al-Hacam au gouvernement de Saragosse, et il marcha vers cette ville, accompagné d'une armée. (*Al-Bayáno 'l-mogrib*: وفيها (365) خرج الوزير يحيى بن محمد بن هاشم قائدا الى سرقسطة وبين يديه الطبول والبنود)[1].

---

1) Comparez aussi sur ce Yahyá, Ibn-Khaldoun, man., fol. 16 v., ou l'ouvrage de M. de Gayangos (II, p. 158, 159) où l'on trouvera la tra-

— 16 —

Nous approchons à présent d'une époque bien intéressante, celle du règne glorieux d'Almanzor ; car c'était bien lui qui régnait véritablement et non pas le faible Hischám II.

Le paragraphe qu'Ibn-Khaldoun a consacré aux Benou-Háschim, rois de Saragosse [1], et qui a été publié par M. Hoogvliet, dans son ouvrage sur l'histoire des Benou-'l-Aftas et sur le poète Ibn-Abdoun (p. 20, 21), commence, dans le man. de Leyde, par ces mots: كان منذر بن مطرف بن يحيى بن عبد الرحمن بن محمد بن هاشم التجيبى صاحب الثغر الاعلى ابن منصور وعبد الرحمن منافسه عن الامارة والرياسة. On voit que cette phrase est un non-sens. M. Hoogvliet a cru devoir placer la particule copulative و avant ابن منصور, et il a fait dire à Ibn-Khaldoun qu'Abdorrahmán, le fils d'Almanzor, était l'émule de Mondhir » in imperio et principatu appetendo." Qu'est-ce que cela signifie? Comment, le Hádjib Abdorrahmán an-Nácir, le noble Amiride, le fils du grand Almanzor, celui que, par un acte solennel, Hischám II avait déclaré héritier du trône, l'homme le plus puissant de l'Espagne en un mot, aurait été l'émule, le rival d'un gouverneur de Saragosse! M. Hoogvliet aurait dû sentir, ce me semble, qu'une telle assertion de la part d'Ibn-Khaldoun, aurait été parfaitement ridicule ; mais non, il ne s'y arrête pas un seul instant, et il semble regarder sa correction comme parfaitement sûre ! Le

---

duction de ce passage d'Ibn-Khaldoun. Dans le texte, je me suis borné à reproduire les renseignements que j'ai trouvés dans le *Bayáno 'l-mogrib*, car si j'avais voulu les comparer avec ceux que donne Ibn-Khaldoun, j'aurais été obligé de m'occuper de quelques faits historiques dont la discussion, étrangère d'ailleurs à mon sujet, m'aurait entraîné trop loin. Du reste, M. de Gayangos (II, p. 470) se trompe quand il pense que ce Yahyá était le fils d'Abou-Yahyá Mohammed, c'est-à-dire d'al-Ankar.

1) Dans le titre de ce paragraphe, il faut ajouter nécessairement, avec le man. de Paris, le mot وكيف avant صارت.

texte du manuscrit de Leyde, je l'avoue bien volontiers, est tellement altéré en cet endroit, qu'il est tout-à-fait inintelligible; et quand on ne connaît pas d'avance le fait historique qui y est rapporté brièvement, il est impossible de rétablir les paroles de l'historien. Or, ce fait se trouve, il est vrai, dans un manuscrit de la Bibliothèque de Leyde; mais ce manuscrit était inconnu à M. Hoogvliet, et dans aucun livre imprimé on ne trouvera l'explication des paroles d'Ibn-Khaldoun. Il n'y aurait pas lieu de s'étonner, si M. Hoogvliet avait avoué franchement qu'il ne comprenait pas ce passage, probablement altéré; je me tiens assuré que tout le monde aurait loué sa franchise et sa prudence. Quant à moi, je ne veux nullement m'attribuer l'honneur d'avoir restitué le passage. Je connaissais l'histoire à laquelle Ibn-Khaldoun fait allusion; je savais que le nom de Motarrif (car c'est ainsi qu'il faut prononcer ce nom propre, et non pas Motrif, ainsi que l'a fait M. Hoogvliet; voyez le *Kámous*, éd. de Calcutta, p. ١١٩٥) était déplacé, car j'avais trouvé chez tous les historiens que Mondhir était le fils de Yahyá et non pas de Motarrif. *Voyez* Ibn-Khaldoun lui-même, fol. 26 r.; Abou-'l-fedá, *Annal. Mosl.*, tom. III, p. 38; Ibn-Khallicán, livr. VII, p. ١٣٣ éd. Wüstenfeld; Ibn-Haiyán *apud* Ibn-Bassám, *ad-Dhakhîrah*, man. de Gotha, fol. 66 v.; an-Nowairí, *Histoire d'Espagne*, man. 2 h, p. 508; Roderich de Tolède, *Historia Arabum*, c. 42. Sachant d'ailleurs que le grand-père de Mondhir était fils de Motarrif, j'avais placé les mots بن مطرف après Abdorrahmán. En outre, je savais que le titre d'Almanzor, ne s'écrit jamais sans l'article, fait que M. Hoogvliet paraît avoir ignoré [1]. Connaissant d'ailleurs, ainsi que je l'ai

---

1) Il est vrai qu'on trouvera souvent *Mançour* sans article, mais dans ce cas, ce nom est toujours un nom propre, comme Mohammed, Ali, Pierre et Paul, et jamais un titre honorifique. Du reste, si j'écris Alman-

dit, le fait dont il s'agissait, je savais bien ce qu'Ibn-Khaldoun avait voulu dire; cependant je ne pouvais restituer le passage parce que le copiste du man. de Leyde, non content de l'altérer, avait encore sauté des mots. Mais M. Amari m'a rendu un service éminent, en voulant bien collationner ce passage, ainsi que le reste du paragraphe, sur le man. de la Bibliothèque royale de Paris (n. 2001). Dans ce manuscrit, les deux mots *ibn-Motarrif* sont déplacés ainsi que dans le man. de Leyde, et je suppose qu'Ibn-Khaldoun les a ajoutés sur la marge; mais du reste, voici comment ces mots s'y lisent : كان منذر [بن مطرف] بن يحيى بن عبد الرحمن (بن مطرف : *ajoutez ici*) بن محمد بن هاشم التجيبي صاحب الثغر الاعلى وكان المنصور قتل جدّه عبد الرحمن مناسفه على الامارة والرياسة » Mondhir
» ibn-Yahyá ibn-Abdorrahmán ibn-Motarrif ibn-Mohammed
» ibn-Háschim at-Todjíbí était gouverneur d'Aragon, et Alman-
» zor avait tué son grand-père Abdorrahmán, son rival, qui
» avait tâché de s'emparer du gouvernement de l'Espagne." Voilà donc qu'au lieu de dire une chose impossible et absurde, Ibn-Khaldoun fait allusion, d'une manière assez vague, je l'avoue, à un fait historique inconnu jusqu'à présent; à un fait qui nous

---

zor, et non pas al-Mansour ou al-Mançour, ce n'est pas uniquement pour me conformer à l'usage des auteurs européens, mais parce que je crois qu'il vaut mieux prononcer Almanzor. En effet, je ne puis me ranger à l'opinion de M. Romey (*Histoire d'Espagne*, tom. IV, p. 363) quand il dit: » Almanzor, qui n'est que la forme espagnole, non sans quelque alté-
» ration d'orthographe et d'euphonie, du surnom arabe d'El Mansour."
D'abord, les Arabes d'Espagne prononçaient l'article *al*, et non pas *el*; la foule de mots espagnols d'origine arabe et qui commencent par *al* (*albacea* (الوَصِي) etc. etc.), en est la preuve; ensuite le son ـُو se prononçait presque toujours *o*, et non pas *ou*; voyez la préface de M. de Gayangos, p. XXIX.

fera connaître à merveille le caractère du terrible Almanzor et son adroite politique ; à un fait qui nous donnera des renseignements nouveaux sur Garcia Fernandez, comte de Castille.

Le seul renseignement que nous possédions jusqu'à présent sur Abdorrahmán at-Todjíbí, se trouve dans un passage d'al-Makkarí qui dit qu'Almanzor se servit d'Abdorrahmán (*ajoutez* ibn-Motarrif) ibn-Mohammed ibn-Háschim at-Todjíbí, pour détruire Djafar, connu sous le nom d'Ibno-'l-Andalosí [1]. Mais, ainsi que je viens de le dire, aucun ouvrage publié jusqu'à présent, ne nous donne des détails sur la mort de cet Abdorrahmán. Le récit détaillé de cet événement, se trouve dans un ouvrage très-précieux et dont j'ai annoncé la publication, dans le *Bayáno 'l-mogrib*. Loin de ne consacrer que deux pages au règne, si fertile en événements, d'Almanzor, ainsi que l'ont fait an-Nowairí et Ibn-Khaldoun, Ibn-Adhárí (ابن عذارى) al-Marrékoschí, l'auteur de cet ouvrage [2], nous donne un récit circonstancié et rempli de renseignements intéressants, sur ce règne glorieux. Voici la substance de ce qu'il dit sur la mort d'Abdorrahmán.

Après qu'Almanzor eut renversé les hommes les plus nobles et les plus puissants de l'empire, Abdorrahmán ibn-Motarrif, gouverneur de Saragosse, craignit avec raison qu'étant le dernier des nobles qui restait debout, il ne tombât bientôt, à

---

1) Al-Makkarí, man. de Gotha, fol. 87 v.: ثم (استعان) بجعفر ابن الاندلسى ممدوح ابن هسانى على غالب ثم بعبد الرحمن بن محمد بن هاشم التجيبى على جعفر. En traduisant ce passage, M. de Gayangos (II, p. 180) a lu mal à propos *Hischám* au lieu de *Háschim*, et ailleurs (II, p. 504, note 30), il propose de lire *Hischám*, au lieu de Háschim, dans la généalogie donnée par Ibn-Khaldoun.

2) Je n'ai découvert quel était l'auteur du *Bayáno 'l-mogrib* qu'après la publication de mon Prospectus. Je reviendrai sur ce point dans l'Introduction que je joindrai au texte arabe de cet ouvrage.

3*

son tour, victime de l'ambition d'Almanzor. Il jugea donc
plus prudent de rompre avec le premier ministre, et il n'attendit qu'une occasion favorable pour se déterminer à la révolte.
Cette occasion ne tarda pas à se présenter. Abdolláh, fils
d'Almanzor, se trouvait alors à Saragosse. Ce jeune homme
était mécontent de son père, parce que celui-ci lui avait préféré, dans toutes les occasions, un autre de ses fils, savoir
Abdorrahmán [qui, dans la suite, gouverna après la mort de
son père et celle de son frère Abdo-'l-melik, sous le titre d'an-
Nácir]. Le gouverneur de Saragosse fomenta le mécontentement
d'Abdolláh, et ils convinrent entre eux de se révolter contre
Almanzor, et de partager l'Espagne, de sorte qu'Abdolláh
régnerait à Cordoue, et qu'Abdorrahmán serait souverain absolu d'Aragon (الثغر الاعلى). Ils ourdirent ce complot, secondés par un grand nombre de généraux qui se trouvaient à
Cordoue, et par le gouverneur de Tolède, le wézir Abdolláh
ibn-Abdo-'l-azíz, l'Omaiyade [1]. Mais Almanzor fut informé à
temps de ces menées, et prit des mesures efficaces pour les rendre vaines. Il rappela son fils Abdolláh; mais lorsque celui-ci
eut obéi à ses ordres et fut arrivé à Cordoue, Almanzor eut
de grands égards pour lui. Il rappela également le gouverneur de Tolède et le traita avec politesse; mais quelque temps
après, il lui ôta son titre de wézir, et lui défendit de quitter
son palais. Ensuite le premier ministre sortit de Cordoue pour
faire la guerre aux Castillans, et Abdorrahmán ibn-Motarrif se
réunit à lui. Almanzor sut gagner les soldats de Saragosse, et
lorsque l'armée fut arrivée à Guadalaxara, ceux-ci formèrent
des plaintes contre leur général, Abdorrahmán ibn-Motarrif,
et l'accusèrent d'avoir retenu et de s'être approprié la solde
des troupes. Sur cette accusation, le premier ministre ôta à

---

1) Je reviendrai sur ce personnage qui portait le surnom de *Picara
seca*, dans un autre chapitre de ce volume.

Abdorrahmán le gouvernement de Saragosse, vers la fin du mois de Çafar de l'année 379 (commencement de juin 989), mais craignant de se rendre hostile la famille puissante des Todjíbides, il nomma au gouvernement de Saragosse le fils d'Abdorrahmán, Yahyá [1], connu sous le nom de Samédjah [2]. Peu de jours après, le mardi, troisième jour de Rebi Ier [3] (11 juin), Almanzor fit arrêter Abdorrahmán et le mit en prison ; mais il ne témoigna point qu'il eût connaissance du complot, ourdi contre lui ; au contraire, il ordonna qu'on examinât la manière dont Abdorrahmán avait employé les sommes qui lui avaient été confiées pour payer les troupes, et le fit condamner.

On sait qu'Almanzor avait la coutume de faire chaque année deux expéditions contre les Chrétiens, l'une dans le printemps, l'autre dans l'automne. Celle dont nous avons parlé, et qui, à ce qu'il paraît, n'eut pas des suites bien importantes, s'était faite dans le printemps. Almanzor retourna donc à Cordoue, et lorsqu'il fut arrivé dans son palais d'az-Záhirah,

---

1) Le man. porte وقلّدها مكانه ابن عبد الرحمن بن يحيى, mais il faut rayer le second بن.

2) سماجة. Ce surnom n'appartient pas à la langue arabe. Je sais qu'il existe une racine سمج et un infinitif سماجة *être laid*, *être sale*, mais cette racine s'emploie bien rarement, et d'ailleurs je ne vois pas comment on aurait employé cet infinitif comme un sobriquet. En espagnol, je ne connais que le mot *semeja* (*ressemblance; signe, marque, indice*) qui ait quelque analogie avec *Samédjah*, mais je ne conçois pas davantage que ce mot ait été un surnom. *Samédjah* est peut-être un terme qui appartient au basque ou au limosin.

3) Le man. porte : *treizième* jour de Rebi Ier, لاثنتى عشرة ليلة خلت من ربيع الاول. Mais le *treizième* de Rebi Ier de l'année 379 (21 juin 989), tombe un vendredi, et non pas un mardi. J'ai donc cru devoir rayer le mot عشرة, car le *troisième* de Rebi Ier de l'année 379, est effectivement un mardi.

situé à une petite distance de la capitale, il y fit décapiter Abdorrahmán en sa présence.

Remarquons ici que la conduite du premier ministre était très-prudente en cette occasion comme dans d'autres. Profond et rusé politique, Almanzor se garda bien d'accuser Abdorrahmán de haute trahison, car en le faisant, il aurait exaspéré contre lui tous les Todjíbides, et il aurait dû accuser en même temps son propre fils, avec lequel il espérait pouvoir se réconcilier. En agissant comme il le faisait, il semblait ne mettre à mort Abdorrahmán que parce qu'il était coupable de malversation, et il exaspérait les Todjíbides d'autant moins, que le fils du condamné, qui, à ce qu'il paraît, était demeuré étranger au complot, restait gouverneur de Saragosse; en outre, il se ménageait ainsi l'occasion de se réconcilier avec son propre fils, Abdolláh. Et c'est ce qu'Almanzor tenta en effet. Etant parti de Cordoue, au commencement de l'automne, il ordonna à Abdolláh [1] de joindre l'armée, et il le traita avec beaucoup de bonté, dans l'espoir de regagner son affection; mais tous les efforts du père ne purent vaincre l'humeur sombre du fils qui avait conçu contre son père une haine implacable; et lorsqu'Almanzor assiégea San-Estevan [2] en Castille, Abdolláh, accompagné seulement de six de ses pages, quitta l'armée en secret et s'enfuit vers Garcia Fernandez, comte de Castille et de l'Alava [3], qui lui promit de l'aider contre son père. Aussitôt qu'Almanzor fut informé de cette fuite de son fils, il marcha contre Garcia et le somma de lui livrer Abdolláh. Garcia ayant refusé de le faire, Almanzor

---

1) Le copiste du man. a écrit ici par erreur Abdo-'l-melik.

2) Le man. porte شنت اشنبی; je lis شنت اشنبین.

3) غرسية بن فرذلند صاحب البنة. L'Alava appartenait à cette époque au comte de Castille; voy. M. Romey, *Histoire d'Espagne*, tom. IV, p. 287, 288, 293.

l'attaqua, mit en déroute les troupes ennemies et s'empara de la forteresse d'Osma, dans laquelle il plaça une garnison musulmane, ainsi que dit le chroniqueur arabe. Les chroniques chrétiennes nous apprennent qu'Almanzor prit Osma dans le mois d'août, et Alcoba dans le mois d'octobre [1].

A en croire l'historien arabe que nous suivons, Garcia, humilié par ces pertes, se serait déclaré prêt à se soumettre à tout ce qu'Almanzor exigerait de lui; mais il est certain par les dates qu'Abdolláh demeura pendant plus d'un an chez le comte de Castille. Almanzor continua probablement la guerre contre Garcia, dans le printemps et dans l'automne de l'année 990, mais ni les historiens arabes, ni les chroniqueurs chrétiens ne nous donnent des détails sur ces expéditions. Dans l'automne de cette année, Garcia consentit à livrer Abdolláh aux mains de son père, et Almanzor conclut la paix avec lui. Garcia fit monter Abdolláh et ses pages sur des mulets et les fit conduire sous bonne escorte vers Almanzor. Celui-ci envoya à la rencontre de son fils un de ses esclaves, nommé Sad. Sad baisa la main à Abdolláh, qui se flattait que son père lui pardonnerait, et, par une perfidie infâme, la créature du premier ministre nourrit cette espérance dans le coeur du fils de son maître; mais lorsque la cavalcade fut arrivée aux bords du Duero (الوادي الجوفي), c'est-à-dire à la frontière, Sad demeura en arrière, après avoir donné l'ordre à ses soldats de tuer Abdolláh. Les soldats firent connaître au malheureux jeune homme que sa dernière heure était arrivée. Le noble Amiride ne fut point consterné de cet avis; il

---

1) *Annales Complutenses* (*España sagrada*, tom. XXIII, p. 311): » In » Era MXXVII (989). In mense Augusti prendiderunt Mauri *Osma*, et » *Alcoba* in mense Octobri." Dans les *Anales Toledanos* (*ibid.* p. 383), on lit par erreur l'ère MXXIX (991) au lieu de 1027 (» Prisieron Moros à » Osma, è Alcoba Era MXXIX").

descendit de son mulet, et, sans montrer de tristesse, il présenta lui-même son cou au glaive meurtrier. Ainsi périt Abdolláh, victime de son ambition, à l'âge de vingt-trois ans, le soir du mardi, quinzième jour de Djomádá second de l'année 380 (9 septembre 990) [1].

Tel est le récit de cette sanglante catastrophe, ainsi qu'il nous a été fourni par Ibn-Adhárí, le seul historien qui puisse nous consoler de la perte des précieuses annales des Omaiyades et de l'histoire d'Almanzor, composées par Ibn-Haiyán, et auxquelles Ibn-Adhárí a puisé largement. Je n'ai pas pu me contenter de le reproduire; j'ai dû l'expliquer en même temps; mais j'espère qu'on possèdera bientôt le texte de cet ouvrage et qu'on pourra contrôler alors mon récit. Je ferai observer qu'Ibn-Khaldoun, dans son chapitre curieux sur les princes chrétiens de l'Espagne (tom. IV, man., fol. 38 r.), fait allusion à Abdolláh et à la guerre entre Almanzor et Garcia Fernandez, quand il dit: » Ensuite Almanzor marcha contre García Fer- » nandez, seigneur de l'Alava, car celui-ci protégeait les re- » belles et, entre autres, le fils d'Almanzor qui s'était révolté » contre son père [2]."

Qu'il me soit permis de traiter encore ici un point de l'histoire de Castille.

A en croire les historiens de l'Espagne — qu'il suffise de citer M. Romey, tom. IV, p. 428, 429 —, Sancho Garcez se révolta contre son père, Garcia Fernandez, dans le mois de juin de l'année 990, c'est-à-dire, trois mois avant que Garcia Fernandez eût livré Abdolláh entre les mains de son père. S'il en

---

1) Dans le man. on lit le *mercredi* (عند غروب الشمس من يوم الاربعاء)، mais le quinzième de Djomádá second de l'année 990 tombe un mardi.

2) ثم سار الى غرسية بن فردلند صاحب البشكنس وكان يجير المخالفين على المنصور وكان فيمن اجار عليه ابنه حين خرج عليه ⁂

fut ainsi, comment se peut-il qu'Ibn-Adhárí n'ait point fait mention de cette circonstance, qui aurait dû influencer sur la marche des événements? Mais examinons avant tout sur quelle base repose l'assertion de ces historiens. Ils se fondent sur un passage des *Annales Complutenses*, qui se lit ainsi dans l'édition de Florez (*España sagrada*, tom. XXIII, p. 311, 312): »Era MXXVIII. Rebellavit Sancius Garsia ad » patrem suum Comitem Garsia Fernandez die II. feria, VII. » Idus Junii." Florez fait observer que le manuscrit de la Bibliothèque royale de Madrid, porte l'ère 1029 (991) au lieu de 1028 (990), mais que dans l'année 991 le lundi tombe le huit juin et non pas le sept. J'en demeure d'accord, mais je m'étonne que Florez ne se soit pas aperçu que la date qu'il donne dans son texte, est également inadmissible, car le sept juin de l'année 990 tombe un samedi et non pas un lundi. Les *Anales Toledanos* (*ibid*., p. 383) nous apprennent que dans l'ère 1032, c'est-à-dire l'année 994, Sancho Garcez se révolta contre son père: » Reveló Sancho Garcia *con la tierra* à su pa- » dre el Conde Garci Fernandez [1]." J'appuie sur les mots *con la tierra*, parce qu'ils indiquent qu'il ne s'agit pas ici de la révolte d'un fils mécontent de son père, mais d'un soulèvement général. Cet état des choses dura-t-il depuis l'année 990, date qui nous est donnée par les Annales de Complutum, jusqu'à l'année 995, époque de la mort du comte de Castille, c'est-à-dire cinq années consécutives? Cela est impossible, car pendant un si long intervalle, un des deux rivaux, le père ou le fils, serait demeuré vainqueur; d'ailleurs, voilà une guerre civile de cinq années sur laquelle aucune chronique ne nous donne des détails. Si l'on examine sans préjugé les paroles de Roderich de Tolède (*de rebus Hispaniae*, liv. V, chap. XVIII), je crois qu'on n'y

---

[1] M. Romey a substitué arbitrairement à la date qui se trouve dans les Annales de Tolède, celle qui se lit dans les Annales de Complutum.

découvrira aucune trace d'une guerre civile qui aurait duré cinq ans. Il dit: » Eisdem diebus" — ces mots ne nous sont d'aucune utilité, car Roderich a parlé d'un fait qui n'eut lieu que plus tard, de l'avénement d'Alphonse V au trône de Léon (l'année 999) — » Sancius filius Comitis Garsiae Ferdinandi » contra patrem visus est rebellare. Cumque inter patrem et » filium esset discordia concitata, Sarraceni fomentum impetus » habuerunt, et Castellae terminos invadentes Abulam quae » populari coeperat, destruxerunt, Cluniam et sanctum Ste- » phanum occuparunt, caedes et incendia in patria exercentes. » Cumque Comes Garsiae (*lis.* Garsias) Ferdinandi talia perce- » pisset, magnanimitate pulsatus, licet gens sua in eum et » filium esset divisa, eligens mori pro patria cum Arabibus » decertavit [1]." Ne résulte-t-il pas clairement de ce passage que, suivant Roderich de Tolède, les Sarrazins, profitant de la guerre qui venait d'éclater entre le comte de Castille et son fils, s'emparèrent incontinent d'Avila, de Clunia et de San-Estevan, et que Garcia Fernandez, voyant tout le pays (*la tierra*) soulevé contre lui, aima mieux périr en combattant les Sarrazins, que de tomber au pouvoir de son fils? Eh bien, selon les Annales de Complutum, les Maures prirent San-Estevan et Clunia l'année 994. Remarquons d'ailleurs que dans ces Annales, l'indication de la prise de ces deux villes, suit immédiatement celle de la révolte du fils du comte de Castille; souvenons-nous qu'Ibn-Adhárí ne parle pas de cette révolte; que la date des Annales de Complutum (lundi, 7 juin 990) est fautive; qu'une guerre civile de cinq ans est un fait peu probable dans les circonstances données; que les Annales de Tolède indiquent effectivement l'année 994 comme la date

---

1) Je ne comprends nullement comment M. Romey (IV, p. 437) a pu conclure de cette phrase, que Sancho était rentré sous l'obéissance de son père et lui avait amené des hommes en cette occasion.

de la révolte de Sancho Garcez, et que les paroles de Roderich de Tolède s'accordent avec cette assertion ; toutes ces circonstances ne prouvent-elles pas clairement que la révolte de Sancho eut lieu en 994, et non pas en 990 ? S'il en est ainsi, il faut admettre que l'auteur des Annales de Complutum s'est trompé, ou qu'il y a deux erreurs de copiste dans le passage dont il s'agit, et qu'il faut lire MXXXII au lieu de MXXVIII et »die V. feria," car le 7 juin 994 tombe un jeudi, au lieu de »die II. feria." Je laisse le choix au lecteur, et je me hâte de retourner aux Todjíbides d'Aragon.

Je n'ai pas trouvé de renseignements sur Yahyá, surnommé Samédjah; après sa mort, le gouvernement passa à son fils Abou-'l-Hacam [1] Mondhir. Conde (II, p. 12) appelle ce Mondhir fils de Yahyá, *fils de Hosain;* nous avons vu que Yahyá était le fils d'Abdorrahmán, mais Conde a trouvé chez Casiri (II, p. 211) que Mondhir était le petit-fils de حصن. Si Ibno-'l-Khatíb dit réellement cela, il est clair qu'il se trompe.

Mondhir resta fidèle à al-Mahdí après la bataille de Kantisch, dans laquelle ce khalife fut vaincu par son compétiteur Solaimán al-Mostaín, l'année 400 (1009), car al-Homaidí atteste qu'al-Mahdí s'enfuit vers Tolède, »parce que tous les »*Thagrs*, depuis Tortose jusqu'à Lisbonne, lui étaient resté »fidèles." *Voy.* al-Homaidí, traduit par M. de Gayangos, tom. II, Appendice, p. IX; le texte chez Abdo-'l-wáhid, p. ٢٩ de mon édition. Observons en passant que Conde (I, p. 568) dit, *en parlant d'al-Mostaín:* »Seguian su bando todos los »pueblos de las fronteras y tierra de Toledo, y desde Tortosa »en oriente de España hasta Alisbona en su occidente," tandis qu'al-Homaidí dit que les frontières tenaient le parti de son ennemi, al-Mahdí. Ce sont de ces bévues qui changent l'histoire en un amas d'erreurs. M. de Gayangos prête au pauvre al-Homaidí deux assertions bien contradictoires; à la

---

1) Ibno 'l-Khatíb *apud* Casiri, *Bibl. Escur.*, II, p. 95.

page ix, il lui fait dire que Solaimán gagna la bataille de Kantisch, et à la page suivante (p. x, l. 2) qu'il la perdit! Mais M. de Gayangos seul aura à répondre de cette dernière assertion; voyez le texte d'al-Homaidí chez Abdo-'l-wáhid, p. ۳., l. 2 de mon édition.

Au commencement du cinquième siècle de l'Hégire, il y avait en Espagne deux factions qui se disputaient l'empire. L'une était celle des Amirides, le parti slave. Au moyen âge, les Arabes achetaient des juifs un grand nombre d'esclaves germains ou slaves; les uns étaient eunuques et l'on se servait d'eux dans les harems; les autres faisaient partie de la garde des princes et se distinguaient souvent dans les batailles; mais tous avaient embrassé l'islamisme, et à cause de leurs services, les princes les affranchissaient souvent. Tous portaient le nom général de Slaves, *çaclabi*, au pluriel *çacálibah* [1]. Almanzor avait possédé un grand nombre de ces Slaves qui, bien qu'esclaves eux-mêmes, étaient souvent fort riches, avaient d'autres esclaves à leur service, et possédaient des propriétés territoriales fort étendues. L'autre faction était celle des Berbères, c'est-à-dire des troupes africaines qui avaient servi sous Almanzor, et dont les chefs jouissaient également, à titre héréditaire, de fiefs très-considérables. Le prétendant dont le parti amiride soutenait la cause, était Hischám II, le souverain légitime, mais dont on ne savait pas au juste s'il était mort ou vivant. Il paraît que Solaimán al-Mostain qui était le prétendant mis en avant par le parti berbère, avait réussi à attacher quelques chefs des Amirides à sa cause, en faisant semblant de ne combattre al-Mahdí qu'avec l'intention de rétablir Hischám II sur le trône, et en promettant de grands avantages à ces chefs;

---

1) Voyez les savantes et judicieuses remarques de M. Reinaud dans son excellent ouvrage intitulé *Invasions des Sarrazins en France*, pag. 233 et suiv.

plusieurs du moins avaient combattu pour lui, et entre autres le général amiride Khairán. Mondhir de Saragosse, allié du parti amiride, avait aussi soutenu la cause de Solaimán [1]. Mais lorsque celui-ci fut entré dans Cordoue pour la seconde fois, au commencement du mois de Schawwál de l'année 403 (avril 1013), il jeta le masque et montra qu'il avait combattu pour conquérir lui-même le trône, et non pour le rendre à Hischám II. Le bruit se répandit aussi qu'il avait tué Hischám II, et il fut abandonné par le parti amiride [2]. Khairán se réunit d'abord à Alí ibn-Hammoud [3], qui avait su gagner le parti amiride en prétendant que Hischám II l'avait institué son héritier, dans le cas où il serait tué par Solaimán [4]. Mais Khairán ne s'était déclaré pour Alí, ou plutôt, n'avait fait la guerre à Solaimán, que dans l'espoir de retrouver Hischám II vivant dans un des cachots du palais de Cordoue [5]. En effet, avec un monarque aussi faible sur le trône, le parti amiride était tout-puissant. Mais après la prise de Cordoue par Alí, dans le premier mois de l'année 407 (juin 1016), l'espérance de Khairán se trouva frustrée; on ne retrouva pas Hischám II, du moins on ne le retrouva pas vivant.

---

1) Ibn-Khaldoun *apud* Hoogvliet, p. 20.

2) *Voy.* Ibn-Khaldoun, *loco laud.* et Abou-'l-fedá, *Annal. Mosl.*, III, p. 26, 28. Dans le passage d'Ibn-Khaldoun, on lit حتّى قتل هشام مولاه. M. Hoogvliet prononce قَتَلَ et corrige هشامًا, et il traduit; »jusqu'à ce » que Solaimán eût tué Hischám, son maître." Mais puisque le man. de Paris porte également هشام, je proposerais de prononcer قُتِلَ au passif, et de traduire » jusqu'à ce que Hischám, son maître (c'est-à-dire le maître » du gouverneur de Saragosse, et non pas celui de Solaimán) eût été tué."

3) *Voy.* Abou-'l-fedá, III, p. 28.

4) *Voy.* al-Homaidí, traduction de M. de Gayangos, p. X: le texte chez Abdo-'l-wáhid, p. ٣٠. de mon édition.   5) Ibno-'l-Athír, man. de Constantinople, t. V, fol. 50 r., et Abou-'l-fedá, p. 30.

L'époque du règne d'al-Mortadhá [1], dont nous approchons à présent, est bien plus importante qu'on ne l'a cru jusqu'ici, car ce fut alors que le parti amiride perdit son pouvoir. A peu près tout ce que Conde raconte sur cette époque, ne peut se concilier en aucune manière avec les renseignements que j'ai trouvés chez les historiens arabes. On pourrait en conclure qu'il a eu à sa disposition un ouvrage arabe que je n'ai pu consulter; mais j'ose en douter. J'irai plus loin, et je dirai que le seul auteur qu'il ait consulté, en l'estropiant, est l'historien latin Roderich de Tolède, auteur dont Conde n'a pas toujours compris les paroles et au récit duquel il a ajouté arbitrairement quelques faits qu'il a inventés. Cette accusation est bien grave; Conde nous présente son récit comme celui d'un historien arabe; ainsi, c'est le nom d'imposteur et de faussaire qu'il faudrait lui donner. Si cette imputation est fondée, elle infirme aussi d'une manière notable l'autorité des historiens qui ont écrit postérieurement à Conde, et qui, croyant copier un auteur arabe, ont copié les malentendus et les inventions de l'académicien espagnol. Je sens toute la gravité de ces considérations, et je ne puis glisser légèrement sur le récit de Conde; j'en examinerai quelques points pour justifier mes accusations, et je laisserai au lecteur le soin d'en comparer le reste avec Roderich.

Je ferai observer d'abord que, dans le récit de Conde, il est souvent question d'un certain Gilfeya, un des capitaines

---

1) C'est ainsi qu'il faut prononcer ce mot, et non pas al-Mortadhí, ainsi qu'on l'a fait jusqu'à présent, car il est le participe passif *l'aimé*, *l'agréé* عَنْدَ اللهِ *de Dieu.* C'est à tort que M. Romey (V, p. 58) ajoute بِاللهِ. Je trouve le titre المرتَضى écrit avec un *fathah* dans l'excellent manuscrit que possède la Bibliothèque de Leyde, du *Traité sur l'amour*, intitulé *Tauko 'l-hamámati* par Ibn-Hazm (man. 927, fol. 107 r.); Roderich de Tolède (*Historia Arabum*, c. 42) écrit également *Almorlada*.

d'Alí ibn-Hammoud (*voy.* tom. I, p. 597, 598, 599, 604, 605, 606). Sans doute, ce n'est pas un nom arabe que *Gilfeya*, ni berbère non plus, que je sache, et on ne le trouve chez aucun historien arabe. Consultons Roderich. Il dit (*Hist. Arab.*, c. 41) » *Gidfeia* ex Granata," ainsi qu'on lit dans l'édition d'Erpenius (*ad calcem Elmacini*), ou *Gidfeya*, ainsi qu'on lit dans l'édition donnée dans la *Hispania illustrata* (tom. II, p. 183). Plus bas (c. 42 d'Erpenius), on lit *Silfeia* et *Silfeya* dans l'édition d'Erpenius, et *Gilfeya* dans l'autre ; toujours est-il que le premier passage de Roderich démontre que ce personnage était gouverneur de Grenade. Or, il est certain que le gouverneur de Grenade était alors Záwí ibn-Zairí al-Mançor aç-Cinhédjí. On sera sans doute de mon avis quand je dis que Roderich n'était pas profondément versé dans la langue arabe; mais on me demandera néanmoins d'où il a pris son nom propre qui semble indiquer un autre personnage que le gouverneur de Grenade. Cependant on n'a qu'à changer le *l* de *Silfeia* en *n*, et nous aurons la première syllabe *Sin* (*Sinhédji*) ; probablement Roderich a trouvé dans le manuscrit arabe dont il se servait, le ن écrit sans le point diacritique et il l'a pris pour un ل. La seconde syllabe est *fé* chez Roderich. On sait qu'en espagnol, la lettre *f* est souvent employée à la place de l'*h* ; de là une foule de mots qui, dans cette langue, s'écrivent indifféremment avec l'une ou l'autre de ces deux lettres. Nous avons donc *Sinhé*. Prononçons encore l'*i* comme le *j* français, et nous aurons Sinhéja (Sinhédja), de sorte que Roderich a prononcé صلهاجى au lieu de صنهاجى. Qu'est-ce qu'a fait Conde ? Ne s'étant pas aperçu que le personnage dont le nom avait été altéré par Roderich, était al-Mançor aç-Cinhédjí, mais sachant que le gouverneur de Grenade portait ce nom, il s'est avisé de faire deux personnages d'un seul, et, dans son récit, comme dans ceux de MM. Rosseeuw Saint-Hilaire et Romey, Gilfeya joue un rôle ainsi qu'al-Mançor aç-Cinhédjí !

Examinons à présent quelques points du récit de Conde. Je mettrai en regard le texte de Roderich et la traduction de celui de Conde:

Roderich, chap. 42.	Conde, I, p. 594.
Hayran autem verens ne Aly vellet in eum aliquid machinari, reversus est Almariam, et Ecigam, et Granatam [!]. Post modicum autem, quia Aly non servaverat pacta quaedam, Hayran indignatus	Hairan le Slave demanda à Aly des faveurs extraordinaires, et il craignit que celui-ci ne tînt pas ce qu'il lui avait promis. Aly, craignant l'influence de Hairan à Cordoue, le renvoya, et lui ordonna de retourner à Almérie dont il était gouverneur. Hairan s'en offensa et partit en méditant de se venger de ce prince ingrat et hautain.

Conde a altéré le récit de Roderich en disant qu'Alí renvoya Khairán; du reste on voit qu'il a paraphrasé le récit de l'historien latin. Conde ajoute: » Il excita chemin faisant les » autres Amirides qui suivaient son parti, et les alcaïdes d'Ar- » jona, de Jaen et de Baeza conjurèrent contre le roi Aly ben » Hamud." Conde a inventé cela.

Roderich, *loco laud.*	Conde, p. 596, 597.
scripsit Mondir filio Hyahye domino Caesaraugustae, ut ambo contra Cordubam advenirent, et Aly a regni solio removerent:	Ils écrivirent au gouverneur de Saragosse, Almondar (*sic*), afin qu'il s'unît avec les alcaïdes de cette province contre Aly pour le chasser du trône,

Ce que Conde ajoute ici: » et pour rendre le trône aux » Omaiyades, ainsi qu'il était juste, et comme Aly lui-même » l'avait promis aux alliés," n'est pas exact. Alí n'avait promis que de rendre le trône à Hischám II, dans le cas où on le trouverait vivant, mais il n'y avait pas alors d'autre prétendant de la maison d'Omaiyah.

et apud Accium, quae nunc Guadix dicitur, convenerunt	Pour donner du crédit chez le peuple à leurs intentions, les *walis* se réunirent à Guadix et jurèrent de combattre de toutes leurs forces pour placer sur le trône de Cordoue un prince Omaiyade, auquel il appartenait légalement.

Mais quel prince donc? Je passe sous silence les observations très-philosophiques qui suivent ici dans l'ouvrage de Conde, et je continue:

et inde Cordubam adierunt. Barbari autem in occursum eorum Cordubam (*sic*) exierunt, sed in proelio ceciderunt, et plures ex suis gladio perierunt. Sed dissensione inter Hayran et Mundir filium Hyahye accidente, ab invicem decesserunt.	Les troupes des alliés, commandées par le Slave Hairan, marchèrent contre Cordoue. Le roi Aly ben Hamud alla à leur rencontre avec ses Africains *et les troupes de Malaga et d'Algésiras. C'est à quoi ils ne s'attendaient pas, car ils avaient cru que, mû par la crainte, Aly se serait laissé assiéger dans la ville* [*!!*]. *Aly, combattit la cavalerie avec tant de bonheur qu'il la mit en déroute, et en outre il fit un grand carnage des piétons ;* et les capitaines, s'imputant mutuellement la cause de cette disgrâce, se séparèrent mécontents les uns des autres.

J'ai fait imprimer en italiques les faits que Conde a inventés. Mais, me dira-t-on, suivant Roderich les Berbères furent battus, et selon Conde ils furent vainqueurs; cela ne prouve-t-il pas que Conde a consulté un autre auteur? Au contraire, ce fait prouve que Conde a consulté une mauvaise édition de Roderich. Il a fait usage de celle qui se trouve dans le second volume de la *Hispania illustrata*, et où malheureusement sept mots ont été omis, de sorte qu'on y lit: » et inde Cordubam exierunt, sed in praelio ceciderunt, et plu-

» res ex suis gladio perierunt: sed dissensione etc." Cette omission change une victoire des Amirides en une déroute.

Quant au récit de Roderich lui même, je le trouve peu probable. D'abord, aucun historien arabe ne parle de tout cela. Puis, je ne comprends pas comment les Amirides auraient fait la guerre à Alí, sans lui opposer un prétendant de la maison d'Omaiyah. Enfin, je puis produire un passage d'un auteur contemporain d'où il résulte, il est vrai, que Khairán retourna à Almérie, mais en même temps, qu'il resta fidèle à Alí pendant plusieurs mois. Alí avait pris possession de Cordoue dans la lune de Moharram 407 (juin 1016), et la révolte d'al-Mortadhá (en 408) eut lieu environ treize ou quinze mois après, si je ne me trompe. Ibn-Hazm, qui demeurait alors à Almérie, dit (*Tauko 'l-hamámatí*, man. 927, fol. 107 r. et v.) qu'on l'accusa, ainsi qu'un de ses amis, auprès de Khairán, le gouverneur, d'avoir ourdi un complot en faveur des Omaiyades; que Khairán les retint alors tous les deux prisonniers dans son palais, *pendant plusieurs mois*, اشهرا, et qu'ensuite il les exila. Khairán resta donc fidèle à Alí pendant plusieurs mois, et Ibn-Hazm ne dit pas qu'ensuite Khairán se révolta contre Alí. Mais il ajoute qu'alors lui, Ibn-Hazm, se rendit à Hiçno-'l-kaçr (San-Lucar la Mayor, entre Séville et Niébla), dont le gouverneur était Abou-'l-Kásim Abdolláh ibn-Mohammed ibn-Hodhail at-Todjíbí, connu sous le nom d'Ibno-'l-Mokaffil (ابن المقفل) [1], qui le reçut très-bien. Après qu'il y fut resté شهورا pendant plusieurs mois, il reçut la nouvelle de la révolte d'al-Mortadhá. Je crois donc que Khairán ne se révolta contre Alí que lorsqu'al-Mortadhá fut proclamé khalife. Du reste, c'est une conclusion qui se présente d'elle-même, quand on lit

---

1) Ce personnage pourrait bien être le petit-fils de ce Hodhail dont j'ai parlé plus haut (p. 14, 15). Cependant, ceci n'est qu'une conjecture, qui ne se fonde que sur la similarité des noms.

les historiens arabes. En conséquence, je serais enclin à penser que Roderich s'est trompé, et à croire que Mondhir et Khairán ne firent pas deux fois la guerre en Andalousie, mais une fois seulement.

Supposons donc que Khairán resta en apparence fidèle à Alí, jusqu'à ce qu'il eût trouvé un prétendant de la maison d'Omaiyah. Il le trouva dans la personne d'Abdorrahmán IV al-Mortadhá, et alors il leva l'étendard de la révolte. Ce prince habitait Valence. Conde (I, p. 597) dit qu'il était *wálí* (gouverneur) de Jaen; le *gouverneur* est de l'invention de Conde; suivant Roderich, il habitait Jaen, et suivant Ibno-'l-Athír (V, 50 r.), copié par Abou-'l-fedá (III, p. 30), il s'était tenu caché à Jaen. J'oppose et je préfère au témoignage de ces historiens et de tous les historiens possibles, s'il y en a d'autres qui disent qu'al-Mortadhá se trouvait alors à Jaen, celui de l'auteur d'un *Traité sur l'amour*. Sans doute, cette prédilection pour un ouvrage aussi futile, en apparence, a de quoi étonner le lecteur; mais cet étonnement disparaîtra quand j'ajouterai que l'auteur de ce *Traité* était non-seulement le plus grand savant de l'Espagne musulmane, mais un écrivain contemporain et un des plus zélés partisans de la maison d'Omaiyah, qui se hâta de se rendre près d'al-Mortadhá. C'est d'Ibn-Hazm que je veux parler. Il dit dans son *Tauko 'l-hamámati* (man. 927, fol. 107 v.): »Ensuite, lorsqu'al-Mortadhá, l'émir des » croyants, eut commencé à régner, nous mîmes à la voile » pour nous rendre à Valence, car c'était là qu'il demeurait."
ثم ركبنا البحر قاصدين بلنسية عند ظهور امير المومنين المرتضى عبد الرحمن بن محمد وسكناه بها. Je crois qu'un tel témoignage tranche la question.

Sans m'occuper de tout ce que Conde dit sur la guerre entre Alí et Khairán, récit dans lequel on reconnaîtra facilement celui de Roderich, et que j'hésite à admettre, je me contenterai de relever encore un fait qui a été évidemment forgé par

Conde, car il ne l'a trouvé ni chez Roderich, ni chez un historien arabe, je m'en tiens assuré.

A en croire Conde (I, p. 599), Khairán aurait été assiégé, l'année 408, dans Almérie par Alí ibn-Hammoud; la ville fut prise, selon Conde, et Khairán blessé tomba au pouvoir d'Alí qui lui coupa la tête de ses propres mains. A en croire M. Hoogvliet, Ibn-Khaldoun dirait, dans son chapitre sur les rois de Saragosse (*apud* Hoogvliet, p. 21), que les Amirides tuèrent al-Mortadhá à Almérie et, en même temps, Khairán. On ne voit pas pourquoi les Amirides auraient tué Khairán; mais d'ailleurs ces paroles seraient en opposition avec un autre passage du même Ibn-Khaldoun, qui, dans son chapitre sur les Amirides de l'Orient de l'Espagne (fol. 27 r.), dit: » Ensuite » Khairán mourut à Almérie, l'année 419," ثم هلك خيران بالمرية سنة تسع عشرة ; » Zohair lui succéda" etc. Mais M. Hoogvliet n'a pas saisi le sens que la préposition مع a en cet endroit; elle ne signifie pas ici *una cum*, *avec*, mais *par l'entremise de*. C'est ainsi qu'Ibn-Khaldoun dit ailleurs (tom. IV, man., fol. 8 v.), en parlant d'un médecin qu'on avait voulu corrompre afin qu'il empoisonnât un prince, ودس الطبيب بذلك الى الامير مع قهرمانة داره, » Le médecin donna avis au prince » de ce qu'on voulait faire, par l'entremise de la gouvernante » du palais." Ibn-Khaldoun dit donc que les Amirides tuèrent al-Mortadhá *par l'entremise de* Khairán, et ailleurs il dit que Khairán mourut en 419. Cette assertion est confirmée par Ibno-'l-Athír (V, 51 r.) et par Ibno-'l-Khatíb, qui dit que Khairán, sentant sa fin approcher, fit venir Zohair, seigneur de Murcie, qui resta près de lui jusqu'à ce que Khairán eut rendu le dernier soupir, lorsqu'il se présenta au peuple avec Ibn-Abbás qui dit: » Le khalife Khairán est mort, mais il a choisi pour successeur » son frère Zohair; eh bien, qu'en dites-vous?" Le peuple applaudit à ce choix, et Zohair commença à régner à Almérie, le vendredi, quatrième jour de Djomádá Ier de l'année

419 (31 mai 1028) [1]. Ce passage d'Ibno-'l-Khatîb est si explicite qu'il met le fait hors de doute.

Mais, me demandera-t-on, pourquoi Conde a-t-il inventé ce récit de la prise d'Almérie par Alí, et de la mort violente de Khairán? C'est que Conde devait d'abord assassiner Khairán, pour pouvoir placer certain passage qu'on trouve dans le second volume de son ouvrage (p. 10). Conde avait lu chez ad-Dhabbí un article d'al-Homaidí (je l'ai publié dans mon *Historia Abbadidarum*, tom. I, p. 234), et malheureusement il ne l'avait pas compris. Al-Homaidí dit que Mohammed ibn-Mohammed ibno-'l-Hasan az-Zobaidí (Conde, au lieu cité, l'appelle par erreur, Muhamad *ben Alcasem* Zubeidi), l'un des trois *consuls* de Séville, fut chassé de cette ville par Ibn-Abbád; qu'il se retira d'abord à Kairawán en Afrique, mais qu'il habita ensuite Almérie et qu'il obtint dans cette ville l'emploi de Kádhí; al-Homaidí ajoute qu'il le vit à Almérie après l'année 440. Ne comprenant rien à ce passage, parfaitement simple et clair, Conde, entassant erreurs sur erreurs et fictions sur fictions, raconte qu'après que Khairán eut été assassiné par Alí, az-Zobaidí, originaire de Kairawán (?), fut nommé gouverneur d'Almérie par Ibn-Abbád. (Un écrivain espagnol devrait savoir que la distance de Séville à

---

1) Ibno-'l-Khatîb, *Dictionnaire biographique*, man. de M. de Gayangos, fol. 134 r. et v., à l'article de Zohair. Voici le texte de ce passage:

ولى بعد خيران صاحب المريّة وقـام بـامره احمـد قيام سنة تسع عشرة واربعمــائة يـوم الجمعة لثلاث خلون من جمــادى الاولى وكان اميرا بمرسية فوجّه عنه خيران حين أحسّ بالموت فوصل اليه وكان عنده الى ان مات فخرج زهير مع ابن عباس الى الناس فقال لهم اما الخليفة خيران فقد مات وقد قدّم اخاه زهيرا بهذا فما تقولون فرضى الناس به. La date est parfaitement exacte.

Almérie est assez grande, et qu'Ibn-Abbád ne possédait alors que la ville de Séville, rien de plus). Ce fabuleux gouverneur d'Almérie, az-Zobaidí, fut attaqué par Zohair, seigneur de Dénia (!), et fut tué pendant la prise de la ville. Il va sans dire que MM. Aschbach [1], Rosseeuw Saint-Hilaire [2] et Romey [3] ont copié toutes ces absurdités.

J'aurai l'occasion de revenir sur une autre assertion de Conde et d'en montrer la fausseté; mais sans m'arrêter davantage à son récit en ce moment, je tâcherai de présenter au lecteur le résultat d'une lecture attentive des historiens arabes, et je considérerai le récit de Conde comme non avenu.

L'année 408, sous le règne d'Alí ibn-Hammoud, al-Mortadhá avait été proclamé khalife à Valence, et il fut reconnu dans toutes les provinces et dans toutes les villes qui étaient au pouvoir des Amirides, entre autres à Xativa (San-Felipe) et à Tortose [4]. Mondhir de Saragosse se déclara aussi pour lui. Ce fut sans doute à l'instigation des Amirides que le khalife Alí ibn-Hammoud fut tué dans le bain par des Slaves, vers la fin de cette année. Cependant ce meurtre ne profita pas à al-Mortadhá, car al-Kásim succéda à son frère Alí. Les Amirides réunirent alors une armée dont les chefs étaient Khairán, seigneur d'Almérie, Modjéhid, seigneur de Dénia, et Mondhir de Saragosse; il y avait aussi des auxiliaires chrétiens dans cette armée [5]. Rassemblée dans l'orient de l'Espagne, elle marcha

---

1) *Geschichte Spaniens und Portugals zur Zeit der Herrschaft der Almoraviden und Almohaden*, tom. I, p. 43.

2) *Histoire d'Espagne*, tom. IV, p. 128.   3) Tom. V, p. 88.

4) Abou-'l-fedá, III, p. 30.

5) *Voy.* Ibn-Khaldoun *apud* Hoogvliet, p. 20, et Ibno-'l-Khatib dont je copierai plus tard le texte. Un historien anonyme, copié par al-Makkari (fol. 107 r.), dit: وانضاف اليهم جمع من الافرنج , » une ar- » mée, composée de Chrétiens, s'unit à eux," et non pas » auxiliary » troops which the King of the Franks had sent him," ainsi que traduit

contre Cordoue, l'année 410, mais s'arrêta près de Grenade dont le prince, Záwí ibn-Zairí, était berbère et, par conséquent, du parti d'al-Kásim ibn-Hammoud. Al-Mortadhá écrivit, en termes très-polis, à Záwí, et le somma de le reconnaître pour khalife. Cette lettre ayant été lue à Záwí [1], il ordonna à son secrétaire d'écrire sur le revers de la lettre, la 109e sourate du Koran [2], conçue en ces termes:

»Dis (ô Mohammed!): ô infidèles! Je n'adorerai point
» ce que vous adorez, et vous n'adorerez pas ce que j'adore;
» je n'adore pas ce que vous adorez, et vous n'adorez pas ce
» que j'adore. Vous avez votre religion, et moi j'ai la mien-
» ne."

Après avoir reçu cette réponse, al-Mortadhá adressa à Záwí une seconde lettre, remplie de menaces, et dans laquelle il disait entre autres choses: »Je marche contre vous accom-
» pagné de tous les braves de l'Andalousie et des Chrétiens.
» Que ferez vous donc?" La lettre finissait par ce vers:
»Si vous êtes l'un de nous, salut à vous; si vous ne l'êtes
» pas, soyez certain que tous les maux vont vous frapper!" [3]

M. de Gayangos (II, p. 235). Cet orientaliste pense (II, p. 498) que ce roi des Francs (dont il n'est pas question dans le texte) était quelque comte de la Catalogne.

1) »Who, being a Berber, was not well versed in the Arabic langua-
» ge," dit M. de Gayangos, en traduisant l'historien anonyme, copié par al-Makkarí. On ne voit pas la portée de ces mots en cet endroit; aussi ne les lit-on pas dans le texte arabe.

2) La *sourato 'l-káfirína* est la 109e, et non pas la 103e, ainsi que le dit par erreur M. de Gayangos (II, p. 498).

3) فارسل اليه كتابا ثانيا يقول فيه قد جئتُك بجميع ابطال الاندلس وبالفرنج فما تصنع وختم الكتاب بهذا البيت

(المنسرح) ان كنتَ منّا أبشِّر بخير   او لا فايقن بكل شرِّ

Záwí y répondit en citant la 102e sourate, ainsi conçue:

» Le désir d'augmenter le nombre des vôtres, vous préoc-
» cupe, et vous visitez même les cimetières pour compter les
» morts [1]; cessez de le faire: plus tard vous connaîtrez votre
» folie! Encore une fois, cessez de le faire: plus tard vous
» connaîtrez votre folie! Cessez de le faire; si vous aviez la
» sagesse véritable, vous n'en agiriez point ainsi. Certaine-
» ment, vous verrez l'enfer; encore une fois, vous le verrez
» de vos propres yeux. Alors on vous demandera compte des
» plaisirs de ce monde!"

Cette réponse exaspéra l'esprit d'al-Mortadhá encore davantage, et il offrit la bataille à Záwí.

Cependant Khairán et Mondhir s'étaient aperçus qu'al-Mortadhá n'était pas le khalife qu'ils avaient espéré trouver en lui. Ils se souciaient fort peu, au fond, des droits de la famille d'Omaiyah, et s'ils combattaient pour un Omaiyade, c'était dans l'espoir de régner eux-mêmes sous un maître faible et impuissant, qu'ils auraient imposé comme souverain légitime aux Berbères. Mais al-Mortadhá, homme d'un caractère fier et hautain, ne voulut pas accepter un tel rôle, et il ne se contenta pas de l'ombre du pouvoir. Loin de n'agir que selon les vues de Khairán et de Mondhir, il fut assez imprudent pour s'en faire des ennemis. Certain jour, il leur avait défendu d'entrer chez lui [2]. » Vraiment," se dirent ces deux chefs, » cet homme se conduit bien autrement envers nous, à présent » qu'il se trouve à la tête d'une armée nombreuse, qu'aupara- » vant. Certainement, c'est un homme trompeur et auquel il » ne faut pas se fier [3]." Pour se venger d'al-Mortadhá, qui

---

1) Voyez l'explication de ces mots dans la note de Sale sur sa traduction anglaise du Koran.

2) Roderich de Tolède, *Historia Arabum*, chap. 43.

3) Al-Makkarí, fol. 107 r.; trad. de M. de Gayangos, II, p. 235.

avait favorisé à leurs dépens les chefs des troupes de Valence et de Xativa [1], ils avaient écrit à Záwí, et l'avaient engagé à attaquer al-Mortadhá pendant sa marche vers Cordoue, en lui promettant qu'ils quitteraient le khalife, dès que le combat serait engagé [2].

La bataille commença et dura plusieurs jours. Enfin Záwí pria Khairán de réaliser sa promesse, et Khairán lui répondit: » Je n'ai tardé à le faire qu'afin que vous puissiez connaître » nos forces et notre courage, et si nous combattions pour al- » Mortadhá de tout notre coeur, ... [3]. Mais rangez de- » main vos troupes en ordre de bataille, et alors nous pren- » drons la fuite et nous abandonnerons le prince."

Le lendemain, pendant la mêlée, les troupes aragonaises et celles de Khairán tournèrent le dos aux ennemis [4], et al-Mortadhá resta seul sur le champ de bataille avec les véritables partisans de sa famille et avec les troupes chrétiennes. Ceux-ci furent bientôt mis en fuite par les Berbères, qui firent un horrible carnage de leurs ennemis, pillèrent le camp et s'emparèrent de richesses innombrables et, entre autres, des tentes magnifiques des princes et des généraux. » Cette déroute," dit Ibn-Haiyán, » fut si » terrible qu'elle fit oublier les autres; jamais depuis, le parti » andalous (c'est-à-dire le parti amiride, opposé au parti des » étrangers, des Berbères) ne réussit à rassembler une armée et » il avoua lui-même sa décadence et son impuissance." L'histo-

---

1) Ibno-l-Athír, V, 50 r.   2) Al-Makk. et Roder., *locis laud.*

3) Al-Makkarí: ولو كنّا ببواطننا معه فاثبتت جمعكى لنا ونحن الخ.
Il y a ici une réticence, et Khairán veut dire: *vous auriez déjà été anéanti.* M. de Gayangos (II, p. 236) n'a pas saisi le sens de ce passage.

4) Al-Makkarí et Roderich *locis laud.*, et Ibn-Khaldoun dans les deux passages publiés par M. Hoogvliet, p. 22. Le témoignage d'Ibn-Khaldoun n'est nullement en opposition avec celui de Roderich, ainsi que le dit mal à propos M. Hoogvliet, p. 23.

rien anonyme copié par al-Makkarí, dit de même : » Après
» cette bataille fatale, le peuple de l'Espagne (c'est-à-dire le
» parti amiride) se soumit aux Berbères, et depuis lors il ne
» put plus réunir une armée pour l'opposer aux Berbères 1."
Khairán et Mondhir expièrent donc par la ruine de leur propre
parti, leur infâme trahison contre al-Mortadhá.

Ce prince infortuné échappa cependant aux Berbères vainqueurs; déjà même il avait franchi les limites du territoire
berbère et était arrivé à Guadix, lorsque des espions, envoyés
par Khairán, découvrirent sa retraite et l'assassinèrent. Sa tête
fut apportée à Almérie, où Khairán et Mondhir se trouvaient
alors 2.

---

1) Ces paroles ont été un peu voilées par M. de Gayangos. Le texte
porte : وبعد هذه الواقعة اذعن اهل الاندلس للبرابرة ولم يجتمع لهم
بعدها جمع ينهضون به اليهم

2) L'historien copié par al-Makkarí. Il y a ici dans le texte : وقد جاوز
بلاد البربر وامن على نفسه, c'est-à-dire, » il avait déjà franchi les limi-
» tes du territoire berbère et se croyait en sûreté," et non pas : » (Guadix),
» whither he had gone for the purpose of crossing over to Africa, and being
» secure," ainsi que traduit M. de Gayangos. Du reste M. de Gayangos
a déjà critiqué lui-même sa traduction, mais sans s'en douter; car il
dit en note que Guadix n'est point un port de mer. Les personnes qui ont
lu l'ouvrage de M. de Gayangos, se seront aperçues que ce savant reprend fort
souvent l'auteur qu'il traduit; mais en comparant la traduction avec le
texte, elles auront vu que M. de Gayangos, croyant critiquer al-Makkarí,
ne critique quelquefois que sa propre traduction. J'en pourrais citer plusieurs
exemples, mais je me bornerai à appeler l'attention sur un passage qui se
trouve dans le premier volume (p. 18). » Al-Bekrí compares his native
» country to Syria for purity of air etc., to Yemen for mildness of tempe-
» rature etc., to India for drugs and aromatic plants, *to Al-Ahwáz for
» the magnitude of its snakes.*" Dans une note fort savante, le traducteur
nous apprend qu'on trouve dans le Khouzistán des scorpions. » Mais,"
ajoute-t-il, » quelques lignes plus bas, al-Makkarí cite les paroles d'un
» autre géographe qui fait l'éloge de l'Espagne à cause qu'on n'y trouve

Ce récit, on l'avouera, est fort simple. L'insurrection causée par al-Mortadhá, ou plutôt, par les Amirides, commença en 408, et finit deux années après, par la déroute de l'armée des alliés et par le meurtre d'al-Mortadhá. Tous les détails donnés par Conde, sont en opposition avec le récit que je viens de présenter à l'examen du lecteur. Il dit entre autres choses qu'al-Mortadhá fut tué par une flèche dans une bataille, livrée dans la Véga de Grenade (I, p. 606), l'année 413 (*voy.* p. 605, l. 6) ou 412 (*voy.* p. 626). » Mais au plus fort de la mêlée," dit-il, » et quand la victoire se décidait pour les Alamerides, » une flèche fatale, lancée par la main du destin ennemi des » Omaiyades, blessa si gravement le roi Abderahman, qu'il » expira à l'instant même où il recevait la nouvelle que ses trou- » pes et ses alliés victorieux poursuivaient leurs ennemis." Voilà le digne disciple de Mariana, qui rehausse ses inventions par des fleurs de rhétorique! Et M. Romey prend tout cela pour le récit d'une » chronique arabe"! Conde a brodé sur les paroles inexactes, mais très-simples de Roderich : » et fuit ibi

---

» que très-peu de reptiles venimeux. De telles contradictions sont inévita-
» bles, à cause du plan adopté par l'auteur." Le texte du passage en question, est ainsi conçu: اهوازيةٌ فى عظم جبايتها, ce qui signifie que l'Espagne » ressemble au district d'al-Ahwáz sous le rapport des immenses » revenus publics," car le district d'al-Ahwáz était un pays fertile et riche. Je me tiens assuré que M. de Gayangos ne m'opposera pas qu'il a trouvé dans tel ou tel manuscrit, حباتنها au lieu de جبايتها, car il sait aussi bien que moi, que nous possédons tous une faculté qui doit parler plus haut que tous les manuscrits du monde, et que cette faculté s'appelle le bon sens. Or, quel auteur sensé s'avisera jamais de dire, en faisant un éloge pompeux de sa patrie, qu'elle abonde en grands reptiles venimeux?

Pour en revenir à al-Mortadhá. Suivant Ibn-Khaldoun (*apud* Hoogvliet, p. 21), al-Mortadhá aurait été assassiné à Almérie; mais il va sans dire que ce prince ne s'était pas retiré dans la ville où commandait Khairán qui l'avait trahi.

» (dans le combat) Abderramen Mortada interfectus." Du reste Roderich ne donne point la date du combat; il dit qu'Alí ibn-Hammoud fut assassiné en 408; puis il parle de l'élévation d'al-Kásim au trône, de l'expédition des alliés contre Grenade, et du combat dans lequel al-Mortadhá aurait été tué selon lui; dans un nouveau chapitre (*De regno Hyahye*) il parle de l'année 413; de sorte qu'il est certain qu'il place l'expédition des alliés entre 408 et 413, mais, comme je l'ai dit, il n'indique pas l'année précise.   Selon Conde, al-Mortadhá aurait combattu, en 412 ou en 413, contre le wálí Gilfeya et contre al-Mançor de Grenade (Záwí ibn Zairí).   Un seul et même personnage est indiqué par ces deux noms, mais malheureusement pour Conde, le prince de Grenade dont il s'agit ici, était déjà retourné en Afrique, l'année 410 (*voy.* l'ouvrage de M. de Gayangos, tom. II, p. 248, 501).

Que de soi-disant historiens, dépourvus de critique, aient copié le récit de Conde, rempli d'erreurs et de faits controuvés, rien de plus naturel; que M. Rosseeuw Saint-Hilaire, auteur qui est demeuré parfaitement étranger à l'histoire des Arabes en Espagne, trouve que » la version de Conde porte » ici un caractère de clarté et de certitude qui ne lui est pas » habituel" (IV, p. 36), je le conçois; mais qu'un critique habile, un homme de talent, tel que M. Romey, ait copié tout cela, sans se douter qu'il était la dupe de la mauvaise foi du compilateur espagnol; mais qu'un orientaliste fort instruit, tel que M. Hoogvliet, ait pu dire (p. 23) en parlant de ce récit: » Condei autem narrationem unice veram esse, rerum, quae » acciderunt, series unicuique satis persuadebit," voilà ce qui doit attrister tout ami de la vérité.

Il est nécessaire cependant que je justifie le récit que j'ai cru devoir substituer à celui de Conde.

J'ai dit que l'expédition des alliés eut lieu l'année 410. Cette assertion repose sur le témoignage d'Ibn-Khaldoun qui

dit, dans son chapitre sur les princes de Grenade : فلقيهم زاوى
ابن زيرى فى جموع صنهاجة وهزمهم سنة ٤١٠ وقُتل المرتضى واصاب
زاوى من ذخائرهم واموالهم وعددهم ما لم يقتننه ملكٌ (fol. 26 v.) [1].
Il est vrai que l'historien anonyme copié par al-Makkarí, semble vouloir donner à entendre que cette expédition eut lieu en 409. Il dit (M. de Gayangos a omis ces mots dans sa traduction) : وفى سنة ٤٠٩ قام عليه (القاسم) بشرق الاندلس المرتضى
الخ. En tous cas, cette phrase n'est pas exacte, car il résulte du témoignage d'un auteur contemporain, al Homaidí, et d'autres historiens, qu'al-Mortadhá s'était déjà soulevé sous le règne d'Alí. Mais je ferai remarquer encore ici un fait qui peut-être n'est pas sans importance. Nous avons vu qu'Ibn-Hazm s'était empressé de se rendre chez al-Mortadhá (en 408), et il nous apprend lui-même (*Traité sur l'amour*, man. 927, fol. 102 r.; 108 v.) qu'il rentra dans Cordoue, sous le règne d'al-Kásim, dans le mois de Schawwál (le dixième mois) de l'année 409. Qu'allait-il faire à Cordoue à cette époque? Il se garde bien de nous en apprendre quelque chose; mais, si la déroute des alliés eut lieu en 409, est-il bien probable que le zélé partisan de la maison d'Omaiyah se soit retiré dans la capitale d'un ennemi vainqueur? Supposons au contraire, avec Ibn-Khaldoun, que l'expédition eut lieu en 410, et alors cette arrivée d'Ibn-Hazm à Cordoue s'expliquera. Il y entra dans le mois de schawwál 409, c'est-à-dire, en février 1018; pourquoi ne pas supposer qu'il y avait été envoyé par les alliés pour sonder le peuple de Cordoue à l'égard d'al-Mortadhá, et peut-être pour tâcher d'y exciter une sédition en sa faveur? Qu'on se souvienne de ce qu'il avait déjà tenté à Almérie, car, quoi

---

1) Ici Ibn-Khaldoun semble vouloir donner à entendre qu'al-Mortadhá fut tué dans le combat, mais dans trois autres endroits, cités par M. Hoogvliet, il dit qu'il fut assassiné plus tard.

qu'il en dise, je ne crois pas que Khairán l'ait emprisonné sans motif à cette époque. Ce point admis, nous placerons l'expédition et la déroute des alliés en 410, dans le printemps ou dans l'été de l'année 1018.

J'ai emprunté le récit de ce qui se passa entre al-Mortadhá et Záwí, à Ibno-'l-Khatíb et à l'historien anonyme copié par al Makkarí. Voici le texte du passage d'Ibno-'l-Khatib (*Dictionnaire Biographique*, article de Záwí, man., fol. 133 v., 134 r.) : توقيعه قالوا ولمّا نازله المرتضى الذى حلب به (حلف له .lis) الموالى العامريين (العامريون .lis) بظاهر غرناطة خاطبه بكتاب يدعوه فيه الى طاعته واجمل (فى) موعده فلما قرئ على زاوى قال (je crois qu'il faut ajouter) لكاتبه اكتب على ظهر رقعته قل يايها الكافرون السورة فلما بلغ (ذلك) *ajoutez*) المرتضى اعاد عليه كتابا بعده فيه بوعيده فلما قرئ على زاوى قال ردّ عليه الهكم (الهاكم .lis ; *sic*) التكاثر الى اخرها فازداد المرتضى غبطا وناشبه القناة فكان الظهور لزاوى قلّ المورخ واقتتلت صنهاجة مع اميرهم مستميتين لما دهمهم من بحر العساكر على انفرادهم وقلّة عددهم الى ان انهزم اهل الاندلس وطاروا على وجوههم مسلموهم وافرنجهم لا يلوى على احد فوقع (فاوقع .lis) البرابر بهم السيف ونهبوا تلك المحلّات واحتووا على ما لا كفاء له اتساعا وكثرة ظلّ الفارس يجبى من اتنباع (متباع .lis) المنهزمين ومعه العشرة ولا تسل (ces quatre mots sont évidemment altérés) فما دون ذلك من فاخر النهب وخير الفساطيط ومضارب الامراء والرؤسآء قال ابن حيان فحلّ بهذه الوقيعة على جماعة الاندلس مصيبة انست ما قبلها ولم يجتمع لهم جمع بعدها واقرّوا بادبار وباؤوا بالصّغار. Ibno-

'l-Khatíb ne parle pas de la trahison de Khairán et de Mondhir ; cependant ce fait est mis hors de doute par le témoignage d'Ibn-Khaldoun, de l'historien anonyme et de Roderich. Sans doute l'historien de Grenade l'a passé sous silence pour rehausser la gloire de ses compatriotes.

Après le meurtre d'al-Mortadhá, Mondhir refusa de reconnaître al-Kásim ibn-Hammoud pour khalife ; il se déclara roi d'Aragon et prit le titre d'al-Mançor [1]. Vers l'année 413, il fit la guerre au gouverneur d'Huesca, qui était de sa famille, mais de la branche des Benou-Çomádih, et il le chassa de ses états ; nous reviendrons plus tard sur cet événement. Du reste, Mondhir avait conclu une alliance avec le roi de Léon et avec le comte de Barcelone [2]. Ibno-'l-Khatíb atteste qu'il était un prince brave et généreux, et qu'il traitait avec honneur ceux qui se rendaient à sa cour [3]. Il mourut l'année 414 (du 26 mars 1023 jusqu'au 15 mars 1024) [4].

Après la mort de Mondhir, le royaume d'Aragon passa à son fils Yahyá, qui prit le titre d'al-Modhaffar [5]. Nous ne savons presque rien sur le règne de ce prince, qui dura seize ans, et les historiens arabes ne nous donnent que le récit de l'assassinat de Yahyá et de la chute de la dynastie des Benou-Háschim. Ce sont les chroniques chrétiennes qui nous four-

---

1) Ibn-Khaldoun *apud* Hoogvliet, p. 21.
2) *Voy.* le même, *loco laud.* et l'observation de M. Hoogvliet, p. 23.
3) Ibno-'l-Khatíb, *al-Holalo 'l-markoumat*, *apud* Casiri, II, p. 211. Casiri n'a pas saisi le sens des paroles qu'il a copiées. On remarque aussi deux fautes dans son texte arabe, car, au lieu de بسيبة, il faut lire المسيبة, et au lieu de مالات (mot qui ne signifie rien), je crois qu'il faut lire حالته. — Du reste, il semble qu'Ibn-Haiyán, cité par Ibno-'l-Khatib (*voy.* Casiri, II, p. 95), dise que Mondhir avait servi sous un roi chrétien : quand, et sous quel roi chrétien?
4) Ibn-Khaldoun, *loco laud.*   5) Idem, *ibid.*

nissent des détails sur une guerre à laquelle Yahyá prit part, l'année 1035.

Avant de mourir, Sancho-le-Grand de Navarre, qui avait pris le nom d'empereur, et qui régnait en Navarre, en Castille et dans la petite partie de l'Aragon qui n'était pas soumise aux Arabes, avait divisé ses états entre ses trois fils. L'aîné, Garsia, eut le royaume de Navarre; Ferdinand le comté de Castille, et Ramire, né hors mariage, mais d'une très-noble et très-belle maîtresse, le nord de l'Aragon. Les états de Ramire, situés dans les Pyrénées, ne comptaient qu'un petit nombre de villes pauvres et peuplées de rudes montagnards. Mécontent de son partage, il prit les armes presque aussitôt après la mort de son père, qui avait eu lieu en février 1035, et attaqua les états de son frère Garsia de Navarre qui était absent d'Espagne à cette époque, car il était allé en pèlerinage à Rome. Ramire, pour s'emparer du royaume de son frère, n'avait pas assez de ses propres forces, et il appela à son aide les émirs musulmans de Saragosse, d'Huesca et de Tudèle. Le roi de Saragosse était à cette époque Yahyá, mais j'ignore quels étaient alors les princes d'Huesca et de Tudèle.

Ramire, accompagné de ses alliés, se mit en campagne, et fit dresser ses tentes autour de la ville de Tafalla. Mais Garsia s'était hâté, sur la nouvelle de la mort de son père, de revenir dans ses états, et il approchait de Pampelune, lorsqu'il apprit les préparatifs de son frère. Il rassembla en toute hâte une armée de Pampelunois, et se jeta sur le camp de Tafalla avec tant de rapidité et de bonheur, qu'il tua dans l'action la meilleure partie des troupes ennemies, *more pecudum*, dit le moine de Silos, et mit l'autre en fuite. Ramire lui-même, dans la précipitation avec laquelle il dut prendre la fuite pour éviter de tomber dans les mains de son frère, monta, nu-pieds et presque sans vêtement, un cheval sans selle et n'ayant au cou

qu'une corde au lieu de bride; ce qui fait supposer, dit très-
bien M. Romey, qu'il avait été attaqué à l'improviste ou nui-
tamment. Arabes et Chrétiens abandonnèrent à l'ennemi leurs
tentes, leurs trésors et tout ce que renfermait leur camp.

J'ai dû copier ici presque textuellement le récit de M. Romey
(V, p. 151, 152). En effet, lorsque cet excellent historien
n'est pas induit en erreur par Conde, c'est-à-dire, lorsqu'il
ne s'agit que de consulter avec critique les écrivains chrétiens,
il le fait presque toujours avec beaucoup de sagacité; et quand
on est d'accord avec lui pour le fond du récit, comment
pourrait-on en exprimer mieux les détails qu'en se servant de
ses propres paroles? [1]

Quatre ans s'étaient écoulés depuis la déroute de Ramire
et de Yahyá. Ce dernier régnait toujours à Saragosse. Mais
dans ces temps de troubles, lorsque l'Espagne musulmane était
plongée dans l'anarchie, les capitaines auxquels les princes
avaient confié naguère le gouvernement de leurs villes, suivaient
aussitôt l'exemple que leur avait donné leur maître, et s'arro-
geaient le droit d'y commander en seigneurs absolus. Ainsi la

---

1) M. Schmidt (*Geschichte Aragonien's*, p. 33) fixe aussi la bataille de
Tafalla à l'année 1035, et il résulte évidemment du récit d'un auteur quasi
contemporain, celui du moine de Silos (*Esp. sagr.*, t. XVII, p. 313),
qu'elle eut lieu peu de temps après la mort de Sancho. Le récit du moine
de Silos a été copié par Lucas de Tuy (*Hisp. illustr.* IV, p. 91) et par
Roderich (*De rebus Hisp.* VII, c. 7); mais ce dernier ajoute: » Rex Gar-
» sias victor recedit, et quicquid Ranimirus a patre habuerat praeter Su-
» perarne et ripam Gursiam, Rex Garsias strenue occupavit." Les historiens qui ont cru à l'existence d'un quatrième fils de Sancho, nommé
Gonzalo, roi de Sobrarve et comte de Ribagorza, et qui ont admis comme
authentiques certains documents que je n'examinerai pas ici, n'avaient pas
le droit de se fonder également sur ce passage de Roderich, car celui-ci
(appuyez sur les mots *a patre habuerat*) dit que Sobrarve et Ribagorza
appartenaient à Ramire par concession de son père Sancho.

ville de Lérida était alors au pouvoir de Solaimán ibn-Hoúd al-Djodhámí, qui avait été un des capitaines de Mondhir [1], mais qui, depuis longtemps, y régnait en prince indépendant [2]. C'était chez lui que le dernier des khalifes Omaiyades, Hischám III al-Motamid, le frère d'al-Mortadhá, avait trouvé un asyle, après avoir perdu le trône de Cordoue, l'année 422 (1031). Al-Motamid séjourna à Lérida jusqu'à l'époque de sa mort, arrivée le vendredi, vingt-quatrième de Çafar de l'année 428 (17 décembre 1036) [3].

---

1) Ibno-'l-Athír (man. de la Bibliothèque royale de Paris, apporté de Constantinople par M. de Slane, tom. V, fol. 52): وكان من قواد منذر على مدينة لاردة. Copié par an-Nowairí, man. 2 h, p. 508, et confirmé par Roderich de Tolède, *Hist. Arab.*, c. 48. Je dois ce passage d'Ibno-'l-Athír, ainsi que presque tous les autres que je cite dans ce volume, à l'extrême obligeance de mon savant ami, M. Defrémery.

2) *Voy.* Ibn-Khaldoun *apud* Hoogvliet, p. 21. Au lieu de وليبها, il faut lire, avec le man. de Paris, لاردة. Je ne crois pas que l'on puisse admettre, sur le seul témoignage d'Ibn-Khaldoun, que Solaimán ait régné aussi à Tudèle; les autres historiens ne le disent pas, la distance entre Lérida et Tudèle est assez grande, et Saragosse se trouve située entre ces deux villes. D'ailleurs le récit du moine de Silos donne à entendre que Tudèle avait ses princes particuliers.

3) Dans le second volume de cet ouvrage, j'aurai à parler du règne de Hischám al-Motamid (d'autres l'appellent al-Motadd). Ici je ne consignerai que deux observations. Suivant M. Rosseeuw Saint-Hilaire (IV, p. 124), » le laborieux Aschbach a fait de son mieux pour éclaircir" l'histoire des émirs de Saragosse, dans laquelle » il règne une inextricable con-» fusion". Il est à regretter que les efforts de M. Aschbach (I, p. 44) n'aient pas été couronnés de succès, et que M. Saint-Hilaire ait cru devoir le suivre. Ainsi, M. Aschbach, trompé par Roderich (*Hist. Ar.*, c. 46), qui dit par erreur que Hischám se réfugia chez Solaimán ibn-Houd, *roi de Saragosse*, affirme qu'il faut placer de toute nécessité l'avénement de Solaimán au trône de Saragosse, avant 1031 [422], époque de la déposition de Hischám. Mais parce que Roderich s'est trompé (Abdo-'l-wáhid

Puisqu'un événement imprévu, une révolution sanglante, appela bientôt Solaimán au trône de Saragosse, il importerait de savoir dans quelles relations le seigneur de Lérida et celui de Saragosse avaient vécu jusqu'alors. Malheureusement les auteurs arabes ne nous le disent pas; seulement an-Nowairí (man. 2 h, p. 491) a laissé échapper quelques mots qu'il n'a pas trouvés chez Ibno-'l-Athír. En parlant de Hischám al-Motamid, il dit: » Il fut détrôné (en 422), et se rendit en » Aragon pour arracher cette province à l'empire d'al-Mondhir

(p. ܀܀) a aussi anticipé sur les faits), on ne doit pas commettre » de toute » nécessité" un anachronisme d'au moins neuf années. Du reste, Conde ne parle point de l'asyle offert à Hischám par Solaimán; M. Saint-Hilaire l'a cru, mais il me semble qu'il a critiqué Conde à cause d'un passage que celui-ci n'a pas écrit. M. Romey a évité bien des erreurs, en ne recourant nullement au récit du » laborieux Aschbach".

Une autre observation a rapport aux dates qui se trouvent dans l'ouvrage de M. de Gayangos. Cet orientaliste semble avoir ignoré que lorsque les Arabes disent: cela arriva trois jours après le commencement (littéralement trois jours passés) de tel ou tel mois, ils veulent indiquer: cela arriva le quatrième jour du mois. Ainsi nous avons vu plus haut (p. 37) que Zohair commença à régner à Almérie le vendredi, trois jours passés de Djomádá Ier de l'année 419, c'est-à-dire le quatrième; M. de Gayangos (II, p. 506) dit le vendredi, *troisième* jour, mais le troisième tombe un jeudi. D'un autre côté, lorsque les Arabes disent: quatre jours restant de tel ou tel mois, ils veulent indiquer quatre jours avant la fin du mois. Ainsi an-Nowairí dit que Hischám mourut le vendredi, **quatre jours restant de Çafar 428**, c'est-à-dire, puisque Çafar a 29 jours, le vingt-quatrième, et non pas le vingt-cinquième, ainsi que le dit M. de Gayangos (II, p. 500), car le vingt-cinquième tombe un samedi. Qu'on me pardonne ces observations, sans doute bien minutieuses; je les croyais nécessaires, puisqu'il en résulte qu'il faut avancer ou reculer d'un jour, deux tiers des dates données par l'orientaliste espagnol. Les personnes qui se sont occupées de l'histoire orientale, savent combien il est souvent nécessaire de calculer scrupuleusement les dates; ce sont des minuties, si l'on veut, mais quelquefois les petites choses mènent aux grands résultats.

»ibn-Yahyá", وخلع المعتمد وخرج الى الثغر لينتزعه من يد
المنذر بن يحيى. Yahyá ibn-Mondhir régnait à cette époque, et non pas son père; cependant ce peu de mots contiennent, pour ainsi dire, une révélation historique très-importante, car ils donnent à entendre que le vieux khalife, chassé du trône de Cordoue, tâcha de fonder un nouveau royaume en Aragon, et que, s'appuyant sur Solaimán de Lérida, il fit la guerre à Yahyá. Le fait, je l'avoue, ne me paraît pas improbable, et il est à regretter que les historiens arabes que nous possédons, ne nous donnent aucun détail sur une guerre qui probablement a duré depuis l'année 422 jusqu'à l'année 428.

Si nous pouvons admettre ce fait, rien ne nous empêche de croire que Solaimán ait continué les hostilités contre Yahyá après la mort de Hischám. De cette manière la révolution singulière qui arriva à Saragosse, deux années et neuf mois après cette mort, s'explique tant soit peu. Au rapport d'un historien arabe, Abdolláh ibn-Hacam, cousin de Yahyá, coupa la tête à ce dernier, dans son palais, le dixième de Dhou-'l-hiddjah [1] de l'année 430 (2 septembre 1039). » L'au- » teur arabe ne nous en dit pas davantage, et semble ne » pas s'inquiéter du motif qui arma la main d'Abdolláh [2]". Ne pourrions-nous pas supposer que Solaimán n'était pas demeuré étranger à ce meurtre; que, voyant qu'il ne pouvait conquérir Saragosse, il avait mis à profit la haine, que quelque membre de la famille royale avait conçue contre Yahyá? Ce qui nous confirme dans cette supposition, c'est que le meurtrier, Abdolláh, s'empara du gouvernement, mais qu'il reconnut Solaimán pour son souverain. Quoi qu'il en soit, le peu-

---

1) Ibno-'l-Abbár dit seulement: » au commencement de Dhou-'l-hiddjah", mais, à en croire Casiri (II, p. 211), Ibno-'l-Khatíb nomme le dixième de ce mois.

2) Paroles de M. Romey, V, p. 170.

ple de Saragosse se souleva bientôt après contre Abdolláh. Celui-ci se retira à Rota-el-Yehoud, château très-fort qu'il avait déjà fait mettre en état de défense, et il emporta avec lui tous les trésors de la famille royale, dont il avait pu s'emparer. Après sa fuite, la populace de Saragosse pilla le palais royal, et elle en aurait enlevé jusqu'aux marbres et l'aurait ruiné entièrement, si Solaimán ne fût arrivé en toute hâte, dans le mois de Moharram de l'année 431 (septembre ou octobre 1039). Ce prince rétablit l'ordre, et régna à Saragosse depuis cette époque.

Voici comment Ibno-'l-Abbár (man., fol. 121 r.) nous raconte cette révolution :

وأول ملوكهم ابو ايوب سليمان بن محمد المتلقب من الالقاب السلطانية بالمستعين بالله صاحب لاردة وصار اليه ملك سرقسطة وما معها بعد مقتل منذر بن يحيى (يحيى بن منذر lis.) التجيبى الاخير فتك به ابن عم له يسمى عبد الله بن حكم حزّ راسه وسط قصره وذلك غرة ذى الحجة سنة ٤٣٠ ودعا لابن هود أول امره ثم ثار به اهل سرقسطة فلاحق بحصن روطة اليهود احد معاقلها المنيعة وقد كان اعدّه لنفسه وناجا بفاخر ما اشتمل عليه من دخائر آل منور (منذر .lis) ونهب العوام قصر سرقسطة اثر خروجه حتى قلعوا مرمره وطمسوا اثره لولا تعاجيل سليمن ابن هود فملك البلد فى المحرم سنة ٤٣١ واورثه بنيه حين توفى سنة ٣٨ الخ

En comparant ces dix lignes avec le récit de Conde (II, p. 22, 23), qui remplit une page, on remarquera que Conde, sans compter les fautes d'une moindre importance, a commis ici dix erreurs extrêmement graves.

1°. Conde nomme le prince de Saragosse, Mondar (*lisez* Mondhir) ben Yahye ; ce prince étant mort en 414, selon Ibn-

Khaldoun, il n'a pas été tué en 430. Il faut lire Yahyá ibn-Mondhir, qui était le fils et le successeur de Mondhir. Il est vrai que, par une faute de copiste, le man. d'Ibno-'l-Abbár porte également Mondhir ibn-Yahyá, mais un historien doit savoir corriger de semblables erreurs, et Conde aurait pu rectifier cette bévue en consultant les autres historiens qu'il avait à sa disposition, et, entre autres, en ouvrant Abou-'l-fedá (III, p. 38) dont le texte avait été imprimé une trentaine d'années avant la publication de son ouvrage, ou Roderich de Tolède (*Hist. Arab.*, chap. 48).

2°. Conde dit que le prince de Saragosse était de la famille de Houd; il était au contraire de la famille de Háschim, qui n'a rien de commun avec celle de Houd.

3°. Conde dit que le prince de Saragosse était venu à Grenade pour » concertar ciertas alianzas y partidos con Habuz » ben Maksan [sic], Señor de Granada, de Elbira y Gien". Jaen appartenait alors à la principauté d'Almérie, ainsi que nous le verrons plus tard; mais une alliance entre un prince des Benou-Háschim, famille qui avait toujours secondé le parti amiride, et entre un prince berbère de Grenade, me paraît un fait assez contestable. D'ailleurs le prince de Grenade, nommé par Conde, mourut dans le mois de Ramadhán 429 (juin 1038) [1]; or, le prince de Saragosse a été tué dans le mois de Dhou-'l-hiddjah de l'année 430, c'est-à-dire quinze mois plus tard. Il faut donc qu'il ait séjourné *pendant plus*

---

1) Ibno-'l-Khatîb donne deux dates pour la mort de Habous; dans l'Introduction, il la fixe à l'année 429, et dans le Dictionnaire biographique, à l'année 428 (M. de Gayangos (II, 502) dit par erreur le contraire). Mais la date 428 est sans doute erronée; non-seulement au-Nowairí (man. 2 h, p. 510) et Ibn-Khaldoun (tom. IV, man., fol. 26 r.), indiquent l'année 429, mais Ibno-'l-Athír (dans son chapitre sur les Abbádides) la fixe au mois de Ramadhán de l'année 429, et le contexte confirme à merveille cette assertion.

d'un an à Grenade!! Enfin le texte d'Ibno-'l-Abbár ne dit rien de tout cela; au contraire, suivant cet auteur, Yahyá fut assassiné au milieu de son palais, c'est-à-dire, sans aucun doute, de son palais à Saragosse. Selon Casiri (II, p. 211), Ibno-'l-Khatíb dirait que le prince de Saragosse fut tué à Grenade; mais il faut que Casiri ou Ibno-'l-Khatíb se soit trompé.

4°. Selon Conde, le prince de Saragosse, *pendant son séjour à Grenade* [c'est-à-dire, dans les états d'autrui!], aurait réuni une armée dont il comptait confier le commandement à son parent Abdolláh. Il est inutile de dire que, dans un auteur excellent comme l'est Ibno-'l-Abbár, on ne trouve pas des absurdités. Conde a brodé probablement sur les paroles de Casiri (*loco laud.*): » ab Abdalla, copiarum Duce, interfectus » est".

5°. Voici une bévue bien faite pour égayer un peu le lecteur. Ibno-'l-Abbár dit qu'Abdolláh ibn-Hacam tua son cousin غرة ذى الحجة, ce qui signifie, comme tout le monde sait, »au ».commencement du mois de Dhou-'l-hiddjah". Conde ne le savait pas cependant. Il semble avoir préféré lire غير, et voilà qu'il traduit: » à cause d'une jalousie bien fondée", *con ocasion de unos bienfundados celos!!*

6°. » Le jour même où la nouvelle de cet assassinat ar» riva à Saragosse," dit Conde, Solaimán fut proclamé roi. J'ai déjà dit que l'assassinat eut lieu à Saragosse même; du reste, le texte ne dit pas ce que Conde lui fait dire; on y lit que le meurtrier, au commencement de son règne, اول امره, fit prononcer la *khotbah* pour Ibn-Houd (دعا لابن هود), c'est-à-dire qu'il le reconnut pour son souverain.

7°. Conde dit que Solaimán était le fils de Mondar (*lisez* Mondhir), fils de Houd, c'est-à-dire, selon Conde, le fils du prince qui avait été assassiné. Il n'en est rien; Solaimán était le fils d'Ahmed, fils de Mohammed, fils de

Houd [1], et sa famille était bien différente de celle de Mondhír. Un peu plus bas, Conde a mêlé ensemble la vérité et l'erreur, en nommant Solaimán » ben Muhamad Mondar [sic]." Rayez le mot *Mondar*. Plus loin, il approche de la vérité, en l'appelant » Abu Ayub Zuleyman ben Muhamad."

8°. Si l'on examine selon les règles de la grammaire et de la logique, cette phrase de Conde : » Abu Ayub Zuleyman ben » Muhamad, llamado Almostain Bila, era Sahib de Lérida, » y se le unió el reyno de Zarcusta y sus comarcas despues de » la muerte de Almondar ben Yahye [*lisez* Yahyá ibn-Mondhir] » Ategibi, á quien cortó la cabeza su primo Abdala ben Hakim » [*lisez* Hacam] en su palacio, en la luna de Dylhagia [on » voit que Conde, oubliant qu'il avait suivi Casiri, a traduit » ici le passage d'Ibno-'l-Abbár], año cuatrocientos treinta, » y fué proclamado Aben Hud: despues se le amotinó el pue- » blo de Zarcusta, y se retiró á Rot [sic] Alyeud," il est clair, je crois, que ces mots signifient que le peuple de Saragosse se révolta contre Solaimán ibn-Houd; et c'est ainsi que le traducteur allemand, le capitaine Rutschmann (II, p. 22), et M. Rosseeuw Saint-Hilaire (IV, p. 125) ont entendu le passage. Mais Ibno-'l-Abbár dit que le peuple de Saragosse se révolta contre Abdolláh ibn-Hacam, le meurtrier, et que celui-ci se réfugia alors à Rota al-Yehoud.

9°. Nous allons voir un échantillon de la clarté du style de Conde. Il dit : » y dejó robado el Alcazar de Zarcusta y » el pueblo dos años." Voilà une phrase bien propre à exercer les talents d'un nouvel Oedipe. Cette fois du moins, les éditeurs espagnols ont remarqué la *disparate*, comme on dit en

---

1) Telle est la généalogie donnée par Ibno-'l-Athír (V, fol. 52 v.), qui a été suivi par an-Nowairí (p. 508) et par Abou-'l-fedá (III, p. 31). Roderich (*Hist. Ar.*, c. 48) dit également : » Zuleman fils de Hamat". Ibno-'l-Abbár et Ibn-Khaldoun ont omis l'*ibn-Ahmed*.

Espagne. Ils ont imprimé le *dos años* en italiques, et ils ont ajouté la note suivante: » Se nota la obscuridad; pero solo » pudiera aclararla el Señor Conde. El original está así". Le texte d'Ibno-'l-Abbár dit tout simplement: » Après qu'il [Ab-» dolláh ibn-Hacam] fut sorti de la ville, la populace pilla le » palais de Saragosse." Remarquons que l'orientaliste espagnol a traduit le mot العوام d'abord par *el pueblo* et immédiatement après par *años* (en le confondant probablement avec اعوام). J'ignore d'où il a pris ses *deux* années; peut-être a-t-il mieux aimé lire اثنين (l'auteur, en voulant dire *deux années*, aurait écrit en tous cas عامين), au lieu de اثر *après!*

10°. Conde dit que *Solaimán ibn-Houd* (voyez ma huitième remarque) enleva les marbres du palais de Saragosse, et qu'il l'aurait ruiné entièrement, si *Solaimán ibn-Houd* ne lui avait succédé si subitement, c'est-à-dire, s'il ne s'était succédé à soi-même! Impossible, me dira-t-on. Qu'on relise le texte de Conde, cela s'y trouve. Le texte d'Ibno-'l-Abbár dit naturellement tout autre chose; on y lit: » Après qu'Abdolláh » ibn-Hacam fut sorti de la ville, la populace pilla le palais » de Saragosse, et on en aurait enlevé même les marbres et on » l'aurait détruit de fond en comble, si Solaimán ibn-Houd ne » fût arrivé en toute hâte."

Et voilà justement comme on écrit l'histoire!
(Voltaire, *Charlot*.)

Honneur à qui de droit! M. Romey (V, p. 170), en habile critique qu'il est, a deviné avec beaucoup de sagacité et de bonheur, la marche réelle des événements, et sauf quelques erreurs légères [1], le récit qu'il donne est exact. En parlant du récit de Conde, il dit: » Le récit de Conde est des plus

---

1) M. Romey appelle le prince qui fut assassiné, Mondhir au lieu de Yahyá; il dit qu'Abdolláh avait été alcaïd de Rota-al-Yehoud sous le gouvernement de son cousin, et que le peuple enleva les marbres du palais de Saragosse.

» embrouillés et des plus contradictoires. On peut voir com-
» ment il raconte cette révolution (III⁃ part., c. 2): l'explique
» et en fasse disparaître les contradictions qui pourra."

Du reste, Conde n'a pas été le seul à se tromper. Je ne
m'arrêterai nullement à toutes les extravagances de M. Rosseeuw
Saint-Hilaire (IV, p. 124, 125) qui, entre autres choses, nomme » éphémère" le règne de Yahyá, tandis que nous avons vu
que ce règne dura seize ans, et qui ajoute que Roderich est
le seul qui en parle. Outre Abou-l-fedá que j'ai déjà cité,
mais dont il faut consulter le texte arabe, et non pas la traduction latine, dans laquelle Reiske, ou Adler, a sauté quelques mots par inadvertance, Ibn-Khaldoun et Ibno-l-Athír
(man. de Const., tom. V, fol. 52 r.: واما سرقسطة والثغر الاعلى
فكان بيد منذر بن يحيى ثم توفى وولى بعده ابنه يحيى ثم
(صارت بعده لسليمان بن احمد بن محمد بن هود الجذامى,
copié par an-Nowairí (man. 2 ℎ, p. 508), en parlent également.
Mais il est un auteur dont le nom inspirera plus de confiance,
et qui cependant s'est rendu coupable de quelques fautes à la
Conde. C'est de M. de Gayangos que je veux parler. Ce savant
(II, p. 256) fait dire à al-Makkarí, que Mondhir eut pour successeur son fils Yahyá qui fut détrôné, *peu de temps après*,
par Solaimán. Non-seulement al-Makkarí ne dit pas cela, mais
il ne dit pas un seul mot sur la dynastie des Benou-Háschim,
et ne parle que des Benou-Houd: ومن ملوك الطوائف, dit-il
(man. de Gotha, fol. 97 v.), بنو هود ملوك سرقسطة وما يليها
ومن اشهرهم المقتدر بالله وابنه يوسف المؤتمن وكان المؤتمن الخ
Ainsi, tout ce que M. de Gayangos fait dire à al-Makkarí sur
les Benou-Háschim, c'est M. de Gayangos qui le dit, après
avoir consulté Abou-'l-fedá et sa propre mémoire. Mais il est
allé plus loin; il a écrit une note là-dessus (II, p. 505), dans
laquelle il dit d'abord qu'al-Marrékoschí place la mort de
Mondhir en 414. Malheureusement Abdo-'l-wáhid al-Marré-

koschí ne parle pas plus des Benou-Háschim qu'al-Makkarí. C'est Ibn-Khaldoun que M. de Gayangos a voulu dire, et la justice exigeait qu'il citât ici l'ouvrage de M. Hoogvliet, ce qu'il a négligé de faire. »A Mondhir succéda son fils Yahyá al-Mo- »dhaffar," ajoute M. de Gayangos, »qui fut assassiné *à Gre-* »*nade* [voilà Casiri et Conde], seize années après qu'il fut »monté au trône; mais il est difficile de déterminer, comment »ce renseignement pourrait se concilier avec les paroles d'al- »Makkari, *peu de temps après.*" Ici encore M. de Gayangos lui-même a bien voulu se charger du soin de critiquer sa traduction, ou plutôt ses propres paroles; car les mots en question ne se trouvent chez aucun historien arabe, mais seulement chez M. de Gayangos.

A en croire Casiri (*Bibl. Escur.* II, p. 95, 211), Ibno- 'l-Khatíb dirait, dans son *Dictionnaire biographique,* que *Mondhir* fut assassiné en 430. J'en doute, puisque cet auteur dit dans son *al-Holalo 'l-markoumah* (*apud* Casiri, II, p. 211), en parlant de Mondhir, لسهما مضى (et non pas بسهما, ainsi que Casiri a imprimé); cette phrase signifie toujours *mourir d'une mort naturelle.* Je supposerais plutôt qu'Ibno-'l-Khatíb a ajouté à son article sur Mondhir, quelques mots sur le meurtre de son fils Yahyá. Cependant je n'ai pas l'occasion de consulter le texte [1], et il faut admettre que soit Casiri, soit Ibno-l-Khatíb s'est trompé.

Le récit d'Ibn-Khaldoun (*apud* Hoogvliet, p. 21) n'est pas exact, car selon cet auteur, Yahyá aurait été tué par Solaimán en 431.

Une révolution sanglante avait ôté le trône de Saragosse aux Benou-Háschim, mais par un heureux concours de circon-

---

1) Dans l'*Abrégé* qui appartient à la Bibliothèque royale de Paris, je ne trouve pas l'article de Mondhir.

stances, une autre branche de la famille des Todjíbides, chassée de l'Aragon par les Benou-Háschim, parvint à fonder, sur les bords de la Méditerranée, un royaume qui survécut plus d'un demi-siècle à celui que les Benou-Háschim avaient fondé en Aragon. Cette branche était celle des Benou-Çomádih.

Moins illustres que les Benou-Háschim, les Benou-Çomádih n'ont pas joué un rôle bien important sous le khalifat de Cordoue ; du moins je n'ai trouvé chez les historiens aucun renseignement ni sur Çomádih lui-même, ni sur son fils Abdorrahmán, ni sur son petit-fils Mohammed, ni sur son arrière petit-fils Abdorrahmán, ni enfin sur Ahmed, le fils de ce dernier. Mais l'histoire fait mention d'un contemporain d'Abdorrahmán et d'Ahmed, qui se nommait Abou-'l-Ahwaç Man ibn-Abdo-'l-azíz at-Todjíbí. Nous rencontrerons plus tard un membre de la famille des Benou-Çomádih qui s'appelait également Abou-'l-Ahwaç Man, et je suis très-enclin à supposer que l'Ibn-Abdo-'l-azíz que j'ai nommé, appartenait à la même famille. Devons-nous admettre qu'Abdorrahmán, le fils de Çomádih, avait deux fils, Mohammed et Abdo-'l-azíz, et que Man était le fils de ce dernier, ou que Mohammed avait deux fils, Abdorrahmán et Abdo-'l-azíz ? Voilà ce qu'à cause du manque de dates, je n'oserais décider.

Quoi qu'il en soit, nous lisons dans le *Bayáno 'l-mogrib* (man.) qu'al-Hacam II donna l'ordre, l'année 365 (975, 6), de mettre en liberté Abou-'l-Ahwaç at-Todjíbí et ses compagnons qui, sans doute, avaient été emprisonnés à cause de quelque délit politique. Plus tard, Almanzor se servit d'Abou-'l-Ahwaç pour réaliser ses projets ambitieux. Lorsqu'il voulut se débarrasser d'Ibno-'l-Andalosí, il feignit de l'honorer au plus haut degré, et il l'invita à assister à un festin, la nuit avant le dimanche, quatrième jour de Schabán de l'année 372 (la nuit du 22 janvier 983). Ibno-'l-Andalosí donna dans le piége, et accepta cette invitation. Lorsque les convives se furent assis, l'échanson présenta une coupe à Almanzor; mais le premier ministre lui dit: » Présente-la à celui que j'honore le plus." Lorsque l'échanson qui avait reçu ses ordres d'avance, feignit de ne pas savoir à qui il la présenterait, et qu'il passait en revue les nobles convives, Almanzor le gourmanda, en disant: »Donne-la au wézir Abou-Ahmed, échanson maladroit, que » Dieu maudisse!" Flatté de cette marque d'honneur, Ibno-'l-Andalosí se leva aussitôt et vida la coupe. Le vin exerça bientôt son empire sur lui et, oubliant toute étiquette, il se mit à danser dans la salle. L'exemple fut suivi; les coupes passèrent de main en main, et les autres convives se mirent à danser avec lui. Entièrement ivre, Ibno-'l-Andalosí quitta son hôte. La nuit était noire, et Ibno-'l-Andalosí n'était accompagné que de quelques-uns de ses pages. Tout-à-coup une troupe de soldats andalous, commandée par Abou-'l-Ahwaç, fondit sur lui, et le malheureux wézir tomba bientôt sous les coups de ses assassins. On envoya en secret sa tête et sa main droite à Almanzor. Cet homme terrible feignit d'ignorer la cause de cet assassinat, et en témoigna une profonde tristesse.

Ibn-Adhárí auquel nous avons emprunté ce récit, donne en cet endroit, à Abou-'l-Ahwaç le surnom de *cavalier des Arabes* (فارس العرب), le chevalier arabe par excellence, si l'on veut. Remarquons encore qu'Abdorrahmán ibn-Motarrif dont nous avons parlé, participa probablement à ce forfait; du moins le passage d'al-Makkarí, cité plus haut (p. 19), rend cette opinion assez probable.

Plusieurs années après cet événement, Almanzor nomma Abou-'l-Ahwaç au gouvernement de Zamora, ville qu'il avait peuplée de musulmans, après l'avoir conquise sur Bermude le Goutteux, roi de Léon [1]. C'est pour ce motif qu'Ibn-Khaldoun

---

1) Ibn-Khaldoun, dans son chapitre sur les rois chrétiens de l'Espagne, tom. IV, man., fol. 38 r.

appelle Abou-'l-Ahwaç » seigneur de Galice," صاحب جليقية.
Après qu'Almanzor eut achevé la célèbre conquête de Saint-
Jacques de Compostelle, l'année 387 (997), Bermude envoya son
fils Pélage[1] d'abord vers Abou-'l-Ahwaç, » seigneur de Galice;"

1) L'historien arabe Ibn-Khaldoun confirme ici indirectement l'authenticité d'un priviége de Sahagun, daté de l'année 1006 et publié par Berganza. M. Romey (IV, p. 455) semble le ranger parmi les pièces apocryphes, puisqu'il ne dit pas un seul mot sur Pélage, fils de Bermude; mais dorénavant, après le témoignage d'Ibn-Khaldoun, l'existence d'un fils de Bermude, appelé Pélage, ne saurait être douteuse; et ce que le savant Florez (*Memorias de las Reynas Catholicas*, tom. I, p. 126) que M. Romey n'a pas seulement daigné citer ici; a dit là-dessus, se trouve pleinement justifié. Je crois cette observation de quelque importance, nonseulement pour le fait dont il s'agit, mais parce qu'à présent les historiens en général, et surtout les historiens français, sont très-enclins à rejeter comme apocryphes tous les documents ecclésiastiques qui ont rapport à l'histoire d'Espagne au moyen âge. Voici, par exemple, ce que dit quelque part M. Rosseeuw Saint-Hilaire (IV, p. 114): » Tous ces documents » ecclésiastiques, forgés d'ordinaire pour servir des intérêts de couvents ou » flatter des amours-propres nationaux, sont à bon droit suspects, quand » ils ne s'appuient pas sur le témoignage des chroniques." Examinons scrupuleusement l'authenticité de ces documents, mais gardons-nous de les rejeter, parce qu'ils contiennent des faits dont les maigres chroniques latines ne parlent pas. Aucune de ces chroniques, par exemple, ne parle de Pélage, fils de Bermude; pourtant il est bien avéré à présent que ce personnage a existé.

Du reste, grâce au passage d'Ibn-Khaldoun, nous pouvons aller plus loin que Florez, qui a avoué qu'il n'a pas pu déterminer si Pélage était fils légitime de Bermude, ou non.

Les princes chrétiens, si grande que fût leur aversion pour la religion de Mahomet, enviaient pourtant aux princes musulmans une seule chose; c'était la faculté d'entretenir un harem. Aussi se permettaient-ils bien souvent d'avoir leur harem, eux aussi. Bermude II, plus modeste que quelques-uns de ses successeurs, se contenta de deux femmes et de deux maîtresses. Il est vrai qu'il n'eut pas deux femmes légitimes à la fois, car il n'épousa

puis ils partirent tous deux pour Cordoue, afin d'engager Almanzor à conclure la paix avec Bermude.

Plus tard, nous ignorons quand et comment, Abou-'l-Ahwaç fut tué par Almanzor [1]. Il partagea donc le sort de son parent Abdorrahmán ibn-Motarrif; Almanzor s'était servi de l'un et de l'autre pour parvenir au but de son ambition, et pour détruire ceux qui lui faisaient ombrage, mais lorsqu'il commença à les craindre, il les tua tous deux.

Bien que les chroniqueurs arabes ne nous en disent rien,

---

la seconde, Elvire, qu'après avoir répudié la première, Velasquita. Il est impossible que notre Pélage ait été le fils d'une de ces deux femmes légitimes, car nous savons que Velasquita n'eut point d'enfants mâles, et que l'héritier du trône, l'aîné des fils légitimes de Bermude, Alphonse V, n'avait que cinq ans à l'époque de la mort de son père, arrivée en 999. Pélage au contraire était plus âgé, et devait être un jeune homme lorsque son père l'envoya, en qualité d'ambassadeur, à Cordoue, l'année 997 ou 998; d'après le Privilége de Sahagun, il vivait encore l'année 1006; si, en conséquence, il avait été fils légitime, il aurait été l'héritier du trône et aurait dû succéder à son père. Puisqu'il n'en fut point ainsi, il est certain que Pélage était né hors mariage. Sa mère était-elle cette Justa Sol, que Florez (*Reynas*, I, p. 129) a trouvé mentionnée dans le *Tumbo* d'Astorga, ou bien était-elle la soeur de cette Justa Sol, puisque les deux maîtresses de Bermude étaient soeurs? Voilà ce que nous ne pouvons décider.

Je finirai cette note en citant les paroles d'Ibn-Khaldoun: ثم تطارح برمند بن اردون فى السلم وانفذ اينه بلايه مع معن بن عبد العزيز صاحب جليقية فوصل به الى قرطبة وعقد له فى السلم وانصرف الى ابيه. Le nom de Pélage a été légèrement altéré dans le man. de Leyde et dans un manuscrit de la Bibl. royale de Paris, que M. Defrémery a bien voulu collationner pour moi en cet endroit. Dans le man. de Leyde on lit بلابد (sic), mais le copiste a ajouté trois points pour indiquer que le nom lui paraissait altéré; dans le man. de Paris (supplément arabe, n. 53$\frac{2}{4}$, fol. 84 r.), on trouve بلَانه.

1) Ibn-Adhárí, en parlant d'Ibno-'l-Andalosí.

je serais porté à supposer que les Benou-Çomádih avaient été depuis longtemps gouverneurs d'Huesca, par droit de succession. Quoi qu'il en soit, nous trouvons qu'au commencement du cinquième siècle de l'Hégire, Abou-Yahyá Mohammed ibn-Ahmed, qui surpassait par sa sagacité et son éloquence, les autres capitaines de son temps, était gouverneur de cette ville. Vers l'année 413 (1022), il fut attaqué par Mondhir, roi de Saragosse, » son cousin-germain (ابن عم)," dit Ibn-Khallicán, mais cette assertion n'est point exacte; il est vrai que Mondhir et Mohammed avaient au sixième degré un aïeul commun. Quelle fut la cause de cette guerre? Les historiens arabes qui, en général, s'inquiètent fort peu des causes et se bornent à constater les faits, ne nous en disent rien; peut-être n'était-ce que le désir d'agrandir ses états et d'y joindre une province limitrophe, qui poussa Mondhir à attaquer son parent; s'il en fut ainsi, nous ignorons sous quel prétexte il cacha à cette occasion ses désirs ambitieux.

Le puissant roi de Saragosse s'empara facilement, à ce qu'il semble, d'Huesca et de son territoire, et Mohammed alla chercher un asile à Valence chez Abdo-'l-azíz, fils d'Abdorrahmán an-Nácir et petit-fils d'Almanzor. Celui-ci qui, avant son élévation au trône de Valence, avait séjourné à Saragosse chez Mondhir, le reçut très-bien, et donna ses deux soeurs en mariage aux deux fils de Mohammed, nommés Abou-'l-Ahwaç Man et Abou-Otbah Çomádih. La petite-fille d'Almanzor, qu'épousa Abou-'l-Ahwaç, se nommait Boraihah. Le gouverneur déchu d'Huesca périt sur la mer lorsqu'il voulait passer en Orient.

Nous sommes obligés à présent de jeter un coup d'oeil sur l'histoire de la principauté d'Almérie, et sur sa constitution à cette époque.

Nous avons vu plus haut (p. 36, 37) qu'après la mort de Khairán, arrivée en 419 (1028), la principauté d'Almérie avait passé à son frère Zohair. Celui-ci avait refusé de suivre l'exemple donné par Ibn-Djahwar de Cordoue et par les Amirides de Valence, de Dénia et de Tortose, qui, dans le mois de Moharram de l'année 429 (octobre ou novembre 1037), avaient reconnu pour khalife Hischám II, parce qu'Ibn-Abbád leur avait fait accroire que ce khalife, qui a eu l'avantage bien rare de quitter deux fois son tombeau » avant que la trompette du der- » nier jugement eût sonné ," comme dit Ibn-Haiyán [1], se trouvait à Séville. Pour punir Zohair, Abou-'l-Kásim Mohammed ibn-Abbád envoya une armée contre lui; mais Zohair appela à son aide le prince berbère de Grenade, Habous, dont les troupes s'unirent aux siennes. Probablement l'armée de Séville n'était pas assez nombreuse pour oser engager le combat avec ces deux armées réunies; du moins, elle retourna à Séville sans avoir offert la bataille. Zohair resta donc à Baeza, et Habous retourna vers Malaga; mais ce dernier mourut dans la lune de Ramadhán de cette année (juin 1038), et son fils Bádís lui succéda. Zohair et Bádís eurent un entretien afin de renouveler l'alliance qui avait existé entre Zohair et le père de Bádís; mais cette entrevue n'eut point les suites qu'on en avait espérées; au contraire, les deux princes se brouillèrent et se déclarèrent la guerre [2], et Zohair fut tué, après un règne de dix ans, dans une bataille livrée à Alpuente, dans les environs de Grenade, vers la fin du mois de Schawwál de l'année 429 (fin de juillet ou commencement d'août 1038).

La principauté d'Almérie était alors une des plus belles et des plus étendues de l'Espagne. Vers le nord-est les villes de Murcie, d'Orihuela et de Xativa, et vers le nord-ouest

---

1) *Voy. Hist. Abbadidarum*, I, p. 250.

2) Voyez sur tous ces événements, Ibno-'l-Athir, dans son chapitre sur les princes de Séville, dont je publierai le texte dans le second volume de mon *Historia Abbadidarum*.

celles de Baeza, de Jaen et de Baéna y étaient comprises. Elle embrassait par conséquent la partie orientale du royaume de Cordoue, jusqu'à la Sierra Morena, où commençait le territoire de Tolède (l'année 425, Zohair s'était même emparé de l'ancienne résidence des khalifes, et en était resté maître pendant quinze mois et demi); la partie méridionale du royaume de Jaen, remplie de vallées belles et fertiles; la partie orientale du royaume de Grenade, pays d'une grande importance alors, puisque le port d'Almérie était le plus fréquenté de toute l'Espagne et qu'il s'y faisait un commerce fort considérable; le royaume de Murcie presque entier [1], pays qui récompense avec usure les faibles travaux de ceux qui le cultivent à présent, de ces indolents Murciens d'aujourd'hui, qui passent nonchalamment leur vie dans l'oisiveté et l'insouciance, et qui, sans se douter qu'on puisse améliorer l'agriculture, sèment et plantent comme leurs pères ont semé et planté; que ne devait-il pas rapporter ce beau pays lorsqu'il appartenait aux Maures, aux agriculteurs les plus intelligents, les plus laborieux, que l'Espagne ait jamais eus! Certes, on ne pouvait pas dire alors ce que le cardinal de Belluga dit plus tard si justement: »El cielo y el »suelo buenos, el entre suelo malo;" le ciel et le sol sont bons, l'entre sol mauvais. Au lieu de ces Murciens d'aujourd'hui, qui se couchent tôt et se lèvent tard, qui font par jour cinq repas très-exactement et qui emploient une grande partie de la journée à fumer le *cigarro*, les habitants arabes de cette cité étaient, au rapport d'as-Schakandi, des hommes très-courageux et qui bravaient bien souvent leurs souverains. A présent Murcie reçoit du dehors presque tous les fruits qu'on y consomme, et même le blé dans les années de sécheresse; sous les Arabes, aucun pays ne pouvait rivaliser avec Murcie pour la

---

1) La partie située à l'ouest, Chincilla entre autres, appartenait au royaume de Tolède.

quantité et la variété des fruits, et on n'avait pas besoin d'emprunter quoi que ce fût aux autres villes. Encore aujourd'hui on fabrique à Murcie quelques soieries légères, mais d'une qualité inférieure ; sous les Arabes, cette ville renfermait quantité de fabriques, et on y travaillait entre autres la précieuse étoffe connue sous le nom de *waschj* [1]. La principauté d'Almérie embrassait encore la partie méridionale de ce bienheureux royaume de Valence, où la végétation étale une variété et un luxe si étonnants ; la campagne d'Orihuela, la continuation de la Huerta, du jardin, de Murcie, mais infiniment plus belle encore [2], et qui forme une suite de jardins, où l'oranger et le citronnier se confondent avec l'amandier et le grenadier ; enfin la belle et florissante ville de Xativa si célèbre alors pour son papier, dont on ne trouvait pas le pareil dans tout l'univers [3].

Certes, une telle principauté, la plus belle peut-être qu'il y eût en Espagne à cette époque, était bien propre à exciter la convoitise des émirs voisins. Aussi après la mort de Zohair, Abdo-'l-azíz al-Mançor de Valence, se hâta d'en prendre possession, sous le prétexte qu'elle lui appartenait de droit parce qu'un esclave affranchi de sa famille y avait commandé. Mais pendant qu'il se trouvait encore à Almérie, Modjéhid prince de Dénia, irrité de sa conduite et mécontent sans doute de voir les états de son voisin s'agrandir, profita de l'absence d'Abdo-'l-azíz pour attaquer le

---

1) Peut-être trouvera-t-on trop sévère le jugement porté ici sur les Murciens d'aujourd'hui. Ayant le malheur de ne pouvoir parler comme témoin oculaire, je renvoie à un ouvrage du comte Alexandre de Laborde (*Itinéraire descriptif de l'Espagne*, tome second); le jugement défavorable qui y est porté sur les Murciens, se trouve confirmé par un auteur espagnol, Murillo (*voy.* p. 237).

2) Alex. de Laborde ; Dillon, *Travels through Spain*, p. 358.

3) Edrisi.

royaume de Valence. Abdo-'l-azíz, voulant aller faire la paix avec lui, sortit d'Almérie, l'année 432 ou 433 [1] (1040, 41 ou 42), et confia le gouvernement de cette ville à son beau-frère Abou-'l-Ahwaç Man.

Je n'ai pas voulu interrompre ce récit par des remarques critiques ; mais je suis obligé d'examiner ici les renseignements que les savants européens et un historien arabe, Ibno-'l-Athír, ont donnés sur les faits que je viens de raconter.

Conde nous offre là-dessus deux passages (tom. II, p. 12 et p. 23, 24). Le premier est trop absurde pour que je m'y arrête, mais j'examinerai le second que M. Hoogvliet (p. 20) a suivi.

D'abord il est étonnant que ni Conde, ni M. Hoogvliet n'aient consulté le commencement du chapitre d'Ibn-Khallicán sur al-Motacim (livr. VII, p. ١٢٢, éd. Wüstenfeld), qui est ici de la dernière importance. M. Hoogvliet aurait pu consulter les manuscrits d'Ibn-Khallicán qui se trouvent à la bibliothèque de Leyde; mais Conde n'avait pas même besoin de recourir à un manuscrit, puisque le passage en question avait été publié et traduit depuis longtemps par un de ses compatriotes, par Asso del Rio dans sa *Bibliotheca Arabico-Aragonensis* (p. 60, 62) [2]. Conde n'a fait usage que d'un passage d'Ibno-'l-

---

1) Ibno-'l-Abbár donne ces deux dates ; Ibn-Khaldoun la seconde (fol. 27 r.: وأما معن بن صالح (صمادح *lis.*) قائد الوزير ابن أبي عامر فقام بالمرية لما ولّاه المنصور. سنة ثلاث وثمانين ; il va sans dire qu'au lieu de ثمانين, il faut lire ثلاثين).

2) J'ai déjà appelé l'attention sur ce livre curieux, dans la Préface que j'ai jointe à mon édition du texte arabe de l'*Histoire des Almohades* par Abdo-'l-wáhid al-Marrékoschí (Leyde, 1847). Bien qu'imprimé à Amsterdam en 1782 (apud heredes C. Sommer et socios), où Asso del Rio était consul pour les affaires d'Espagne, ce livre est extrêmement rare dans le Nord, et même des bibliothèques très-riches en ouvrages écrits par des auteurs espagnols, tel que celle de Goettingue, ne le possèdent pas; proba-

Abbár, qui suit immédiatement celui que j'ai copié plus haut (p. 12), et qui est conçu en ces termes:

وأنّه (d'al-Motacim) بُرَيْهَة بنت الناصر عبد الرحمن بن المنصور محمد بن ابى عامر وكان جدّه ابو يحيى محمد بن عبد الرحمن [1] واليها على وشقة وهى وهسا وألاها دار هؤلاء التجيبيين من الثغر الشرقى بالاندلس ولما أُخْرِج منها فى الفتنة صار الى ابى الحسن عبد العزيز بن عبد الرحمن بن ابى عامر صاحب بلنسية ويلقّب بالمنصور فاكرمه واوطنه بلده وصاهر ابنيه مَعًنا ابا الاحوص وصهادحا ابا عتبة زوجها (زوجهما .l) اختبئه ثم رأى اللحاق بالمشرق فهدر غرقا فى البحر وكان أنَيَمّ اقصى أدَه ويبقى ابنه معن فى كنف صهره عبد العزيز بن ابى عامر فقدّمه على المرينة لما صارت من عمله بعد مقتل زهير العامرى بمُدّة قريبة وذلك فى سنة ٣٢ وقبيل سنة ٣٣ فاستبدّ بضبطها الخ ۞

Avant Conde, Casiri (II, p. 214) s'était déjà servi de ce passage, et si Conde s'était borné à copier les paroles de Casiri, il aurait donné une version exacte d'Ibno-'l-Abbár. Il a mieux aimé se confier à ses propres forces, et mal lui en a pris.

Conde appelle le gouverneur d'Huesca, Mohammed *fils* de Yahyá (*ben* Yahye) au lieu de *père* de Yahyá (Abou-Yahyá).

---

blement le seul exemplaire qui s'en trouve à présent en Hollande, est celui de la Bibliothèque royale à la Haye. Il paraît qu'Asso del Rio en a envoyé presque tous les exemplaires en Espagne.

1) Au lieu de بن عبد الرحمن, il faut lire بن احمد, ainsi qu'on trouve dans Ibn-Khallicán (*loco laud.*) et ainsi qu'il résulte de la généalogie donnée par Ibno-'l-Abbár lui-même (*voy.* plus haut, p. 12). Il est clair que, dans le texte, Mohammed ibn-Ahmed a été confondu avec son aïeul, Mohammed ibn-Abdorrahmán.

Pourtant Casiri avait écrit très-bien Abou-Yahyá. M. Romey qui sans doute ne l'ignorait pas, a préféré suivre la version de Conde; il est allé plus loin, et il a commis la fâcheuse erreur d'appeler le gouverneur d'Huesca frère de Mondhir de Saragosse (V, p. 171). Du reste, le gouverneur d'Huesca arrive dans Conde à Valence on ne sait pourquoi; il tombe des nues. »Il se rendit à Valence," *pasó á Valencia*, dit Conde tout simplement. M. Romey a senti cela; mais au lieu d'expliquer la venue de Mohammed à Valence comme l'a fait cet historien, il vaut beaucoup mieux ne pas l'expliquer du tout; car M. Romey le fait chasser d'Huesca par les Benou-Houd, après que ceux-ci eurent pris possession de Saragosse (en 431), et de cette manière il a commis un anachronisme de dix-huit années. Mais avant de poursuivre mes remarques, je dois justifier la date à laquelle j'ai fixé moi-même la prise d'Huesca.

Mohammed ayant été chassé d'Huesca par Mondhir, et celui-ci étant mort l'an 414, il est clair que Mohammed quitta sa patrie avant cette époque. D'un autre côté, il se rendit à Valence chez Abdo-'l-azíz qui commença à régner dans cette ville l'année 412. Donc, il faut fixer l'événement dont il s'agit, à l'année 413; que si l'on préfère le fixer à la fin de 412 ou au commencement de 414, peu importe. Rien ne paraît plus simple que ce calcul; mais n'oublions pas que M. de Gayangos (II, p. 505) a déclaré impossible de fixer la chronologie de l'histoire de Valence dans le cinquième siècle de l'Hégire. Je ne suis pas de cet avis, mais pour le moment, je n'ai à m'occuper que de l'époque à laquelle Abdo-'l-azíz commença à régner. M. de Gayangos ajoute là-dessus: »On » ne peut supposer un seul instant, qu'il ne commença à régner » qu'en 412, ainsi que Conde l'assure." Ici Conde a cependant parfaitement raison. Si en ce point, il faut croire quelqu'un, c'est un historien contemporain, et surtout si cet historien est un auteur exact et consciencieux, et si son témoignage est confirmé par celui d'un auteur également exact et consciencieux, et, de plus, originaire de Valence. Or, Ibn-Haiyán (*apud* Ibn-Bassám, *ad-Dhakhirah*, man. de Gotha, fol. 67 r.) atteste que le règne d'Abdo-'l-azíz dura quarante ans, puisqu'il commença à régner au commencement de l'année 412, et qu'il mourut dans la lune de Dhou-'l-hiddjah de l'année 452. Ibno-'l-Abbár, auteur valencien, dit en parlant d'al-Motacim (man., fol. 59 v.): » Il régna donc pendant quarante ans à Almérie, » et Abdo-'l-azíz al-Mançor régna à Valence pendant un nom-» bre égal d'années, car ce dernier fut appelé au gouvernement » de cette ville l'an 412 et mourut en 452." Ce qui a trompé M. de Gayangos, c'est qu'il ignorait que l'histoire de la principauté de Valence ne commence pas avec Abdo-'l-azíz, et qu'auparavant elle fut gouvernée par d'autres personnages. Je reviendrai sur ce point dans le second volume de cet ouvrage; ayant justifié ma chronologie, je dois retourner au récit de Conde.

L'académicien espagnol dit qu'Abdo-'l-azíz donna en mariage ses deux *filles* aux deux fils du gouverneur d'Huesca. Casiri avait déjà dit très-bien ses deux *soeurs*. Que faut-il penser d'un auteur qui, dans le texte qu'il a devant les yeux, lit اختيه et qui traduit *ses deux filles?* Cependant les historiens postérieurs, qui n'ont pas songé à recourir à Casiri, et qui n'ont pas remarqué qu'il était fort improbable qu'Abdo-'l-azíz eût déjà des filles nubiles à cette époque, MM. Aschbach (I, p. 44), Romey (V, 171) et Hoogvliet, se sont empressés de copier cette bévue. Il y a plus; Conde peut se vanter de l'honneur, si c'en est un, d'avoir induit en erreur un de nos plus savants, de nos plus judicieux orientalistes, M. de Slane.

Ibn-Khallicán dit: وكان ولده معن والد المعتصم مصاهرا لعبد العزيز. M. de Slane, trompé probablement par Conde, traduit

(t. III, p. 204) : » His son Maan, the father of al-Motasim, » married *the daughter of Abd al-Azîz*." Sans doute, les paroles d'Ibn-Khallicán admettent cette traduction ; les mots مصاهرة, صهر etc. ont une signification très-vague, puisqu'ils signifient en général, tous les degrés de parenté qui naissent d'un mariage. Pour déterminer dans quel sens ils sont employés par les auteurs, on est toujours forcé de consulter l'histoire.

Conde a estropié le nom de l'épouse d'Abou 'l-Ahwaç Man et celui d'Abou-Otbah Çomádih. Il appelle la première *Borija* au lieu de *Boraihah*, et le second *Samida* ; il est étonnant que M. Hoogvliet n'ait pas corrigé cette dernière erreur. Mais en parlant de Zohair, Conde a encore forgé des faits et une date. Il dit que Zohair mourut de maladie, l'année 432, et qu'avant sa mort, il avait déclaré son successeur Abdo-'l-azíz de Valence. M. Romey a copié ce récit évidemment controuvé ; M. Hoogvliet en a copié la dernière assertion ; **M. Aschbach** (I , p. 43), visant à l'originalité, ou comprenant à demi les paroles de Casiri, fait *mourir ou assassiner* Zohair *à Almérie*. Le fait est que Conde a lu chez Ibno-'l-Abbár le nom de Zohair et la date 432 ; cela lui a suffi et, sans s'inquiéter le moins du monde du sens du passage, il en a conclu que Zohair mourut en 432. Mais Ibno-'l-Khatíb (*Dictionnaire biographique*, article de Zohair, man., fol. 135 r.) dit expressément, en parlant de la bataille entre Zohair et Bádís : فانهزم زهير واصحابه وتقطّعوا وعمل السيف فيهم فمزقوا وقتل زهير وجهل مصرعه — — وكانت وفاة زهير يوم الجمعة عقب شوال سنة ٤٢٩ بقرية الفنت خارج غرناطة. Ibn-Khaldoun (man., fol. 27 r.) dit de même : واقسام بالامر بعده (Khairán) الامير عميد الدولة ابو القاسم زهير العامري وزحف الى غرناطة فبرز اليه باديس بن حبوس وهزمه وقتل بظاهرها سنة ٢٩

et Ibno-'l-Athír (dans son chapitre sur les Abbádides): دولى بعده (حبوس) أبنه باديس واجتمع هو وزهير ليتّفقا كما كان زهير وحبوس ولم تستقرّ بينهما قاعدة واقتتلا فقُتل زهير وجمع كثير من اصحابه أواخر سنة ٢٩ (voyez aussi Ibno-'l-Athír, fol. 54 r.; an-Nowairí, man. 2 h, p. 509; Abou-'l-fedá, tom. III, p. 40). Que Zohair n'avait nullement déclaré Abdo-'l-azíz son successeur; que cette assertion est encore de l'invention de Conde, et qu'au contraire Abdo-'l-azíz s'empara de la principauté d'Almérie par la force, c'est ce qui résulte des paroles d'Ibn-Khallicán: فلما قُتل زهير وثب على المرية.

Puisque nous sommes en train de critiquer, que j'ai parlé des villes qu'embrassait la principauté d'Almérie, et entre autres de Murcie et de ses fabriques, je ferai remarquer une erreur bien singulière, qui se trouve dans la traduction anglaise d'al-Makkarí. As-Schakandí, copié par cet auteur (man. de Gotha, fol. 396 v.), dit en parlant de Murcie: وهى للمرية ومالقة فى صنعة الوشى ثالثة, c'est-à-dire: »Avec Almérie et Malaga, » elle est la troisième ville où l'on fabrique le *waschj.*" M. de Gayangos (I, p. 69) traduit: »As in Malaga and Almeria, there » are in Murcia several manufactures of silken cloth called *al-* » *waschiu-thalathát.*" A en croire le traducteur (p. 377), on lit الوشى الثالثة dans le man. A., et dans le man. B. الثلاثات. Les manuscrits d'al-Makkarí étant en général très-corrects, je m'étonnerais, je l'avoue, que les copistes se fussent trompés en copiant une phrase aussi simple et aussi facile. Mais si réellement deux manuscrits présentent ces leçons fautives, le traducteur aurait dû s'apercevoir de l'erreur, et au lieu de proposer deux explications différentes d'un passage corrompu, il aurait pu se borner à remarquer que les principes de la grammaire avaient été violés ici par les copistes, le mot وشى étant un masculin et un singulier et, en conséquence, ne se construisant pas avec un adjectif féminin, soit au singulier, soit au pluriel. Je ne conçois pas non plus que la véritable leçon ne se soit pas présentée d'elle-même à l'esprit du traducteur; l'usage de la préposition ل y conduisait fort naturellement.

J'ai dit aussi, toujours sur l'autorité d'as-Schakandí copié par al-Makkarí, que Murcie n'avait pas besoin d'emprunter quoi que ce fût aux autres villes. On ne rencontrera pas cette phrase dans la traduction de M. de Gayangos à l'endroit où elle aurait dû se trouver (p. 69). C'est que cet orientaliste a rendu bien inexactement le passage dans son entier. Le texte dit: وهى بلدة تتجهز منها العروس التى تنتخب شورتها لا تفتقر فى شىء من ذلك الى سواها, « Murcie est un pays qui contient » tout ce dont on a besoin pour le trousseau et pour la parure » d'une jeune mariée dont on vante la beauté, et elle n'a pas » besoin d'emprunter etc." Au lieu de reproduire ce sens, M. de Gayangos compare Murcie à la maison que quitte la jeune mariée pour se rendre chez son époux, et il a omis la seconde moitié de la phrase [1].

En traçant les limites de la principauté d'Almérie sous Zohair, je me suis servi de diverses indications qui se trouvent chez Ibn-Khaldoun (fol. 27 r.). Ibno-'l-Athír (V, man., fol. 54 r.), copié par an-Nowairí (man. 2 h, p. 509), nous apprend que Xativa appartenait à Zohair, et ailleurs (V, fol. 50 r.) il atteste que lorsqu'al-Kásim ibn-Hammoud voulut se concilier l'affection des Amirides, il donna les fiefs de Jaen, de Calatrava et de Baeza à Zohair (فلما ولى القسم واستقر ملكه كاتب العامريين واستمالهم واقطع زهيرا جيان وقلعة رباح وبياسة). Mais à l'époque dont il s'agit, Calatrava appartenait au roi de Tolède (voy. Ibno-'l-Athír dans son chapitre sur les Abbádides).

---

1) Murcie appartenait-elle réellement au territoire d'Almérie? Je répondrai à cette question dans un autre chapitre de ce volume.

Enfin Ibno-'l-Khatîb nous offre le passage suivant, dont une partie est empruntée à un volume d'Ibn-Adhárí que nous ne possédons plus : وملك قرطبة ودخل قصرها يوم الاحد لخمس بقين من شعبان سنة ٤٢٥ ودام سلطانه عليها خمسة عشر شهرا ونصف شهر قال ابن عذارى واما زهير الفتى فامتدّت اطناب مملكته من المرية الى قرطبة ونواحيها والى شاطبة وما يليها والى ببانة والى الفج من اول طابيطلة ❊

Il nous reste à examiner le récit d'un historien respectable, celui d'Ibno-'l-Athír, qui est en opposition flagrante avec celui des autres historiens, mais qui a été reproduit par an-Nowairí (p. 509). Dans son paragraphe sur les princes de Valence (fol. 52 r.) il dit : ثم — — واما بلنسية فكان بها المنصور انتصاف البيه المرية وما كان البيها [1] وبعده ابنه محمد ودام فيها الى ان غدر به صهره المامون بن اسمعيل بن ذى النون واخذ منه رياسة بلنسية فى ذى الحجة سنة ٤٥٧ فانتزع الى المرية واقام بها, et dans بها الى ان خلع على ما اذكره ان شاء الله تعالى celui sur les princes d'Almérie (fol. 54 r.) : ودام (Zohair) الى ان قُتل كما تقدم وصارت مملكته الى المنصور — — فولى بعده ابنه محمد فلما توفى عبد العزيز ببلنسية اقام ابنه محمد بالمرية وهو يدبر بلنسية فانتهز الفرصة فيها المامون يحيى بن ذى النون

---

1) *Almérie et son territoire.* Cette phrase, dans laquelle il y a ellipse du verbe انتصاف, est assez fréquente chez quelques historiens, mais comme je ne crois pas qu'on en ait déjà fait l'observation, j'ajouterai ici les exemples suivants: Ibno-'l-Abbár, man., fol. 63 r.: وكان اخوه عمر ; fol. 69 v.: المتوكل ببيابرة وما البيها وملك بلنسية وما اليها من بلاد ; Ibn-Khaldoun, tom. IV, man., fol. 10 r.: وهى خراب فحصنها الشرق ; fol. 11 r.: وكاتب ابن الاغلب صاحب افريقية وملك ما اليها وهاداه واظهر دعوة العباسية بالاندلس فيما اليه ❊

واخذها منه وبقى بالمرية الى ان اخذها منه صهره ذو الوزارتين
ابو الاحوص المعتصم (rayez ce mot) معن بن صمادح التجيبى.
An-Nowairí a reproduit ce dernier passage ; seulement il a substitué aux mots الى ان اخذها — فولى بعده, ceux-ci : فولّى
(Abdo-'l-azíz) عليها محمد (lis. محمدا) ابنه فاقام بها مدّة
فى حياة ابيه وبعد وفاته الى ان اخذها الخ. Cela est du moins plus clair que les paroles assez obscures d'Ibno-'l-Athír ; le وهو يدبر de cet auteur, est assez choquant. Ibno-'l-Athír dit donc que Mohammed, fils et successeur d'Abdo-'l-azíz de Valence, après avoir été gouverneur d'Almérie sous le règne de son père (selon an-Nowairí), demeura à Almérie après la mort de ce dernier ; en d'autres mots, au lieu de résider à Valence, il résida à Almérie. Le roi de Tolède prit alors Valence dans la lune de Dhou-'l-hiddjah de l'année 457, et Mohammed ne conserva qu'Almérie qui lui fut enlevée plus tard par Abou-'l-Ahwaç Man. Franchement, voilà un amas d'absurdités. Le fils d'Abdo-'l-azíz qui succéda à son père, s'appelait Abdo-'l-melik et non pas Mohammed ; il n'a jamais été gouverneur d'Almérie ; s'il résidait à Almérie, ainsi qu'Ibno-'l-Athír le dit dans le second passage, il n'avait pas besoin d'y aller, ainsi qu'il le dit dans le premier. Nous verrons plus tard que des auteurs européens, soi-disant historiens, ont cru aux revenants sans s'en douter ; la même chose est arrivée ici au bon Ibno-'l-Athír, car il fait attaquer son fabuleux Mohammed, après l'année 457, par Abou-'l-Ahwaç Man qui, quatorze années auparavant, était parti pour » ce pays que personne n'a encore » découvert, et d'où aucun voyageur ne revient," pour parler avec Hamlet. En effet, une demi-ligne plus loin, Ibno-'l-Athír dit qu'Abou-'l-Ahwaç mourut en 443, en quoi il est d'accord avec les autres historiens.

D'après ces remarques, il est évident qu'Ibno-'l-Athír a

écrit ces deux paragraphes en sommeillant; je crois qu'il a confondu l'histoire du fils d'Abdo-'l-azíz avec celle du cousin germain d'Abdo-'l-azíz, Mohammed, le fils du Hádjib Abdo-'l-melik et le petit-fils d'Almanzor, qui joua un rôle dans l'Espagne orientale pendant la vie de Khairán, c'est-à-dire une trentaine d'années auparavant. Pourtant Ibno-'l-Athír est un excellent historien que j'aurai bientôt l'occasion de citer avec éloge.

Ayant achevé d'examiner les récits de mes devanciers et celui de l'historien arabe, je continue le mien.

Man prit le titre de Dhou-l-wizárataini (généralissime des armées et grand chancelier), mais dans la suite [1], il se déclara indépendant. Une grande partie des villes qui avaient obéi à Zohair, lorsque la principauté d'Almérie était plus considérable qu'elle ne l'a jamais été depuis, reconnurent également l'au-

---

1) M. Defrémery a bien voulu collationner pour moi le paragraphe d'Ibn-Khaldoun, relatif aux Benou-Çomádih d'Almérie, sur le man. de la Bibl. royale (suppl. ar. 53$\frac{2}{4}$, fol. 74 v.). D'après ce manuscrit, Man se serait déclaré indépendant en 443, car on y lit après les mots que j'ai copiés plus haut (p. 68, note 1): وتسمى ذى الوزارتين ثم خلفه واستبد سنة ٤٣ وولى ابنه المعتصم ابو يحيى محمد بن معن بن صمادح واستبد بها سنة ٤٤. Dans le man. de Leyde, ce passage se lit ainsi: وتسمى ذا الوزارتين ثم خلعه وولى ابنه المعتصم ابو يحيى محمد ابن معن بن صمادح واستبد بها اربعا واربعين سنة. En comparant ces deux textes et le récit des autres historiens, il est certain qu'Ibn-Khaldoun a écrit: وتسمى ذا الوزارتين ثم خلعه واستبد وتوفى سنة ٤٣ وولى — — واستبد الخ; le reste doit se lire comme dans le man. de Leyde. Suivant Ibn-Khaldoun, al-Motacim mourut en 480, et puisqu'il dit que Man et son fils régnèrent en princes indépendants pendant 44 années, il en résulterait que Man s'est déclaré indépendant en 436. Mais al-Motacim ne mourut réellement qu'en 484; si donc l'on veut admettre néanmoins le calcul d'Ibn-Khaldoun, Man se serait déclaré indépendant en 440.

torité d'Abou-'l-Ahwaç Man. De ce nombre furent Lorca, Baeza et Jaen [1]. La principauté d'Almérie embrassait donc encore une grande partie des trois royaumes de Murcie, de Grenade et de Jaen. Mais Man ne régna pas longtemps, car il mourut en 443 (1041, 2) [2]. Il avait offert à son frère Abou-Otbah Çomádih de lui succéder après sa mort, mais celui-ci ayant refusé cette offre, il avait nommé son héritier son fils Mohammed. A l'époque de la mort de son père, celui-ci n'était âgé que de quatorze ans, et pendant sa minorité, son oncle Abou-Otbah Çomádih gouverna la principauté d'Almérie.

Ibn-Schabíb [3], qui avait été nommé gouverneur de Lorca par Man, se révolta contre son nouveau maître et contracta une alliance avec Abdo-'l-azíz al-Mançor, seigneur de Valence et de Murcie. Le régent, Çomádih, marcha contre lui avec les troupes d'Almérie et avec celles de Grenade, commandées par son allié, Bádís. Çomádih et Bádís prirent quelques forteresses, situées dans le voisinage de Lorca, mais ils revinrent de cette expédition, sans avoir pu se rendre maîtres, à ce qu'il paraît, de Lorca elle-même. Çomádih mourut en 446, et à partir de cette époque, Mohammed, âgé de dix-sept ans, régna par lui-même.

Les lecteurs qui connaissent le récit de Conde (II, p. 31, 32), copié d'ailleurs fidèlement par M. Romey (V, p. 179),

---

1) Ibno-'l-Athír: ودانت له لورقة وبياسة وجيان. Copié par an-Nowairí, p. 509.

2) Ibno-'l-Abbár, fol. 59 v.; Ibno-'l-Athír, fol. 54 r.; an-Nowairí, p. 509; Ibn-Khaldoun (voy. p. 77 dans la note).

3) ابن شبيب. On peut prononcer également Ibn-Schobaib, car il y a deux noms propres qui s'écrivent de la même manière, savoir Schabib et Schobaib (voy. le *Kámous*, p. ۱۰۴); cependant il paraît que Schabib est plus usité.

n'auront peut-être pas lu le mien sans quelque étonnement.
Il est vrai que j'ai fait usage de deux passages d'historiens inédits, que Conde n'a pu consulter; mais en même temps, je me suis servi d'Ibno-'l-Abbár ainsi que Conde; or, voici ce que dit cet auteur (fol. 59 r.): Man mourut en 443, فاجلس
بنو عمه ورجاله ابنه ابا يحيى محمد بن معن هذا وهو ام يستكمل ثمان عشرة سنة وقد كان ابوه اخذ البيعة له فى حياته واحكم أمرَها بعد ان عرضها على اخيه ابى عتبة صمادح فدفعها وأبى قبولها فتمّت له الامارة بعد ابيه. Ces paroles sont aussi claires qu'on puisse le désirer, et je crois qu'une partie de ce que je viens de raconter, se trouve déjà suffisamment justifiée. Malheureusement l'académicien espagnol semble avoir pris à tâche de faire dire presque toujours à Ibno-'l-Abbár exactement le contraire de ce qu'il dit en effet. Conde commence par dire qu'Abou-Otbah Çomádih (qu'il appelle *Somida Abu Otabi*) était le fils de Man, tandis que nous avons déjà dit plus haut, et Conde aussi, en parlant de l'arrivée du gouverneur d'Huesca à Valence, qu'il était le frère de Man. Ensuite, ne comprenant pas les paroles de l'auteur arabe, il invente une guerre entre Çomádih et Mohammed, qui n'a jamais eu lieu, et enfin il termine son récit par une phrase à sa manière. Vraiment, ce passage est infiniment curieux si on le compare avec le récit d'Ibno-'l-Abbár; qu'on me permette de copier la traduction qu'en a donnée M. Romey, car de pareils passages font connaître à merveille la manière dont Conde traduit d'ordinaire: »Dès qu'il (*savoir* Moham-
»med) fut monté sur le trône, il fut en guerre avec son
»frère Somida Abu Otabi, qui voulut lui disputer la souve-
»raineté; mais qui n'obtint rien et fut obligé de se contenter
»de son sort, et de demeurer à la merci de son bon frère [*su
»buen hermano*] lequel le traita toujours bien et l'honora à

» sa cour." En effet, quel *buen hermano*, quel bonhomme de frère que celui-là! Vraiment, il est à regretter que, dans tout le récit de Conde, il n'y ait pas un seul mot de vrai.

Chez Ibno-'l-Athír (V, man., fol. 54 r.), copié par an-Nowairí (man., p. 509), on trouve les mots suivants: وولى بعده ابنه ابو يحيى محمد بن معن وهـو ابن اربع عشرة سنة فكفله عمه ابو عتبة بن محمد الى ان توفى سنة ٤٩ فبقى ابو يحيى الخ. Au premier abord ces paroles semblent être en opposition avec celles d'Ibno-'l-Abbár, mais j'ai cru que ces deux récits pouvaient se concilier à merveille, et c'est ce que j'ai tâché de faire dans le mien, en admettant qu'Ibno-'l-Abbár a passé sous silence la régence de Çomádih, et que le récit d'Ibno-'l-Athír est plus exact; en effet, il est confirmé indirectement par le passage suivant d'Ibn-Khaldoun (fol. 27 r.), qui est altéré par plusieurs fautes de copiste, mais que j'ai tâché de rétablir par conjecture [1]: وثار عليه (المعتصم) صاحب لورقة ابن شبيب وكـان ابوه معن ولــى (وﻻه *je lis*) عليها فاجهز اليها (البه *lis.*) المعتصم جيشا واستمكن ابن شبيب المنصور ابن ابى عامر صاحب بالمنسية ومرسية بالعدوة (بالعدد *lis.*) واستمكن المعتصم ببادیس ونهض عمه صمادح بن بادیس بن صمادح (*je lis* ونهض عمّه صمادح ابن صمادح مع بادیس) فقاتلوا حصونا من حصون لورقة واستولوا عليها ورجعوا. (Il est question ici d'une guerre dont ne parle aucun autre historien, à ce que je sache; le passage est donc de quelque importance, malgré sa brièveté désespérante, surtout parce qu'il nous explique en partie comment la principauté d'Almérie s'est rétrécie peu à peu.)

---

1) Après que M. Defrémery eut collationné ce passage sur le man. de Paris (suppl. arabe, 53$\frac{2}{4}$, t. IV, fol 84 r.), j'ai eu la satisfaction de voir toutes mes corrections confirmées par ce manuscrit.

Au commencement de son règne, Mohammed prit le surnom de Sirádjo-'d-daulah [1] et de Moïzzo-'d-daulah; mais lorsque, dans la suite, les autres émirs de l'Espagne eurent adopté les surnoms des khalifes, et qu'Abbád de Séville eut pris celui d'al-Motadhid billáh al-Mançor-bi-fadhli-'lláh, Mohammed voulut suivre cet exemple, et ne prétendant céder en rien au prince de Séville, il se surnomma al-Motacim billáh et al-wáthik-bi-fadhli-'lláh [2]. C'est sous le nom d'al-Motacim qu'il est connu dans l'histoire.

Cependant ses voisins, voyant un prince si jeune occuper le trône d'Almérie, cherchèrent à se rendre maîtres des places situées sur les limites de leurs états. Al-Motacim ne semble pas avoir possédé des talents militaires, et ses voisins ne réussirent que trop bien à le priver d'une grande partie de ses états. La principauté d'Almérie qui, sous le règne de Man, avait eu une étendue assez considérable, se réduisit bientôt à la seule capitale et au pays qui l'entoure. Ibno-'l-Athír dit formellement: » Après la mort de Çomádih, les princes voisins d'Abou-
» Yahyá (al-Motacim), le crurent un souverain bien peu redou-
» table à cause de sa jeunesse, et ils s'emparèrent de ceux de ses
» pays qui étaient situés à quelque distance d'Almérie, de sorte

---

1) Voyez le passage d'al-Makkarí (fol. 468 r.) que je traduirai plus loin.

2) Ibno-'l-Abbár, man., *loco laud.*: وسمّى نفسه بمعزّ الدولة فلما تلقّب سائر امراء الاندلس بالالقاب الخلافية تلقّب هو ايضا بالمعتصم باللّه والواثق بفضل اللّه لقبّين من القاب خلفاء بنى العبّاس مناغذ (*lis.* مناغاة) لصاحب اشبيلية عبّاد بن محمد لـما تلقّب بالمعتضد باللّه المنصور بفضل اللّه). Voyez sur la signification de la troisième forme du verbe نغى, une note dans mon *Historia Abbadidarum*, tom. I, p. 355).

» qu'à la fin, il ne lui restait que cette ville et le pays qui
» l'environne ¹."

Pourtant le royaume d'Almérie, malgré les pertes sensibles qu'il avait éprouvées, n'était pas sans importance. La capitale elle-même, bâtie sur le rivage de la Méditerranée, et bien déchue aujourd'hui de son ancienne splendeur, présentait un tout autre spectacle sous le règne d'al-Motacim. La nature a continué de prodiguer ses dons aux bords du fleuve d'Almérie qui, sous l'empire des Maures, s'appelait le fleuve de Péchina; les palmiers, les orangers et les citronniers y croissent toujours; ces rives riantes présentent toujours une suite de jardins, coupés par des ruisseaux limpides, et où les oiseaux font entendre leur ramage ²; alors, comme aujourd'hui, les habitants de la ville se distinguaient par leurs manières aimables et courtoises ³; mais si la ville a conservé son apparence mauresque autant, et plus peut-être, qu'aucune ville andalouse; si les maisons basses et à toits plats, les belles femmes au teint hâlé, à la voix douce et mélodieuse, rappellent au voyageur le souvenir de cette nation qui, pendant le moyen âge, fut la plus entreprenante et la plus éclairée du globe; rien, au contraire, sauf des ruines, ne fait soupçonner que, dans le moyen âge, cette même Almérie, aujourd'hui si appauvrie, renfermait les plus belles fabriques; qu'on y comptait quatre mille métiers peut-être à tisser les étoffes les plus précieuses; qu'on y travaillait toutes sortes d'ustensiles en fer, en cuivre

---

1) Tom. V, fol. 54 r.: فبقى ابو يحيىى مستضعفا لصغره وأُخِذَت بلاده البعيدة عنه ولم يبق له غير المرية وما يجاورها. Copié par an-Nowairí.

2) Paroles d'un auteur cité par al-Makkarí (man. de Gotha, fol. 33 v.).

3) As-Schaḳandí (*apud* al-Makkarí, man., fol. 396 v.) et le capitaine Cook (*Schetsen van Spanje*, tom. I, chap. 3) emploient à ce sujet à peu près les mêmes termes, malgré la différence des temps.

et en verre; qu'elle était le port le plus important de l'Espagne; qu'elle recevait les vaisseaux de Syrie, d'Egypte, de Pise et de Gênes, qui s'y chargeaient de toutes sortes de marchandises; qu'elle renfermait environ mille hôtelleries et maisons de bains; qu'enfin ses habitants étaient les négociants les plus riches de toute l'Espagne. Mais c'était par l'industrie et par le commerce qu'ils s'étaient enrichis, car le royaume d'Almérie n'était point favorisé par la nature. On raconte que certain jour un Almérien se promenait en bateau sur le fleuve de Séville (le Guadalquivir), et qu'arrivé sous certaine fenêtre du village de Schantabous, il chanta ces vers:

Ne me parlez point de ce fleuve, ni de ses bateaux, ni des jardins de Schantabous, car le basilic sauvage qui croît dans ma patrie, m'est bien plus cher que le paradis lui-même.

Une jeune fille qui l'avait entendu, ouvrit la fenêtre et lui demanda de quel pays il était. »D'Almérie," répondit-il. »Eh bien," dit-elle, »qu'est-ce qui peut vous inspirer cette »admiration pour un pays au visage salé et à l'occiput aigu?" Par cette épigramme elle voulait indiquer la mer et les montagnes escarpées, et exprimer l'opposé de l'expression poétique des Arabes qui appellent le Guadalquivir le visage de Séville, et les collines, couvertes de figuiers et de vignes, qui s'étendent jusqu'à la Sierra Morena, l'occiput de cette ville [1]. As-Somaisir, poète de la cour d'al-Motacim, a dit sur Almérie:

---

1) Al-Makkarí (man. de Gotha, fol. 440 r.): وركب بعض اهل المرية

فى وادى اشبيلية فمرّ على طاقة من طاقات شنتبوس وهو يغنى

خلّيين من واد ومن قوارب   ومن نزاعًا (sic) فى شنتبوس

غرس الحبق الذى فى دارى   احبّ عندى من الفردوس

فاخرجت رأسها جارية وقالت له من اى البلاد انت يا من غنى

فقال من المرية فقالت وما اعجبك فى بلدك حتى تفضله على

— 84 —

Certes, habiter à Almérie est une chose bien fâcheuse aujourd'hui; ce que vous désirez, vous ne l'y trouvez pas; point de fruits, si le vent ne souffle pas; quelquefois il souffle, il est vrai, mais plus souvent il oublie de le faire.

Le poète indique qu'on manquait de provisions à Almérie, et qu'on était obligé de les faire venir de l'Afrique [1].

Voici le tableau que nous trace un auteur contemporain, Ibn-Khácán, en parlant du royaume d'al-Motacim: » La pro-
» vince où il commandait, est bien petite; elle ne rapporte
» que fort peu, et on peut l'embrasser d'un seul coup d'oeil;
» les nuages y répandent inutilement leurs gouttes bienfaisan-
» tes, car elle ne produit ni fruits, ni blés; les champs y sont
» presque tous stériles et l'herbe seul y pousse. Mais, Dieu

وادى اشبيلية وهو بوجه مالح وقفا احرش وهذا من احسن تعبيب وذلك انها اتت بالنقيض من اشبيلية فان وجهها النهر العذب وقفاها لجبال الرحمة اشجار التين والعنب لا تقع العين الا على خضرة فى ايام الفرج واين اشبيلية ☆

On voit que la chanson citée ici, n'appartient pas à l'un des seize mètres ordinaires de la métrique arabe. La phrase واين اشبيلية est elliptique: *quelle différence y a-t-il entre Séville et Almérie!* Il faut traduire de la même manière la phrase d'Ibn-Bassám qu'on rencontre dans mon *Hist. Abbad.*, I, p. 252, et qu'à la page 281, je n'ai pas rendue exactement. — Du reste, ce passage d'al-Makkarí, ainsi que la plupart des autres que je citerai plus loin, ne se trouve pas dans la traduction de M. de Gayangos. On n'y trouve que ceux que j'indiquerai spécialement.

1) Al-Makkarí, *loco laud.*: وفى المرية يقول السميسر شاعرها

بئس دار المرية اليوم دارا   ليس فيها لساكن ما يحب
بلدة لا ثمار الا بريح   ربما قد تهب أو لا تهب

يشير الى ان مرافقها مجلوبة وان المرية تأتيها فى البحر من بر العدوة ☆

» me pardonne! il en est autrement des rives du fleuve de
» Péchina, de ce grand fleuve qui quelquefois devient aussi gros
» qu'une corde; sa source lui fait bien souvent défaut, mais
» il se console quand les gouttes de la rosée et de la pluie le
» grossissent; en effet, sur ces rives il y a des terres à blé et
» des prairies, pas plus larges que l'étendue de la main, mais
» où peuvent se nourrir les colombes et les vaches [1]." Sans
doute, il y a un peu de méchanceté dans ce jugement si sévère, mais il n'est pas tout-à-fait injuste. Tout le pays depuis
l'Almanzora et Vera jusqu'aux environs d'Almérie, est stérile
et sablonneux, et la plaine qui s'étend à l'orient d'Almérie
jusqu'au Cabo de Gata, est effectivement un désert; mais vers
le sud-ouest le pays est plus fertile. Berja, par exemple, est
située pittoresquement dans une petite vallée, bordée de tous
côtés par des montagnes; Daléyah se trouvait dans une plaine
qu'on nomme aujourd'hui Campo de Dalias; cette plaine est
inculte à présent, mais on y trouve encore quelques *algibes*
(réservoirs), construits par les Maures, et, à en croire un voyageur moderne [2], quelques étangs suffiraient pour la changer en
un jardin délicieux. Elle l'était sous les Maures, car voici ce
qu'Ibn-Kháçán qui, comme nous venons de le voir, n'était

---

1) *Kaláyido-l-ikyán:* هذا على انكماش ولايته‘ وقلّة جبايته" فان
نظره لم يزد على امتداد ناظر‘ ولم يجد الغمام منه على يانع ولا
ناضر" لان اكثر منابته شيح‘ ومهامه فيح" استغفر الله الا ضفتى
نهر بجانة الممتد كالحبل‘ المستمد من الطل والوبل" فان فى
جانبيه كاتساع الشبر‘ ما يفى بانتجاع ورق وثبر" Qu'il suffise
de dire une fois pour toutes, que j'ai établi le texte des passages d'Ibn-
Kháçán, d'après quatre manuscrits. (Voyez sur le mot نظر dans le sens
de *ditio, provincia*, une note dans mon *Historia Abbadidarum*, tom. I,
p. 274).

2) Le capitaine Cook.

pas partial pour le territoire d'Almérie, dit en parlant de Berja et de Daléyah: » Ce sont deux districts dont aucun oeil
» n'a parcouru les pareils; le zéphyr y folâtre avec les bran-
» ches des arbres; les ruisseaux y sont limpides; les jardins y
» offrent à ceux qui les visitent, leurs parfums variés; les
» parcs y égaient l'âme et offrent aux yeux le spectacle le plus
» riant [1]."

Le souverain de ce pays, al-Motacim, n'était ni grand capitaine, ni profond politique; mais si l'historien ne peut lui consacrer des pages brillantes, la justice l'oblige à poser sur sa tête la belle couronne due à un prince qui méritait d'être appelé le bienfaiteur de ses sujets. Bon envers ses parents, son peuple et l'armée, il n'ambitionnait nullement d'égaler les princes de l'Espagne dont les possessions étaient plus étendues que les siennes; n'aimant point à voir répandre le sang de ses sujets, il se contentait de ce qu'il possédait; obligé quelquefois de repousser les attaques de ses voisins ambitieux, il ne fit la guerre qu'à contre-coeur; n'appartenant pas aux esprits-forts de son temps, il honorait la religion et le clergé, et pendant certain jour de la semaine, il rassemblait autour de lui, dans une salle de son palais, les fakíhs et les courtisans, qui se livraient alors à la discussion des textes des Commentaires sur le Koran, et des traditions relatives au Prophète [2]. On nous raconte de lui une de ces anecdotes qui

---

1) برجة ودلاية وهما نظران لم يسجل فى مثلهما ناظر' — غصون تثنيها الرياح' ومياه لها انسياح" وحدائق تهدى الارج والعرف' ومنازع تبهج النفس وتمتع الطارف" ۞

2) Ibno-'l-Abbár, man., fol. 59 r. et v., après le passage que j'ai publié plus haut p. 81, note 2: وكان حسن السيرة فى رعيته وجنده وقرابته فانتظمت ايامه واتصلت دولته واستقامت اموره وقال ابو عامر محمد بن احمد بن عامر السالمى فى تاريخه وذكر المعتصم

nous rappellent celles d'Anouschirwán le Juste et de Frédéric-le-Grand. Lorsqu'il fit bâtir l'enceinte de magnifiques palais, connus depuis sous le nom d'aç-Çomádihíyah, les ouvriers mirent la main sur un jardin qui appartenait à des orphelins, malgré les justes réclamations de leur tuteur. Mais

هذا كان رحب الفنا، جزيل العطا، حليما عن الدما والدما،
فطافت به الامال، واتّسع فيه المقال، واعلمت (واعملت .lis) الى
حصرته الرجال (الرحال .lis) قال ولم يكن من فحولة ملوك الاندلس
بل اخلد الى الدعه، واكتفى بالضيق من السعه، واقتصر على
قصر يبنيه، وعلق يقتنيه، وكانت بينه وبين اصحابه ملوك
الطوائف فتن مبيرة غلبوه عليها واخرجوه من سجيته مكرّها اليها
قال وصاهر المعتصم اقبال الدولة على بن مجاهد العامرى وانكح
ابنته وخاطب عنه ابو محمد بن عبد البر من دانية يعنى عند
زفافها اليه برسائة بديعة وقال غيره كان المعتصم ساكن الطائر
مأمون الجانب حصيف العقل ظاهرًا مَعْنيًّا بالدين واقامة الشرع
يعقد المجالس بقصره للمذاكرة ويجلس يوما فى كل جمعة
للفقهاء والخواصّ فيتناظرون وبـبـين (بيّن .lis) يديه فى كتب
التفسير والحديث ۞

Pour justifier le sens que j'ai donné aux paroles وكانت بينه وبين
اصحابه — فتن — غلبوه عليها, il n'est peut-être pas inutile que je cite un autre exemple de cette locution. On trouve chez Ibn-Kháçán (*Kaláyido 'l-ikyán*, man. A, tom. II, p. 54) : غلبوه على المسير معهم
والزموه مجتمعهم فخ ج وهو مكره. Sur la troisième forme du verbe نظر, on peut consulter une note dans mon *Historia Abbadidarum*, tom. I, p. 425 ; la sixième forme signifie également *disputer sur des questions littéraires*, ainsi que dans ce passage d'Ibno-'l-Khatíb (*Dict. biographique*, man., fol. 23 r.) : تبايتنا ليلة واخذنا فى التناظر والتذاكر.

un jour qu'al-Motacim se trouvait près du canal qui coulait dans ses jardins, ses yeux tombèrent sur un roseau, fermé des deux côtés avec de la cire. Ayant ordonné de le lui apporter, il brisa la cire et trouva un billet, dans lequel le tuteur lui reprochait assez durement l'injustice, commise par les ouvriers. Le prince les fit venir sur le champ, les réprimanda sur leur conduite et restitua le jardin aux orphelins, bien qu'il fût de la plus grande importance pour compléter l'ensemble des bâtiments. Dans la suite, le wézir Ibn-Arkam fit tous ses efforts pour engager le tuteur et les orphelins à le vendre, et les pria d'en fixer eux-mêmes le prix, ce qu'ils firent à la fin [1].

Si al-Motacim était juste, il aimait aussi à pardonner des offenses. Il avait comblé de faveurs le poète Abou-'l-walíd an-Nihlí (النهلى) de Badajoz, mais lorsque celui-ci se fut rendu à Séville, à la cour d'al-Motadhid ibn-Abbád, il fut assez ingrat pour oser insérer ce vers dans un dithyrambe composé en l'honneur de ce prince:

> Ibn-Abbád a détruit les Berbères; Ibn-Man — a exterminé les poules des villages.

Al-Motacim fut informé de la raillerie du poète; mais l'insouciant enfant des Muses l'avait oubliée, et était rentré dans Almérie quelque temps après. Invité à souper chez le prince, il fut très-étonné de ne voir sur la table que des poules. »Mais » mon seigneur," s'écria-t-il, »n'avez-vous donc à Almérie d'au- » tre mets que des poules?" »Nous en avons d'autres," répondit al-Motacim, »mais j'ai voulu vous montrer que vous » vous êtes trompé quand vous avez dit qu'Ibn-Man a exter- » miné les poules des villages." An-Nihlí se ravisa et chercha à s'excuser, mais le prince lui dit: »Rassurez-vous; un homme

---

1) Al-Makkarí, man., fol. 434 v.; trad. de M. de Gayangos, I, p. 134 et suiv.

» de votre profession ne gagne sa vie, qu'en agissant comme
» vous l'avez fait; celui-là seulement mérite ma colère, qui
» vous a entendu réciter ce vers, et qui a souffert patiemment
» que vous outragiez un de ses égaux 1." Pour rassurer le
poète, al-Motacim lui fit des présents; mais an-Nihlí qui
sans doute ne connaissait pas assez l'excellent naturel du prince,
craignit de rester à Almérie et quitta cette ville en secret.
Il s'en repentit cependant bientôt et adressa au prince ces vers:

Depuis que j'ai perdu la faveur d'Ibn-Çomádih, personne au monde ne
peut me rendre heureux; son Almérie était un paradis, mais j'ai commis
une faute, semblable à celle d'Adam 2.

Mais quoique le poète eût quitté le prince de son plein gré et
qu'il séjournât loin de lui, al-Motacim continua à lui envoyer
des présents 3.

---

1) فقــال لـه خَفِّض عليك انـمــا يُتَّفق مثلك بمثل هذا وانما
العتب على من سمعه فاحتمله منك فى حق مَن هو فى نصابه
ثم أَحْسَنَ اليه وخاف النحلى ففرّ من المرية. Al-Makkarí, man.,
fol. 497 v. M. de Gayangos (I, p. 136, 137) n'a pas compris ces paroles, et il les a même prêtées à an-Nihlí, au lieu de les faire dire par al-
Motacim. Puis il a ajouté quelques mots qui sont en opposition avec le
texte.

2) (المتقارب) رضى ابن صمادح فارقته   فلم يُرضنى بعده العالمُ
وكانت مربّته جنّة   فجئتُ بما جاء ادم

M. de Gayangos a traduit ces deux vers ainsi: » Ibnu Samádeh receives
» graciously those who deserted him; he pardons crimes which the world
» after him will not pardon. Almería is a paradise, where every thing
» which Adam found may be procured." Il était difficile de méconnaître
plus ouvertement les lois de la métrique et de la grammaire.

3) فما زال يتنقّده بالاحسان على بعد دياره وخروجه عن اختياره
On peut voir comment M. de Gayangos (p. 137) a traduit ces mots.

Certes, si un prince si noble, si généreux, si juste, si ami de la paix, avait régné à une autre époque et sur un pays plus étendu, son nom aurait été inscrit parmi ceux des rois qui ne doivent pas leur gloire à des flots de sang versé pour reculer de quelques lieues les limites de leur royaume, à des villes saccagées et brûlées, mais aux bienfaits qu'ils ont répandus sur leurs sujets, mais à leur amour pour la justice. Aussi le caractère d'al-Motacim est-il bien différent de celui de tous les autres princes qui gouvernaient alors l'Espagne, et s'il ne possédait pas peut-être les vertus toutes chevaleresques du brillant al-Motamid de Séville, il était en revanche exempt de ses défauts. Al-Motacim n'avait qu'un seul trait de commun avec les autres princes qui, à cette époque, gouvernaient l'Espagne; c'était son amour pour les lettres; et puisqu'aucun événement politique de quelque importance, ne caractérise son long règne, antérieurement à l'arrivée des Almoravides en Espagne, nous tâcherons de donner ici une esquisse, quelque faible et incomplète qu'elle soit, de l'histoire littéraire pendant le règne d'al-Motacim [1].

La munificence d'al-Motacim et celle de son savant wézir, Abou-'l-Açbag Abdo-'l-azíz ibn-Arkam, ce serviteur fidèle qui refusa les offres brillantes d'al-Motamid et qui ne voulut pas quitter un maître qu'il chérissait de tout son coeur [2], attira à

La cinquième forme du verbe فقد, construite avec l'accusatif de la personne et le ب de la chose, signifie littéralement: *pourvoir soigneusement quelqu'un de quelque chose;* on lit, par exemple, chez Ibn-Batoutah (*Voyages*, man., fol. 285 r.): فكانت تتفقدنا بالطعام وغيره.

1) Si je n'ai pas essayé de caractériser ici la poésie andalouse dans le onzième siècle de notre ère, c'est parce qu'un tel essai trouvera mieux sa place ailleurs, quand j'aurai à traiter l'histoire de Séville, alors la capitale de l'Espagne, non-seulement par son importance politique, mais encore parce que cette ville était le siège des sciences et des arts.

2) *Voy.* al-Makkarí, man., fol. 466 v., 467 r.

la cour d'Almérie, un grand nombre des beaux esprits de l'époque. On distingue parmi eux Abou-'l-Fadhl Djafar ibn-Scharaf, fils illustre d'un père si célèbre qu'on le nommait *le littérateur d'Afrikiyah* [1]. Suivant quelques auteurs, cet Abou-'l-Fadhl était né à Berja; suivant d'autres, il entra en Espagne avec son père à l'âge de sept ans [2]. Toujours est-il qu'il habitait Berja, et qu'il quitta ce village pour aller chercher fortune à Almérie. Il se présenta à la cour, revêtu de vêtements grossiers et rustiques qui formaient un contraste singulier avec les beaux habits des courtisans; mais plein de confiance dans son talent, il récita au prince un poème dont voici le commencement:

Depuis longtemps la nuit, bien lente à partir, avait promis que l'aurore apparaîtrait, et les astres se plaignaient de leur longue veille; mais à la fin, le vent frais du matin dissipa les ténèbres, les jardins prodiguèrent leurs parfums et l'aurore montra, en rougissant de pudeur, ses joues baignées par la rosée; alors la Nuit se rendit d'une étoile à l'autre, en leur permettant d'aller se reposer, et elles tombèrent lentement et successivement, ainsi qu'on voit les feuilles tomber des arbres. Alors le soleil se montra, après avoir dissipé l'obscurité, et les ténèbres s'enfuirent à l'approche du jour.

J'en jure par mon père! J'avais veillé bien longtemps, cherchant vainement le sommeil, mais à la fin je m'étais endormi à l'approche de l'aurore; alors, pendant mon sommeil, tandis que le vent du matin faisait répandre des larmes à la rosée, et que les fleurs des jardins semblaient

---

1) Abou-Abdollâh Mohammed ibn-abî-Saîd ibn-Scharaf al-Djodhâmî al-Kairawânî من جماة الادباء وفحول الشعراء, écrivit plusieurs livres, et mourut en 510. As-Soyouti, *Dict. biographique des Grammairiens et des Lexicographes* (man. de M. le docteur Lee, fol. 18 v.), qui cite comme son autorité Ibn-Baschkowâl dans ses additions au *Çilah*. C'est al-Makkarî (man, fol. 442 r.) qui lui donne le titre de اديب افريقية. Ibn-Khallicân (I, p. ۱۹۹) dit qu'il eut des aventures avec Ibn-Raschik al-Kairawânî.

2) Al-Makkarî, man, fol. 442 r.

— 92 —

pleurer, l'image de ma bien-aimée (ah, que de fois je l'avais appelée les larmes aux yeux!) est venue me visiter, après avoir quitté cette demeure où moi, infortuné que je suis, je ne puis me rendre pendant la nuit. Ah, qu'elle était belle, ma bien-aimée aux larges hanches, à la mince ceinture! Quand elle écarta de son visage sa longue chevelure, je me rappelai l'aurore qui chasse la nuit; car les ténèbres de la nuit ne sont pas plus noires que les cheveux de ma bien-aimée, et on dirait que l'Aurore lui a prêté ses joues rosées. Ses yeux sont aussi perçants que le glaive qu'elle porte à ses côtés, et ses joues en ont tout l'éclat.

Qu'elle est belle à voir, ma bien-aimée, quand elle monte un de ses coursiers qui part au galop, un étalon fougueux qui, quand il ne s'élance pas le cou tendu en avant, ne recherche que les belles cavales, mais qui, les yeux ardents et fiers, se laisse pourtant conduire par elle comme une gazelle timide 1.

---

1) Les traductions des vers qu'on trouve dans ce volume, sont un peu libres, j'en conviens; mais quand on traduit des poésies orientales en français, quelquefois la véritable infidélité c'est de vouloir être trop fidèle. Le texte se trouve chez al-Makkarí, man, fol. 441 v.:

مطل الـبـابـيـل بـوعـد الـفـالـق   وتـشـكّـى الناجـم طـول الارق

ضربت ريح الصبا مسك الدجى   فـاستنفـاد الروض طيب العبق

ولاح الـفـجـر خـدًّا خـجـلًا   جال من رشح الندى فى عرقه

جاور (ز!) البلبل الى انجمه   فـنسـاقـطـن سقـوط الورق

فانجلى ذاك السنى عن حلك   والمحى ذاك الدجى عن شفق

بابى بعد الكرى طيف سرى   طارقًا عن سكـن لم يُطْرِق

زارنى والبلبل ساجع سدفه   وهو مطلوب ببـاقـى الـرمـق

ودموع الطل تـسربها الصبا   رجفـون الروض عرقى الحدق

فتثـنّى فى ازار شابـت   وتنثّنى فى وشـاح قلـق

وانجلى وجهه عن شعرة   فانجلّى فلـق عن غسـق

نـهـب الصبـح دجى ليلـته   فعجبا الخد ببـعـض الشفق

Quelles images riantes, quel coloris frais et vif! Et puis, avec quel art le poète s'est conformé à la coutume des Arabes qui, lorsqu'ils veulent faire l'éloge d'un prince, se servent d'images qui peuvent s'appliquer tant à celui-ci qu'à une maîtresse; ils peignent la maîtresse en amazone, et le lecteur reste dans le doute et croit qu'il s'agit réellement d'une femme, jusqu'à la fin du poème, où l'auteur adresse directement la parole au prince; aussi le poème d'Ibn-Scharaf se termine-t-il par l'éloge d'al-Motacim. Aucune langue moderne ne peut rendre cette équivoque, car dans le langage poétique des Arabes, la délicatesse exige qu'en parlant d'une femme, on emploie le genre masculin.

Le prince fut charmé de ce poème; mais quelques courtisans en conçurent de la jalousie, et entre autres Abou-Abdolláh Mohammed ibn-Mamar, disciple de l'un des trois grammairiens andalous les plus célèbres à cette époque, de Gánim [1]. Mohammed était le fils de la soeur de Gánim, et parce qu'il n'était pas issu d'une famille illustre, on ne lui donnait d'ordinaire d'autre nom que celui de *fils de la soeur de Gánim* (ibn-okht-Gánim). Auparavant il avait habité Malaga, où séjournait Gánim, mais celui-ci l'avait engagé à se rendre à Almérie. » Quant à moi," avait-il dit, »je serai chouette

سلبت عيناه حتّى سبيفه وتحلّى خدّه بالّرونق
وامتنطى من طرفه ذا خبب يلثم العرا ان لم يعنق
اشوس الطّرف عرته نخوة يتهادى كالغزال الخرق

---

1) Abou-Mohammed Gánim ibn-Walíd ibn-Omar al-Koraschí al-Makhzoumí de Malaga, se distingua dans le *fikh*, la connaissance des traditions, la médecine et la scholastique, mais surtout dans la grammaire et la lexicographie. Il mourut l'année 470. — As-Soyoutí, *Dict. biogr. des Grammairiens*, man., fol. 158 r. et v. — Les deux autres grammairiens célèbres étaient Abou-Merwán à Cordoue et al-Alam (الاعلم) à Séville. Le même.

» aujourd'hui ou demain [1]; mais je crains notre maître, Bádis
» de Grenade, qui est si avide de sang humain; allez donc
» à Almérie, vous qui êtes jeune; car, s'il me tue, vous me
» survivrez." Ibn-okht-Gánim avait cédé à ces conseils, et
emportant avec lui un grand nombre des livres écrits par son
oncle et que celui-ci lui avait donnés, il s'était rendu à Almérie [2], et jouissait auprès d'al-Motacim d'une très-grande
faveur [3].

---

1) انا هامة أو غد, lit-on dans le texte; mais il faut corriger: انا هامة اليوم او غد. Cette locution proverbiale signifie: *je mourrai, soit aujourd'hui, soit demain; je mourrai bientôt.* Voir M. Quatremère, *Mémoire sur Meïdani*, p. 55 et suiv.

2) As-Soyoutí (man., fol. 182 r.) dit qu'il y a eu deux auteurs du nom d'Ibn-okht-Gánim, dont l'un s'appelait Abou-Abdolláh Mohammed *ibn-Mamar* et l'autre Mohammed *ibn-Solaimán* (sans *konyah*); aussi on trouve ces deux articles dans son Dictionnaire, mais je crois qu'as-Soyoutí s'est trompé, qu'il n'y a eu qu'un seul personnage de ce nom, et qu'il se nommait *ibn-Mamar*, car c'est ainsi que l'appelle aussi al-Makkarí (man., fol. 442 v.). Et effet, ce qu'as-Soyoutí (fol. 18 v.) dit d'Ibn-*Solaimán*, s'accorde très-bien avec les détails que nous donne al-Makkarí sur Ibn-*Mamar*; j'ai déjà fait connaître quelques faits qui se trouvent dans l'article d'as-Soyoutí sur Ibn-*Solaimán*, et j'y en puiserai d'autres dans la suite. Son court article sur Ibn-*Mamar* (fol. 43 v.) est conçu en ces termes: قال (savoir Ibno-'l-Yasa) فى المَغْرِب مِن اهل المائة السادسة من علماء مالقة المشهورين متفنن فى علوم شتى الا ان الاغلب عليه علم اللغة وفيه أكثر توالـبفه. Il n'y a pas un seul trait dans cet article qui ne puisse s'appliquer aussi à l'Ibn-*Solaimán*, car Ibn-okht-Gánim appartient tant au cinquième qu'au sixième siècle de l'Hégire, puisqu'il vivait encore l'année 524, lorsqu'il avait atteint l'âge de cent ans, ainsi que nous le verrons plus bas. On peut très-bien résoudre cette difficulté et expliquer le sort de ce nouveau Sosie, en supposant qu'Ibn-At (ابن عات), l'auteur auquel as-Soyoutí a emprunté son premier article, s'est trompé en disant qu'Ibn-okht-Gánim était le fils de Solaimán, tandis qu'il

Ibn-okht-Gánim, voulant déconcerter le campagnard en se moquant de son costume rustique, lui demanda de quel désert il venait. Ibn-Scharaf, faisant allusion à son propre nom (Ibn-Scharaf signifie littéralement *fils de la noblesse*, *de la gloire*) et au surnom de son détracteur, et se servant d'un jeu de mots impossible à traduire, lui répondit hardiment: » Je suis placé » à un haut degré de noblesse, bien que mes vêtements indi- » quent que je suis sorti du désert; je n'ignore pas de quelle » famille je suis issu, et je n'emprunte point mon nom à mon » oncle maternel [1]." A cette réponse, Ibn-okht-Gánim faillit mourir de honte, et tout le monde le railla.

Depuis ce temps, Ibn-Scharaf resta à la cour d'al-Motacim, et fut un de ces poètes lauréats qui, selon la coutume de l'époque, étaient pensionnés pour célébrer les événements remarquables. Il tenait en fief un village et des terres, et ayant eu des démêlés avec un gouverneur qui avait voulu lui faire payer des impôts trop considérables, il se rendit certain jour chez le prince, pour se plaindre de ce gouverneur [2], et lui récita un poème dans lequel se trouvait ce vers:

Sous le règne de ces princes, aucune trace d'injustice ou d'oppression ne reste, excepté celle qu'exercent les yeux étincelants des jeunes filles à la taille svelte [3].

---

aurait dû dire qu'il était le fils de Mamar; qu'as-Soyoutí ne se soit pas aperçu de l'erreur, et qu'il ait fait deux personnages d'un seul, voilà ce qui ne doit pas nous étonner chez un compilateur fort laborieux, mais dépourvu de critique.

3) Al-Makkari, fol. 442 v.

1) انا من الشرف فى الدرجة العالية، وان كانت البادية على

بادية، Al-Makkari, man., fol. 442 r. "ولا انكر حالى، ولا أعرف بخالى

2) فوفد عليه مرّة يشكو اليه عاملا ناقشه فى قرية يحرث فيها,
dit al-Makkari (man., fol. 442 v.).

3) لم يبق للجور فى ايامهم اثر   الا الذى فى عيون الغيد من حَوَرِ

Suivant les critiques arabes, il avait exprimé cette pensée avec plus de bonheur qu'aucun autre poète [1]; aussi al-Motacim en fut si charmé qu'il lui demanda combien de *bait* (de maisons) il y avait dans son village. » Environ cinquante," répondit-il. » Eh bien," dit le prince, » je vous en adjuge la pleine pro- » priété, à cause de ce seul *bait* (de ce seul vers)." Et à l'instant, il lui accorda par diplôme la possession du village, et ordonna que, dans la suite, aucun gouverneur n'y levât des impôts.

Ibn-Scharaf était non-seulement un bon poète; il se distingua aussi dans la médecine [2], et il composa en outre un recueil de courtes sentences, qu'il intitula : *le secret de la piété;* un autre de ses ouvrages, de même nature, à ce qu'il paraît, mais composé dans le mètre appelé *ar-Radjaz*, portait le titre de *conseils salutaires* [3]. Un de ses contemporains, Ibn-Kháçán, nous a conservé quelques-unes de ses sentences, que je vais traduire :

L'homme vertueux qui vit dans un siècle corrompu, est comme un flambeau placé dans un désert; il répandrait de la lumière, si les vents le laissaient en paix [4]. — Que le bonheur qui s'accroît toujours, excite plus votre envie que le bonheur suprême; car quand la lune est dans son plein, elle commence aussitôt à décroître [5]. — Aimez mieux vous confier à vos propres forces, si minimes qu'elles soient, qu'à celles de vos

---

1) تقدّم به على كل شاعر, dit al-Makkarí.

2) Ibn-Kháçán, man. A., tom. II, p. 237.

3) Ibn-Kháçán, man. A., II, p. 238: منها ــــ وتصانيف فى الحكم. Hádji-Khalífah (III, p. 592) s'est contenté de copier ce renseignement. كتابه المسمى بسرّ البرّ ورجزه الملقب بنصح النصح

4) الفاضل فى الزمان السوء كالمصباح فى البراح، قد كان لتكن بالحال المنزائده، اغبط (5 . يضىء لو تركته الرياح منك بالحال المتناهيه، فالقمر اخر إبداره، اول إدباره.

amis, quelque grandes qu'elles paraissent : car le vivant, soutenu par ses propres jambes qui ne sont que deux, est plus fort que le mort porté par les jambes de ceux qui le conduisent au cimetière, bien qu'elles soient au nombre de huit 1. — Celui qui vit aux dépens du sultan, est semblable à la mer qui porte un navire ; si vous faites entrer un peu d'eau dans le ventre du bâtiment, la mer le fait entrer tout entier dans le sien 2. — Enseigner, c'est cultiver l'esprit des autres; mais chaque terre ne produit pas des fruits 3. — L'homme prudent et ferme est celui qui considère mûrement, quand il doute, et qui agit promptement, quand il a la certitude 4. — Si l'on n'avait pas dit : plus tard, beaucoup de gens posséderaient la sagesse 5. — Dire la vérité par noblesse de caractère, c'est agir comme le miroir qui, quand il est formé de fer excellent, réfléchit fidèlement l'image des objets qu'on lui présente 6. — Souvent un homme généreux qui ne fait que donner, est plus riche qu'un avare qui ne fait que recevoir 7. — Celui-là n'a pas essuyé un refus, qui a demandé et n'a rien reçu, mais celui à qui l'on a fait une promesse et qui n'a rien reçu 8. — O homme ! Blâmes-tu les hommes du siècle dans lequel tu vis, comme si tu étais le seul homme vertueux, et que tous les autres fussent des brigands audacieux ? Non, tu as été injuste, et l'on a été injuste envers toi, et tu te rappelles ce que

---

1) لتكن بقليلك اغبط منك بكثير غيرك فان الحى برجليه وهما ثنتان اقوى من الميت على أقدام الحَمَلَة وهي ثمان. En Orient, la bière est portée par trois ou *quatre amis* (*four friends*) du défunt; voyez M. Lane, *Modern Egyptians*, tom. II, p. 324, 325.
2) المتلبس بمال السلطان كالسفينة فى البحر ان ادخلت بعضه فى جوفها أَدْخَلَ جميعها فى جوفه.
3) التعليم فلاحة الاذهان وليست كل ارض منبتة.
4) الحازم من شك فروّى وايقن فبادر.
5) لولا التسويف لكثر العلم رب سامح.
6) قول الحق من كرم العنصر كالمراة كلما كرم حديدها أرتك حقائف الصفات.
7)
8) ليس المحروم من سال فلم يُعْطَ وانما المحروم من أُعْطِىَ فلم يأخذ بالقبول باخل بالقبول.

— 98 —

l'on a fait, mais tu oublies ce que tu as fait ¹. — Sachez qu'un homme vertueux et spirituel, qui n'occupe pas un rang élevé, ou dont le mérite n'est pas apprécié, est semblable à un flambeau dont on ne voit pas la lumière, ou qui n'est pas placé à un endroit assez élevé; et sachez que l'homme paresseux, dont on ne peut tirer profit qu'en l'humiliant, est semblable à l'ancre d'un vaisseau, qui ne rend service qu'après qu'on l'a jetée d'un lieu élevé dans un lieu plus bas ².

Ibn-okht-Gánim resta l'ennemi d'Ibn-Scharaf, et il composa contre lui la satire suivante :

Demandez au poète de Berja, s'il s'imagine qu'il est venu de l'Irák et qu'il possède le génie d'al-Bohtorí; il apporte des vers qui vous font mourir d'ennui quand il les tient encore dans les mains, et on se dit: comment donc! ai-je tant de temps à perdre pour que je prête l'oreille à un plat rimailleur? Croyez-moi, Djafar! laissez la poésie aux véritables poètes, et cessez d'imiter sans succès les génies féconds; ne prétendez point posséder des talents qui vous sont étrangers; car vraiment, les lèvres délicates de la Poésie repoussent vos baisers immondes! ¹

Si cette satire est injuste (et que de satires le sont!), on ne peut y méconnaître le talent d'Ibn-okht-Gánim, qui d'ail-

1) يا ابن آدم تذم اهل زمانك وانت منهم كانك وحدك البرق، وجميعهم الجرى، كلا بل جنيت وجنى عليك، فذكرت 2) الفاضل الذكى ان اعلم ما لديهم ونسيت ما لديك، لا يرتفع امره، او يظهر قدره، كالسراج لا تظهر انواره، او يرفع مناره، والناقص الذى لا يُبْلَغْ لنفعه، الا بوضعه، كهوجل السفينة لا ينتفع بضبطه، الا بعد إلقائه فى حطه، ۞

Ibn-Scharaf avait un fils, nommé Abou-Abdolláh Mohammed, qui, à l'exemple de son père, se distingua dans la poésie et dans la philosophie. — Al-Makkarí, man., fol. 442 v.

1) قولوا لشاعر برجة هل جاء من ارض العراق فحاز طبع البحترى
وافى بـاشعـار تُصمِّ بكفه ونقول هل أعرى لمن لم يشعر

leurs était un des plus grands savants de l'époque [1]. Doué d'une mémoire prodigieuse, il savait par coeur plus de livres de grammaire qu'aucun de ses contemporains, ceux, entre autres, des deux grands philologues Abou-Zaid al-Ançári [2] et al-Açmaí; il avait étudié à fond le *Maounah* du célèbre jurisconsulte Abdo-'l-wahháb al-Málikí [3] et l'*Ifádah*, traité de grammaire par Mahmoud ibn-Hamzah al-Kirmání [4]; il s'était aussi livré à l'étude de la médecine et de la théologie, dans laquelle il avait adopté les opinions d'al-Aschari. Pendant une longue vie (il vécut plus de cent ans, et vivait encore en 524), il composa un grand nombre d'ouvrages, et entre autres, un

---

يــا جعفرا ردّ القريض لاهله   وأتـرك مبــاراة لتـامـك الابحـر
لا تـزعــمـن مـا لم تـكن اهلا لـه   هـذا الرضـاب لغـيـر فـيـك الابحـر

Al-Makkari, man., fol. 442 v.

1) J'ai emprunté les renseignements qui suivent ici, à l'ouvrage déjà cité d'as-Soyoutí, où on lit (man., fol. 18 v.): قال ابن عسات فى الريحانة كان من احفظ اهل زمانه للنحو لا سيما كتب ابى زيد والاصمعى قـائمــا على المعـونــة لعبـد الوهاب والافــادة حافظـا لكلام الاطبّــاء واحوال الديانات على مذهب الاشعرى ۞

2) *Voir* Ibn-Khallicán, I, p. ٢٩١.

3) *Voir* Ibn-Khallicán, I, p. ٤٢٣.

4) Je ne suis pas parfaitement sûr de ce que j'avance ici. Il se pourrait que l'*Ifádah*, nommé par as-Soyoutí, fût un livre de *fikh*, puisqu'il le nomme après le *Maounah*, ouvrage de même nature; aussi Mahmoud al-Kirmání est peut-être un auteur trop récent pour qu'il puisse être question de lui en cet endroit, car il mourut au commencement du sixième siècle de l'Hégire (Yácout, cité par as-Soyoutí, fol. 164 v.: وكـان فى حـدود الخمسمائة وتوفى بعـدها). Cependant, parmi les ouvrages qui portent le titre d'al-Ifádah, et qui sont énumérés par Hádjí-Khalifah (I, p. 369, 370), je n'en trouve aucun dont il puisse être question ici, s'il ne s'agit pas de l'*Ifádah fi'n-nahwi* par Mahmoud.

commentaire en soixante volumes sur le Traité de botanique, composé par Abou-Hanífah ad-Dainawarí [1], ainsi que plusieurs livres sur la grammaire [2].

Parmi les poètes de la cour d'al-Motacim, on distinguait encore Abou-Abdolláh ibno-'l-Haddád, natif de Guadix [3], l'auteur d'un Traité sur la versification, dans lequel il s'était attaché à mettre d'accord le système musical et celui du célèbre grammairien Khalíl [4]; en poésie il était si célèbre qu'on l'appelait le poète de l'Andalousie. C'est lui qui a composé

---

1) Abou-Hanífah Ahmed ibn-Dáoud ad-Dainawarí a écrit un grand nombre d'ouvrages et, entre autres, un Traité sur les plantes, incomparable en son genre (لم يولّف فى معناه مثله); il mourut vers la fin du troisième siècle de l'Hégire (as-Soyoutí, man., fol. 55). Voici le texte d'al-Makkarí (man., fol. 442 v.), auquel j'ai emprunté les renseignements qu'on lit dans le mien: وذكره ابن اليسع فى مغربه وقال انه حدّثه ببلاده فى مالقة وهو ابن مائة سنة واخذ عنه عام ٥١٣ وله توّاليف منها شرح كتاب النبات لابى حنيفة الدينورى فى ستين مجلدا وغير ذلك. Il paraît donc qu'Ibn-okht-Gánim était retourné à Malaga, sa patrie, après la chute des petites dynasties andalouses.

2) *Voyez* plus haut, p. 94, note 2.

3) من اهل المرية, *natif d'Almérie*, dit Ibn-Khallicán, dans son chapitre sur al-Motacim; mais j'ai cru devoir suivre al-Makkarí (man., fol. 467 v.), parce que cet auteur a puisé probablement au *Dhakhirah* d'Ibn-Bassám. Al-Makkarí l'appelle: شاعر الاندلس ابو عبد الله بن الحدّاد الوادى اشى وهو من رجال الذخيرة. Ibn-Khallicán nous donne la généalogie du poète: Abou-Abdolláh Mohammed ibn-Ahmed ibn-Khalaf ibn-Ahmed ibn-Othmán ibn-Ibráhím, connu sous le nom d'Ibno-'l-Haddád, al-Kaisí (dans l'édition de M. Wüstenfeld (livr. VII, p. ۱۴۳), on lit par erreur al-Haddád au lieu d'Ibno-'l-Haddád).

4) وله فى العروض تصانيف مزج فيه بين الانحاء الموسيقية والاراء الخليلية. Al-Makkarí, man., fol. 467 v.

les vers suivants, qui eurent tant de vogue que tout le monde les savait par coeur et les chantait:

On me dit: quitte la vallée d'alA-kik et évite celle que tu aimes, mais qui ne veut point céder à ton amour; ne retourne plus à al-Odhaib, à ce ruisseau où tu trouvais cette fière beauté; car en cet endroit, tu serais encore blessé par le glaive tranchant et par les javelots de la douce jeune fille, couverte de diamants et qui embaume l'air de ses parfums. — Ah certes, on m'a empêché de m'approcher de toi, mais on ne peut empêcher que ton image ne soit toujours présente à mon esprit; loin de toi, je m'imagine que tu es toujours là à mes côtés. O mes amis qui me louez à cause de ma résignation et parce que, loin de veiller, je recherche le sommeil, je ne mérite pas vos éloges, car quand je dors, je suis sûr que toi, ô ma bien-aimée, m'apparaîtras dans mes rêves [1].

Mais Ibno-'l-Haddád, malgré ces vers gracieux et tendres, ne paraît pas avoir été toujours un amant fidèle, doit-on attribuer à des amours malheureux les vers suivants, qui caractérisent si bien l'amant volage?

Trompez votre maîtresse, comme elle vous trompe, et vous ne serez que juste; sachez vaincre par l'oubli et l'insousiance, l'amour qu'elle vous a inspiré! Car les jeunes filles sont aussi belles et aussi prodigues de leurs dons, que les rosiers; un passant a cueilli une rose, un autre en cueille une seconde après lui [2].

Bien souvent Ibno-'l-Haddád avait composé des poèmes en

---

1) وله وهو مما يتغنى به بالاندلس

فذر العقيق مجانبا لعقوقه ودع العذيب عذيب ذات الخال
أفق متحلّى بالقواضب والقنى للاغيد المعطار لا المعطال
حاجبوك الا من قوسك خاطرى وحموك الا من تصوّر بالى
وا القارظان جميل صبرى والكرى فمتى ارجى منك طيف خيال

Al-Makkarí, man., fol. 468 r. Dans le dernier vers, le man. porte par erreur والقارظان.

2) ومن المنسوب اليه فى النساء

l'honneur d'al-Motacim [1] et il avait célébré la libéralité du prince; mais loin de se montrer reconnaissant de la faveur dont il jouissait, il la perdit par son ingratitude et par ses discours inconsidérés; car, pour me servir de l'expression arabe, sa langue était plus forte que sa raison; il avait le coeur sur les lèvres, et dès qu'il se croyait offensé, sa colère éclatait en satires mordantes. Le prince d'Almérie ne se fâchait pas facilement. Lorsqu'un des littérateurs de sa cour lui eut récité ces deux vers:

> Pardonne à ton frère s'il commet une faute envers toi, car la perfection est une chose bien rare; tout a son mauvais côté et, malgré sa splendeur, le flambeau fait de la fumée,

al-Motacim s'en étonna, et demanda quel poète les avait composés. Quand on l'eut informé qu'ils étaient d'Ibno-'l-Haddád, il dit en souriant: »Savez-vous qui il a voulu indiquer par cette » pensée?" »Non," répondit l'autre, »je sais seulement » qu'elle est belle." »Lorsque j'étais jeune et qu'il était au- » près de moi," dit alors al-Motacim, »j'adoptais le titre de » *Flambeau du royaume;* que Dieu maudisse le drôle imper- » tinent, mais quels vers admirables compose-t-il!" Mais plus tard Ibno-'l-Haddád, piqué, à ce qu'il semble, de ce qu'al-Motacim lui avait refusé une demande exorbitante, composa contre son maître cette sanglante satire:

> O vous qui cherchez des dons, allez les chercher ailleurs, mais quittez Almérie et quittez Ibn-Çomádih, cet homme qui, quand il vous a donné un grain de moutarde, vous retient dans ses fers comme un captif, condamné à

خُنْ عهدها مثل ما خانَتْكِ منتصفا وامنح هواها بنسيان وسلوان
فالغيد كالروض في خِلقٍ وفي خُلُقٍ إنْ مرّ جانٍ اتى من بعده جاني

Al-Makkarí, man., fol. 468 v.

1) Quelques-uns ont été copiés par Ibn-Khácán, Ibn-Khallicán et al-Makkarí (fol. 521 v.).

la mort. Si vous aviez passé près de lui une vie aussi longue que celle de Noé, vous n'en seriez pas plus riche que si vous étiez demeuré toujours loin de lui.

Les poètes étaient bien exigeants alors, et peu de princes réussirent à les contenter tous ; malheur à ceux qui ne leur accordaient pas tout ce qu'ils demandaient, car les satires pleuvaient sur eux ; et le monarque d'Almérie, que tant d'auteurs louent à cause de sa libéralité, ne doit sans doute sa réputation d'avarice dont l'accusent quelques écrivains [1], qu'aux satires de quelques poètes mécontents, à celle d'Ibno-l-Haddád par exemple. Si ce monarque, qui avait pardonné à an-Nihlí le ridicule qu'il avait jeté sur lui, ne pardonna pas à Ibno-'l-Haddád le sanglant outrage porté à son honneur, rien de plus naturel ; un prince comme lui, pouvait souffrir qu'on lui reprochât d'être trop ami de la paix, mais qu'un poète qu'il avait comblé de bienfaits, l'accusât d'avarice, lui si noble et si généreux, c'est ce qu'il ne souffrait pas. Aussi il était résolu de prendre des mesures efficaces pour réprimer la mauvaise langue du poète ; mais celui-ci fut informé à temps de l'indignation du monarque et quitta Almérie en toute hâte. Cette fois cependant al-Motacim voulut se venger à tout prix, et il commit une injustice, car il fit mettre en prison le frère du poète, qui, après tout, était innocent. Lorsqu'Ibno-'l-Haddád qui aimait tendrement son frère, reçut cette fatale nouvelle, il s'écria :

Toujours le destin ennemi nous poursuit, et l'homme doit obéir aux décisions du sort aveugle ; ah, je le sais à présent, une seule joie ne rend pas heureux [2], si le bonheur ne s'est pas attaché à vos pas ; à quoi sert-il d'avoir fait tous vos efforts pour échapper à un péril, si la Fortune refuse de vous être propice ? Ah, que ferai-je, semblable à une lance privée de son aiguillon ?

---

1) *Voy.* Ibno-'l-Abbár, man., fol. 59 v.
2) Le poète a en vue son évasion d'Almérie.

Lorsqu'al-Motacim eut pris connaissance de ces vers, il dit: »Sa poésie est plus sensée qu'il ne l'est lui-même; il a dit »vrai, car il n'y a point de bonheur pour lui si son frère »n'est auprès de lui; c'est l'aiguillon, s'il est la lance." Puis il donna l'ordre de mettre en liberté le prisonnier, et lui permit de rejoindre Ibno-'l-Haddád [1].

---

1) J'ajouterai ici le texte d'al-Makkarí (man., fol. 468 r. et v.): ومن بدائعه قوله

سامح اخاك اذا اتاك بزلّة فاخلوص شىءٍ قلّما يتمكن

فى كل شىءٍ افة موجودة ان السراج على سناه يدخن

وانشد احد الادباء هذين البيتين متمثلا فاعجبا المعتصم وسال عن قائلهما فاخبر فتبسّم وقال اتعرف الى من اشار بهذا المعنى قال ما اعرف الا انه مليح فقال المعتصم كنت فى الصبا وهو معى القب بسراج الدولة فقاتله الله ما اشعره فسلوه فلما باحثوه فى ذلك اقرّ بحسن حدس المعتصم واكتنفته سعايات وكان ممن يغلب لسانه على عقله فقرّ من المريّة وحبس اخوه بها فقال

الدهر لا ينفكّ من حدثانه والمرء منقاد لحكم زمانه

وعلمت ان السعد ليس بمنهجى ما لا يكون السعد من اعوانه

والجد دون الجدّ ليس بنافع والرمح لا يمضى بغير سنانه

وبلغت الابيات المعتصم فقال شعره اعقل منه صدق فانه لا يتهيّأ له صلاح عيش الا باخيه وهو منه بمنزلة السنان من الرمح ثم امر باطلاقه والحاقه به ولما قال فى المعتصم

يا طالب المعروف دونك فاتركن دار المريّة وارفض ابن صمادح

رجل اذا اعطاك حبّة خردل القاك فى قيد الاسير الطائح

لو قد مضى لك عمر نوح عنده لا فرق بينك والبعيد النازح

فاغتاظ عليه وابعده ففر عن بلده ۞

Les vers de plusieurs poètes de la cour d'Almérie, forment un contraste frappant avec la satire mordante d'Ibno-'l-Haddád. Non, le noble al-Motacim n'était nullement avare; il ne marchandait pas avec les poètes; aussi plusieurs surent se montrer plus reconnaissants que l'irascible Ibno-'l-Haddád. Omar ibno-'s-Schohaid récita à al-Motacim un poème, où il disait entre autres choses:

Vos mains répandent une pluie de bienfaits; on ne peut vivre heureux que là où vous vous trouvez, et sans vous les jours de notre existence se traîneraient tristement [1].

»Y a-t-il quelqu'un d'entre vous," dit al-Motacim en s'adressant aux autres poètes, »qui puisse gagner mon coeur par »des vers semblables?" »Mais oui," dit Abou-Djafar al-Hazzáz (الحزّاز) de Baterna, »mais on n'est pas toujours heu-»reux [2]; car j'ai adressé, il y a quelque temps, à notre sei-»gneur un poème, dans lequel j'ai dit:

Quand la fortune, semblable à une terre stérile, m'avait refusé ses dons; quand il n'y avait pour moi ni fruits à cueillir, ni blés à moissonner, je n'ai pas cessé de cueillir les fruits que vous m'offriez; vos bienfaits m'ont toujours recherché, semblables aux branches des arbres fruitiers, qui se courbent et

---

1) سبط البنان كان كل غمامة   قد رُبّبت فى راحتيه انامِلا

لا عيش الا حيث كنت وانما   تمضى ليالى العمر بعدك باطلا

Al-Makkarí, man., fol. 446 v. Le premier vers est d'un mauvais goût inexcusable; on sait que les Arabes comparent fort souvent des bienfaits à une pluie rafraîchissante, et un homme généreux à un nuage; mais voici comment le poète a exprimé cette idée: »Les doigts du prince répandent une »pluie abondante, et on dirait qu'au lieu de doigts, on a placé tous les »nuages sur ses deux mains." Dans le texte, j'ai cru ne pas devoir reproduire cette comparaison gigantesque.

2) C'est-à-dire: on n'a pas toujours le bonheur de vous plaire. Il y a ici dans le texte: هبات للسعادة, ولكن, et plus bas al-Motacim dit للسعد هبات. Je prononce هِبّات.

s'inclinent vers celui qui veut cueillir leurs fruits, et qui abritent par leur vaste ombrage contre les rayons du soleil; j'ai toujours vu vos nobles qualités, semblables à un ruisseau limpide qui coule à côté des arbres, et je vous ai chanté mes actions de grâces, ainsi que chantent les oiseaux perchés sur les branches 1.

» M'avez-vous récité cela auparavant ?" lui demanda le prince,
» par Dieu! je ne croyais avoir entendu ces vers qu'en ce mo-
» ment. Vous avez raison en disant qu'on n'est pas toujours
» heureux; mais nous vous récompenserons doublement; d'abord,
» à cause des vers eux-mêmes, et puis, parce que celui qui
» les a composés, a dû attendre si longtemps mes remercîments
» pour ces beaux vers."

Un autre poète de la cour d'al-Motacim, était Abou-'l-Kásim Khalaf ibn-Faradj, connu sous le nom d'as-Somaisir. Il s'était enfui de Grenade et se trouvait sur le territoire d'Almérie, lorsqu'on raconta à al-Motacim qu'il l'avait satirisé. Le prince l'ayant fait arrêter et conduire en sa présence, il le pria de lui réciter les vers qu'il avait composés contre lui. » J'en jure par celui qui m'a livré entre vos mains!" répondit le poète, » je n'ai dit rien de méchant sur vous; j'ai dit seu-
» lement:

> Je vis Adam pendant mon rêve,
> Et je lui dis: » ô père des vivants!
> » Serait-il vrai ce qu'on raconte,
> » Et, à votre éternelle honte,
> » Les Berbères seraient-ils vos enfants?" —
> » S'il en est ainsi, je divorce d'avec Ève!" 2

---

1) وما زلت اجنى منك والدهر ممحل ولا ثمر يجنى ولا الزرع يحصد
ثمارا يَبَاسُ دانيـات قطوفها لاغصانها ظل علىَّ ممدد
ارى جاربها ماء المكارم تحتها واطيار شكرى فوقهن تغرد

2) رايت ادم فى نومى فقلت له ابا البرين ان الناس قد حكموا
ان البرابر نسل منك قال اذًا حوا طالقة ان كان ما زعموا

»Ibn-Bolokkín (Abdolláh), le prince de Grenade, me pros-
»crivit après qu'on lui eut rapporté ces vers, et je pris la fuite
»vers votre royaume; mais le despote a su trouver quelqu'un
»pour vous réciter des vers que je n'ai jamais composés,
»dans l'espoir que vous me tueriez et qu'ainsi il pût assouvir
»sa vengeance, tandis qu'il pourrait rejeter la faute sur vous."
»Mais," lui demanda al-Motacim, »qu'est-ce que vous avez
»dit sur lui en particulier, outre ce que vous avez dit sur sa
»nation en général?" »Lorsque je le vis occupé avec amour
»à fortifier la citadelle de Grenade," répondit le poète, »j'ai dit:

> En insensé qu'il est, il bâtit sa prison;
> Ah, c'est un ver à soie qui file son cocon! [1]

»Vraiment," s'écria al-Motacim, »vous l'avez maltraité joli-
»ment! Eh bien! voulez-vous que je vous donne un présent
»et que je vous laisse partir, ou bien vous protégerai-je contre
»lui?" Le poète lui répondit en improvisant ces vers:

> Motacim me laisse choisir,
> Mais il connaît bien mon désir;
> S'il m'accorde sa protection,
> Et encor
> Un peu d'or...; [2]

»Vous êtes un rusé diable," lui dit le prince; »mais soit, je
»vous accorde ma protection et un présent."

Disons-le à l'honneur d'al-Motacim et d'as-Somaisir, le

Al-Makkarí, man., fol. 446, où j'ai puisé cette histoire. Qu'on me pardonne d'avoir traduit ici en vers.

1) يبنى على نفسه سفاها كأنه دودة الحرير

2) خيّرنى المعتصم وهو بقصدى اعلم

وهو اذا يجمع لى امنا ومنا اكرم

poète resta chez le prince jusqu'à la mort de ce dernier [1], et il sut se montrer digne de sa faveur; ce fait est d'autant plus remarquable, que ce poète avait l'humeur caustique, et qu'il se plaisait à composer des satires; il les publia dans un livre qu'il intitula: *le remède contre les maladies; réputations usurpées réduites à leur juste valeur* [2]. Ces satires étaient bien mordantes, car l'auteur auquel nous empruntons ce renseignement, ajoute naïvement والعياذ بالله, *que Dieu nous soit en aide!*

Un patricien d'Almérie avait commandé à as-Somaisir un poème en sa louange; mais lorsque le poète eut fini son travail, le patricien refusa de le payer. Quelque temps après, ce noble invita le roi à un festin magnifique, et al-Motacim accepta l'invitation; mais as-Somaisir se plaça à un endroit où devait passer la cavalcade royale, et lorsqu'il fut en face du prince, il éleva la voix et lui adressa ces vers:

O roi heureux, et dont la marche remplit d'une joie orgueilleuse l'homme qui a préparé le festin! n'allez pas chercher de la nourriture chez d'autres; les lions ne vont pas à la chasse quand ils ont de quoi se nourrir!

»Par Dieu!" dit al-Motacim, »ce qu'il dit est vrai," et il retourna vers son palais. Le patricien en fut pour ses frais [3], et le poète se trouva vengé.

---

1) Al-Makkarî, fol. 446 v.

2) وكان كثير الهجا وله كتاب سماه بشفاء الامراض فى اخذ الاعراض, dit al-Makkarî, fol. 523 r., où l'on trouve quelques-unes de ces satires. J'ai traduit librement la dernière moitié du titre, mais pour prouver que je lui ai attribué son sens réel, je ferai observer que Pedro de Alcala (*Vocabulario*) traduit *detracion* par أكل العرض.

3) Al-Makkarî, man. fol. 422 v. Voici les vers d'as-Somaisir:

يا ايها الملك الميمون ثائره   ومن لذى ماتم فى وجهه عرس
لا تفرسن طعاما عند غيركم   ان الاسود على الماكول تفترس

Un des plus grands ornements de cette brillante cour d'Almérie, c'était Abou-Obaid al-Becrí, le plus grand géographe que l'Espagne arabe ait produit. Nous ne faisons que le nommer ici, parce que nous lui consacrerons un article spécial dans ce volume. Nous pourrions parler encore d'al-Asad ibn-Billete de Cordoue [1], poète très-spirituel, d'Ibn-Málik et d'une foule d'autres poètes; mais ce serait à n'en pas finir, car à cette époque les poètes de talent abondaient en Espagne, ainsi que les princes généreux.

Non content de protéger les poètes, al-Motacim cultiva lui-même la poésie avec succès; malheureusement les auteurs arabes ne nous ont conservé qu'un très-petit nombre de ses vers.

Il venait de quitter une de ses femmes, luttant avec la mort, lorsqu'il se trouva obligé d'entreprendre un voyage.

J'ai dit ailleurs (*Dictionnaire détaillé des noms des vêtements chez les Arabes*, p. 138) que le mot رِجْعَة signifie *voyage;* le mot رُجْعَة a le même sens; voyez Abdo-'l-wáhid, *Histoire des Almohades*, p. ١٨٧, ٢٠٠, ٢٠٨, ٢٣٤, un vers de Rafio-'d-daulah, et un passage d'Ibno-'l-Abbár, qui se trouve dans le chapitre sur Omar al-Motawakkil; je publierai plus loin ces deux derniers passages. La particule اِنْ exprime ici la négation; voyez les Dictionnaires et la Grammaire de M. Ewald, tom. II, p. 203. — Après ces deux vers, al-Makkarí ajoute: فقال المعتصم صدقت والله ورجع من الطريق وفسد علىه عمله على الرجل ما كان. Afin qu'il ne reste aucun doute sur le sens de ces mots et sur la pointe de l'anecdote, j'ajouterai qu'al-Makkarí raconte immédiatement après une anecdote analogue, suivant laquelle le poète Abbád ibno-'l-Harisch (بن الحريش) se vengea de la même manière d'un patricien d'Ispahán, qui avait invité Abou-Dolaf al-Idjlí (العجلى) à un festin; puis il ajoute: وفسد على الرجل كل ما غرمه.

1) الاسعد بن بليطة. Le mot بليطة est la transcription arabe du terme espagnol *billete;* voir mon *Hist. Abbad.* I, p. 20 dans la note. C'est al-Homaidí (man. d'Oxford, fol. 75 v.) qui l'appelle القرطبى.

Le visage baigné de larmes, il s'apprêtait à monter en selle, quand il reçut la fâcheuse nouvelle qu'elle venait de rendre le dernier soupir. Il donna les ordres nécessaires relativement à l'enterrement de cette femme qu'il avait aimée tendrement; puis il monta à cheval et prononça ces vers:

Quand mon coeur est blessé dans ses replis les plus cachés, et que tous les talismans qui auraient dû le protéger, sont rompus, je monte mon coursier, dans l'espoir de consoler mon coeur, et je dis à mon épée: » sois désormais mon talisman!" [1]

A une époque où il était fâché contre Ibn-Ammár, le célèbre wézir d'al-Motamid de Séville, il lui écrivit:

Ce qui m'a rendu odieux le genre humain, c'est ma connaissance des hommes, c'est la longue expérience que j'ai gagnée en mettant à l'épreuve mes différents amis; jamais la Fortune ne m'a fait voir un ami, qui me plaisait d'abord, sans qu'il m'offensât à la fin; et jamais je n'ai dit: » c'est de » lui que j'attends du secours contre les coups de l'infortune," sans qu'il fût lui-même un malheur pour moi. [2]

Plusieurs des fils d'al-Motacim, et même une de ses filles, se distinguèrent par leur talent poétique. Le prince héréditaire, Izzo-'d-daulah, dont nous citerons plus tard des vers, était encore meilleur poète que son père [3]; Abou-Merwán Obaido-'l-láh était bon poète aussi, ainsi qu'on le verra plus bas; Abou-Djafar a composé, entre autres choses, trois vers, dont l'expression est fine et piquante, mais si concise que je me vois encore obligé de recourir à la périphrase. Ils sont adressés à l'amante du prince:

---

1) Ibn-Khácán et Ibno-'l-Abbár. Voici le texte des vers:

لما غدا القلب مفجوعا بأسوده وفض كل ختام من عزائمه
ركبت ظهر جوادى كى اسليه وقلت للسيف كن لى من تمائمه

2) Ibn-Khallicán, Ibn-Khácán et Ibno-'l-Abbár; la réponse d'Ibn-Ammár se trouve chez Ibn-Khácán.

3) Telle est l'opinion d'as-Schakandí (*apud* al-Makkarí, man., fol. 435 v.).

Je vous ai écrit, le coeur rempli de désirs et triste à cause de votre absence; ah, s'il le pouvait, ce pauvre coeur, il irait lui-même vous porter ce billet. Imaginez-vous en le lisant, que vous me regardez tendrement dans les yeux, et que les lettres noires et le papier blanc sont les prunelles noires, bordées de blanc, de mes yeux; car moi j'ai baisé ce billet, en pensant que vos doigts que Dieu bénisse, le toucheraient bientôt [1].

Mais, au jugement des critiques arabes, le prince Rafío-'d-daulah était le plus grand poète de la famille royale [2]; il est vrai que ses poésies se distinguent par une grâce charmante, témoin ces vers adressés à un ami:

Les coupes, ô Abou-'l-alá! sont remplies de vin, et les joyeux convives les font passer de main en main; le vent agite lentement les branches des arbres; dans les airs les oiseaux font entendre leurs chants, et les colombes roucoulent, perchées sur les rameaux les plus élevés. Venez donc et buvez, sur les bords de ce ruisseau, de ce vin rouge et limpide, qu'on croirait exprimé des joues du gracieux échanson qui nous le présente! [3]

Ou ceux-ci:

1) كتبت وقلبى ذو اشتياق ووحشة ولو انه يستطيع مر يسلم
جعلت سواد العين فيه سواده وابيضه طرسا واقبلت الثم
فتخيّل لى انى اقبل موضعـــا يصافحه ذاك البنان المسلم

Al-Makkarí (man., fol. 436 r.) qui nous apprend qu'on trouve un chapitre sur cet Abou-Djafar dans le *Moshab* (par al-Hidjárí), dans le *Motrib* (par Ibn-Dihyah) et dans le *Mogrib* (par Ibno-'l-Yasa).

2) ولم يكن فى بنى صمادح اشعر منه, dit Ibno-'l-Abbár, fol. 61 v. Je traiterai plus bas la question assez difficile relative aux noms des différents fils d'al-Motacim.

3) ابـــا العلاء كؤوس الراح مترعة وللندامى سرور فى تعاطيها
وللغصون تثنّ فـوقهــا طرب وللحمائم شجع فى اعاليها
فاشرب على النهر من صهباء صافية كانما عصرت من خد ساقيها

Ibno-'l-Abbár, man., fol. 62 r. (dans le man. on lit mal à propos منزعة).

Venez assister à notre festin joyeux tandis que l'aurore pointe, ô Abou-Amir; car la jeunesse ne jouit des biens de la vie qu'à la pointe du jour, lorsque la main du vent brûlant n'a pas encore essuyé des joues des fleurs, les larmes de la rosée du matin. ¹

La princesse Ommo-'l-kirám, fille d'al-Motacim, se distingua par ses poésies sur son amant, le bel as-Sammár de Dénia; on ne nous en a conservé qu'une seule pièce que voici:

Allez donc, ô hommes, étonnez-vous de l'amour qui me dévore comme un feu brûlant! Oh, quand mon amant est auprès de moi, le soleil lui-même semble avoir quitté les hautes régions du ciel, et être descendu parmi nous, pour dissiper les ténèbres qui m'entouraient; car mon soleil, c'est lui. Ah, celui que j'aime est mon seul bien, et même quand il m'a quittée, mon coeur le suit partout! ²

L'essor que prit la littérature à la cour d'Almérie, fut

---

1) باكر الى القصف أبا عــامـر   فـانما نجح الفتى فى البكر
من قبل ان يمسح كف الصبا   دمع الغوادى من خدود الزهر

Ibno-'l-Abbár.

2) ومنهن ام الكرام بنت المعتصم بن صماح ملك المـريــة قــال ابن سعيد فى المغرب كانت تنظم الشعر وعشقت الفتى المشهور بالجمال من دانية المعروف بالسمار وعملت فيه الموشحات ومن شعرها فيه

يــا معشر الناس ألّا فاعجبوا   ما جثّه من لوعة الحب
لولاه لـم يُنَزَّل ببـدر الدجى   من افقه العلوى للترب
حسبى بمن اهواه لو انّه   فارقنى تابعه قلبى

Al-Makkarí, man., fol. 538 v., 539 r. — Dans le premier vers, le manuscrit porte جثّه لوعة مما, ce qui est contraire à la mesure (السريع). Ma traduction du second vers est bien libre, j'en conviens, mais j'ai mieux aimé conserver l'idée de la poétesse et ne pas m'attacher à ses paroles, que de donner une traduction littérale où l'idée aurait disparu.

favorisé par une longue paix ; aucune guerre longue ou importante ne semble avoir troublé les années du règne d'al-Motacim, qui précédèrent immédiatement l'arrivée des Almoravides en Espagne. Il paraît même qu'al-Motacim était tellement ami de la paix, qu'il souffrit patiemment que son gendre, Alí, surnommé Ikbálo-'d-daulah, prince de Dénia, fût dépouillé de ses états par al-Moctadir de Saragosse [1] ; ce qui arriva dans le mois de

---

1) Dans le passage d'Ibno-'l-Abbár, cité plus haut (p. 87, dans la note), il est question du mariage d'Ikbálo-'d-daulah, fils de Modjéhid, avec la fille d'al-Motacim ; Conde (II, p. 32) a encore commis une de ses bévues ordinaires, en disant qu'al-Motacim épousa la fille de Modjéhid de Dénia, et qu'en revanche, il donna en mariage à ce dernier une de ses propres filles » de mucha discrecion y hermosura" [nous verrons bientôt d'où Conde a conclu que cette princesse était spirituelle et jolie]. La première assertion est tout à fait controuvée, et la seconde est assez étrange ; car Modjéhid est mort en 436, et al-Motacim avait sept ans alors ; pourtant avant cette époque, cet enfant avait déjà une fille nubile ; c'est un miracle ; mais M. Romey (V, p. 179) y a cru.

A en croire Conde (tom. II, p. 53, 54), al-Motacim aurait envoyé un alcaïd à al-Moctadir de Saragosse, lorsque celui-ci était sur le point de s'emparer de la ville de Dénia, pour lui remettre des lettres, où il le priait de ne pas continuer la guerre contre son gendre. Mais le récit qui renferme ce renseignement, et que j'aurai l'occasion de rectifier ailleurs, est faux d'un bout à l'autre ; Conde a lu quelques noms propres et une date chez Ibno-'l-Abbár et, selon sa coutume, il n'a rien compris au reste, absolument rien. Mais ce récit est tellement absurde, même quand on ne peut comparer le texte que Conde a défiguré, que je m'étonne qu'un homme tel que M. Romey (voy. tom. V, p. 202, 203), l'ait copié textuellement, sans y remarquer une seule erreur. M. Weijers (*Loci Ibn Khacanis de Ibn Zeidouno*, p. 117) dont M. Romey aurait dû consulter la dissertation sur les princes de Dénia, avait déjà très-bien vu qu'il n'y a jamais eu un prince de Dénia du nom d'Abou-Mohammed ibn-Abdo-'l-barr ; mais ayant une trop haute idée du savoir et du bon sens de Conde, ce savant a attribué mal à propos la bévue aux éditeurs de l'ouvrage

Schabán de l'année 468 (mars 1076). [1]

Nous n'avons nullement l'intention de présenter le caractère d'al-Motacim sous un jour trop favorable; et si nous avons fait l'éloge de ses vertus, nous devons faire observer, en juge impartial que nous tâchons d'être, que ses dispositions pacifiques l'étaient trop en considération de l'époque où il vivait. Aussi il n'était pas ce qu'on appelle un grand caractère; son coeur était excellent; il possédait une générosité sans pareille; mais toutes ses vertus étaient celles d'un patricien éclairé, non celles d'un roi. Aussi longtemps qu'il ne nous est apparu que comme patricien, et ne prenant point part aux événements politiques importants, la justice et le témoignage presque unanime des auteurs arabes, nous ont obligé de l'admirer. Mais dès que les événements le forçaient à révéler les qualités d'un roi; dès qu'il s'agissait de déployer de la prudence, des talents politiques, il montra non-seulement qu'il ne possédait pas ces talents, mais ce fut encore lui qui contribua puissamment à la chute de sa propre famille et à celle de toutes les dynasties espagnoles; ce fut lui qui livra l'Espagne au joug d'un conquérant étranger; et tout cela, il ne l'a fait que pour assouvir une haine personnelle, une jalousie de patricien. Trop ami de la paix pour oser combattre un rival, il ne recula pas

---

de Conde, au lieu de l'attribuer à Conde lui-même. Dans le passage d'Ibno-'l-Abbár que j'ai déjà publié, il est dit que le secrétaire d'Ikbálo-'d-daulah, Abou-Mohammed ibn-Abdo-'l-barr, adressa une belle épître à la fille d'al-Motacim, lorsqu'on la conduisit vers son futur époux. Cette phrase, peu importante, mais faite, à ce qu'il semble, pour porter malheur à Conde, lui a fait dire: 1°. que la princesse était jolie et spirituelle, tandis qu'il s'agit tout simplement d'une *belle épître*, composée en son honneur; 2°. qu'il y a eu un prince de Dénia du nom d'Abou-Mohammed ibn-Abdo-'l-barr; et 3°. qu'al-Motacim envoya un alcaïd à al-Moctadir pour le prier de laisser en paix le prince de Dénia. C'est à ne pas y croire!

1) Ibno-'l-Abbár, man., fol. 74 v.

devant la tâche odieuse de le calomnier auprès d'un monarque barbare, qui cherchait déjà des prétextes pour s'emparer successivement de toutes les principautés espagnoles. Mais laissons parler les faits.

Depuis longtemps al-Motacim était envieux du plus puissant prince de l'Espagne, d'al-Motamid de Séville. Quelque temps avant l'arrivée des Almoravides en Espagne, ces deux princes s'étaient fait la guerre; mais bientôt des démêlés extrêmement graves avec Alphonse VI, avaient forcé al-Motamid à mettre un terme aux hostilités contre le prince d'Almérie [1], qui, en s'entretenant avec ses courtisans, calomniait souvent al-Motamid, et qui lui avait écrit des lettres fort amères. Lorsqu'al-Motamid visita les contrées orientales de son royaume, al-Motacim qui, après tout, le craignait, vint à sa rencontre et le fit prier de vouloir bien lui rendre visite dans ses états. Al-Motamid refusa; mais le prince d'Almérie insista et, à la fin, al-Motamid se laissa persuader de s'entretenir avec lui sur les frontières de leurs états respectifs. Cette entrevue eut lieu et les deux princes se réconcilièrent en apparence; al-Motacim témoigna beaucoup d'estime au prince de Séville et lui fit voir ses richesses, dans l'espoir d'exciter son envie, dit le chroniqueur arabe; mais, ajoute-t-il, Dieu ne permit point que l'envie entrât dans le coeur d'al-Motamid. Après qu'ils furent restés ensemble pendant l'espace de trois semaines, al-Motamid retourna à Séville [2]. Mais la conduite d'al-Motacim n'avait été que le résultat de la crainte, et il attendit impatiemment l'occasion d'assouvir sa haine. Cette occasion ne tarda pas à se présenter.

---

1) *Voyez* al-Makkarí, man., fol. 588 r.; traduction de M. de Gayangos, II, p. 270.

2) *Voyez* Abdo-'l-wáhid, *Histoire des Almohades*, p. 90, 91 de mon édition.

Lorsque les princes andalous, pressés de tous côtés par les armes victorieuses d'Alphonse VI, eurent appelé à leur aide le monarque africain, Yousof ibn-Téschifín, al-Motacim n'assista pas à la célèbre bataille de Zalácah, car il craignait qu'en laissant ses états à découvert, les Chrétiens qui tenaient la forteresse d'Aledo, n'y fissent une incursion [1]. Mais lorsque Yousof et al-Motamid allèrent mettre le siége devant Aledo, al-Motacim vint à la rencontre de Yousof et prit soin que celui-ci fût logé convenablement avec ses troupes; mais il ne se soucia nullement de porter ses hommages au prince de Séville [2], qui cependant avait fait souvent l'éloge d'al-Mo-

---

1) *Al-Holalo 'l-mauschiyah*, man. 24, fol. 21 r.: وراجع صاحب المرية المعتصم بالله أبو يحيى محمد بن معن أبى صمادح يعتذر بسبب العدو الملاصق له بحصن لبيط. Selon Ibn-abí-Zer (*al-Kartás*, p. ۹۴, éd. Tornberg), al-Motacim (Ibn-Çomádih) se serait trouvé au contraire à l'avant-garde, commandée par le prince de Séville; mais Ibn-abí-Zer ne mérite presque aucune confiance pour l'époque dont il s'agit, car il ignorait parfaitement l'histoire et la topographie espagnoles. Le passage même que j'ai cité, nous en offre un exemple fort curieux. L'auteur du *Kartás* dit que dans l'avant-garde se trouvaient Ibno-'l-Aftas (et non pas Ibno-'l-Aftasch, comme écrit M. Tornberg) et Ibn-Maslamah (et non pas Ibn-Muslema, ainsi que prononce le traducteur, p. 128), prince d'Aragon. Malheureusement cet Ibno-'l-Aftas et cet Ibn-Maslamah sont un seul et même personnage, et Omar, surnommé ibno-'l-Aftas ou Ibn-Maslamah, était seigneur de Badajoz, et non pas d'Aragon, où régnaient alors les Benou-Houd. (Dans le même passage, M. Tornberg a écrit par erreur ابن ذى النون; il faut lire ابن ذا النون avec le man. C.). — Conde dit d'abord (II, p. 129) qu'al-Motacim n'assista pas à la bataille de Zalácah, et ensuite (II, p. 172) qu'il y assista!

2) Ibno-'l-Abbár, man., fol. 60 r.: ثم توجّهوا جميعا الى حصن البيط من اعمال لورقة وقد تغلب عليه النصارى فخرج المعتصم

tacim à Yousof¹. Ce fut à cette occasion qu'al-Motamid lui adressa les vers suivants :

« O vous qui êtes loin de moi, bien que vous soyez dans mon voisinage, » combien je désire de vous voir près de moi; je vous aime sincèrement et, » si le malheur me frappait, je chercherais à me consoler près de vous; pour- » quoi ne nourrissez-vous pas les mêmes sentiments à mon égard?"

Le prince d'Almérie employa toutes sortes de moyens pour s'insinuer dans les bonnes grâces du monarque africain, et pour lui plaire, il se présenta certain jour chez lui, revêtu du costume des troupes africaines; il s'était coiffé d'un turban, coiffure que les soldats espagnols ne portaient pas ², et il avait revêtu un *bornos*, grand manteau à capuchon, que portaient les Africains. Al-Motamid se trouvait alors avec Yousof et voyant al-Motacim dans ce costume, il ne put s'empêcher de sourire, ce qui n'échappa pas au prince d'Almérie et le combla de confusion. Après que celui-ci se fut éloigné, al-Motamid plaisanta sur cette aventure avec ses wézirs, et pendant la nuit suivante ³, le Dhou-'l-wizárataini Abou-'l-Hasan ibno-'l-Yasa lui ayant fait présenter des narcisses, il lui écrivit ces vers:

L'aurore pointait déjà, lorsque les narcisses sont venu nous rendre visite, et je les ai salués en hâtant la marche des coupes. Les étoiles de la nuit

ليلقاعم وينزلهم موديا حقّ ابن تاشفين ومن معه فاحاجله المعتمد بتبياسره عن طريف لقائه فكتب اليه

يــا بعيدا وان دنــا كم تمنيت قريبكا
انت حسبى من المنا ليتنى كنت حسبكا

1) Abdo-'l-wáhid, p. ٩٤ de mon édition.
2) *Voyez* mon *Dictionnaire détaillé des noms des vêtements chez les Arabes*, p. 306, 307.
3) عشى ذلك اليوم, *le soir*, dit Ibno-'l-Abbár, mais si l'on doit lire ازف الصباح dans le commencement du poème, ainsi que j'ai cru devoir le faire, ce renseignement n'est pas exact.

suivaient leur route dans le ciel, et je m'enivrais du breuvage qui est l'aliment de l'âme; une vierge s'était emparée de mon cœur; ses lèvres humides touchaient les miennes et j'admirais l'éclat de ses yeux. Ainsi qu'un autre en buvant du vin, goûte des confitures, moi je pensais à toi, mon ami, dont l'absence me faisait pousser des soupirs. J'avais donc réuni dans mon salon tout ce que l'on peut désirer; mais je pensai à la confusion de l'homme au *bornos*, qui avait dédaigné les vêtements que nous portons, et ma gaîté s'augmenta encore 1.

Cependant al-Motacim gagna par ses menées la faveur de Yousof, et si l'on peut ajouter foi au témoignage d'Abdo-'l-wáhid 2, le roi Africain aurait dit qu'al-Motamid et al-Motacim étaient les seuls hommes véritables de l'Espagne. Mais al-Motacim profita des bonnes dispositions de Yousof à son égard, pour lui rendre odieux l'émir de Séville. Pour y parvenir, il raconta à Yousof qu'al-Motamid lui avait dit, en parlant du monarque: » Cet homme demeure bien longtemps en Espagne; mais » quand il m'ennuyera, je n'aurai qu'à remuer les doigts, et » alors lui et son armée n'y resteront pas une seule nuit. Vous, » ô Abou-Yahyá, semblez craindre que ce prince ne nous joue » quelque mauvais tour; mais qu'est-il donc, ce prince pi- » toyable, avec son armée? Dans leur patrie, c'étaient des » gueux, réduits à l'indigence et manquant de pain; nous les » avons amenés en Espagne pour leur faire manger leur soûl; » mais quand il seront rassasiés, nous les renverrons d'où ils » sont venus 3." Il rapporta à Yousof d'autres discours de la même nature, et ces calomnies confirmèrent le prince africain dans le plan qu'il avait déjà formé de s'emparer de l'Espagne 4. Mais al-Motacim, dit fort à propos l'historien auquel j'em-

---

1) Je publierai dans un autre chapitre le texte de cette anecdote et celui des vers, et j'y joindrai quelques observations sur le récit de Conde et sur celui de M. Romey.

2) *Histoire des Almohades*, p. ٩٢.

3) Abdo-'l-wáhid, *loco laudato*.   4) Le même, p. ٩٧.

prunte ce récit, ne savait pas qu'il tomberait lui-même dans le puits qu'il avait creusé pour son noble ennemi, et qu'il succomberait sous les coups de l'épée qu'il avait fait sortir du fourreau. En effet, la conduite d'al-Motacim fut non-seulement lâche et infâme; elle recèle encore un manque de prudence vraiment étonnant. Mais je l'ai dit, et je le répète, al-Motacim était patricien, il n'était pas roi; les paroles qu'il adressa au poète an-Nihlí [1], montrent qu'il concevait très-bien que les aristocrates avaient besoin, pour conserver le respect qu'ils inspiraient, de s'entre-aider et de ne point souffrir qu'on avilît un seul individu de leur caste; mais ce qu'il ne concevait pas, c'est qu'en calomniant le plus puissant roi de l'Espagne vis-à-vis de Yousof, et en poussant le monarque africain à lui enlever son trône, il préparait, ou hâtait du moins, la chute de tous les rois andalous. On a peine à concevoir cet aveuglement fatal; mais le fait est parfaitement constaté, car ce fut à cette occasion qu'al-Motamid adressa ces deux vers au roi d'Almérie:

O vous qui, pour me nuire, me calomniez par des paroles ambiguës! évitez ma rencontre, car vous avez donné un bon conseil à un homme qui se repent de la bonté qu'il vous a montrée! Quoi donc peut vous avoir donné une idée si fausse de mon caractère? Sont-ce mes manières douces et courtoises? Mais le venin se cache sous l'attouchement moelleux du serpent! [2]

Quand Yousof, voulant réaliser ses projets ambitieux, eut attaqué d'abord l'émir de Grenade et qu'il se fut emparé de sa capitale, al-Motacim lui envoya, en qualité d'ambassadeur, son fils Abou-Merwán Obaido-'l-láh, probablement pour le complimenter de la prise de cette ville. Mais Obaido-'l-láh

---

1) *Voyez* plus haut, p. 89.
2) *Historia Abbadidarum*, I, p. 51. Dans cet ouvrage, je n'avais pas rendu exactement les paroles لقد نصحت لعدم (p. 118).

fut mal reçu, et le monarque le mit en prison. Le captif sut faire parvenir à son père les vers suivants :

Ainsi donc, je me trouve réduit à la plus vile condition, après avoir vécu au milieu du luxe et des honneurs; ainsi donc, des chaînes entravent mes mouvements, après que j'ai dompté les coursiers les plus fougueux! Auparavant j'étais libre et noble; à présent je suis un esclave captif et méprisé. Je suis venu à Grenade comme ambassadeur, mais un grand malheur m'y attendait; auparavant, on a toujours honoré les ambassadeurs, mais lorsque je suis arrivé ici on m'a mis dans les fers. Ah, qu'il me tarde de revoir la noble Almérie, mais hélas, je ne puis y retourner! **1**

Son père lui répondit :

O toi que je chéris, témoin mes sanglots, comment pourrais-je me montrer fort, lorsque mes larmes ne cessent de couler? Nos glaives ont brisé leurs fourreaux, nos drapeaux se sont déchirés, nos tambours ont poussé un douloureux gémissement. Mais si je ressens une douleur semblable à celle de

---

1) Ibno-'l-Abbár, au commencement de son chapitre sur Abou-Merwán Obaido-'l-láh (man., fol. 60 v., 61 r.): كان ابوه المعتصم قد انفذه فى اخر دولته رسولا الى يوسف بن تاشفين عند كونه بغرناطة فاعتقل وقُيِّد فكتب الى ابيه

أَبْعَدَ السنا والمعالي خمول   وبعد ركوب المذاكى كبول
ومن بعد ما كنت حرًا عزيزا   انا اليوم عبد اسير ذليل
حللت رسولا بغرناطة   فحل بها بى خطب جليل
وتَحَقَّقتُ ان جئتها مرسلا   وقد كان يكرم قبلى الرسول
فقدتُ المرية اكرمُ بها   فما للوصول اليها سبيل

(*Voyez* sur la seconde forme du verbe ثقف, qui signifie *mettre en prison*, une note dans mon *Historia Abbadidarum*, I, p. 153). On voit que Conde n'a pas saisi exactement les paroles d'Ibno-'l-Abbár, quand il dit (II, p. 163): » y Juzef con varios prestestos le detuvo en su compañia como en » rehenes."

Jacob, parce que j'ai perdu mon fils chéri, comme il avait perdu Joseph, prenons patience, car la patience nous sied ¹.

Le malheureux père employa tous ses efforts pour faire sortir son fils de prison, et à la fin, il réussit à tromper les gardes de son fils. Celui-ci fut porté sur un vaisseau et regagna Almérie ².

Yousof, oubliant l'amitié qu'il avait témoignée à al-Motacim et cherchant uniquement à se rendre maître de l'Espagne, envoya contre lui un de ses généraux, nommé Abou-Zakaríyá ibn-Wásinou ³. Mais le prince d'Almérie ne devait pas voir sa capitale en des mains ennemies. Lorsque les cavaliers Almoravides attaquèrent Almérie, il était gravement malade. Il appela alors son fils aîné, l'héritier du trône, Izzo-'d-daulah Ahmed, et lui enjoignit de fuir vers les Benou-Hammád, sei-

---

1) عـزيــز عـلـيَّ ونـوحـى دلـيـل   عـلى ما اقاسى ودمعى يـسـبـل
   لـقـطّـعـت الـبـيـض اغـمـادهــا   وشقّـت بـنـود ونــاحــت طـبـول
   ثـمّ كـنـت يعقوب فى حـزنـه   ويـوسـف انـت فصبـر جـمـيـل

2) ثم لم يزل المعتصم يتحيّل فى تخلّصه حتى أخذ من حرّاسه وهرب به على البحر فوافى المرية وهنى ابوه بخلاصه. Selon Conde, Obaido-'l-láh aurait gagné ses gardes; mais le texte n'en dit rien.

3) ابـن واسينوا. C'est ainsi que ce nom se trouve écrit dans trois manuscrits du *Holalo 'l-mauschiyah*. Conde (II, p. 172) écrit *ben Uscinis*, et M. Romey (V, p. 509) a cru devoir changer cela en *ben Housséin*.
Suivant Ibn-abí-Zer (*al-Kartás*, p. ۱۰۱, éd. Tornberg), le général qui s'empara d'Almérie, s'appelait Mohammed ibn-Ayischah. L'autorité d'Ibn-abí-Zer est bien faible, car pour l'époque dont il s'agit, il est, sans contredit, l'auteur le plus mal informé de tous ceux que nous possédons; cependant il paraît que dans le *Kitábo 'l-iktifá* (apud de Gayangos, II, Appendice, p. XLI) il est aussi question d'Ibn-Ayischah. Le récit de la conquête de l'Espagne par les Almoravides, qu'on trouve dans la traduction anglaise d'al-Makkari (II, p. 296), est bien inexact; mais le reproche frappe le traducteur, si je ne me trompe; car je doute qu'on trouve ce récit chez al-Makkari.

gneurs de Bougie, dès qu'il apprendrait qu'al-Motamid de Séville avait dû se rendre [1]. Pendant ses souffrances, le cliquetis des armes arriva jusqu'à lui et il s'écria: » Tout est donc » rendu amer pour nous, même la mort." [2] A ces paroles, la vieille Arwá, une des concubines du père d'al-Motacim, fondit en larmes; le prince la regarda avec pitié, soupira profondément et répéta d'une voix comprimée le vers du poète:

Gardez-vous de verser vos larmes avec profusion, épargnez-les, car des gémissements bien longs vous attendent [3].

Si quelque chose pouvait soulager al-Motacim dans sa douleur, c'était sans doute la reconnaissance des hommes de lettres, qu'il avait comblés de bienfaits. Pendant sa maladie, le poète Ibn-Obádah [4] lui adressa ces vers, pleins d'une tendre affection:

Si je n'étais l'esclave de la noble famille de Çomádih, si mes ancêtres n'étaient pas nés dans ce pays, si je n'y vivais, si je n'y étais né moi-même: je n'aurais entrepris un long voyage que pour me rendre chez eux, et pour vivre sous leur protection pendant le soir, le jour et le matin [5].

» Il faut que nous ne vous ayons pas traité selon votre mé-

---

1) Ibno-'l-Abbár, man., fol. 61 r.

2) Ibn-Bassám, cité par Ibn-Khallicán; Ibn-Kháçán; Ibno-'l-Athír, copié par an-Nowairí.

3) Ibn-Bassám *apud* Ibn-Khallicán. Suivant Ibn-Kháçán, al-Motacim aurait adressé ce vers à une des femmes de son propre harem; mais le témoignage d'Ibn-Bassám porte tellement le caractère de l'authenticité, qu'on est obligé de l'admettre.

4) Abou-Abdolláh Mohammed ibn-Obádah, surnommé al-Wasscháh, parce qu'il avait composé un grand nombre de Mowasschahát sur al-Motacim et ses fils. *Voir* al-Makkarí, man., fol. 446 r.

5) ولولم اكن عبدًا لآل صمادح   وفى ارضهم اصلى وعيشى ومولدى
لما كان لى الا البيهم ترحّل   وفى ظلهم امسى واضحى واغتدى

Al-Makkarí, *ibid*.

»rite," lui répondit le prince, »car vous êtes libre et non
» esclave. Mais faites-nous connaître votre désir, et vous l'ob-
» tiendrez." » Je suis votre esclave," répliqua Ibn-Obádah,
» et je puis dire avec Ibn-Nobátah:

» Votre générosité ne m'a laissé rien à désirer; vous m'avez donné tous
» les biens dont on puisse jouir, et je ne puis même plus formuler un
» souhait." 1

» Si vous voulez répandre des bienfaits," dit alors al-Motacim, en s'adressant à son fils Rafío-'d-daulah Yahyá, » comblez-
» en des hommes comme lui; que désormais il soit votre poète
» à vous; n'oubliez jamais que c'est moi qui vous l'ai recom-
» mandé, et rappelez-moi bien souvent à sa mémoire." 2

Al-Motacim expira le jeudi, vingt et unième du mois de
Rebí second de l'année 484 (12 juin 1091) 3.

———

1) لم يبقِ جودكَ لى شيا اوَمّله   تركتنى اصحَب الدنيا بلا اَمل

2) اذا اصطنعت الرجال فمثل هذا فاصطنعْ ضمّه اليكَ وافعلْ

معه ما تقتضيه وصيّتى به ونَبّهنى اليه كل وقت. Ce sont ces
paroles qui m'ont engagé à croire que l'événement en question eut lieu pendant la dernière maladie d'al-Motacim; al-Makkarí ne le dit pas. Le fils
auquel son père recommanda le poète Ibn-Obádah, est appelé ici الواثق
يَحيى ولى عهده; j'aurai à revenir là-dessus.

3) Suivant Ibno-'l-Abbár (man., fol. 59 v.), al-Motacim mourut dans le
mois de Rebí *second* de l'année 484; mais cet auteur ne donne pas la date
précise. Suivant Ibno-'l-Athír (V, fol. 54 r.), copié par an-Nowairi (man.
2 h, p. 509), sa mort arriva » huit jours restant de Rebí *premier*," et un
auteur cité par Ibn-Khallicán, la fixe au »*jeudi*, huit jours restant de
» Rebí *premier*." Puisque Rebí premier a trente jours, l'expression:
huit jours restant, indique le vingt-deuxième (*voyez* plus haut, p. 51, dans
la note), et c'est ainsi que M. de Slane a traduit (tom. III, p. 208). Mais
le vingt-deuxième de Rebí *premier* (14 mai 1091) tombe un mercredi,
et non pas un jeudi. En comparant le passage d'Ibno-'l-Abbár, je ne
doute point qu'Ibno-'l-Athír et Ibn-Khallicán (ou plutôt Mohammed ibn-

— 124 —

Cependant Ibn-Wásinou avait levé le siége d'Almérie, pour aller s'emparer d'abord de la petite ville de Montujar, située à une distance de vingt milles d'Almérie, et Izzo-'d-daulah avait succédé à son pére [1]. Après avoir régné pendant l'espace de trois mois, il reçut la nouvelle fatale que Séville avait été prise dans le mois de Redjeb (septembre 1091), et qu'al-Motamid, le prince le plus puissant de l'Espagne, avait été fait prisonnier par les Almoravides. Dès lors tout espoir était perdu pour Izzo-'d-daulah, et se souvenant des conseils de son père, il s'embarqua un ou deux mois après [2] (dans le mois de Schabán ou dans celui de Ramadhán), avec ses femmes et ses

───────

Aïyoub al-Ançárí, auteur qui écrivit en 568, et qu'ils ont probablement copié tous les deux) n'aient écrit par erreur Rebí *premier*, au lieu de Rebí *second*. En effet, *huit jours restant* de Rebí *second*, donnent le 21, puisque ce mois n'a que vingt-neuf jours, et ce 21 tombe réellement un jeudi. — A en croire Conde (II, p. 173), Ahmed, fils d'al-Motacim, aurait été proclamé roi le quatrième de Rebí second, et M. Romey (V, p. 509) fixe à ce jour la mort d'al-Motacim; mais Conde n'a trouvé cela nulle part, et ce n'est pas la seule fois qu'il a forgé une date. Remarquons encore qu'Ibn-Khaldoun place par erreur la mort d'al-Motacim en 480 (dans le man. de Leyde et dans celui de Paris, 53$\frac{2}{4}$), et qu'Ibn-abí-Zer (*al-Kartás,* p. ۱۱) a commis ici une de ces bévues qui lui sont habituelles, en donnant à al-Motacim le prénom de son père, Abou-'l-Ahwaç, Ibno-'l-Athír (à la fin de son chapitre sur les Abbádides) et ses copistes, an-Nowairí (dans son *Histoire d'Afrique*, manuscrits de la Bibl. royale de Paris, ancien fonds, n°. 702, fol. 50 r., et 702 A., fol. 77 v.) et Abou- 'l-fedá (III, p. 274), se trompent aussi gravement, quand ils placent la mort d'al-Motacim *après* la prise de Séville.

1) Ibno-'l-Abbár, man., fol. 61 r.

2) On voit que Conde se trompe quand il dit (II, p. 173) qu'Ahmed ne régna que pendant un mois, après la mort de son père. M. Romey (V, p. 509) a déjà rectifié cette erreur. En fixant la fuite du dernier prince d'Almérie au *vingt-cinquième* de Schabán, Conde a encore forgé une date; Ibno-'l-Abbár dit: فى شعبان قبل وقد رمضان فى.

trésors 1, dans des vaisseaux qu'il tenait prêts pour sa fuite 2. Quelques jours après, les Almoravides entrèrent dans Almérie.

Izzo-'d-daulah arriva à Bougie où il fut très-bien reçu par le prince al-Mançor, fils d'an-Nácir, de la famille des Benou-Hammád 3. Loin du sol qui l'avait vu naître, le prince malheureux composa ces vers :

Mon Dieu! je me résigne à vos décrets! Après avoir régné, je suis donc un bourgeois obscur dans la terre de mon exil; j'y coule une vie monotone, sans chagrins comme sans plaisirs. Ici mes pieds ont oublié de presser les flancs d'un coursier qui s'élance au galop; ici mes oreilles n'entendent plus les chants mélodieux des poètes, et jamais mes mains ne s'étendent pour répandre des bienfaits 4.

---

1) Ibno-'l-Athír, an-Nowairí et Abou-'l-fedá.

2) ثم ركب البحر على وجهه في قطع اعدّها لفراره, dit Ibno-'l-Abbár. Dans l'idée que les Almoravides assiégeaient alors Almérie, Conde a inventé quelques faits qui ne se trouvent pas chez Ibno-'l-Abbár, l'auteur qu'il a consulté; mais les Almoravides assiégeaient alors Montujar, et non pas Almérie. وليوم اخر دخلها اصحاب ابن تاشفين وكان اذذاك يحاصر مندوشر على عشرين ميلا منها, dit Ibno-'l-Abbár.

3) Ibno-'l-Abbár le nomme : المنصور بن الناصر بن علنّاس (sic) بن حمّاد بن بلقين بن زيري بن مناد الصنهاجى. Dans la traduction d'un chapitre du *Kitábo 'l-iktifá*, donnée par M. de Gayangos (II, App., p. XLI), on lit an-Nacir ibno-'l-Mançor, mais c'est une erreur. Al-Mançor succéda à son père an-Nácir ibn-غلناس (sic) l'année 481, et mourut en 498 (*al-Bayáno 'l-mogrib*).

4) لكن الحمد بعد الملك اصبح خاملا بارض اغتراب لا امرّ ولا احلى وقد اصدات فيها الجذاذة منهلى كما نسبت ركض الجياد بها رجلى فلا مسمعى يصغى لنغمة شاعر وكفى يوما لا تمتد الى بذل

Al-Makkarí, man., fol. 435 r. Dans la traduction j'ai omis le premier hémistiche du second vers, parce que je ne le comprends pas.

Un des poètes les plus vantés de la cour de Séville, Ibno-'l-labbânah, a rendu un hommage éclatant à Izzo-'d-daulah. Voici comment il s'exprime : » Jamais je n'ai vu un exemple
» aussi frappant de l'injustice de la Fortune, que lorsque je
» rencontrai à Bougie Izzo-'d-daulah, le fils d'al-Motacim ibn-
» Çomâdih. C'était bien l'homme le plus excellent qu'on pût
» voir, et Dieu ne semblait l'avoir créé que pour régner,
» pour commander et pour qu'il donnât l'exemple de toutes les
» vertus ; son beau caractère, semblable à un glaive étincelant,
» et sa noblesse perçaient à travers sa condition obscure et
» son malheur. Il connaissait parfaitement les divers genres de
» littérature et d'histoire ; il aimait à entendre parler les gens
» instruits, et parlait lui-même en homme fort savant ; son âme
» était ouverte à toutes les tendres impressions ; son esprit était
» vif et pénétrant. Lorsque j'eus parlé de lui à un littérateur
» de mes amis, qui se trouvait dans cette ville, et que je lui eus
» fait l'éloge d'Izzo-'d-daulah, cet ami montra le désir de faire
» sa connaissance, et me pria de vouloir bien demander au prince
» en son nom la permission de lui rendre visite. Ayant fait con-
» naître à Izzo-'d-daulah le désir de mon ami, il me répondit :
» » vous savez, ô Abou-Becr, que nous vivons à présent igno-
» » rés et pauvres, et que nous ne possédons plus les richesses
» » que nous possédions auparavant ; il ne nous sied plus de
» » recevoir la visite de qui que ce soit, mais il ne nous sied
» » pas surtout de recevoir celle d'un littérateur renommé,
» » qui nous regarderait avec un oeil de pitié, et qui croi-
» » rait nous montrer une faveur en nous rendant visite ;
» » nous serions obligés d'entendre ses paroles compatissan-
» » tes, et ses regards pleins de pitié, réveilleraient notre
» » ancienne douleur, et donneraient une vie nouvelle à la
» » tristesse que nous tâchons de chasser. Nous ne pouvons
» » lui faire de dons qui puissent le contenter et lui mon-
» » trer notre générosité. Laissez-nous donc, et imaginez-vous

»»que nous sommes descendus dans la tombe; nous oppose-
»»rons la résignation comme une cuirasse aux flèches du mal-
»»heur. Quant à vous, vous êtes uni à nous ainsi que la chair
»»l'est au sang; vous êtes mêlé à nous comme l'eau au vin,
»»et nous ne pensons point avoir révélé notre malheur et la
»»douleur qu'il nous cause, à un étranger, quand nous vous
»»en avons parlé; mais n'imposez pas le fardeau que vous
»»portez, à un autre." Il m'avait parlé," poursuit Ibno-'l-
labbánah, » avec une facilité d'élocution qui indiquait qu'il disait
» vrai et qui, en même temps, montrait qu'il possédait une âme
» fière et qu'il tenait entre ses mains les brides de l'éloquence." [1]

Plus tard le prince de Bougie assigna à Izzo-'d-daulah la ville de Ténès pour demeure [2].

Un autre fils d'al-Motacim, celui qui avait été prisonnier à Grenade, Abou-Merwán Obaido-'l-láh, était resté à Almérie jusqu'à ce que son frère quitta sa principauté. Il ne l'accompagna pas dans sa fuite, mais il se rendit chez certain Almoravide qu'il avait connu auparavant et avec lequel il était lié d'amitié. Il mena depuis un vie joyeuse, et il se trouva dans l'armée de l'émir Yahyá ibn-abí-Becr lorsque celui-ci mit le siège devant Tolède, l'année 493 [3].

Rafio-'d-daulah n'accompagna pas davantage, à ce qu'il paraît, son frère Izzo-'d-daulah, lorsque celui-ci alla chercher un asyle à Bougie [4]. On raconte qu'en le voyant, un pauvre fou

---

1) Al-Makkarí, man., fol. 435 r.

2) ويقال ان المنصور انزله بتنس من اعماله الغربية, dit Ibno-'l-Abbár; mais an-Nowairí, dans son *Histoire d'Afrique*, nomme Tedlès, ville qui est située également à l'ouest de Bougie, mais à une moindre distance.

3) Ibno-'l-Abbár, man., fol. 61 r.

4) Conde (II, p. 173) dit que Rafio-'d-daulah s'enfuit avec son frère, mais aucun témoignage ne vient à l'appui de cette assertion, et la suite des aventures du prince me semble prouver le contraire.

avait la coutume de dire: « voilà un *alf* et rien de plus ! »[1] (On sait qu'en arabe la première lettre de l'alphabet, quand elle est dépourvue de *hamzah* et de voyelle, ne donne point d'articulation ; et le fou donnait à entendre par sa raillerie, que Rafîo-'d-daulah n'était qu'une vaine ombre de ce qu'il était auparavant). Rafîo-'d-daulah se plaignit de cet homme à un de ses amis, qui lui promit de faire en sorte que le fou ne l'insultât plus. Ayant acheté quelques bonbons, il les lui donna, et lui dit: « Quand tu verras Rafîo-'d-daulah, le fils d'al-Motacim, souhaite-lui le bonjour et baise sa main ; mais ne dis plus : Voilà un *alf* et rien de plus ! » « Très-bien, » dit le fou, et il promit qu'il ne dirait plus ces mots. Quelque temps après, ayant aperçu Rafîo-'d-daulah, il courut à lui, lui baisa la main et s'écria: « Voilà un *bá* avec un point au dessous ! » Cette phrase fit entrer le prince dans une grande colère, et le piqua bien plus que celle que le fou prononçait auparavant ; car Rafîo-'d-daulah avait la gravelle, et il pensait que le fou le savait et qu'il le raillait à ce sujet. Aussi quand, dans la suite, il apercevait le fou, il se hâtait de changer de chemin, pour éviter sa rencontre.

Certain jour, Rafîo-'d-daulah se fit annoncer chez un personnage qui tenait un rang élevé à la cour des Almoravides. Quand l'esclave eut prononcé le nom du prince devant son maître, un de ceux qui se trouvaient chez lui, voulant témoigner son mépris et empêcher qu'il n'entrât, s'écria: « Ah, voilà un peuple qui a disparu ! »[2] Informé de cette insulte, Rafîo-'d-daulah lui fit parvenir ces vers:

Mon peuple a disparu, mais moi je n'ai point disparu; la branche de l'arbre suffit, quand la racine n'est plus. Quel mal auriez vous fait, si vous

---

1) هذا الف لا شي عليه. Al-Makkarí, man., fol. 435 v., où l'on trouve cette anecdote ainsi que la suivante.

2) تلك امة قد خلت.

aviez dit à ma louange: »Ce qu'il fait, il le fait noblement!" Chaque vase retient quelques gouttes de la matière fluide dont il a été rempli; les guêpes donneront-elles jamais ce que la bouche des abeilles a rejeté? Certes, je retournerai sur mes pas, lorsque je vous apercevrai dans une demeure, quand même tous les chemins où je marche, me conduiraient vers vous; car le lieu où vous vous trouvez, n'est point un lieu honorable; ce qu'on y dit et ce qu'on y fait, ne plait à aucun homme bien élevé.

Je vous ai réprimandé afin que vous vous corrigiez, mais, vous le voyez, les réprimandes des nobles sont douces et polies [1].

Ainsi, en butte aux plaisanteries de fous et de parvenus insolents, le savoir-vivre, les manières aristocratiques, ne se démentaient point chez cet infortuné rejeton d'une des plus anciennes familles arabes de la Péninsule.

On dirait presque que, par un étrange jeu du destin, les Benou-Çomádih recevaient en naissant non-seulement de nobles qualités, mais encore des talents poétiques; en effet, les unes et les autres pourraient paraître héréditaires dans cette famille; seulement le talent poétique se modifiait avec les temps. Un fils d'Abou-Merwán Obaido-'l-láh (du prince qui avait été captif à Grenade), nommé Raschído-'d-daulah Abou-Yahyá Mohammed, qui était encore enfant lorsque le royaume d'Almérie passa aux Almoravides, cultiva la littérature avec beaucoup de succès. C'est lui qui semble avoir conçu le projet ambitieux de relever le trône abattu de ses ancêtres ; on l'ac-

---

1) خلت امتي لكن ذاتي لم تتخل   وفى الفرع ما يغنى اذا ذهب الاصل
وما ضركم لو قلتم قول ماجد   يكون له فيما يجىء به الفضل
وكل اناء بالذى فيه راشح   وهل يمنح الزنبور ما مجّه النحل
ساصرف وجهى عن جناب تنحّله   ولو لم تكن الا الى وجهك السبل
فما موضع تنحتناه بمرفع   ولا يرتضى فيه مقال ولا فعل
وقد كنت ذا عذل لعلك ترعوى   ولكن بارباب العلى يجمل العذل

cusa du moins de haute trahison, et on le jeta dans les fers. Dans sa prison il composa ces vers :

> Nos nobles amis nous ont accusé injustement; mais quand un homme accuse, on dirait: une mèche et du feu [1]. Ils ont proféré des paroles futiles et ineptes, dont ils ne connaissaient pas la portée; mais de telles paroles produisent le malheur et la honte. Mais je me résigne, bien que tous les malheurs me frappent; se résigner et nourrir l'espoir d'être récompensé dans une autre vie, voilà le caractère d'un homme noble. Peut-être, ai-je dit, ne sont-ce que des ténèbres qui ne m'entourent que momentanément; après la nuit vient le jour! Mais si la mort vient me frapper, je la souffrirai avec patience, et si j'ai commis un péché, Dieu me le pardonnera [2].

On remarque le même esprit de résignation religieuse dans les

---

1) C'est-à-dire: on croit très-facilement à une accusation. Le poëte compare les accusateurs au feu, et ceux auxquels on porte des plaintes, à une mèche qui s'enflamme aisément. Le mot معطبة manque dans nos Dictionnaires, mais l'étymologie indique suffisamment qu'il signifie *une mèche*.

2) Ibno-'l-Abbár fol. 110 v.: ذكره ابو عامر السالمى فى تاريخه وقال نشا بعد انقراض ملكهم فكلف بالاداب وبرز فيها ثم تاق الى الرياسة فقيّد فمن قوله فى السجن

احبّتنا الكرام بغوا علينا   ويدعى المرء معطبة ونار
وقالوا الهاجر لمّا يعلموه   وهاجر القول منقصة وعار
صبرت على مقارعة الدواهى   وطبع الحر صبر واصطجار
وقلت لعلها ظلم ألمّت   وحال الليل اخرها النهار
فان يكن الردى يكن اصطبار   وان تكن .... يكن اغتفار

J'ai déjà parlé ailleurs de la signification du mot اجر (*Hist. Abbad.*, I, p. 112, 113); la huitième forme du verbe a ici le même sens que la cinquième chez Ibn-Djobair (*Voyage*, man., p. 195, 207). Dans le dernier hémistiche, un mot a été laissé en blanc.

vers suivants que Raschido-'d-daulah composa également dans sa prison :

Souffrez patiemment les vicissitudes de la fortune, elles ne dureront pas toujours; voyez l'aurore, elle chasse les ténèbres. Si auparavant vous saviez que Dieu réglait votre sort, fiez-vous à présent à lui, car bientôt vous verrez Jésus accourir à votre secours. Rarement l'homme se soumet aux décrets de la Providence, dans l'espoir d'une récompense dans la vie future, sans qu'il jouisse le lendemain des grandes joies du paradis 1.

Dans le cinquième siècle de l'Hégire, sous le régime de l'aristocratie, la poésie andalouse avait été vigoureuse, pleine de sève, toute mondaine; on jouissait de tous les biens de la vie, et on en jouissait avec délices; les poètes chantaient le vin et l'ivresse, et cachaient mal, dans leurs poésies érotiques, une fine sensualité sous des images tendres et délicates. C'était une poésie qui ne voulait que l'action; elle admirait l'héroïsme, car les poètes étaient héroïques eux-mêmes; fiers de leur talent, et semblables aux auteurs de la comédie ancienne à Athènes, aux poètes politiques de l'Allemagne, ils flagellaient impitoyablement les princes, dès qu'ils avaient commis une faute ou une sottise; mais un coursier fougueux, un guerrier intrépide, excitaient leur enthousiasme. Sous le règne d'Ali l'Almoravide, de ce monarque si dévot et si insignifiant, les femmes et les prêtres avaient remplacé les fiers et nobles aristocrates d'auparavant, et la poésie réfléchit fidèlement l'image de l'histoire de l'époque. De vigoureuse, d'insouciante, de légère, de frivole même qu'elle était, elle est devenue peureuse, sévère, mélancolique, religieuse, les temps étaient si

---

1) صبرا على نائبات الدهر ان له   يوما كما فتكت الاصباح بالظلم
ان كنت تعلم ان الله مقتدر   فثق به تلقّ روح الله من امم
وقلّما صبر الانسان محتسبا   الا واصبح فى فضفاضة النعم

Voyez sur le mot نعم mon Glossaire sur le Commentaire d'Ibn-Badroun.

mauvais, les poètes se trouvaient tellement isolés, qu'ils détournaient les yeux du spectacle des misères humaines, pour les élever vers le ciel; on souffrait, on se résignait, en femme ou en moine, là où les hommes du siècle précédent auraient agi, auraient lutté contre la fortune. Les belles formes ont disparu ; l'expression poétique, autrefois si riche, si variée, ne se retrouve guère, et quand les poètes veulent imiter les grands modèles, ils tombent dans l'enflure ou dans la platitude ; la fantaisie a disparu avec la forme, et à sa place on rencontre des flatteries fades et insipides sur le monarque, représentant de la divinité, des sentiments moraux, des sentiments religieux. On dirait que le luth andalous avait perdu alors ses cordes les plus belles.

La dévotion sans bornes qui, sous Alí, paralysait l'action du gouvernement, s'alliait à une grande corruption des moeurs et à un renversement complet de l'ordre social. Tandis que l'aveugle droit de la naissance avait placé sur le trône des Almoravides un personnage qui n'était fait que pour le cloître, qui ne savait que prier pendant la nuit, et jeûner pendant le jour, les chefs des deux grandes tribus africaines, celles de Lamtounah et de Masoufah, commettaient toutes sortes de désordres, se faisaient voleurs de grands chemins, et savaient constamment se soustraire aux mains de la justice, en s'abritant derrière la protection des femmes du harem. Aussi une réaction ne tarda pas à se manifester, et ce fut un habitant obscur de Sous qui leva l'étendard de la révolte. Mohammed ibn-Toumart cacha ses projets politiques (car son but principal était de renverser la dynastie régnante) sous le masque du réformateur; il se fit reconnaître par des peuplades ignorantes mais fanatiques, pour le Mahdí dont le Prophète avait annoncé l'arrivée, et il leur persuada qu'il n'avait d'autre but que d'épurer les moeurs, corrompues par les Almoravides. Il associa à son oeuvre un jeune homme de beaucoup de talents, Abdo-'l-moumin, le fondateur de la dynastie des Almohades. Le Mahdí était mort en 524; et à l'époque de la mort d'Alí et de l'avénement de son fils Téschifín au trône des Almoravides, l'année 537, Abdo-'l-moumin avait déjà conquis la plus grande partie de l'Afrique septentrionale.

On conçoit que les descendants d'al-Motacim ne virent pas sans joie chanceler le trône d'une dynastie qui leur avait enlevé le leur. Lorsque pendant l'année 539, les Almohades assiégèrent la ville de Tlemcen, défendue au dehors par l'armée de Téschifín, et dont la garnison était placée sous les ordres d'Abou-Bekr ibn-Mezdelí [1], Rafío-'d-daulah, qui jouissait de la faveur de ce général, se trouvait dans cette ville avec son neveu Raschído-'d-daulah Abou-Yahyá qui, dans l'intervalle, avait recouvré sa liberté. Certain jour, que les Almohades, campés sur la montagne qu'on nommait *má baina 'ç-çakhrataini* [2], venaient de recevoir la nouvelle d'une victoire que leur parti avait remportée, ils battirent les tambours en signe de joie. Rafío-'d-daulah, déjà vieux à cette époque, dit alors

---

1) C'est Ibno-'l-Aschírí (*apud* Ibno-'l-Abbár) qui dit qu'Ibn-Mezdelí était gouverneur de Tlemcen, et puisque cet auteur se trouvait alors dans cette ville, son autorité est d'un grand poids en ce point. Mais un autre auteur qu'Ibno-'l-Abbár cite et copie, mais qu'il ne nomme pas (وقال غير ابن الاشيرى), dit qu'à l'époque où Tlemcen fut livrée aux Almohades, le gouverneur de cette ville était Ibno-'ç-çakhráwíyah, le fils du frère de Téschifín. Voici comment Ibno-'l-Abbár (fol. 111 v.) tâche de lever cette difficulté: وفى هذا الخبر ان ابن الصخراوية كان بتلمسان وقد تقدم عن ابن الاشيرى ان ابا بكر بن مزدلى كان واليا عليها فى هذه السنة المذكورة فلعلّه ولى بعده او كان مددا له فى تلك المدّة

2) ما بين الصخرتين. Ibno-'l-Abbár, man., fol. 61 v.; comparez fol. 111 r.

au fils de son frère : » Si ma vieillesse et ma faiblesse ne m'en
» empêchaient pas, je me serais déjà rendu auprès d'eux,
» parce que je les aime et que je veux sauver ma vie [1]." » Eh
» bien," lui répondit le petit-fils d'al-Motacim, » récitons
» des vers qui soient notre provision pour les temps futurs [2]."
Un de leurs amis, Abou-Alí ibno-'l-Aschírí, qui depuis s'est
fait connaître par une histoire des Almohades, se trouvait avec
eux, et Rafío-'d-daulah commença ainsi :

Par Abdo-'l-moumin, le roi, l'astre du bonheur tourne dans le ciel [3];

Abou-Yahyá poursuivit :

c'est un héros, et l'éclat de son front ressemble à la splendeur de la lune dans l'obscurité [4];

Et Ibno-'l-Aschírí ajouta :

allez donc le joindre; vous trouverez un prince qui possède la fierté qui convient à un roi, mais ne craignez rien, car il ne reçoit pas avec fierté ceux qui implorent sa protection [5].

Ces vers s'étant bientôt répandus dans la ville, et étant parvenus aux oreilles du gouverneur, Abou-Becr ibn-Mezdelí, les trois personnages qui les avaient improvisés, craignirent son ressentiment. Rafío-'d-daulah qui avait été chargé de surveil-

---

1) لولا كبر سني وضعفي لكنت عندهم حرصا عليهم ونظرا لنفسي.

2) تعال نقل شعرا نجعله عدة.

3) بعبد المومن الملك يدور السعد في الفلك

Dans le man. (Ibno-'l-Abbár, fol. 111 r.) le premier vers se lit par erreur ainsi : لعبد المومن من الملك به.

4) همام نور غرته كضوء البدر في الحلك

5) فيمه تجد ملكا عليه سكينة الملك

ولا تجزع فليس له على القصاد من درك

ler la réparation du mûr du faubourg, sut s'échapper par une ruse, et gagna le camp des Almohades [1]. Peu de temps après, Téschifín mourut près d'Oran et les Almoravides se trouvèrent forcés d'évacuer Tlemcen. Abou-Yahyá Raschído-'d-daulah et son ami, Ibno-'l-Aschírí, embrassèrent alors le parti des Almohades, et, dans la suite, le petit fils d'al-Motaciin composa de longs poëmes en l'honneur d'Abdo-'l-moumin.

Depuis cette époque, l'histoire ne parle plus des Benou-Çomádih.

Je terminerai cet article en faisant remarquer les contradictions frappantes que présentent les récits des historiens arabes, quand il est question des noms que portaient les différents fils d'al-Motacim. Dans le récit qui précède, j'ai dû choisir entre ces notables divergences.

I. Le fils aîné d'al-Motacim est nommé *Ahmed* par Ibno-'l-Abbár et par Ibn-Khaldoun (dans le man. de Paris, car le nom manque dans le manuscrit de Leyde), et *Abou-Mohammed Abdolláh* par al-Makkarí (fol. 435 r.) qui, dans un autre endroit (fol. 446 r.), où j'ai cru qu'il était question de son frère Rafío-'d-daulah (*voir* p. 123), l'appelle *al-wáthik Yahyá*. Il porte le titre d'*Izzo-'d-daulah* chez Ibn-Khácán, chez Ibno-'l-labbánah (deux auteurs contemporains) et chez al-Makkarí (fol. 435 r.); dans ce dernier endroit il porte encore

---

1) Conde (II, p. 174) avance, sans raison aucune, que Rafío-'d-daulah mourut l'année 539. Il cite à l'appui de son opinion » les historiens an- » dalous, Amru Otman de Cordoue, Zacarias de Saragosse et Alcodai de » Valence." Le dernier est Ibno-'l-Abbár et c'est lui qui cite deux autres historiens (fol. 61 v.); mais d'abord il ne les cite pas en parlant de la mort de Rafío-'d-daulah, puisqu'il ne parle point du tout de la mort de ce personnage, et ensuite les deux auteurs qu'il nomme, ne portaient point les noms que leur donne Conde, qui a estropié ces noms avec sa légèreté ordinaire. *Voyez* plus bas.

le titre d'*al-wáthik*. Mais Ibno-'l-Abbár lui donne constamment le titre de *Moïzzo-'d-daulah* [1], et c'est son frère Abou-Merwán Obaido-'l-láh qu'il nomme Izzo-'d-daulah. Ibno-'l-Khatíb (*apud* Casiri, II, p. 214) donne au prince héréditaire le titre de *Hosámo-'d-daulah;* il est vrai que dans le texte publié par Casiri, on lit جسام avec le *djím*, mais je doute qu'il existe un titre Djosámo-'d-daulah, et je serais porté à croire que le ج ne se trouve ici que par une faute d'impression, puisque Casiri écrit *Hesam*. La traduction anglaise d'al-Makkarí (II, p. 296) pourrait faire croire que cet auteur appelle aussi, en certain endroit, le dernier prince d'Almérie *Hosámo-'d-daulah;* mais, quoiqu'en dise M. de Gayangos dans sa note (p. 512), je répète ce que j'ai déjà avancé plus haut, savoir que ce passage ne se trouve pas chez al-Makkarí, et j'ajouterai qu'en cet endroit, M. de Gayangos a copié Casiri. On voit que les noms *Izzo-'d-daulah Ahmed* ont pour eux les autorités les plus graves. J'ajouterai encore qu'Ibno-'l-Athír (à la fin de son chapitre sur les Abbádides) et Abou-'l-fedá (III, p. 274) qui l'a copié, ne nomment pas notre prince, mais qu'ils lui donnent le titre de *Hádjib*.

II. Un autre fils d'al-Motacim est appelé par al-Makkarí (fol. 435 v.) *Rafio-'d-daulah al-hádjib Abou-Zakariyá Yahyá;* Ibno-'l-Abbár semble avoir ignoré son nom, mais il nous apprend que deux historiens lui donnent le prénom d'*Abou-Yahyá*, et il ajoute, ce que nous savions d'ailleurs, qu'Ibn-Khácán lui donne celui d'*Abou-Zakariyá* [2].

---

1) C'est ainsi que l'appelle Conde (II, p. 173: Ahmed Moez-Dola), mais c'est par erreur qu'il ajoute en note: » Llamanle otros, Oveidala Moezdala » (sic) Abu Meruan."

2) Fol. 61 v.: ذكره ابو عمرو عثمن بن علي بن الامام فى كتابه الموسوم بسمط الجمان وسقط الاذهان ولم يسمّه وكناه ابا يحيى

III. Abou-Merwán Obaido-'l-láh est appelé Izzo-'d-daulah par Ibno-'l-Abbár; mais je crois qu'il se trompe et que c'était le frère ainé d'Abou-Merwán, qui portait ce titre.

IV. Abou-Djafar, dont j'ignore le nom propre, n'est mentionné à ma connaissance que par al-Makkari (fol. 436 r.).

وكذلك كناه ابو عامر السالمى فى تاريخه وكناه صاحب المطمح ابا زكريا. C'est ce passage qui a donné lieu aux singulières erreurs de Casiri (II, p. 40, 41) et de Conde (II, p. 174), et qui leur a fait nommer des historiens qui n'ont jamais existé.

TABLE GÉNÉALOGIQUE D

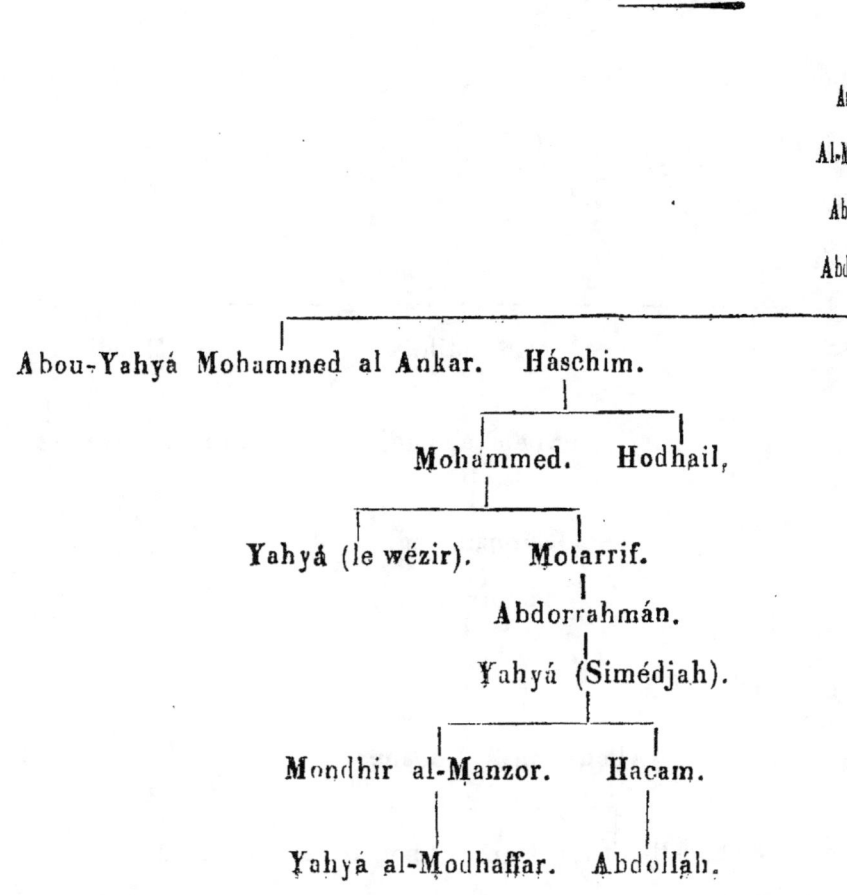

TODJIBIDES D'ARAGON.

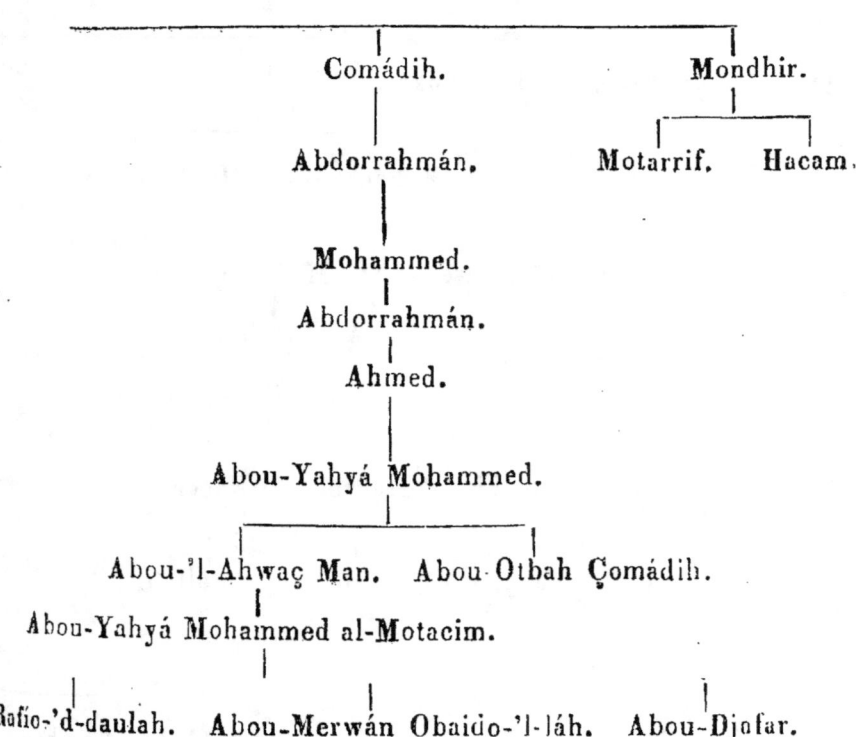

QUELQUES REMARQUES

SUR L'HISTOIRE DE MURCIE PENDANT LA PREMIÈRE MOITIÉ
DU CINQUIÈME SIÈCLE DE L'HÉGIRE.

Dans les Recherches qui précèdent, j'ai dit que Murcie faisait partie des états gouvernés par Zohair, et qu'à l'époque de la mort de ce prince, cette ville avec son territoire passa à Abdo-'l-azíz de Valence, ainsi que tous les autres domaines de Zohair. A en croire M. de Slane (dans une note sur sa traduction anglaise d'Ibn-Khallicán, I, p. 279), Murcie appartenait au seigneur de Dénia, à Modjéhid [1]. Mais nous avons déjà vu plus haut (p. 36, 37) que Zohair, à l'époque où il devint seigneur d'Almérie, c'est-à-dire en 419, était seigneur de Murcie. D'ailleurs, Ibno-'l-Abbár nous fournit un passage très-important et dont on ne s'est pas encore servi; il démontrera jusqu'à l'évidence que Murcie appartenait à Zohair et qu'elle passa, après sa mort, à Abdo-'l-azíz. Ibno-'l-Abbár nous apprend, sur l'autorité d'Ibn-Haiyán, que » Zohair le Slave, seigneur d'Almérie et de Murcie, craignait » qu'Abou-Amir ibn-Khattáb, le commandant de la ville de » Murcie, ne se révoltât contre lui, s'il le laissait dans la ville » pendant son absence" [il s'agit sans doute ici de l'époque où Zohair quitta Murcie pour se rendre à Almérie], »parce qu'Ibn-

---

1) M. de Slane cite à cette occasion le *Bogyato 'l-moltamis* par ad-Dhabbí, mais M. Defrémery ayant bien voulu me copier l'article sur Modjéhid qui se trouve dans cet ouvrage, je vois qu'ad-Dhabbí ne dit aucunement que Modjéhid était seigneur de Murcie; il ne parle pas même de la prise de cette ville par le prince de Dénia.

»Khattáb favorisait les desseins de Modjéhid l'Amiride, le rival
»de Zohair. Ce dernier ordonna donc à Ibn-Khattáb de venir
»habiter Almérie, où il continua à l'honorer de sa faveur;
»mais il confia le gouvernement de Murcie à (Abou-Becr Ahmed
»ibn-Ishák ibn-Zaid) ibn-Táhir (al-Kaisí), l'émule et le rival
»d'Ibn-Khattáb. Auparavant cet Ibn-Táhir était sorti de la
»prison où l'avait mis Modjéhid, en payant pour sa rançon
»une somme très-forte; étant retourné à Murcie, il avait
»continué à augmenter ses richesses, car Zohair l'avait aidé à
»remettre en ordre ses finances dérangées. Depuis ce temps,
»il avait séjourné tranquillement à Murcie et était parvenu
»aux plus hautes dignités, jusqu'à ce qu'à la fin son ennemi,
»Ibn-Khattáb, sortit de Murcie, pour n'y revenir, car il
»mourut hors de cette ville." Ibno-'l-Abbár, ou plutôt
Ibn-Haiyán qu'il copie, ajoute qu'Ibn-Táhir, après la chute
de la dynastie des Slaves amirides (c'est-à-dire après la mort
de Zohair), obéissait en apparence à Abdo-'l-azíz de Valence,
et, après la mort de ce prince, à son fils Abdo-'l-melik, mais
qu'il ne se soumettait à leurs ordres que lorsque cela lui plaisait.
Nous avons vu plus haut (p. 80) qu'Ibn-Khaldoun donne à Abdo-
'l-azíz le titre de prince de Valence et de Murcie, et l'on voit
que, d'après Ibno-'l-Abbár, il exerça à Murcie une autorité au
moins nominale.

Mais je ne veux nullement nier que Modjéhid n'ait été, à
une époque antérieure, maître de Murcie. Ibn-Khallicán (I,
p. ۱۴۴, éd. de Slane) raconte que Modjéhid, *lorsqu'il s'empara
de Murcie*, envoya au philologue Abou-Gálib at Taiyání, qui
séjournait dans cette ville, un présent de mille dinárs, à condition qu'il ajoutât au titre d'un livre qu'il venait d'écrire:
»Composé par Abou-Gálib pour Abou-'l-Djaisch Modjéhid."
Le philologue refusa l'argent, en disant que, pour tout au
monde, il ne voudrait pas charger sa conscience d'un mensonge, puisqu'il n'avait pas écrit son livre pour un seul homme,

mais pour tout le monde [1]. Ce passage prouve que Modjéhid a été maître de Murcie pendant quelque temps ; malheureusement aucun autre historien, à ma connaissance, ne parle de la prise de cette ville. Je serais porté à croire qu'elle eut lieu avant l'époque où Zohair, par suite de la mort de Khairán, devint maître d'Almérie, c'est-à-dire, avant l'année 419, puisque dans le passage d'Ibno-'l-Abbár, il est dit qu'Ibn-Táhir avait été prisonnier de Modjéhid, et que le passage dans son entier, semble prouver que cet Ibn-Táhir était déjà retourné à Murcie lorsque Zohair devint seigneur d'Almérie. Je suppose donc qu'il a été fait prisonnier à l'époque où Modjéhid s'empara de Murcie. Mais je ne puis assigner une date plus précise à l'événement en question. Ibn-Khallicán dit avoir trouvé l'anecdote qu'il raconte, chez Ibno-'l-Faradhí, qui a composé un Dictionnaire biographique des littérateurs andalous ; mais il faut qu'il se soit trompé ici dans sa citation ; car Ibno-'l-Faradhí fut tué, ainsi qu'Ibn-Khallicán lui-même le rapporte ailleurs (I, p. ٣vv éd. de Slane), le septième de Schawwál de l'année 403, quand les Berbères, commandés par Solaimán, prirent Cordoue d'assaut. Or si l'on voulait admettre que l'anecdote se trouvât réellement dans l'ouvrage d'Ibno-'l-Faradhí, il faudrait croire à deux circonstances qui,

---

1) Ibn-Khallicán, ou plutôt l'auteur qu'il copie, ajoute ici: فاعجب لهمّة هذا الرئيس وعلوّها واعجب لنفس هذا العالم ونزاهتها. M. de Slane pense qu'Abou-Gálib le philologue est indiqué ici par le mot رئيس » chief: which was perhaps the title given him as chief philologer of the » age." Mais le mot الرئيس se rapporte à Modjéhid : » Admirez donc le » noble caractère de ce chef (de ce prince, de Modjéhid), et l'intégrité de » ce savant (d'Abou-Gálib) !" L'auteur veut qu'on admire non-seulement la conduite du philologue, mais encore celle du prince qui, par sa grande libéralité, avait montré quel prix il attachait à l'étude des lettres, et qui voulait illustrer son nom par les livres qu'on lui dédiait.

il est vrai, ne sont pas impossibles, mais qui, du moins, sont fort peu probables. D'abord il faudrait supposer que Modjéhid, qui avait quitté Cordoue après le meurtre du khalife Mohammed al-Mahdí, c'est-à-dire dans le dernier mois de l'année 400 [1], se fût déjà rendu maître de Murcie avant le mois de Schawwál de l'année 403. Voilà ce qui est peu probable, parce que Modjéhid, dans les premières années de son règne, tourna ses armes contre l'Italie, contre la Sardaigne surtout; je doute qu'il ait été assez puissant à cette époque, pour oser attaquer en même temps une ville aussi considérable que Murcie. En second lieu, il faudrait admettre qu'Ibno-'l-Faradhí écrivit son ouvrage fort peu de temps, une ou deux années, avant sa mort. Ce qui nous confirme dans la supposition qu'Ibn-Khallicán n'a cité ici Ibno-'l-Faradhí que par erreur, c'est que le passage en question se trouve chez un autre auteur, chez al-Homaidí [2], et qu'as-Soyoutí, dans son ouvrage sur les Grammairiens, le cite d'après al-Homaidí [3], et non pas d'après Ibno-

---

1) *Voir* Ibn-Khaldoun *apud* Weijers, *Loci Ibn Khacanis*, p. 115. Je profite de cette occasion pour rectifier une faute qui se trouve dans ce texte; on y lit: وكان بين مجاهد — وبين خيران — وابن ابى عامر — حروب اقران هاك مجاهد سنة ٣٤. Mais au lieu de اقران, il faut lire الى ان, ainsi que porte, assez distinctement, le manuscrit d'Ibn-Khaldoun dont l'éditeur s'est servi.

2) Man. d'Oxford, fol. 78 v. Al-Homaidí appelle Abou-Gálib *Ibno-'t-Taiyáni* (المعروف بابن النيباني). Lorsque pendant mon séjour à Oxford, je rédigeai un sommaire de l'ouvrage d'al-Homaidí, je ne copiai pas l'anecdote en question, parce que je la connaissais par Ibn-Khallicán et par al-Makkarí (qui ne parle point d'une conquête de Murcie); mais M. Greenhill a bien voulu m'apprendre qu'on trouve les mots ايام غلبته على مرسية chez al Homaidí.

1) Dans le man. qui appartient à M. le Dr. Lee, les mots على مرسية ont été omis, et on y lit seulement ايام غلبته.

'l-Faradhí qu'il était pourtant à même de consulter et qu'il cite souvent.

Par suite des malentendus et des contradictions de Casiri et de Conde, l'histoire de Murcie, dans la seconde moitié du cinquième siècle de l'Hégire, est un vrai dédale; M. de Gayangos (II, p. 511, 512) a tâché de rectifier les fautes commises par ces écrivains, mais sans succès ; aussi il avoue lui-même qu'il est presque impossible de décider en cette matière, quand on ne peut consulter les manuscrits dont Conde et Casiri se sont servis. Il faut recourir à Ibno-'l-Abbár qu'ils n'ont point compris; mais comme je serai obligé de revenir sur l'histoire de Murcie et des Benou-Táhir dans le second volume de mon Histoire des Abbádides, je puis me dispenser d'entrer ici dans des détails sur ce sujet.

VARIA.

On a lu plus haut (p. 117, 118) qu'al-Motacim d'Almérie se présenta certain jour chez Yousof, revêtu du costume africain, et qu'al-Motamid de Séville composa à cette occasion quelques vers qu'il envoya à son ami Ibno-'l-Yasa. Cette histoire se trouve chez Ibno-'l-Abbár (man., fol. 60 r.) dont j'ajoute le texte: وتلاقيا بعد ذلك عند ابن تاشفين فى تلك الغزوة والمعتصم قد تزيّا بحمّل العمامة ولبس البرنس يتقرب بذلك على عزمه فنظر اليه المعتمد وفهم المعتصم انه يهزا به وانصرف فضاحك المعتمد فى ذلك مَن جالسه من وزرائه واحدى ذو الوزارتين ابو الحسن بن اليسع منهم عشى ذلك اليوم مَن نرجس فكتب اليه المعتمد معرضا بابن صمادح

ازف الصباح وزار نور النرجس   فلقيبت زورته بحث الاكوس
فى ليلة دارت علىّ نجومها   حتى سكرت بكفّ قوت الانفس
خود تملّكت الفواد فريدةً   بندى الثنايا والمحيّا المشمس
وجعلت ذقلى ذكر موصل زفرتى   فاجمعت اشتات المنى فى مجلسى
ولقد ذكرت فواد عينى قرّةً   هون السيبال وخزى ربّ البرنس

(Dans le premier vers le man. porte الصيام et فلقيبت).

Conde raconte cette aventure d'une manière bien différente. Il dit (II, p. 157) qu'al-Motacim, *grand ami* d'Ibn-Abbád de Séville (copié par M. Romey, V, p. 497; on sait que ces deux princes étaient ennemis au contraire), aurait revêtu un *bornos* noir. Comment Conde a-t-il pu savoir que ce *bornos* était noir?

Il se peut qu'il l'ait été, mais le texte n'en dit rien, et les Almoravides portaient non-seulement des *bornos* noirs, mais aussi des *bornos* bleus et rouges. Voyez le passage du *Holal* que j'ai cité dans mon ouvrage sur les noms des vêtements, p. 78. Mais passe pour le *bornos* noir; Conde continue ainsi: »Le » costume d'al-Motacim donna occasion à Ibn-Abbád de le » railler gaîment, et de le comparer à un corbeau au milieu de » colombes, car les cavaliers d'Almérie portaient ordinaire- » ment des vêtements blancs." Al-Motamid était un homme de trop bonne compagnie pour plaisanter un prince avec lequel il n'était nullement en bonnes relations. Mais, me demandera-t-on, où donc Conde a-t-il pris toutes ces belles choses? La réponse est fort simple. Conde lisait les auteurs arabes à sa manière [1], et appliquait ordinairement aux vers le proverbe bien connu: *Graeca sunt non leguntur*. Il a donc sauté les vers d'al-Motamid; mais voyant qu'ainsi l'anecdote manquait de queue, il s'est avisé de la confondre avec une autre, qu'il avait trouvée dans ce même chapitre d'Ibno-'l-Abbár (elle se trouve aussi chez Ibn-Khácán), mais qui, malheureusement, était arrivée longtemps auparavant et avec laquelle le prince de Séville n'a rien à faire. Ibno-'l-Abbár dit que le poète an-Nihlí, dont nous avons déjà parlé, était entré dans Almérie (un jour de fête), où les habitants de cette ville, (voulant se réjouir [2]), avaient revêtu des vêtements blancs. De là l'assertion de Conde que »les cavaliers d'Almérie portaient or- » dinairement des vêtements blancs." Mais comment Conde a-t-il pu faire dire à al-Motamid qu'al-Motacim ressemblait à un corbeau au milieu de colombes? C'est encore à cette anecdote d'an-Nihlí, qu'il a emprunté cette plaisanterie. Cette fois il s'est avisé de jeter les yeux sur un vers, et il a lu:

---

1) »Lector dicitur a *legendo*, id est, *percurrendo*. Nam legere est *trans*
» *ire* vel *currere*." Isidore de Séville.   2) *Voir* Ibn-Khácán.

Tous se promènent (en blanc), comme des colombes; moi seul je me promène parmi eux (en vêtements sâles), comme un corbeau.

Incontinent Conde s'est emparé de ces paroles, sans s'apercevoir le moins du monde, qu'ils appartenaient à un récit qui n'avait rien de commun avec le sien, et que c'était le poète an-Nihlí qui les avait prononcées, dans l'espoir de recevoir d'al-Motacim de beaux habits.

M. Romey (V, p. 498) a copié Conde, mais il a ajouté une remarque au récit de cet auteur quand il dit: » Les scheiks » d'Almérie, de Dénia et de Valence avaient particulièrement » conservé le blanc, couleur des Ommyades, leurs anciens sou- » verains." Bien que cette assertion ne repose que sur un malentendu de la part de Conde, on pourrait cependant être disposé à l'admettre, en se souvenant de certaines expressions, employées par les écrivains orientaux, quand il s'agit des révoltes du parti Omaiyade, *en Orient*, contre les Abbásides. Il ne sera donc point inutile de faire observer que jamais, dans le cours de mes lectures, je n'ai remarqué que les soldats andalous, sous le règne des Omaiyades, portassent un uniforme; s'ils en avaient porté un, je crois que tel ou tel historien en aurait dit quelque chose, mais je pense surtout que nous retrouverions la trace de cette coutume dans les vers des poètes, quand ils parlent de guerriers. Au contraire, plusieurs circonstances semblent prouver qu'il n'en était point ainsi (*voyez*, par exemple, mon *Dictionnaire*, p. 316). Mais en supposant même que les soldats andalous aient porté un uniforme, il est bien peu probable qu'il ait été de couleur blanche, parce que, sous le règne des Omaiyades, le blanc était la couleur du deuil. *Voir* mon ouvrage sur les noms des vêtements, p. 20. Après la chute de cette dynastie, le blanc resta, dans quelques provinces, la couleur du deuil. Dans quelques provinces, dis-je. En effet, nous venons de voir qu'à Almérie l'on portait des vêtements blancs les jours de fête, et il est peu probable que ces mêmes vêtements y aient été consacrés au deuil. Mais en Aragon, par exemple, le blanc resta la couleur du deuil. J'en ai cité une preuve dans l'ouvrage que je viens de nommer (p. 435), et je puis y en ajouter une autre. Un poète de Saragosse, qui appartient au cinquième siècle de l'Hégire, Ibn-Schâtir (*apud* al-Melico-'l-mancour, *Tabakáto 's-schoarái*, man. 639, p. 256), s'exprime en ces termes :

وقد كنت لا ادرى لايه علّة صار البياض لباس كل مصاب
حتى كسانى الدهر سحف ملاءة بيضاء من شيبى لفقد شبابى

» Auparavant j'ignorais pourquoi le blanc était la couleur adoptée par tous
» les infortunés, mais je l'ai su depuis que ma jeunesse m'a quitté et que le
» temps m'a revêtu de cheveux blancs, en guise d'un manteau déchiré."

Je trouve chez al-Makkarí (fol. 451 v.) des vers semblables; seulement il est à regretter que cet auteur n'ajoute point quand, et par quel poète, ils ont été composés :

وقال بعضهم فى لباس اهل الاندلس البياض فى الحزن مع ان
اهل المشرق يلبسون فيه السواد

الا يا اهل اندلس فطنتم بلطفكم الى امر عجيب
ليستم فى مآتمكم بياضا فجئتم منه فى زى غريب
صدقتم فالبياض لباس حزن ولا حزن اشدّ من المشيب

» Un poète a dit sur la coutume des Andalous de revêtir des
» vêtements blancs en signe de deuil, quoique les Orientaux
» revêtent dans une telle occasion des habits noirs :

Certes, ô Andalous! en hommes intelligents que vous êtes, vous avez compris une chose étrange; quand vous vous rassemblez pour pleurer vos morts, vous portez des vêtements blancs, et vous vous montrez dans un costume bien extraordinaire; cependant, vous avez parfaitement raison; le blanc est la véritable couleur de la douleur, car il n'y en a point de plus cuisante que celle de voir ses cheveux blanchir.

Il est certain que cette coutume, si différente de celles qui se pratiquent dans les autres pays musulmans, doit avoir, pour ainsi dire, une base historique; mais puisque les auteurs arabes, à ma connaissance, ne la mentionnent pas, il est assez difficile de la déterminer. Je ne crois pas que l'on puisse admettre l'explication allégorique, proposée par les deux poëtes que nous venons de citer. On pourait peut-être la faire valoir si les Arabes avaient de tout temps porté le blanc en signe de deuil, s'il s'agissait d'une coutume qui se perd dans la nuit des siècles; mais il n'en est nullement ainsi. Pourrait-on supposer que les Arabes d'Espagne aient suivi en ce point la coutume de leurs voisins chrétiens? On sait qu'en France, pendant le moyen âge, les veuves des rois prenaient des vêtements blancs; de là le surnom de *Blanche*, qu'elles portaient *passim et semper*, comme dit Sévert. Ainsi la mère de Saint Louis, Clémence de Castille, reçut, après la mort de son époux, Louis VIII, le surnom de Blanche, sous lequel elle est connue dans l'histoire; la femme du roi Jean, connue sous le nom de Blanche, s'appelait réellement Jeanne, et la mère de Charles VI, Jeanne de Bourbon, reçut également le surnom de Blanche après la mort de son époux, Charles V [1]. En Castille, on portait aussi le deuil en blanc à la mort des princes, et cet usage ne finit qu'en 1498, à la mort du prince Don Juan. Mais ce qui peut faire douter que les Arabes en Espagne aient emprunté cette mode aux Castillans, c'est que dans l'Espagne chrétienne, elle ne semble point avoir été générale, mais pratiquée seulement par la famille royale. Peut-être les Omaiyades de l'Espagne n'avaient-ils adopté la coutume de porter le deuil en blanc que pour se distinguer de leurs ennemis, les Abbásides, qui, sous le règne des Omaiyades, avaient adopté la couleur noire en signe de deuil à cause de la mort

---

1) *Voir* Du Cange et Carpentier, au mot *Blanca*.

des martyrs, issus de la maison du Prophète [1].

Quoi qu'il en soit, j'ai cru qu'il n'était pas inutile d'apporter quelques nouvelles preuves qui démontrent qu'en Espagne, sous le règne des Omaiyades, et même plus tard, le blanc était la couleur du deuil. Auparavant ce fait n'avait pas été remarqué, car bien que M. de Gayangos ait traduit un passage d'al-Makkarí que j'ai cité dans mon Dictionnaire (p. 20), ce savant (II, p. 470) n'avait pas cru devoir admettre le fait, et il a changé arbitrairement le texte, que d'ailleurs il n'a pas fait imprimer correctement. Peut-être des études subséquentes jetteront-elles plus de jour sur l'origine de cette coutume ; car rien n'est plus difficile que l'étude des moeurs et des usages des Musulmans pendant le moyen âge ; souvent ce n'est que le hasard qui nous fait connaître des faits intéressants et curieux, parce que les auteurs arabes se sont donné rarement la peine de consigner par écrit ce qui, de leur temps, était généralement connu.

---

1) Dans mon *Dictionnaire* (p. 19), j'avais dit, en suivant l'opinion générale, que les Abbásides adoptèrent le noir, en signe de deuil, à cause de la mort de l'imám Ibráhím ibn-Mohammed. Mais M. Weil, en rendant compte de mon ouvrage dans les Annales de Heidelberg (année 1847, p. 29), fait observer avec raison que les Abbásides avaient déjà adopté cette couleur quelques années avant la mort d'Ibráhím.

EXAMEN

DE L'OUVRAGE DE M. HOOGVLIET, SUR L'HISTOIRE DES
AFTASIDES ET SUR LA VIE DU POÈTE IBN-ABDOUN.

(PREMIER ARTICLE).

Il y a huit ans que M. Hoogvliet, orientaliste fort instruit, et dont nous regrettons la perte prématurée, publia un ouvrage sous le titre de *Diversorum scriptorum loci de regia Aphtasidarum familia et de Ibn-Abduno poeta* [1]. Je crois devoir présenter des observations sur ce travail; mais comme, à raison de sa date déjà ancienne, on pourrait me reprocher d'avoir observé un peu trop scrupuleusement le précepte d'Horace, qu'il me soit permis de m'expliquer là-dessus.

Il se peut que je me trompe, mais il me semble qu'il serait possible de contribuer puissamment à faire avancer, d'une manière rapide et sûre, la littérature orientale, si l'on examinait soigneusement et en détail, page pour page et ligne pour ligne, quelques-uns des ouvrages les plus remarquables qui ont paru depuis l'époque où les travaux des Silvestre de Sacy, des Hamaker et des Fraehn, ont frayé aux études arabes une route nouvelle. Dans la plupart des cas, les critiques se contentent de donner un aperçu d'un ouvrage nouveau, accompagné d'un nombre trop borné de remarques; quelques livres de la dernière importance n'ont pas même été annoncés dans les journaux, avec les développements absolument nécessaires. De ce fait il naît un grand inconvénient; c'est que, quand un auteur

---

[1] Leyde, chez Luchtmans, 1839.

ou un traducteur, a laissé échapper une faute, ou qu'il est tombé dans une erreur, ces fautes et ces erreurs passent souvent inaperçues, qu'elles se répètent dans plusieurs autres écrits et qu'elles ont, pour ainsi dire, cours dans la science, tandis qu'il y a peut-être un ou deux savants qui les ont remarquées, après l'impression des courts articles qu'ils ont fournis aux journaux, mais qui n'ont plus l'occasion de les relever. Rien n'est plus dangereux dans la science, que des erreurs accréditées. Il est facile cependant de s'expliquer la raison de ce phénomène. Quand un ouvrage, rempli de détails neufs et curieux, a paru, les critiques se trouvent obligés de livrer leur article au journal, » le plus tôt possible" selon l'expression consacrée des rédacteurs, qui ne réfléchissent pas qu'il est impossible d'examiner à fond, dans l'espace de quelques mois, un livre dont la composition a coûté plusieurs années de travail à l'auteur; car, pour pouvoir écrire un examen détaillé, il faut que le critique ait approfondi le sujet, non-seulement autant, mais plus, que l'auteur lui-même, qui, de son côté, lui aura aplani bien des difficultés. Si ces remarques ne sont pas dénuées de fondement, il en résulte qu'un examen critique peut arriver quelquefois trop tôt, mais bien rarement trop tard, et qu'il serait peut-être à désirer qu'on revînt de temps en temps sur des livres qui ont été publiés quelques années auparavant [1].

Quant au livre de M. Hoogvliet, je ne sache pas qu'il en ait été rendu compte, si ce n'est dans un court article de M. Wüstenfeld, qui a paru dans les Notices littéraires de Goettingue [2], et dans un autre de M. de Hammer, imprimé dans

---

1) Je ne veux nullement nier que quelques journaux aient donné, surtout dans ces dernières années, des articles très-profonds et qui entrent dans de grands détails; je regrette seulement qu'ils ne soient pas plus nombreux.

2) *Goettingische gelehrte Anzeigen*, 1840, p. 1055—1062.

les Annales de Vienne [1]. Je l'avais étudié depuis longtemps et avec soin ; successivement mes remarques se sont multipliées ; la publication du poème d'Ibn-Abdoun, accompagné du Commentaire d'Ibn-Badroun, m'y a ramené naturellement, car, selon le faux titre, l'ouvrage doit servir d'introduction à une édition du poème d'Ibn-Abdoun. A la fin, j'ai osé croire que mes observations pourraient ne pas paraître entièremeut dépourvues d'intérêt à quelques historiens et à quelques philologues, puisque j'ai eu à ma disposition non-seulement des manuscrits plus corrects que ceux dont s'est servi M. H., mais aussi un nombre assez considérable de textes inédits, et que l'histoire des rois de Badajoz rentre dans le cercle de mes études spéciales.

Je ne fais que rendre justice au travail de M. H., en avançant que, si tous ceux qui se sont occupés de l'histoire des Arabes en Espagne, avaient possédé à un aussi haut degré que lui, la connaissance des principes de la langue arabe ; si leurs écrits se distinguaient par le même esprit de conscience et d'exactitude, par la même marche prudente et honnête [2] ; s'ils déployaient cette étude profonde de la langue des écrivains en prose rimée et des poètes, nous n'aurions pas en-

---

1) (*Wiener*) *Jahrbuecher der Literatur*, t. XCIX (1842), p. 12—15. Il est à regretter que M. de Slane n'ait point donné suite au projet qu'il avait formé de rendre compte de l'ouvrage de M. H. (*voir Journ. asiatique*, 3e série ; t. VIII, p. 519). M. Defrémery avait formé un projet semblable, et il a bien voulu me communiquer quelques-unes de ses observations. Sans doute l'on pouvait s'attendre de la part d'un historien aussi exercé, à des remarques très-judicieuses ; cependant je n'oserais faire l'éloge de celles dont M. Defrémery m'a fait part, parce qu'elles sont identiques avec une partie de celles que je vais présenter, et que j'aurais l'air de louer mes propres opinions. Toujours est-il que les remarques de M. Defrémery m'ont donné l'espoir qu'on ne refusera pas son assentiment à quelques-unes des miennes.

2) Je demande pardon pour le mot, mais je ne puis m'en passer.

core, à vrai dire, une bonne histoire des Arabes en Espagne, mais nous aurions une foule de matériaux propres à en construire une. Quelquefois, il est vrai, on remarque des fautes que plus tard M. H. aurait sans doute rectifiées lui-même ; en certains endroits, par exemple, il n'a pas bien distingué les traits d'un mot qu'il rencontrait dans un manuscrit ; en d'autres occasions, ses explications pourraient paraître un peu recherchées et manquer de simplicité ; quelquefois aussi on est porté à regretter que les lectures de M. H. n'aient pas été plus étendues, ce qui l'aurait empêché de tomber dans quelques erreurs ; mais les fautes qu'on remarque dans les textes qu'il a publiés, tiennent souvent aussi à ce qu'il n'avait pas eu l'occasion de s'entourer d'un nombre assez considérable de manuscrits, et d'ailleurs on ne doit pas oublier que presque tous ces textes présentent des difficultés extrêmes et de tout genre ; circonstance qui contribue sans doute à rehausser leur valeur aux yeux du philologue, mais qui en même temps doit servir d'excuse aux méprises de celui qui les a publiés et traduits pour la première fois. Aussi mes remarques, quelque nombreuses qu'elles soient, ne diminueront en rien, je l'espère, la haute valeur de la partie philologique de l'ouvrage ; M. H. possédait à un haut degré les connaissances du philologue, et l'on sait que, quand on veut traiter l'histoire orientale, il faut être philologue avant de pouvoir devenir historien. Il en est surtout ainsi de l'histoire des Arabes d'Espagne, parce que la haute prose et les poésies y sont très-souvent les documents les plus curieux et les plus dignes de foi.

Mais du philologue à l'historien, il y a loin encore, et à la question si M. H. possédait, à un degré égal, les qualités de l'historien, je dois répondre négativement. D'abord il a accordé une confiance beaucoup trop grande à des écrivains tels que Casiri et Conde ; de là une foule d'erreurs. Mais sous ce rapport, son livre m'a encore paru remarquable ; il servira à prouver que non-seulement la généralité des historiens ont été la dupe de l'ignorance de ces auteurs et de la mauvaise foi de Conde, mais que même des orientalistes fort instruits se sont laissé entraîner dans ce guet-apens. Ensuite M. H. n'a pas recouru aux chroniques chrétiennes, écrites par des contemporains ou par des quasi-contemporains ; il n'en cite jamais une seule, et il s'est laissé guider en ce point par l'autorité de M. Aschbach. Je ne conseille à personne de suivre un guide semblable ; et la conduite de M. H. en ce point, ce manque de recherches personnelles, m'étonne de la part d'un savant aussi scrupuleux. Mais ce qui manque surtout dans le travail historique de M. H., c'est qu'il ne semble pas avoir senti le besoin de se former une idée nette et précise de l'époque qu'il traitait. Dans son livre, il y a des hommes qui font ceci et qui font cela, mais on ne voit point pourquoi ils agissent ainsi et non pas autrement ; l'auteur ne s'est pas soucié de grouper les faits et d'en tirer une conclusion ; il n'a pas tâché de distinguer l'esprit de parti, les rivalités, qui sont, pour ainsi dire, les forces motrices des événements ; il ne voit dans l'histoire que des individus, exactement comme il ne paraît voir dans les poètes que des faiseurs de rimes, dans la poésie que des poèmes. On dirait que l'ouvrage qui nous occupe, a été écrit par un érudit allemand, fort laborieux, fort exact, mais entièrement étranger aux événements politiques, aux passions qui les provoquent ; jamais on ne reconnaîtrait dans ce travail informe, un homme né dans cette Hollande qui, pendant l'espace de deux siècles, fut la république la plus puissante du monde, mais en même temps la plus agitée par les tempêtes politiques. Malheureusement ce défaut, fort essentiel sans doute, est de nature à ne pouvoir être redressé qu'imparfaitement, quand on présente des remarques critiques ; pour y porter remède, il faudrait recommencer le travail d'un bout à l'autre.

En présentant mes remarques, je suivrai la marche adoptée

par M. H., qui a fait précéder son histoire des Aftasides de l'indication des sources où il l'a puisée et de la publication de deux textes nouveaux ; ensuite, et après avoir écrit l'histoire des Aftasides, il a publié le chapitre d'Ibn-Khácán sur Omar al-Motawakkil et divers passages relatifs à Ibn-Abdoun, le tout accompagné d'une traduction et de notes.

I.

Le premier passage publié pour la première fois par M. H. (p. 3), c'est la chapitre qu'Ibn-Khaldoun a consacré aux Aftasides. A ma demande, M. Amari a bien voulu collationner le texte de ce passage sur le man. 53$\frac{2}{3}$ (du suppl. ar. ; n. d'entrée 2001) de la Bibl. royale à Paris ; de son côté, M. Defrémery m'a rendu le même service, en me donnant communication des variantes qu'on trouve dans le man. 53$\frac{2}{4}$ (suppl. ar.) de la même bibliothèque. A l'aide de ces deux manuscrits, qui sont bien meilleurs que le nôtre, nous pourrons corriger quelques fautes qui se trouvent dans le texte de M. H.

Dans la seconde ligne du passage en question, on est frappé par une singulière erreur, puisqu'on y lit que le premier des Aftasides, Abdolláh, se déclara indépendant en 461. M. H. (p. 26, note 24) a tâché d'expliquer cette bévue. Le man. 53$\frac{2}{4}$ offre la même leçon, mais dans le man. 53$\frac{2}{3}$ on lit l'année 431, ce qui ne vaut guère mieux. Plus bas j'expliquerai pourquoi je crois devoir lire 401. Au lieu de ذملك il faut lire ڡملك, ainsi que portent non-seulement les deux manuscrits de Paris, mais aussi celui de Leyde, que M. H. a mal lu en cet endroit. (Au lieu de اعظم (l. 11), le man. 53$\frac{2}{3}$ porte اعاظم). Il est presque inutile de dire que les deux man. de Paris offrent ابو حفص, ainsi que M. Hoogvliet (l. 15) a cru devoir lire, et il est clair qu'Ibn-Khaldoun se trompe, car Omar portait le prénom d'Abou-Mohammed ; mais il a été induit en erreur par la circonstance qu'une foule de personnages qui s'appellent Omar, portent le prénom d'Abou-Hafç. Les mots المعروف بباجة (l. 16) présentent une difficulté réelle. D'abord M. Hoogvliet (p. 4) a cru devoir lire المولود بباجة. Cette conjecture est, sans doute, un peu hardie; il n'y a aucune raison pour croire qu'Omar soit né à Béja, car ce que M. H. (p. 34, note 37) a dit là-dessus, est insoutenable; et puis, il n'était pas assez important de savoir dans quelle ville Omar était né, pour qu'Ibn-Khaldoun se donnât la peine de le dire dans un si court chapitre. Aussi M. H. a abandonné cette opinion dans les Additions et Corrections (dernière page du livre), et il lui en a substitué une autre, selon laquelle Ibn-Khaldoun aurait confondu le dernier roi de Badajoz avec le philosophe Aben Pace (Ibn-Báddjah), de sorte qu'il faudrait lire المعروف بابن باجة. On se sera déjà aperçu, en lisant mes Recherches sur les Todjíbides d'Aragon, que je ne regarde nullement Ibn-Khaldoun comme infaillible; mais en vérité, s'il était tombé dans une erreur aussi grossière que celle dont M. Hoogvliet l'accuse, s'il avait confondu un roi de Badajoz, fort connu dans l'histoire, avec le célèbre Aben Pace, ce philosophe hardi qui avait abandonné la parole de Dieu, le Koran, pour ne s'attacher qu'aux lumières de la raison, il ne mériterait pas qu'on s'occupât un seul moment de son ouvrage volumineux. Heureusement il n'en est point ainsi. Les deux man. de Paris portent en cet endroit المعروف بسماجة. En rayant un point, on pourrait lire المعروف بسماحة (Omar) *célèbre par sa générosité*. Il est vrai qu'Omar était un prince généreux; mais plusieurs autres princes espagnols qui régnaient à cette époque, l'étaient autant que lui; qu'il suffise de nommer al-Motamid de Séville et al-Motacim d'Almérie. Une autre objection que l'on pourrait élever, et non sans raison, contre cette leçon, c'est que des phrases pareilles ne se trouvent pas habituellement chez Ibn-Khaldoun. Je serais donc porté à conserver la leçon que nous présentent les deux manuscrits de Paris, et à traduire: *connu sous le nom de Simédjah*. Nous avons déjà rencontré plus haut (p. 21) ce surnom, et nous avons vu qu'il était porté par un gouverneur de Saragosse. On le rencontre également, sous les formes *Cemia* et *Cimeiannis*, chez les chroniqueurs chrétiens, qui appellent ainsi un personnage qui, à ce qu'il paraît, était un des capitaines des Aftasides [1]. Puisque ce surnom était porté, à cette époque, par plusieurs personnages, il se peut très-bien qu'Ibn-Khaldoun ait raison en l'attribuant aussi au dernier roi de Badajoz, et le silence des autres historiens ne me paraît pas une raison assez solide pour oser nier le fait. Quelques lignes plus loin, on lit qu'Omar, par suite de la crainte que lui inspirait Yousof, demanda du secours au roi chrétien, et qu'Ibn-Abbád, ayant eu connaissance de cette démarche, en informa Yousof en l'excitant à marcher en toute hâte contre le roi de Badajoz, قبل ان يتّصل بالطاغية وينتصل بالثغر, lit-on dans le texte de M. H. Dans cette phrase, la répétition du verbe est peu élégante, mais elle présente en outre un contre-sens, circonstance que l'éditeur, dont la traduction n'est pas parfaitement exacte du reste, ne semble pas avoir remarqué. En effet, le mot الثغر ne signifie pas ici *les frontières, les limites du territoire musulman, limites imperii Moslemorum*, ainsi que traduit M. H., mais il sert à désigner la province entière où commandaient les Aftasides; nous pouvons le traduire par *la Marche de Badajoz*. Mais qu'est-ce que signifient alors les paroles: Ibn-Abbád excita Yousof à marcher en toute hâte contre Omar, *avant que celui-ci fût arrivé chez le roi chrétien, et qu'il fût arrivé* (je traduis littéralement) *dans la Marche de Ba-*

---

1) *Chronicon Lusitanum* (*España sagrada*, tom. XIV, p. 404) et *Chronicon Conimbricense* (*Esp. sagr.*, tom. XXIII, p. 337). J'aurai à revenir sur l'événement dont il est question dans ces passages.

dajoz? Certainement Omar n'avait pas besoin d'aller dans la Marche de Badajoz, puisqu'il y était, et il ne devait pas se rendre chez le roi chrétien; au contraire, le roi chrétien devait s'unir à lui, avec ses troupes, dans la Marche de Badajoz. Aussi le man. 53¾ présente une tout autre leçon; on y lit: قيل ويتّصل بالثغر يد الطاغية ان يتعجل *avant que le roi chrétien eût les mains libres, et qu'il fût arrivé dans la Marche de Badajoz.* Les traces de cette excellente leçon se retrouvent dans le man. 53⅔ où on lit: قيل ان يفصل (sic) به الطاغية الخ.

M. H. n'a pas traduit exactement la phrase اعدّ اليه السير (l. 19), qui ne signifie pas: *Iter ad eum paravit*, mais *festinanter contra eum profectus est;* voyez mon Glossaire sur Ibn-Badroun au mot عدّ. A la ligne 20, le man. 53¾ porte سنة au lieu de سنه, et il offre aussi une lacune en cet endroit, jusqu'à فقبض; dans le man. 53⅔ on lit également سنة mais sans lacune, puisque le mot فقبض suit immédiatement; on doit lire sans doute سنة au lieu de سنه, et supposer que la date a été laissée en blanc par l'historien, qui se proposait de l'ajouter plus tard, ce que pourtant il a oublié de faire. Je ne puis donc adopter aucune des trois conjectures, proposées par M. H. (p. 4). A la ligne 21 les deux man. de Paris portent الشهيرة au lieu de المشهورة.

Dans le passage d'Abdo-'l-wáhid, M. H. n'a pas compris les mots وقفت على اكثره ترجمته المظفري. Il faut prononcer, ainsi que je l'ai fait dans mon édition de cet auteur (p. ٥١): وَقَفْتُ على اكثره ترجمته المظفري, et traduire: *livre dont j'ai lu la majeure partie, et dont le titre est al-Modhaffari.* Le copiste du man. a écrit très-bien وَقَفْتُ.

A la mention des passages des historiens arabes, qui traitent des Aftasides, M. H. aurait dû joindre celle de deux passages d'Abou-'l-fedá, *Annal. Mosl.*, tom. III, p. 36 et 274; s'il en avait eu connaissance, il aurait peut-être évité quelques erreurs assez graves, sur lesquelles je reviendrai. On trouve aussi quelques renseignements sur les Aftasides, dans mon *Historia Abbadidarum*, dans le *Kartás* et dans le chapitre d'Ibn-Khallicán sur Yousof ibn-Téschifîn, qui, au moment où j'écris, n'a pas encore été publié, mais qui, sans doute, le sera bientôt par M. Wüstenfeld.

J'ajouterai à présent quelques passages d'auteurs inédits à ceux qu'a publiés M. Hoogvliet.

Dans le chapitre d'Ibn-Bassám sur al-Modhaffar Abou-Becr Mohammed ibn-Abdolláh ibn-Maslamah, connu sous le nom d'Ibno-'l-Aftas (man. d'Oxford, fol. 165 v. — 168 v.), on ne rencontre que peu de faits historiques. Les passages d'Ibn-Haiyán qu'on y trouve, ont été copiés d'ailleurs par d'autres écrivains dont je publierai plus bas les textes [1]. Je me bornerai donc à reproduire ici le passage suivant (fol. 168 r.):

وقد ذكر ابن حيان بعض ما كان شجر بين المتوكل واخيه فى ذلك الاوان فقال وفى صدر سنة ٤٦ نشأ من تلقاء ثغر غربي الاندلس المتغور عارض ضاعف الاشعار واكّد التوقّع بانكشاف خبر الاختلاف الواقع بين اميريّة يحيى وعمر [2] ابنى المظفر بن الافطس واغتندى الطاغية اذفونش بن فردلند المتمرس بجماعة ملوك الطوائف بالاندلس الى هيف نسار الفتنة بينهما كيادًا للاسلام فبدا بالاعتلال على يحيى صاحب بطاليوس منهما فاوجب له الزيادة فى مال جزيته التى كان فارق اباه الهالك عليها بواسطة المامون بن ذى النون بينهما فانتقص على هذا السلام لوهى فى جبلته وطماعيةٍ فى اتيانه من قِبَل اخيه فاظهر له يحيى

---

[1] *Voyez* sur Ibn-Bassám et sur Ibn-Haiyán, mon *Historia Abbadidarum*, tom. I, p. 189—219.

[2] Le man. porte ici et plus bas عمرو (Amr) au lieu d'Omar.

العاجز عن الزيادة فى الجزية فجرت بينه وبين الطاغية فى ذلك خطوب اعتدى بها بر بطليوس وثغره شهورا فاقام يحيى منهما على ولاية المأمون بن ذى النون وجعله وارثه عن اخيه المتوكل[1] ومال اخوه عمر الى المعتضد وتأتّت بين هذين فى اثناء ذلك هدنة على دخن لم يتم معها انس ولا تمكنت لهما طمأنينة وما زالت السعاية تقدح بينهما زناد العداوة حتى أوّرت نار فتنة اضرمت البلاد واجاحت الرعية وذامت ثغرهما وضاعفت البلية' انتهى كلام ابن حيان ۞

قال ابن بسام ثم استوسق الامر للمتوكل بموت يحيى اخيه' وحصلت له جميع بلاد ابيه[2] ' واحتل حاضرة بطليوس وجعل ابنه العباس بيابرة فاتفق ان خرج طلحة بن عبد الله مستوحشا عنه' لامر بلغه منه' ولحق ببلاد المعتمد فكتب العباس الى ابيه معتذرا من فراره' ويقسم انه ما خرج الا باختياره' فاخبرنى الوزير[3] الكاتب ابو المطرف[4] بن الدباغ قال انى لمسايره المتوكل خارج حاضرة بطليوس حين ورد تلك الرقعة من ابنه العباس عليه فبالغ منه الضاجر منتهاه' وتجاوز مداه' واستدعى القلم وهو على ظهر دابته ووقع فى ظهر الرقعة يومئذ   قبولى لتنتصلك الخ ۞

Ibn-Haiyán a fait mention de la discorde qui éclata, à cette époque, entre al-Motawakkil et son frère. Voici ses paroles:

Au commencement de l'année 461, un événement qui eut lieu, dans la Marche, déjà si délabrée, de l'Espagne occidentale, doubla nos craintes et confirma nos appréhensions [5], car ce fut alors que nous apprîmes la discorde qui s'était

---

1) Le man. porte par erreur المظفر. 2) Le man. porte اخيه.
3) Dans le man. on lit ابن après ce mot, mais c'est sans doute une erreur. 4) Dans le man. on lit المظفر; voyez plus bas.
5) On sait qu'Ibn-Haiyán écrivait à Cordoue. Vers l'époque dont il

élevée entre les deux émirs de la Marche, Yahyá et Omar, les deux fils d'al-Modhaffar ibno-'l-Aftas. Le roi Alphonse, fils de Ferdinand, celui qui combat avec tant d'opiniâtreté tous les rois des petites dynasties espagnoles, se laissa guider facilement vers le feu ardent de la discorde qui les séparait, en tâchant de dresser des embûches à l'Islamisme. Il commença donc à chercher des prétextes pour pouvoir déclarer la guerre à Yahyá, le prince de Badajoz, et il exigea de lui qu'il augmentât la somme du tribut. (A la condition qu'on lui payât un tribut, et sur l'intercession d'al-Mamoun ibn-Dhí-'n-noun, Alphonse avait consenti à se retirer avec ses troupes, au moment où il avait attaqué le père de Yahyá, qui était alors sûr le point de rendre le dernier soupir). Par suite d'un manque de prévoyance de la part de Yahyá, et parce qu'il désirait que ce tribut fût payé par son frère, la paix fut rompue; et Yahyá répondit à Alphonse qu'il était hors d'état de lui payer un tribut plus considérable. En conséquence, Alphonse lui déclara la guerre, et courut le plat pays et les frontières de Badajoz, pendant plusieurs mois, tandis que Yahyá s'appuyait sur al-Mamoun ibn-Dhi-'n-noun, qu'il nomma son héritier, à l'exclusion de son frère Omar al-Motawakkil qui, à son tour, demanda le secours d'al-Motadhid [contre le roi chrétien]. Pendant cet intervalle, ces deux émirs [Yahyá et Omar] vivaient dans une paix apparente, mais trompeuse; la bonne intelligence qui semblait régner entre eux, n'était nullement cordiale, et aucun d'eux ne pouvait s'abandonner au repos. Au contraire, des paroles calomnieuses rapportées à l'un et à l'autre, allumèrent le feu de la guerre, et quand elle eut éclaté, elle consuma les terres, livra le peuple à toutes les calamités, ruina la Marche où commandaient les deux frères, et doubla les malheurs [qui frappaient déjà les Musulmans]. — Ici finissent les paroles d'Ibn-Haiyán, et Ibn-Bassám continue ainsi:

Ensuite le gouvernement de toute la Marche passa à al-Motawakkil, après la mort de son frère Yahyá, et il acquit tous les pays où son père avait commandé. Il alla donc habiter la capitale, Badajoz, et confia le gouvernement d'Evora à son fils al-Abbás. Il arriva alors que Talhah ibn-Abdolláh, rempli de crainte pour certaine raison, quitta al-Abbás et gagna le territoire d'al-Motamid. Sur

---

parle, cette ville, gouvernée par Abdo-'l-melik, le successeur de son père Abou-'l-walíd Mohammed ibn-Djahwar, se trouvait menacée par al-Mamoun, le roi de Tolède. *Voir* Ibn-Khaldoun, dans son chapitre sur les Benou-Djahwar, man., t. IV, fol. 25 v. On fera bien de ne rien croire de tout ce que dit Conde sur l'histoire de Cordoue pendant le onzième siècle de notre ère, après la chute des Omaiyades.

ces entrefaites, al-Abbás écrivit à son père pour déclarer que, si cet homme s'était enfui, la faute n'en avait pas été à lui, et pour protester que Talhah ne l'avait quitté que de son plein gré. Le wézir-kátib Abou-'l-Motarrif ibno-'d-Dabbág m'a raconté ce qui suit: J'accompagnais al-Motawakkil dans une tournée dans les environs de la ville de Badajoz, quand on lui apporta cette lettre de son fils al-Abbás. Il en fut extrêmement vexé et demanda sur le champ un *calam*, et sans quitter le dos du cheval qu'il montait, il écrivit ce qui suit sur le revers de la lettre, etc.

Ici suit la lettre d'al-Motawakkil qui a déjà été publiée par M. H. (p. 48, l. 15 jusqu'à la fin de la page) d'après Ibn-Khácán, et sur laquelle nous aurons à revenir. Ici je ferai observer seulement qu'au lieu des mots واتّصل بى ما كان, on lit chez Ibn-Bassám: واتّصل بى ما من خروج فلان عنك كان من قِبَلك فى خروج طلحة بن عبد الله عنك ☼

Dans l'extrait précédent, il a été question du wézir Ibno-'d-Dabbág. On trouve un chapitre sur ce personnage dans le troisième volume de la *Dhakhirah* (man. de Gotha, fol. 67 r. — 85 r.) et j'en publierai ici le commencement.

فصل فى ذكر الوزير الكاتب ابى المطرف [1] عبد الرحمن بن ساحر المعروف بابن الدبّاغ واثبات جملة من نثره [2] ونظمه ☼

وكان ابو المطرف ، هذا احد من خُلّى بينه وبين بيانه، وجرى السحر الحلال بين قلمه ولسانه،، وكان استوحش من امير بلده، ومقيم اودِه،، ابن هود المقتدر فخرج عنه وفارق عن ذلك المقام، ونجى براس طمرة ولجام،، فاجزل المعتمد بن عبّاد قراه، ووسّع له ذراه،، وأفرده بحظّ من دنيباه، وخصّه بمكان من سِرّه،

---
1) Le man. porte المظفّر.
2) Le man. porte نثوره.

وناجوا¹ '' رسفر بينه وبين المتوكل بن الأفطس أيام كونه ببيابرة
حتى اخذ اخوه بكظمه،' وهمّ بالنزول على حكمه،' أو حكم المعتمد
وقد كان ابن عباد فغر فساءه على المتوكل وقد ان ان ينفح
عليه فشغل .... في اخبساره فوعده بالغرور، وزخرف له
شهادات زور،' على لسان الوزير ابى المطرف ² المذكور '' لنصيحته
وأثره ومثل له ذلك المغرو لبين،' وذكره بفعل معاوية يوم صقين ''
فرجده سبيلا،' ودبجه قليلا،'' ومات اخوه المنصور يحيى بعقب
ذلك فورّثته الله ملكه،' ونظم سلكه '' فدخل اليه ابو المطرف ²
ملبّيا بحجّ، وعمره،' متوسلا بسابقتى انصاره وهجره،'' فصادف وجها
خصيبا، ومكانا من العز رحيبا '' وكان سبب خروجه من اشبيلبة
فيما حدثني بعض وزرائهما انه شارز³ مع ابن عباد فاشار المعتمد
الى حسم ذلك بين يديه،' فابى ابو⁴ المطرف عليه '' ثم اجتمعا
بعد فى مجلس انس دون رابه،' فسامر المعتمد بنفيه '' وقد
كان ايضا بلغ ابا المطرف انه قدح فيه بمجلس المعتمد وقذف
بشيء اقلقه وذلك انه يعانى الخضاب ويثابر عليه فقال بعضهم فيه

خضاب لعمرك لا للنساء   ولاكنه لفحول الرجال

فخاطبه بشعر قال فيه

يهان بحمص عزيز الرجال   ويعزى البهم قبيح الفعال
ويعزى ذوو⁵ النقص من اهلها   بنطبخ اعراض اهل الكمال

---

1) Le copiste du man., ayant trouvé une lacune dans celui qu'il copiait, a laissé ici un espace vide, en ajoutant le mot كذا.

2) Le man. porte المظفّر.

3) La leçon du man, تشاذ, est sans doute fautive, mais je n'affirme nullement que celle que j'y ai substituée, soit la véritable.

4) Ce mot manque dans le man.

5) Le man. porte ذو.

ذوقع المعتمد على ظهر رقعة بهذين البيتين

شعرتَ فاجشمتَ بعين المحال   وما زلتَ ذا ١ خطل في المقال

متى عزَّ في حمص غير العزيــز   او ذلَّ غير الذميم الفعال

فلما قرعت سمعه البيتان اخذه الافكل، وخرج من حينه، وكان يحدّث نفسه بالتحوُّل" الى ان نفاه" فلحق بالمتوكل فاواه، واجزل قراه، وخاطب المعتمد في معناه" ورحب به في بطليوس مثواه" الى ان اشتعلت بينه وبين الوزير ابى عبد الله بن ابن نار ملا الافق شعاعها، واخذ باعنان السماء ارتفاعها" فكر راجعا الى سرقسطة فقتل ببستنان من بساطينها وبعد مدة من لحاق بها ورثاه الوزير ابو محمد بن عبدون بابيات اعربت عن وده، ودلّت على كرم عهده" وقد اثبتها من هذا التصنيف بحيث اجريت من ذكره" فيما انتخبته من نظمه ونثره"

CHAPITRE SUR LE WÉZIR-KÁTIB ABOU-'L-MOTARRIF ABDO-'R-RAHMÁN IBN-SÁHIR, CONNU SOUS LE NOM D'IBNO-'D-DABBÁG, AVEC DES EXTRAITS DE SA PROSE ET DE SES POÈMES.

Cet Abou-'l-Motarrif était un des écrivains les plus éloquents, et la magie licite [2] sortait de sa plume et de sa bouche. Craignant l'émir de son pays, al-Moctadir ibn-Houd, chez lequel il était employé, il s'éloigna de lui, et quitta sa patrie en toute hâte [3]. Quand il fut arrivé chez al-Motamid ibn-

---

1) Même remarque.

2) C'est le nom que les Arabes donnent à l'éloquence, à la prose rimée, ou à la poésie.

3) Littéralement: *incolumis evasit cum veloci iumento et freno.* Voyez sur cette locution proverbiale M. Weijers, *Loci Ibn Khocanis,* p. 66, et mon *Hist. Abbad.* I, p. 123, 428, 429. — Dans le chapitre d'Ibn-Bassám sur Abou-'l-Motarrif, on trouve des lettres de ce personnage, dans lesquelles il raconte les événements qui le forcèrent à quitter Saragosse; j'en donnerai ici la substance:

On accusa Abou-'l-Motarrif auprès d'al-Moctadir, d'avoir ébruité ses

Abbád, ce prince le reçut très-bien, lui accorda sa protection, lui donna des richesses considérables et le distingua parmi ses courtisans, en lui confiant ses pensées les plus secrètes. Abou-'l-Motarrif servit d'intermédiaire entre al-Motamid et al-Motawakkil ibno-'l-Aftas, à l'époque où ce dernier se trouvait à Evora, ⸺ 1. Après ces événements, son frère Yahyá al-Mançor mourut, et Dieu donna, comme héritage, à al-Motawakkil le royaume de son frère et lui permit de régner heureusement. Ce fut alors qu'Abou-'l-Motarrif se rendit vers lui, ainsi que les Fidèles se rendent en pèlerinage à la ville sainte pour faire le tour du temple, certain de la bienveillance du prince, parce qu'auparavant il lui avait prêté du secours; aussi il trouva en lui un homme libéral, et il remplit à sa cour les postes les plus honorables. Quelques wézirs d'al-Motamid et d'al-Motawakkil m'ont raconté qu'Abou-'l-Motarrif était sorti de Séville, parce qu'il avait eu une dispute avec Ibn-Abbád, et que, quand le prince lui eut

actions et ses projets (probablement il en avait donné avis à ses ennemis). Le roi de Saragosse ajouta foi à cette accusation. Peu de temps après, il partit pour une expédition, dans laquelle Abou-'l-Motarrif ne l'accompagna pas. Le roi s'aperçut de l'absence du wézir, et jura qu'à son retour il le punirait. Ayant remporté une victoire et fait un butin considérable, al-Moctadir retourna à Saragosse, et quelques jours après, il donna audience dans la *salle d'or*. (*La salle d'or* (مجلس الذهب), dit Ibn-Bassám, se trouvait dans le *palais de la joie* (دار السرور), un des palais d'al-Moctadir à Saragosse). La colère se peignait sur son visage, et il demanda où était Abou-'l-Motarrif. Quand on lui répondit qu'il était absent, il jura qu'il lui ôterait son poste et le chasserait de ses états. Un des vézirs tenta vainement d'appaiser la colère du monarque; il ne fit que l'augmenter. Abou-'l-Motarrif, informé de ce qui s'était passé, et certain d'avoir perdu les bonnes grâces du roi, quitta Saragosse, mal gré qu'il en eût (على رغمى), et se rendit à Santa Maria (Albaracin): mais il ne retrouva le repos et les honneurs qu'après qu'il fut arrivé à Cordoue.

1) A mon grand regret, tous mes efforts pour saisir le sens du passage que j'ai omis dans ma traduction, ont été inutiles. Il est vrai que toutes les difficultés se réunissent ici: une lacune dans le man., plusieurs fautes du copiste (c'est ce qui ne peut être douteux) et le style toujours empoulé et quelquefois obscur de l'auteur. D'ailleurs il ne s'agit pas ici d'une simple phrase, mais les paroles en question doivent contenir un fait qui nous est inconnu jusqu'à présent.

ordonné de convenir qu'il avait tort, il avait refusé de le faire. Dans la suite, il assista à une réunion littéraire, à laquelle al-Motamid ne l'avait pas invité, et le prince l'exila pour cette raison. Avant cette époque, Abou-'l-Motarrif avait entendu dire qu'on l'avait insulté en présence d'al-Motamid, et qu'on avait porté contre lui une accusation qui l'affligea beaucoup, car on avait dit qu'il avait la coutume de se peindre soigneusement les doigts 1, et un des courtisans avait prononcé ce vers:

Ce ne sont pas les femmes qui se peignent les doigts, mais les hommes qui occupent les postes les plus honorables, je vous le jure.

C'est pour ce motif qu'Abou-'l-Motarrif récita à al-Motamid les vers qui suivent:

A Séville, on méprise les hommes les plus nobles et on leur impute des choses honteuses, tandis que les sots y sont honorés 2 quand ils souillent 3 la dignité des hommes respectables.

Mais al-Motamid écrivit sur le revers d'une lettre les deux vers suivants:

Dans les vers que vous m'adressez, vous avez dit précisément le contraire de la vérité, et vous avez encore fait preuve d'ignorance et de légèreté; dites-moi, à quelle époque l'homme qui ne méritait pas d'être honoré, l'était-il à Séville, et à quelle époque l'homme qui ne commettait point des actions méprisables, était-il méprisé? 4

Quand ces vers eurent frappé l'oreille d'Abou-'l-Motarrif, il trembla d'indignation et quitta le prince à l'instant même; aussi il nourrissait déjà le projet de quitter Séville, quand al-Motamid l'exila de ses états. Il se rendit alors vers al-Motawakkil qui le reçut très-convenablement, et qui écrivit à son sujet une lettre à al-Motamid. Il resta alors à Badajoz, jouissant de l'amitié du prince, jusqu'à l'époque où il se brouilla avec le wézir Abou-Abdolláh ibn-Aiman 5, et qu'il retourna à Saragosse 6. Mais quelque temps après son arrivée dans cette

---

1) Ici et dans le vers suivant, le mot خضاب, est l'infinitif du verbe خضب; cette forme manque dans le Dictionnaire.

2) On remarquera ici la permutation des verbes عزّ et عزَّ.

3) *Voyez* sur la deuxième forme du verbe لطخ, qui manque dans le Dictionnaire, mon *Dictionnaire dét. des noms des vêtements*, p. 313.

4) On conçoit que la réponse à cette question est celle-ci: à l'époque où vous jouissiez de ma faveur, et que votre ennemi n'en jouissait pas.

5) Littéralement: »jusqu'à ce qu'un feu s'alluma entre lui et le wézir »Abou-Abdolláh ibn-Aiman, dont la splendeur remplit la terre, et qui »s'éleva jusqu'à la voûte du ciel."

6) Probablement Abou-'l-Motarrif retourna à Saragosse avant l'époque

ville, il fut tué dans un jardin. Le wézir Abou-Mohammed ibn-Abdoun a composé sur lui des vers élégiaques qui attestent l'amitié qu'il lui portait, et les nobles sentiments qu'il nourrissait à son égard; je les ai déjà copiés dans ce recueil, en parlant d'Ibn-Abdoun et en offrant des échantillons de sa poésie et de sa prose [1].

Ibn Khácán, dans son chapitre sur Abou-'l-Motarrif ibno-'d-Dabbág, s'est borné à abréger quelques-uns des renseignements qui se trouvent chez l'auteur arabe-portugais; mais malheureusement son texte ne nous a été d'aucun secours pour rectifier celui du manuscrit dont nous nous sommes servi.

J'ajouterai un paragraphe qui se trouve dans le commencement du chapitre sur le wézir-kátib Abou-Abdolláh Mohammed ibn-Aiman (man. d'Oxford, fol. 168 v.):

ولما صرف المتوكل ذا [2] الوزارتين ابا الوليد بن الحضرمى عن خدمته' وقبض يده عما كان يتصرف فيه من تدبير دولته" لم يفوّض بعده الى وزير' ولا القى الى احد بازمّة ذلك التدبير" غير ان ابا عبد الله بن ايمن هذا كان من وزرائه وصحّبته بمنزلة الرقيب' من الحبيب [3] " ولمّا احتلّ الوزير الكاتب ابو المطرف بن الدباغ حضرة بطليوس حسب ما منشرحه خاف ابن ايمن ان يمحو سناه' ويستولى على مداه" فاشتعلت بينهما نار ملا الافاق شعاعها' واخذ باعنان السماء ارتفاعها" واحسب ذلك

---

de la mort d'al-Moctadir, car il est certain par une de ses lettres, qui se trouve dans le recueil d'Ibn-Bassám, qu'il avait regagné la faveur de ce prince.

1) Le chapitre qu'Ibn-Bassám a consacré à Ibn-Abdoun, se trouve dans le manuscrit d'Oxford, fol. 172 r. — 187 v.

2) Le man. porte ذو.

3) J'ai omis ici quelques mots que je n'ai pu tout à fait déchiffrer, mais qui semblent donner à entendre que personne ne jouissait autant qu'Ibn Aiman de la confiance d'al-Motawakkil.

كان سبب ارتحــال ابــى المــطرف عــن حضرتهم، وخروجه من جملتهم" وسيـاتى ¹ من ذكره فى القسم الثالث من هذا المجموع ان شاء الله ۞

Après qu'al-Motawakkil eut renvoyé de son service le Dhou-'l-wizárataini Abou-'l-Walíd ibno-'l-Hadhramí, et qu'il eut empêché que ce personnage ne gouvernât dorénavant son royaume, il ne confia plus à un wézir le gouvernement de ses états, et n'abandonna plus aux mains de qui que ce fût les rênes de l'administration; mais Abou-Abdolláh ibn-Aiman dont nous parlons, faisait partie de ses wézirs, et al-Motawakkil l'aimait ainsi que l'amant aime son ami qui veille à ce qu'il ne soit pas surpris, quand son amante lui a donné rendez-vous. Mais lorsque le wézir-kátib Abou-'l-Motarrif ibno-'d-Dabbág fut arrivé à Badajoz, ainsi que je l'expliquerai plus tard, Ibn-Aiman craignit que la confiance qu'al-Motawakkil accordait à ce personnage, n'éclipsât celle dont il jouissait lui-même, et qu'il n'exerçât à sa place, l'influence qu'il avait exercée auparavant. Pour cette raison, ces deux wézirs se brouillèrent ², et je crois que cet événement fut la cause pour laquelle Abou-'l-Motarrif quitta la capitale des Aftasides et leur service. Nous parlerons de lui, s'il plaît à Dieu, dans le troisième volume de ce recueil.

On voit qu'Ibn Bassám renvoie ici au passage que nous avons déjà publié plus haut ³.

---

1) Le man. porte وسنــانى.

2) Ibn-Bassám emploie ici la même métaphore que dans son chapitre sur Ibno-'d-Dabbág.

3) On aura remarqué que, dans le commencement de son chapitre sur Ibno-'d-Dabbag, Ibn-Bassám donne quatre fois à ce personnage le prénom d'Abou-'l-Modhaffar, et une fois celui d'Abou-'l-Motarrif; que dans le chapitre sur les Aftasides, il le nomme Abou-'l-Modhaffar, et Abou-'l-Motarrif dans celui sur Ibn-Aiman. On trouve aussi Abou-'l-Modhaffar dans le man. B. du *Kaláyid* d'Ibn-Kháçán; mais j'ai préféré la leçon Abou-'l-Motarrif, parce qu'on la trouve dans les autres manuscrits d'Ibn Kháçán (voyez la note de M. Weijers dans les *Orientalia*, tom. I, p. 417) et constamment dans la suite du chapitre d'Ibn-Bassám sur Ibno-'d-Dabbág

On trouve encore dans le volume d'Oxford (fol. 208 r. et v.), un chapitre sur le Dhou-'l-wizárataini Abou-Mohammed ibn-Houd; je ne l'ai pas copié, mais j'y ai emprunté les renseignements suivants:

» Des raisons que je me dispense d'exposer (غاب عنى
» شرحها), le forcèrent à quitter Saragosse. Dans la suite, il
» se rendit chez plusieurs princes (رؤساء) de notre pays (بلدنا;
» du Portugal et de l'Espagne occidentale), et à la fin, il se
» fixa à Badajoz, où al-Motawakkil le reçut très-bien. Ce
» prince lui confia le gouvernement de Lisbonne, et il remplit
» ce poste avec gloire; mais dans la suite, al-Motawakkil le
» lui ôta."

Plus bas je publierai le chapitre qu'Ibno-'l-Abbár a consacré à ce personnage.

A ma demande, M. Amari a bien voulu copier pour moi le paragraphe d'Ibno-'l-Athír que voici (*Kámilo 't-tawárikh*, supplément arabe, n. 537, fol. 165 r.; fol. 52 r. du cinquième volume du man. de Constantinople):

وإما بطليموس فقام بها سابور الفتى العامرى وتلقب بالمنصور ثم انتقلت بعده الى ابى بكر محمد بن عبد الله بن سلمة (مسلمة .lis) المعروف بابن الافطس اصله من بربر مكناسة لكنه ولد ابوه بالاندلس ونشئوا بها وتخلّقوا بخلق اهلها وانتسبوا الى تجيب وشاكلهم المُلْكُ فلمـــا توفى صارت بعده الى ابنه ابى محمد عمر بن محمد واتّسع ملكه الى اقصى الغرب وقُتل صبرا مع ولدَين له عند تغلّبِ اميرِ[1] المسلمين على الاندلس ۞

(fol. 73 r., 84 r., 84 v. (deux fois); une fois aussi (fol. 84 r.) dans un vers ainsi conçu:

بابى المطرف روضة الادب الذى   اضحى به فردًا بغير مشابه ۞

1) Ce mot manque dans les deux manuscrits.

Ibno-'l-Athír et Abou-'l-fedá (*Annal. Mosl.*, tom. III, p. 36) qui l'a copié, sont les seuls historiens qui disent que Sábour s'arrogea le titre d'al-Mançor; je pense qu'ils se trompent, et qu'ils ont confondu Sábour avec Abdolláh, le premier des Aftasides, qui prit réellement le titre d'al-Mançor, mais dont Ibno-'l-Athír et Abou-'l-fedá ne parlent pas. Il est vrai que dans la traduction anglaise d'al-Makkarí, on trouve également que Sabour prit le surnom d'al-Mançor, mais nous verrons plus tard ce qu'il en est.

Je dois à M. Defrémery la communication d'un autre passage d'Ibno-'l-Athír, conçu en ces termes (tom. V, fol. 109 r.):

وكان عمر بن الافطس صاحب بطليوس ممن اعان سيبر على المعتمد فلما فتحت اشبيلية رجع ابن الافطس الى بلده فسار اليه سيبر وحاربه واخذ بلده منه واخذه اسيرا هو وولده الفضل فقتلهم فقال عمر حين ارادوا قتلهم قدّموا ولدى قبلى للمقتل ليكون فى صحيفتى ۱ فقتل ولده قبله وقتل ابوه بعده واحتوى سيبر على ذخائرهم واموالهم ۞

Un chapitre du *Hollato 's-siyará* par Ibno-'l-Abbár est consacré au dernier des Aftasides. J'en publie ici le texte d'après le manuscrit de la Société asiatique (fol. 62 v. — 65 r.), qui a été copié sur celui de l'Escurial:

المتوكل بن المظفر بن المنصور ابو محمد عمر ابن محمد بن عبد الله بن محمد بن مسلمة التجيبى ابن الافطس ۞

قال ابن حيّان كان عبد الله بن مسلمة رجلا من مكناسة

---

1) On sait que les Musulmans pensent que leurs bonnes et leurs mauvaises actions sont inscrites par Dieu dans un livre. Cette idée se trouve aussi fréquemment chez les auteurs chrétiens du moyen âge.

وكان سابور العامرى احد صبيان فائق الخادم فتى الحكم يعنى المستنصر بالله قد انتزى ببطليوس وثغر الغرب فصاحبه عبد الله وظاهره ورمى اليه باموره فدبّر اعماله ونزيّد فى الغلبة عليه حتى صار كالمستبدّ به فلمّا هلك سابور ورث سلطانه بعده فاستولى على الامور وتلقّب بالمنصور ثم اقضى الامر لابنه محمد وتلقّب بالمظفر ولابن حيان ايضا قول ابسط من هذا فى اربيبة بنى الافطس يأتى ذكره ان شاء الله نعلى قال ومن النادر الغريب انتماءه فى 1 تجيب وبهذه النسبة مدحتّه الشعراء الى اخر وعنده منهم ابن شرف القيروانى حيث يقول

يا ملكا امسست تجيبب به   تحسد قحطانَ عليها نِزارُ
لولاك لم تشرف معدّ بها   جلّ ابو ذرٍّ فجلّت غِفارُ 2

وكانت وفاة المظفر سنة ٤٦٠ فولى بعده ابنه يحيى ببطليوس وتسمّى بالمنصور وكان اخوه عمر المتوكل بيابرة وما اليها 3 من

---

1) Afin qu'on ne change pas في en الى, je ferai observer que dans le man. d'Ibn-Bassám, où l'on trouve aussi ce passage, on lit également في.

2) Les Todjibides appartenaient aux tribus du Yémen, qui font remonter leur origine à Kahtán; Nizár était le fils de Maädd, et le père des tribus du Désert, qui se disaient issues d'Ismaël, fils d'Abraham. Au temps de Mahomet, les Kahtánides et les Maäddites formaient deux nations bien distinctes, et pendant longtemps les uns furent les rivaux des autres. Abou-Dharr (Djondob), un des premiers compagnons du Prophète (il mourut l'an 32; voyez an-Nawawî, p. ٧١٧ éd. Wüstenfeld), appartenait à la tribu de Gifár, peu connue avant lui, mais qu'il rendit illustre. Il faut donc traduire:

» O prince! Parce que vous êtes issu de Todjíb, les Nizárides portent
» envie aux Kahtánides. [Un seul homme suffit pour couvrir de gloire sa
» tribu:] si vous, ô Nizár, ne vous étiez pas rendu illustre, les Maäddi-
» tes ne le seraient pas parmi les tribus arabes; parce qu'Abou-Dharr a su
» conquérir la gloire, la tribu de Gifár est honorée."

3) Voyez sur cette phrase plus haut, p. 75 dans la note.

الثغر الغربى ثم استوسق له الامر بموت اخيه يحيى بعد منافسة طويلة بينهما كادت تفسد حالَهما واحتَلَّ حاضرةَ¹ بطليوس وجعل ابنه العباس بن عمر ببيابرة وصار اليه امرُ طليطلة وقتًا وجلّ شانه ولمـا عظم عبثُ الطاغية ادفونش بن فردلند وتطاول الى الثغور ولم يقنع بضرائب المال انتدب للتطوُّف على اولئك الرؤساء القاضى ابو الوليد الباجى يندبهم الى لمّ الشَّعَثِ ومدافعة العدوِّ ويطوف عليهم واحدا واحدا وكلهم يصغى الى وعظه وازدلف خلال ذلك الى سبتة امير المغرب حينئذ ابو يعقوب يوسف بن تاشفين اللمتونى حسبةً ورغبةً فى الـجهـاد وقد دانت له بلاد العدوة وسأل من سقوت بن محمد صاحب سبتة ان يبيح له فُرَصَ الاجازة الى الاندلس فابى وتمتَّع من ذلك فاتنى الفقهاء بقتاله لصدِّه عن سبيل الله فقُتل هو وابنه فى خبر طويل وفتح على ابن تاشفين سبتة وامـكنه الحصول على مراده بذلك وعلم المعتمد محمد بن عباد بتصميمه على نيَّته فخاطب جاريَه صاحبَ بطليوس وصاحبَ غرناطة فى تحريك قاضييهما الى حضرته للاجتماع بقاضى الجماعة بقرطبة فوصل من بطليوس قاضيها ابو اسحق بن مقانا ومن غرناطة قاضيها ابو جعفر القليعى واجتمعا فى اشبيلية بالقاضى ابى بكر بن ادهم وانصاف البهم الوزير ابو بكر محمد بن ابى الوليد احمد بن عبد الله بن زيدون وتوجَّهوا جميعا الى ابن تاشفين على شروط لا تتعدى الى غيرها ووصلوا الى الجزيرة الخضراء وعليها يزيد بن المعتمد الملقَّب بالراضى ثم اجازوا البحر منها واجتمعوا بـابن تاشفين مرة بعد مرة وتفاوضوا فى

---

1) Chez les auteurs arabes de l'Espagne et du nord de l'Afrique, le mot حاضرة désigne très-fréquemment *la capitale*, ainsi que حضرة.

مكان تنزله العساكر فاشار ابن زيدون بجبل طارق وسُبُل الجزيرة
الخضراء فلم يوجد سبيلا (lis. سبيل) اليها فما قوبل بشكر ولا لوم
واصدر هو واصحابه دون علم بـالمراد ومشاورة الفقهاء من ابن
تاشفين تستنتبّ، وثنواهم لا تغبّ فلم يَرَعْ الا الشروع فى الاجازة
ولم يُشْعَرْ الا والجزيرة الخضراء فى مثل حلقة الخاتم من الجيوش
الكثيفة وفتحت لهم ابوابها واخْرجت اليهم مراغمها فطيّر الراضى
حماما الى ابيه بذلك مراغقه (lis. فراقفه) بتركها والارتحال عنها
الى رُنْدَة ففعل واطّردت الاجازة ثم تحرّكت العساكر الى
اشبيلية وردفهم ابن تاشفين ونزل بظاهرها وبلغه على اثر ذلك
موت ابنه ابى بكر فجبّره حتى لمح بالانصراف عن وجهه ثم آثر
الجهاد وانفذ مزدلى الى مراكش وبعد قراره بظاهر اشبيلية لحق
صاحب غرناطة فى نحو ثلاث مائة فارس واخوه تميم من مالقة
فى نحو مائتين فنزلا على ضفة النهر الاعظم ثم لحق لصاحب
المرية عددٌ من الخيل صحبة ولده وتقدّم ابن تاشفين مستعجلا
فى حركته الى بطليوس وابن عباد وراءه فخرج اليهم المتوكل
واوسعهم برًّا وتضييفا وتلوّمت العساكر بظاهرها فى المضارب اياما
الى ان قصدهم ادفونش وتلاقوا بالزلاقة على مقربة من بطليوس
يوم الجمعة فى رجب سنة ٤٧٩ فكان الظهور للمسلمين وفى ذلك
يقول ابن جمهور احد ادباء اشبيلية

لم تَعْلَمِ الْعُجْمُ ان جاءت مصمّمةً   يومَ العَرُوبةِ انّ اليومَ للعربِ

ونكل المتوكل يومئذ وغيره من الرؤساء وكان فيه للمعتمد ظهور
مشهور ثم صدر ابن تاشفين ظافرا واجاز البحر الى العدوة صادرا
وتحرّك الى الاندلس بعد مجاهدًا لاعدائها وناظروا فى خلع
رؤسائها والمعتمد اذذاك اعظمهم شوكةً واشهرهم نجدةً فلما قبض

عليه ثم تقم لسائرهم قائمة ومزقوا كل ممزق وفى ذلك يقول ذو
الوزارتين ابو الحسن جعفر بن ابراهيم بن احمد المعروف بابن
الحاج اللورقى

كم بالمغارب من اشكاه[1] مختترم وعائر الجدّ مصبور على الهون
ابناء معنّ وعبّاد ومسلمة والحميريّين باديس وذى النون
احوالهم[2] فى هضاب العزّ ابنية واصبحوا بين مقبور ومسجون

وكان سير بن ابى بكر احد رؤساء اللمتونيين وهو الذى حاصر
اشبيلية حتى استولى عليها وقبض على المعتمد وتقلّد امارتها
بعده دهرًا ثم تولى محاصرة بطليوس الى ان دخلت عنوة يوم
السبت لثلث بقين من المحرم سنة ٤٨٧ وقيل يوم السبت السابع
من صفر وقيل فى شهر ربيع الاول منها وقبض على المتوكل فقيد
وأهين بالضرب فى استخراج ما عنده ثم ارجع عنها وقتل هو وابناه
الفضل والعباس على مقربة منها ذبحًا وكان ذلك مما نعى على
ابن تاشفين وقيل انه رغب فى تقديم ولديه هذين بين يديه
ليحتسبهما ثم قام بعد قتلهما ليصلى فبادره الموكلون به وطعنوه
برماحهم حتى فاظت نفسه وغربت شمسه وقد رثاهم ابو محمد
عبد المجيد بن عبدون بقصيدة فريدة انشدناها شيخنا
ابو الربيع بن سالم الكلاعى بحاصرة بلنسية مرارًا قال
انشدناها القاضى ابو عبد الله محمد بن سعيد بن زرقون
فى مسجده باشبيلية قال انشدناها الوزير الكاتب ابو محمد بن
عبدون واولها

الدهر يفجع بعد العين بالاثر فما البكاء على الاشباح والصور

يقول فى آخرها

---

1) Le man. porte اشكاء.   2) Le man. porte واحوالهم.

ويح السماح ويبح الباس لو سلما   والمجد والدين والدنيا على عمر
سقت ثرى الفضل والعباس هامية   تعزى اليهم سماحا لا الى المطر

وانشدنى ابو الربيع شيخنا وحدّثنى لفظًا قال حدّثنى الفقيه ابو عبد الله محمد بن سعيد شيخنا يعنى ابن زرقون عن الوزير الكاتب ابى بكر بن القبطورنة انه حدثه انه دخل على نجم الدولة سعد بن المتوكل وهو محبوس فى سجن الملثّمة بعد غلبتهم على ابيه المتوكل وقتلهم اياه وابنيه العباس والفضل فلما رآه اجهش باكيا ثم انشده

بسابيك قدّس روحه وضريحه   يا سعد ساعدنى ولست بخيلا
واسفح على دموع عينك ساعة   واحنن بها حمرا تفيض هملا
ان يصبح الفضل القتيل فانني   امسيت من كمد عليه قتيلا
كم قد وقيتكم[1] الحمام بمهجتى   وحميت شول علائكم معقولا
قدمت نفسى للمنايا دونكم   بدلا فلم تُردِ المنون بديلا

Ibno-'l-Abbár copie ensuite plusieurs poèmes d'al-Motawakkil et d'Ibn-Abdoun que M. H. a publiés, d'après Ibn-Khácán, dans le second et dans le troisième chapitre de son ouvrage, et sur lesquels je reviendrai. La seule pièce de vers qui ne se trouve pas dans l'ouvrage de M. H., est celle-ci:

وله (للمتوكل) وقد ارتقب قدوم اخيه (يحيى) عليه من شنتبرين يوم الجمعة فوفد عليه يوم السبت

تخيّرت اليهود السبت عيدا   وقلنا فى العروبة يوم عيد
فلمّا انْ طلَعَت السبتَ[2] فينا   اطلت لسان محتنج اليهود

ومن مليح ما فى هذا المعنى

---

1) Man. وقيتم.   2) C'est ainsi qu'on lit chez al-Makk. (fol. 454 v.); le man. d'Ibno-'l-Abbár porte الشمس.

وحبّبْ يوم السبت عندى اننى ينادمنى فيه الذى انا احببتُ
ومن اعجب الاشياء أنّى مسلم حنيف ولاكن خير ايامى السبتُ

Le chapitre d'Ibno-'l-Abbár sur Abou-Mohammed ibn-Houd (fol. 78 v., 79 r.) est conçu en ces termes:

ابو محمد بن هود الجذامى ذو الوزارتين ۞

لم اقف على اسمه وهو احد النجباء الادباء من اهل بيته ملوك سرقسطة والثغر الاعلى وتبّتت به دراهم فتجوّل بموسطة الاندلس وغربها قاصدا روساءها واختصّ منهم بالمتوكل عمر بن محمد بن الافطس فولّاه مدينة الاشبونة من اعماله ثم صُرف عنها وصدر محمود السيرة معروف النزاهة وهو القائل فى خروجه من سرقسطة يخاطب قومه

ضللتم جميعا يال هود عن الهدى وضيّقتم الراى الموفق اجمعا
وشنْتم يمين الملك بى فقطعتم بايديكم منها وبالقدر اصبعا
وما انا الا الشمس غير غياهب دجتْ فأبتْ لى ان انير واسطعا
وان طلعتْ تلك البدور اهلّة فلم يبق الا ان اغيب واطلعا
ولا تقطعوا الاسباب بينى وبينكم فآنفكم منكم وان كان اجدعا

وله وقد احترق بيته ايام مقامه بطليطلة

تركتْ محلّى جنّةً فوجدتُه على حكم ايدى الحادثات جهنما
لتنصنعْ بىَ الايامُ ما شِئْنَ اخرا فما صنعتْ بى اوّلا كان اعظما

وله فى المتوكل ايام سلطانه يبادرة [1]

وله مما نقش على رئاس سيف المتوكل

---

1) Il y a ici une lacune dans le manuscrit; deux ou trois lignes sont laissées en blanc, mais à la fin de la première on lit فالذى يخشى من بالخبر, et à la fin d'une autre الحدد.

لا تخش ضيما ولا تصبح أخا فرق إذا رئاسى فى يمنى يديك بقى
أصبحت أمضى من الحسين المتاح فصلٌ على الكماة وبى عند الوغى فشق
لولا فتور بسألحظ الظباء إذا لقلت أنى أمضى من ظبا الحدق

وله وقد سئل عمّا اكتسبه فى ولايته

وسـائــل لــى لــمّــا	صدرت عنهـا وليـت
مـا نلْتُ قلْتُ تَهنــأ	يبقى معى ما بقيت
فـان أمت كـان بعدى	مـخـلّـدا لا يـمـوت
عـتّبتُ الفضول لـعـلـمى	ان ليس يـعلم قوت
وصنت قدرى عنـهـا	مجـمّـلا تـغـنـيـت

On trouve un article d'Ibno-'l-Khatib sur Omar al-Motawakkil dans le *Marcazo 'l-ihátah biodabái Garnátah* (man. de la Bibl. royale de Paris, ancien fonds, n. 867, fol. 174 r. — 178 r.), ainsi conçu:

عمر بن محمد بن عبد الله بن محمد بن مسلمة التجيبى بطليوسى مكناسى الامير بالثغر الغربى ابو محمد المتوكل على الله ابن الافطس ۞

قال ابن حيان كان جدّعم عبد الله بن مسلمة المعروف بابن الافطس اصله من فحص البلوط من قوم لا يرعون نباهة غير انه كان من اهل المعرفة التامّة والعقل بالدها والسياسة وكان بهذا الصقع الغربى بطليوس وجميع الثغر الجوفى فى امر الجماعة رجلٌ من *عبيد الحكم ¹ المستنصر يسمى سابور فلمـا وقعت الفتنة انتزى ² سابور على ما كان بيده وكان عبد الله يدبّر امره

---

1) C'est ainsi qu'on doit lire, le man. porte عبد الحكيم.
2) *Voyez* sur la huitième forme du verbe نـزا mon *Hist. Abbad.*, I, p. 263.

الى ان هلك سابور وترك ولدَيْن لم يبلغا الحلم فاشتمل عبد
الله على الامر واستناثر به فتحصل على ملك غرب الاندلس واستقام
امره الى ان مضى لسبيله واعقبه المظفر ابنه محمد بن عبد الله
وكان ملكا شهيرا عالما شجاعا اديبا وهو مولف الكتاب الكبير
المسمى بالمظفرى 1 فاستقام 2 امره الى ان توفى فقام بامره ولده
عمر هذا وكان اديبا بارع الخط حافظا للغة جوادا راعيا حقوق
اهل بلده محببا فيهم وقال الفتح فى قلائده ملك جند الكتائب
والجنود الخ 3 ونثره اشفّ من شعره وانه بطبقة 4 تتقاصر عنها
اتراب الكتاب ونهاية من نهايات الاداب قال كان ليلة الخ 5
ولما اشتدّ خوفه من اسر 6 لمتونة وراى انه اسوء ابن عباد فى
الخلع عن ملكه وضيّقت الخيل على اطرافه فانتزعتها داخل طاغية
الروم وملّكه مدينة الاشبونة رغبةً فى دفاعه عنه فاستوحشت لذلك
رعيته وراسلت اللمتونيين 7 واقتحمت عليه مدينة بطليوس واعتصم

---

1) On lit ici sur la marge: قلت ولمحمد بن عبد الله المظفر هذا
صنّف الحافظ الوجيه ابو عمر بن عبد البـر النمرى رضوان الله
تعالى عليه كتاب بهجة المجالس وانس الجالس اوان فارق قرطبة
وجال فى غرب الاندلس وتولى قضاء الاشبون (sic) وسنتورين (sic)
فى ايام ملكها المظفر بن الافطس رحمه الله تعالى ذكره ابن
خلكان. *Voir* Ibn-Khallicán, livr. 11, p. 119, éd. Wüstenfeld.
2) Le man. porte فاستقامت; en conservant cette leçon, on devrait lire
امورہ, au lieu de امرہ.
3) Ici suivent des extraits du chapitre d'Ibn-Kháqán sur al-Motawakkil.
4) Le man. porte لحلبة.
5) Ici suit un autre passage d'Ibn-Kháqán (Hoogvliet, p. 55).
6) Le man. porte أسبور.   7) Le man. porte للمتونيين.

بــالقصبة وخلفه المحاربة فدخلت عليه عنـوةً ونقبّض عليه وعلى بنيه وعبيده وتحصّلوا فى ثقاف لقائد الجيش اللمتونى وبادر اعلام الامير سير بن ابى بكر فلحـق بها واستخرج ما كـان عنـد المتوكل من المال والذخيرة وازعجه الى اشبيلية مع ابنيـن له فلما تجاوز وبعد عن حضرته أُنزل وقيل له تأقّبْ للموت فسال ان يقدم ابناه قبله ليحتسبهما عند الله تعالى فكان ذلك وقتِلَا صبرًا بين يديه ثم ضُرِبَت عنقه وذلك صدر سنة ٤٨٧ وانقرضت دولة بنى الافطس وممن رثاهم فبلغ الامد وفاءً وشهرةً واجادةً ابو محمـد عبد المجيد بن عبدون بقصيدته الفريدة اولها

الدهر يفاجع بعد العين بالاثر

الى أخر القصيدة

اللهم تجاوز عنهم اجمعين وعَنّا برحمتك لله القائل

نصحت فلم أفلح وخانوا فأفلحوا وأنزلنى نصحى بدار هـوان

فان عشت لم انصح وان مُتّ فالعنوا ذوى النصح من بعدى بكل لسان

La traduction anglaise d'al-Makkarí (II, p. 256) ferait croire que cet auteur donne une notice sur les Aftasides, qui serait presque identique avec celle que donne Ibno-'l-Athír, copié par Abou-'l-fedá. Mais si l'on recourt au texte, on s'apercevra qu'il n'en est point ainsi, et que le traducteur a consulté ici Abou-'l-fedá, tout en critiquant mal à propos al-Makkarí (*voir* la note 35, p. 505), au lieu de se borner à reproduire le passage d'al-Makkarí que voici (man. de Gotha, fol. 97 v.):

ومن مشاهير ملوك (الطوائف *ajoutez*) بنى (*lis.* بنو) الافطس اصحاب بطليوس وما اليها والمظفر منهم هو صاحب التناليف المسمى بالمظفرى فى نحو الخمسين مجلدا والمتوكل منهم فنتـل على

يد حبيش (جيش .lis) يوسف بن تاشفين وفيه قال ابن عبدون قصيدته المشهورة

الدهر يفجع بعد العين بالاثر   فما البكا على الاشباح والصور

وهى من عز (غرر .lis) القصائد [1] ۞

On trouve encore chez al-Makkarí deux passages sur les Aftasides, que l'on chercherait vainement, si je ne me trompe, dans la traduction de M. de Gayangos. Je vais les reproduire:

Fol. 438 v.: ومن حكاياتهم فى حبّ العلم ان المظفر بن الافطس صاحب بطليوس كان كما قال ابن الابار [2] كثير الادب جمّ المعرفة محبًّا لاهل العلم جماعة (جمّاعًا .lis) للكتب ذا خزانة عظيمة لم يكن فى ملوك الاندلس من يفوقه فى ادب ومعرفة قاله ابن حيان وقال ابن بسام كان المظفر اديب ملوك عصره غير مدافع ولا منازع وله التصنيف الرائق والتاليف الفائق المترجم بالتذكرة والمشتهر اسمه ايضا بالكتاب المظفرى فى خمسين مجلدا يشتمل على فنون وعلوم من مغاز وسير ومثل وخبر وجميع ما يختصّ به علم الادب ابقاه الله [3] للناس خالدا وتوفى المظفر سنة ٤٦٠ [4] وكان يحضر العلماء للمذاكرة فيفيد ويستفيد رحمه الله ۞

---

1) M. Defrémery a bien voulu collationner pour moi ce passage sur le man. 704 (anc. fonds) de la Bibl. royale à Paris (fol. 106 v.); mais ce man. présente en cet endroit les mêmes fautes que celui de Gotha.

2) Al-Makkarí doit avoir emprunté cette citation à un autre ouvrage d'Ibno-'l-Abbár que le *Hollato 's-siyará*, dans lequel le passage qu'il cite, ne se trouve pas.

3) Le mot الله manque dans le man. d'al-Makkarí. Voyez mon *Historia Abbad.*, I, p. 200, où j'ai publié le texte d'Ibn-Bassám; on remarquera qu'al-Makkarí ne l'a pas copié textuellement.

4) Le man. porte ٤٦.

Fol. 455 v.: وكان عند المتوكل مصحك يقال له الخطّارة
نشرب ليلة مع المتوكل وكان فى السُّقاة وسيم فوضع عينه
عليه فلما كان وقت السحر دبّ اليه وكان بالقرب من المتوكل
فاحسّ به فقال له ما عذا يا خطّارة فقال يا مولاى هذا وقت
تفرغ الخطّارة الماء فى الرياض فقال له لا تَعُدْ لئلّا يكون ماءً احمر
فرجع الى نومه ولم يَعُدْ فى ذلك كلمةٌ بقيّةٌ[1] عمره معه ولا
انكر منه شيئًا ولم يحدث بها الخطّارة حتى قُتل المتوكل رحمه
الله والخطّارة صنف من الدواليب الخفاف يستقى[2] به اهل
الاندلس الاودية وهو كثير على وادى اشبيلية واكثر ما يباكرون
العمل فى السحر ۞

J'ajouterai à ces passages le texte des deux lettres d'al-Motawakkil, dont l'une est adressée à Alphonse et l'autre à Yousof ibn-Téschifîn. M. II. (p. 46), en parlant de ces lettres dont Conde a donné la traduction, dit qu'il les aurait publiées volontiers, mais qu'il ne les a trouvées dans aucun des manuscrits de la Bibliothèque de Leyde. On a le droit de s'étonner de cette assertion, car les deux lettres en question se trouvent dans l'ouvrage historique intitulé *al-Holal al-mauschîyah* dont la bibliothèque de Leyde possède un manuscrit (n. 24; voyez fol. 12 v. — 14 r.), et Conde les a empruntées au même ouvrage. Dans le second volume de mon *Historia Abbadidarum*, je donnerai quelques détails sur le *Holal*; ici je me bornerai à dire que j'ai collationné le texte des deux lettres sur le man. de M. de Gayangos, que j'ai eu entre les mains il y a quelques années, et que M. Amari a bien voulu les collation-

---

1) Le man. porte بغيبت.

2) La huitième forme du verbe سقى signifie ici *arroser*, signification qui ne se trouve pas dans le Dictionnaire.

ner sur le man. de la Bibliothèque royale (n. 825, p. 19—23). Il m'a paru inutile de donner toutes les variantes des différents manuscrits, puisque, pour la plupart, elles ne sont que des fautes; je ne ferai donc remarquer que celles qui peuvent paraître de quelque importance:

وقد كان المتوكل على الله عمر بن المظفر محمد بن عبد الله بن محمد بن مسلمة الشهير بـابن الاڧطس جرت بينه وبين ملك الجلالقة خطوب كثيرة آل حال المسلمين بعمسـالـته الى الضعف والاستيلاء على بلادهم وخاطبه ملك الجلالقة بكتاب يرعد فيه ويبرق ويتنشطط عليه فى اداء وظيف من المـال كل سنة فجاوبه بمـا نصّه   وصل البينا من عظيم الروم كتاب مدّع فى المقادير، واحكام العزيز القدير، يرعد ويبرق، ويجمع تـارة ثم يفرق، ويهدد بجنوده الوافره، واحواله والمتظاهره، ولو علم ان لله جندا اعزّ بهم كلمة الاسلام، واظهر بهم دين نبيّنا محمد عليه السلام، اعزّة على الكـافرين 1، يجـاهدون، فى سبيل الله ولا يخـافون 2، بالتقوى يعرفون، وفى التوبة يتصرفون، ولئن لمعت من خلف الروم بـارڧة فباذن الله، وليعلم المومنين، وليميز الله الخبيث 3 من الطيب ويعـلم المنافقين، واما تغبّرك للمسلمين فيما وهن من احوالهم، وظهر من اختلالهم، فبالذنوب المركوبه، والفرق المنكوبه، ولو اتّڧقت كلمتنا 4 لعلمت اى صاب اذقـنـاك كما كانت اباوك مع اباٸنا تتجرعه فلم نزل نذيقها من الحمام،

---

1) Les manuscrits portent الكـڧرين.

2) Le man. P. ajoute لومة لاٸم.

3) Cette phrase est empruntée au *Coran*; voyez Sour. 3, vs. 173; Sour. 8, vs. 38.

4) Le man. P. ajoute ici مع سائر الاملاك, et le man. G. مع سائر من الاملاك.

وضروب الآلام" شرّ ما تراه ونسمعه' وبالامس كانت قطايعة المنصور على سلفك اهداء ابنته البه' مع الذخائر التي كانت تنفد في كل عام عليه" واما نحن وان قَلَّتْ اعدادنا' وعدم من المخلوقين استمدادنا" فما بيننا وبينك بحر نخوضه، ولا صعب نروضه" إلّا سيوف تشهد بحدّها' رقابُ قومك' وجلاد تبصره في ليلك ويومك" وبالله وملائكته 4 نتقوى عليك ونستعين ليس لنا سوى الله مطلب' ولا لنا أنى غيره مهرب" وما تتربصون بنا الّا الى احدى الحسنيَيْن نصر عليكم فيها لها نعمة ومنّه' او شهادة في سبيل الله فيا لها جنّه" *وفي الله 3 العوض مما به هددت، وفرج يتر ما مددت، ويقطع بك فيما اعددت".

ثم بعد ذلك لما اشتدّ كلف العدوّ على بلاد المسلمين كتب المتوكل على الله ابن الافطس الى امير المسلمين يستصرخه ونصّ ما كتب له به من انشائه   لما كان نور الهدى أيَّدك الله دليلك، وسبيل الخبير سبيلك" ووضحت في الصلاح معالمك' ووثقت على الجهاد عزائمك" وصحّ العلم بأنّك للدعوة الاسلام اعزُّ ناصر، وعلى غزو الشرك اقدر قادر" وجب ان تُسْتَدعى لمَا عطّل الدا' وتستنغاث لمَا احاط بالجزيرة من 4 البلاء' فقد كانت طوائف العدو المطيف بانحائها' عند افراط تسلّطها واعتدائها' وشدة كلفها واستشرائها" تلاطف بالاحتيال' وتستنزل بالاموال،' ويُخرَج لها عن كل ذخيرة' وتُسْترضى بكل خطيرة' ولم يزل دابها التشطّط والعناد' ودابنا الاذعان والانقياد' حتى نفد الطارف

---

1) Le man. G. ajoute ici واداء المال تتوزعه.
2) G. تفرغ.   3) P. وبالله.
4) Ce mot manque dans L. et P.

والتلاد، وأتى على الظاهر والباطن النفاد،، وايقنوا الآن بضعف المنن، وقويت أطماعهم فى افتتاح المدن،، واضطرمت فى كل جهة نارهم، ورويت من دماء المسلمين اسنتهم وشفارهم،، ومن أخطى القتل منهم فانما هم بايديهم اسارًا وسبايا، يمتحنونهم بانواع المحن والبلايا،، وقد هموا بما ارادوه من التونُّب، واشرئوا على ما املوه من التغلُّب،، فيا لله ويا للمسلمين ايسطو هكذا بالحق الافك، ويغلب التوحيدَ الشرك،، ويظهر على الايمان الكفر، ولا يكشف هذه البلية النصر،، ألّا ناصر لهذا الدين المهتصم، الا حامى لما استبيح من المحرم،، وأنى لله على ما لحق عرشه من ثلّ، وعزّه من ذلّ،، فانهما الرزية التى ليس فيها عزا، والبلية التى ليس مثلها ابّلا،، ومن قبل هذا ما كنت خاطبتُك اعزّ الله بالنازلة فى مدينة قورية اعادها الله وأنّها مؤدية للجزيرة بالخلا، ومن فيها من المسلمين بالجلا،، ثم ما زال ذلك التخاذل يتزايد، *والتدابر يتساند١*،، حتى تخلّصت القصبيه، وتضاعفت البليه، وتحصّلت فى يد العدو مدينة سريّه،، وعليها قلعة تجاوزت حدَّ القلاع، فى الحصانة والامتناع،، وهى من المدينة كنقطة الدائرة تدركها من جميع نواحيها، ويستوى فى الارض بها قاصيها ودانيها،، وما هو ألّا نفَس خافت وزمو راهف، استولى عليه عدو مشرك وطاغية منافق،، ان لم تبادروا بجماعتكم عاجلًا وتتداركوها، ركبانًا ورجالًا، وتنفروا ذحوها خفافًا وثقالًا،، وما احضُّكم على الجهاد بما فى كتاب الله فانكم له اتلى، ولا بما فى حديث رسول الله صلّعم فانكم الى معرفته اهدى،،   وكتابى

---

1) G. : ويتدابر وائتساند؛ L. et P. : والتدابر يتساند ؛ voyez la note sur la traduction de ce passage.

اليكم هذا يحمله الشيخ الفقيه الواعظ يفصلها ويشرحها، ومشتمل
على نكتة هو يبينها ويوضحها، فانه لما توجّه نحوك احتسابا،
وتكلّف المشقّة اليك طالبا ثوابا، عوّلتُ على بيانه، ووثقت
بفصاحة لسانه، والسلام، وانه لما بلغ هذا الخطاب لامير المسلمين
يوسف بن تاشفين كتب اليه يعدُه بالجواز والامداد على العدوِ.

Si l'on compare ce texte avec la traduction de Conde (II, p. 103—108), on se convaincra facilement que l'auteur espagnol a attrapé çà et là quelques mots, mais que son imagination a fait le reste. J'ose donc croire qu'il ne sera pas inutile de donner une nouvelle traduction de ce morceau, d'autant plus que Conde n'a pas compris les phrases qui se trouvent dans la seconde lettre, et qui contiennent des allusions à des faits historiques.

Différentes guerres ayant eu lieu entre al-Motawakkil alá 'l-láh Omar ibno-'l-Modhaffar Mohammed ibn-Abdolláh ibn-Mohammed ibn-Maslamah, connu sous le nom d'Ibno-'l-Aftas, et entre le roi des Chrétiens, les Musulmans qui habitaient la province où commandait al-Motawakkil, se trouvèrent affaiblis, et une partie de leur pays était tombée au pouvoir des Chrétiens. Quand le roi chrétien eut adressé à al-Motawakkil une lettre remplie d'horribles menaces, et où il passait les bornes de la modération ¹ en exigeant que le roi de Badajoz lui payât annuellement une somme ² d'argent, al-Motawakkil lui répondit en ces termes:

Il nous est arrivé de la part du seigneur des Chrétiens, une lettre, écrite par un homme qui se vante de sa fortune, et qui prétend que les décrets

---

1) La cinquième forme du verbe شطّ, qui manque dans le Dictionnaire, mais qui est l'équivalent de la seconde, se rencontre aussi dans la lettre d'al-Motawakkil à Yousof (*voyez* plus haut, p. 184, l. dern.), et dans un passage d'Ibn-Kháqán, publié par M. Hoogvliet (p. 48). On lit ailleurs dans le *Kaláyid* (man. A, tom. I, p. 85) : الا انه كان يتشطّط على نشطّط عليه فى الطلب، et dans le *Holal* (man., fol. 14 v.) : ذلك.

2) Le mot وظيف est l'équivalent de وظيفة.

du Très-haut et du Tout-puissant lui assurent la victoire, qui prononce d'horribles menaces, qui croit que tout se fera selon sa volonté, et qui nous menace avec ses nombreuses armées et le bonheur qui lui est toujours en aide [1]; mais il n'en aurait point agi ainsi, s'il avait su que Dieu a une armée avec laquelle il a rendu puissante la foi des Musulmans, et répandu partout la religion de notre Prophète Mahomet que Dieu bénisse! une armée, composée de soldats qui sont terribles pour les Infidèles, qui combattent, sans rien craindre, pour la cause de Dieu, qui se reconnaissent à leur piété et qui font toujours des actes de contrition. Si en ce moment, la nuit du Christianisme est illuminée par un éclair, ce n'est que par la permission de Dieu qui veut connaître les vrais croyants, distinguer les méchants des bons et discerner les hypocrites. Si vous tâchez d'avilir les Musulmans dans un instant où ils sont faibles, et où leurs pertes sont évidentes, c'est à cause des péchés que nous avons commis et de nos déplorables discordes; car si la concorde nous unissait, vous auriez déjà goûté l'amer breuvage que nous vous aurions fait boire, le même que vos pères étaient obligés d'avaler, quand ils avaient à faire avec les nôtres; car à cette époque, nous leur avons fait goûter, à différentes reprises, le trépas, tous les maux possibles, la pire chose que vous puissiez voir et entendre. Hier encore, votre aïeul payait un tribut à Almanzor; il lui envoya sa fille en guise de présent [2], avec les trésors qu'il lui faisait parvenir chaque année. Quant à nous, bien que nous soyons en petit nombre, et que nous n'ayons point d'auxiliaires parmi les mortels — la mer, ni aucun autre obstacle, ne nous sépare; mais nos glaives (les cous de vos soldats attesteront qu'ils sont bien affilés), mais notre vaillance (vous en serez témoin la nuit et le jour) vous chasseront loin de nous; car pour vous combattre, nous espérons le secours de Dieu et de ses anges; nous n'implorons que l'aide de Dieu; c'est chez lui seul que nous cherchons un refuge. Vous ne nous dressez des embûches [3] que pour nous faire acquérir l'un de ces deux bonheurs, soit la vic-

---

1) La sixième forme du verbe طغـر manque dans le Dictionnaire; on trouve dans la préface du *Holal* (man., fol. 2 r.): وعزائمهم بحـول اللـه متعاضدة متظاهرة, et chez an-Nowairí (*Histoire d'Espagne*, man. 2 h, p. 478): الاخبار تتوانر بنظائر اهل قرطبة مع ابن عبد الجبار.

2) Il s'agit ici de Bermude II de Léon; voyez plus bas le chapitre d'Ibn-Khaldoun sur les rois chrétiens de l'Espagne.

3) La cinquième forme du verbe ربص a le même sens chez Abdo-'l-Wâhid, *Histoire des Almohades*, p. ١٢٧.

toire sur vous (quelle grâce et quel bienfait ¹ serait-ce!), soit le martyre dans la cause de Dieu — le paradis en est la récompense. Dieu est en état de faire le contraire de ce que vous menacez de faire; il peut donner à nos soucis un soulagement qui coupe ce que vous avez étendu, et il peut frustrer vos espérances.

Lorsque dans la suite, l'ennemi vexa de plus en plus le territoire musulman, al-Motawakkil alá 'l-láh ibno-'l-Aftas écrivit à l'émir des Croyants pour implorer son secours. Cette lettre qu'il avait composée lui-même, était ainsi conçue:

Puisque la lumière de la foi vous guide, ô prince auquel Dieu soit en aide, et que vous marchez sur la voie du salut; que partout on voit, sur le chemin de la vertu, les traces de vos pieds; que vous entreprenez la guerre sainte avec une volonté ferme; que nous savons de science certaine que vous êtes le plus puissant soutien de la foi musulmane, et le plus intrépide guerrier pour combattre les Infidèles, il est nécessaire que nous vous appelions à nous pour guérir la maladie qui nous a ôté nos forces, et que nous implorions votre appui pour faire disparaître les maux qui affligent la Péninsule; car les armées ennemies qui courent ses champs, en montrant sans mesure leur insolence et leur animosité, leur cruauté et leur colère, nous ont trompés constamment au moyen d'une douceur simulée, et en faisant semblant de se laisser appaiser ² par des sommes d'argent; on leur a donné tous les trésors et elles paraissaient nous accorder la paix quand nous leur avions livré toutes nos richesses; mais constamment elles passaient les bornes de la modération et renouvelaient la guerre, et constamment aussi nous nous sommes humiliés et nous leur avons obéi, jusqu'à ce que tout ce que nous possédions, ait disparu, que nous ayons perdu tout ce que nous exposions aux yeux des hommes, tout ce que nous leur cachions. A présent qu'elles voient l'exiguïté de ce que nous avons à leur offrir, elles montrent plus que jamais le désir de conquérir nos villes; le feu qu'elles allument, brûle dans toutes nos provinces; leurs lances et leurs dagues s'abreuvent du sang des Musulmans, et ceux qui échappent à la mort, sont leurs prisonniers qu'elles torturent de toutes les manières et auxquels elles font souffrir tous les tourments. Déjà elles sont sur le point de mettre en exécution le projet qu'elles ont formé de nous attaquer de toutes leurs forces, et bientôt elles auront satisfait à leur désir de nous enlever nos états. Dieu et Musulmans,

---

1) *Voir* sur le mot خة mon *Historia Abbad.*, I, p. 77.

2) *Voyez* sur la dixième forme du verbe نزل, M. Weijers, *Loci Ibn Khacanis*, p. 104.

venez nous secourir! le mensonge vaincra-t-il ainsi la vérité? L'idolâtrie triomphera-t-elle de la croyance dans un seul Dieu? L'infidélité sera-t-elle plus forte que la foi? Une glorieuse victoire n'éloignera-t-elle pas de nous cette calamité? N'y a-t-il donc personne qui vienne en aide à cette religion opprimée, personne qui défende tout ce qui nous est sacré, et que nous voyons profaner? Comment Dieu peut-il voir son trône détruit, sa gloire avilie? Ah, le malheur qui nous frappe, n'admet point de consolation, et la calamité que nous souffrons, est plus terrible qu'aucune autre! Ne vous ai-je pas écrit auparavant, ô prince que Dieu rende glorieux, pour vous donner avis du malheur qui a frappé la ville de Coria, que Dieu nous rende; ne vous ai-je pas dit que la prise de cette ville était le signal que la Péninsule serait bientôt déserte, et que les Musulmans qui y séjournent, en seraient bientôt exilés? Aussi depuis ce temps, nos discordes se sont accrues et notre hostilité s'est augmentée [1], jusqu'à ce qu'un événement extrêmement grave s'est accompli [2], que notre malheur s'est doublé, et qu'une ville superbe [3] est tombée au pouvoir des ennemis; une ville qui était défendue par un château qui l'emporte sur tous les autres par sa forte position, qui est à la ville ce que le point central est au cercle, et qui donne sur tout le pays d'alentour; pour ceux qui s'y trouvent, les hommes, qu'ils soient dans l'éloignement ou dans le voisinage, paraissent d'une égale grandeur. Et pourtant, qu'est-ce qui est arrivé? Voyez, un zéphyr qui se fait à peine sentir, un poltron injuste, a été vaincu par un ennemi idolâtre, par un tyran hypocrite! Ah, si vous tous ne vous mettez pas en marche en toute hâte; si vous ne vous rendez pas vers cette ville, cava-

---

1) La sixième forme du verbe سند signifie ici *s'augmenter*, *s'accroître*, ce qu'il faut ajouter au Dictionnaire. Un passage d'Ibn-Bassám (man. d'Oxford, fol. 106 r.) est absolument identique avec le nôtre, et il m'a servi à restituer la véritable leçon, altérée dans les trois manuscrits: وفساد عند المعتمد يتزايد، وتدابره يتساند"

2) Cette signification de la cinquième forme du verbe خلص (littéralement *purus factus est*) manque dans le Dictionnaire.

3) Dans mon *Hist. Abbad*, I, p. 107 et 284, j'ai cité quantité d'exemples pour prouver que l'adjectif سرِيّ a cette signification. On peut y ajouter Ibn-Hazm, *Traité sur l'amour*, man. 927, fol. 53 r.: حظ رفيع ومرتبة سرية ودرجة عالية

liers et piétons; si vous ne vous mettez pas en mouvement [1] pour y arriver, troupes pesamment armées et troupes légères . . . . . Je ne vous exciterai pas à entreprendre la guerre sainte, en vous citant ce que le livre de Dieu dit à ce sujet, car vous le lisez avec plus d'assiduité que moi; ni en vous citant ce qu'on lit là-dessus dans les traditions du Prophète, car vous le savez mieux que moi. Cette lettre vous sera remise par un savant, un ecclésiastique, un prédicateur, qui vous en expliquera et éclaircira les détails [2], puisqu'elle renferme un point qu'il vous expliquera et exposera [3]; car quand il s'est offert pour se rendre vers vous, dans l'espoir de mériter ainsi une récompense dans la vie future, et qu'il s'est déterminé à entreprendre ce voyage, dans le désir d'obtenir là-haut une rémunération, je me suis fié à son éloquence, et j'ai eu confiance dans sa facilité d'élocution. Salut!

Quand cette lettre fut parvenue au prince des Croyants, Yousof ibn-Téschifin, il écrivit à al-Motawakkil en lui promettant qu'il passerait la mer et qu'il lui prêterait du secours contre l'ennemi.

Je ne m'arrêterai point à comparer ma traduction de ces deux lettres avec celle de Conde, mais je dois pourtant faire remarquer la manière dont cet auteur a traduit la fin de la lettre adressée par al-Motawakkil à Yousof. Conde fait dire à al-Motawakkil qu'il n'avait pas écrit auparavant à Yousof, parce qu'il était occupé à défendre les terres qui entourent Coria; qu'ensuite l'ennemi s'est emparé de cette ville, au milieu de laquelle se trouve une citadelle très-haute et très-forte." Remarquons qu'al-Motawakkil doit avoir écrit cette lettre, nous verrons tout-à-l'heure pourquoi, peu de temps avant l'arrivée de Yousof en Espagne, c'est-à-dire peu de temps avant le mois de Rebí Ier de l'année 479 (juin 1086); il ne peut donc l'avoir écrite immédiatement après la prise de Coria par Alphonse VI,

---

1) *Voyez* sur le verbe نفر, M. Quatremère, *Histoire des sultans mamlouks*, t. II, part. 1, p. 121.

2) Le pronom ها dans يفصلها et يشرحها, doit se rapporter à un substantif sousentendu, الالفاظ par exemple.

3) Il s'agit ici de la prise de la » superbe ville," dont a parlé al-Motawakkil.

car cet événement avait déjà eu lieu sept années auparavant, dans le mois de septembre de l'année 1079 (471) [1]. Ensuite, jamais, de mémoire humaine, il n'y a eu un château, extrêmement haut, situé au milieu de la ville de Coria, qui est assise dans la plaine [2]. Il est donc étonnant que les historiens modernes, qui ont eu à parler de cette lettre et qui ne la connaissaient que par la version de Conde, n'aient point songé à la déclarer de fabrique moderne. M. Rosseeuw Saint-Hilaire, par exemple, qui traite les documents arabes aussi lestement que les documents ecclésiastiques de l'Espagne chrétienne [3], et qui n'a pas hésité à déclarer que la lettre d'Alphonse à Ibn-Abbád, pièce authentique s'il en est, est »évi-»demment de fabrique arabe [4]," comment n'a-t-il point senti

---

1) Selon M. H. (p. 36), la prise de Coria aurait eu lieu après celle de Tolède; rien ne saurait faire pardonner cet étrange anachronisme; mais il se rencontre également dans l'ouvrage d'un auteur allemand, M. Aschbach, » vir accuratae historiam tractandi rationis laude conspicuus," selon M. H. (p. 37), mais qui, à mon avis, et les preuves ne me manqueront pas, se distingue précisément par sa légèreté et son inexactitude. M. Romey (V, p. 337) a rejeté la prise de Coria à l'année 1077; plus bas j'espère justifier pleinement la date 1079 que je lui assigne.

2) » Está plantada la ciudad de Coria en vistoso llano, riberas del Rio » Alagon." Mendez Silva, *Poblacion general de España* (Madrid, 1645), fol. 71 v.

3) *Voyez* plus haut, p. 62. Si des auteurs de la trempe de l'historien français que je viens de nommer, lisaient les auteurs castillans, on pourrait les engager à étudier le traité du vieil Ambrosio de Morales, *Discurso sobre los privilegios, y lo que en ellos se deve considerar, para aprovecharse bien dellos, quien escrive nuestra historia*, placé en tête du troisième volume de sa *Coronica general de España* (Cordoue, 1586). I's y trouveraient quelques remarques fort judicieuses, et qui n'ont rien perdu de leur valeur, bien qu'elles aient été écrites il y a presque trois siècles.

4) *Voir Hist. d'Espagne*, IV, p. 155. M Huber, juge aussi compétent en cette matière que M. St.-Hilaire, n'a pas hésité à reproduire cette

les deux graves difficultés que je viens de signaler [1]? Certes, c'est bien là la manière accoutumée de ces historiens, qui nient là où il faut croire, et qui croyent là où ils auraient dû nier, ou du moins douter, s'ils se fient, comme ils le font, aux traductions de Conde.

Du reste, si ces Messieurs s'imaginent que la critique négative qu'ils appliquent avec si peu de succès aux documents ecclésiastiques chrétiens, puisse s'appliquer aussi aux documents arabes, je crains qu'ils ne se trompent. Je ne sais si j'ai le droit de parler d'après mon expérience personnelle, mais je puis leur assurer que je n'ai pas encore rencontré jusqu'ici un document arabe, relatif à cette époque, dont l'authenticité puisse être révoquée en doute par une critique prudente et circonspecte. Aussi les étranges assertions qu'on trouve dans la lettre

---

assertion; voyez son *Introduction* sur la *Chronica del Cid*, p. XVI, dans la note. Evidemment la haute probabilité de l'opinion de M. Huber sautait trop aux yeux, pour qu'il se donnât la peine de l'appuyer par un seul argument. M. St.-Hilaire nous en donne un du moins, car il fait remarquer qu'Alphonse est appelé dans cette lettre, ibn-Sancho, et non pas ibn-Fernando. Ignorait-il donc que Sancho-le-Grand était le grand-père d'Alphonse, et que les Arabes (car la lettre a été composée par un Arabe qui se trouvait auprès d'Alphonse) nomment souvent leur grand-père de préférence à leur père? J'espère prouver plus tard l'authenticité de la lettre d'Alphonse, quand je la publierai dans le second volume de mon *Hist. Abbadidarum*; mais je ne puis m'abstenir d'exprimer mon étonnement de voir l'authenticité de documents arabes rejetée *ex tripode* par des écrivains, qui sont parfaitement étrangers à une branche d'études qui demande une extrême circonspection, une longue pratique, une connaissance minutieuse de la langue arabe et une étude approfondie de l'histoire.

1) M. Romey, que je ne veux pas mettre précisément sur la même ligne que les autres historiens modernes, a senti vaguement la difficulté chronologique que j'ai fait remarquer (voyez t. V, p. 427), et il a changé de son chef, mais assez malheureusement, la version de Conde (p. 429).

d'al-Motawakkil, ne se rencontrent que dans la version de Conde qui, entre autres bévues, ne s'est pas aperçu que les mots ومن قبل هذا ما كنت خاطبتك expriment ici une question, et non pas une négation. Du reste, grâce à la publication du texte même, nous savons à présent positivement qu'al-Motawakkil a écrit à Yousof, immédiatement après la prise de Coria, mais que Yousof n'étant pas venu alors à son aide, il lui a adressé, dans la suite, une autre lettre, lorsqu'une autre ville, fort considérable, selon toute apparence, fut tombée au pouvoir d'Alphonse; cette fois, son appel eut les suites qu'il en avait espérées. Mais de quelle ville s'agit-il donc ici? Je réponds sans hésiter, de Tolède. On le sait; ce fut la prise de Tolède, arrivée le 25 mai de l'année 1085, qui décida les rois andalous à appeler à leur secours le conquérant africain; et ici c'est bien de la fière Tolède, assise sur sept montagnes et presque imprenable par sa position, qu'il est question. » Tolède a l'Alcazar maure," a dit le poète; c'est bien ce même Alcazar, le point le plus élevé de la ville [1], que décrit al-Motawakkil. Et le roi de Badajoz, dans une phrase que Conde a rendue méconnaissable dans sa traduction, parle aussi, avec une ironie amère, du faible al-Kádir, le dernier roi musulman de Tolède. Al-Motawakkil a donc écrit, selon toute probabilité, sa deuxième lettre à Yousof, dans le mois de juin de l'année 1085 ou un peu plus tard [2].

---

1) » El Alcaçar que oy es, y permanece en esta ciudad, en el sitio mas » alto della." Francisco de Pisa, *Descripcion de la imperial ciudad de Toledo* (Tolède, 1617), fol. 29 r.

2) L'auteur du *Holal* a-t-il compris que la lettre d'al-Motawakkil à Alphonse, a été écrite après la prise de Tolède? Je crois que non. Nous possédons deux rédactions différentes de cet ouvrage; l'une se trouve dans les manuscrits de Leyde et de Paris, et l'autre dans celui que possède M. de Gayangos. Dans les manuscrits L. et P., le paragraphe que je viens de publier, est précédé par ces mots: » L'année 474 (1081, 2), plusieurs

Par la publication des textes, il y a déjà un grand pas de fait. Nous avons à présent à notre disposition non-seulement tous ceux dont se sont servis Casiri et Conde, mais aussi plusieurs passages nouveaux et importants. Quelquefois, il est vrai, nous aurons encore à en citer d'autres dont Conde a fait usage, mais je crois pouvoir assurer avec une pleine confiance, que j'ai à ma disposition tous ceux qu'il a consultés. Qu'on ne s'étonne donc point si, dans le cours des recherches historiques qui vont suivre, j'accuse bien souvent cet auteur d'avoir forgé des faits et des dates, et si j'ajoute que tous les historiens modernes se sont empressés de copier les inventions de Conde, ainsi que ses malentendus. L'entreprise pourra paraître périlleuse; j'ai confiance dans la bonté de ma cause, et après un mûr examen, je ne craindrai point de m'exprimer partout avec une entière franchise. Que des juges équitables et consciencieux décident entre mes devanciers et moi!

II.

A en croire M. Hoogvliet (p. 19—24), les Aftasides seraient issus de la tribu arabe de Todjíb, et leurs ancêtres au-

---

» Andalous (من اهل الاندلس جماعة) se rendirent auprès de Yousof,
» pour se plaindre des malheurs que leurs ennemis leur faisaient souffrir;
» Yousof leur promit son secours, et les engagea à retourner dans leur pa-
» trie;" vient ensuite le paragraphe que j'ai publié, et le récit de ce qui arriva l'année 475 (1082, 3); l'auteur arabe semble donc croire qu'al-Motawakkil a écrit sa lettre à Yousof en 1081, ou en 1082. Dans la rédaction que présente le man. G., il s'exprime encore plus explicitement; car on y lit, après les mots que je viens de traduire, qu'*à cette époque* (حين ذلك), al-Motawakkil écrivit sa lettre à Yousof, qu'on rencontre dans cette rédaction *avant* celle qu'il adressa à Alphonse. Mais l'auteur du *Holal* est, après tout, un écrivain récent, qui avait à sa disposition des documents très-curieux, mais qui peut très-bien s'être trompé dans l'ordre chronologique qu'il leur assigne.

raient habité la ville de Miquenès. Le première opinion a été, je crois, celle de tous les historiens européens, et les titres des chapitres d'Ibno-'l-Abbár (*voyez* plus haut, p. 171) et d'Ibno-'l-Khatíb (*voyez* p. 178) pourraient faire croire que ces deux historiens arabes la partageaient. Pourtant, en se prétendant issus de la noble tribu de Todjíb, les Aftasides se sont rendus coupables d'une ridicule fanfaronnade, et s'ils en ont imposé à quelques auteurs musulmans et à la généralité des historiens européens, la fausseté de leur prétention n'a point échappé à leurs contemporains, ni à des historiens arabes bien informés. Aussi, si M. H. avait eu connaissance d'un des passages d'Abou-'l-fedá (tom. III, p. 36), cités plus haut, il n'aurait peut-être pas répété cette assertion erronée. Ibno-'l-Athír (*voyez* plus haut, p. 170) et Abou-'l-fedá disent formellement que les Aftasides étaient issus de la tribu berbère de Miknésah. En effet, il ne faut pas restreindre l'expression مكناسة à la ville, qui porte à présent le nom de Miquenès, et qui a été fondée par les Benou-Miknésah [1]. Miknésah était le

---

1) *Voyez* Léon l'Africain, *Descriptio Africae*, p. 16, 267; Marmol, *Descripcion de Affrica*, tom. III, fol. 82 v. Pensant que les ancêtres des Aftasides avaient habité une ville nommée Miknésah (Miquenès) — et il est possible, après tout, qu'ils aient habité la ville africaine que leur tribu avait fondée ou du moins rebâtie, si tant est qu'elle existait déjà à cette époque —, M. H. (p. 23) a publié et traduit l'article du *Dictionnaire géographique arabe*, sur trois villes qui portent le nom de Miknésah. Ce passage donne lieu à quelques observations. L'auteur arabe parle d'abord de la ville de Miquenès dans le Maroc, dont tout le monde a entendu parler, et il la place à l'est de Maroc, à 14 journées de distance. Cette évaluation est beaucoup trop forte, car de Maroc à Salé, ville qui est presque à la même distance de Maroc que Miquenès, on ne compte que 9 journées (al-Idrísi, I, p. 216); d'ailleurs Miquenès n'est point située à l'est, mais au nord-est de Maroc, et il est assez étrange, quand on veut déterminer la position géographique de Miquenès, de prendre Maroc pour point de

nom d'une tribu berbère, et c'est en ce sens qu'on rencontre ce terme chez al-Bekrí (*Notices et extraits*, t. XII, p. 578 etc.) et dans le *Kartás* (p. ٢٨, éd. Tornberg; voyez aussi la

---

départ, parce que Miquenès en est assez éloignée, tandis qu'elle est au contraire fort proche d'une autre ville importante, de Fez. Il est curieux de comparer avec ce passage du *Dictionnaire géographique*, un autre qui se trouve dans le *Moschtarik* de Yácout (éd. Wüstenfeld, p. ۴۰۱), où on lit que Miquenès est située à l'*ouest* (sic, selon la première édition) de Maroc, à une distance de 14 *milles*. L'erreur (*à l'ouest* de Maroc) saute aux yeux, et il suffit de jeter un coup d'œil sur la carte pour se persuader que la distance (14 milles) est beaucoup trop faible. Cependant, si l'on substitue ici le nom de *Fez* à celui de *Maroc*, le renseignement est assez exact, car, selon Windus (*A Journey to Mequinez*, p. 183), Miquenès est située réellement à douze lieues de Fez, à l'ouest. (La distance de 40 milles donnée par al-Idrísi (I, p. 223), me paraît trop forte). Ainsi, il y a une erreur dans le *Moschtarik*, une permutation de deux noms propres; mais les bévues qu'on remarque dans le *Dictionnaire* sont bien plus graves.

M. H., en substituant la leçon على تنيخ بيضا à celle du man. (على بيضا, sic), aurait bien fait d'avertir qu'il a puisé cette correction dans le texte d'Abou-'l-fedá (p. ۱۳۳); et quand l'auteur du *Dictionnaire* dit que Miquenès se compose de deux petites villes dont l'une est ancienne et l'autre مسكنة ذنيبا, j'oserais douter que la traduction de M. H., *altera paucis abhinc annis condita*, soit parfaitement exacte. Ne vaudrait-il pas mieux traduire: *altera fere tota nova?*

Un second lieu, nommé Miknésah, est une forteresse en Espagne, dans le district de Mérida, poursuit l'auteur arabe, et la même assertion se rencontre dans le *Moschtarik*. Nous ignorions qu'il y ait jamais eu un lieu de ce nom, dans le district de Mérida en Estrémadure; cependant je suis peu disposé à féliciter les géographes de cette découverte, et je serais plutôt porté à accuser les géographes arabes d'une bévue, qui peut-être paraîtra assez grossière. Selon moi, ces auteurs ont confondu ici *Mérida* (مارده) avec *Lérida* (لارده), car, dans le voisinage de cette dernière ville, et sur les frontières de l'Aragon et de la Catalogne, il y a réellement un endroit qui, sous les Arabes, portait le nom de Miknésah

note de M. Tornberg sur ce passage (p. 370), qui renvoie à
al-Idrísí (tom. I, p. 223) et à Ibn-Khaldoun). Mohammed
ibn-Maslamah, le père d'Abdollâh qui fut le premier roi afta-

(*voyez* al-Idrísí, II, p. 16, 35, 234), et qui, aujourd'hui encore, s'appelle Mequinenza. C'est la seule Miknésah en Espagne, qui soit tant
soit peu connue dans la géographie et dans l'histoire, et cet endroit était
réellement, au rapport d'al-Idrísí, une forteresse, un حصن, comme dit
l'auteur du Dictionnaire. Il est vrai qu'al-Idrísí (II, p. 30) mentionne
une autre Miknésah, située entre Truxillo et Talavera de la Reyna, près
du Tage, à ce qu'il paraît; mais cet endroit ne semble avoir été qu'un
obscur village; en tous cas, il était à une trop grande distance de Mérida,
pour avoir pu appartenir à son territoire.
Enfin l'auteur du *Dictionnaire géographique* parle d'un troisième endroit
nommé Miknésah, de Miknésah des Oliviers, située sur le rivage de l'Océan
atlantique, sur la route qui conduit de la Perse à Salé, lit-on dans le texte
de M. H. Le trajet est un peu long, et l'on a bien de la peine à pardonner à l'éditeur de ne pas s'être aperçu qu'il a été la dupe d'une erreur de
copiste. Il est clair que l'auteur a écrit فاس et non pas فارس, et qu'il
dit, en conséquence, que Miquenès des Oliviers est située entre Fez et
Salé; mais il se trompe gravement, quand il pense que Miquenès des Oliviers est un autre endroit que celui dont il a parlé dans le commencement
de son article. Il n'y a en Afrique qu'une seule Miquenès, la Miquenès des Oliviers, parce que, même au rapport des voyageurs européens,
les oliviers y abondent. (*Voyez* Léon l'Africain, p. 268; Marmol, t. III,
p. 82 v.; le Père Francisco de San Juan de el Puerto (père gardien du
couvent royal de Miquenès), *Mission historial de Marruecos*, p. 642, etc.).
Aussi al-Idrísí, Abou-'l-fedá et les voyageurs européens, ne connaissent en
Afrique qu'une seule Miquenès, la Miquenès des Oliviers, celle qui est située
entre Fez et Salé. Yácout aussi, dans son *Moschtarik*, ne nomme qu'une
ville en Afrique qui porte le nom de Miknésah, mais il la place, par erreur, sur le rivage de la mer, ainsi que l'auteur du *Dictionnaire*, qui
ajoute que cette ville fournit de blé la partie orientale de l'Espagne. Je
soupçonne que Yácout (on sait que le *Marácid* n'est qu'un abrégé du grand
Dictionnaire géographique de cet auteur) a trouvé chez un géographe ou chez

side de Badajoz, appartenait probablement aux troupes berbères qu'Almanzor avait fait venir d'Afrique et qu'il avait à son service; car plusieurs historiens [1] nomment parmi ces soldats les Berbères de la tribu de Miknésah. C'est ainsi que s'explique le surnom d'Ibno-'l-Aftas, *le fils du singe*, que portait Abdolláh; car probablement on lui avait donné ce sobriquet, parce que sa physionomie berbère ressemblait à celle du singe. Du reste, si les poètes faméliques de la cour de Badajoz, flattaient à l'envi l'amour-propre de leurs souverains en leur attribuant une origine illustre, en les proclamant issus de la noble tribu de Todjíb, le ridicule de cette assertion n'échappa nullement à leurs contemporains. Le plus grand historien de l'Espagne musulmane, Ibn-Haiyán (*voyez* plus haut, p. 172) dit »qu'il était singulier et étrange qu'ils se préten»dissent issus de Todjíb." Sans doute, cette remarque n'est pas sans importance; elle montre, je crois, que M. H. a manqué, dès le début, le véritable point de vue sous lequel il faut envisager les Aftasides. Il les considère, si non comme des aristocrates (*voir* p. 24), du moins comme des Arabes pur sang, tandis qu'ils n'étaient, au contraire, que des Berbères obscurs, des étrangers, des aventuriers habiles et hardis, qui n'appartenaient nullement à l'ancienne noblesse arabe, mais qui, par

---

un voyageur, la phrase على شاطئ البحر فيه ميناء للمراكب منها يجلب الحنطة الى الاندلس appliquée à Salé, et qu'il l'a appliquée mal à propos à Miquenès, soit le texte fût réellement obscur, soit que Yácout l'ait lu à la hâte.

L'article que nous venons d'examiner, n'est qu'un échantillon de la grossière ignorance du compilateur du *Dictionnaire géographique arabe* qui porte le titre de *Marácido 'l-ittilá*; soit qu'il s'agisse de l'Afrique, de l'Espagne ou de l'Arabie, cet ouvrage fourmille de bévues du même genre. Il est vraiment étonnant que M. H., en publiant l'article sur Miknésah, n'en ait remarqué aucune.

1) *Voir* al-Makkarí, trad. angl., t. II, p. 187, Ibn-Khaldoun etc.

leurs talents et par le concours de circonstances heureuses, ont
su s'élever à son niveau, et qui, dans la suite, ont rivalisé
avec bonheur avec la noblesse espagnole de vieille roche,
les Todjíbides d'Aragon et d'Almérie, les Benou-Dhou-'n-noun
de Tolède et les Benou-Houd de Saragosse; avec la vieille
noblesse berbère, représentée par les princes Cinhédjides de
Grenade; avec les descendants du grand Almanzor qui régnaient
à Valence, et avec l'aristocratie d'argent, les Benou-Abbád de
Séville et les Benou-Táhir de Murcie, qui, en vérité, n'avaient
été que de riches propriétaires.

Dans l'idée que les Aftasides appartenaient à la tribu de
Todjíb, M. H. dit qu'ils étaient issus en conséquence de la
tribu dont étaient sortis les princes de Tortose, ceux d'Huesca
et ceux de Saragosse. Je sais que M. H. n'a fait que copier ici
un passage de Conde (II, p. 13); pourtant

> on ne s'attendait guère
> De voir Tortose en cette affaire.

Je sais que Conde (tom. I, *Prologo*, p. xv) a avancé que ce
Lebíb, gouverneur de Tortose, se nommait Lebíb ibno-'l-Aftas
et qu'il était le frère du premier roi de Badajoz (d'Abdollàh
ibno-'l-Aftas); mais j'ignore où Conde a puisé ce renseignement, ou plutôt je me tiens assuré qu'il ne l'a trouvé nulle
part. Aussi ce Lebíb n'était nullement d'origine berbère, ainsi
que les Aftasides; c'était un صقلبى, un Slave, et un esclave
affranchi des Amirides. Cependant peu s'en faut que la fiction
de Conde n'ait été autorisée par al-Makkarí; malheureusement le traducteur s'est laissé tromper par sa mémoire. Il
convient de dire qu'al-Makkarí lui-même ne dit pas un mot
sur Lebíb. Cependant on lit le passage suivant dans la traduction anglaise (II, p. 258): » Habíb, a Sclavonian eunuch,
»brother of Shábúr, King of Badajoz, who ruled for some
»time over Tortosa and the adjacent districts." On voit que
M. de Gayangos s'est rappelé vaguement le passage qui se trou-

ve dans la Préface de Conde; vaguement, dis-je, car il écrit Habíb au lieu de Labíb, et il fait de ce personnage un frère, non pas d'Abdolláh ibno-'l-Aftas, mais de Sábour. Ai-je tort quand j'avance qu'il faut toujours consulter le texte arabe d'al-Makkarí, et qu'il ne faut point s'en rapporter à la traduction anglaise ? Quand je publierai dans un autre volume de cet ouvrage, des Extraits de l'ouvrage d'Ibn-Bassám, j'aurai à revenir sur l'histoire de Tortose, parce qu'Ibn-Haiyán, copié par Ibn-Bassám, nous a laissé sur l'histoire de cette ville et sur Lebíb, son gouverneur, des renseignements précieux.

Puisque nous avons reconnu que les Aftasides n'appartenaient point à la tribu de Todjíb, toute la longue note (elle occupe quatre pages *in-quarto*) que M. H. a consacré aux seigneurs d'Huesca (en tous cas l'histoire ne parle que d'un seul, et M. H. aurait fait mieux de nommer les princes d'Almérie) et aux princes de Saragosse, issus de la tribu de Todjíb, devient inutile; je crains même que quelques critiques ne soient d'avis que cette longue dissertation est un hors-d'oeuvre, supposé même que l'opinion de M. H. eût été fondée. Nous avons déjà traité d'ailleurs l'histoire de ces princes, et nous avons eu l'occasion d'examiner la plupart des assertions de M. H. et de corriger quelques fautes qui se trouvent dans les textes d'Ibn-Khaldoun qu'il a publiés, et dans sa traduction de ces passages. Je me bornerai donc à rejeter en note les observations que je n'ai point encore eu l'occasion de présenter [1].

---

1) Dans la phrase قال عود بن عبد الله (M. H., p. 21, l. 7), il faut ajouter, avec le man. de Paris (n. 5$\frac{2}{3}$), collationné par M. Amari, le mot هو avant عود. Un peu plus bas, on lit que Houd le Djodhámide, était de la postérité de Rauh ibn Rabáh (رباح); mais cette leçon est mauvaise, et il faut lire *Zinbá* (زنباع), avec le man. de Paris, au lieu de Rabáh. Voyez sur Rauh ibn-Zinbá, *chef de la tribu de Djodhám*, Ibn-Khallicán, tom. I, p. ٣٧١, et la note de M. de Slane, traduction anglaise,

Abdolláh ibn-Mohammed ibn-Maslamah — M. H. l'appelle Abdolláh ibn-Maslamah tout court; ce n'est point une faute, car ibn-Maslamah était, pour ainsi dire, son nom de famille;

---

tom. II, p. 61. Les derniers mots du passage d'Ibn-Khaldoun, publié par M. H., sont وملك سرقسطة والثغر الاعلى. Qu'on me permette d'observer que dans le man. de Leyde, ces paroles sont suivies de celles-ci وابنه يوسف المظفر لاردة. L'historien qui, dans la suite, voudrait se servir du man. de Leyde en traitant l'histoire des Benou-Houd de Saragosse, ne sera pas fâché d'apprendre qu'on lit dans le man. de Paris: وملك سرقسطة والثغور من ايديهم وتحوّل عليها وتلقّب بالمستعين واستفحل ملك ثم ملك بلنسية ودانية وولّى على لاردة ابنه الخ.

M. H. (p. 21, 22) a très-bien vu que Conde s'est trompé en disant que les Benou-Houd appartenaient à la tribu de Todjíb; mais je ne crois pas qu'il ait bien expliqué les paroles d'Ibn-Khaldoun: من اهل نسبهم. Il pense qu'Ibn-Khaldoun a voulu dire qu'on nommait les Benou-Houd Todjíbides, parce qu'ils faisaient partie des *ministri* des Todjíbides, et, à l'appui de son opinion, il fait remarquer que les clients et les esclaves affranchis des Benou-Amir, portaient également le nom d'Amirides. Je ne puis admettre ce rapprochement, car, loin d'être des esclaves affranchis, les Benou-Houd étaient nobles, et ils pensaient probablement que la tribu de Djodhám, à laquelle ils appartenaient, était aussi noble que celle de Todjib. D'ailleurs aucun historien arabe ne donne le nom de Todjíbides aux Benou-Houd. Je supposerais plutôt qu'Ibn-Khaldoun a voulu dire que la tribu de Todjíb et celle de Djodhám appartenaient l'une et l'autre à la souche des Yéménides, les rivaux et les ennemis des Nizárides.

Dans le premier passage d'Ibn-Khaldoun publié par M. H. à la page 22, il faut lire sans aucun doute غبيلة, au lieu de غفلة. Du reste M. H. a écrit partout mal à propos Hairán avec le ح, au lieu de Khairán avec le خ. Il est inutile de démontrer longuement que cette dernière leçon est la seule véritable; qu'il suffise de renvoyer à un vers d'Obádah ibn-mái-'ssamá, copié par al-Makkarí (*apud* de Gayangos, II, p. 498), où l'on trouve un jeu de mots sur خبر et خيران.

M. H. (p. 23) critique Ibn-Khaldoun parce qu'il a dit: وعقد ما بين

mais il était en réalité le fils de Mohammed [1] — Abdolláh ibn-Mohammed ibn-Maslamah était né dans le district qu'on appelait Fahço 'l-ballout (la plaine des chênes), » prope Ore- » tum," dit M. H. Mon savant compatriote parle ici d'Oretum, comme si l'on n'avait qu'à chercher le nom d'Oreto sur la carte d'Espagne. Il aurait été convenable de dire qu'Oretum était une ville fort ancienne, qui existait sous les Romains et sous les Goths, mais qui a disparu depuis longtemps, et qui n'est connue à présent que de quelques archéologues. M. H. a emprunté le renseignement qu'il donne, à un passage du *Dictionnaire géographique arabe*, passage très-curieux et qui se distingue par son exactitude, autant que celui sur Miquenès, que j'ai critiqué plus haut, se fait remarquer par ses nombreuses erreurs. Il nous servira à fixer la position du district que les Arabes appelaient Fahço 'l-ballout; car les auteurs musulmans [2]

طـاغـيـة جليقية وبرشلونة وبينه (منذر) ; car, selon M. H., Ibn-Khaldoun dit ici que la Galice et Barcelone obéissaient au même roi. J'avoue que les paroles d'Ibn-Khaldoun sont assez vagues, et qu'elles autorisent, jusqu'à un certain point, la critique de mon compatriote. Mais dans son chapitre sur les princes chrétiens de l'Espagne, Ibn-Khaldoun a montré qu'il savait très-bien que les comtes de Barcelone ne dépendaient point des rois de Léon. Je serais donc porté à croire que la critique de M. H. n'est pas fondée, et qu'il faut traduire le passage d'Ibn-Khaldoun d'une autre manière. Les paroles arabes permettent qu'on traduise: » Mondhir vivait » en paix avec le roi de Galice (le roi de Léon) et avec Barcelone." En traduisant ainsi, le passage en question ne présente plus aucune difficulté, et nous ne nous voyons plus forcés d'accuser l'historien arabe d'une bévue ridicule.

1) *Voyez* Ibno-'l-Abbár (p. 171), Ibno-'l-Khatíb (p. 178) et le *Holal* (p. 183).

2) Ils se trouvent cités par M. de Gayangos, I, p. 450, 451. Al-Homaidí (man. d'Oxford, fol. 149 r.) dit aussi simplement que Fahço 'l-ballout se trouve dans le voisinage de Cordoue.

se contentent d'ordinaire de dire que ce district se trouve dans les environs de Cordoue, définition qui, sans doute, n'est pas très-précise. Qu'on me pardonne la petite digression géographique qui va suivre; peut-être pourra-t-il être utile d'éclaircir ce point une fois pour toutes; d'ailleurs je suis obligé de suivre M. H. pas à pas, pour ainsi dire, et je crains de rejeter dans des notes un trop grand nombre d'observations.

Fahço 'l-ballout, dit le Dictionnaire géographique, est un district, situé au sud-ouest du district [1] d'Oretum, auquel il est contigu, et cette plaine touche à la Sierra Morena. La position de l'ancienne Oretum a été indiquée très-bien par Morales [2]. Ce savant archéologue prouve que cette ville se trouvait entre Calatrava et un village qu'on nomme Granatula, à une demi-lieue de chacun de ces deux endroits, sur le bord de la rivière nommée Jabalon; car c'est là que se trouve encore, ou se trouvait du moins autrefois, une église de construction romaine, qu'on nomme Notre-Dame d'Oreto. Morales (fol. 76 v.) pense qu'Oretum fut détruite par les Maures, à l'époque où ils entrèrent en Espagne. Le passage du *Dictionnaire géographique* qui nous occupe, et d'où il semble résulter qu'Oretum existait encore du temps des Arabes, paraît en contradiction avec cette opinion; cependant je crois que le savant espagnol ne s'est pas trompé entièrement. Je ferai remarquer qu'à ma connaissance, aucun autre géographe arabe

---

1) أوريط (sic) تتصل بحور, lit-on dans notre manuscrit. M. H. lit بحور, mais خور (*vallée*) est une expression qui appartient plutôt au style élevé et à la poésie, et qui n'est pas employée dans des ouvrages tels que le Dict. géogr. dont le style est très-simple. Il est certain qu'il faut lire بحوز *dans le district;* حوز est le terme consacré pour exprimer cette idée.

2) *Las antiguedades de las ciudades de España* (Alcala de Henares, 1575), fol. 76 r.

ne parle d'Oretum [1]; si cette ville existait donc encore sous les Arabes, et je n'en doute point, elle n'était pourtant guère considérable. Mais je suis persuadé que les Arabes ont encore agi, en cette occasion, selon leur coutume constante; car, dans une foule de cas, ils se sont servis des matériaux d'une ancienne ville romaine, pour en bâtir une nouvelle à une petite distance. Je crois donc que quand Rabáh, un des compagnons de Mousá ibn-Noçair, bâtit la forteresse qui porte son nom, Calatrava (قلعة رباح), il se servit à cet effet des matériaux qu'il trouvait à Oretum. Cette dernière ville ne fut cependant pas détruite entièrement; mais étant tombée de plus en plus en décadence, elle n'existait plus, quand les Chrétiens reconquirent la Manche.

Fahço 'l-ballout était donc situé au sud-ouest de Calatrava; et puisque d'autres auteurs disent que ce district était près de Cordoue, il en résulte qu'il était situé entre Cordoue et Calatrava; en d'autres mots, ce que les Arabes appelaient *la plaine des chênes*, s'appelle aujourd'hui *Campo de Calatrava*; seulement la plaine des chênes semble avoir embrassé une étendue de terrain plus considérable que n'en embrasse le Campo de Calatrava, à en juger par nos cartes. Aussi la dénomination arabe s'explique parfaitement de cette manière, car, dans la Manche, » les arbres les plus communs sont des chênes de » la très-petite espèce [2]," et la suite de l'article du *Dict. géogr.* confirme à merveille l'opinion que je viens d'énoncer. Il y est dit qu'on trouve dans le district de Fahço 'l-ballout, des mines qui produisent du vif-argent qu'on exporte dans tous les pays de la terre, et du cinabre. Remarquons qu'Abdo-'l-

---

1) L'article اوریط se trouve dans le *Dict. géogr.*, mais on y lit tout simplement: » Oretum en Espagne," اوریط بالاندلس.

2) Paroles de M. Alex. de Laborde, *Itinéraire descriptif de l'Espagne*, t. III, p. 362.

wáhid [1] atteste qu'on trouve à une distance de quatre journées de Cordoue, un endroit qu'il nomme شلون, où il y a une mine de vif-argent, et que c'est le mercure de cette mine, qui se distribue dans tous les pays d'Occident. Il est facile de reconnaître dans le mot شلون, l'endroit appelé Chillon, et il ne peut-être douteux que les deux auteurs arabes ne parlent de la mine d'Almaden, une des plus célèbres de l'Europe, située à l'extrémité de la Manche, dans le sud-ouest, sur les frontières du royaume de Cordoue, et qui, selon l'expression de Morales [2], fournit de mercure presque tous les pays du monde. On sait aussi qu'Almaden est presque tout bâti sur le cinabre [3].

Puisque les Aftasides durent leur élévation à Sábour, il est naturel que l'on désire savoir quel homme c'était que ce Sábour. La réponse faite à cette question par M. H. (p. 24), me paraît bien peu satisfaisante, car il se contente de dire que Sábour était gouverneur de Badajoz, et qu'auparavant il s'était trouvé à la cour d'al-Hacam II. (C'est, à peu près, comme si, voulant raconter la vie de Dubois, on se contentait de dire qu'il avait vécu à la cour de Louis XIV). En revanche, M. H. nous donne une conjecture. Il dit qu'il n'a trouvé le surnom de الفتى, donné à Sábour, que dans un passage du *Holal al-markoumah* d'Ibno-'l-Khatíb, publié par Casiri; que ce mot signifie *liberalis*, *generosus animo*, mais que, selon toute probabilité, il faut lire الفارسى ou الفرسى *le Persan*. Si M. H. avait eu connaissance d'un passage d'Abou-'l-fedá (III, p. 36), il aurait épargné au lecteur cette conjecture bizarre, qui d'ailleurs repose sur une fausse base, car aucun historien arabe ne dit que Sábour

---

1) *Histoire des Almohades*, p. ٢٩٤ de mon édition.

2) *Antiguedades*. fol. 48 r. Morales, qui a examiné la mine, en donne une description fort détaillée. On sait qu'*Almaden* (المعدن) signifie *la mine*.

3) *Voir* Morales et Alex. de Laborde, III, p. 366.

était Persan; ce n'est là qu'une opinion de Conde, copiée depuis par les historiens modernes, et qui ne s'appuie que sur le nom d'origine persane, porté par ce personnage. Si M. H. avait connu le passage d'Abou-'l-fedá, il aurait vu que cet auteur appelle également Sábour (الفتى العامرى) et, en outre, la traduction de Reiske lui aurait fait connaître la véritable signification de ce mot: »*puer*, vel *famulus, satelles.*" (Abou-'l-fedá n'a fait que copier Ibno-'l-Athír; voyez plus haut p. 170). En effet, le mot فتى est l'équivalent de خادم et de صبى; on pourrait citer des exemples nombreux de cette signification, mais puisque le terme se trouve en ce sens presque à chaque page chez les auteurs qui traitent de l'histoire d'Espagne, je puis me dispenser de multiplier les exemples d'un terme si fréquemment employé; qu'il suffise donc de dire que par les mots فتى, غلام, خادم et صبى, on désigne *les gardes* ou *les pages*, *à la condition d'esclaves*, souvent aussi *les eunuques*. Du reste, M. H. se contente d'indiquer les pages de l'ouvrage de Conde où il est question de Sábour. Franchement, je crois que Conde a forgé les trois renseignements qu'il donne sur Sábour dans son premier volume; peut-être pourrai-je prouver qu'ils ne méritent aucune confiance. Conde dit (I, p. 460) qu'à la prière d'al-Hacam II, Sábour le Persan qui, malgré sa jeunesse, était déjà très-savant, se rendit chez lui à Cordoue, et que le prince le nomma son chambellan (*su camarero*). Il serait bien difficile de prouver que Sábour ait été très-savant, *docto á maravilla*, car aucun historien ne le dit, du moins à ma connaissance; mais je comprends qu'un orientaliste tel que Conde, ait lu à la hâte, selon sa coutume, un passage d'Ibno-'l-khatib (voyez plus haut, p. 178), et qu'il ait rapporté à Sábour ce que cet auteur dit d'Abdolláh ibn-Maslamah. Si Sábour a été le chambellan d'al-Hacam, ainsi que l'affirme Conde, d'où vient-il alors que les historiens, et nommément Ibno-'l-Athír, Abou-'l-fedá et Ibno-'l-Abbár, l'appellent l'Amiride ? D'où vient-il qu'Ibn-Haiyán (voyez plus haut, p. 172), auteur excellent s'il en fut, l'appelle »esclave de »Fáyik, qui lui-même était esclave d'al-Hacam II?" Le surnom d'al-Amirí, prouve suffisamment que Sábour avait été au service d'Almanzor ibn-abí-Amir, qu'il devait à ce ministre le poste qu'il occupait, et qu'il n'a point été gouverneur de Badajoz, antérieurement à l'époque où régnait Almanzor, du temps d'al-Hacam II, ainsi que Conde (I, p. 489) le dit ailleurs. Aussi l'auteur espagnol dit dans un autre endroit (II, p. 13), que Sábour était gouverneur de Badajoz *sous Hischám* II, et voilà ce qui est vrai. Je pense que Conde a été induit en erreur par Ibno-'l-khatíb, qui dit que Sábour était »un des esclaves d'al-Hacam al-Mostancir," ce qui n'est pas parfaitement exact, et que nous devons à son imagination le reste des renseignements qu'il nous donne. Il est inutile de s'arrêter à la dernière assertion de Conde (I, p. 493), selon laquelle Sábour serait venu de Mérida à Cordoue, pour prêter serment à Hischám II, car nous verrons bientôt que, selon toute probabilité, Sábour se trouvait à Cordoue à cette époque, et non pas à Mérida. D'ailleurs, rien de tout cela ne se trouve chez les historiens arabes qui parlent des Aftasides, et qui nous donnent en même temps des notices sur Sábour; et l'on n'a qu'à parcourir le Catalogue de Casiri pour se persuader que les détails minutieux que donne Conde, ne peuvent se trouver dans aucun des manuscrits arabes de l'Escurial qui contiennent l'histoire des Omaiyades en Espagne; au contraire, pour cette partie de l'histoire musulmane, la Bibliothèque de l'Escurial est extrêmement pauvre.

Les détails les plus précis sur Sábour, se trouvent dans Ibno-'l-Abbár ou plutôt dans Ibn-Haiyán (voyez plus haut, p. 172). Cet auteur nous apprend que Sábour était un page (احد صبيان) de Fáyik. D'autres auteurs nous donnent des détails sur ce dernier personnage, mais c'est surtout Ibn-Adhárí qui, dans son *al-Bayáno 'l-mogrib*, nous fait connaître des faits très-intéressants, dont je vais reproduire une partie, au risque de me voir accuser d'une digression. J'ose douter pourtant que c'en soit une, car on verra que cet épisode nous explique qui était Sábour, et d'ailleurs la véritable explication de l'histoire des Arabes en Espagne, pendant le cinquième siècle de l'Hégire, se trouve dans celle du quatrième; ce fut alors que se formèrent les différents partis qui, plus tard, se disputèrent le pouvoir [1].

Sous le règne d'Abdorrahmán III et sous celui d'al-Hacam II, les eunuques slaves du palais avaient acquis une grande influence; ce dernier prince surtout leur avait été très-favorable. A l'époque de sa mort (366), les eunuques slaves étaient donc très-puissants; on en comptait mille, et chacun d'eux avait, à son tour, ses serviteurs, ses esclaves [2]; leur chef était Fáyik, connu sous le nom d'an-Nidhámí, le maître de la garde-robe (صاحب البرد والطراز); après lui, Djaudhar était l'eunuque le plus puissant. La maladie d'al-Hacam II ayant été longue, et personne n'ayant connaissance de sa mort, excepté Fáyik et Djaudhar, ceux-ci conçurent le projet de ne pas suivre la dernière volonté de leur maître, qui avait déclaré son fils pour son successeur. Craignant les suites fâcheuses d'une régence, car Hischám, le fils d'al-Hacam, n'avait pas encore atteint sa douzième année, et sachant que le peuple n'aimerait pas à voir cet enfant monter sur le trône, ils résolurent de l'offrir à al-Mogírah le frère d'al-Hacam, à la condition

---

1) Conde ne dit rien sur les événements dont on trouvera ici le récit; dans l'ouvrage de M. de Gayangos (II, p. 177) on en trouve racontés quelques-uns, non pas ceux cependant qui sont les plus intéressants pour les points que je désire éclaircir.

2) وكذنوا نيف على الف ماجبوب فتحسبك بما ينتبعهم, dit Ibn-Adhárí.

que celui-ci nommerait son neveu son successeur. De cette manière, ils rendraient un service à al-Mogírah, tout en restant fidèles au fils de leur maître, et ils pouvaient espérer qu'ils exerceraient une très-grande influence sur les affaires du royaume. » Le projet était bon," dit l'historien arabe, » si Dieu avait » voulu en permettre l'exécution ¹." Djaudhar proposa à son chef de faire venir Djafar al-Moçhafí, le Hádjib, le premier dignitaire de l'état, et de le tuer; mais Fáyik s'opposa à ce meurtre, et voulut gagner al-Moçhafí par la douceur. Ayant été informé de leur projet, al-Moçhafí feignit de l'approuver; mais Fáyik s'était trompé en espérant pouvoir le gagner. Avec un enfant sur le trône, le patricien, soutenu par l'armée, était tout-puissant; sous le règne d'al-Mogírah au contraire, son influence aurait été nulle, et il craignait même d'être destitué de son poste, car il n'était pas en bonnes relations avec ce prince. Al-Moçhafí prit donc ses mesures; il rassembla plusieurs de ses amis, parmi lesquels se trouvait Mohammed ibn-abí-Amir (plus tard, Almanzor, mais alors il n'était encore qu'au commencement de sa carrière), les chefs des troupes berbères des Benou-Birzál, qui lui étaient sincèrement attachés, et les capitaines des troupes espagnoles; il leur annonça la mort d'al-Hacam, et leur donna avis du projet des eunuques slaves, en leur disant que leur propre intérêt, c'était de le prévenir. On lui conseilla de tuer al-Mogírah le plus tôt possible. Ce conseil ayant été adopté par al-Moçhafí, Mohammed ibn-abí-Amir se chargea du meurtre, et étrangla le pauvre prince qui n'avait pas encore connaissance de la mort de son frère. Les deux eunuques ayant été instruits de l'assassinat al-Mogí-

---

1) En effet, de cette manière les eunuques du palais auraient peut-être arrêté pour longtemps encore, la chute des Omaiyades. Cependant ils n'agissaient que pour leur propre intérêt; ne voulant pas qu'al-Moçhafí régnât, ils lui opposèrent un prince qui leur devrait son trône, et qui saurait se montrer reconnaissant.

rah, Djaudhar adressa des reproches à Fáyik, parce qu'il n'avait pas suivi ses conseils. Mais il était trop tard à présent; les deux eunuques dissimulèrent leur mécontentement, et se rendirent chez al-Moçhafí, pour lui présenter leurs félicitations et leurs excuses. Al-Moçhafí feignit de leur pardonner, mais la lutte qui s'était engagée, ne pouvait finir qu'avec la chute d'un des deux partis. Les deux eunuques mirent en oeuvre tous leurs moyens pour renverser du trône Hischám II qui venait d'y monter; ils tâchèrent d'ourdir un complot à cet effet, mais al-Moçhafí en fut informé à temps et fit échouer leurs manoeuvres; et Mohammed ibn-abí-Amir sut gagner cinq cents eunuques, auxquels il donna des traitements magnifiques. De cette manière, Fáyik et Djaudhar furent abandonnés par leurs propres partisans. Djaudhar (الفتى) demanda alors au sultan la permission de se démettre de son poste et de se retirer dans ses terres; il se tenait assuré que le sultan lui refuserait cette demande. Sans doute, c'était une ruse de Djaudhar qui voulait faire sentir qu'on ne pouvait se passer de lui. Contre son attente, on lui permit aussitôt de quitter la capitale. Ses partisans en furent exaspérés au plus haut degré, et ils se laissèrent aller à des menaces contre al-Moçhafí et contre Mohammed ibn-abí-Amir. Un jeune eunuque (الفتى الصغير), appelé Dorrí, se conduisit avec le plus d'imprudence à cette occasion; mais, à l'instigation d'al-Moçhafí, les sujets de Dorrí à Baéza, portèrent plainte contre leur seigneur et contre ses intendants. Al-Moçhafí fit semblant d'informer le sultan de ces accusations, et il prétendit que le souverain avait donné l'ordre de confronter Dorrí avec ses sujets. Dorrí fut sommé de se rendre à la maison du wézirat; il s'y rendit, mais lorsqu'il s'aperçut de quoi il s'agissait, il voulut retourner au palais. Mohammed ibn-abí-Amir l'en empêcha et le retint par la force; mais Dorrí se défendit et tira son adversaire par la barbe. Ibn-abí-Amir appela à son secours les soldats qui se trouvaient dans son voisinage. Les Espagnols n'osèrent porter la main sur Dorrí, qu'ils respectaient, mais les Berbères (les Benou-Birzál) battirent Dorrí, et un coup de plat de sabre lui enleva ses facultés intellectuelles. Il fut porté aussitôt vers sa demeure, où on l'acheva pendant la nuit. Fáyik et d'autres chefs reçurent l'ordre de retourner dans leurs terres et de ne plus rentrer dans la capitale. Ils obéirent; mais Ibn-abí-Amir continua à les vexer; il leur intenta des procès et leur extorqua des sommes considérables. Fáyik fut exilé dans les îles Baléares, où il mourut. Al-Moçhafí s'attacha les autres eunuques, en nommant l'un des principaux d'entre eux, Sokr, chef du palais et du harem.

Bien que le nom de Sábour ne se trouve pas dans ce récit, je crois cependant qu'en y joignant les paroles d'Ibn-Haiyán sur Sábour, il est bien propre à nous faire connaître qui Sábour était. Nous avons vu que les eunuques du palais, bien qu'esclaves eux-mêmes, possédaient des terres et qu'ils avaient à leur service un grand nombre d'esclaves. Parmi les esclaves de Fáyik se trouvait Sábour, selon Ibn-Haiyán; cependant ce Sábour porte le surnom d'al-Amirí; il faut donc qu'il ait été aussi au service d'Almanzor ibn-abí-Amir. Il peut y être entré à deux occasions; car il est possible qu'il ait abandonné son ancien maître, après qu'al-Mogírah eut été assassiné, et lorsqu'Almanzor sut gagner cinq cents eunuques (avec leurs satellites, naturellement); si Sábour a quitté son maître à cette occasion, Ibn-abí-Amir était assez puissant pour ne point se soucier des réclamations de Fáyik, qui, d'ailleurs, avait des soucis bien plus graves que celui de redemander un esclave. Cependant, il me semble plus probable que Sábour a quitté son maître lorsque celui-ci fut exilé de Cordoue, et qu'une grande partie de ses biens furent confisqués. Quoi qu'il en soit, il entra au service d'Almanzor qui, dans la suite, lui confia le gouvernement de Badajoz.

On le voit, des hommes qui n'avaient été que des esclaves d'esclaves, parvinrent, dans le quatrième siècle de l'Hégire, aux plus hautes dignités de l'état. Se méfiant des nobles et des troupes espagnoles, Almanzor leur opposa des esclaves affranchis; continuant d'exercer une coutume, sans doute fâcheuse, car elle détruira bientôt l'unité de l'empire arabe en Espagne, mais en vigueur depuis quelque temps, il donna à ses créatures des fiefs considérables; des hommes qui, naguère encore, obéissaient à un eunuque, esclave lui-même, reçurent, avec la liberté, le gouvernement de grandes provinces. Puis il appela en Espagne les Berbères de l'Afrique, et ces rudes soldats répondirent en foule à son appel. Ils arrivèrent en Espagne (nous reproduisons les propres paroles d'un historien arabe [1]) amaigris par la pauvreté, à peine couverts de quelques misérables lambeaux; mais bientôt ils se pavanaient par les rues de Cordoue, revêtus des plus précieuses étoffes et montés sur les plus beaux coursiers; ils habitaient des palais dont ils ne s'étaient jamais représenté les pareils même dans leurs rêves. Bientôt ces troupes berbères qu'Almanzor affectionnait plus que ses autres soldats, surpassaient en nombre les régiments espagnols [2]. Peu de temps après la mort de leur maître, qui s'était servi d'eux pour réaliser ses projets ambitieux, les Slaves et les Berbères, également puissants et en possession de fiefs considérables, mais appartenant à des races ennemies, tâchèrent d'exercer le pouvoir suprême; et chacun de ces deux partis, sous le prétexte de combattre pour un faible prétendant qu'ils maniaient selon leur volonté, tâcha de devenir maître de l'Espagne. Cependant les nobles avaient commencé à se relever; ils se trouvaient encore trop faibles, il est vrai, pour

---

1) Ibn-Adhárí dans son *al-Bayano 'l-mogrib*. Voyez aussi Ibn-Khaldoun, fol. 18 r.

2) Ibn-Adhárí.

pouvoir former, chacun de son côté, un parti à part, et ils s'attachèrent d'abord soit aux Slaves, soit aux Berbères.

Cependant, bien que les Aftasides fussent d'origine berbère, ils n'appartenaient point au parti berbère. Devant leur royaume à un Amiride, ils ne reconnaissaient point les princes qui étaient soutenus par les Berbères; cherchant d'ailleurs à affermir leur pouvoir, ils surent garder une sage neutralité et évitèrent ainsi les calamités qui frappèrent le parti slave.

M. H. (p. 25) pense que Sábour ne se déclara jamais indépendant et que ce fut Abdolláh ibn-Maslamah qui ne reconnut plus l'autorité du Khalife de Cordoue. M. H. a contre lui le témoignage formel d'Ibno-'l-Abbár (voyez plus haut, p. 172) et d'Ibno-'l-Khatíb (voyez p. 178). Ces deux auteurs disent que Sábour *se révolta, se déclara indépendant* (انتزى). Nous pouvons ajouter une foi explicite à ces témoignages, et ils nous serviront à rectifier une autre erreur dans laquelle M. H. est tombé, en plaçant la mort de Sábour beaucoup trop tôt. M. H. le fait mourir avant l'année 400 [1]. Il est vrai que les historiens arabes ne donnent pas la date de la mort de Sábour, mais on peut prouver pourtant qu'il vivait encore après l'année 400. Nous avons vu plus haut (p. 27) qu'après la bataille de Kantisch, en l'année 400 (1009), tous le *Thagrs*, Badajoz y compris, étaient encore fidèles à al-Mahdí. Puisque Sábour se déclara indépendant avant sa mort, et qu'en 400 Badajoz était encore fidèle à al-Mahdí, il en résulte qu'en 400 Sábour vivait encore. Ibn-Khaldoun, dans son paragraphe sur les Aftasides, ne parle pas de Sábour, mais nous avons vu qu'on lit dans deux manuscrits de son ouvrage, qu'Abdolláh se déclara indépendant en 461, tandis qu'un troisième porte l'an-

---

[1] M. Romey (V, p. 86) dit que Sábour mourut, » selon toute apparence, en 1030 ou 1031" de notre ère. Cette opinion ne se fonde sur rien; aussi nous verrons plus bas qu'Abdolláh régnait déjà à cette époque.

née 431. Il sera sans doute inutile de nous arrêter pour montrer l'absurdité de ces deux assertions, mais c'est précisément la différence des manuscrits qui offrent tous deux une date inadmissible, qui m'engage à lire ici 401. Sans doute Ibn-Khaldoun s'est trompé en disant qu'Abdolláh se déclara indépendant en cette année; mais je serais porté à croire que le royaume de Badajoz se sépara en 401 de Cordoue, et qu'après la mort de son souverain al-Mahdí, arrivée dans le dernier mois de l'année 400, Sábour refusa de reconnaître l'un des deux khalifes, Hischám II et Solaimán al-Mostaín. Les passages de Conde cités par M. H. à la page 25, ne prouvent rien contre cette opinion; car les faits qu'on y lit, ne se trouvent pas chez les historiens arabes, et sont tout simplement de l'invention de l'académicien de Madrid. Le passage d'Ibn-Khaldoun que M. H. copie dans la 22e note, est une de ces vagues récapitulations qui auraient pu trouver leur place, non-seulement dans le récit du règne de Solaimán, mais partout ailleurs. En effet, Ibn-Khaldoun parle ici des Abbádides, qui ne commencèrent à régner que longtemps après la mort de Solaimán.

Abdolláh ben Maslamah jouissait de la plus grande influence auprès de Sábour; mais aucun historien ne dit que Sábour l'avait nommé gouverneur de Mérida, fait que Conde (II, p. 13) a inventé, et que M. H. (p. 24) et les autres historiens modernes ont copié trop légèrement. Il est inutile de s'arrêter aux assertions de Casiri (voyez M. H., p. 25, note 16) qui dit qu'Abdolláh était le wézir ou le secrétaire de Sábour. Les historiens arabes n'en disent rien; mais Casiri a un peu la manie de son siècle, celle de faire des phrases latines.

Nous ignorons, ainsi que je l'ai dit plus haut, la date précise de la mort de Sábour; et les historiens arabes ne parlent d'Abdolláh qu'après l'année 418. Il avait succédé à Sábour. A en croire M. H., il n'aurait obtenu la possession de Badajoz que par une perfidie odieuse envers les enfants de son ancien protecteur ; Sábour l'aurait nommé le tuteur de ses enfants et Abdolláh les aurait chassés du pays, en s'emparant du gouvernement. M. H. a emprunté ce fait à Casiri (II, p. 67), qui a suivi, à ce qu'il dit lui-même, Ibno-'l-Khatíb. En consultant le texte de cet auteur (voyez plus haut, p. 179), nous voyons que nous n'avons nullement le droit d'accuser Abdolláh d'une conduite aussi infâme. Au contraire, Ibno-'l-Abbár (voyez plus haut, p. 172) dit formellement que Sábour, ne voulant pas, sans doute, que l'état, nouvellement formé, fût confié aux faibles mains d'un enfant, avait nommé Abdolláh son successeur.

Je ne m'occuperai pas ici de la guerre entre Abdolláh de Badajoz, qui avait pris le surnom d'al-Mançor, et entre Ibn-Abbád de Séville, parce que je reviendrai là-dessus dans le second volume de mon *Historia Abbadidarum*. Je me contenterai donc de faire remarquer une erreur très-grave d'Ibn-Khaldoun, copiée par M. H. (p. 26). Ibn-Khaldoun dit que le prince de Séville qui fit la guerre à Abdolláh, était al-Motadhid. La guerre dont il s'agit, eut lieu, comme dit M. H., après l'année 418 (j'ajoute: et avant l'année 421). Ce n'était pas al-Motadhid qui régnait alors à Séville, mais son père, Abou-'l-Kásim Mohammed, qui ne mourut qu'en l'année 433. J'aurai à parler également dans l'ouvrage que je viens de nommer, d'une trahison infâme d'Abdolláh en 425, fait qui est resté inconnu à M. H., et je devrai y discuter la date du siége de Séville par Yahyá al-Mo'talí. Je me contenterai donc d'indiquer en note quelques corrections qu'il faut apporter à un passage d'Ibn-Khaldoun, publié par M. H. [1]

---

1) Pag. 28, l. 7. Après واقام, le man. de la Bibl. royale (53 2/4), collationné par M. Defrémery, ajoute يحيى بن; dans le cas où l'on voudrait adopter cette leçon, il faudrait lire يحيى بن علي. Dans la même ligne, le man. de Leyde porte, selon M. H., واقام — بنجحهم ويردد العساكر.

L'auteur hollandais, se laissant encore induire en erreur par Conde, parle ici des lettres adressées par Ibn-Djahwar aux gouverneurs des provinces, et où il aurait exigé qu'ils lui obéissent; ainsi que beaucoup d'autres princes, Abdolláh aurait refusé de le faire, et peu de temps après, il aurait nommé son fils pour son successeur. Voilà encore une fiction de Conde. Quiconque a étudié l'histoire de Cordoue, se sera aperçu qu'après la chute des Omaiyades, cette ville fut gouvernée par le sénat, et qu'Ibn-Djahwar, loin d'être roi ou khalife, ainsi que pense Conde, n'était que président du sénat et généralissime des armées; ses fonctions étaient à peu près les mêmes que celles de notre Stathouder, et Cordoue était à cette époque, une république, gouvernée par les aristocrates. Aussi Ibn-Djahwar n'a jamais prétendu que les princes espagnols lui obéissent.

M. H. n'a point parlé d'un fait que les historiens arabes ne mentionnent pas, mais qui se trouve consigné dans deux chroniques chrétiennes que j'ai déjà citées plus haut (p. 158).

لِحِصارِهِم, et l'éditeur corrige: بِأَجِهَنَهُم يُبَرِّدُ; mais le man. de Paris porte بِتَنَحِّيقِهِم. Il va sans dire que cette leçon est la véritable, et en examinant les traits du mot que M. H. a lu بِتَاجِهِهِم, il me paraît que le copiste du man. de Leyde a aussi écrit بِتَنَحِّيقِهِم. Du reste, en admettant cette leçon, il ne faut point rayer, ainsi que l'a fait M. H., la particule copulative qui se trouve avant يُبَرِّدُ. Dans la ligne suivante, M. H. aurait dû s'apercevoir que la leçon وَاستَنْبَكَ أَمرَه est fautive; le verbe اِستَنْبَكَ se dit en parlant d'un personne, mais jamais en parlant d'une chose. Ma conjecture, وَاشتَتَّ أَمرَه, se trouve confirmée par le man. de Paris. A la ligne 11, on lit dans le man. de Leyde: فَكَتَبَ المُعتَلَى يَجمَل اغرات, et M. H. corrige غُزاةً على, على معسكره بقرمونة; mais il faut lire, avec le man. de Paris, لِتُخَيِّل اغارَتْ على معسكره; comparez le texte d'al-Homaidí, copié par Abdo-'l-wáhid, p. ٣٨ de mon édition.

Elles nous apprennent que Bermude III de Léon combattit les Maures, le 23 mars de l'année 1035 [1], et qu'il fit prisonnier leur roi Simédjah (les chroniques l'appellent Cemia et Cimeiannis) » in Villa Caesari, territorio Castelli Sanctae Mariae Pro- » vincia Portugalensi." La Santa Maria dont il question ici, est probablement Santa Maria Arrifana, petite place située à cinq lieues de Porto, et le roi Simédjah (les chroniqueurs chrétiens donnent souvent le nom de roi à de simples gouverneurs) semble avoir été un lieutenant d'Abdolláh ibno-'l-Aftas, ou de son fils Mohammed al-Modhaffar; car la bataille eut lieu l'année 428 de l'Hégire, et parce que nous ignorons la date de la mort d'Abdolláh, il est douteux lequel de ces deux princes régnait à cette époque.

M. H. (p. 29) parle ici de la guerre entre al-Modhaffar et Ferdinand Ier, qui eut lieu, dit-il, en 428 de l'Hégire, ou en 1037 de notre ère, date antérieure de dix-huit années à la véritable. D'autres historiens se sont trompés également sur l'époque de cette guerre, dont le commencement doit être fixé à l'année 1055; mais, ce que l'on ne peut pardonner à M. H., c'est la manière étrange dont il a été entraîné vers cette erreur. Il dit (p. 29, note 28) que la date de 1037 résulte d'un passage de M. Aschbach; selon cet auteur [2], l'archer qui avait tué Alphonse V, fut exécuté à Viseu, lorsque cette ville fut prise par Ferdinand Ier, *dix années après la mort d'Alphonse V*. Or, raisonne M. H., Alphonse V fut tué en 1027; ajou-

---

1) Cette date se trouve dans le *Chron. Lusit.* (» decimo Calend. Aprilis"); la chronique de Coimbre indique le premier Avril (» Kalend. Aprilis"). Du reste, les deux chroniques donnent l'ère 1083, c'est-à-dire l'année 1045, mais puisque Bermude III mourut en 1037, j'ai cru, avec M. Romey (V, p. 153), qu'il y a ici un X de trop.

2) Pag. 8 et non pas pag. 18, comme on trouve dans l'ouvrage de M. H. par une faute d'impression.

tez dix années, cela donne l'année 1037 ; en conséquence, Viseu fut prise en 1037. Rien de plus logique, si nous avions à faire ici à un bon auteur contemporain, et probablement M. H., qui ne s'est pas soucié une seule fois de consulter une seule chronique chrétienne, aura pensé que ces mots : *dix années après la mort d'Alphonse*, se trouvaient dans quelque chronique ancienne. Malheureusement, elles ne sont pas d'un chroniqueur du moyen âge, mais de M. Aschbach, d'un professeur de Bonn, qui, séduit par son système chronologique vicieux, a trouvé bon de les ajouter. Lorsque, comme M. H., on ne consulte pas les sources, on doit nécessairement tomber dans de pareilles erreurs. M. Romey (V, p. 234), en suivant un autre système, parfaitement établi du reste, dit qu'à la prise de Viseu, on retrouva, » parmi les captifs, l'archer qui, » *trente ans auparavant*, avait décoché la flèche dont avait » été tué Alphonse V (le 5 mai 1027)." Nous indiquerons sommairement les principaux événements de la mémorable et glorieuse expédition de Ferdinand ; car je ne m'arrêterai pas au récit qui suit ici chez M. H. Il occupe quatre pages (p. 29—32), mais, je regrette de devoir le dire, ce n'est qu'un tissu de fictions absurdes. J'en dirai autant de ceux qu'on trouve chez MM. Aschbach (I, p. 46, 47) Rosseeuw Saint-Hilaire (IV, p. 138, 139), Romey (V, p. 176 etc.) et Schaefer (*Geschichte Spaniens*, II, p. 371). Tous ces historiens ont copié Conde, qui nous apprend que Mohammed ibn-Djahwar de Cordoue, implora le secours d'al-Motadhid de Séville et d'al-Modhaffar de Badajoz, contre Yahyá ibn-Dhí-'n-noun de Tolède ; que dans le mois de Rebí I-r de l'année 443, les ambassadeurs de Badajoz et de Cordoue, de concert avec plusieurs princes de l'Occident de l'Espagne, formèrent une ligue contre le roi de Tolède, et que, quand al-Modhaffar et les autres émirs d'Algarve eurent envoyé leurs troupes à Cordoue, al-Motadhid profita de cette occasion pour s'emparer de plusieurs villes qui appartenaient à ces princes.

Je ne m'arrêterai pas, dis-je, à ce récit, car, en le faisant, je serais forcé d'examiner presque tout ce que Conde dit sur l'histoire du onzième siècle. Pour l'honneur de l'historiographie, pour ne point montrer jusqu'où peut aller l'ignorance d'un faussaire malhabile, je me tairai. Je ne relèverai qu'un seul point très-secondaire. Conde dit (II, p 30) que l'ambassadeur d'Ibno-'l-Aftas, en l'année 443, était Aiyoub ibn-Amir (*lis.* Amr) al-Yahçobí (*lis.* al-Becrí). Ce personnage, auquel M. H. a consacré une note de deux pages peu propre à éclaircir la question, appartient à une tout autre époque et était mort un demi-siècle auparavant, l'année 398, ainsi que nous le verrons dans un autre chapitre de cet ouvrage. Conde et les historiens modernes croiraient-ils par hasard aux revenants?

Du reste, le récit de ce qui arriva réellement à cette époque, trouvera sa place dans le second volume de mon Histoire des Abbádides, où je suivrai les bons historiens arabes et entre autres Ibno-'l-Abbár, le seul, qu'on ne l'oublie point, le seul que Conde ait pu consulter; mais je ne m'engagerai pas dans une polémique stérile. Pour le moment, je renvoie aux textes précieux d'Ibn-Haiyán, que j'ai publiés et traduits dans le premier volume de l'ouvrage que je viens de nommer (p. 247—249, 252, 253; 272—277; 282—285).

Laissant de côté les impostures de Conde qui m'attristent, et revenant à l'expédition de Ferdinand, pour laquelle les chroniques chrétiennes sont nos uniques sources, il serait fâcheux de devoir démontrer qu'ici encore un historien allemand, suivi par M. H., s'est conduit avec une légèreté inconcevable, quand il ne s'agissait nullement de rectifier Conde, mais tout simplement de reproduire avec conscience les renseignements donnés par les historiens latins, et de consulter quelques excellentes dissertations du savant Florez. Heureusement les étranges et inexcusables anachronismes du »consciencieux" Aschbach, comme l'appelle à cette occasion, par un excès de complaisance, un des auteurs qui l'ont critiqué, ont déjà été rectifiés par MM. Romey, Saint-Hilaire et Schaefer, et ce dernier auteur (II, p. 352) tâche vainement de cacher la juste indignation que lui inspire la légèreté dont M. Aschbach a fait preuve ici comme ailleurs. Les trois auteurs que je viens de nommer, sont d'accord avec Florez, qu'ils se gardent bien cependant de citer, pour ce qui regarde l'époque de l'expédition de Ferdinand, mais ils diffèrent sur les dates qu'ils assignent à la prise des différentes villes. M. H. a éludé la difficulté en disant tout simplement: »multas urbes et arces expugnavit." Je laisse à d'autres le soin de juger cette extrême réserve de la part d'un auteur qui, immédiatement après, consacre quatre pages à reproduire les impostures de Conde.

Il faut placer le commencement de l'expédition de Ferdinand dans le printemps de l'année 1055 (comm. de l'année 447 de l'Hégire), ainsi que l'a fait M. Romey (V, p. 232). »Le » moine de Silo," dit M. St.-Hilaire, qui donne la date 1057, » ayant affirmé que Fernando resta *seize ans* sans guerroyer » contre les infidèles, il faudrait, pour ne pas dépasser ces » seize années, placer en 1053 sa première expédition." M. Romey n'a pas prévu cette objection, qui cependant est fondée. En comptant seize années à partir de l'année 1037, époque où Ferdinand commença à régner à Léon (22 juin), on arrive, non pas à l'année 1053, comme dit M. St.-Hilaire, car Ferdinand fit la guerre aux Maures au commencement de la dix-septième année de son règne, ainsi qu'il résulte des expressions du moine de Silos, mais à l'année 1054. Mais il faut observer que le moine de Silos fixe le couronnement de Ferdinand à Léon à l'ère 1076 (année 1038) [1], au lieu de placer cet évé-

---

1) *España sagrada*, XVII, p. 315. M. Romey (V, p. 158) a changé arbitrairement cette date.

nement dans l'ère 1075 (année 1037). Sans doute la dernière date est la seule véritable ; cependant il est certain que nous avons à faire ici à une erreur du chroniqueur, et non à une faute de copiste ; car le moine de Silos (p. 330) donne à Ferdinand 27 années et six mois de règne, tandis qu'il régna vingt-huit années et six mois. Aussi quand on tient compte de sa méprise, sa chronologie s'explique à merveille [1]. D'ailleurs il place l'expédition de Ferdinand dans le printemps de l'année qui suivit la mort de son frère Garsia, tué le premier septembre de l'année 1054.

Dès la première entrée en campagne, Ferdinand prit d'assaut la forteresse de Sena, aujourd'hui Sea ou Cea.

Je pense avec Florez [2] et M. Romey (V, p. 236), que la prise de Viseu eut lieu le 25 juillet, et celle de Lamego le 29 novembre 1057. Il est vrai que le *Chron. Lusit.* [3], la Chronique de Coïmbre I [4] et celle de Lamego [5], mentionnent

---

[1] Florez, dans sa dissertation sur la prise de Lamego (*Esp. sagr.*, XIV, p. 163 et suiv.), a suivi effectivement la chronologie du moine de Silos. Mais il résulte de l'épitaphe de Bermude III (Morales, *Coronica*, liv. XVII, chap. 47 ; Sandoval, *Historia de los Reyes de Castilla y de Leon*, Pampelune, 1615, fol. 1 r. et v.) et de l'acte par lequel Ferdinand, roi de Léon et de Castille, accorde au monastère d'Arlanza le village de Tela, et qui est daté vendredi 1 juillet 1037 (Era 1075 die VI. feria Kal. Julias; Sandoval, fol. 1 v.) que Ferdinand commença à régner à Léon l'année 1037. J'ignore comment il s'est fait que ces deux documents aient échappé à l'attention du savant Florez, d'ordinaire si consciencieux, et qui connaissait si bien les chartes et les épitaphes.

[2] Voyez, outre sa dissertation sur la prise de Lamego, celle sur la prise de Viseu (*Esp. sagr.*, XIV, p. 322 et suiv.). (A la page 323, on trouve par un *lapsus calami* 29 décembre au lieu de 29 novembre).

[3] *España sagr.*, XIV, p. 404.

[4] *Ibid.*, XXIII, p. 329 ; au lieu de 1066, il faut lire ici 1096.

[5] *Apud* Ribeiro, *Dissert. chronol. e crit. sobre a historia e jurisprud. de Portugal*, t. IV, App. de Docum., p. 173. Cité par M. Schaefer.

la prise de Viseu après celle de Lamego, et que ces chroniques la placent dans l'année 1058; mais le moine de Silos [1] dont le récit est assez circonstancié, dit expressément que Viseu fut prise avant Lamego; la chronique de Coïmbre IV [2] donne pour la prise des deux villes l'année 1057 et, selon elle, Viseu fut prise la première [3]. Quant à la date de la prise de Lamego, il ne peut y avoir aucun doute. Voyez Florez et M. Romey, V, p. 236. Le siége de Coïmbre ne dura pas seize mois, ainsi que dit M. H. (p. 33), probablement par inadvertance, car M. Aschbach qu'il suit, dit très-bien six mois. Je reviendrai sur la date de ce siége [4]. Du reste, si je me suis borné

---

1) *Esp. sagr.*, XVII, p. 318, 319.

2) *Ibid.*, XXIII, p. 337; au lieu de 1065, il faut lire ici 1095.

3) La difficulté relative à l'époque de la prise de Viseu n'existerait pas, si une des chroniques eut indiqué la férie. Du reste, pour montrer comment, dans ce siècle de charlatanisme littéraire, on écrit l'histoire du moyen âge, sans avoir la moindre notion de la chronologie, je ferai observer que M. Schaefer, professeur d'histoire à Gieszen, qui a écrit une histoire du Portugal et qui, en ce moment, écrit une histoire d'Espagne, traduit l'expression *VIII. kalendas Augusti* (25 juillet) par *dans le mois d'août*, et *III. kalendas Decembris* (29 novembre) par *dans le mois de décembre!* Si Mabillon et ses disciples partagent quelque jour le sort d'Aiyoub ibn-Amr (*voir* p. 219), je doute qu'ils aient une idée bien haute des connaissances chronologiques des savants du dix-neuvième siècle.

4) M. H., ou plutôt M. Aschbach, place la prise de Coïmbre en 1064, et je vois par le livre de M. Schaefer (II, p. 355) que Ribeiro, qui a consacré une dissertation de quarante huit pages à la discussion de cette date, est arrivé au même résultat. J'espère recevoir sous peu l'ouvrage de Ribeiro, et je pourrai revenir sur ce sujet dans les Additions. Il s'agira de savoir comment Ribeiro a levé les difficultés qui s'opposent à l'admission de la date 1064, et qui ont été signalées par Florez dans sa savante dissertation sur la conquête de Coïmbre (*Esp. sagr.* XIV, p. 90 et suiv.; M. Romey (V, p. 239) a reproduit quelques-unes des objections de Florez, mais cette fois encore sans le citer; ce qui était d'autant plus injuste que

ici à la discussion des dates, c'est parce que les détails de cette expédition ont été très-bien exposés par M. Romey auquel je renvoie.

Ferdinand-le-Grand, qui avait conquis sur al-Modhaffar un si grand nombre de villes, était mort le 27 décembre 1065; mais selon la coutume fatale qui était en vigueur à cette époque, non-seulement dans l'Espagne arabe, mais aussi dans l'Espagne chrétienne, il avait divisé son royaume entre ses trois fils; Sancho fut proclamé roi de Castille, Alphonse roi de Léon, et Garsia roi de Galice. Le passage d'Ibn-Haiyán que nous avons publié plus haut (p. 160), nous révèle un fait inconnu jusqu'ici; car il y est dit qu'Alphonse de Léon déclara la guerre à al-Modhaffar, qui était alors sur le point de rendre le dernier soupir. Ce fut à la condition qu'on lui payât un tribut, et sur l'intercession d'al-Mamoun de Tolède, qu'Alphonse consentit à se retirer avec ses troupes. Puisqu'al-Modhaffar mourut en 460 (du 11 novembre 1067 jusqu'au 31 octobre 1068), il est certain que ces événements eurent lieu en 1068. On voit donc que l'assertion de M. H, qui dit qu'après la mort de Ferdinand, la discorde qui éclata entre ses fils, les empêcha d'attaquer les Musulmans, n'est point fondée.

Sans doute, le règne de Mohammed fut loin d'être glorieux; vaincu par Abou-'l-Kásim Mohammed de Séville, par Ferdinand et par Alphonse, ce prince ne justifia point le surnom d'al-Modhaffar, de Victorieux, qu'il portait. Celui de Savant, qu'a porté depuis un roi de l'Espagne chrétienne, lui aurait mieux convenu. Possédant une très-riche bibliothè-

---

cette dissertation est un vrai modèle de critique historique, que le résultat de Florez soit vrai ou non). M. St.-Hilaire (IV, p. 220) place avec Florez et M. Romey la prise de Coïmbre en 1058; mais il ajoute: » On peut tout concilier en supposant que, prise de nouveau par les Musulmans, elle fut reconquise par Fernando en 1064."

que [1], et ayant étudié à fond la littérature arabe, il composa un livre connu sous le nom d'al-Modhaffarí, sur lequel plusieurs auteurs nous donnent des détails. J'ai déjà dit ailleurs [2] que je ne partage point l'opinion de M. H., qui pense qu'al-Modhaffar a écrit *deux* ouvrages, dont l'un aurait porté le titre d'*al-Modhaffari* et l'autre celui de de *Tadhkirah*, et j'ai dit que ces deux titres me semblaient indiquer un seul et même ouvrage. Mon opinion se trouve pleinement confirmée par un texte arabe que j'ai publié plus haut (p. 181). Dans la même note, à laquelle je renvoie, j'ai combattu aussi l'opinion de M. de Gayangos qui soupçonne que le livre d'al-Modhaffar n'a point survécu à la dynastie des Aftasides, et qu'il a péri pendant la guerre civile à la fin du cinquième siècle de l'Hégire. M. de Gayangos avait ajouté: » It must have been exceedingly scarce, even in Spain, » for I never met in the course of my historical investigations » with any quotation or extract from it." J'ai déjà dit que plusieurs circonstances prouvent que l'opinion du traducteur d'al-Makkarí ne peut être admise; j'ai fait valoir le témoignage d'Ibn-Bassám dont j'ai copié les paroles, et d'où il résulte qu'à l'époque où cet auteur écrivit, le livre existait encore; celui de Mohammed ibn-Ibrahím qui, dans son *Raihano 'l-albáb*, cite des passages du *Modhaffari* [3]; celui d'Abdo-'l-wáhid, qui écrivit en 621, et qui avait lu la majeure partie du *Modhaffari*, ainsi qu'il l'atteste lui-même [4]. Je puis ajouter à présent une nouvelle preuve à celles que j'ai déjà produites. Dans le *Tohfato 'l-arous* d'at-Tidjání, auteur qui appartient au huitième siècle de l'Hégire, on trouve quelques pas-

---

1) *Voir* al-Makkarí (plus haut, p. 181).
2) *Historia Abbadidarum*, I, p. 200.
3) *Ibid*, p. 429.
4) *Voyez* plus haut, p. 159.

sages empruntés au *Modhaffari* [1]. Si donc cet ouvrage existait encore dans le quatorzième siècle de notre ère, il n'est pas impossible qu'un jour on en retrouve encore un ou plusieurs volumes; peut-être même en existe-t-il quelqu'un dans nos bibliothèques d'Europe; car quiconque connaît nos Catalogues, et a eu l'occasion de les comparer avec les livres qui y sont décrits, sait que nos possédons bien de trésors dont on ignore l'existence. Du reste, le *Modhaffari* était un de ces livres d'*adab*, si fréquents dans la littérature arabe, et qui traitent de l'histoire des anciens Arabes, de leurs guerres, de leurs proverbes, de leurs poètes etc.

A en croire M. H. (p. 34), Yahyá al-Mançor aurait succédé à son père al-Modhaffar; mais un autre fils d'al-Modhaffar, auquel son père avait confié le gouvernement d'Evora, aurait refusé d'obéir à son frère Yahyá. » Videtur autem," dit M. H., » absolutum hujus terrae tractus imperium affectas- » se." Telle est, je le sais, l'opinion généralement admise; cependant, en comparant les passages d'Ibn-Haiyán et d'Ibno-'l-Abbár, publiés plus haut (p. 160 et 172), j'oserais douter qu'elle soit vraie, et je croirais plutôt qu'al-Modhaffar a divisé son royaume entre ses deux fils. Quoi qu'il en soit, au commencement de l'année 461 (fin de 1068), la discorde s'éleva entre les deux frères, dont l'un, Yahyá al-Mançor, régnait à Badajoz, et l'autre, Omar al-Motawakkil, à Evora. Alphonse profitant de leur mésintelligence, exigea de Yahyá un tribut encore plus considérable que celui qu'il avait imposé à son père al-Modhaffar. Yahyá prétendit que le tribut devait être payé par son frère, et protesta qu'en tous cas il était hors d'état de payer un tribut plus considérable. Alphonse

---

1) As-Soyoutí, dans son *al-wischáh fí fawáyid an-nikáh*, cite aussi le *Modhaffari*, mais je me suis assuré qu'il a emprunté ses citations au *Tohfato 'l-arous*.

déclara alors la guerre à Yahyá et à Omar, et pendant plusieurs mois il ravagea les frontières et le plat pays de Badajoz. Pendant cet intervalle les deux frères vivaient dans une paix apparente, et chacun de son côté implora le secours de son voisin. Yahyá s'appuya sur al-Mamoun de Tolède, et n'ayant point d'enfants, à ce que tout indique, il le nomma son héritier à l'exclusion de son frère. De son côté, Omar contracta une alliance avec al-Motadhid de Séville. L'historien que nous suivons, ne nous apprend point si la paix fut conclue avec Alphonse; mais il ajoute qu'à la fin la guerre éclata entre les deux frères, Yahyá et al-Motawakkil.

Ce récit est resté inconnu à M. H., et je suis loin de vouloir lui en faire un reproche, car il n'avait pas eu l'occasion de consulter Ibn-Haiyán auquel nous l'avons emprunté. Mais d'un autre côté, je ne puis point admettre ce que M. H. qui a encore suivi Conde, raconte sur une guerre d'Alphonse et d'al-Motamid contre al-Kádir de Tolède et Yahyá de Badajoz. Elle doit avoir eu lieu avant l'année 473, époque de la mort de Yahyá, à en croire Conde. Mais l'auteur espagnol s'est encore abandonné à son imagination, et les historiens arabes ne savent rien de tout cela. Au contraire, la date de la mort de Yahyá est tout à fait incertaine, et celle que donne Conde, n'est qu'une conjecture que je ne puis admettre. Dans un passage que nous avons publié plus haut, il a été question du wézir Ibno-'d-Dabbág. Nous avons vu que ce personnage, après avoir été obligé de se soustraire à la colère de son maître al-Moctadir, et de quitter Saragosse, séjourna d'abord à Séville, à la cour d'al-Motamid, et ensuite à Badajoz, où régnait al-Motawakkil. Si l'opinion que j'ai émise plus haut (p. 167, 168) est vraie, et si Ibno-'d-Dabbág retourna effectivement à Saragosse avant la mort d'al-Moctadir dont il avait regagné la faveur, — et je ne vois point pourquoi il se serait montré si joyeux de cette réconciliation dans la lettre que j'ai citée, s'il n'avait eu le dessein de retourner chez al-Moctadir — il en résulterait que Yahyá de Badajoz mourut avant l'année 473; car al-Moctadir mourut en 474 [1], et al-Motawakkil avait déjà régné quelque temps à Badajoz avant le retour d'Ibno-'d-Dabbág à Saragosse. D'ailleurs, si Yahyá eut régné réellement pendant l'espace de treize années, comment s'est-il fait que des historiens tels qu'Abdo-'l-wáhid, Ibno-'l-Athír, Abou-'l-fedá, Ibno-'l-Khatíb et Ibn-Khaldoun ne parlent point du tout de Yahyá, et qu'ils disent qu'al-Modhaffar eut pour successeur son fils al-Motawakkil? Ces considérations me portent à croire que le règne de Yahyá a été d'une courte durée.

M. H. (p. 35, n. 41) s'est donné la peine de commenter une phrase de Casiri, probablement parce qu'il a pensé que cet auteur traduisait un historien arabe; en comparant le texte d'Ibno-'l-Abbár que j'ai publié plus haut, on verra que cet auteur ne dit rien qui ressemble à la phrase latine de Casiri.

Il est vrai, ainsi que le disent Conde et M. H., qu'al-Motawakkil donna le gouvernement d'Evora à son fils al-Abbás; mais Conde, suivi par M. H., s'est encore abandonné à son imagination, quand il ajoute qu'al-Motawakkil confia la préfecture de Mérida à un autre de ses fils, à al-Fadhl; les historiens arabes n'en disent rien. Ce que Conde et M. H. (p. 36) racontent sur les combats livrés à Alphonse par ce prétendu gouverneur de Mérida, qui, en obéissant aux ordres de son père, aurait porté du secours à al-Kádir de Tolède, est également apocryphe.

M. H. a passé sous silence un fait que Casiri avait déjà fait remarquer en traduisant un passage d'Ibno-'l-Abbár. Cet auteur dit qu'al-Motawakkil a été, pendant quelque temps, maître de Tolède. Je me vois obligé, bon gré mal gré, d'imiter l'exemple de M. H. Je n'oserais avancer qu'Ibno-'l-Abbár, auteur d'ordinaire si exact, s'est trompé ici, bien qu'il soit

---

1) Ibno-'l-Abbár, man., fol. 121 r.

fort étrange que ce fait important ne se trouve consigné chez aucun autre auteur; mais d'un autre côté, j'ignore parfaitement à quelle époque et à quelle occasion al-Motawakkil ait été maître de Tolède.

Mais il est certain qu'al-Motawakkil avait à combattre Alphonse, et que le roi chrétien lui enleva la ville de Coria. Il s'agit de fixer la date de cet événement. M. Romey (V, p. 337), d'après le *Chron. Lusit.*, le fixe à l'année 1077, et il ajoute que cette date se trouve confirmée par le *Kartás* qui donne l'année 470. Cependant la traduction portugaise du Père Moura (*Historia dos Soberanos Mohametanos*, p. 185) dont M. Romey se sert ordinairement, porte 471, ainsi que le texte arabe [1]. Voici la traduction de ce passage remarquable: »L'an-
» née 471, il y eut une éclipse du soleil, le lundi, après
» l'heure de midi [2], le 28 . . . . . [3]; c'était la grande éclipse
» du soleil, et dont on n'avait pas encore vu la pareille; dans
» la même année, Alphonse s'empara de la ville de Coria, et
» les Musulmans qui s'y trouvaient, quittèrent cette ville."
M. Romey n'a point passé l'éclipse sous silence, et la mention des éclipses est en effet d'une fort grande utilité pour fixer des dates historiques; mais il s'est trompé singulièrement dans son calcul. Selon lui, l'éclipse eut lieu en 470; cette année arabe commence le 25 juillet 1077 et finit le 13 juillet 1078, et pourtant M. Romey fixe l'éclipse au 25 février 1077; à cette époque les Arabes comptaient encore l'année 469. La véritable leçon, 471, donne un tout autre résultat. Il s'agit de l'éclipse centrale du soleil, qui eut lieu le 1er juillet 1079 à

---

1) Edition de M. Tornberg, p. ٤٩.

2) عند الزوال. *Vesperá*, traduit M. Tornberg (p. 147); mais cette traduction n'est point exacte. »Junto ao meio dia," dit plus correctement Moura.

3) M. Tornberg ne semble pas s'être aperçu que le nom du mois manque ici.

une heure et demie de l'après-midi, et le calcul de l'auteur du *Kartás* est parfaitement exact. Il nomme le lundi, 28 de certain mois, soit qu'il ait négligé lui-même de le nommer, en copiant un auteur plus ancien, soit que le nom du mois manque dans son ouvrage par une omission de copiste. Mais il est certain qu'on doit lire: » lundi, 28 de Dhou-'l-hiddjah," car cette date correspond, pour l'année 471, au lundi 1 juillet 1079. Aussi c'est cette éclipse, et non celle de l'année 1077, qui a frappé les contemporains; on la trouve mentionnée dans les *Anales Toledanos II* (p. 403), dans la Chronique de Complutum (p. 306) et dans celle de Coïmbre [1], qui au contraire ne parlent point de l'autre éclipse. Si l'on veut admettre à présent deux points, nous pourrons fixer avec une pleine certitude la date de la prise de Coria. Ces deux points sont: d'abord que pour les questions chronologiques, nos manuscrits arabes, où les dates se trouvent consignées *plene*, en toutes lettres, méritent bien plus de confiance que nos manuscrits latins et espagnols, où elles sont indiquées par des chiffres romains, que des copistes ignorants semblent avoir altérés à plaisir. Aussi, dans les chroniques latines, on est sûr de trouver six dates fautives sur dix. Ensuite, je tiens pour certain, que la prise de Coria eut lieu la même année que l'éclipse dont nous avons parlé; pour les chroniqueurs l'éclipse était, pour ainsi dire, un point d'appui. Aussi la chronique de Coïmbre mentionne d'abord la prise de Coria, et puis l'éclipse; seulement elle fixe le premier événement à l'année 1077 [2], et le

---

1) Pag. 338. Florez a fait imprimer ici par erreur sur la marge l'année 1069; l'ère 1117 correspond à l'année 1079. Au lieu de *hora VI*, il faut lire *hora II*, et au lieu de *nec apparuerunt stellae in coelo*, il faut lire *et apparuerunt*, ainsi que dans la Chronique de Complutum.

2) Florez s'est encore trompé en faisant correspondre l'ère 1115 avec l'année 1067; lisez 1077.

second à l'année 1079. Je crois avoir observé à différentes reprises que, quand deux événements eurent lieu dans la même année, les copistes des chroniques latines, ont souvent assigné à chacun de ces deux événements une date différente, et bien que le *Chron. Lusit.* offre aussi MCXV, je n'hésite nullement à lire MCXVII. Coria fut donc prise par Alphonse dans le mois de septembre 1079, un samedi. M. Romey, en mettant en rapport la prise de Coria avec une expédition d'Alphonse et d'al-Mamoun contre Cordoue, s'est laissé induire en erreur par Conde, qui place la mort d'al-Mamoun en 469; mais ce prince mourut réellement en 467 [1].

A la mention de la prise de Coria, M. H. aurait pu joindre celle de la prise de Lisbonne, de Cintra et de Santarem. Pélage d'Oviédo [2] parle de la prise de ces trois villes, sans nous informer à quelle époque elles tombèrent au pouvoir d'Alphonse. Dans la suite (le fait résulte d'un passage d'Ibn-Khácán et d'une lettre d'al-Motawakkil, publiés par M. H. [3]), Lisbonne rentra sous l'obéissance d'al-Motawakkil qui en confia le gouvernement d'abord à Ibn-Khîrah, et, dans la suite, à Abou-Mohammed ibn-Houd, qui appartenait à la famille royale de Saragosse, mais qui s'était vu obligé de quitter sa patrie [4].

Nous avons déjà vu plus haut qu'al-Motawakkil fut tellement effrayé des conquêtes d'Alphonse et surtout de la prise de Coria, qu'il écrivit une lettre à Yousof ibn-Téschifín pour

---

1) *Voir* Ibn-Bassám dans mon *Hist. Abbad.* I, p. 322—324; Ibno-'l-Abbár (Dhou-'l-Kadah 467), fol. 81 v. (dans son chapitre sur Hariz (حريز) ibn-Hacam ibn-Okáschah); Ibn-Khaldoun, IV, fol. 26 v. Dans notre man. d'an-Nowairí (2 h, p. 494) on lit l'année 460; je suppose que c'est une erreur de copiste.

2) *España sagrada*, t. XIV, p. 473.

3) Pag. 55, 56.

4) *Voir* plus haut, p. 170 et 177, 178.

implorer son secours, mais que le monarque africain, distrait par d'autres soins, ne répondit point à son appel. Après la prise de Tolède, arrivée sept ans après celle de Coria, il lui écrivit une autre lettre, celle que nous avons publiée et traduite. Mais à notre connaissance, al-Motawakkil n'a point écrit une troisième lettre à Yousof, au nom de tous les émirs espagnols, ainsi que le disent Conde et M. H. (p. 38).

Je puis me dispenser de suppléer ici à ce que M. H. dit sur l'arrivée des Almoravides en Espagne et leurs exploits, parce que je serai obligé de revenir sur ces faits dans mon Histoire des Abbádides. Je me bornerai donc à signaler quelques erreurs où est tombé M. H.

A la page 38, M. H. parle d'un frère d'al-Motawakkil, nommé al-Mostancir, qui aurait été chargé par le roi de Badajoz de prendre soin que les soldats de Yousof trouvassent des vivres et des chevaux. En effet, Conde (II, p. 129) dit à peu près la même chose; mais d'où nous vient cet al-Mostancir, frère d'al-Motawakkil, que nous ne connaissons point d'ailleurs? D'un passage du *Holal* (man., fol. 21 v.) où on lit: » Yousof » écrivit à tous les émirs de l'Espagne, pour les exciter à mar- » cher à la guerre sainte et à le joindre dans son camp. L'émir » al-Modhaffar Abdolláh ibn-Bolokkín, seigneur de Grenade et » de ses districts, et son frère al-Mostancir, seigneur de Ma- » laga, se rendirent vers lui; mais le prince d'Almérie" etc. Je m'abstiens de toute critique; mais ici du moins M. H. aurait pu consulter le texte que Conde a compris à sa manière.

M. H. (p. 39) tâche vainement de sauver l'honneur d'al-Motawakkil, à l'occasion de la bataille d'az-Zalácah. Cette fois Conde a raison; tous les émirs de l'Espagne s'y conduisirent mal, à l'exception d'al-Motamid de Séville; ce fait résulte de la lettre de Yousof (*al-Kartás*, p. ٩v) et du témoignage unanime des historiens. La phrase de Casiri, citée par M. H., est une phrase, rien de plus.

Dans le passage d'Ibn-Khaldoun, publié par M. H. à la page 40 (note 57), il faut lire avec le man. de Paris 53$\frac{2}{4}$, collationné par M. Defrémery, تَنَقَّلَهُم, au lieu de تَعَلَّقَهُم, car la cinquième forme du verbe تكلف exprime un passif, non un actif.

M. H. (*ibid.*, note 58) a très-bien fait de ne point admettre ce que dit Casiri, qui prétend avoir emprunté ce qu'il raconte ici, à Ibno-'l-Khatíb. Dans le texte de cet auteur, publié plus haut, on ne trouve rien de semblable. Le récit de Conde est emprunté au *Holal*.

J'ai à présenter plusieurs observations sur le récit de M. H., relatif à la dernière période de l'histoire des Aftasides; mais je me vois forcé d'examiner d'abord à quelle époque Badajoz fut prise par les Almoravides.

Les historiens nous donnent cinq dates différentes :

1°. Ibn-Khaldoun donne 10 Dhou-'l-hiddjah 489 ;

2°. Abdo-'l-wáhid, l'année 485 ;

3°. Ibno-'l-Abbár, samedi, 27 Moharram 487. Casiri, suivi par M. H., donne, par erreur, samedi 2 Moharram ; mais le 27 Moharram n'était pas non plus un samedi, mais un jeudi. Cette date est donc inexacte. Mais Ibno-'l-Abbár donne une seconde date

4°. Samedi, 7 Çafar 487. Casiri l'avait déjà donnée. M. H. (p. 43) pense que 7 chez Casiri est une faute typographique, et qu'il faut lire 17 avec Conde. S'il s'était donné la peine de calculer la date, il aurait vu que le 7 Çafar 487 (25 février 1094) tombe réellement un samedi, tandis que le 17 tombe un mercredi; d'ailleurs M. H. s'est laissé tromper ici par le traducteur allemand de Conde; dans le texte espagnol (II, p. 180), on lit très-bien » dia siete de la luna de Safer." Enfin Ibno-'l-Abbár donne une troisième date,

5°. Rebí Ier 487.

M. H. commence par combattre la date donnée par

Ibn-Khaldoun, en faisant remarquer deux erreurs chronologiques qui se trouvent dans son récit sur cette période. Je lui concède volontiers qu'Ibn-Khaldoun se trompe souvent en ces points; d'ailleurs je considère, avec M. H., la date 10 Dhou-'l-hiddjah 489 comme tout à fait inadmissible. Mais quand il préfère au témoignage d'Ibn-Khaldoun celui d'Abdo-'l-wáhid, je ne suis point de son avis. Puisqu'il s'agit de peser le degré de confiance qu'inspirent les différents auteurs, je n'hésite point à avancer que, pour cette partie de l'histoire d'Espagne, Abdo-'l-wáhid est encore beaucoup plus inexact qu'Ibn-Khaldoun. En effet, quelle confiance mérite un auteur qui place la prise de Tolède en 476, tandis que cet événement eut lieu en 478; qui dit qu'Abou-'l-Kásim Mohammed ibn-Abbád mourut en 439, au lieu de dire qu'il mourut en 433; qui place la mort de Yousof ibn-Téschifín en 493, tandis que tout le monde sait que ce prince mourut en 500?

D'un autre côté, quatre ou cinq auteurs s'accordent à placer la prise de Badajoz en 487; car il est facile de voir qu'Ibno-'l-Abbár a trouvé chez trois écrivains les trois dates qu'il donne. Encore ces dates ne diffèrent que pour le mois. Moharram, Çafar et Rebí Ier sont les trois premiers mois de l'année; et l'on peut concilier ces dates contradictoires, en disant avec un quatrième auteur, Ibno-'l-Khatíb, qui (l'ensemble de son texte le prouve suffisamment) n'a point eu Ibno-'l-Abbár devant les yeux, » au commencement de l'année 487." A ces quatre auteurs, je crois pouvoir joindre Ibn-Khaldoun. Dans son chapitre sur les Aftasides, il a laissé la date en blanc (*voyez plus haut*, p. 159); mais dans notre manuscrit de l'Histoire d'Afrique, on lit 489 (Hoogvliet, p. 5). On sait que dans une foule de cas, les mots سبع et تسع ont été confondus par les copistes; d'ailleurs notre man. 1351 est probablement le man. le plus incorrect d'Ibn-Khaldoun, qui existe en Europe. On ne m'accusera dont point de hardiesse, si je crois devoir lire ici سبع au lieu de تسع ; quand on lit سبع, Ibn-Khaldoun dit, avec les quatre autres auteurs, que Badajoz fut conquise par les Almoravides, l'année 487.

On voit que la date 487 a pour elle le témoignage d'auteurs nombreux, et je n'oserais lui préférer, avec M. H., celle de 485, donnée par Abdo-'l-wáhid. Ce qui l'a engagé à le faire, c'est qu'il a cru que la prise de Badajoz suivit de près celle de Séville [1]. A mon avis, Abdo-'l-wáhid n'a donné la date 485, que par suite de la même opinion ; car je ne crois point qu'il l'ait trouvée chez quelque auteur plus ancien. Cependant rien ne s'oppose à ce que nous admettions avec la généralité des auteurs arabes, que la dynastie des Aftasides a survécu pendant deux années et demie, à celle des Abbádides.

Selon Ibno-'l-Athír (*voyez* plus haut, p. 171) et Abou-'l-fedá (III, p. 274), Omar aida Sír ibn-abí-Becr à s'emparer de Séville. Je crois devoir adopter ce témoignage ; car ce secours prêté par Omar au général almoravide contre Ibn-Abbád, explique l'odieuse conduite de ce dernier envers le roi de Badajoz, dont parle Ibn-Khaldoun (*apud* Hoogvliet, p. 3). En effet, Ibno-'l-Khatíb (p. 179) nous apprend qu'Omar, dans la crainte de partager bientôt le sort d'Ibn-Abbád, et voyant que les escadrons almoravides ravageaient brutalement ses frontières, contracta une alliance avec Alphonse, et qu'il lui livra Lisbonne ; cet auteur ajoute que les sujets d'Omar se formalisèrent de cette alliance avec un prince chrétien, et qu'ils appelèrent eux-mêmes les Almoravides contre leur roi. Les paroles d'Ibn-Khaldoun se concilient très-bien avec ce témoignage, et cet

---

1) D'autres auteurs, tels qu'Ibn-Khallicán, dans son chapitre sur Yousof ibn-Téschifín, racontent que Badajoz fut prise avant Séville, mais il sera inutile de nous arrêter à cette assertion erronée.

auteur ajoute que, quand Omar eut contracté une alliance avec Alphonse, Ibn-Abbád qui était alors prisonnier en Afrique, en fut informé, et qu'il écrivit à Yousof pour l'engager à faire marcher en toute hâte une armée contre Omar, avant qu'Alphonse eût les mains libres et qu'il se fût joint à Omar avec ses troupes, dans la Marche de Badajoz. On conçoit que le malheureux Ibn-Abbád ait éprouvé quelque joie, en contribuant à faire enlever le trône de Badajoz à Omar, qui avait aidé Sir à lui enlever celui de Séville.

D'après ces témoignages, nous pouvons admettre, je crois, qu'Omar est resté, pendant assez longtemps, l'allié des Almoravides, pour qu'il ait su se maintenir pendant deux années et demie après la chute de Séville.

M. H. (p. 41) pense que la tyrannie du wézir Ibno-'l-Hadhramí, a été parmi les causes, » quae effecerunt, ut Omar a » suis non melius sit defensus." Mais je crois qu'Ibno-'l-Hadhramí avait déjà perdu son poste longtemps auparavant; *voyez* plus haut, p. 168. M. H. parle aussi de la prise d'Evora, de Lisbonne et de Santarem par les Almoravides; mais les historiens arabes n'en disent rien. La prise d'Evora est de l'invention de Conde (II, p. 179), qui parle encore de celle de Silves, fait que M. H. a prudemment passé sous silence, car Omar n'a jamais possédé Silves; cette ville appartenait au territoire de Séville. Casiri n'a pas compris le passage d'Ibno-'l-Khatîb qu'il prétend traduire, quand il parle d'une conquête de Lisbonne par les Almoravides, et la prise de Santarem est de son invention. Les historiens arabes ne disent pas non plus que Naímo-'d-daulah, fils d'Omar, ait été gouverneur de Santarem; ce fait est encore de l'invention de Conde, ainsi que la bataille livrée aux Almoravides par l'armée de Badajoz, qui aurait été commandée par deux autres fils d'Omar, al-Fadhl et al-Abbás.

Si M. H. avait connu le passage d'Ibno-'l-Khatib (p. 179,

180), il aurait sans doute ajouté ici, qu'après la prise de Badajoz par les Almoravides, Omar se retira dans la forteresse de cette ville, et qu'il sut s'y défendre encore quelque temps. S'il avait eu connaissance de ce même texte et de celui d'Ibno-'l-Abbár, s'il s'en était tenu au texte d'Ibn-Khaldoun qu'il a publié lui-même, ou s'il avait eu un peu plus de confiance dans Casiri et un peu moins dans Conde, il n'aurait pas dit (p. 42) en parlant de Sír : » Omari omnibusque qui ad familiam ejus » pertinebant vitae bonorumque securitatem obtulit," et il n'aurait pas ajouté qu'Omar et ses deux fils furent attaqués et tués par un escadron almoravide, après qu'ils eurent quitté Badajoz, se fiant à la capitulation. Tout cela n'est qu'un malentendu de Conde, qui a lu à sa manière le passage d'Ibno-'l-Abbár (p. 175). M. H. aurait pu épargner aussi au lecteur ses conjectures et ses corrections malheureuses sur les passages de Casiri qu'il cite en note. Ces passages ne sont pas à l'abri de la critique, et en comparant les textes, on s'apercevra que Casiri s'est trompé en quelques points ; mais pour le fond, c'est lui, et non Conde, qui a raison. Omar et toute sa famille furent faits prisonniers quand les Almoravides prirent d'assaut la forteresse de Badajoz, et le général almoravide (car d'après Ibno-'l-Khatíb, Sír n'avait pas commandé en personne cette expédition) donna avis à Sír que Badajoz avait été prise, et que les Aftasides avaient été faits prisonniers. Quand Sír fut arrivé à Badajoz, il fit maltraiter Omar de la manière la plus indigne, et afin qu'il révélât où il avait caché ses trésors, il lui fit donner des coups de fouet. Puis il prétexta qu'il avait l'intention d'emmener ses prisonniers à Séville ; mais à quelque distance de Badajoz, il fit tuer Omar et ses deux fils, al-Fadhl et al-Abbás.

» Filium Omaris Naímo-d-daulam, Santarini quondam
» praefectum [?], brevi post patris necem al-Mithemae, quae
» urbs (si quidem de urbe cogitandum sit) ubinam sita fuerit,

»ignoro, carcere fuisse inclusum, narrat Condeus," dit **M. H.** Il a bien fait de ne point fixer la position de cette ville, appelée al-Mithèma. فى سجن الملثمة , »dans une prison des »hommes au voile," dit Ibno-'l-Abbár, c'est-à-dire, comme tout le monde sait, des Almoravides. On voit comment Conde lisait les manuscrits, et avec quelle facilité il nommait des villes qui n'ont jamais existé.

LES HISTORIENS ARABES

ET

LES NUMISMATES EUROPÉENS.

Mohammed al-Mahdí s'était soulevé contre Hischám II, et il l'avait chassé du trône dans le mois de Djomádá II de l'année 399 (février 1009) [1]; mais quatre mois après, le jeudi cinquième du mois de Schawwál (2 juin 1009), Hischám, petit-fils d'Abdorrahmán an-Nácir, soutenu par le parti berbère, causa une révolte contre al-Mahdí. Après un combat acharné, la victoire se déclara pour le khalife qui était soutenu par les habitants de Cordoue; et dans la matinée du sixième de Schawwál (3 juin), le combat qui avait duré sans interruption un jour et une nuit, finit par la déroute des Berbères. Hischám tomba au pouvoir du khalife, qui lui trancha la tête. Les Berbères proclamèrent à l'instant même, le vendredi sixième de Schawwál (3 juin), Solaimán, le fils du frère de Hischám, qui prit le titre d'al-Mostaín, et qui marcha avec ses troupes vers Guadalaxara. Après qu'il se fut emparé de cette ville, il proposa à Wádhih l'amiride, gouverneur de Medina-Celi pour al-Mahdí, d'embrasser sa cause; mais Wádhih refusa. Al-Mahdí ayant envoyé à son gouverneur un renfort de troupes sous les ordres de Kaiçar (القيصى), Wádhih et Kaiçar offrirent la bataille

---

1) Ibn-Hazm, *Traité sur l'amour*, man. 927, fol. 101 r.; al-Homaidí apud Abdo-'l-wáhid, p. ۲۷, ۲۸; Ibno-'l-Abbár, man., fol. 105 v. (article sur Solaimán al-Mostaín); Abou-'l-fedá, III, p. 2; an-Nowairí, man. 2 A, p. 475.

à Solaimán; mais Kaiçar fut tué, et Wádhih se retira sur Medina-Celi, où il se fortifia. Pendant quinze jours il sut couper les vivres aux Berbères, qui se virent obligés à se nourrir d'herbes. Réduit à cette extrémité, Solaimán envoya une ambassade à Sancho, comte de Castille [1], pour lui demander qu'il tâchât de conclure la paix entre lui et ses ennemis; dans le cas où al-Mahdí et Wádhih la refuseraient, les ambassadeurs avaient l'ordre de proposer à Sancho de marcher avec Solaimán contre Cordoue, afin d'attaquer al-Mahdí dans sa capitale. En arrivant auprès de Sancho, les ambassadeurs de Solaimán trouvèrent chez le comte des ambassadeurs de leurs ennemis, qui lui avaient apporté une foule de présents, et qui sollicitèrent son alliance contre Solaimán, en lui promettant toutes les villes de la frontière musulmane, qu'il exigerait. Pressé des deux côtés, Sancho se déclara pour Solaimán à la condition que, une fois vainqueur, Solaimán lui donnerait les villes qui lui avaient été offertes par al-Mahdí. Cette condition ayant été acceptée, Sancho renvoya les ambassadeurs d'al-Mahdí; puis il se hâta de faire parvenir les vivres nécessaires à Solaimán, et de s'unir à lui avec son armée. Les deux armées réunies marchèrent d'abord contre Medina-Celi, et offrirent encore à Wádhih d'embrasser leur cause; mais Wádhih refusa constamment de trahir son maître; et sans se laisser arrêter par un siége qui sans doute aurait pu traîner en longueur, le khalife arabe et le comte chrétien marchèrent contre Cordoue, dans le mois de Moharram 400 (septembre 1009). Wádhih partit alors de Medina-Celi pour attaquer les deux armées par derrière, pendant leur longue marche; mais son armée fut défaite et son camp tomba au pouvoir des vainqueurs; lui-même eut le bonheur de gagner, avec quatre cents cavaliers et les débris des troupes de Medina-Celi, la plaine appelée Fahço 's-Sorádik où al-Mahdí

---

1) Au lieu de Sancho, on lit constamment ابن ماذوينة chez an-Nowairí.

avait établi son camp. Al-Mahdí, rempli de crainte, fit donner des armes à tous ceux qui étaient capables d'en porter ; de cette manière, son armée fut encombrée d'hommes qui étaient étrangers au métier de la guerre ; et quand les Berbères en vinrent aux mains avec l'armée d'al-Mahdí, un samedi, dans le milieu de Rebí Ier (le 14 ; 5 novembre 1009), un escadron de trente cavaliers suffit pour y jeter l'alarme et le désordre ; dans leur fuite précipitée, ces soldats qui portaient les armes pour la première fois, se renversèrent les uns les autres ; les Berbères les poursuivirent le glaive à la main ; ils en tuèrent un grand nombre, et d'autres trouvèrent la mort dans les flots du Guadalquivir. Les auteurs arabes évaluent à vingt mille, le nombre des partisans d'al-Mahdí, qui périrent dans cette bataille désastreuse, connue dans l'histoire sous le nom de la bataille de Kantisch. Wádhih s'était hâté de retourner vers la province dont il était gouverneur. Al-Mahdí, de retour dans sa capitale, fit sortir de sa prison Hischám II, le montra au peuple, et envoya le Kádhí Ibn-Dhakwán (ابن ذكوان) aux Berbères, pour leur dire qu'il ne se considérait que comme le premier ministre de ce khalife légitime. Mais le kádhí reçut pour réponse : » Hier Hischám était » mort, et vous avez récité pour lui la prière des morts, vous » et votre émir ; aujourd'hui il vit et le khalifat lui revient!"

---

1) فحمل عليهم من البربر نحو ثلاثين فارسًا فلم يقفوا لهم , وانهزموا وسقط بعضهم على بعض, dit an-Nowairí. M. de Gayangos qui a traduit ce passage d'an-Nowairí ainsi que plusieurs autres qui se trouvent dans le chapitre que cet auteur a consacré a l'histoire des Omaiyades, d'après une copie que je lui ai envoyée, fait dire ici (II, p. 492) à an-Nowairí : » The Berbers commenced the battle by a charge of three thou-» sand of their best cavalry." J'ignore pourquoi il s'est dispensé d'avertir que le texte dit autre chose. En général, ces extraits d'an-Nowairí ne me paraissent pas toujours traduits avec toute l'exactitude désirable.

Vainement le kádhí tâcha d'excuser son maître. Les habitants de Cordoue, tremblant à l'aspect du prince vainqueur qui menaçait leurs murs, allèrent tous à sa rencontre, et le reconnurent pour leur souverain. Solaimán entra dans la capitale, vers le milieu de Rebí Ier (novembre 1009) [1]. Le règne de Mohammed avait duré neuf mois, dit avec raison an-Nowairí.

Ce prince infortuné se cacha d'abord dans la maison d'un certain Mohammed, de Tolède, qui l'aida ensuite à gagner cette ville; car toutes les frontières, depuis Tortose jusqu'à Lisbonne, tenaient encore pour lui, Solaimán n'ayant pas eu le loisir de les soumettre, puisque son unique soin avait été de s'emparer de Cordoue. Aussi quand Sancho lui rappela sa promesse, Solaimán se vit obligé de répondre que pour le moment, il ne pouvait la réaliser, parce qu'il ne possédait pas encore lui-même les villes qu'il lui avait promises: mais il s'engagea à les lui céder, dès qu'elles seraient en son pouvoir. Sancho, chargé de butin, quitta alors Cordoue, le lundi 23 Rebí Ier (14 novembre 1009), et Solaimán fit rentrer Hischám II dans sa prison.

Arrivé à Tolède au commencement de Djomádá Ier (fin de décembre 1009) [2], Mohammed al-Mahdí fut très-bien reçu par

---

1) Al-Homaidí (*apud* de Gayangos, II, p. IX et *apud* Abdo-'l-wáhid, p. ۲۹, ۳۰.) nomme par erreur Rebí II 400. Abou-'l-fedá dit au commencement de Schawwál 400; mais il est évident que cet auteur a confondu la date de la révolte de Solaimán avec celle de son entrée à Cordoue. Ibn-Khaldoun, خاتم المائة الرابعة, ce qui n'est point exact.

2) فى اول جمادى الاولى dit an-Nowairí, ce qui n'indique pas précisément le premier du mois, ainsi que traduit M. de Gayangos (II, p. 492). Les dates de cet orientaliste, qui a suivi l'opinion erronée de ceux qui fixent le commencement de l'Hégire au 15 juillet 622, sont toujours fautives quand il s'agit de faire concorder l'année musulmane avec l'année chrétienne; ainsi quand an-Nowairí dit que le départ de Sancho eut lieu

les habitants de cette ville. Solaimán n'attaqua point Tolède, car il espérait, s'il faut en croire un historien arabe, que cette ville finirait par reconnaître son autorité; il se porta vers la frontière et assiégea Wádhih dans Medina-Celi. Plusieurs chefs du parti slave, qui peut-être regardaient comme perdue la cause d'al-Mahdí, se joignirent à lui, Ibn-Maslamah entre autres, le chef de la garde royale. Wádhih évacua Medina-Celi, et arrivé à Tortose, il proposa à Solaimán de se soumettre, à condition qu'il ne serait pas obligé de le rejoindre avec son armée, mais qu'il resterait sur la frontière pour la défendre contre les Chrétiens. Il n'en agissait ainsi que pour échapper aux poursuites de Solaimán, et pour gagner du temps. Sa ruse lui profita; Solaimán donna dans le piége, et confia à Wádhih le gouvernement de toutes les frontières. Dès lors Wádhih eut les mains libres, et se trouvant à Tortose en Catalogne, il se hâta de conclure une alliance avec deux comtes de ce pays, Raymond de Barcelone et Ermengaud d'Urgel, fils et successeurs de Borrel. Accompagné d'une armée catalane et de ses propres troupes, il marcha vers Tolède, et se réunit à son souverain Mohammed al-Mahdí. Informé de la trahison de Wádhih et de la marche des trois armées réunies contre Cordoue, Solaimán somma ses sujets de prendre les armes. Les Cordouans, légers et mobiles, mais qui, dans le fond, n'obéissaient qu'à contre-coeur aux Berbères, s'excusèrent et prétendirent qu'ils étaient hors d'état de combattre (prétention qu'ils n'avaient que trop bien justifiée dans la ba-

---

le lundi 23 Rebí Ier 400, »M. de Gayangos ajoute entre parenthèses 13 novembre 1009, qui tombe un dimanche. En calculant les dates, j'ai toujours trouvé que le système de l'*Art de vérifier les dates*, selon lequel l'Hégire commence le 16 juillet 622, est parfaitement exact. D'ailleurs certains ouvrages arabes tels que le *Voyage* d'Ibn-Djobair, où l'on trouve indiquée la concordance entre l'année arabe et l'année chrétienne, mettent ce point hors de doute.

taille de Kantisch). Solaimán se laissa persuader par les Berbères, qui avaient raison s'ils aimaient mieux ne point avoir dans l'armée des soldats de la trempe des Cordouans, et sortit de la ville avec ses troupes aguerries. Les deux armées se rencontrèrent à Akabato 'l-bakar, à une distance de dix milles environ de Cordoue, l'un des dix derniers jours de Schawwál (5—15 juin 1010) [1]. Les chefs berbères placèrent Solaimán à l'arrière-garde, composée de cavaliers africains, en lui enjoignant de ne point quitter son poste, lors même que les cavaliers ennemis le fouleraient aux pieds. Puis, eux et les troupes catalanes chargèrent en même temps. Selon les règles de la stratégie orientale, les Berbères tournèrent bientôt le dos à l'ennemi, dans l'intention de faire ensuite volte-face, et de revenir impétueusement à la charge; les ennemis, pesamment armés, auraient quitté leurs rangs dans l'ardeur de la poursuite, et leurs forces se seraient divisées, si Solaimán les eût arrêtés fermement avec ses cavaliers africains. Mais le soi-disant généralissime de l'armée berbère, ce pauvre Khalife qui recevait

---

1) Cette date est celle que donne an-Nowairí. Abou-'l fedá place la rentrée d'al-Mahdí à Cordoue dans le milieu de Schawwál 400; dans ce cas la bataille d'Akabato 'l-bakar aurait eu lieu plus tôt. M. Romey (V, p. 25) dit qu'elle eut lieu vers la fin d'août 1010; de cette manière nous arriverions déjà au commencement de l'année 401; mais l'historien français a suivi ici des documents chrétiens que nous examinerons plus tard. Ibn-Khaldoun indique la fin de l'année 400, sans préciser davantage la date. Je vois par le livre de M. Schaefer (tom. II, p. 232) que l'on trouve une *Disertacion* (de 22 pages) *sobre el dia y circumstancias de la batalla de Cordova* dans le 43e volume de l'*España sagrada*; je regrette de n'avoir pu la consulter, l'exemplaire dont je me sers, ne contenant que les 35 premiers volumes de cet ouvrage. M. Schaefer qui semble avoir adopté le résultat de cette dissertation, donne la date 21 juin 1010, ce qui me fait croire qu'elle renferme un malentendu, et que la bataille d'Akabato 'l-bakar y a été confondue avec celle du Guadiaro.

de ses capitaines l'ordre de la bataille, ne semble pas même avoir compris leur tactique. Voyant l'avant-garde prendre la fuite, il ne douta point qu'elle n'eût été vaincue, et, croyant que tout était perdu, il commença lui-même à fuir à bride abattue; ses cavaliers africains imitèrent son exemple. Cependant les Berbères, cessant leur fuite simulée, firent volte-face, et attaquèrent l'ennemi avec une telle fureur qu'ils tuèrent soixante chefs catalans, parmi lesquels se trouvait le comte Ermengaud d'Urgel; mais voyant que Solaimán avait pris la fuite, ils se retirèrent sur az-Zahrá, et les Catalans restèrent maîtres du champ de bataille. Ce fut ainsi que Solaimán perdit par son ignorance et par sa lâcheté, la fameuse bataille d'Akabato 'l-bakar; bataille dont il serait sorti vainqueur, selon toute apparence, s'il avait compris la tactique de ses capitaines, ou s'il avait bien voulu obéir à leur ordres formels [1].

---

1) Pour justifier ma narration de la bataille d'Akabato 'l-bakar, j'ajouterai le texte d'an-Nowairí (man., p. 483): فالتقوا عند عقبة الشغر (البقر .lis) فى العشر الاخير من شوال فجعل البربر سليمان فى ساقتهم وجعلوا معه خيلا من المغاربة وقالوا له لا تبرح من موضعك ولو وطّئتك الخيل ثم تقدّموا فحملت الفرنج عليهم حملةً منكرةً فاخرجوا لهم ليتمكنوا منهم فرأى سليمان خيل الفرنج وقد خرقت شقوق البربر فلم يشكّ ان البربر قد اصطلموا فانهزم فيمن معه ثم عطف البربر على الفرنج فقتلوا ملكهم ارمعيد (ارمغيد .lis) وستين من وجوههم وراى البربر هزيمة سليمان فانحازوا الى الزهرا. Si M. de Gayangos (II, p. 493) n'a pas compris ce passage et s'il donne une fausse idée de cette bataille, la faute doit en être attribuée en partie à la leçon فاخرجوا qui ne donne ici aucun sens. Il faut y substituer فأفرجوا. En effet, le phrase أفرج له signifie *céder le chemin à quelqu'un*; Ibn-Badroun l'emploie deux fois en ce sens dans son *Commentaire sur Ibn-Abdoun* (p. ١٥١, ١٩, de mon édition). — Le récit de Roderich (*Hist. Arab.*,

La victoire fut remportée par les Catalans, car les troupes d'al-Mahdí et de Wâdhih ne paraissent pas avoir pris une part bien active au combat; mais il faut avouer que les Berbères combattirent en lions. et qu'en raison de leur bravoure, ils avaient mérité de remporter la victoire.

Pendant la nuit, Solaimán qui s'était aussi retiré vers az-Zahrá, quitta cet endroit avec ses Berbères, et se retira sur Xativa [1]. Selon le calcul d'an-Nowairí, il avait régné sept mois, et ce calcul est exact [2].

Mohammed al-Mahdí rentra dans Cordoue, accompagné de ses troupes catalanes, qui y commirent toutes sortes de désordres. Les Berbères quittèrent bientôt Xativa; pillant et brûlant

---

ch. 34) touchant cette bataille, diffère de celui d'an-Nowairí; mais parce que ces deux auteurs sont d'ailleurs assez bien d'accord entre eux sur cette période (les dates exceptées), je serais porté à croire qu'ici Roderich n'a pas compris l'auteur arabe qu'il a traduit.

1) An-Nowairí, après le passage que j'ai copié dans la note précédente: ثم خرجوا منها ليلا ومضى سايمن الى مدينة شاطبة. Roderich (ch. 35), en parlant de Solaimán: » qui Citanae morabatur." Il est facile de voir que Roderich a rendu ici le son ‍ْ‍ـ par *i*, selon la coutume constante des Espagnols, que son manuscrit arabe présentait un ﺡ sans point, et qu'il a cru que c'était un ﺥ (شاطبة). Les historiens modernes ont fait remarquer que Conde s'accorde assez bien, pour l'histoire de cette période, avec Roderich. Je le crois bien. En prétendant toujours traduire des historiens arabes, Conde s'est borné à farder et à altérer le récit de l'archevêque de Tolède. Ici il a changé le *Citana* en *Citawa*, et depuis ce temps la ville de Citawa figure dans les histoires d'Espagne; espérons qu'elle échappera à l'attention des géographes! — Il est aussi assez curieux de voir quel rôle Wâdhih joue chez Conde et les autres historiens. Chez eux, c'est le confident de Solaimán; il règne avec lui à Cordoue!

2) *Six mois*, dit al-Homaidí. L'erreur provient de ce qu'il fait prendre Solaimán possession de Cordoue dans Rebi II, au lieu de dire dans Rebi Ier.

les villages, ils s'avancèrent jusqu'à Algésiras [1]. Al-Mahdí alla à leur rencontre avec les Catalans et Wádhih. Le sixième de Dhou 'l-kadah (21 juin 1010), les deux armées ennemies en vinrent aux mains près du Guadiaro [2], dans les environs d'Algésiras. Cette fois, les Berbères se vengèrent d'une manière éclatante de leur déroute à Akabato 'l-bakar; leurs ennemis furent obligés de fuir en toute hâte; plusieurs capitaines slaves et plus de trois mille Chrétiens restèrent sur le champ de bataille. Le combat s'était livré sur le rivage de la mer, et un grand nombre des partisans d'al-Mahdí avaient trouvé la mort dans les flots. Le deuxième jour après la bataille, les vaincus rentrèrent dans Cordoue, et les Catalans, furieux de leur défaite, s'y conduisirent avec une cruauté inouïe, et tuèrent tous ceux qui offraient quelque ressemblance avec les Berbères; mais quand al-Mahdí et Wádhih les prièrent de marcher encore une fois avec eux contre les Berbères, ils refusèrent de le faire, en disant que leur chef (ملكتا), Ermengaud, et plusieurs de leurs capitaines avaient déjà été tués, qu'en conséquence leurs pertes étaient déjà assez graves. Ils quittèrent

---

1) Ibn-Khaldoun et al-Makkarí qui l'a copié. Les historiens modernes ne manquent jamais, quand un prince qui a éprouvé un échec se trouve près des côtes de la Méditerranée, de lui attribuer le dessein de passer en Afrique. L'occasion était belle pour placer encore ici cette phrase banale; aussi Conde et les autres ont pris soin d'en profiter.

2) بوادى لكد (sic), lit-on dans notre manuscrit d'an-Nowairí. M. de Gayangos (II, 490) a lu بوادى لكك et il a traduit *Wáda* (sic) *Lekeh*; mais qui ne voit pas que ce لكد n'est qu'une corruption de وارة? Dans les manuscrits écrits à la hâte et où les caractères qui doivent s'écrire séparément, se trouvent liés l'un à l'autre, il est souvent difficile de distinguer le ا du ل et le ر du د. Aussi je ne doute point que le copiste de notre man. d'an-Nowairí n'ait trouvé dans celui qu'il copiait, وادى ارة, écrit rapidement; car tous les autres auteurs nomment cette bataille, celle du Guadiaro.

donc Cordoue le vendredi 22 Dhou 'l-kadah (8 juillet 1010) [1].

Cependant al-Mahdí quitta bientôt Cordoue avec Wádhih, les troupes de la capitale et les régiments commandés par des généraux slaves, pour attaquer de nouveau les Berbères. Mais après le départ des braves chevaliers catalans, l'armée d'al-Mahdí avait perdu le courage. A peine fut-elle arrivée à une distance de trente milles de Cordoue, qu'une terreur panique, l'idée seule de devoir combattre sous peu les terribles Berbères, la fit retourner à Cordoue. Ne pouvant attaquer ses ennemis avec des troupes pareilles, al-Mahdí prit la résolution de les attendre dans Cordoue, et il fit creuser un fossé et construire une muraille autour de la capitale.

Les Berbères s'étaient avancés jusqu'aux environs de Cordoue. Al-Mahdí, prince faible et abandonné à la luxure, autant que Solaimán, son compétiteur, était mauvais capitaine, s'aliéna l'esprit des Cordouans; Wádhih d'ailleurs ne lui avait pas pardonné sa conduite envers les Amirides. Mohammed, voyant l'orage grossir, rassembla les trésors renfermés dans le palais, et donna l'ordre à un de ses confidents de les transporter vers Tolède, dans le dessein de le suivre bientôt. Mais le dimanche, huitième du mois de Dhou 'l-hiddjah de l'année 400 (24 juillet 1010) [2], Wádhih, avec ses troupes de

---

1) وكان رحيلهم فى يوم الجمعة لسبع بقين من ذى القعدة, lit-on chez an-Nowairí, mais cette date doit être erronée, car *sept jours restant* de Dhou 'l-kadah, donnent le 23 qui tombe un samedi. Ces différences d'un jour sont extrêmement fréquentes chez les annalistes arabes.

2) يوم الاحد الحادى عشر من ذى الحجة سنة اربع مائة, وقيل لثمان خلون منه, dit an-Nowairí (man., p. 484). Le onzième ne tombe pas un dimanche (on voit que M. de Gayangos (II, p. 494) s'est trompé en faisant dire à an-Nowairí le 21); et la date 7 Dhou 'l-hiddjah, dimanche, donnée par al-Homaidí, est aussi fautive. J'ai donc préféré la seconde date donnée par an-Nowairí.

la frontière, et les autres Slaves, parcoururent à cheval les rues de Cordoue, en criant: » Obéissance, obéissance à al-» Mowaiyad!" Puis ils firent sortir al-Mowaiyad du palais, revêtu des vêtements royaux, l'emmenèrent avec eux à la mosquée et le placèrent sur la chaire (منبر) où se trouvait d'ordinaire le khalife. Mohammed al-Mahdí qui se trouvait alors dans le bain, ayant été informé par un Slave qu'al-Mowaiyad était sorti du palais, il se rendit aussi vers la mosquée, et voulut s'asseoir à côté de Hischám II; mais l'eunuque Anbar le prit par le bras, le jeta du haut de la chaire et le força à s'asseoir en face de Hischám. Celui-ci lui reprocha tous les maux qu'il lui avait fait souffrir, et lui dit les injures les plus cruelles. Puis Anbar le prit encore une fois par le bras et l'amena vers le toit de la mosquée, dans le dessein de lui couper la tête. Al-Mahdí pressa Anbar dans ses bras pour l'empêcher de lui porter le coup fatal; mais à l'instant même les glaives des Slaves s'abaissèrent sur lui, et bientôt le cadavre d'al-Mahdí gisait dans le même endroit, où il avait fait jeter celui du général Ibn-Askalédjah, le gouverneur de Cordoue, qu'il avait tué dix-sept mois auparavant, quand il entra dans Cordoue à la tête de ceux qui avaient conspiré avec lui pour ôter le trône à Hischám II.

Le second règne d'al-Mahdí avait duré environ un mois, dit an-Nowairí. En tout, il avait régné dix mois [1]. A l'époque

---

1) وكانت مدة ولايته نحو شهر ومدة مملكته الاولى والثانية عشر اشهر. Ceci est exact. Mais al-Homaidí (*apud* de Gayangos, II, App. p. ix) dit: » dix mois, *y compris* le temps que Solaimán régnait à » Cordoue et qu'al-Mahdí se trouvait dans la Marche." Ceci est une erreur; depuis Djomádá II 399 jusqu'à Dhou 'l-hiddjah 400, on compte dix-sept mois. Abdo-'l-wáhid (p. ٢٩) semble avoir remarqué la méprise d'al-Homaidí, mais au lieu de dire dix-sept, il a dit seize mois. Dans mon édition j'ai mieux aimé retenir la faute d'al-Homaidí, que d'adopter le changement d'Abdo-'l-wáhid.

de sa mort, il était âgé de trente cinq ans, ajoute an-Nowairí ; s'il était né en 366, ainsi que l'atteste al-Homaidí, il doit avoir eu trente quatre ans.

Les historiens arabes sont d'accord entre eux quant aux faits principaux du récit qu'on vient de lire ; ils ne diffèrent que sur quelques points très-secondaires et qui ne changent en rien la marche des événements. Ils donnent d'ailleurs à chaque instant des dates, le jour du mois et la férie ; dans presque toutes ces dates, il y a une concordance parfaite entre les féries et les quantièmes des mois.

Cependant plusieurs auteurs européens ont assigné d'autres dates aux événements qui nous occupent, en se fondant sur des documents chrétiens dont je ne contesterai nullement l'authenticité ; j'examinerai seulement s'ils nous autorisent à ne point ajouter foi au témoignage des auteurs arabes.

Nous avons dit plus haut, d'après an-Nowairí, que la bataille d'Akabato 'l-bakar eut lieu entre le 5 et le 15 juin 1010, celle du Guadiaro le 21 juin, et que les troupes catalanes quittèrent Cordoue pour retourner vers leur patrie le 8 juillet. Ermengaud, comte d'Urgel, fut donc tué avant le 15 juin. Cependant voici ce que dit Pierre de Marca dans sa *Marca Hispanica* (p. 421) : » Anno MX. Ermengaudus profecturus » adversum Mauros ad Cordubam, V. Kal. Augusti testamen-» tum condidit ad pias causas. — Hinc ergo patet pugnam de » qua mox dicturi sumus non fuisse pugnatam ante mensem » Augustum." Il est fort heureux que le savant archevêque de Paris ait publié dans son entier le testament d'Ermengaud (p. 973) ; sans cela, ses paroles auraient été bien propres à nous tromper gravement. Marca place ce document sous l'année 1010 ; mais la pièce elle-même ne donne point d'autre date que : » Facto isto testamento V. Kalendas Augusti anno duo-

» decimo regnante Rotberto Rege." Robert de France ayant commencé à régner en 996, il est certain que le testament a été écrit le 28 juillet 1008, et non pas le 28 juillet 1010, époque à laquelle Ermengaud avait déjà été tué selon an-Nowairí. Ce testament ne nous occupera donc pas ici.

Mais M. Romey (V, p. 27, 28) a suivi Marca (p. 422) pour une autre circonstance. Il fixe la bataille du Guadiaro au premier septembre 1010, et il ajoute que les auteurs arabes ne donnent pas la date de cette bataille; nous avons vu qu'an-Nowairí nomme le 21 juin 1010. Qui est-ce qui s'est trompé ici? Le renseignement de l'auteur arabe est positif, et j'avoue qu'en comparaison de ce témoignage, l'opinion de Marca et de M. Romey ne me paraît qu'une conjecture hardie. Marca a publié dans son entier l'épitaphe d'Otton, évêque de Gironne. J'en citerai ici les vers qui seuls sont importants pour la question qui nous occupe:

> Dum floreret iste sanctus   meritorum floribus
> Casu mortis est attractus   paganorum ictibus.
> Nam in bello Cordubensi   cum pluribus aliis
> Morte ruit datus ensi,   coeli dignus gaudiis.
> Erant anni mille decem   post Christi praesepia
> Quando dedit isti necem   prima lux septembria.

Les seuls faits qui résultent de ces vers, sont qu'Otton fut parmi les Catalans qui allèrent combattre en Andalousie pour al-Mahdí, et qu'il fut tué par les Infidèles le 1er septembre 1010; mais je ne vois point comment il pourrait en résulter que la bataille du Guadiaro eut lieu à cette époque. Il est vrai qu'en adoptant les dates données par an-Nowairí, Otton fut tué plus d'un mois et demi après que les Catalans eurent quitté Cordoue; pourtant il n'y a point ici de difficulté réelle. Toute l'Espagne musulmane était bouleversée à cette époque; il se peut que la plupart des provinces aient tenu encore pour al-Mahdí, mais il est certain aussi que quelques villes tenaient pour Solaimán; car nous l'avons vu se retirer sur Xativa, et tout porte à croire que cette ville entre autres, ainsi que Guadalaxara, lui obéissaient. Il est donc très-possible que pendant sa longue marche de Cordoue en Catalogne, l'armée chrétienne ait cherché à se dédommager de ses pertes en attaquant quelques villages et quelques petites villes du parti berbère, et que, d'un autre côté, les Berbères l'aient harcelée dans sa retraite. Puisque d'ailleurs l'épitaphe ne parle point d'une grande bataille, il me semble qu'Otton a été tué dans une de ces escarmouches.

Mais M. Romey, après avoir indiqué la date du 1er septembre comme celle de la bataille du Guadiaro, ajoute: »date »confirmée d'ailleurs par une ancienne charte de l'église de »Barcelone, dans laquelle il est dit qu'un certain Guitardus, »parti pour le pays de Cordoue dans le mois d'août, y com-»battit si malheureusement le 1er septembre, qu'il y périt avec »les évêques dont il a été parlé." Puis M. Romey cite en note quelques paroles latines qui semblent confirmer parfaitement ce qu'il vient d'énoncer dans le texte. Cependant M. Romey est tombé ici dans deux singulières erreurs; d'abord il n'a pas compris les paroles de Marca, et ensuite il lui est arrivé la même chose qu'à M. Hoogvliet qui, ainsi que nous l'avons vu dans un autre chapitre, a pris l'opinion erronée de M. Aschbach pour un renseignement donné par un chroniqueur latin; M. Romey a pensé de même que l'opinion de l'archevêque de Paris, se trouvait exprimée dans une ancienne charte de l'église de Barcelone. Il n'en est rien [1].

---

1) Voici les paroles de Marca (p. 422): »Hoc enim anno (1010) Er-»mengaudus Comes Urgellensis, suetus pugnare cum Sarracenis, quos di-»versis praeliis fatigaverat, Cordubam, ubi regia eorum erat, profectus »cum Raimundo Comite Barcinonensi fratre suo, Arnulfo Episcopo Auso-»nensi, Aethio Barcinonensi, et Ottone Gerundensi, et pluribus aliis po-

Nous voyons donc que les documents latins relatifs à l'histoire de la Catalogne, ne suffisent nullement pour convaincre d'erreur les dates données par les chroniqueurs arabes. Pourtant c'est sur l'autorité de ces documents chrétiens mal interprétés, que M. Romey (V, p. 32) affirme que Solaimán régnait à Cordoue en juillet 1010, tandis qu'al-Mahdí était occupé à Tolède à préparer toutes choses pour l'expédition qui devait l'y ramener au mois de septembre suivant. Si nous avions trouvé que l'opinion de M. Romey était fondée, nous aurions dû avouer qu'il est impossible qu'al-Mahdí ait été tué en Dhou 'l-hiddjah 400, en juillet 1010. Mais jusqu'à présent, nous n'avons trouvé aucune raison pour ne point admettre le témoignage des historiens arabes qui placent la rentrée d'al-Mahdí à Cordoue entre le 15 et le 21 juin 1010, et sa mort en juillet. Peut-être d'autres difficultés s'élèveront-elles contre ces dates; peut-être les médailles prouveront-elles qu'al-Mahdí ne mourut pas en 400.

Marsden [1] a décrit une médaille de Mohammed al-Mahdí de l'année 399, et deux autres [2] de 400; mais une troisième [3] porte le nom de Mohammed al-Mahdí et la date 401.

» tentibus viris, inter quos in veteri charta Ecclesiae Barcinonensis reperio » quendam Guitardum, *profectus* inquam *Cordubam mense Augusto, ad » eam ita infeliciter pugnavit Kalendis Septembris ut et ipse et Episcopi » paulo ante nominati in ea pugna ceciderint.*" M. Romey ne cite que les paroles que j'ai soulignées, et il rapporte le *profectus* à Guitardus, chez Marca, ce mot se rapporte à Ermengaud. On voit d'ailleurs que cette charte en question, ne contient que le nom de Guitardus, et nullement la date du combat; Marca n'indique le premier septembre que sur l'autorité du testament d'Ermengaud et de l'épitaphe d'Otton.

1) *Numismata Orientalia*, I, p. 329.
2) Pag. 330, 331.   3) Pag. 338.

Avant Marsden, T. C. Tychsen [1] avait déjà décrit une médaille de Mohammed al-Mahdí qui porte l'année 403.

Adler [2] a aussi publié une médaille de Mohammed al-Mahdí, mais il a douté si la date était 443 ou 403. Tychsen a trouvé ce doute mal fondé, et il s'est décidé pour l'année 403.

Dernièrement M. Romey (V, p. 32) qui ne semble pas avoir eu connaissance des travaux des numismates qui avaient écrit avant lui, s'est exprimé en ces termes : » Conde, suivi en cela
» par l'auteur de la Chronologie des Arabes et des Maures
» d'Espagne insérée dans le nouvel *Art de vérifier les dates*,
» place le commencement du second règne d'Hescham au 7 de
» djoulhedjah 400, et la mort de Mohammed au 10 du même
» mois de la même année; c'est-à-dire en 1010 (21 et 24 juillet
» 1010): l'ancien *Art de vérifier les dates* ne faisait mourir
» Mohammed qu'en l'année 1012 de J.-C. ou 403 de l'hégire.
» La différence est assez grande pour que l'on dût croire que
» Conde n'avait adopté qu'après un examen approfondi la date
» 400; d'autant plus qu'il dit lui-même que l'on battit mon-
» naie au nom de ce roi, et que dès lors les dates de ces mon-
» naies offraient un moyen de vérification fort aisé pour lui [3].
» Il est très vrai cependant que c'est Conde qui se trompe, et
» non les religieux de Saint-Maur, car deux monnaies de Mo-
» hammed que nous avons eues entre les mains, et qui font
» partie du cabinet de M. d'Avezac, portent les dates 402 et
» 403."

---

1) *De numis Arabico-Hispanicis* (dans les *Commentationes Societatis Regiae scientiarum Gottingensis*, t. XIV), p. 83—85.

2) *Museum Cuficum Borgianum Velitris*, t. II, p. 164, 165.

3) Je vois par le livre de M. Moeller (*De numis Orient. in Numophylacio Gothano asservatis*, Comment. 1ª, 2e édit., p. 58) que Conde a décrit une médaille de Mohammed al-Mahdí dans le cinquième volume des *Memorias de la Real Academia de la Historia* (p. 259); mais elle est de 400.

Tychsen a déjà fait observer que Roderich de Tolède (*Hist. Arab.*, ch. 34) place la guerre entre Solaimán et al-Mahdí en 404. J'ajouterai qu'al-Homaidí dit qu'al-Mahdí naquit en 366, et qu'à l'époque de sa mort il avait 37 ans Ceci nous conduit à l'année 403. Cependant le même auteur place cette mort en 400; cette dernière date, celle que donnent tous les historiens arabes, sera donc erronée? Mais en admettant la date 403, nous nous engageons dans de nouvelles difficultés, car selon le témoignage unanime des historiens arabes, Solaimán rentra dans Cordoue au commencement de Schawwál 403 (avril 1013); cette date est encore fautive, si al-Mahdí n'a été tué par Hischám II que deux mois après, en Dhou 'l-hiddjah 403. Voulant éluder cette difficulté, M. Romey fait mourir al-Mahdí en Dhou 'l-hiddjah 402 (juillet 1012); mais alors je ne conçois pas qu'on ait battu monnaie en son nom l'année 403. Refusons donc encore d'admettre la date donnée par tous les historiens arabes pour la rentrée de Solaimán à Cordoue. Mais au même instant, une autre difficulté s'élève. Un auteur contemporain, Ibn-Hazm, semble venir à l'appui des historiens arabes, et contredire les médailles, quand il s'exprime ainsi dans son *Traité sur l'amour* (man. 927, fol. 101 r.), après avoir parlé de l'élévation d'al-Mahdí au trône, en Djomádá II 399 : ثم شُغِلْنـا بعد قيـام أمير المومنين هشـام المويد بالنكبات وباعتداء ارباب دولته وامتحنّا بالاعتقال والترقيب والاغرام الفـادح والاستنـار وارزمت (*je lis* وارزئت) الفتنة وألْقَت باعها وعمّت الناس وخَصَّتنا الى ان تـوفى ابى الـوزير رحمه الله ونحن فى هذه الاحوال بعد العصر يوم السبت لليلتين بقيتنا من ذى القعدة عام ٤٠٢. Ibn-Hazm dit ici formellement qu'en Dhou 'l-kadah 402, Hischám était assis sur le trône; les historiens arabes le disent aussi; pourtant les médailles attestent qu'al-Mahdí régnait encore en 403.

Considérant les médailles comme les annales les plus courtes, mais les plus certaines, les plus dignes de foi, d'une nation; croyant que là où parlent des monnaies dont personne n'ose contester l'authenticité, il faut leur accorder une confiance explicite, dussent-elles se trouver en opposition avec tous les historiens, je ne reculerai pas devant le grand nombre d'écrivains arabes qui sont ici en opposition flagrante avec les médailles; je suis prêt à avouer qu'ils se sont trompés tous.

Mais alors, pourquoi étudier l'histoire orientale? Qu'on le sache bien; il ne s'agit pas ici d'un point secondaire, d'une période sur laquelle nous ne possédons que peu de renseignements; il s'agit d'un règne fort intéressant, d'un récit où tout se tient, tout se lie; où les dates sont indiquées si minutieusement que l'exactitude des auteurs arabes pourrait paraître puérile; ce récit trouve sa continuation naturelle dans celui de la rentrée de Solaimán dans Cordoue; pourtant les médailles vont bouleverser tout cela; le règne d'al-Mahdí, de Solaimán, de Hischám II après qu'il fut monté sur le trône pour la seconde fois, qu'en savons nous? Rien; car ce que nous pensions en savoir, ce que les historiens arabes racontent là-dessus, ce que disent Abou-'l-fedá et an-Nowairí, auteurs qui ont consulté probablement Ibno-'l-Athír, Ibn-Khaldoun [1], auteur qu'on regarde comme un historien critique (un peu à tort, il est vrai), al-Homaidí, écrivain quasi-contemporain, Ibn-Adhárí qui probablement a copié Ibn-Haiyán, auteur contemporain et le plus grand historien de l'Espagne [2], Ibn-Hazm qui à cette époque vit mourir son père et dont l'illustre famille joua un rôle dans cette histoire: tout cela c'étaient de misé-

---

1) *Voyez* le passage cité par M. Weijers, *Loci Ibn Khacanis*, p. 115.

2) Dans son *Bayán*, Ibn-Adhárí dit que le second règne de Hischám II dura deux années et dix mois; ce qui est exact si l'on admet qu'al-Mahdí fut tué en Dhou 'l-hiddjah 400, et que Solaimán rentra dans Cordoue en Schawwál 403.

rables mensonges, forgés avec beaucoup d'artifice, où des faussaires ont calculé scrupuleusement les différentes dates, pour tromper leurs lecteurs arabes, pour nous tromper, pauvres historiens d'Europe! Les médailles le prouvent; nous croyions lire des annales, nous lisons des romans!

Encore une fois, à quoi servent tous nos efforts pour jeter un peu de lumière sur l'histoire orientale? Insensés que nous sommes! Nous n'avons pas toujours des médailles pour contrôler les soi-disant historiens, ces romanciers du moyen âge, ces Turpins arabes. Sans doute, ils nous trompent à chaque instant; ces menteurs fieffés qui ont rendu parfaitement méconnaissable une époque aussi curieuse que celle qui a été l'objet de cet article, auront altéré une foule d'autres faits; tous peut-être. Et nous, trompés par des faussaires, à qui mieux mieux, nous nous vantons encore d'avoir trouvé la vérité! Ah vraiment, il valait bien la peine de prêcher une croisade contre Conde et consorts; quelle confiance méritent donc ces chroniqueurs arabes eux-mêmes?

Laissons donc de côté l'histoire orientale, et faisons autre chose!

Ainsi donc la pauvre Espagne n'aura jamais une histoire! Un spirituel écrivain a bien prédit qu'elle n'aurait jamais un bon gouvernement; mais il n'avait pas ajouté qu'elle n'aurait jamais une bonne histoire non plus. Pourtant l'histoire arabe c'est la sienne aussi; la romance a raison quand elle dit:

> si Español es don Rodrigo
> tambien es el fuerte Audalla,
> y sepa el señor Alcaide
> que tambien lo es Guadalara;

> pues es España Granada.

Jamais on ne fera une histoire d'Espagne au moyen âge, si

l'on n'a pour matériaux que les maigres chartes, le petit nombre de courtes chroniques latines.

Le résultat que nous avons obtenu, est bien triste; il n'est pas même nécessaire d'être orientaliste pour en être affligé; les historiens et tous ceux qui s'intéressent à l'histoire de cette grande famille qu'on appelle la race humaine, n'en auront pris connaissance qu'avec regret.

Serait-il possible de revenir sur ce fâcheux résultat? Se pourrait-il que les historiens arabes aient raison? A une seule condition; à condition que les savants numismates se soient trompés.

Ce qui d'abord fait douter que le résultat des numismates et de M. Romey soit vrai, c'est qu'une médaille de Hischám II publiée par Marsden (n°. 344), vient à l'appui des historiens. Elle porte très-distinctement l'année 401, احدى وأربع (l'espace manquait pour ajouter مائة). L'existence de cette médaille est inexplicable, si al-Mahdí n'a été tué qu'en 403, et si Hischám II se trouvait en prison jusqu'à cette époque.

Ce phénomène est bien propre à nous encourager; examinons à présent scrupuleusement les médailles elles-mêmes.

Rien n'était plus facile que de savoir au juste quelles étaient les légendes des deux médailles du cabinet de M. d'Avezac; d'abord parce qu'elles se trouvent dans la collection d'un savant non moins connu par son extrême obligeance que par sa profonde érudition; ensuite, parce que je me tenais assuré qu'un de nos archéologues les plus exercés, M. Reinaud, voudrait bien se charger de m'en transmettre une copie parfaitement exacte. Aussi dès que je lui en fis la demande, il m'envoya les légendes qui suivent.

N°. 1. I. Dans le champ:

لا اله الا
الله وحده
لا شريك له
محمد

autour : بسم الله ضرب هذا الدرهم بالاندلس سنة اثنين وار

II. Dans le champ :

الامير

الامام محمد

امير المومنين

المهدى بالله

يحيى

autour : محمد رسول الله ارسله بالهدى ودين الحق

N°. 2. I. Dans le champ comme au n°. 1.

autour : .. بسم الله ضرب هذا الدرهم بالاندلس سنة ثلث واربع

II. Un peu fruste, mais comme au n°. 1.

autour, comme au n°. 1, mais de plus avec le mot ليظهر.
Et M. Reinaud ajoute : »A s'en tenir à la forme des lettres
» et après avoir bien examiné l'ensemble des légendes, je se-
» rais tenté de croire que le n°. 2 a été frappé l'an 43, c'est-
» à-dire l'an 443. Reste à savoir" etc.

Je ferai observer qu'il faut joindre ensemble, ainsi que
dans une foule d'autres légendes, الامير et يحيى, de sorte que
la légende porte : l'émir Yahyá [nom d'un général ou d'un
gouverneur]; l'imám Mohammed, l'émir des Croyants, al-
Mahdí-billáh. Remarquons aussi que cet émir Yahyá est nommé également sur la médaille publiée par Adler, qui n'a pas
pu déchiffrer les traits de ce mot qu'on y lit pourtant assez distinctement; que cette médaille est en tout conforme au n°. 2
de M. d'Avezac, excepté qu'au lieu du nom de Mohammed,
dans le champ à gauche, on ne trouve sur la médaille d'Adler
que deux petites figures qui ne sont que des ornements; et
enfin qu'elle porte sans aucun doute (les archéologues s'en convaincront facilement en examinant la planche jointe à l'ouvrage
d'Adler) la date ثلث واربعين, 43, c'est-à-dire 443. La médaille décrite par Tychsen n'a point été publiée à ma connais-

sance, mais Tychsen nous apprend qu'elle ressemble fort à celle d'Adler (Adleriani simillimus) et que Casiri a cru que la date était وأربعين (sic) ماتنين. Cette date est impossible, parce que ces mots se trouveraient en opposition avec toutes les règles de la construction arabe; mais supposons avec Tychsen que le premier mot de la date est ذلث, et avec Casiri que le second est وأربعين; alors nous pourrons admettre que la date est 43 (443), et que le n°. 2 de M. d'Avezac, la médaille d'Adler et celle de Tychsen ont été frappées toutes trois l'année 43 (443).

Le n°. 341 de Marsden présente très-distinctement la date 399, et le n°. 342 porte سنة أربع ما; l'espace manquait pour en ajouter davantage. Selon les historiens arabes, Mohammed al-Mahdî a régné réellement en 399 et en 400; ces médailles ne nous arrêteront donc pas. Mais si l'on compare ces deux médailles dont la date est certaine, avec les deux autres publiées par Marsden, on remarque les différences suivantes: 1°. Les mots بسم الله ضرب par où commence l'inscription marginale, et qui se trouvent dans un cercle sur les numéros 341 et 342, sont placés horizontalement à la tête du premier symbole, sur les nos. 343 et 345. 2°. Les mots يحيى — الأمير qui se trouvent sur les nos. 343 et 345, ne se rencontrent pas sur les nos. 341 et 342. Il est vrai que l'éditeur a lu الأمار على (»Al-Amâri Ali"), mots qu'il a expliqués d'une manière assez étrange; mais il suffit d'examiner les fac-simile pour se convaincre que les pièces portent réellement يحيى — الأمير. Enfin 3°. l'ensemble des légendes diffère. Quant à la date, Marsden observe en parlant du n°. 343: »With respect to the date, though
» there is no reasonable doubt of its being meant to express أربعمايه
» or the fourth century completed, the characters, upon two
» specimens, seem rather to be أربعين ما or forty hundred,
» which has no signification. The graphic art, it should be
» observed, was at a low ebb, in Spain, during these conten-
» tions (if not at all preceding periods) and every date is more

» or less imperfect." (Parmi les médailles arabes de l'Espagne, il y en a pourtant qui sont très-bien exécutées). Il est à regretter que les deux exemplaires publiés par Marsden soient frustes quant à la date ; mais ce qui me paraît certain c'est que ni l'un ni l'autre ne porte 40. ; ce qui ne se voit pas c'est l'*ain* final (ع) qui est si distinct sur la médaille d'al-Mahdí de 400 (n°. 342 سنة أربع ما), sur celle de Hischám II de 401 (سنة إحدى وأربع), sur le n°. 339 (de Hischám II) etc. ; et en examinant les fac-simile, on s'aperçoit que l'artiste n'a pas écrit أربعمائة en un seul mot. Puis, quant au n°. 343, l'espace entre سنة et le dernier mot que Marsden lit ما, est trop grand pour qu'il n'y ait là que le mot أربع de quatre lettres, et quant au n°. 345, on y voit un *ain* médial. Je serais donc porté à croire que les médailles sont de 44., et si cette date ne s'y voit pas distinctement, c'est que l'espace manquait à l'artiste ; en effet, اثنين وأربعين وأربع مائة, par exemple, est une date bien longue. Je lis sur le n°. 343 : سنة أربع وأربعين, car le signe en forme de zéro, que Marsden a pris pour un *mîm*, peut être aussi un و, ainsi que cela se voit sur d'autres monnaies (voyez par exemple les n°s. 338 et 347 de Marsden), et dans les deux derniers traits du dernier mot, je crois encore pouvoir reconnaître un *ain* médial. Le premier mot de la date du n°. 345 est effacé, mais Marsden affirme qu'un exemplaire porte distinctement إحدى et l'autre اثنين ; soit. Puis il y a وأربع abbréviation pour وأربعين, et enfin ما selon Marsden ; mais je crois y découvrir وا, ou peut-être وار, c'est-à-dire وأربع مائة.

Mais si nous avons ici des monnaies de 440—443, qui portent le nom de Mohammed al-Mahdí, il reste à savoir quel est le prince qui y est nommé. C'était vers ce temps, c'est-à-dire, depuis l'année 438 jusqu'à l'année 444, que Mohammed al-Mahdí l'Idriside régnait à Malaga. Ce prince prit effectivement le titre pompeux de khalife, d'Emir des Croyants (أمير المؤمنين) ; al-Homaidí l'atteste. D'ailleurs une médaille publiée par le comte Castiglioni [1] ne laisse aucun doute là-dessus ; elle porte très-distinctement l'année 444, et la date y est indiquée de cette manière سنة اربع واربعين. M. Castiglioni lit اربعين sans و, mais ici encore le و est indiqué par cette figure en forme de zéro, ce qui confirme ce que nous avons dit plus haut. Les légendes sont les mêmes que celles des médailles que nous avons déjà examinées ; seulement le dernier mot du champ à gauche, محمد, manque ici, ainsi que sur la médaille d'Adler, et le dernier mot du champ à droite, n'est pas Yahyá ; il y a un autre nom propre que M. Castiglioni avoue n'avoir pu lire. Il se peut que je me trompe, mais il me semble que ce mot est écrit assez distinctement et que c'est القاسم al-Kásim.

Les historiens glissent trop légèrement sur l'histoire des Idrisites de Malaga, pour que je puisse dire quel était l'émir Yahyá qui se trouve nommé sur les monnaies de 440, 441, 442, 443 ; cependant le nom de cet émir Yahyá est un argument de plus, pour prouver qu'elles ne sont pas du khalife de Cordoue ; car nous possédons des renseignements assez détaillés sur lui et son époque, et les historiens arabes qui nomment plusieurs personnages qui jouèrent alors un rôle, ne parlent pas de l'émir Yahyá ; circonstance étrange, supposé que ce personnage eût exercé une assez grande influence pour que son nom s'inscrivît sur les monnaies, comme ceux d'Almanzor et de son fils Abdo-'l-melik s'inscrivaient sur celles de Hischám II. Quant au nom de l'émir al-Kásim, qui se trouve sur la médaille de 444, je puis du moins offrir une conjecture là-dessus. Après la mort de Mohammed, fils d'al-Kásim, le gouvernement d'Algéziras passa à son fils al-Kásim, qui y régna depuis 440 jusqu'à 445 [2] ; mais al-Homaidí [3] atteste formel-

---

1) *Monete cufiche dell' I. R. Museo di Milano*, p. 302—305 ; Pl. XVI, n°. 5.   2) Ibn-Khaldoun, man., t. IV, fol. 23 r.
3) *Apud* Abdo-'l-wáhid, p. ۴۹.

lement que ce prince ne prit point le titre de khalife. Il me paraît que c'est lui qui a fait frapper cette monnaie, et qu'il a reconnu son parent Mohammed al-Mahdí de Malaga pour khalife. Ce fait qui nous est révélé par la médaille, n'est pas sans importance. Ce qui confirme d'ailleurs cette supposition, c'est que la forme des caractères sur la médaille de Castiglioni, diffère assez de celle des autres, frappées selon toute probabilité à Malaga, pour que nous soyons autorisés à penser que celle-ci est sortie d'un autre atelier monétaire.

Il serait injuste de passer sous silence que M. Castiglioni a déjà avancé l'opinion que les médailles d'Adler et de Tychsen étaient de Mohammed al-Mahdí de Malaga, et non du khalife de Cordoue; il a observé avec raison que l'expression بالاندلس n'indique pas ici que les monnaies ont été frappées à Cordoue; mais le savant numismate italien n'est arrivé à cette conclusion que par l'examen de la médaille qu'il avait sous les yeux; il n'a pas exposé comment l'opinion d'Adler et de Tychsen se trouve en opposition avec le témoignage formel des historiens arabes; au contraire, rien n'indique qu'il ait senti les nombreuses difficultés qui s'élèvent contre cette opinion. D'ailleurs Marsden, qui pourtant s'est servi du livre de M. Castiglioni, et M. Romey, ont mis de nouveau en crédit l'opinion qu'il existe des médailles de Mohammed al-Mahdí de 401, 402 et 403; M. Romey a même cru que ces médailles » tranchaient » péremptoirement la question," et ses raisonnements paraissent si concluants au premier abord, — j'avoue volontiers en avoir été ébloui moi-même — qu'il était à craindre que l'on ne rangeât le résultat de l'historien français parmi les plus curieux et les plus intéressants de son livre, et qu'il ne passât dans d'autres ouvrages. J'ai donc cru qu'il était important d'approfondir ce sujet, de sauver l'honneur des historiens arabes, et de m'opposer à un changement dans la marche des faits, qui les rendrait méconnaissables, et nous jetterait d'ailleurs dans un dédale de difficultés. En outre, on a vanté si souvent l'utilité de la numismatique, qu'il n'était peut-être pas tout à fait inutile de montrer combien il faut se tenir en garde contre les numismates.

Du reste, je ne veux nullement contester que la numismatique prête souvent un très-grand secours à l'historien. Je profiterai au contraire de cette occasion pour le prouver par un nouvel exemple.

M. Weijers [1] avait fait remarquer qu'on trouve dans notre manuscrit A. du *Kaláyid* d'Ibn-Khácán, deux poèmes composés par Rafîo 'd-daulah ibn-Çomádih en l'honneur de Sír fils d'Alí, fils de Yousof ibn-Téschifín, et que ce Sír est appelé par Ibn-Khácán ولى العهد, *prince héréditaire*. Mon savant maître avait ajouté que les historiens ne disent pas que Sír portait ce titre.

Dans le premier volume de mon *Historia Abbadidarum* (p. 17—19, dans la note) j'ai eu l'occasion de parler de ce Sír, et de publier un passage d'Ibno-'l-Khatíb d'où il résulte qu'Alí a accordé le titre de prince héréditaire à son fils Sír, l'année 522, qu'en 531 ce prince le portait encore, et qu'il mourut avant la fin du règne d'Alí (537). J'ajouterai ici que dans la suite de son chapitre sur Téschifín ibn-Alí, Ibno-'l-Khatíb nous apprend que Kamar, épouse d'Alí et mère de Sír, qui haïssait Téschifín, conseilla à Alí, après la mort de Sír, d'accorder le titre de prince héréditaire à Ishák. Cet Ishák était fils d'une autre épouse d'Alí, mais après la mort de sa mère, il avait été élevé par Kamar. Alí, prince faible et que la reine maniait à sa guise, objecta cependant qu'Ishák était encore enfant; il promit néanmoins de réunir le peuple dans la mosquée et de lui laisser le choix entre Ishák et Téschifín; il ajouta que dans le cas que le peuple ne voulût pas décider en cette matière, il se conformerait aux voeux de Kamar.

---

1) *Orientalia*, tom. I, p. 438, dans la note.

Quand il eut exposé à ses sujets de quoi il s'agissait, tous crièrent d'une seule voix qu'ils préféraient Téschifín. Alí accorda donc le titre de prince héréditaire à Téschifín, » et fit » graver le nom de ce prince sur les monnaies d'or et d'argent, » conjointement avec le sien ¹." Ibn-abí-Zer ² nous apprend qu'Alí nomma pour son successeur son fils Téschifín, l'année 533 ³, d'où il résulte que Sír mourut dans cette même année.

Adler (II, p. 136) a publié effectivement une monnaie, frappée à Fez l'année 535, où on lit أمير المسلمين على ولى

---

1) Après le passage que j'ai cité dans mon *Hist. Abbad.*, Ibno-'l-khatib (fol. 111 v., 112 r.) continue en ces termes: ولما توفى سبير اشارت الامّ المذكورة على ابيه بتقديم ولده اسحاق وكان روما (?) لها قد توليّت تربيته عند هلاك امّه وتنبه (sic; je lis وكفلته) فقال لها هو صغير السن لم يبلغ الحلم ولاكن اجمع الناس فى المسجد خاصّة وعامّة واخبرهم فان صرفوا الخيار الى فعلت ما أشرت به فجمع الناس وعرض عليهم الامر فقالوا كلّهم بصوت واحد تاشفين فلم توسّعه السياسة مخالفتنهم فعقد له الولاية بعد (بعده lis.) ونقش اسمه فى الدنانير والدراهم مع اسمه. Dans le texte *Hist. Abb.*, p. 18, l. 5, lisez: وجعل له الأمرّ.

2) *Al-Kartás*, p. ١٠٧ éd. Tornberg.

3) Les preuves ne manquent pas pour démontrer que M. Weijers, de même que tous les autres orientalistes qui se sont occupés de l'histoire d'Espagne, a pris souvent les fictions de Conde pour des faits qui se trouvent chez les historiens arabes. Ainsi il copie deux fois (p. 438 et 447) l'assertion de Conde, selon laquelle Téschifín reçut le titre de prince héréditaire en 528. Conde a tout simplement inventé ce fait, qui se trouverait en opposition avec le témoignage d'Ibno-'l-khatib et celui d'Ibn-abí-Zer; dans ses paroles, il est facile de reconnaître celles du *Holal;* mais l'auteur de cet ouvrage n'indique pas l'année où Téschifín fut nommé héritier du royaume.

عهده تاشفين. Mais Marsden (I, p. 353, n°. 356) a publié une autre monnaie, frappée à Almérie, qui porte très-distinctement l'année 523, et, à en croire le numismate anglais, on y lit après على بن يوسف, les mots ولى عهده الامير شين. Ce mot شين, dit Marsden, est une abréviation de تاشفين; il avoue pourtant que cette abréviation n'est pas justifiée par le manque d'espace. Sans doute, شين serait une abréviation bien étrange pour تاشفين; d'ailleurs cette supposition serait en opposition avec le témoignage d'Ibno-'l-Khatîb qui dit que Sír était prince héréditaire depuis 522 jusqu'à 533. Mais si l'on examine le fac-simile, on s'apercevra que le caractère que Marsden a pris pour un ن, est un ر et que la médaille porte très-distinctement ولى عهده الامير سير. Nous voyons donc que, même sans le témoignage formel d'Ibno-'l-Khatîb, nous saurions que Sír a porté le titre de prince héréditaire en 523. D'un autre côté, ce document vient à l'appui du témoignage d'Ibno-'l-Khatîb.

J'ajouterai ici encore quelques observations sur une petite monnaie d'argent publiée par Marsden et qu'il suppose être un quart de dirhem. C'est le n°. 348 que j'ai en vue. La pièce est d'un ouvrage très-net, mais les caractères des légendes sont assez singuliers. Elle ne porte ni date, ni nom de lieu, ni inscription marginale. Dans le champ à gauche, Marsden a lu

لا الـــــه الا
الـــــه
محمد رسول الله

Cette légende n'est sujette à aucune difficulté. Mais dans le champ à droite, Marsden a cru découvrir les paroles suivantes:

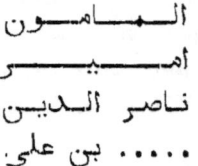

et il ajoute: » From the name of *Al-Mamûn*, which was as-
» sumed by *Kâsem*, the brother and successor of *Ali ben Ha-*
» *mûd*, we must presume it [the coin] to have been struck by
» him, and especially as these brothers boasted a descent from
» Ali, the son-in-law of the Prophet; to which the last name
» in the legend may be thought to allude." (Marsden se trompe gravement quand il pense que les Hammoudites se donnaient
le nom de *fils d'Ali*. Il est vrai qu'ils descendaient d'Ali,
mais ils ne se nommaient jamais ainsi sur leurs monnaies, pas
plus que d'autres princes Alides). Puis le numismate anglais
avoue qu'il n'a pu lire le mot qui précède celui qu'il lit بن; il
croit y découvrir حطين ou لطين (deux mots vides de sens),
mais il n'insiste pas là-dessus. Ensuite il avoue encore qu'il
n'a pas trouvé que cet al-Mamoun ait pris le titre de Náciro
'd-dín, et il ajoute que si le mot امير n'est pas suivi ici de
المومنين, cela doit s'attribuer au manque d'espace.

Vraiment, ces explications sont telles que je puis me dispenser de les critiquer; Marsden n'ayant pu lire rien d'autre
sur cette monnaie, il aurait bien fait de la rejeter parmi les
incerta. Il suffit cependant de jeter les yeux sur le fac-simile,
pour se convaincre que le premier mot n'est nullement المامون,
mais المسلمين; si jamais un mot a été gravé distinctement sur
une médaille, c'est celui de المسلمين sur celle qui nous occupe; elle porte

المسلمين
امير

c'est-à-dire امير المسلمين. Et voilà que l'opinion de Marsden
qui a cru trouver ici une médaille d'al-Mamoun al-Kásim ibn-
Hammoud, disparaît comme une vaine chimère.

Ce titre d'émiro 'l-moslimína nous fait voir en même temps
que nous avons ici une monnaie almoravide. Je la lis ainsi,
et ce n'est pas ma faute, si mes leçons s'accordent si peu avec
celles de Marsden:

— 267 —

أمير المسلمين

ناصر الدين

علي

ابراهيم

Il n'y a point de trace du بن que Marsden a cru découvrir avant علي.

Nous voyons donc que la médaille porte: »l'émir des »Musulmans Náciro 'd-dín Alí." Elle est d'Alí, le roi almoravide, fils et successeur de Yousof ibn-Téschifin. Une autre médaille, publiée par le comte Castiglioni (p. 283), ne laisse aucun doute là-dessus; elle est tout à fait différente de celle de Marsden, mais Alí y porte aussi le titre de Náciro 'd-dín [1].

Après un mûr examen du mot que Marsden n'a pu déchiffrer, bien qu'il ait cru trouver بن dans les deux dernières lettres, je me tiens assuré, d'abord qu'il ne se trouve pas sur la même ligne que le nom d'Alí, qu'il est placé un peu au dessous de ce nom, sur une ligne suivante pour ainsi dire; et ensuite que ce mot qui évidemment se compose de sept lettres, ne peut être autre que ابراهيم Ibráhím. J'ose espérer qu'un examen exact des caractères et de l'ensemble des légendes, conduira les archéologues au même résultat, et qu'ils se convaincront que toute autre explication est impossible.

L'histoire nous explique qui était cet Ibráhím. C'était un fils de Yousof ibn-Téschifín, et sous le règne de son frère Alí, il a été gouverneur de Séville. M. Weijers [2] lui a consacré une longue note, car c'est à ce prince que le célèbre Ibn-Khácán a dédié son *Kaláyido 'l-ikyán*.

C'est donc **Abou-Ishák Ibráhím**, fils de Yousof ibn-Té-

---

1) On y trouve aussi le nom du fils d'Alí, l'émir Téschifín.
2) *Orientalia*, p. 396 — 403.

schifin, qui a fait frapper cette monnaie, sous le règne de son frère Alí, probablement à Séville.

Je pourrais présenter encore diverses observations, soit sur des monnaies qu'on a classées à tort parmi celles de l'Espagne, soit sur d'autres qui ont été mal expliquées. Mais pour le moment je ne poursuivrai pas ces observations numismatiques ; ce que j'ai dit suffira pour prouver qu'il reste encore beaucoup à faire pour les monnaies arabes de la Péninsule, et que cette branche de la numismatique n'a pas eu le bonheur de compter parmi ceux qui l'ont cultivée, des hommes tels que M. Fraehn, qui ont su joindre à des connaissances archéologiques très-profondes, une grande érudition philologique et historique. J'ai dit ailleurs que dans la littérature orientale, il faut être philologue avant de pouvoir devenir historien ; qu'il me soit permis d'ajouter que dans le même champ d'études, il faut être philologue et historien avant de pouvoir devenir numismate.

UN RELIEUR MALADROIT
ET
LES HISTORIENS DE L'ESPAGNE.

On sait qu'Ibno-'l-Abbár a écrit, sous le titre d'*al-Hollato 's-siyará*, un ouvrage très-important qui contient les biographies des princes et des nobles de l'Espagne, qui se sont distingués par leur talent poétique; on sait aussi que Casiri a donné un Index de la plupart des articles de cet ouvrage, accompagné de quelques extraits latins, dans le second volume de son Catalogue de la Bibliothèque de l'Escurial. Depuis près d'un siècle, le livre de Casiri est entre les mains des savants; il a eu à essuyer, non sans raison, des critiques de tout genre; cependant on n'a pas remarqué, je crois, que l'Index que j'ai nommé, présente un phénomène bien extraordinaire. L'ouvrage d'Ibno-'l-Abbár, de même que l'Index de Casiri, est arrangé selon l'ordre chronologique, et divisé par siècles, en sorte que chaque siècle forme, pour ainsi dire, un livre. Aussi l'Index de Casiri est parfaitement en règle pour le deuxième et pour le troisième siècle de l'Hégire; — il s'entend que je parle de la division, de l'ordre des chapitres, et non des faits que Casiri rapporte, car malheureusement les erreurs n'y sont que trop nombreuses. Mais à peine est-on entré dans le quatrième siècle, que l'on rencontre, après Abdolláh ibn-Abdi-'l-aziz (p. 38), d'abord une foule de personnages qui appartiennent au cinquième, et ensuite (p. 46), après l'article d'Abou-Obaid al-Bekrí, quelques noms qui appartiennent de nouveau au quatrième siècle. On passe au cinquième, le plus fertile sans doute en nobles qui cultivèrent la poésie, et l'on ne trouve que deux personnages dans l'Index. Comment expliquer ces circonstances bien étranges? La réponse est fort simple; le manuscrit de l'Escurial est mal relié; seulement ni Casiri, ni les savants qui se sont servi de son ouvrage, et qui ont consulté et cité, mille fois peut-être, ce même Index, ne s'en sont aperçus. Cette circonstance a échappé aussi à l'attention de l'individu qui a fait sur le manuscrit de l'Escurial, par ordre de Conde, la copie qui appartient actuellement à la société asiatique de Paris, et dont je me sers en écrivant cet ouvrage, grâce à l'obligeance de M. Reinaud.

Cependant l'inadvertance de Casiri, quelque grave qu'elle soit, n'a exercé aucune influence sur ses extraits latins; son article sur Abou-Obaid al-Bekrí est inexact, mais voilà tout. Il était réservé à Conde qui, on le conçoit, ne s'inquiétait guère si un manuscrit était mal relié ou non, il était réservé à Conde de commettre une de ces bévues qui méritent de jouir du triste avantage d'être consignées dans les annales de la science; il était réservé aux historiens postérieurs de la copier, cette fâcheuse bévue.

Quand un ouvrage biographique est mal relié, il peut arriver soit qu'un nouveau chapitre commence au premier feuillet du cahier qui a été inséré trop tard, soit que ce feuillet contienne la suite d'un article inachevé. La dernière circonstance a eu lieu ici. L'article sur Abdolláh ibn-Abdi-'l-azíz (fol. 44 v., l. 22; le copiste du man. de la soc. asiat. n'a pas conservé la division des pages du man. original) est inachevé; il faut y joindre la page et demie qui suit immédiatement l'article d'al-Bekrí (fol. 83 v., l. 22). Après l'article d'Abdolláh viennent tous ceux qui se trouvent depuis le feuillet 84 *verso* jusqu'au feuillet 110 *recto*, l. 13; puis le feuillet 44 *verso*, l. 23, jusqu'à 83 *verso*, l. 22, et enfin 110 *recto*, l. 14 jusqu'à la fin du livre. En d'autres mots, 83 *verso*, l. 22, jusqu'à 110 r.

a été inséré beaucoup trop tard [1].

L'article sur al-Bekrí et ses aïeux se trouvant mêlé à celui d'Abdolláh Piedra seca, et Conde ne s'étant pas aperçu du fait, il en est résulté:

1) Au feuillet 44 r. on trouve des vers érotiques, et ensuite les mots: ورفع البيه شاعر ممن هناه بالخلافة يوم ببيعته شعرا فى رق مبشور واعتذر من ذلك بهذين البيتين. Après deux vers, on lit (44 v., l. 1): فاجزل صلته ووقع له على ظهر رقعته بهذه الابيات الخ. On voit qu'il ne s'agit plus ici d'Abdolláh ibn-Abdi-'l-azíz, mais d'un prince qui a pris le titre de khalife. Aussi ce passage appartient à l'article de Temím ibno-'l-Moizz (fol. 108 v. — 110 r., l 13), qui est également inachevé. On pourra s'en convaincre en comparant les mots que je viens de citer, avec ceux-ci qui se trouvent dans le chapitre sur Temim: وتميم القائم بالامر فى حياة ابيه الى ان هلك سنة ۴۵۴ فاستبدّ تميم بالمملكة ودخل البيه القضاة والفقهاء ووجوه القواد والاجناد وقد برز اليهم من الطائ فعزّوه عن المعزّ وهنوه بسائمملك وانشده الشعراء فى ذلك فاجزل جوائزهم واكثر عطاياهم. La seule question qui reste à décider, est celle-ci: les vers érotiques appartiennent-ils à l'article d'Abdolláh ou à celui de Temím? Les vers eux-mêmes ne me paraissent pas de nature à résoudre cette difficulté; et si je les ai attribués à Abdolláh, c'est parce qu'ils ne se trouvent pas cités dans les articles qu'Ibn-Khallicán et Imádo 'd-dín, dans son *al-Kharidah*, ont consacrés à Temim. Le volume de la *Kharidah* qui contient un article sur Temim, se trouve à Paris, dans la Bibl. royale, et c'est M. Defrémery qui a bien voulu m'informer que les vers en question ne s'y trouvent pas. — Il est hors de doute que les vers qui se trouvent au feuillet 83 v. l. 22, ont pour auteur Abdolláh ibn-Abdi-'l-azíz et non Abou-Obaid al-Bekrí; car Jbno-'l-Abbár les cite d'après Ibn-Faradj, l'auteur du *Hadáyik*. Cet écrivain mourut sous le règne d'al-Hacam II; il est donc impossible qu'il ait copié des vers d'Abou-Obaid al-Bekrí, car il monrut avait la naissance de cet auteur; mais il entrait dans le plan de son livre de copier des vers d'Abdolláh ibn-Abdi-'l-azíz. *Voyez* mon *Hist. Abbad.*, I, p. 198, 199.

1°. Qu'un homme de loi, Aiyoub ibn-Amr, l'aïeul d'al-Bekrí, qui peut-être ne s'est jamais mêlé de politique, conclut, d'après Conde (I, p. 535), MM. Rosseeuw Saint-Hilaire (II, p. 467) et Romey (IV, p. 441) un traité de paix avec Bermude II, et qu'Almanzor le fait jeter en prison parce qu'il le soupçonne d'avoir entretenu des intelligences avec les Chrétiens. M. Romey, trompé par ce nom d'Ibn-Amr, que Conde écrit *ben Amer*, a eu la malheureuse idée d'ajouter que ce personnage était de la famille même d'Almanzor.

2°. Que cet homme de loi, qui probablement n'a jamais porté les armes et qui mourut fort tranquillement à Cordoue l'année 398, périt, selon Conde (I, p. 552), dans une bataille livrée aux Chrétiens, dans les environs de Lérida, par Abdo-'l-melik, après avoir combattu vaillamment, l'année 393, et qu'on l'enterre (tout vivant probablement, car il ne mourut que cinq années plus tard) dans la mosquée de Lérida. Copié par M. Romey (V, p. 3).

On s'explique d'autant moins la bévue de Conde, que dans les mêmes lignes où il a cru qu'il était question d'Aiyoub ibn-Amr, on trouve raconté que le personnage dont il est parlé, fut promené ignominieusement par les rues de Cordoue, accompagné d'un héraut qui criait: » Voici Abdolláh ibn-Abdi-» 'l-azíz'' etc. D'après cela, on voit avec quelle attention Conde lisait les historiens arabes.

On se tromperait gravement si l'on pensait qu'on n'a ici qu'à changer les noms, et qu'alors les renseignements donnés par Conde, sont exacts. Il a altéré tous les faits rapportés par Ibno-'l-Abbár, soit qu'il nomme le personnage dont parle cet auteur, Abdolláh Piedra seca, soit qu'il l'appelle Aiyoub ibn-Amr.

Abdolláh Piedra seca s'étant trouvé lié intimement à l'histoire d'Almanzor et à celle de Léon, mais n'ayant joué qu'un rôle secondaire, je n'écrirai pas sa vie; je n'irai pas lui consacrer un article, où il serait jeté dans l'ombre par Almanzor et par les rois chrétiens. Le biographe, ainsi que l'auteur dramatique et le romancier, a besoin d'un héros; Abdolláh Piedra seca s'y prêterait mal. Aussi j'ai déjà atteint mon but en faisant remarquer à quelles fâcheuses erreurs l'inattention de soi-disant orientalistes peut donner lieu, comment un relieur peut contribuer fort innocemment à l'altération de faits historiques; je me suis frayé la route pour pouvoir consacrer un article aux Bekrites. Cependant, puisque j'ai dit que Conde a altéré tout ce qu'Ibno-'l-Abbár raconte de Piedra seca, je tiens à cœur de justifier cette accusation; en même temps je pourrai ajouter à son récit quelques renseignements nouveaux. Ce seront toujours des matériaux pour l'histoire d'une époque fort intéressante.

Le commencement du chapitre d'Ibno-'l-Abbár est conçu en ces termes:

عبد الله بن عبد العزيز بن محمد بن عبد العزيز بن امية بن الحكم الرّبعىی ابو بكر الملقب بالحاجر ويقال له* البُطُر شَكَ [1] بالعاجمية ومعناه الحجر اليابس أمره هشام المويد فى بعض الاوقات وسد به الثغر وفوّض اليه امر طليطلة وقلده اباها مع خطة الوزارة فاستقلّ بمقاومة غالب ایام فتنته حتى دعـاه الى القيام بالخلافة وكان علی مقدمة المنصور محمد بن ابى عامر فى غزاته الى جليقية بعد منصرفه من مقتل غالب بالثغر فى اول المحرم سنة ٣٧١ ومعه خيل طليطلة وطبقات الاجناد وجميع الرجل وفيها حصر سمورة واشتنعت (lis. وامتنعت) عليه تسميتها وعم

---

[1] Ces voyelles se trouvent dans le manuscrit; je crois qu'elles prouvent qu'il faut donner au surnom d'Abdolláh la forme espagnole *Piedra seca*, et non la forme latine *Petra sicca*, ainsi que l'a fait M. Romey (IV, p. 378).

بالتدمير كثيرا من نواحيها ومنها جهة دمر فيها نحو الف قرية
معروفة الاسماء كثيرة البيع والديارات ووصل قرطبة ومعه اربعة
الاف سبية وقد حزّ قريبا منها من روس الكفرة ۞

Il résulte de ce passage que le prince Abdolláh descendait en ligne droite du khalife al-Hacam Ier, surnommé ar-Rabadhí. Voici sa généalogie: Abdolláh fils d'Abdo-'l-azíz, fils de Mohammed, fils d'Abdo-'l-azíz, fils d'Omaiyah, fils d'al-Hacam Ier. Les Chrétiens lui donnaient le surnom de Piedra seca (*la pierre sèche*), les Arabes celui d'al-Hadjar (*la pierre*). (Probablement il devait ce sobriquet à son avarice). Hischám II, ou plutôt Almanzor, lui confia à différentes reprises le commandement d'une armée pour défendre les frontières; ensuite il le nomma gouverneur de Tolède avec le titre de wézir (*duc*).

Almanzor s'était d'abord servi de Gálib, le gouverneur de Medina-Celi, pour faire tomber al-Moçhafí; mais après la chute de ce dernier, il voulut se débarrasser également de Gálib, dont il avait cependant épousé la fille; Gálib se vit forcé de prendre les armes pour se défendre; mais Piedra seca qui avait reçu l'ordre de le combattre, sut le contraindre à reconnaître l'autorité du khalife [1]. Dans la suite, Gálib leva de nouveau l'étendard de la révolte, et appela les Chrétiens à son secours; mais il fut tué dans un combat que lui livra Almanzor en personne. Au commencement du mois de Moharram de l'année 371 (juillet 981), quand Almanzor se mit en campagne pour combattre Bermude II, roi de Léon, Piedra seca commanda l'avant-garde de l'armée musulmane, et mit le siége devant Za-

---

1) Le fait n'est pas mentionné par les autres historiens que j'ai été à même de consulter; mais les paroles d'Ibno-'l-Abbár حتى دعاه الى القيام بالخلافة (*jusqu'à ce qu'il le força de reconnaître l'autorité du khalife* n'admettent point d'autre interprétation. Nous ne possédons d'ailleurs que peu de renseignements sur la révolte de Gálib.

mora [1]. Il ne put s'emparer de la citadelle, mais il se dédommagea en mettant à feu et à sang les environs de la ville; dans un seul district il détruisit environ mille villages, »dont » les noms sont connus," dit l'historien, » et où il y avait » beaucoup d'églises et de maisons." Il retourna à Cordoue avec quatre mille captifs, et après avoir tranché la tête à un nombre presque égal de Chrétiens [2].

Conde (I, p. 501, 504, 505) s'est servi du passage que nous avons reproduit, et d'une ligne qui se trouve ailleurs chez Ibno-'l-Abbár; mais dans le peu de paroles qu'il a consacrées à Piedra seca, on remarque trois bévues auxquelles j'épargnerai les épithètes:

1°. Conde commence par dire que Gálib fut tué en duel par Abou-Merwán Abdo-'l-melik ibn-Ahmed ibn-Saíd (*lis.* Schohaid), gouverneur de Tolède, à la fin de l'année 368. Cependant Ibn-Adhárí raconte, dans son *al-Bayáno 'l-mogrib*, que Gálib fut tué pendant une bataille qu'il livra à Almanzor,

---

1) Au premier abord, il pourrait paraître douteux si la date qui se trouve ici chez Ibno-'l-Abbár, se rapporte à la mort de Gálib ou à l'expédition contre Bermude. Cependant la dernière explication est la plus naturelle, et elle est confirmée par le témoignage d'Ibn-Adhárí. Cet auteur n'indique pas l'époque précise de la mort de Gálib; mais après l'avoir racontée, il commence un nouveau chapitre, où il raconte les événements de l'année 371; il est donc certain que Gálib fut tué avant l'année 371, probablement vers la fin de 370.

2) » Y cuentan que en el camino habia cortado otras tantas cabezas de » infieles," dit Conde (I, p. 505), et M. Romey (IV, p. 387): » et l'auteur » arabe [savoir Conde] que nous suivons en ceci nous dit qu'il avait pen- » dant la route fait couper la tête à un égal nombre d'infidèles sans expri- » mer le motif de cette sanglante exécution." Je crois qu'il s'agit ici des habitants des villages prises par Piedra seca dans les environs de Zamora; il paraît en avoir fait passer la moitié par le fil de l'épée, et emmené l'autre moitié à Cordoue.

à l'instant où ce dernier était sur le point de prendre la fuite et cet historien ajoute que, suivant quelques-uns, il mourut après avoir heurté de la tête contre l'arçon de la selle de son cheval [1]. Conde aurait-il par hasard trouvé chez quelque historien un récit différent? Non; les ouvrages que possède la bibliothèque de l'Escurial sur l'histoire des Omaiyades sont bien peu nombreux, et ici Conde a seulement traduit à sa manière un court passage d'Ibno-'l-Abbár qui a consacré un chapitre de quelques lignes à l'Abdo-'l-melik dont parle Conde. On y lit (fol. 89 v.): كان على طليطلة لهشام بن الحكم المويد ومنها خاطبه مهنئا بمقتل غالب القائد صاحب مدينة سالم فى خلافه, ce qui signifie naturellement: »Il était gouverneur de Tolède » sous Hischám al-Mowaiyad, et de cette ville, il adressa une » lettre au khalife pour le féliciter de ce que le général Gálib, » gouverneur de Medina-Celi, qui s'était révolté, avait été tué [2]." Les orientalistes s'apercevront aisément que ces paroles n'admettent pas d'autre explication, et qu'il faut être un auteur tel que Conde, pour en conclure que ce gouverneur de Tolède avait tué Gálib en duel. Ses paroles ont été reproduites par M. Romey (IV, p. 378).

Avant de poursuivre ma critique, je rendrai justice à Conde en disant que sa supposition, selon laquelle Piedra seca fut

---

1) Voici le texte: ولما علم غالب بادناء جعفر علم الغرض فيه فنفسه ما بينهما ووقع بينهما معارك وفتن كان الظفر فيها لابن ابى عامر على غالب ومات وهو يقاتله مع النصارى وكان قد استجلبهم اليه فى خبر طويل فوجد غالب مقتولا فى مجال الخيل وابن ابى عامر كاد ان ينهزم له فقيل ان قربوس سرجه قتله وقيل غير ذلك ۞

2) Peut-être Conde a-t-il aussi appliqué à ce duel fabuleux les paroles: حتى دعاه الى القيام بالخلافة.

nommé gouverneur de Tolède en remplacement d'Abdo-'l-melik, me paraît assez vraisemblable.

2°. Piedra seca, dit Conde, jouissait d'une grande faveur auprès de la reine, mère d'Hischám. D'où le savait-il? C'est encore un de ces faits nombreux qu'il a tout simplement inventés.

3°. Piedra seca, dit Conde, était très-riche puisqu'il possédait, dans le district de Tadmir (Murcie), beaucoup de terres et de villages; on dit qu'ils dépassaient le nombre de mille. Copié par M. Romey (*loco laud.*). Qu'est-ce que dit Ibno-'l-Abbár? En parlant de l'expédition de Piedra seca en Galice, il dit: *waamma bi 't-tadmiri* etc. » Il détruisit en-
» tièrement plusieurs de ses districts (des districts de Zamora);
» il y en avait un, entre autres, où il détruisit environ mille
» villages." Ainsi Conde a pris l'infinitif du verbe *dammara*, *détruire*, *at-tadmir*, pour un nom propre *Tadmir*, Murcie; tout autre que lui aurait su du moins que le nom propre *Todmir* s'écrit toujours sans article. Il n'a point fait attention au contexte, à l'expédition en Galice dont il a été parlé immédiatement auparavant, au verbe *dammara* au préterit qui suit et qui aurait dû preserver d'erreur l'écrivain le plus ignorant, le plus dépourvu de sens commun; est-ce que Conde se soucie de bagatelles semblables? Il n'a vu que ce fâcheux *at-tadmir* et *mille villages*, et voilà que Piedra seca devient un opulent propriétaire, qui possède mille villages dans le pays de Todmír! Je dois ajouter que des bévues de cette nature ne sont nullement rares chez Conde; on les rencontre dans son livre, à chaque page, je dirais presque dans chaque phrase.

Après ces remarques, je crois inutile de m'arrêter à quelques fautes d'une moindre importance et à quelques fictions qu'on trouve chez Conde aux pages 504 et 505.

Dans un autre chapitre de ce volume (p. 19—24), nous avons déjà parlé de la conspiration d'Abdolláh, le fils d'Almanzor, et d'Abdorrahmán ibn-Motarrif, le gouverneur de Saragosse, contre le premier ministre; nous avons vu que Piedra seca trempa dans ce complot, qu'Almanzor le rappela de Tolède en cachant d'abord son ressentiment et en feignant de ne rien savoir des intentions des conspirateurs, mais qu'ensuite il lui ôta son titre de wézir et lui défendit de quitter son palais. Si Abdolláh, le fils d'Almanzor, alla chercher un asyle chez Garcia Fernandez, le comte de Castille, Piedra secà, après avoir trouvé le moyen de s'évader de Cordoue, se réfugia à son tour chez Bermude II de Léon. Mais dans le mois de Schawwál de l'année 385 (novembre 995), Bermude fut contraint de livrer Piedra seca à Almanzor, et de s'engager à payer un tribut. Quand le prisonnier fut arrivé à Cordoue, Almanzor le fit placer, chargé de fers, sur un chameau, et promener ignominieusement par les rues de la capitale, accompagné d'un héraut qui prononçait ces paroles: »Voici Abdolláh » ibn-Abdi-'l-azíz, qui a quitté les Musulmans pour se rendre » chez leurs ennemis, qui a aidé les Infidèles à combattre les » Croyants." En entendant ces paroles, Piedra seca lui répondit: »Tu en as menti! Dis: voici un homme qui, mû par la » crainte, s'est enfui; il a ambitionné l'empire, mais ce n'est » point un idolâtre, ce n'est point un apostat."

L'historien que nous suivons, nous fait connaître une circonstance qui mérite d'être remarquée; il dit qu'Almanzor ne s'appropria pas les terres de Piedra seca, mais qu'il les donna aux fils du malheureux prisonnier. Nous avons déjà dit ailleurs qu'Almanzor ne tâcha point de détruire l'aristocratie elle-même, et qu'il se contenta de faire tomber les nobles qui lui faisaient ombrage. Il fit tuer Abdorrahmán ibn-Motarrif, mais il laissa le gouvernement de Saragosse à son fils; il fit jeter en prison Piedra seca, mais il ne confisqua point ses biens.

Dans la prison, Piedra seca qui était un poète distingué, adressa un poème à Almanzor pour le prier d'épargner sa vie; Almanzor ne le tua pas en effet; mais il le laissa languir dans la prison, où Piedra seca fit preuve de fermeté d'âme et de résignation; souvent il y priait, et sa conduite excitait la compassion générale. Mais Almanzor demeura inexorable et ce fut en vain que son fils Abdo-'l-melik lui demanda pardon pour Piedra seca. Celui-ci ne sortit de sa prison qu'après la mort d'Almanzor, quand Abdo-'l-melik al-Modhaffar eut succédé à son père. Ce ministre lui rendit le titre de wézir, et l'admit parmi ses amis les plus intimes. Mais Piedra seca ne devait pas jouir longtemps de son bonheur. Etant parti de Cordoue avec Abdo-'l-melik quand celui entreprit sa première campagne contre les Chrétiens l'année 393 (ou 1003), il mourut à Lérida et fut enterré dans la mosquée de cette ville.

Nous avons emprunté ces renseignements à Ibn-Adhári, à Ibn-Khaldoun (*voyez* son chapitre sur les rois chrétiens) et à Ibno-'l-Abbár. Conde a aussi consulté ce dernier auteur dont je vais reproduire le texte (fol. 84 r. et v.):

وله مع رسالة حين ظفر به المنصور محمد بن أبى عامر فى شوال سنة ٣٨٥ وكان قد هرب امامه الى بلد الروم فسجنه بالمطبق بعد ان طيف به على جمل وهو مقيّد

فررت فلم يغن الفرار الابيات

وله ايضا يستشفع بالمظفر عبد الملك الى ابيه المنصور

الا ايها الحاجب المرتجى الابيات

ومن خبره انه اقام مسجونا الى ان مات المنصور وولى ابنه المظفر عبد الملك حجابة هشام فاطلقه واستحمّه لابيه[1] وخلع عليه وولّاه الوزارة وخصّ به فلم تطل حياته وتوفى غازيا مع عبد الملك غزاته الاولى سنة ٩٣ بمدينة لاردة وقبره بمسجدها   وكان جلدا

---

1) Cette construction de la dixième forme du verbe حلّ est remarquable: *il avait demandé pardon pour lui à son père.*

في محنته ¹ كثير الدعا وانضراعة قد رزق من الناس رحمةً ولما
اسلمه برمند ملك الجلالقة مضطرًا الى ثقات المنصور وطيف به
كلى (؟) قدامه ينادى هذا عبد الله بن عبد العزيز المغافرى
لجماعة المسلمين النازع الى عدوهم المظاهر له عليهم فكان هو
يردّ عليه ويقول كذبت بل نفسٌ خافت ففرّت تبغى الامر من
غير شرك ولا ردّة   ولم يعرض المنصور لمنازله وضياعه اطلقها لبنيه
مدّة اعتقاله ۞

  Conde s'est servi de ce passage en deux endroits différents.
Dans le premier (I, p. 535), il dit: »En Xawal de la même
» année [385], Almanzor vainquit de nouveau les Chrétiens,
» et après la bataille, le roi Bermond" [pourquoi ne pas pro-
noncer برمُنْدُه, *Beremundo*, transcription très-exacte de *Veremundo* ou *Beremundo*?] » de Galice envoya ses ambassadeurs
» et ses lettres pour concerter un arrangement avec Almanzor,
» et Ayûb ben Amer de Gezira Saltis retourna avec les ambas-
» sadeurs chrétiens pour traiter avec le roi Bermond. Les
» pluies commencèrent et empêchèrent Almanzor de poursuivre
» son expédition, et il revint à Cordoue où il fut reçu avec de
» grands témoignages d'allégresse."

  » Quand Ayûb ben Amer fut de retour à Cordoue de son
» ambassade auprès du roi de Galice, Almanzor ne goûta point
» le traité qu'il avait fait avec les infidèles, et ayant conçu des
» soupçons contre lui, il le fit incarcérer." Copié textuellement par M. Romey (IV, p. 441).

  Ne revenant pas sur la bévue de Conde quand il nomme
ici Aiyoub, et ne m'arrêtant pas au vague de son récit, bien
qu'il ait eu la merveilleuse idée d'appeler les pluies à son se-

---

1) Pendant la calamité qui le frappait, c'est-à-dire, quand il se trouva
en prison.

cours, je me contenterai de dire, ce que du reste l'on aura déjà remarqué, que tout ce passage n'est qu'une suite de malentendus plus étranges les uns que les autres.

Je m'épargnerai la peine de traduire le second passage de Conde (I, p. 551, 552) qui a aussi été copié par M. Romey. Pour le récit de cette expédition d'Abdo-'l-melik, Conde n'a eu à sa disposition que le passage d'Ibno-'l-Abbár que j'ai publié; on s'apercevra que l'imagination du digne académicien de Madrid, a su relever les couleurs un peu pâles du récit simple et prosaïque de l'auteur arabe. Mais selon lui, Aiyoub, c'est-à-dire Abdolláh, périt en combattant » con mucho valor." M. Romey (V, p. 3), après avoir copié, de même que M. Aschbach (*Gesch. der Ommaijaden in Spanien*, t. II, p. 242) [1], le récit de Conde, a même trouvé moyen de placer la phrase suivante, assurément fort jolie, fort spirituelle, et à laquelle il ne manque rien, sinon d'être fondée sur quelque chose: »Il s'était fait tuer en combattant vaillamment, avec l'intrépi-»dité ou plutôt l'abnégation chevaleresque d'un parfait dévot »musulman, heureux de laver ainsi le soupçon sous le poids »duquel il avait tristement vécu depuis son emprisonnement." J'en suis très-fâché pour M. Romey, mais cette belle phrase est contredite par le témoignage formel d'Ibno-'l-Abbár, d'où il résulte qu'Abdolláh ne mourut pas dans la bataille (qui eut lieu à Albesa, et dont parlent deux chroniques chrétiennes [2]), mais qu'il expira fort tranquillement sur son lit, à Lérida, avant que les deux armées ennemies en fussent venues aux mains.

---

1) On retrouve chez cet écrivain toutes les erreurs de Conde que j'ai signalées.

2) Elles sont citées par M. Schaefer (II, p. 225).

NOTICE

SUR LES BECRITES, SEIGNEURS D'HUELVA ET DE DJEZÍRAH SCHALTÍSCH, ET SUR LA VIE ET LES OUVRAGES DU CÉLÈBRE GÉOGRAPHE ABOU-OBAID AL-BECRÍ.

Le plus grand géographe que l'Espagne arabe ait produit, est sans contredit Abou-Obaid al-Becrí. Il y a longtemps déjà qu'on a appelé l'attention sur cet auteur et ses ouvrages. Casiri, dans le second volume de son Catalogue (p. 46), a donné quelques extraits, en latin, du chapitre que lui a consacré Ibno-'l-Abbár; cependant il ne semble pas avoir senti l'importance de ces extraits; il ne paraît pas s'être aperçu qu'Abou-Obaid al-Becrí dont il y est question, et qui, selon cet article, appartenait au XIe siècle, était le célèbre géographe. Ce qui prouve que cette circonstance a échappé à l'attention de Casiri, c'est qu'il décrit dans le même volume (p. 2—4), un manuscrit de l'Escurial, dont l'auteur, dit-il, se nomme »Abu » Obaid Cordubensis, antiquus, sed incertae aetatis Scriptor."

M. Quatremère, en donnant dans le douzième volume des *Notices et Extraits*, de longs extraits français d'un manuscrit acéphale de la Bibl. nationale, s'est aperçu, il est vrai, que ce manuscrit était un volume dépareillé d'un ouvrage d'Abou-Obaid al-Becrí; mais bien qu'il ait remarqué le dernier passage de Casiri que j'ai cité, il semble ne pas plus avoir soupçonné que Casiri lui-même, que le passage qui se trouve à la page 46 du Catalogue de la Bibl. de l'Escurial, se rapporte au célèbre géographe; depuis longtemps cependant, Hamaker [1]

---

1) *Specimen Catalogi*, pag. 68.

l'avait fait remarquer. Aussi M. Quatremère ne nous apprend rien sur la vie de cet écrivain ni sur sa famille; il se contente de dire qu'il était né à Cordoue, ce qui est inexact.

Les renseignements donnés par M. de Gayangos (I, p. 312, 313) sont sans doute plus satisfaisants. Cet orientaliste a traduit un article d'ad-Dhabbí sur al-Becrí; il a cité Ibn-abí-Oçaibiah et Ibn-Khácán. Il est cependant étrange que la notice de Casiri ait échappé également à son attention.

Dans une courte note, M. de Slane (traduction anglaise d'Ibn-Khallicán, I, p. 319) a dit quelques mots sur al-Becrí. Ce savant orientaliste a vu, de même que Hamaker, que la notice donnée par Casiri à la page 46, se rapporte au célèbre géographe. Mais M. de Slane n'ayant à écrire qu'une note explicative, n'a pu traiter la vie d'al-Becrí avec les développements désirables; aussi il s'est borné à des citations (*Notices et Extraits*, Casiri, Ibno-'l-Abbár, M. de Gayangos); il ne nous apprend rien sur la vie du géographe, excepté qu'il répète l'opinion erronée de M. Quatremère, en disant qu'al-Becrí était né à Cordoue.

Enfin M. Reinaud [1] a aussi consacré quelques lignes à al-Becrí, qui ne sont pas tout à fait à l'abri de la critique; il dit, par exemple, qu'Abdo-'l-aziz, le père d'Abou-Obaid, avait occupé un rang élevé auprès des princes de Séville de la famille d'Abbád.

J'ai donc osé croire qu'il n'était pas inutile de rassembler les notices que nous possédons sur al-Becrí et sur sa famille. L'histoire de cette famille a été donnée par Conde; mais nous avons déjà vu qu'il a commis la bévue de confondre Aiyoub ibn-Amr al-Becrí avec le prince Omaiyade Piedra seca. D'ailleurs les morceaux qui précèdent, auront fait voir qu'il suffit

---

1) Traduction française de la géographie d'Abou-'l-fedá, Introduction, p. CIII.

que Conde ait traité un sujet, pour qu'il soit indispensable de le traiter de nouveau. Les textes que j'ai pu recueillir, ne sont ni circonstanciés ni nombreux; mais ce sont, je crois, à peu près les seuls qui existent en Europe [1], et rien n'a encore été publié sur ce sujet dans l'original, à l'exception d'un extrait d'Ibn-Haiyán qu'on trouve dans le premier volume de mon ouvrage intitulé *Scriptorum Arabum loci de Abbadidis*. Je publierai d'abord tous les textes que j'ai à ma disposition. De cette manière je pourrai m'épargner les citations.

Ibn-Baschkowál, *aç-Cilah*, man. de la Société asiatique de Paris (je suis redevable de cette copie à M. Amari):

ايوب بن عمرو البكرى صاحب خطّة الرّدّ [2] بقرطبة والقاضى ببلدة [3]

---

1) M. Defrémery m'écrit que dans le manuscrit d'ad-Dhabbí que possède la Société asiatique, et qui a été copié sur celui de l'Escurial, on ne trouve pas d'article sur notre géographe.

2) Chez al-Makkarí (man., fol. 419 r.) il est question d'un personnage qui était connu sous le nom d'Ibn-Çáhibi 'r-radd. On connaît la phrase ردّ المظالم qu'on rencontre, par exemple, dans le *Bayáno 'l-mogrib* (tom. I, p. ١٣٥ de mon édition), et qui signifie *redresser les griefs, réparer les injustices*. Il ne peut donc être douteux que l'expression صاحب الردّ ne soit l'équivalent de صاحب المظالم. Il paraît que c'était le titre que portait anciennement dans l'Occident le grand juge, celui qui en Orient s'appelait kádhí 'l-kodhát, et qui, postérieurement au dixième siècle, s'appelait en Espagne kádhí 'l-djemáah. Ce qui m'engage à le croire, c'est que les fonctions attachées à ces différents titres, étaient les mêmes (voyez le *Bayáno 'l-mogrib*, t. I, p. ٢٠٢ et ٢٩٨); d'ailleurs Aríb et Ibn-Adhárí manquent rarement de rapporter la nomination, la destitution ou le décès du Çáhibo 'l-madhálim, de même que les historiens orientaux parlent toujours du Kádhí 'l-kodhát de l'époque; mais Aríb, écrivain du dixième siècle, n'emploie jamais l'expression kádhí 'l-djemáah, et Ibn-Adhárí ne l'emploie jamais non plus en parlant d'événements antérieurs au onzième siècle.

3) J'aimerais mieux lire ici ببلدة.

ليلة كان ذا علم وفضل وسرو وعفة ورحل الى المشرق فأدى الفريضة ولقى جماعة من العلماء وكان شديدا فى احكامه وتوفى فى شهر رمضان من سنة ثمان وتسعين وثلث مائة ودفن بمقبرة الربض وحضره جمع من الناس فاتبعوه ثناء حسنا جميلا ذكره ابن حيان ۞

Le chapitre d'Ibno-'l-Abbár (fol. 82 r. — 83 r.) est celui dont Casiri (II, p. 46) s'est servi, mais d'une manière fort inexacte. Il y a, dans le commencement, quelques lacunes dans le manuscrit dont je me sers.

عبد الله بن عبد العزيز البكرى ابو عبيد الوزير ۞

هو عبد الله بن عبد العزيز . . . . بن محمد ابن ايوب . . . الامراء . . . . يكنى ابا . . . . ابو يزيد (ابو زيد .lis) محمد بن ايوب ولبة وشلطيش وما بينهما من الثغر الغربى واصاهم من ليلة وكان ايوب بن عمرو قد ولى خطة الرد بقرطبة وولى ايضا القضاء ببلده وسماه ابن حيان فى الذين سمعوا من هشام المؤيد ما امر بعقده للمنصور محمد بن ابى عامر مجددا للألبة (لِلّلْفَة .lis) وسمى معه محمد بن عمرو اخاه وتاريخ هذا العقد شهر صفر سنة ٣٨٧ وذكر ابو القاسم بن بشكوال ايوب بن عمرو المذكور فى تاريخه قال ابن حيان لما توى الوزير ابو الوليد الخ

Ici se place le passage d'Ibn-Haiyán que j'ai déjà publié et traduit dans mes *Scriptor. Arab. loci* etc. (I, p. 252, 253; 282—285); la comparaison du texte d'Ibno-'l-Abbár m'a fourni quelques corrections que j'ai données dans les *Addenda et Emendanda* ajoutés au second volume. Puis Ibno-'l-Abbár continue en ces termes:

وحكى غيره ان البكرى فى قصده قرطبة اجتاز باقليم البصل
وطَلباطَة ١ وقد اعدّ المعتصد له النزل والضيافة هنالك ومذْهَبُه ٢
القبض عليه وعلى نعمته فقدّم الى صاحب قرمونة محمد بن
عبد الله البرزالى يعلمه باجتيازه عليه وبسانه لا يامن غائلة عباد
وسأله مشاركته وحَفارته فعجّل له ٣ قطعة ٤ من خيل مجرّدة لقَيْته
بموضع اتّفقا عليه ولم يلُو البكرى على موضع النزل وحَثّ حمولته
حتى لقَيته خيل ابن عبد الله فوصل معها الى قرمونة ثم توجّه
منها الى قرطبة وناجيا من حبائل المعتصد قال وكانت مدة
البكريين بشلطيش وما اليها ٥ احدى واربعين سنة   فى اول
هذا الخبر عن ابن حيان ذكرُ ابن يحيى وابى زيد البكرى
وابو زيد انما هو محمد بن ايوب والد عبد العزيز ولم يدرك
المعتصد زمانه واما عبد العزيز فكنيته ابو المُصْعَب وكان جوادا

---

1) Je ne crois pas que les géographes arabes parlent de ce district; mais le contexte indique suffisamment où il était situé, à savoir entre Huelva et Carmona, non loin de Séville. J'ignore si طَلباطَة est l'endroit qui, dans le *Repartimiento* (voyez Morgado, *Historia de Sevilla*, fol. 39, col. 1; man. 478 (Egerton) du musée britannique, fol. 29 v., et les *Anales de Sevilla* par Ortiz de Zuñiga), est nommé Tablante, et qu'Alphonse X appela Mesnada. Cela serait du moins possible, car Tablante était situé dans le district de San Lucar la Mayor, et il devait se trouver sur la route d'Abdo-'l-azíz. Il faut se souvenir d'ailleurs que les noms arabes ont été horriblement mutilés dans le *Repartimiento*.

2) On voit que le mot مذهب signifie ici *plan*, *intention*.

3) *Il lui envoya en toute hâte.* طَلَقْ سُعادَ وَعَجِّلْها مجهّزةً, lit-on dans un poème de Moáwiyah (apud Freytag, *Chrest. arab. gramm. hist.*, p. 81); voyez aussi *al-Bayáno 'l-mogrib*, t. I, p. ٧٧ de mon édition.

4) Le mot قطعة signifie *un bataillon* ou *un escadron*. *Voyez Script. Arab. loci de Abbadidis*, t. II, p. 232, note 30.

5) *Voyez* plus haut, p. 75.

ممتدحًا وفيه يقول ابو على ادريس بن اليمانى من قصيدة فريدة
وكان ادريس هذا معدما (معدّدًا .lis) فى فحول شعراء الاندلس ¹
ثم تصرف فى المديح تصرّفه فى النسيب فاحسن وابدع   وابن
يكبى هو يكيى بن احمد بن يكيى البكصبى من اهل لبلة
استولى عليها احمد ابوه فى بضع عشرة واربعمائة وملكها نحوا
من عشرين سنة الى ان مات سنة ٣٣ فوليها بعده ابنه يكيى
الى ان خلعه عباد المعتضد سنة ٤٣ كما تقدّم   وكان ابو
عبيد البكرى من مفاخر الاندلس وهو احد الرؤساء الاعلام، وتواليفه
قلائد فى اجياد الايام" ذكره ابن بشكوال فى تاريخه ² وحكى
انه كان يمسك كتبه فى سبانى ³ الشرب وغيرها اكرامًا لها قال
وجمع كتابا فى اعلام نبوة نبينا صلّعم اخذه الناس عنه وتوفى
فى شوال سنة ٤٨٧ وحكى الفتح بن عبيد الله فى ما وجد بخط
ابن حيان على زعمه ⁴ ان ابا عبيد صار الى محمد بن معن
صاحب المرية فاصطفاه لصحبته واثر مجالسته والانس به ورفع
مرتبته ووقر طعمته ومن شعره يخاطب ابا الحسن ابراهيم بن

---

1) Les neuf vers qui suivent ici, outre qu'ils présentent une lacune, ont été tellement altérés par le copiste, que je me suis vu obligé de les supprimer. Je doute que le lecteur y perde beaucoup.

2) Dans le manuscrit du *Cilah* que possède la Société asiatique, il n'y a pas d'article sur notre Abdolláh.

3) سبانى est le pluriel de سبنية, *une pièce d'étoffe, une serviette*. Voyez sur ce mot mon *Dict. des noms des vêtements*, p. 200.

4) Ce passage est remarquable, car Ibno-'l-Abbár cite ici un livre d'Ibn-Khácán que nous ne connaissons pas, et qui doit avoir été composé sur un tout autre plan que le *Matmah* et le *Kaláyid*, où les citations sont extrêmement rares; je ne me rappelle pas que l'auteur y cite une seule fois Ibn-Haiyán.

محمد بن يحيى المعروف بابن السَّقَّاط ١ وزير ابى الوليد بن جهور بقرطبة وقد خرج رسولا الى باديس بن حبوس بغرناطة انشدها له ابن حيان فى تاريخه الكبير ونقلتها من خط ابى الوليد بن الدباغ المحدث

كذا فى بروج السعد ينتقل البدر ويُحْسِنُ حيث احتلَّ آثارَه القُطْرُ
وتنقسم الارضَ الحظوظُ ٢ فبُقعة ٣ لها وافرٌ منها واخرى لها نَذْر ٤
أذلَّ ٥ مكانٍ غاب عنه مملَّكى وعَزَّ مكانٍ حلَّه ذلك البدر
فلو نقلَتْ أرضٌ خطاها لأَقْبَلَتْ تهنِّيه بغدادٌ بقربك ٦ او مصر

وله فى المعتمد محمد بن عباد عند اجازته البحر مستجيرا بيوسف بن تاشفين ٧

يهـون علينــا مركـبُ الفـلكِ أن نرى
محيـى العـلا لَمَّــا نبيــا مركب الجـد ٨

----

1) بابن السقا, lit-on dans le man.; mais j'ai suivi le man. A. du *Ka-láyid* d'Ibn-Khácán, où l'on trouve les vers qui suivent, précédés de ces mots : ولما خرج ابن السقاط الى لقاء باديس بن حبوس كتب اليه.

2) Le man. A. porte وتبتسم et الخطوط.

3) Le man. d'I.—A. porte فبقعة.

4) C'est ainsi que j'ai cru devoir lire; le man. d'I.-A. porte نذر, et le man. A. بذر.

5) C'est ainsi qu'on lit, avec toutes les voyelles, dans le man. A.; celui d'I.—A. porte لذل.

6) Le man. A. porte فيربك.

7) Les vers suivants se trouvent aussi dans les manuscrits A. et C. (bibl. nation. 734 collationné par M. Defrémery) d'Ibn-Khácán.

8) Au lieu de الفلك on lit الملك dans A. et C., et au lieu de أن نرى (je suppose qu'il faut sous-entendre قائلين; cf. de Sacy, *Gramm. arabe*, II, p. 468) أن يرى chez I.—A. Au lieu de نبيا on lit قبما chez I.—A. التجرد et التجرد dans C. Au lieu de الجد, on trouve dans A. تنا et dans C.

فجَرَّنا¹ أجاجَ البحرِ نبغى² زلالَه
وذُقْنا² جنى الشريان³ نبغى⁴ جنى الشَّهْدْ
يُذكِّرُنا ذاك العبابَ اذا طمى
ندى كفِّك الهامى على القربِ والبعدْ

ومنها

محمدُ يابنَ الاكرمينَ أرومةً
لِيَهْنِيكَ تشييدُ المكارم فى المجدْ
فلو خُلِّد الانسانُ بالماجدِ والتقى
وآلائهِ الحُسنى لهُنيتَ بالخلدْ

وله⁵

أجَدَّ هوى لم يبَلْ شوقًا تجدُّدا⁶   ووجدًا اذا ما أتهمَ الحبُّ أنجدا
وما زال هذا الدهرُ يلحنُ فى الورى   فيرفعُ مجرورًا ويخفضُ مبتدا
ومن لم يحط بالناس علمًا فاننى   بموتِهم شتى مسودًا وسيّدا

وله وكان مولعًا بالخمرِ منهمكًا فيها

خليلىَّ انى قد طربتُ الى الكاسِ   وتُقْتُ الى شمّ البنفسجِ والآسِ
فقوموا بنا نلهو ونستمعُ الغنا   ونسرقُ هذا اليومَ سرًّا من الناسِ
فليس علينا فى التعلُّلِ ساعةً   وانْ وقعتْ فى عقبِ شعبانَ من باسِ

En publiant le chapitre d'Ibn-Kháçán d'après quatre ma-

---

1) فجَرْنا portent les man. A. et C., et on lit chez I.—A. مكرب (sic).

2) I.—A. وذقتُ et تبغى.

3) شريان est ici l'équivalent de شَرْى (coloquinte). Dans le man. d'I.—A. où il y a ici une lacune, le mot a été omis.

4) I.—A. تبغى.

5) Les vers suivants se trouvent aussi dans le man. A. d'Ibn-Kháçán.

6) Au lieu de لم يبل شوقًا et de الحب, on lit dans A. لم يبل دهرًا et الوجد.

nuscrits, j'ajouterai en note les variantes qui me paraissent de quelque importance.

الوزير الفقيه ابو عبيد البكرى ۞

عالم الاوان ومصنفه' ومقرط البيان ومشنفه" بتواليف كانها الخرائد' وتصانيف ابهى من القلائد" حلّى بها من الزمان عاطلا" وارسل ۱ بها غمام الاحسان هاطلا" ووضعها فى فنون مختلفة وانواع' واقطعها ما شاء من اتقان وابداع" وامّا الادب فهو كان منتهاه' ومحلّ سهاه" وقطب مداره' وفلك تمامه وابداره" وكان كل ملك من ملوك الاندلس يتهاداه تهادى المقل للكرى' والاذان للبشرى" على هَنَات كانت فيه مستبشعة الذكر' مستشنعة النكر" تمجّها الاوهام والخواطر' ويثيتها السماع المتواتر" فانه كان رحمه الله مباكرا للراح لا يصحو من خمارها' ولا يمحو رسم ادمانه من مضمارها" ولا يريح الا على تعاطيها' ولا يستريح الا الى معاطيها" قد اتّخذ ادمانه هجيره' ونبذ من الاقلاع نبذ عاصم بن الايمن مجيره ۲ " وقد اثبتّ له ما ما يشهد بتقدّمه' ويربك منتهى قدمه" رايته وانا غلام ما اقصر هلالى' ولا نبع فى الذكاء كوثرى ولا زلالى" فى مجلس ابن منظور فى هيئة كانما كُسيتَن بالبهاء والنور وله سبلة كانما يروق العيون ابماضها' ويفوق السواد ببياضها" وقد بلغ سن ابن محلم' وهو يتكلم

---

1) Telle est la leçon de trois manuscrits; Ga. نواسبيل.

2) Je n'ai pu me procurer aucun renseignement sur l'histoire à laquelle l'auteur fait allusion ici (dans le man. G. on lit عاصم بن الادهم), et je ne sais pas davantage quel est l'Ibn-Mohallim qui se trouve nommé dans la suite; mais le contexte indique suffisamment que l'expression: il avait atteint l'âge d'Ibn-Mohàllim, signifie: il était très-vieux.

— 291 —

فيفوق كل متكلم،، فاجرى ذكر ابن مقلة وخطه، وأُفيض فى رقعه وحَطه،، فقال

خط ابن مقلة من أرعاه مُقْلَتَهُ   وَدَّتْ جوارحه لو اصبحت مقلا
فالدر يصغر لاستحسانه حسدا   والورد يحمر من ابداعه خجلا

وله فصل من كتاب راجع به الفقيه الاستاذ ابا الحسن[1] بن درى رحمه الله   وتالله انى لاتَطَعَّم جنى مجاورتك فيقف فى اللهاة، واجد لتخيُّل مجالستك ما يجده الغريق للنجاة[2]، واعتقد فى مجاورتك ما يعتقده الجبان فى الحياة،،

متى[3] تُتخَطّى الايامُ فى بِأَنَّ ارى   بغيضا تَنَأَى[4] او حبيبا نَقَرُّبْ

ورأيت رغبتك فى الكتاب الذى لم يتحرر ولم يتهذب، وكيف التفرُّغ لقضاء ارب، والنشاط قد ولّى وذهب،، فما اجده الا كما قال[5]

نزرا كما استنكرهت عائر نفحة   من فارة المسك التى لم تُنْقَتف

وان يعن الله على المراد، فبك والله يستفاد،، وبرغبتك اخرجه من الوجود الى[6] العدم، واليك يصل أَدنَى ظلم،، بحول الله

وله من رقعة يهنئ بها الوزير الاجلَّ ابا بكر بن زيدون بالوزارة اسعد الله بوزارة سيدى الدنيا والدين، واجرى لها الطير الميامين، ووصل به التاييد والتمكين،، والحمد لله على امل بلَّغه، وجدَل قد سوَّغه، وضمانٍ حقَّقه، ورجاءٍ صدَّقه،، وله المنّة فى ظلام كان

---

1) A. الحسين.   2) A. et B. فى النجاة.   3) Ga. اما.
4) A. تنى; B. تنسى; G. تناى; Ga. تناهى. Il est certain par le mot نَقَرُّبْ qui suit, que le poète a employé ici la 5e forme. Il faut l'ajouter aux Dictionnaires.
5) B. قيل للاول.
6) B. et Ga. من الوجود الى.

اعزَّه الله صبَّحه،، ومستنبِههم غدا شوَّحه،، وعطَّلَ نحرِ عماد حليه،،
وضلال دهرٍ صار هديه،،

فقد عمر الله الوزارة باسمه   وردَّ اليها اهلها بعد اقتصار،،

Dans le treizième livre des *Vies des médecins* par Ibn-abí-Oçaibiah, on trouve un court chapitre sur al-Becrí. Notre Bibliothèque ne possédant plus le manuscrit qui le contient [1], M. Defrémery a bien voulu me le copier sur le man. 482 (suppl. arabe) de la Bibliothèque nationale (fol. 191 r):

البكرى هو ابو عبيد عبيد الله بن عبد العزيز البكرى من مرسية [2] من اعيان اهل الاندلس واكابرهم فاضل فى معرفة الادوية المفردة وقواها ومنافعها واسمائها ونعوتها وما يتعلق بها وله من الكتب كتاب اعيان النبات والشجاريات الاندلسية،،

Un article emprunté au *Dictionnaire biographique des Grammairiens et des Lexicographes* par as-Soyoutí, nous fera connaître, malgré sa brièveté, quelques faits nouveaux. J'en donne ici le texte d'après le manuscrit de la Bibliothèque impériale de Vienne et celui que possède M. le Docteur John Lee à Londres. Cet article se trouve copié d'ailleurs sur le titre du premier volume de notre exemplaire du *Modjam*.

عبد الله بن عبد العزيز *ابى مصعب [3] الاندلسى ابو عبيد البكرى قال الصفدى كان اماما لغويًّا اخباريًّا متفننا اميرا بساحل كورة لبلة [4] وكان لا يصحو من الخمر ابدا صنف شرح نوادر

---

1) *Voyez* M. Weijers dans les *Orientalia*, t. II, p. 178.

2) Ibn-abí Oçaibiah se trompe; al-Becrí n'était pas originaire de Murcie; il ne paraît même pas qu'il ait habité cette ville.

3) Cette leçon, la seule véritable, ne se trouve que dans le man. de Vienne; dans le man. de M. Lee, on lit ابو مصعب, et dans le man. du *Modjam*, بن ابى مصعب.

4) Aç-Çafadi semble avoir confondu ici Abou-Obaid avec son père; mais il se trompe quand il pense que ce dernier était seigneur de Niébla.

القالى، شرح أمثال أبى عبيد، اشتقاق الاسماء، معاجم ما استعجم من البلاد والمواضع، * وجمع كتابا فى اعلام نبوّة نبيّنـا صلعم اخذه الناس عنه [1] ومات فى شوال سنة ۳۸۷ ۞

Dans la seconde moitié du dixième siècle, Aiyoub ibn-Amr al-Becrí, qui se distinguait par son savoir et par sa piété, était Kádhí dans la ville de Niébla, où il était né. A une autre époque, il remplissait à Cordoue l'emploi de grand juge. Dans ces dignités, il se fit remarquer par la sévérité de ses jugements. Ibn-Haiyán le nomme, ainsi que son frère Mohammed ibn-Amr, parmi les témoins de l'acte, dressé dans le mois de Çafar de l'année 387 (février ou mars 997), par lequel Hischám II confirma de nouveau Almanzor dans ses dignités. Il fit le pèlerinage de la Mecque, et pendant ce voyage, il lia connaissance avec plusieurs savants. Il mourut, généralement regretté, à Cordoue, dans le mois de Ramadhán de l'année 398 (mai 1008). Quand on lui rendit les honneurs suprêmes, un grand convoi assista à cette cérémonie. Il fut enterré au cimetière dit *du faubourg*.

Son fils, Abou-Zaid Mohammed, était gouverneur d'Huelva et de Djezírah Schaltisch, dans l'année 402 (1011, 2); mais vers cette époque, il profita des troubles qui avaient éclaté dans l'Andalousie, et se déclara indépendant. Plus tard, il reconnut la suzeraineté du seigneur de Niébla, Ahmed ibn-Yahyá al-Yahçobí, qui s'était emparé du gouvernement de cette ville en 414 (1023) [2], et qui mourut en 433 (1041, 2).

---

1) Cette phrase, qu'on rencontre aussi dans le chapitre d'Ibno-'l-Abbár, ne se trouve que dans le man. de M. Lee.

2) Ibno-'l-Abbár dit: » l'an 410 et tant," et il ajoute qu'il mourut en 433, après un règne d'environ vingt ans; d'où l'on pourrait conclure qu'il commença à régner vers l'an 413. Mais Ibn-Khaldoun (*Script.*

Il semble résulter des paroles d'Ibno-'l-Abbár, qu'Abou-Zaid Mohammed mourut avant l'époque où al-Motadhid monta au trône de Séville, c'est-à-dire, avant l'an 433. Son fils Abou-'l-Moçab Abdo-'l-azíz lui succéda. C'était un prince généreux, et les poètes se plaisaient à faire son éloge.

Après une guerre heureuse contre al-Modhaffar de Badajoz, qui ne finit qu'en Rebí 1er de l'année 443 (juillet ou août 1051), al-Motadhid de Séville, ayant désormais les mains libres, songea à s'emparer des états des petits émirs du sud-ouest. Il enleva d'abord Niébla à Yahyá, qui avait succédé à son père Ahmed en 433. Aussitôt qu'Abdo-'l-azíz eut reçu avis de la prise de Niébla, il envoya des lettres à al-Motadhid pour le féliciter de cet accroissement de territoire. Sa famille avait toujours entretenu des relations amicales avec les Abbádides; il le rappela à al-Motadhid, se déclara son vasal, et lui offrit Huelva, à la condition qu'il le laisserait régner à Schaltisch. Al-Motadhid accepta cette offre, et feignant de vouloir s'aboucher avec Abdo-'l-azíz, il se dirigea vers Huelva avec son armée. Abdo-'l-azíz jugea prudent de ne pas l'attendre dans cette ville; il se rendit avec tous ses trésors à l'île de Schaltisch et abandonna Huelva au prince de Séville. Celui-ci, à ce qu'il paraît, retourna dans sa capitale; mais il laissa un de ses capitaines à Huelva, après lui avoir donné l'ordre d'empêcher qu'Abdo-'l-azíz ne quittât son île, et que personne ne s'y rendît. Informé de ces mesures, Abdo-'l-azíz prit le parti le plus sage; il entra en pourparlers avec le capitaine qu'al-Motadhid avait laissé à Huelva, vendit au prince de Séville ses vaisseaux et ses munitions de guerre au prix de dix-mille mith-

---

Arab. loci de Abbad., tom. II, p. 211) donne la date précise, 414. C'est lui aussi qui dit que l'autorité du seigneur de Niébla, fut reconnue à Huelva.

1) J'ignore où Ibn-Khaldoun (*loco laud.*) a puisé les étranges notices qu'il donne sur les princes de Niébla.

cáls, et obtint la permission de se rendre à Cordoue, lieu de réunion pour tous les princes dépossédés.

Pendant son voyage de Schaltisch à Cordoue, Abdo-'l-azíz arriva dans un district, où al-Motadhid lui avait fait préparer un gîte, et où il avait réuni des vivres pour lui et sa suite; mais ce n'était qu'un piége où il voulait l'attirer pour s'emparer de ses richesses et de sa personne. Abdo-'l-azíz pénétra le dessein secret du prince, et il donna avis au seigneur de Carmona, Mohammed ibn-Abdolláh al-Birzélí, qu'il avait l'intention de passer par ses états, mais qu'il se défiait d'al-Motadhid, et qu'il le priait de le prendre sous sa sauvegarde. Le seigneur de Carmona envoya aussitôt un corps de cavalerie légère à sa rencontre, et Abdo-'l-azíz, sans se rendre au gîte indiqué par le prince de Séville, hâta sa marche, jusqu'à ce qu'il rencontra, au lieu convenu, les cavaliers de Carmona, qui le conduisirent vers cette ville, d'où il continua son voyage à Cordoue. La ruse d'al-Motadhid n'avait donc pas réussi [1].

Abdo-'l-azíz fut très-bien reçu à Cordoue, car c'était un homme sage, instruit et modeste; il était riche et appartenait à une noble et ancienne famille; à Cordoue on aimait beaucoup la noblesse de vieille roche. Il avait d'ailleurs, dit un historien contemporain qui l'avait connu à Cordoue, un fils qui se distinguait par sa beauté et par ses connaissances. Ce jeune homme dont le célèbre Ibn-Haiyán reconnut de bonne heure les heureuses dispositions [2], était Abou-Obaid qui, un jour, devait être

---

1) Conde (II, p. 32 et suiv.) n'a rien compris au texte dont il s'est servi, et il débite une foule de faits de son invention. Mais c'est là sa manière, et je laisse au lecteur le soin de comparer les textes d'Ibn-Haiyán et d'Ibno-'l-Abbár, avec le récit de l'académicien espagnol, et avec ceux des historiens modernes.

2) J'ai dit ailleurs (*Script. Arab. loci* etc.; I, p. 282) qu'al-Becrí avait onze ans quand il arriva à Cordoue; je l'ai dit parce que M. de

le plus grand géographe de l'Espagne, comme son vieil ami, Ibn-Haiyán, en avait été le plus grand historien. Abou-Obaid avait beaucoup d'autres amis à Cordoue. De ce nombre était Ibno-'s-Saccát, le wézir d'Abou-'l-Walíd ibn-Djahwar. Lorsque ce personnage se fut rendu, en qualité d'ambassadeur, auprès de Bádís, prince de Grenade, Abou-Obaid lui adressa ces vers:

Ainsi la lune parcourt les signes du zodiaque, et chaque pays où elle arrive, proclame sa salutaire influence; la terre se partage les dons qu'elle apporte [1]; telle vallée en reçoit une large part, telle autre en reçoit peu. L'endroit où je me trouve, n'a plus d'attraits pour moi, depuis que mon seigneur l'a quitté; mais celui où il est, est charmant. S'il était possible aux villes de marcher, Bagdád et Miçr iraient féliciter cette heureuse ville à cause de votre présence.

Le séjour d'Abou-Obaid à Cordoue, lui valut le surnom d'al-Kortobí que lui donnent quelques auteurs. Mais après la mort de son père, arrivée en 456, ou suivant d'autres en 458 [2], Abou-Obaid se rendit à la brillante cour d'Almérie, où il gagna l'amitié d'al-Motacim, ce prince qui accordait une si généreuse protection aux hommes de lettres. Al-Motacim aimait la conversation d'Abou-Obaid; il lui confia des postes importants, et lui accorda des appointements très-considérables. Mais il paraît qu'il ne resta pas à Almérie; au contraire, il y a quelque raison pour croire que plus tard il vécut à Séville, capitale qu'il avait déjà visitée en qualité

Gayangos affirme qu'il était né en 432. Mais comme j'ignore absolument où M. de Gayangos peut avoir trouvé cette date, je m'empresse de rétracter les paroles en question. Je dois ajouter qu'il est impossible qu'al-Becrí soit né en 432; il doit avoir vu le jour longtemps auparavant. Quand Ibn-Khácán fit sa connaissance, il était déjà très-vieux; or, s'il était né en 432, il n'aurait eu que cinquante cinq ans à l'époque de sa mort, arrivée en 487. Un homme de cinquante cinq ans n'est pas un vieillard que je sache.

1) C'est-à-dire, la pluie.
2) Ad-Dhabbí *apud* de Gayangos, I, p. 312.

d'ambassadeur d'al-Motacim [1]. En effet, quand al-Motamid de Séville se fut embarqué pour passer en Afrique, dans le but de prier Yousof l'Almoravide de venir pour la deuxième fois au secours des Musulmans de l'Andalousie, Abou-Obaid monta dans une barque avec quelques-uns de ses amis pour dire un dernier adieu au prince, et à cette occasion il lui récita le poème suivant :

> Nous le méprisons ce navire qui se meut là haut dans le ciel [2]. Nous nous disons : allons voir encore une fois ce noble visage, car le navire qui porte notre bonheur, n'est pas bien loin encore ! — Alors nous traversâmes l'eau salée, parce que nous voulions arriver jusqu'à lui, source d'une eau douce et limpide ; nous goûtâmes les fruits de la coloquinte, parce que nous voulions arriver près de la ruche pleine de miel. Pendant notre traversée, ces grandes vagues nous rappelaient les dons nombreux qu'il répand avec profusion, soit quand il est près de nous, soit quand il est loin de nous. — Mohammed, fils de nobles aïeux ! Puisse-t-il vous porter bonheur, ce désir de faire tout ce qui est noble et glorieux ! Que si, par la gloire, par la piété, par ses grands bienfaits, l'homme pouvait se rendre immortel, je vous féliciterais de ce que vous l'êtes.

Ce poème est sans doute prétentieux et maniéré ; aussi ne l'ai-je traduit que pour demander si ce n'est pas là le langage d'un courtisan, et s'il ne faut pas admettre qu'al-Becrí vivait à cette époque à la cour d'al-Motamid. Observons d'ailleurs que, d'après les termes dont se sert Ibn-Khácán, Abou-Obaid doit avoir vécu auprès de plusieurs princes successivement.

Abou-Obaid avait un grand respect pour les livres. Il avait la coutume d'envelopper ceux qu'il possédait, dans des toiles très-fines, اكراما لها » pour leur témoigner son respect," dit Ibn-Baschkowál. Mais il avait moins de respect pour la tempérance ; car s'il faut en croire de graves auteurs, il ne désenivrait point. Je crois cependant qu'il ne faut pas prendre cette accusation au pied de la lettre, car les nombreux ouvra-

---

1) Voyez *Script. Arab. loci*, t. I, p. 42.
2) On voit que le poète parle du soleil.

ges d'al-Becrí ne portent aucune trace d'avoir été écrits dans un état d'ivresse. Disons que, comme tant d'autres parmi ses contemporains, al-Becrí était un joyeux convive et un bon buveur, mais respectons la mémoire du grand homme, et ne disons pas que c'était un ivrogne.

Mes deux amis, je brûle de tenir la coupe dans mes mains; il me tarde de respirer les parfums des violettes et des myrtes! Allons donc nous livrer aux plaisirs; prêtons l'oreille aux chants; saisissons ce jour, en nous dérobant aux regards des hommes; car nous n'avons pas le temps de chercher des prétextes, et si notre fête a lieu quand Schabán sera déjà arrivé à sa fin [1], nous aurons péché.

Celui qui a composé ces vers n'est pas un ivrogne; c'est un homme qui aime le vin et les plaisirs, les fleurs et les chants, mais qui respecte la délicatesse, et qui ne recherche pas les orgies.

Ainsi qu'Abou-Obaid avait fait la connaissance d'Ibn-Haiyán quand celui-ci était déjà vieux, Ibn-Khácán, autre écrivain célèbre et qui nous a laissé une notice sur Abou-Obaid, fit, pendant sa jeunesse, la connaissance de ce dernier, arrivé alors à un âge très-avancé. Il mourut dans le mois de Schawwál 487 (1094).

On voit qu'al-Becrí n'était jamais sorti de l'Espagne. En conséquence, ses ouvrages géographiques ne peuvent être que des compilations; mais ce sont des compilations faites avec ordre, avec discernement, et où il a mis à contribution une foule de livres qui ne nous sont point parvenus. Quelquefois, il est vrai, on pourrait souhaiter que l'auteur eût accordé moins de confiance à certains récits qui n'en méritent guère; mais ces cas ne sont pas aussi nombreux qu'on pourrait le croire, quand on songe qu'à l'époque où il écrivit, la critique en était encore à ses premiers tâtonnements.

---

1) Le poète veut dire: quand Ramadhán, le mois du jeûne, aura commencé.

Parmi les nombreux ouvrages d'al-Becrí, le plus important est peut-être celui qui porte le titre d'*al-mesálic wa 'l-memálic*, *les Routes et les Provinces*. L'auteur y décrit les routes qui mènent d'une ville à une autre; il donne la description des villes et des endroits qui se trouvent sur ces routes, et il y joint souvent d'autres renseignements fort curieux et fort utiles.

M. de Gayangos possède un volume de cet ouvrage. Ce n'est pas précisément le premier, comme il l'a dit (p. 313), car il porte le titre, en lettres d'or, de ثانى المسالك والممالك, »deuxième volume des Routes et des Provinces." Mais ce manuscrit est mal relié, et il se compose de deux parties bien distinctes. En effet, on lit à la fin du volume la suscription suivante: اخر الجزء الاول من المسالك والممالك تغمّد الله مولّفه برحمته ورضوانه ويتلوه اول الجزء الثانى ذكر سدّ ياجوج وماجوج; d'où il résulte que nous avons ici la fin du premier volume, et que le deuxième commence par la description du mur de Gog et Magog [1]. C'est précisément par ce chapitre que commence le manuscrit en question. Après les mots que j'ai copiés il y a encore quelques formules religieuses; puis on lit: فهرست تتمّة الجزء الاول مضافًا الى الفهرست الذى قبله, »Index de l'appendice du premier volume, servant de com- »plément à l'index ci-dessus." Il n'y a pas d'autre index dans le volume, mais celui qui suit mentionne les chapitres suivants:

Rois d'al-Hírah. — De ce qui est particulier à la Péninsule arabique. — De ce qui est connu des histoires de l'Orient et de ses villes. — Route de Dhamár (ou Dhimár, ذمار, car les auteurs arabes diffèrent sur la prononciation de ce

---

[1] On sait que par le nom de Gog et Magog, les Arabes désignent la Sibérie, et qu'il s'agit ici du mur qu'aurait bâti Alexandre le Grand.

nom) à Zabíd. — La ville de Dhafár (ظفار). — Route d'Omán à al-Yemámah. — Territoire d'Omán et pays limitrophes. — Al-Bahrain. — Route d'al-Bahrain à Omán. — Route de la Mecque à Omán. — Al-Yemámah. — Route d'al-Baçra à al-Yemámah. — Route d'al-Baçrah à la Mecque. — Sur la Maison Sainte; époque où elle a été bâtie. — Incendie de la Kabah. — Destruction de la Kabah par Ibno-'z-Zobair. — par al-Haddjádj. — ce qu'Omar ibno-'l-Khattáb en a bâti. — élargissement de la mosquée par Ibno-'z-Zobair. — Mention de la mosquée, de la Kabah, et de la pierre (noire). — Portes de la mosquée. — ses murs. — Porte de la Kabah. — Description de la pierre (noire). — Lieu d'Abraham. — Le Moltazim, le Hatím et Zemzem. — Mimbar de Moáwíyah. — As-Safá et al-Merwah. — La Kiblah. — Appointements des hádjibs. — Chemins de la Mecque (ذكر شعاب مكة كذا وكذا). — Miná. — Montagnes près de la Mecque. — الحرورة. — Mosquée des Djinns. — Montagne d'Abou-Thaur. — Mosquée (sic مسجد) d'Abou-Kobais [1]. — Montagne de Hirá. — Montagne de Thabír. — Limites du territoire sacré. — Jeûne pendant le mois de Ramadhán. — Entrée des Carmathes dans la Mecque. — La pierre (noire) brisée. — Différentes mosquées (من عجائب مكة مساجد النبى صلى الله عليه وعلى آله وسلم). — Description de Médine. — Mur de Médine. — Montagnes près de Médine. — Mosquée du Prophète. — Etablissement des Juifs à Yathrib. — Etablissement des Aus et des Khazradj à Médine. — Al-Akík. — Route de Médine à Miçr.

Une partie de ce dernier chapitre se trouve dans le manuscrit de M. de Gayangos, fol. 98 r., et les premiers mots de ce feuillet sont ceux-ci: حتى تقصى الى فرجة كالباب تسير الى ايله وهى قرية كبيرة فيها اسواق ومساجد وفيها كثير من يهود

---

1) On comprend qu'il faut lire: *montagne* (جبل) d'Abou-Kobais.

ويزعمون ان عندهم برّ النبى صلعم وانه وجّه اليهم به امانا لهم
وهم يظهرونه بردا عدنيّا الخ. On voit que l'auteur décrit ici
Ailah, grand village qui, comme l'atteste aussi al-Idrísí (I,
p. 328), est situé sur la route de Médine à Miçr. Dans la
suite il nomme d'autres lieux qui se trouvent sur la même
route.

Après ce chapitre, l'index nomme celui qui contient la
description de l'Irác. Il se trouve aussi dans le manuscrit (fol.
99 v.) qui contient encore (fol. 101 v.): Permission demandée
à Omar par le peuple de l'Irác de bâtir leurs maisons avec des
roseaux; (fol. 103 r.) description de Wásit, (fol. 103 v.) de
Madáyin, (fol. 104 r.) d'al-Baçrah, (fol. 105 r.) de Bagdád;
(fol. 106 v.) de ce qui est particulier à la Perse; (fol. 108 r.)
description de la Transoxane; (fol. 108 v.) limites du Kermán;
(fol. 109 r.) al-Báriz [1]; (*ibid.*) les Petchénègues [2]; (109 v.)
pays des Khozars; (110 v.) pays des Berthás [3]; (111 r.) pays
des Balkán (بلاد بَلْكان); (*ibid.*) pays des Mohaffiríyah (بلاد
المحقرية); (111 v.) pays des Seriri; (*ibid.*) les Bulgares [4].
Tous ces chapitres se trouvent aussi nommés dans l'index, et
dans le même ordre.

Le second volume, c'est-à-dire, le commencement du manuscrit de M. de Gayangos, contient les chapitres suivants:
Fol. 1 v. mur de Gog et Magog; 4 r. *med.* فلنرجع الى ذكر
المدن والكور بالعواصم وقنّسرين المتّصلة بارض الجزيرة وقد ذكرنا

---

1) الباِرز. C'est, dit al-Becrí, le nom de sept montagnes très-élevées
et très-fertiles, à la distance de cinq parasanges de Djíroft (dans le Kermán).

2) الباجاناكية. On lit dans le manuscrit النّخاناكية et النّنجاناكية;
mais la véritable leçon ne saurait être douteuse.

3) Le manuscrit porte ici بلاد وداس, mais plus bas on lit فرداس.

4) Dans le man. on lit constamment برجان.

انها كانت من ارض الجزيرة حتى جنّدها يزيد بن معوية فى تجنيد الشام ثم نصل ذلك ببلاد الشام ان شاء الله تعالى, Kin-nesrîn et autres villes de la Syrie. A la fin de ce cahier (kor-râsah), fol. 6 v., commence la description de la Palestine, mais on n'y trouve que les mots ذكر مدن فلسطين سميت, فلسطين لان اول من, et le cahier qui devait suivre, s'est perdu. Le suivant (7 r.) commence par ces mots: والا فشقّ الناقوس وطبخ به لحم جمل واكله يوم الاثنين والا يلقى الله بعمل اسحف اليهودى طريبا ذكر جملة من القول فى الامصار ومساحات الممالك ذكر ان عمر لما استفتح البلاد من العراق والشام كتب الى بعض حكماء العصر يسأله عن البلاد وتسانير اقويتها وتربتها وترتيبها فى مساكنها فكتب اليه اما الشام الخ 10 r. Division d'Iránschehr; 12 v. tribut qu'on paye dans chacune de ces contrées; 13 r. le Magrib; l'Egypte, le Nil, rois de l'Egypte avant et après le déluge jusqu'à la conquête de ce pays par les Musulmans. Ce chapitre, extrêmement étendu, remplit presque tout le reste du volume.

Au feuillet 71 v. se trouve le récit de la conquête de l'Egypte par les Musulmans, suivi de la description géographique de ce pays; ce chapitre n'est pas achevé au feuillet 97 v. où finit le volume.

Ce manuscrit a été achevé de copier en 777 ou en 797 (سبع وتو وسبع ماثة).

Le manuscrit de Paris (n°. 580) commence avec les mots ذكر جملة من القول فى الامصار ومساحة (sic) الممالك ابو عبيد (sic), ذكر ان عمر لما استفتح الخ, qui, comme je l'ai dit, se trouvent au feuillet 7 r. du man. de M. de Gayangos [1]. Celui du musée britannique (n°. 9577) ne commence qu'au récit de la

---

1) Je suis redevable de cette communication à M. Defrémery.

conquête de l'Egypte [1]. Le manuscrit de l'Escurial (n°. 1630) contient aussi une partie du morceau qui se rapporte à ce pays. Enfin ces trois manuscrits contiennent la description du Magrib.

C'est la description de l'Afrique (à l'exception de l'Egypte) que M. Quatremère a traduite en partie, dans le XII° volume des *Notices et extraits*, d'après le manuscrit de la bibliothèque nationale. Ce célèbre savant a eu à vaincre une foule de difficultés, le manuscrit manquant le plus souvent de points diacritiques; et s'il en a surmonté le plus grand nombre, on ne peut nier qu'il y en a d'autres qui demandent la collation d'un manuscrit plus correct, celui du musée britannique par exemple. Mais ce qui, à coup sûr, est incontestable, c'est que ce morceau est du plus haut intérêt pour la géographie et pour l'histoire, et que M. Quatremère a rendu un service éminent à la science en le traduisant aussi consciencieusement qu'il l'a fait, et en y ajoutant ses savantes notes.

Il est bien à regretter que la partie la plus importante peut-être de l'ouvrage, celle qui contenait la description de l'Espagne, la patrie de l'auteur, n'existe pas en Europe; car on ne peut compter pour quelque chose les considérations générales sur l'Espagne et la première page de la description de la ville de Cordoue, qui se trouvent à la fin du manuscrit de Paris.

Un autre ouvrage géographique d'al-Becrí, porte le titre de *Modjam ma 'stadjam*, littéralement, *Alphabet de ce qui est peu connu*, c'est-à-dire, *Livre renfermant, dans un ordre alphabétique, les noms peu connus*. Un célèbre savant, M. le baron de Slane [2], a porté un jugement peu favo-

---

1) Voyez M. de Gayangos, t. I, p. 313.

2) *Rapport adressé à M. le ministre de l'instruction publique sur les manuscrits de la Bibl. d'Alger et de la Bibl. de Cid-Hammouda à Constantine*, p. 4. Voyez aussi M. Reinaud, Introd. à la traduction française d'Abou-'l-fedá, p. cIV.

rable sur cet ouvrage. » Au lieu d'un bon traité de géogra-
»phie," dit-il, »tel qu'on devait l'attendre d'un amateur
» aussi distingué qu'Abou Obeid el-Bekri, je m'aperçus que
» ce n'était qu'un dictionnaire des noms de lieu qu'on rencon-
» tre dans les poëmes des anciens Arabes." Mais je ne puis
considérer ces paroles comme le résultat d'un examen défini-
tif; la haute opinion que j'ai de la science, du goût et des
lumières de M. de Slane, ne me le permet pas. Ce n'est pas
assurément la faute d'al-Becri, s'il n'a pas donné ce que M. de
Slane aurait voulu qu'il eût donné ; d'autant moins qu'il a écrit
un traité de géographie générale dans le grand ouvrage dont
nous venons de parler. Il faut donc se placer à un autre point
de vue, et je crois qu'alors on portera un jugement plus équi-
table. C'est un profond sentiment de reconnaissance, inspiré
par un long usage du *Modjam*, qui m'oblige à le dire : quand
on n'y cherche pas ce que, vû son plan, on ne peut en attendre, il est supérieur, dans son genre, au *Mesálik*. Il va
sans dire, qu'il n'intéressera pas à un égal degré que ce dernier, la généralité des lecteurs européens ; mais nous possédons plusieurs ouvrages arabes de cette nature, et il s'en faut
de beaucoup que tous soient inférieurs à celui d'al-Becri. Le
Modjam au contraire, est unique en son genre ; car bien certainement nous ne possédons aucun ouvrage qui puisse lui être
comparé sous le rapport de l'étendue et de la scrupuleuse exactitude des détails. Il contient, dans l'ordre de l'alphabet
africain, la nomenclature d'une foule de noms de lieu, de
montagnes, de rivières etc., qui se trouvent mentionnés dans
les anciennes histoires arabes, dans les traditions qui se rapportent au Prophète, dans les poëmes surtout. L'auteur en
donne l'orthographe, en indique la situation, et cite une quantité innombrable de vers où ces noms propres se trouvent. Or,
rien ne cause autant d'embarras quand on lit les anciennes
poésies arabes, que ces noms de lieu dont nous ignorons

presque toujours l'orthographe et la situation. Ce livre est donc d'un secours inappréciable pour résoudre ces sortes de difficultés ; il est indispensable à tous ceux qui étudient l'ancienne histoire, la géographie, les anciens poèmes, les traditions plus ou moins historiques. Enfin, je l'ai déjà dit, mais je le répète, il est unique. Tout le reste de ce que nous possédons sur cette matière, est maigre, décharné, inexact surtout, en comparaison de ce magnifique ouvrage, rempli de détails curieux, composé à l'aide des meilleurs matériaux, aujourd'hui presque tous perdus, par un littérateur et un géographe qui était parfaitement à la hauteur de sa tâche difficile. Les autres géographes ne servent souvent qu'à nous embrouiller davantage ; ils entassent erreurs sur erreurs, contradictions sur contradictions. Prenez un nom de lieu qui se trouve dans un ancien poème, et cherchez-le — je ne dis pas dans le *Merácid ;* cet ouvrage est au dessous de la critique sous ce rapport, — mais dans un ouvrage géographique quelconque ; supposez que le nom s'y trouve (ce qui est très-rarement le cas), et comparez les renseignements du géographe en question avec ceux d'al-Becrí : alors, je ne crains pas de le dire, on verra presque toujours que les premiers sont erronés, ou tout au moins très-confus, tandis que ceux d'al-Becrí sont clairs, lucides, explicites, vrais enfin.

Le mérite de cet ouvrage est encore rehaussé par l'introduction, où l'auteur indique les limites de l'Arabie et de ses provinces, al-Hidjáz, Tehámah et al-Yémen ; où il parle des tribus arabes qui demeuraient dans ces provinces, et où il donne l'histoire des changements de demeure de ces tribus.

La Bibliothèque de Leyde possède un exemplaire en deux volumes du *Modjam.* Ce manuscrit, écrit en caractères *neskhi* l'an 709 de l'Hégire, est assez correct ; mais quelquefois les points diacritiques y manquent. Le premier volume qui se compose de 200 feuillets, porte le titre suivant: كتاب المعجم الكبير تاليف الامام الوزير ابى عبيد بن عبد العزيز بن محمد البكرى وهو معاجم ما استعجم. Il comprend les lettres ا ب ت ث ج ح خ د ذ ر ز. Le second volume contient 179 feuillets, et comprend les lettres ط ظ ك ل م ن ص ض ع غ ف ت س ش ه و ى. A la fin il y a deux pages sur le genre des noms de lieu.

Un deuxième exemplaire se trouve dans la Bibliothéque ambroisienne à Milan (n°s. 33, 34, 35) [1], un troisième à Constantine dans la Bibliothèque de Cid-Hammouda.

Dans son *Modjam*, al-Becrí a fait preuve de connaissances philologiques très-étendues, et il est présumable que trois autres de ses ouvrages, aujourd'hui perdus à ce qu'il paraît, se distinguaient par le même savoir. Ces trois ouvrages sont: un traité sur l'étymologie, un commentaire sur les *Newádir* d'al-Káli, et un commentaire sur les Proverbes rassemblés par Abou-Obaid.

A ses connaissances géographiques et philologiques al-Becrí en joignait d'autres encore; car il a écrit un livre sur les remèdes simples, et un autre sur les principales plantes de l'Andalousie.

Chose étonnante! Ce littérateur d'un savoir si profond, si varié, ce sensuel homme du monde, qui partageait son temps entre l'étude et les plaisirs, n'avait pas assez de bon sens, de bon goût, pour s'abstenir de traiter des questions de théologie — musulmane. S'étant fourvoyé dans l'apologétique, il a écrit un livre pour prouver que Mahomet était bien réellement un Prophète. Si ce livre est perdu, comme je suis porté à le croire, c'est bien celui des ouvrages d'al-Becrí dont la

---

1) Voyez M. Reinaud, *loco laud.*

perte est la moins regrettable. J'ajouterai, pour l'excuse de notre auteur, qu'il était tant soit peu théologien de profession ; car Ibn-Khácán lui donne non-seulement le titre de wézir, mais aussi celui de fakíh. Se livrant un peu trop souvent aux plaisirs mondains, il aura peut-être écrit son fatras théologique pour l'acquit de sa conscience.

HISTOIRE DE VALENCE

DEPUIS 1061 JUSQU'à 1084.

Comme dans mon article sur le Cid, j'aurai à parler de l'histoire de Valence, à partir de l'année 1085, j'ai cru qu'il ne serait pas inutile de donner ici l'histoire de cette principauté pendant les vingt trois années qui précédèrent immédiatement cette époque. Pour bien saisir le récit des historiens arabes que je donnerai plus tard, il est indispensable que l'on connaisse les événements antérieurs à la prise de Tolède par Alphonse VI; mais ce que l'on trouve sur ce sujet chez Conde, M. Romey et *tutti quanti*, est peu de chose; encore n'est-ce qu'un tissu de malentendus et de mensonges.

Abdo-'l-azíz al-Mançor, prince de Valence et petit-fils du célèbre premier ministre de Hischám II, mourut en janvier 1061 [1]. Son fils, Abdo-'l-melic al-Modhaffar, lui succéda sous la tutelle de son parent, al-Mamoun, roi de Tolède. Celui-ci se fit remplacer à Valence par (Abou-Abdollàh Mohammed ibn-Merwán) Ibn-Abdo-'l-azíz, surnommé Ibn-Raubasch. Cet homme, dont le fils était destiné à s'asseoir un jour sur le trône de Valence, appartenait à une famille plébéienne de Cordoue; mais grâce à ses talents et à la protection du wézir d'Abdo-'l-azíz, Abou-Amir ibno-'t-Tácoronní, auprès duquel il avait rempli l'emploi de secrétaire, il s'était élevé aux premières dignités de l'état, et après la mort d'Ibno-'t-Tácoronní, il l'avait remplacé dans la qualité de wézir. Il se distingua autant par ses talents que par ses vertus [2].

En 1064, Valence fut attaquée et assiégée par Ferdinand

---

1) En Dhou-'l-hiddjah 452. *Voyez* plus haut, p. 71.

2) Comparez, outre les passages que je cite plus loin, Ibn-Bassám, man. de Gotha, fol. 10 r.: كتب أبو (le père d'Abou-Becr) عن الوزير

Ier, roi de Castille et de León. Les Chrétiens firent semblant de se repentir d'avoir entrepris ce siége, et d'être trop faibles pour pouvoir conquérir la ville. Les Valenciens tombèrent dans le piége ; car étant sortis, revêtus de leurs habits de fête, pour aller se divertir avec l'armée chrétienne, ils tombèrent, près de Paterna [1], dans une embuscade. Un grand nombre d'entre eux fut tué, et leur roi Abdo-'l-melic se sauva par une prompte fuite. A la nouvelle de ce désastre, al-Mamoun de Tolède quitta incontinent sa capitale, se rendit à Cuenca afin d'être plus près d'Abdo-'l-melic, et envoya un de ses généraux et le secrétaire Ibn-Mothanná avec une nombreuse armée, au secours de Valence.

Mais Abdo-'l-melic avait trouvé dans al-Mamoun un auxiliaire bien dangereux. Soit qu'al-Mamoun ne voulût pas confier à ce prince faible et insignifiant la tâche difficile de défendre Valence contre un guerrier aussi brave et aussi habile que l'était Ferdinand ; soit qu'il n'écoutât que son ambition: toujours est-il qu'il ôta le trône à Abdo-'l-melic et y monta lui-

الكاتب ابي عامر بن التاكرنى ايام وزارته لعبد العزيز بن ابي عامر وابو عامر أَطْلَعَ جَدَّهُ، وأَرْهَفَ حَدَّهُ، وبلغ الزرا‘ حتى قبيل كالصيد ذروى فى جوف الفَرا‘. Au lieu de الزرا, il faut lire الذُّرا, pluriel de ذروة (*et il s'éleva aux plus hautes dignités*). Le proverbe qu'emploie ici Ibn-Bassám, ne se trouve pas chez al-Maidání ; mais il faut comparer les scolies sur al-Harírí (p. ۴۰۵), déjà citées dans le Dictionnaire de M. Freytag (au mot ذَرّ), et le Commentaire d'Ibn-Nobátah sur la Lettre d'Ibn-Zaidoun. Ibn-Bassám a consacré à Ibno-'t-Tácoronní un article (man. de Gotha, fol. 60 v.) dont je donnerai des extraits ailleurs.

1) Paterna est située à gauche de la route qui mène de Valence à Murviedro. C'était alors un endroit fortifié et très-considérable, comme l'attestent ses ruines; mais déjà au commencement du XVIIe siècle, on n'y comptait plus que 120 maisons. *Voir* Escolano, *Historia de Valencia*, t. II, p. 323—326.

même, dans la nuit entre le 21 et le 22 novembre 1065. Il fit enfermer le malheureux Abdo-'l-melic dans la forteresse de Cuenca, dont Abou-Saïd ibno-'l-Faradj était alors châtelain.

Valence était toujours assiégée par l'armée castillane, et les historiens de cette nation affirment que Ferdinand n'aurait pas tardé à la prendre, si malheureusement il ne fût tombé malade. Il fut transporté à Léon où il arriva le 25 décembre de cette année, et deux jours après, il rendit le dernier soupir. (A)

Quand al-Mamoun quitta Valence pour retourner à Tolède, il confia le gouvernement de la principauté dont il venait de se rendre maître, à Abou-Becr Ahmed, le fils de cet Ibn-Abdo-'l-azíz qui avait eu la conduite des affaires pendant le règne d'Abdo-'l-melic, mais qui était mort vers le milieu de juin 1064. Abou-Becr avait succédé a son père dans la qualité de wézir auprès d'Abdo-'l-melic; mais il avait secondé puissamment al-Mamoun dans ses desseins ambitieux, et le gouvernement de Valence fut la récompense de sa trahison [1].

---

1) Le témoignage le plus explicite à cet égard, est celui d'Ibn-Bassám (man. de Gotha, fol. 10 v.) qui, après avoir dit qu'Abou-Becr succéda à son père comme wézir d'Abdo-'l-melic, continue en ces termes: فلما خص (lisez دحض, et cf. *Script. Ar. loci* I, 261. n. 14) يحيى بن ذى النون الملقّب بالمامون آنسار الى (آل lisez) ابنِ ابى عامر وأجتثّ أصلهم من بلنسية اخر الدهر حسبما سنأتى عليه، اذا انتهينا ان شاء الله اليه، كان ابن عبد العزيز زعموا احد مَنْ اقام ميلها، وأوضح لابن ذى النون سبلها، حتى خصلت (حَصَلَتْ lisez) له وخلص لها فكاتبه ابن ذى النون لاول تملّكه ايّاها بأن ولّاه امورها، وحلّه منذ ورودها، الخ." Le passage auquel Ibn-Bassám renvoie, se trouve dans son chapitre sur les rois de Tolède, ainsi qu'il le dit plus loin (fol. 11 r.), c'est-à-dire, dans le quatrième volume, que nous ne possédons pas en Europe.

Al-Mamoun mourut dans l'année 1075 (Dhou-'l-kadah 467). Son petit-fils al-Kádir lui succéda, et Abou-Becr ibn-Abdo-'l-azíz ne tarda pas à secouer l'autorité de son nouveau suzerain, prince jeune, faible, et élevé parmi des femmes et des eunuques [1]; mais il payait un tribut annuel à Alphonse VI qui, à son tour, s'était engagé à le protéger contre ses ennemis. En mars 1076, al-Moctadir, roi de Saragosse, s'empara de Dénia; mais on lui reprocha de ne pas s'être emparé en même temps de Valence, ville plus riche, plus florissante, et non moins facile à conquérir, que Dénia. Alors il acheta Valence d'Alphonse, pour la somme de cent mille dínárs. Alphonse se mit en marche pour la lui livrer; mais quand il fut arrivé sous les murs de la ville, Ibn-Abdo-'l-azíz alla à sa rencontre, seul et sans armes. Il sut être éloquent à un tel degré qu'il décida Alphonse à abandonner son projet, et à rompre le marché qu'il avait conclu avec al-Moctadir. (B)

Ibn-Abdo-'l-azíz se distingua, pendant tout son règne, par ses nobles qualités et par sa conduite exemplaire [2]. Plus tard j'aurai encore à parler de lui, et pour ce qui concerne ses démêlés avec Ibn-Ammár, je me permettrai de renvoyer le lecteur à mon Histoire des Benou-Abbád.

(A) Ce récit étant neuf et tout à fait contraire à ceux de mes prédécesseurs, je suis obligé de le justifier.

Je pourrais passer sous silence tout ce que Conde (II, p. 43, 44) dit, au commencement de son cinquième chapitre, sur une guerre entre al-Mamoun de Tolède et al-Motadhid de Séville; ce n'est qu'une suite de malentendus, d'anachronismes et de faits controuvés. Conde ajoute que, dans cette guerre

---

1) Voir *Kitábo 'l-iktifá* (*Script. Arab. loci de Abbadidis*, I, p. 16).

2) Voyez, outre le passage d'Ibno-'l-Abbár que je cite plus loin, le même auteur dans les *Script. Arab. loci* etc., II, p. 112.

(qui du reste n'eut pas lieu), le roi de Tolède demanda du secours à son gendre le roi de Valence, qui, sur le conseil de son wézir Mohammed ibn-Merwán, lui refusa sa demande sous de vains prétextes. Pas un mot de vrai dans tout ceci. Puis Conde raconte (en forgeant tout simplement les détails dont il a jugé à propos d'embellir son récit) la prise de Valence par al-Mamoun, et il dit que, pour l'amour de sa fille, épouse d'Abdo-'l-melic, il laissa le gouvernement de Xelba à ce dernier. Rien de vrai encore dans tout ceci.

Pour composer ce récit parfaitement ridicule, Conde n'a pu se servir que d'Ibno-'l-Abbár qui, au commencement de son chapitre sur le Cátib Abou-Abdolláh Mohammed ibn-Merwán ibn-Abdo-'l-azíz (fol. 69 r. et v.), dit ce qui suit: اصله من قرطبة وسكن بلنسية ويعرف بسابس روّيش (*sic*, avec les voyelles) وسباني ذكر نسبه عند ذكر ابنه الوزير الاجلّ ابى بكر احمد بن محمد [1] وكان ابو عبد الله هذا قد راس فى اخر دولة المنصور عبد العزيز بن عبد الرحمن بن محمد بن ابى عامر صاحب بلنسية فلما توفى المنصور وملك ابنه المظفر عبد الملك بن عبد العزيز تمشت (تمادت .1) حاله معه على ما كانت عليه فى حياة

---

1) Casiri, à en juger par ses extraits, n'a pas rencontré le chapitre auquel Ibno-'l-Abbár renvoie ici, dans le manuscrit de l'Escurial, et je ne le trouve pas non plus dans la copie dont je me sers. Il y a bien, fol. 126 r. et suiv., un article sur Abou-Abdo-'l-melic Merwán ibn-Abdolláh ibn-Merwán ibn-Mohammed ibn-Merwán ibn-Abdo-'l-azíz, qui appartient au XIIe siècle, et qui était peut-être l'arrière petit-fils du wézir du prince Abdo-'l-melic; mais cet article n'est d'aucune utilité pour la période qui nous occupe. Il manque aussi d'autres articles dans le man. de l'Escurial. Ibno-'l-Abbár promet par exemple (fol. 46 v., article sur Abou-'l-Hazm Djahwar), de donner un article sur Abou-'l-Walíd ibn-Djahwar, l'émir de Cordoue dans le XIe siècle; mais cet article ne se trouve pas dans le manuscrit.

أبيه وكان عبد الملك ضعيفـا فاخـلعـه صهـره المامون بيحيى بن اسماعيل بن ذى النون صاحب طليطلة فى سنة ۴٥٧ وفى ليلة عرفة لتسع خلون من ذى الحاجة منها وملك بلنسية وما البها من بلاد الشرق ۞

C'est ce passage dont on retrouvera la substance dans mon texte, qui a donné lieu aux bévues de Conde, qui d'ailleurs a eu la malheureuse idée de recourir au chapitre d'Ibno-'l-Abbár sur Haríz ibn-Hacam ibn-Occáschah que j'ai déjà publié ailleurs (*Script. Ar. loci de Abbadidis*, tom. II, p. 122), mais qui n'a rien à faire avec les événements qui nous occupent. En comparant ces deux textes, le lecteur verra facilement que là où Conde s'en est servi, et où il n'a pas eu recours à son imagination toute seule, il s'est trompé à chaque pas. Ibno-'l-Abbár dit ailleurs (fol. 80 r.), au commencement de son court article sur Abou-Amir (عامر) ibno-'l-Faradj: كان من ببيت رياسة تصرّف أباؤه وتبومه مع بنى ذى النون ملوك طليطلة والى ابى سعيد منهم وهو وال على كونكة وجّه المظفّر عبد الملك ابن المنصور عبد العزيز بن ابى عامر حين خلعه المامون بن ذى النون من بلنسية فى ذى الحاجة سنة ۴٥٧. De ces paroles si simples et si claires, Conde a tiré la conclusion que le gouverneur de Cuenca accompagna son ami Abdo-'l-melic quand celui-ci se rendit à Xelba! Enfin, ce récit dans son entier est en tout point digne de Conde; je ne m'en occuperai plus, et je citerai plutôt un passage d'Ibn-Haiyán (*apud* Ibn-Bassám, man. de Gotha, fol. 67 r.) que j'ai mis à profit, et qui est conçu en ces termes:

فاجتمع اصحابه على تأمير ولده عبد الملك وقـام لـه [1] بـامـره

---

1) Faut-il biffer ce mot?

كاتبُ والدِه المدبّرِ للدولةِ ابنِ عبدِ العزيزِ أشهَمُ مُدَبِّرَ هذه الدولةِ فى (مدّة j'ajoute 1.) هذا المؤمّرِ عبدِ الملكِ مكانَ ظَهيره (صهره 1.) وظهيره المامون يحيى بن ذى النون اذ كان صهر عبد الملك بـاموانـه المسـاهم له فى مصاب ابيه المعين له على سدّ ثلمه الزايد (الذائد 1.) عنه كلّ مَن طمع فيه ومنازعيـه عند نزول الحـادثة من حضرته طليطلة الى قلعة قونك من طرف اعماله للدنوّ من صهره عبد الملك وبادر بانفاذ قائد من خاصّته وبالكاتب ابن مثنى الى بلنسية فى جيش كثيف امرهم بالمقام مع عبد الملك وشدّ ركنه فسكنت الدهماء عليه ۞

» Après la mort d'Abdo-'l-azíz, ses amis résolurent de
» donner le gouvernement à son fils Abdo-'l-melic. Les affai-
» res du royaume furent conduites par le secrétaire du roi dé-
» cédé, qui, pendant ce règne, administra tout, se montra
» un gouverneur très-habile pendant tout le règne du prince
» qui venait d'être porté au trône, et remplaça le parent et
» l'allié d'Abdo-'l-melic, al-Mamoun Yahyá ibn-Dhí-'n-noun;
» car les aïeux de celui-ci s'étaient alliés par un mariage à la
» famille d'Abdo-'l-melic; lui-même avait partagé la tristesse
» de ce dernier à la mort de son père [1]; il l'aidait à remettre
» en ordre ses affaires embrouillées, et il le défendait contre
» tous ses ennemis. Pendant la grande catastrophe, al-Mamoun
» quitta Tolède sa capitale, et se rendit en toute hâte à la for-
» teresse de Cuenca, située à la frontière de ses états, afin
» d'être plus près de son parent Abdo-'l-melic; il se hâta aussi
» d'envoyer à Valence un général de ses amis et le secrétaire
» Ibn-Mothanná, accompagnés d'une nombreuse armée, en leur

---

1) Voyez sur la 3e forme du verbe سهم, *Script. Arab. loci de Abba-didis*, t. I, p. 254, l. 3, et la note (154) p. 286.

»ordonnant de demeurer auprès d'Abdo-'l-melic et de lui
»prêter appui. Alors son malheur ¹ s'adoucit."

La grande catastrophe sur laquelle Ibn-Haiyán ne donne aucun détail en cet endroit, c'est l'invasion du royaume de Valence par Ferdinand et la bataille de Paterna, dont Ibn-Bassám parle au long (dernière feuille du man. de Gotha). Je publierai ce passage ailleurs, et je me bornerai ici à observer qu'Ibn-Bassám dit que cette bataille eut lieu en 456. Al-Makkarí qui parle aussi de la bataille de Paterna (بطرنة en arabe), donne la même date; man. de Gotha, fol. 618 r. La traduction de cet endroit, qu'a donnée M. de Gayangos (II, p. 264, 265), n'est pas tout à fait exacte. Du reste, Ibn-Bassám et al-Makkarí se trompent quand ils nomment le prince de Valence Abdo-'l-azíz; ils auraient dû dire Abdo-'l-melic.

MM. Aschbach (I, p. 15), Rosseeuw Saint-Hilaire (IV, p. 223) et Romey (V, p. 275 et suiv.), ayant vu que les chroniqueurs chrétiens (moine de Silos, *España sagrada*, t. XVII, p. 329, Lucas de Tuy, p. 96, Roderich de Tolède, liv. VI, c. 14 et *Chronic. Compost.*, *España sagrada*, t. XXIII, p. 327) disent que Ferdinand attaqua le royaume de Valence peu de temps avant sa mort, sans qu'ils précisent davantage la date, et ayant lu chez Conde qu'al-Mamoun de Tolède s'empara de Valence vers la fin de l'année 1065, ils ont combiné ces deux témoignages, et en ont tiré la conclusion que Ferdinand et al-Mamoun s'étaient alliés contre Abdo-'l-melic de Valence. Cependant M. Aschbach (I, p. 316) remarque que les chroniqueurs chrétiens ne disent rien de cette alliance de Ferdinand avec le roi de Tolède. Cette observation est très-juste, et j'ajouterai qu'Ibno-'l-Abbár n'en dit rien non plus. Il y a plus; le passage d'Ibn-Haiyán que j'ai co-

---

1) Voyez sur le mot دوهاء *Scriptor. Arab. loci*, I, p. 287, note 155.

pié, est très-explicite, et il en résulte qu'al-Mamoun, loin d'avoir été l'allié de Ferdinand contre le roi de Valence, était au contraire l'allié du roi de Valence contre Ferdinand. MM. Aschbach et Romey ont eu tort aussi de fixer l'expédition contre Valence à l'année 1065, car la bataille de Baterna eut lieu dans l'année 456, c'est-à-dire entre le 25 décembre 1063 et le 12 décembre 1064. M. Rosseeuw Saint-Hilaire a donc eu parfaitement raison en fixant l'expédition à l'année 1064; mais il n'a appuyé son opinion sur aucun témoignage.

Ibn-Khaldoun (man., t. IV, fol. 26 v.) a commis un anachronisme bien étrange, en disant qn'al-Mamoun s'empara de Valence en 435. Telle est du moins la date que donnent les deux manuscrits de Paris et le nôtre, dans l'histoire des rois de Tolède; cependant la date véritable, 457, se trouve dans le chapitre sur Valence, qui suit immédiatement.

(B) Conde (II, p. 44) raconte qu'al-Mamoun nomma Isá Ibn-Labboun au gouvernement de Valence, et qu'Ibn-Abdo-'l-azíz se suicida, pour ne pas survivre à la chûte de son roi. Voilà encore deux énormités! Le passage d'Ibno-'l-Abbár où Conde a cru les trouver, suit immédiatement celui que j'ai copié dans la note précédente, et il est conçu en ces termes:

فاستخلف عليها أبا عبد الله بن عبد العزيز هذا وجعل اليه تدبير أمرها ثم انتقل ذلك عند وفاته الى أبي بكر ابنه فتناقنت فيها حاله بعد موت المامون بن ذي النون واستبد بالرياسة وجرى على احمد سنن من السياسة ذكر اكثر هذا الخبر أبو بكر محمد ابن عيسى بن مزين فيما وقفت عليه من تاليفه له مختصر في التاريخ واما ابن حيان ذكر هذا المخلوع عبد الملك وأساء الثناء عليه وحكى انه كان في مصير ملك ابيه اليه قد تخلى عن أمر الامارة اجمعه وفوضه الى وزيره احمد بن محمد بن عبد

العزيز الماضى لعبد الملك مكانه عند توليّه واشبع الكلام فى صفة خلع عبد الملك ونسب محاولتَه الى ابى بكر دون ابيه فدلّ ذلك على وفاته قبلها والله اعلم ۝

» En quittant Valence, al-Mamoun nomma au gouverne-
» ment de cette ville Abou-Abdolláh ibn-Abdo-'l-azíz, le per-
» sonnage auquel cet article est consacré, et il lui confia la
» conduite des affaires. A sa mort le gouvernement passa à
» son fils Abou-Becr qui, après la mort d'al-Mamoun, s'éleva
» à un haut degré de puissance, se déclara indépendant et se
» conduisit pendant son règne de la manière la plus louable.
» Abou-Becr Mohammed ibn-Isá ibn-Mozain a raconté la plu-
» part de ces événements dans un court écrit historique que
» j'ai lu. Ibn-Haiyán a aussi fait mention de ce roi destitué
» Abdo-'l-melic, qu'il blâme fort. Il raconte que, quand il
» eut succédé à son père, il ne se mêla en rien des affaires
» de l'état, et qu'il les abandonna toutes à son wézir Ahmed
» ibn-Mohammed ibn-Abdo-'l-azíz, qui jouit de l'autorité su-
» prême, après qu'Abdo-'l-melic se fut soustrait aux affaires.
» Il parle encore fort au long de la déposition d'Abdo-'l-melic,
» et il dit que celui qui y contribua puissamment, fut Abou-
» Becr; mais il ne nomme pas son père; ce qui semble indi-
» quer que ce dernier était déjà mort quand ces événements
» eurent lieu. Dieu seul sait ce qui en est."

Ce n'est pas ma faute si ces renseignements ne s'accordent pas du tout avec ceux qu'a inventés Conde, qui, dans un autre endroit (II, p. 58), nous apprend qu'Abdo-'l-melic reconquit Valence en 457, nomma pour son successeur son fils Abou-Becr en 470 etc., etc. Je puis assurer que Conde n'a eu à sa disposition que le passage d'Ibno-'l-Abbár que j'ai cité; mais au lieu de le traduire tout simplement, il a mieux aimé débiter une série de mensonges.

Du reste, quand on n'a que le passage d'Ibno-'l-Abbár,

il est difficile de choisir entre les deux relations, celle d'Ibn-Mozain et celle d'Ibn-Haiyán; car tous les deux étaient des auteurs consciencieux et contemporains des événements dont il s'agit. (Voyez sur l'historien Ibn-Mozain, le fils du prince de Silves dépossédé par al-Motadhid de Séville, *Script. Arab. loci de Abbad.*, II, p. 123). Cependant je crois pouvoir affirmer qu'Ibn-Mozain s'est trompé ici, et qu'Ibn-Haiyán a parfaitement raison, et voici pourquoi. Ibn-Bassám (man. de Gotha, fol. 10 r.) cite un passage d'Ibn-Haiyán, qui paraît avoir échappé à l'attention d'Ibno-'l-Abbár, mais qui contient la date assez précise de la mort d'Ibn-Abdo-'l-azíz le père, puisqu'il y est dit que la nouvelle de son décès arriva à Cordoue pendant l'un des dix derniers jours de Djomádá II 456 (milieu de juin 1064). Voici ce passage, auquel, comme on verra, j'ai encore fait d'autres emprunts:

وقد ذكره ابو مروان بن حيان فقال وفى العشر الاواخر من جمادى الاخرة سنة ست وخمسين نُعِيَ الينا وزير بلنسية ابن عبد العزيز وكان على خمول اصله فى الجماعة من ارجح كبار الكتّاب الطالعين فى دست هذه الفتنة المدلهمة وذوى الدّاد من وزراء ملوكها اذ (نا *lisez*) حنكة ومعرفة وارتياض وتجربة وهدى وقوام سيرة البى نَبراء وصبيبانة انتهى كلام ابن حيان .

On trouve dans Ibn-Khaldoun le passage suivant (fol. 27 r.):
ولما هلك المامون بن ذى النون وولى حافده القادر ولّى على بلنسية ابا بكر بن عبد العزيز بقية وزراء ابن ابى عامر فداخله

---

1) Voyez sur ارجح (*l'un des plus illustres*) *Script. Arab. loci de Abbad.*, I, p. 183 n. 43.
2) Je prends le mot ارْثِ dans le sens de *modestie* (*contentus fuit, satis habuit*).

ابن هود فى الانتقاض على القادر ففعل واستنيب بها وضبطها سنة ٤٨ حين تغلّب المقتدر على دانية ۞

Ce que dit Ibn-Khaldoun sur les relations entre Ibn-'Abdo-'l-azíz et al-Moctadir, ne me paraît pas exact. Le récit, entièrement neuf, que j'ai donné dans mon texte, contient la substance d'un long passage d'Ibn-Bassám (man. de Gotha, fol. 10 v., 11 r.), qui est intéressant sous plus d'un rapport et que je publierai ailleurs.

LE CID.

TEXTES ET RÉSULTATS NOUVEAUX.

> Ich weiz wol, ir ist vil gewesen,
> die von Tristande hant gelesen:
> unde ist ir doch niht vil gewesen,
> die von im rehte haben gelesen.
> Gottfried von Strassburg,
> *Tristan und Isolt*, vs. 31—34.

> Horatio.
> But this is wondrous strange!
> Hamlet.
> And therefore as a stranger give it welcome.
> There are more things in heaven and earth, Horatio,
> Than are dreamt of in your philosophy.
> Shakspeare, *Hamlet*, II, 5.

I.

> Decidnos por Dios, señor,
> Quien sois vos?
> Gil Vicente, *Comedia do viuvo*.

Rodrigue Diaz de Bivar, le Cid Campéador! Parmi tous les héros que l'Espagne a produits au moyen âge, il n'en est qu'un seul qui ait acquis une réputation vraiment européenne — c'est lui. Les poètes de tous les temps l'ont chanté. Le plus ancien monument de la poésie castillane porte son nom; plus de cent cinquante anciennes romances célèbrent ses amours et ses batailles; Guillen de Castro, un des plus mâles talents de la Péninsule, Diamante, d'autres encore, l'ont choisi pour le héros de leurs drames. Demandez en France à un homme du peuple qui était le Cid: il vous répondra ; car il connaît la tragédie de Corneille, celle de Casimir Delavigne peut-être. Adressez la même question à un bourgeois allemand: il vous répondra ; car il a lu la traduction que Herder a donnée des romances, et qui est devenue un livre tout à fait populaire.

D'où vient ce puissant intérêt, ce prestige attaché à ce nom ? Qu'a-t-il donc fait ce Cid, pour que l'Espagne en soit si fière, pour qu'il soit devenu le type de toutes les vertus chevaleresques, pour qu'il ait jeté dans l'ombre tous ses frères d'armes, tous les héros espagnols du moyen âge? Le Cid des *cantares*, des romances, des drames, est-il bien le Cid de l'histoire? Ou bien n'est-il qu'une création magnifique des poètes de la Péninsule ?

Depuis des siècles, ces questions ont occupé les historiens de l'Espagne et de l'Europe entière. La critique historique en était encore à ses premiers tâtonnements, que déjà dans le XVe siècle, Fernan Perez de Guzman, célèbre comme poète et comme historien, exprima ses doutes à cet égard [1]. Dans le XVIe et XVIIe siècles, Mariana, Zurita, Sandoval, Briz Martinez, Diago, Abarca, Moret et d'autres historiens, dirent assez clairement que plusieurs incidents dans l'histoire du Cid sont indignes de foi. Il était facile en effet, de remarquer les nombreuses erreurs, les mensonges évidents, que renferment certaines romances, certaines parties de la *Cronica general* et de la *Cronica del Cid*. D'un autre côté, les témoignages plus dignes de confiance, étaient très-rares et très-maigres. En effet, quels documents, d'une authenticité non douteuse, possédait-on ? Il y a le contrat de mariage entre Rodrigue Diaz et Chimène, fille de Diégo, duc des Asturies, écrit sur parchemin, en caractères gothiques, et qui se trouve

---

[1] Dans son poème intitulé *Loores de los claros varones de España*, copla CCXIX. Cet ouvrage a été publié pour la première fois par M. Ochoa, dans ses *Rimas inéditas del siglo XV* (Paris, 1844).

encore à Burgos [1]; il porte la date 14 Kal. Aug. Era 1112
(19 juillet 1074). Puis il y a dans une chronique étrangère,
écrite dans le midi de la France vers l'année 1141, où elle
finit, une courte notice sous l'année 1099, d'où nous apprenons que Rodrigue mourut, dans cette année, à Valence.
Voilà un document du XIe siècle, et un autre du XIIe; mais
voilà tout. La seconde partie de la chronique du moine de
Silos, auteur qui écrivit au commencement du XIIe siècle,
est malheureusement perdue. Nous savons qu'elle contenait
la vie d'Alphonse VI, et il est présumable qu'elle renfermait
quelques notices sur le Cid. Pélage d'Oviédo, auteur de la
même époque, ne parle pas de lui; mais son silence ne prouve
rien, car sa chronique est très-courte. A la première moitié
du XIIIe siècle appartiennent la chronique latine de Burgos,
qui finit à l'année 1212; les *Anales Toledanos primeros*, en
espagnol, qui vont jusqu'à l'année 1234; le *Liber Regum*,
écrit en espagnol avant l'année 1234; les Annales latines de
Compostelle qui finissent à l'année 1248; enfin, la chronique
de Lucas de Tuy, qui s'arrête à l'année 1236, et celle de
Roderich de Tolède qui acheva son ouvrage en 1243. Ces
chroniques donnent quelques courtes notices sur Rodrigue; mais
quel degré de confiance peut-on accorder à des chroniqueurs
du XIIIe siècle, en général véridiques, sans doute, mais qui,
après tout, pouvaient fort bien se tromper en racontant des
événements arrivés dans le XIe? Quelle confiance méritent-ils
quand ils parlent du Cid qui, comme nous le savons par le
témoignage irrécusable du biographe d'Alphonse VII, était
déjà devenu le héros des chants populaires un demi-siècle
après sa mort?

---

1) Cette pièce a été publiée en 1601 par Sandoval (*Monesterio de San Pedro de Cardeña*, fol. 43 r. — 44 v.), et réimprimée par Sota (*Chronica de los principes de Asturias, y Cantabria*, p. 651) et par Risco (*La Castilla*, p. VI et suiv. de l'appendice).

A la fin, Risco, le continuateur de l'*España sagrada*, publia, en 1792, un livre sous le titre de *La Castilla y el mas famoso Castellano*. Risco dit avoir découvert, dans la Bibliothèque du couvent de Saint-Isidore à Léon, un ancien manuscrit latin in-4°, sur parchemin, qui contient, entre autres choses, une ancienne histoire du Cid, sous le titre de *Hic incipit gesta de Roderici Campidocti*. L'auteur de cet ouvrage ne se nomme pas, mais, à l'en croire, il doit avoir écrit avant l'année 1238, époque de la prise de Valence par Jacques Ier d'Aragon; car, en parlant de la prise de Valence par les Sarrasins après la mort de Rodrigue, il ajoute: » et » numquam eam ulterius perdiderunt." Risco publia ce document dans un appendice; il croit qu'il est en tout point digne d'une entière confiance, et son livre très-médiocre n'est, à vrai dire, qu'une paraphrase, plus ou moins exacte, de ce document latin.

Jean de Müller, le célèbre historien de la confédération suisse, qui, en 1805, publia en allemand une histoire du Cid, n'hésita pas à admettre comme authentique cette histoire latine; il considéra aussi l'ancienne *Chanson du Cid* [1], que Sanchez avait publiée en 1779, comme une source où l'historien pouvait puiser. Mais dans cette même année parut à Madrid le vingtième volume de l'*Historia critica de España*

---

[1] Qu'on me permette d'appeler ainsi l'ouvrage auquel Sanchez a donné le titre de *Poema del Cid*. Pour moi c'est bien certainement une chanson de geste, et je reviendrai là-dessus; mais dans tous les cas, ce titre classique de *Poema* dont Sanchez a trouvé bon de l'affubler, doit choquer tout bon médiéviste. Antérieurement au XVe siècle, on n'employait jamais en Espagne le mot-Poema; on ne disait pas *Poema de Alexandre*, mais on disait *El Libro de Alexandre*; on ne disait pas non plus *Poesias del Arcipreste de Hita*, mais *El Libro del Arcipreste de Hita*. C'est ainsi que ces deux ouvrages sont nommés par le plus ancien historien de la littérature espagnole, par Santillana, dans sa célèbre lettre au connétable de Portugal.

par Masdeu. Cet écrivain s'attache à prouver d'abord que le manuscrit latin en question, n'existe pas dans le couvent de Saint-Isidore à Léon. Il dit avoir séjourné pendant quatorze mois à Léon, en 1799 et en 1800. Il y a examiné tous les manuscrits du couvent de Saint-Isidore; cependant les moines lui ont assuré » qu'ils ne pouvaient trouver la fameuse his- » toire du Cid, et qu'ils ne comprenaient pas comment elle » avait disparu [1]." Masdeu ajoute: » Que dois-je donc pen- » ser selon les lois de la critique et de la prudence? Je de- » vrais nécessairement supposer (si je puis le faire sans offenser » l'honnêteté bien connue du père Risco) que le manuscrit en » question s'est caché à mes yeux et à ceux de tous les litté- » rateurs, soit parce que la copie qui a été publiée, ne cor- » respond pas à l'original, soit parce que le manuscrit lui- » même, si nous le voyions, nous donnerait des preuves cer- » taines qu'il n'est pas aussi ancien qu'on le prétend. Je tiens » pour certain que le père Risco, pour son propre honneur, » et pour ma tranquillité et celle de tous les autres savants, » nous dévoilera ce mystère." Puis Masdeu consacre 168 pages (p. 151—319) à prouver que cette prétendue histoire latine du Cid n'est qu'un tissu de fables absurdes. Masdeu va plus loin encore; il attaque tous les autres documents relatifs au Cid, à l'exception de la *Cronica general* et de la *Cronica del Cid*, dont il ne dit que très-peu de chose, probablement parce qu'il les considérait comme à tout jamais condamnées, et à la page 370, il arrive au résultat suivant: » Il résulte comme consé- » quence légitime, que nous n'avons sur le fameux Cid aucune » notice qui soit certaine ou fondée, ou qui mérite d'occu- » per une place dans les mémoires de notre nation." » Je dois » confesser," ajoute-t-il plus loin, » que nous ne savons ab- » solument rien sur Rodrigue Diaz le Campéador, pas même » sa simple existence."

---

1) Masdeu, t. XX, p. 149.

Cette dernière conclusion n'a été adoptée par personne ; les renseignements qui se trouvent sur le Cid dans le deuxième volume de Conde, publié en 1820, quelque maigres et confus qu'ils fussent, suffisaient pour la réfuter. Mais il n'en est pas moins vrai que le résultat obtenu par Masdeu pour ce qui concerne l'histoire latine publiée par Risco, a été adopté par tous les historiens modernes à quelques rares exceptions près. M. Schmidt, dans son Histoire d'Aragon, et M. Huber, dans son histoire du Cid, publiée en 1829, ont cru à son authenticité. Il est vrai que M. Huber ne connaissait que de nom la critique de Masdeu ; ce que M. Aschbach [1] explique par la circonstance que le vingtième volume de Masdeu est rare dans le Nord, et que M. Huber s'est servi des livres de la Bibliothèque de Goettingue, qui ne le possède pas. Ce fait est exact ; la Bibliothèque de Goettingue n'a fait que dernièrement l'acquisition de ce volume [2].

Risco avait été empêché par la mort de répondre à Masdeu. Le père José de la Canal avait composé une suite de lettres pour réfuter les critiques de Masdeu, mais quand il apprit la mort de ce dernier, il les condamna à l'oubli.

La première question à résoudre était toujours celle-ci : le manuscrit latin existe-t-il ou n'existe-t-il pas ?

Ce fut en 1829 que MM. de la Cortina et Hugalde y Mollinedo prouvèrent qu'il existe réellement, et qu'ils donnèrent un fac-simile des cinq premières lignes, dans leur traduction de l'histoire de la littérature espagnole par Bouterwek [3] ; ils expliquèrent en même temps, pour quelle raison Masdeu n'avait pu voir le manuscrit. L'existence du manuscrit n'est donc plus douteuse aujourd'hui, et le fac-simile montre qu'il a été écrit

---

1) *De Cidi historiae fontibus Dissertatio*, Bonn, 1843, p. 14.

2) MM. les bibliothécaires à Goettingue ont eu l'obligeance de me prêter cet exemplaire.

3) Pag. 253—255.

au XII⁰ ou au commencement du XIII⁰ siècle ¹. Cependant les historiens modernes, tels que MM. Aschbach, Rosseeuw Saint-Hilaire, Romey et Schaefer, n'ont pas voulu prendre connaissance de ce fait, ou du moins ils n'y ont attaché aucune importance; ils trouvent que l'histoire latine est en opposition avec les documents arabes, traduits par Casiri et par Conde, et ils pensent qu'elle ne mérite pas plus de confiance que les deux chroniques espagnoles qui donnent la biographie du Cid.

D'un autre côté, on se demande quelle est l'autorité de l'ancienne *Chanson du Cid*. Un savant allemand qui, il n'y a pas longtemps, a rendu compte, dans les Annales de Goettingue ², de l'Histoire d'Espagne de M. Schaefer, s'est exprimé à ce sujet en ces termes: » Il nous paraît que l'histoire » du Cid ne pourra s'asseoir sur une base solide, que quand » un historien voudra tenter d'entrer de nouveau dans la voie » qu'a suivie Jean de Müller, et de se fonder sur le *Poema* » *del Cid*; car, après les recherches de M. Ferdinand Wolf, il » est hors de doute que ce poème a été composé vers le milieu » du XII⁰ siècle, cinquante années seulement après la mort du » Cid. Le caractère entièrement naïf de cet ancien poème, » l'esprit de l'époque où il a été composé, et où l'imagination » pouvait encore si peu se débarrasser de la réalité, sont déjà » des garanties suffisantes pour persuader à ceux qui se dépouil-» lent de toute prévention, que le *Poema del Cid*, pour ce » qui concerne le caractère du héros et ses faits principaux, ne » peut contenir des fictions, qu'auraient pu démentir des con-» temporains du trépassé."

D'un autre côté encore, M. Huber ³, il n'y a pas long-

---

1) Telle est l'opinion des traducteurs de Bouterwek. C'est aussi celle de notre savant archéologue, M. le docteur Janssen, que j'ai consulté sur ce point. 2) Année 1846, p. 1316.
3) Voyez l'Introduction que ce savant a ajoutée à son édition de la *Chronica del Cid*, Marbourg, 1844, p. LVI et suivantes.

temps non plus, a émis l'opinion que la partie de la *Cronica general* à laquelle répond une partie de la *Cronica del Cid* et qui traite des affaires de Valence, n'est pas, comme on le croit ordinairement, fabuleuse, extravagante, absurde. Au contraire, M. Huber, sans considérer ce morceau comme contenant la vérité toute pure, croit cependant qu'il ne contient presque rien d'extravagant ou d'absurde; il pense qu'il est *possible* qu'il ait été écrit par un Arabe valencien, contemporain du Cid; car, dit-il, ce récit est en même temps simple et circonstancié, mais nullement poétique, et le Cid y apparaît sous un jour peu favorable.

Voilà donc plusieurs questions moins résolues que jamais. Qu'est-ce que la chronique latine : est-elle histoire, est-elle fiction? Qu'est-ce que la *Chanson du Cid*: est-elle une chronique rimée, est-elle un ouvrage d'imagination? Y a-t-il quelque chose de vrai dans la partie de la *Cronica general* qui traite du Cid, dans la chronique qui porte son nom, dans les romances, dans la *Cronica rimada* qu'a publiée M. Francisque Michel? Enfin, qu'était-ce que le Cid? Qu'a-t-il fait? Comment et pourquoi est-il devenu le héros espagnol par excellence? Pourquoi son histoire, vraie ou fausse, est-elle devenue le thème favori des poètes du moyen âge? En quoi le Cid de la tradition diffère-t-il du Cid de l'histoire?

I I.

> Right well I wote, most mighty Sovcraine,
> That all this famous ántique history
> Of some th' aboundance of an ydle braine
> Will iudged be, and painted forgery,
> Rather then matter of iust memory.

> But let that man with better sence advize,
> That of the world least part to us is red;
> And daily how through hardy enterprize
> Many great regions are discovered,
> Which to late age were never mentioned.
>
> Spenser, *The Faerie Queene*, Book II.

> Sus treib ich manige süche,
> unz ich an einem büche
> alle sine jehe gelas,
> wie dirre aventure was.
>
> Gottfried von Strassburg,
> *Tristan*, vs. 63—66.

Pendant mon séjour à Gotha, dans l'été de l'année 1844, j'examinai le manuscrit arabe 266, que le Catalogue présente comme un fragment de l'histoire d'Espagne par al-Makkarí. Je ne tardai pas à reconnaître que ce titre est faux, et que le manuscrit contient la première partie du troisième volume de la *Dhakhirah* d'Ibn-Bassám, ouvrage qui traite des poètes et des écrivains en prose rimée, qui fleurirent en Espagne dans le Ve siècle de l'Hégire, et qui contient des échantillons de leur talent [1]. J'ai déjà publié différents passages empruntés à ce volume, et une foule de circonstances m'a prouvé que ma supposition était parfaitement fondée.

---

1) Voyez *Scriptorum Arabum loci de Abbadidis*, t. I, p. 189 et suiv. où j'ai parlé longuement d'Ibn-Bassám, de sa *Dhakhirah*, du manuscrit d'Oxford (2e volume) et de celui de Gotha.

Je ne tardai pas non plus à m'apercevoir que ce manuscrit contient un long et important passage sur le Cid, passage d'autant plus remarquable qu'Ibn-Bassám écrivit ce volume à Séville en 503 de l'Hégire [1], 1109 de notre ère, quinze années seulement après la prise de Valence, et dix années après la mort du Cid; qu'il invoque le témoignage d'une personne qui a vu le Cid à Valence; qu'enfin son récit est le plus ancien que nous possédions, puisqu'il est antérieur de trente deux années à la courte notice de la plus ancienne chronique latine qui parle du Cid. Ibn-Bassám n'est pas un historien, c'est un rhéteur; il se trompe quelquefois, surtout dans les dates; écrivant en prose rimée, il emploie de temps en temps des phrases pompeuses qui disent plus que l'auteur n'en voulait dire; il sacrifie quelquefois la vérité historique à la rime; mais ces cas sont rares, et un historien éminemment critique, Ibno-'l-Abbár, n'a trouvé que peu de fautes à relever dans la *Dhakhîrah*; d'ordinaire il a suivi ce livre comme parfaitement digne de confiance. Cette circonstance est à noter, car Ibno-'l-Abbár aimait à censurer les fautes d'autrui, et il pouvait le faire, car il avait sous la main une foule de livres aujourd'hui perdus.

Le chapitre d'Ibn-Bassám où il est question du Cid, est consacré à Ibn-Táhir. Ce personnage avait été prince de Murcie; mais ses sujets l'avaient trahi et avaient livré Murcie à al-Motamid de Séville, qui fit emprisonner Ibn-Táhir dans la forteresse de Monte agudo. Plus tard, le roi de Séville lui rendit la liberté, grâce aux prières d'Abou-Becr ibn-Abdo-'l-azíz de Valence; suivant d'autres, Ibn-Abdo-'l-aziz fournit à

---

2) Voyez *ibid.*, p. 197. L'année arabe 503 commence le 31 juillet 1109 et finit le 19 juillet 1110; mais il est très-certain qu'Ibn-Bassám écrivit le passage en question, avant le 24 janvier 1110, époque de la mort d'al-Mostaín de Saragosse. Ce prince, comme nous le verrons bientôt, vivait encore quand Ibn-Bassám écrivit.

Ibn-Táhir les moyens de s'évader de sa prison. Quoi qu'il en soit, Ibn-Táhir dut sa liberté à Ibn-Abdo-'l-azíz, et il s'établit à Valence [1].

Voici à présent le texte en question. Je le donne dans son entier, car il ne contient rien qui ne doive nous être, par la suite, éminemment utile; j'y ai ajouté une traduction que j'ai tâché de rendre aussi littérale que je pouvais le faire sans nuire à la clarté et sans trop heurter le génie de la langue française; mais je ne traiterai que plus tard les questions historiques auxquelles ce texte donne lieu.

Manuscrit, fol. 22 r. vers la fin:

وله من رقعة الى ابن جحاف ايام ثورة ابن عمه ببلسية [2] قد

---

1) Pour de plus amples renseignements sur Ibn-Táhir et sa famille, je me permettrai de renvoyer le lecteur à mon Histoire des Benou-Abbád.

2) La lettre suivante a aussi été copiée par Ibn-Khácán dans son *Kaláyid* (chapitre sur Ibn-Táhir). Ibn-Khácán nous apprend que, pendant qu'il se trouvait à Valence en 503 (1109, 10), il y fit la connaissance d'Ibn-Táhir (voyez man. A., t. I, p. 115). Dans le *Kaláyid*, la lettre est précédée de ces mots: واخبرنى رحمه الله ان ابا احمد بن جَحَّاف لمّا انتزى، وانتمى للرياسة واعتزى" وظنّ بقتل القادر بالله انه يتمّ له من الاستبداد، ما تمّ للقاضى ابن عبّاد" والقدر يَضْحَكك من ورائه، ويُضْحِكك له بقبح آرائه" بادَرَ لتحبينه بالامتداد الى حاشيته، والاستنطالة على غاشيته" فوجّه اليه من قبله رسولا فناجهه، وسبّه ومن وجّهه" فكتب الى صاحب المظالم ابن عمه

» Ibn-Táhir (que Dieu lui soit propice!) me raconta qu'Abou-Ahmed
» ibn-Djahháf, quand il se fut revolté et qu'il se fut arrogé le pouvoir
» suprême, dans la pensée qu'après avoir tué al-Kádir billáh, il régne-
» rait en prince indépendant, comme l'avait fait [à Séville] le kádhi
» Ibn-Abbád (derrière son dos, le destin se moquait de lui, et nous qui
» savons où ces menées devaient aboutir, nous rions de ses infâmes sup-
» positions), qu'alors, dis-je, Ibn-Djahháf se rendit maître, sans tarder,

١ اَلْبَسْتَنى اعزَّك الله من بزّك ما لا اخلعه، وحمَّلْتَنى مِن شكرِك
ما لا اضيعه ٢ فـانـا استريح اليك استراحة المستنيم ٢، واصرف
الذنب على الزمن المستنيم ٣ وان ابن عمك مدّ الله بسطته
٧. ٢٢ لمـا ثـار ثورته التى *ظن انه قد بلغ بهـا السمـاك، وبدّ معيـا
الاملاك ٤ نظر الىّ متـخـازراً متشاوسا ٥، وتَـخَـيَّلَنى ٦ حاسداً ٧ *او
منافسا ٨ ولعن الله من حسده جماليها،

«des serviteurs d'al-Kádir, et qu'il se comporta avec un insupportable
» orgueil envers les amis de ce roi. Alors Ibn-Táhir lui envoya un messa-
» ger; mais Ibn-Djahháf repoussa cet homme et l'insulta, ainsi que celui
» qui l'avait envoyé. Alors Ibn-Táhir écrivit au grand juge, le cousin-
» germain d'Ibn-Djahháf."

J'ai prononcé *Ibn-Djahháf* (c'est l'Abenjaf de la *Cronica general*),
car c'est ainsi que ce nom se trouve ponctué dans les manuscrits A. et Ga.;
la même prononciation est indiquée dans le *Kámous* (p. ۱۱۳۸). Voyez
sur la 8ᵉ forme du verbe نزو *Script. Arab. loci*, t. I, p. 263. La 8ᵉ forme
du verbe مدّ se trouve employée dans le même sens qu'ici, dans un passage d'Ibn-Haiyán (*apud* Ibn-Bassám, man. de Gotha, fol. 28 v.): ترك
التجاوز لحقّه والامتداد الى شيء من اعمال غيره ۞

Puisque je publie la lettre suivante d'après cinq manuscrits, je n'ajouterai
que les variantes qui me paraîtront de quelque importance; mais je donnerai toutes celles qui se trouvent dans le man. d'Ibn-Bassám.

1) Telle est la leçon des quatre man. d'Ibn-Kháeán; Ibn-Bassám ثناك.
2) Ibn-Bassám المستقيم.
3) Les man. d'Ibn-Kháeán portent المليم; le sens est à peu près le
même.
4) Au lieu de السماك et de وبدّ, le man. d'Ibn-Bassám porte السما
بلغ بها السماك، وظن. Chez Ibn-Kh. cette phrase se lit ainsi: ومذ et
(الاملاك.) انه قد بدّ معها الاملاك (A., G. et Ga. الاقلاك, au lieu de
5) Ce mot manque chez Ibn-Bass.
6) Ibn-Kh. وظنَّنى.
7) Ibn-Bass. كاسداً.
8) Ibn-Bass. ومنافسا.

قلم ١ تك ٢ تصلح الّا ٣ له   ولم يكُ يصلح الا لها"
ثم تورَّم على انف عزَّته، فرمانى بصروب مَحنته" وفى كل ذلك
انجرعه على مضصه، واتغــاتل لغرضه" واداويه على بَلله، وما
انتصر بشىء سوى عَمَله" الى ان راى اليوم* بسوءٍ رايه ٤، ان
يزيد فى تعسّفه وبغيه" فاستقبلت من الامر غريبــا ممــا كنــت
احسبه، ولا بان الى سببه" ولما جاءه رسولى مستفهما عبس وبسر،
وادبر واستكبر". فامسكت محافظةً ٥ للجانب، وعَمَلًا على الواجب"
لأنّ هيبةَ ابى احمد قبضتنى، ولا انّ مبرَّته عندى اعترضتنى"
واقسم ٦ بالله حلفة برٍ لو الايام قذفت بكم الىَّ وانــا بمكــانى
لأوردتُّكم العذب من مناهلى، وحملت ٧ جميعكم على عــاتقى
وكــاهلى" ولـــاكن الله يعبر بكم اوطانكم، ويحمى من الثَّوبِ ٨
مكانكم" ويحوط هذه السيادة الطالعة فيكم، *البانية لمعاليكم ٩"
فلا يَسُوْكُ ١٠ مطلعُهْ ١١، ولَيَسُرّك ١٢ مصرعُهْ" فمــا مثله يُمَـاثل، ولا
*يلبث حينا ١٣ ولا يُمْهَـل" ☼

---

1) Ibn-Bass. وَلَم.
2) Ibn-Bass. تكن, ce qui est contraire à la mesure.
3) Ce mot manque chez Ibn-Bass.
4) Ces deux mots manquent chez Ibn-Bass.   5) Ibn-Kh. محافظًا.
6) Ibn-Kh. وانا اقسم.   7) Ibn-Bass. ولنجعلت.
8) Ibn-Kh. الغِيَر; le sens revient au même.
9) Ibn-Bass. النائبة بمعاليكم.   10) Ibn-Bass. فلا يسرك.
11) Cette leçon ne se trouve que dans B.; les trois autres man. d'Ibn-Kh.
et celui d'Ibn-Bass. portent مقطعه, ce qui, je crois, ne donne aucun
sens raisonnable. La phrase est antithétique, et l'auteur oppose سلا à
سرّ, et مطلع à مصرع; mais je ne vois pas comment il aurait pu opposer
مصرع à مقطع.
12) Ibn-Bass., A., G. et Ga. وليسوك; mais la véritable leçon ne saurait être douteuse, et elle se trouve dans B.   13) Ibn-Kh. ينظر.

— 333 —

قال أبو الحسن وَمَّ لابى عبد الرحمن بن طاهر هذا فى البقاء حتى تجاوز جملة الروَّساء وشهد محنة المسلمين بپلنسية على يدى الطاغية الكنبيطور[1] قصمه الله[2] وجعل بذلك الثغر‟ فى قبضة الاسر‟ سنة 488 ومنها كتب رقعة الى بعض اخوانه يقول فيها كتبت منتصف صفر‟ وقد حصلنا فى قبضة الاسر‟ بمخطوب لم تنجُر[3] فى سالف الدهر‟ فلو رايت قطر بلنسية نظر الله اليه‟ واعاد بنوره عليه‟ وما صنع الزمان به وبـاهله لكنت تندبه وتبكيه فلقد عبث البلا برسومه‟ وبـاهله وعفى على اقماره ونجومه‟ فلا تسل عما فى نفسى عن نكدى وبـاسى وضمنت الآن الى الابتداء‟ بعد مكابدة اهوال ذهبت بالدما‟ وما أرجو غير صنع الله الذى عَوَّد‟ وفضله الذى عهد‟ وساقمتك مساهمة الصفى، لما أَعلم من وفـاتك وتهمـمك الحـفى‟ ومستمطرا من تلاقائك دعوة اخلاص‟ على انها عسى ان تكون سببا الى فرج وخلاص‟ باذن الله فهو عزّ وجهُ يقبل الدعا من داعيه‟ وما زال مكانك منه ترى البركة فيه‟ ۞

قال أبو الحسن وانّ قد انتهى بنا القول الى ذكر بلنسية فلا بد من الاعلام بمحنتها‟ والاتيان بنبذ من اخبار فتنتها‟ التى غرب شاوها فى الاسلام‟ وتجاوز عفوها جهد الكروب العظام‟ وذكر الاسباب التى جرت جرائرها[4]‟ وادارت على المسلمين دوائرها‟ والاشارة بـاسم من سلك[5] فى طريقها ونهج‟ ودخل من ابواب عقوقها وخرج‟ ۞

---

1) Man. الكبيطور.
2) Le mot الله manque dans le man.
3) Man. تنجد.   4) Man. جوائرها.
5) C'est ainsi qu'il faut lire au lieu de ملك qu'on trouve dans le man.

ذكر الخبر عن تغلُّب العدو عليها' وعودة المسلمين اليها "

قال أبو الحسن ونذكر ان شاء الله فى القسم الرابع نكتا وجوامع تودى الى كيفية تغلُّب ادفونش طاغية طاغوت الجلالقة قسمه ١ الله على مدينة طليطلة واسطة السلك' واشمخ ذرى الملك" بهذه الجزيرة واشرح الاسباب التى ملّكتْه قيادَها' ووطّأتْه مهادَها" حتى اقتعد صهوتها' وتبحبح ذروتها" وان يحيى بن ذى النون المتلقب من الالقاب السلطانية بالقادر بالله كان الذى هَيَّجَ أوّلًا نارها ٢' وأجَّجَ أوارها" وكان عنده ما خلّى بين ٣ ادفونش وبين طليطلة جدّد الله رسمها' واعاد الى ديوان المسلمين اسمها" قد عاهده على ان يعبيد به صعب بلنسية ذلولا" وان يتبعه بنصرتها' وتملّك حصرتها" ولو قليلا" علمًا ٤ منه انه اسير يديه' وعمّال عليه" فصار يَهرُّه المعاقل' وتبرأ منه المراحل" حتى استقرّ بقصبة قونكة عند اشياعه بنى الفرج حسبما نشرحه فى القسم الرابع ان شاء الله وهم كانوا ولاة امره' وطاغية عرفه وذكره" بهم اوّلًا صدع' واليهم اخرًا نزع" وطفق يداخل ابن عبد العزيز بمعاذير يلفقها' واساطير ينفقها ٥' واعجاز ٦.... الباطل وصدور ٧ يجمعها ويفرّقها" وابن عبد العزيز يومئذ يضحك قليلا" ويبكى

---

1) Man. قصمها.
2) Le man. porte par erreur نارها.
3) Ce mot manque dans le man.
4) Man. علمنا. 5) Man. ينعقها.
6) Il y a ici une lacune dans le man., avec le mot كذا.
7) Je crois qu'il faut ajouter ici الحقّ.

كثيرًا" ويظهر أمرًا" ويخفى أمورًا" والفلك يدور، وأمر الله يُنجد ويُغور" وورد الخبر بموت ابن عبد العزيز اثناء ذلك، واختلاف ابنَيه بعده هنالك" فانسلّ ابن ذى النون الى بلنسية انسلال القطا الى الماء" وطلع عليها طلوع الرقيب على حلاوة الاحبّاء" وانتهج السبيل بين ملوك افقنا وبين امير المسلمين رحمه الله على ما قدّمناه ذكره سنة ٧١² وصدم ادفونش الطاغية قصمه الله تلك الصدمة المتقدمة الذكر يوم الجمعة فرجع لعنه الله وقد هيض جناحه، وركدت رياحه" وتنفّس خنساق يحيى بن ذى النون هذا فتنسّم روح البقاء، وتبلّغ بما كان بقي له من دماء، ودخل من معاقدة امير المسلمين فيما دخل فيه معشر الروساء" ولم يزل ادبارهم على ما ذكرنا يستسرى، وعقارب بعضهم الى بعض تدبّ وتسرى" حتى اذن الله لامير المسلمين فى افساد مُنتهم ³ وحسم ادواء بغيهم، والانتصار لكَواقّ المسلمين من فعلهم الذميم ورأيهم" فشرع فى ⁴ ذلك على ما قدّمناه سنة ٧٣" فاجعلت البلاد عليه تنشال، والمنابر باسمه تزدان وتختال" واستمرّ ينير نجومهم، ويطمس رسومهم" بساقى سنة ³ وسنة ⁴ بعدها وفى ذلك اليوم يقول الاديب ابو تمّام بن رِبَاح

كأنّ بلادهم كانت نساء   يطالبها الضرائر بالطلاق

وفى ذلك ايضًا يقول ابو الحسين بن الحدوارة عرض بصاحب ميورقة بعد خلع بنى عباد

---

1) Man. انسال.
2) Après le mot وسبعين, il y a une petite lacune dans le man., avec كذا; mais il ne manque rien.
3) Man. منهم.
4) Man. من.

ألّا قُلْ للذى يرجو مَنامًا بعيد بين جنبك والفِراش
ابو يعقوب من حدّثت عنه فريش¹ سَهْم العداوة او فراش
اذا نفش القضاء جبال رضوى فكيف ترَاه يصنع² بالفراش

ولما حَسّ احمد بن يوسف بن هود المنتزى الى وقتنا هذا على ثغر سرقسطة بعساكر امير المسلمين تُقبل من كل حدب، وتطلع على اطرافه من كل مرقب،، آسَدَ كلبا من أكلُب الجلالقة يسمى برذريق ويدعى بالكنبيطور وكان عَقّالًا وَدّاءً عَضّالًا له فى الجزيرة وقائع،، على طوائفها بضروب المكروه 3 واطلاعات ومطالع،، وكان بنو هود قديمًا هم الذين اخرجوه من الخمول، مستنظهرين به على بغيهم الطويّل، وسعيهم المذموم المخذول،، وسلّطوه على اقطار الجزيرة يضع قدمه على صفحات اجنادها، ويركز علَمَه فى افلاد اكبادها،، حتى غلظ امره، وغنم اقاصيها وادانيها نسره،، ورأى هذا منهم حيث خاف وَهْنى ملكه 4، واحسّ 5 بانتشار سلكه،، أنْ يضَعَه بينه وبين سرعان عساكر امير 6 المسلمين فوطّأ له اكناف بلنسية وجبا البه المال، واوطّأ عقبه الرجال،، فنزل بساحتها وقد اضطرب حبلها، وتسرّب اهلها،، وذلك ان الفقيه ابا احمد بن جحاف متولى القضا بها يومئذ لما رأى عسكر المرابطين تَثرى، واحسّ بهذا الطاغية لعنه الله من جهة اخرى،، امتطى صهوة العقوق، وتَمَثّل من قُرص اللصّ ضَجّة السوق،، وطمع فى الرياسة

---

1) Le man. porte فرش. Dans cet hémistiche, le poète a péché contre la mesure ; car la première syllabe dans سهم est longue, tandis que la mesure demande ici une syllabe brève.

2) Man. تصنع.

3) Le و du mot suivant, a été omis par erreur dans le manuscrit.

4) Man. مهلكة.   5) Man. واحسن.

6) Ce mot manque dans le man.

بتخدع الفريقَيْن، وذهل عن مصّة الثعلب بين الوعلَيْن،، فاستنجاش لاول تلك الوهلة له يسيرة من دعاة امير المسلمين فهجم بهم على ساحة ١ ابن ذى النون الجافى ٢ على غفلته، وانفضاض من جملته، واستنشراء من علّته،، حيث لم يكن له ناصر الا الشكوى ولا عادل الا صدر العصى،، فقتله زعموا بيد رجل من بنى الحديدى طلب بدخل ٣ عمّا كان قد قتل من سلفه، وهدم من بيوت شرفه،، فى خبر ٤ سياتى ذكره، ويشرح بمشيئة الله فى موضعه من هذا الكتاب امره،، وفى قتله لابن ذى النون القادر يقول فى ذلك ابو عبد الرحمن بن طاهر

ايهـا الاخيـف مهــلا   فلقد جئــت عويصًـا
اذ قتلتَ المَلْكَ يحيـى   وتقمّصت القميصا
رب يوم فيه تُنجَـزَى ٥ لم تجد عنه محيصا

ولما تمّ لابى احمد شانه، واستمرّ به على زعمه سلطانه،، وقع فى هراش، وتفرّقت الظبى على خِراش ٦،، ودُفع الى النظر فى امور سلطانه لم يتقدم قبل فى غوامض حقائقها، والى ركوب اساليب سياسة لم يكن له عهد باقتحام مضائقها، ولا بالدخول فى ضنك ٧ مازِقها،، ولم يعلم ان تدبير الاقاليم غير تلقين الخصوم، وان عقد الالوية ٨ السود غير التراجيح بين العقود، وانتخال ٩ الشهود،، وشغل بما كان احتجن من بقية دخائر ابن ذى النون وأنسته ١٠

---

1) Man. ساحته.   2) Man. الجابى.
3) Man. يدخل.   4) Man. خبره.
5) Man. تنجدى ; mais la leçon تنجزى se trouve dans le man. d'Ibno-'l-Abbár et dans ceux d'Ibn-Kháçán.
6) Man. خداش.   7) Man. ظنك.
8) L'article se trouve omis mal à propos dans le man.
9) Man. وانتحال.   10) Man. وسيعته.

من استجلاب الرجال، والنظر فى شىء من الأعمال، وانفضّت عنه تلك الجملة اليسيرة المرابطية التى كان تعلّف بسببها، وقوّى على الناس بها، لتطبيق المذاهب، وغلظة ذلك العدو المصاقب، وقوى طمع رذريف فى ملك بلنسية فلزمها ملازمة الغريم، وتلدّن بها تلدّد ¹ العشّاق بالرسوم، ينتسف اقواتها ويقتنل حماتها، ويسوق البهم كل مسيم، ويطلع عليها من كل ثنيه، فرُبَّ ² ذروة مزّ قد طالما بلدت بلدتّ امانى ³ النفوس دونها، وييئست الاقمار والشموس من ان تكوّنها، قد ورد ذلك الطاغية يومئذ معينها، واذال مصونها، ورُبّ وجه كانت تلاميه الدّرّ، وتحسده الشمس والبدر، ٢٠. 24 وتتغايره عليه المرجان والدرّ، وقد اصبح ذريَّة لزجاجه، وقفلاً لاقدام اراذل اعلاجه، ويبلغ الجهد باهلها والامتحان، ان اخلّوا محرم الحيوان، وابو احمد المذكور فى انشوطة ما سهل وسنى، شَرَقاً بعقبى ما جرؤ على نفسه وجنى، يستنصرخ امير المسلمين * ومن بموضع ⁴ ورائه على بعد داره، وتراخى مزاره، فتسارة بشمعة ويحرّكه، وتسارة ينقطع دونه ولا يُذرِكه، وقد كان من امير المسلمين بموضع، ومن رايه الجميل بمرءى ومسمع، ولكن ابطأ به عن نصره ⁵ تنأى الدار، ونفوذ المقدار، واذا قدر الله امرا فتح ابوابه، ويسر اسبابه، وتمّ للطاغية رذريف مراده الذميم من دخول بلنسية سنة ٨٨ على وجه من وجوه غدره، وبعد اذعان من القاضى المذكور الجبّان بسطوة كبيره، ودخوله طائعا فى امره، على وسائل اتّخذها، وعهود ومواثيف بزعمه اخذها، لم يمتثّ

---

1) Je n'ai pas hésité à suppléer ce mot. Dans le man. il y a ici une lacune avec كذا.
2) Man. فرت.
3) Man. الامانى.
4) Man. بموضع ومن.
5) Man. نصرة.

أيها أمد، ولا كثر لأيامها عدد" وبقى معه مُدَيْدَةً يضاجر من صحبته، ويلتمس السبيل الى كبوته ١" حتى امكنته زعموا بسبب ذخيرة نفيسة من ذخائر ابن ذى النون وكان رذريق لأول دخوله قد سأله عنها، واستحلفه بمحضر جماعة من أهل الملّتيْن على البراءة منها، فأقسم بالله جهد ايمانه، غافلا عن ما فى الغيب من بلائه وامتحانه" وجعل رذريق بينه وبين القاضى المذكور عهدا احضره الطائفتيْن، واشهد عليه اعلام الملّتيْن" ان هو انتهى اليها" وعثر عليها" ليستحقّ ٢ اخفار ذمّه، وسفك دمه" فلم ينشب رذريق أن ظهر على الذخيرة المذكورة وعليه وعلى اهله بأنواع العذاب حتى بلغ جهده، ويئس مما عنده" فأضرم له نارا أتلَفت ٣ دماءه، وحرقت اشلاءه" حدثنى من رآه فى ذلك المقام وقد حُفر له حفير الى ركبتيه، واضرمت النار حواليه، وهو يضمّ ما بعد من الحطب حواليه" ليكون اسرع لذهابه، واقصر لمدّة عذابه" كتبها الله له فى صحيفة حسناته، ومحا بها سالف سيّئاته، وكفانا بَعْدُ اليم نقماته، ويسّرنا الى ما يُزلف الى مرضاته، وهمْ يومئذ لعنه الله بتحريق زوجته وبناته" فكلّمه فيهن بعض طغاته" فبَعُدَ لأىٍّ ما لفته عن رأيه، وتخلّصهن من يدى نكدائه، واضرم هذا المصاب الجليل اقطار الجزيرة نارا، وجلل سائر طبقاتها حزنا وعارا" وغلظ امر ذلك الطاغية حتى قبح التهائم والنجود" واخاف القريب والبعيد" حدثنى من سمعه يقول وقد قوى طمعه، ولجّ ٤ به جشعه" على رذريق فتحت هذه الجزيرة ورذريق يستنفذها كلمة ملأت الصدور، وخُيّلت وقوع المخوف ٥ والمحذور" وكان هذا البائقة وقتّته فى قرى

---

1) Man. كبوته.   2) Man. ليستحلف.   3) Man. تلفت.
4) Man. ولح.   5) Man. المخوف.

شهامته، واجتماع حزامته، و ......1 صرامته،، آية من آيات ربّه الى ان رمّاه سريعا بحتفه، وأمانه ببلنسية حتف أنفه،، وكان لعنه الله منصور العَلَم، مظفرا على طوائف العجم،، لقى زعماءهم مرارا كغرسية المنبوز بسالقم المعوج ورئيس الأفرنج وابن ردمير ففلّ حدّ جنودهم، وقتل بعدده اليسير كثيرَ عددهم،، وكان زعموا تدرس بين يديه الكتب، وتقرّا عليه سِيَر العرب، فاذا انتهى الى أخبار المهلب، استخفّه الطرب، وطفق يعجب منها ويتعجّب،،   وفى بلنسية يقول أبو اسحاق بن خفاجة 2

عائث3 بساحتك الظبى3 يا دار   ومحا محاسنك البِلى والنار
فاذا تردّد فى جنباتك ناظر   طال اعتبار فيك واستعبار
أرض تقاذفت الخطوب بأهلها   وتمخّضت4 بخرابها الاقدار
كتبت يد الحدثان فى عرصاتها   لا أنت أنت ولا الديار ديار

وتجرّد أمير المسلمين رحمه الله لمّا بلغه هذا النبأ العظيم واتّصل به هذا الرزء الشنيع فكانت قذى اجفانه وجمع شأنه، وشغل يده ولسانه،، يصرف اليها الرجال والأموال، وينصب عليها الحبائل والرجال، والحرب هنالك سجال، والحال بين العدو وبين عساكر امير المسلمين ادبار واقبال،، حتى دحض عارها، وغسل شنارها،، وكان آخر امراء أجناده، المجهّزين اليها فى جماهر أعداده،، الامير ابو محمد مزدلى ظبة حسامه، وسلك نظامه،، ففتحها الله

---

1) Lacune avec كذا.

2) Les quatre vers qui suivent ici, se trouvent aussi chez al-Makkarí (man. de Gotha, fol. 620 r.).

3) C'est ainsi qu'on lit chez al-Makkarí, le man. d'Ibn-Bassám porte عائذٍ et البلى.

4) Man. وتمخّضت; al-Makk. وتمخّظت.

عليه، وأذن في تخلّصها اليه" في شهر رمضان سنة ٩٥ كتب الله منزله في علّيّين، وجزاه عن جدّه وجهاده افضل جزا المحسنين" وفي ذلك كتب ابو عبد الرحمن بن طاهر الى الوزير ابي عبد الملك بن عبد العزيز يقول فيها كتبتُ منتصف الشهر المبارك وقد وافى بدخول بلنسية جبّرها الله الفتح، بعد ٧٠ ما خامرها القبح" فاضرم اكثرها نارا" وتركها آية للسائلين واعتبارا" ٢٥ وتغَشَّاها سوادا" كما لبست به حدادا" فهي تنظر من طرف خفي، وتنفس عن قلب يقلب على جمر ذكي" غير انه بقى لها جسمها الانعم، وتربها الاكوم" الذي هو كالمسك الاذفر، والذهب الاحمر"، وحدائقها الغُلْب"، ونهرها العذب" ويسعد ٢ امير المسلمين" واقباله عليها ينجلي ٣ ظلامها" ويعود عليها حليها ونظامها" وتروح وتبرز كالشمس في بيت الحمل" فالحمد لله ملك الملك، مطهرها من الشرك" وفي عودتها الى الاسلام عَزاءٌ وعَزّاء" عما نفذ به قدر وقضاء" وكتب ايضا اثر ذلك الى الوزير الفقيه ابن جحاف يعزّيه بابن عمه ابي احمد المحرق المتقدم الذكر مثلك وقاك الله المحاذير في وفور الدين، وصحّة اليقين" وسلامة الضمير" وعلم النظير" وقوة الرحمن، ومعرفة الرؤمان ٤ " اعطى الحوادث صبرا" وردّها ٥ على اعقابها صغرا" فلم يخضع لصولتها، ولم يحفل بسورتها" ودرى انها الايام والغير، والحمام والقدر" ودارت الخطوب عصمك الله من الماميها، وحماك من اختراميها"

---

1) Man. ابن.   2) Man. ويسعد.
3) Au dessus de la ligne, entre le mots ينجلي et ظلامها, on lit dans le man. عنيها ; ce qui veut dire qu'un autre man. ajoute ici خ. Il est sans doute permis de l'ajouter, mais on peut aussi l'omettre.
4) Man. الزرحمان.   5) Man. وارّدها.

بمصرع الفقيه القاضى أبى أحمد عفا الله عنه ومهلكه‘ وانخطاطه من فلكه‘‘ فانقضّت لعمرى نجوم المجد بانقضاضه‘ وبكت سماء الفضل على تداعيه وانفضاضه‘‘ فانه كان من جمال المذاهب‘ والغوث عند النوائب‘‘ بحيث يكون الغيث فى قيظ ١ المَحْل‘ والحلب عند انقطاع عن الرِّسْل‘‘ بعيدًا عن القسوه‘ صفوحا عن الهفوه‘‘ عطوفـا على ٢ الجيران‘ عزيـزا على الاخوان‘‘ يستهوى القلوب ببشره‘ ويتملك الاحرار ببرّه‘‘ وان الدنيا بعده لفى حداد‘.
لمّا قصدتّه من داعية صدّاد ٣ ‘‘ قائما بساعباتها‘ قسرًا لاعدائها‘‘ فهى تبكيه بأربعة سجام‘ وتندبه فى كل مقام‘‘ ويا اسرع ما سلبه ٤ المنون‘ وقد قرّتْ به منكم العيون‘‘ وطوّقكم طوق الفخار‘ واناف بقدركم على الاقدار‘‘ فانا لله وانا اليه راجعون على اليم المصاب‘ وعند الله نحتسبه كريمَ الاصل والنصاب‘‘ وطودا منيعا‘ ورؤما رفيعا‘‘ وقد تساوينا فى الرزيه‘ فلْنعُدْ الى التسليه‘‘ فذلك اوفر دخرًا‘ واعظم اجرًا‘‘ ✻

قال ابو الحسن وابو عبد الرحمن اكثر احسانا‘ واوضح خُبَرا وعيانا‘‘ من ان يحاط باخباره‘ او يعبر عن جلالة مقداره‘‘ وقد استوفيت معظم كلامه فى كتاب مفرد ترجمته بسلك الجواهر فى ترسيل ابن طـاهر‘ وهو اليوم ببلنسية سالم ينطق‘ وحى يرزق‘ وقد نيف عن الثمانين وما احوجه سمعه الى ترجمـان‘ بل هو حتى الآن‘‘ نَهَبٌ للضروس من الفاظه مـا يفصح العقود

---

1) Man. قنط.   2) Man. عن.
3) La première lettre de ce mot est écrite fort indistinctement dans le man.; il me paraît cependant que c'est un ص.
4) Man. سلبته ; mais مَنون est un singulier.

التَّربِه' وتعسعس معه الليالى البدريه" وفيها اوردنا كفايه، مَن الذى يمكنه النهايه" ۞

»Ibn-Táhir écrivit une lettre à Ibn-Djahháf, quand le
» cousin-germain de celui-ci se fut révolté à Valence. Nous
» en empruntons ce qui suit:

» Vous m'avez donné beaucoup de preuves de votre bien-
» veillance, mon respectable ami, et elles sont pour moi un
» habit que je n'ôterai jamais; vous m'avez imposé la recon-
» naissance comme un devoir que je ne cesserai de pratiquer.
» Je me confierai donc à vous, les yeux fermés, et j'imputerai
» la faute de ce qui s'est fait, à un injuste destin. Après sa
» révolte qui, à ce qu'il pense, l'a porté jusqu'aux étoiles,
» et l'a rendu bien supérieur aux rois, votre cousin (que Dieu
» nous fasse jouir longtemps de ses talents!) me regardait de
» travers, et il croyait que je lui portais envie ou que j'étais
» son rival. Mais que Dieu maudisse celui qui lui envie cette
» magnifique révolte;

» Elle n'était faite que pour lui, et il n'était fait que pour elle 1!

» Puis son noble courroux s'est déchaîné contre moi, et il
» m'a tracassé de toutes les manières. Cependant je dévorais
» mes chagrins quelque cuisants qu'ils fussent; je faisais sem-
» blant de ne pas m'apercevoir de ses desseins; je cachais ma
» douleur quelque grande qu'elle fût; je ne me vengeais qu'en
» lui faisant du bien. Mais aujourd'hui il a eu l'idée (et il en
» a de détestables) de combler la mesure de l'iniquité et de
» l'insolence, et il m'est arrivé une chose si étrange que je
» n'avais jamais pu la supposer; aussi la cause de sa conduite

---

1) Ce vers est sans doute d'un poëte plus ancien, et je suppose qu'il se trouve dans un poème composé à la louange d'un prince. Le pronom féminin se rapporterait donc au mot الرياسة, et le sens serait: » le trône » n'était fait que pour lui, et il n'était fait que pour le trône." Mais on voit que c'est par ironie qu'Ibn-Táhir le place ici.

» m'est inexplicable. Quand mon messager est venu le trouver
» pour l'interroger sur certaines choses, il lui a montré un
» visage morne et refrogné ; il lui a tourné le dos et a fait
» preuve d'un orgueil insupportable. Néanmoins j'ai su me
» contenir, car j'ai voulu respecter la bienséance et ne faire
» que ce qui était convenable ; le respect dû à Abou-Ahmed
» m'a retenu, bien que ce ne soient pas ses bons procédés en-
» vers moi, qui m'aient empêché d'agir.

» Je le jure solennellement : si le destin vous conduit vers
» moi et que je me trouve encore ici, je vous ferai goûter tous
» les plaisirs et je vous porterai sur les mains, vous et vos
» amis [1]. Mais que Dieu vous laisse longtemps dans votre de-
» meure, et qu'il la protége contre les malheurs! Qu'il vous
» conserve votre haute dignité qui vous servira de marchepied
» pour arriver à des charges encore plus éminentes! Que
» l'élévation de celui dont je vous ai parlé, ne vous porte pas
» malheur, mais que sa chute vous porte bonheur! Car on
» ne souffre pas longtemps un homme tel que lui ; il ne reste
» pas longtemps en place, et on ne lui accorde pas un long
» délai!

» Abou-'l-Hasan [2] dit : Cet Abou-Abdorrahmán ibn-Táhir
» jouit d'une si longue vie qu'il survécut à tous les princes,
» ses contemporains. Il fut témoin de la calamité qui frappa
« les Musulmans de Valence, et qui fut causée par le tyran le
» Campéador, que Dieu le mette en pièces! Il fut alors jeté
» en prison dans cette Marche, l'an 488 [3]. De sa prison, il
» écrivit une lettre à un de ses amis, où il dit :

---

1) Dans le texte, Ibn-Táhir se compare à un chameau, et il dit : »je
» vous porterai sur mes épaules et sur mon dos, vous et vos amis." Mais
en français *porter quelqu'un sur les épaules* se prend dans un sens tout
à fait opposé.

2) C'est-à-dire, Ibn-Bassám (Abou-'l-Hasan Alí ibn-Bassám).

3) Cette date est fausse comme nous le verrons plus tard.

» Je vous écris dans la moitié du mois de Çafar. Nous
» sommes devenus prisonniers après une suite de malheurs si
» graves qu'ils n'ont jamais eu leurs pareils. Si vous pouviez
» voir Valence (que Dieu veuille la favoriser d'un regard et
» lui rendre sa lumière!), si vous pouviez voir ce que le destin
» a fait d'elle et de son peuple, vous la plaindriez, vous
» pleureriez ses malheurs; car les calamités lui ont enlevé sa
» beauté et son peuple; elles n'ont laissé aucune trace de ses
» lunes ni de ses étoiles! Ne me demandez donc pas quelle
» douleur j'éprouve à cause de mon sort insupportable et dés-
» espéré! A présent je suis obligé de racheter ma liberté au
» prix d'une rançon, après avoir affronté des angoisses qui ont ôté
» la vie à une foule de malheureux. Il ne me reste d'autre espoir
» que la bonté de Dieu, à laquelle il nous a accoutumés, et sa
» bienveillance qu'il nous a garantie. Je vous ai fait partager [1]
» mes chagrins, ainsi qu'il sied à un homme de tout partager
» avec son ami; car je connais votre fidélité et le bienveillant
» intérêt [2] que vous me portez. Je l'ai fait aussi pour pouvoir
» demander de vous une sincère et fervente prière en ma faveur:
» peut-être une telle prière sera-t-elle suivie de ma mise en
» liberté, si tant est que Dieu veuille l'exaucer; mais celui dont
» le nom soit glorifié, exauce les prières! Puissiez-vous tou-
» jours voir ses bénédictions dans l'endroit où vous vous trou-
» vez!

» Abou-'l-Hasan dit: Puisque nous avons parlé de Valen-
» ce, nous devons faire connaître la calamité qui la frappa,
» et nous devons dire quelque chose de la guerre dont cette
» province fut le théâtre: guerre dont la course précipitée ne
» se prolongea que trop longtemps pour l'Islám, et que les

---

1) Comparez pour ce sens de la 3e forme du verbe شمع, *Script. Arab. loci de Abbad.*, t. I, p. 254 et p. 286, note 154.

2) La signification qu'a ici la 5e forme du verbe شرف, manque dans le Dictionnaire.

» grands et perpétuels efforts d'hommes justement inquiets, ne
» purent réprimer. Nous devons aussi faire connaître les rai-
» sons des crimes commis pendant cette guerre, et des maux
» que les Musulmans eurent à endurer ; nous devons nommer
» ceux qui marchèrent sur le chemin de cette guerre, ceux
» qui entraient et sortaient par les portes de ces combats
» acharnés.

» RÉCIT DE LA CONQUÊTE DE VALENCE PAR L'ENNEMI, ET
» DE LA RENTRÉE DES MUSULMANS DANS CETTE VILLE.

» Abou-'l-Hasan dit : Dans le quatrième volume [1], nous
» placerons, s'il plaît à Dieu, quelques sentences et quelques
» phrases, qui feront voir comment Alphonse, le tyran des
» Galiciens rebelles, — que Dieu le mette en pièces ! — s'em-
» para de la ville de Tolède, cette perle placée au milieu du
» collier, cette tour la plus élevée de l'empire dans cette Pé-
» ninsule. J'expliquerai alors les raisons qui firent obtenir à
» Alphonse le gouvernement de cette ville, et qui lui accom-
» modèrent là un doux lit, de sorte qu'il maniât aisément les
» habitants, dorénavant semblables à des chameaux dociles,
» et qu'il établît sa résidence dans ces hautes murailles. Yahyá
» ibn-Dhí-'n-noun qui portait le surnom royal d'al-Kádir bil-
» láh, fut celui qui attisa le premier le feu de la guerre, et
» le fit flamber. Lorsqu'il céda Tolède (que Dieu veuille re-
» nouveler sa splendeur passée, et récrire son nom sur le ré-
» gistre des villes musulmanes !) à Alphonse, il stipula que ce
» dernier s'engagerait à lui soumettre la rebelle Valence, et à
» lui prêter son appui pour conquérir et occuper cette capi-
» tale, cet appui dût-il être exigu ; car al-Kádir savait qu'au-
» près d'Alphonse il ne serait qu'un prisonnier, et que ce roi
» ne cesserait pas de chercher des prétextes pour pouvoir lui

1) Ce quatrième volume n'existe pas en Europe, ou du moins on ne l'a
pas encore trouvé.

»ôter la vie [1]. Il se mit donc en route; mais les châteaux
»se fermèrent devant lui, et les auberges ne voulurent pas le
»recevoir. A la fin il arriva à la forteresse de Cuenca, au-
»près de ses partisans, les Benou-'l-Faradj, ainsi que nous
»le raconterons, s'il plaît à Dieu, dans le quatrième volume.
»Les Benou-'l-Faradj étaient ses serviteurs les plus fidèles, et
»les aveugles exécuteurs de ses ordres, aussi bien de ceux
»qu'il avouait que de ceux qu'il démentait. Au commence-
»ment, ce fut par leur appui qu'il parvint à son but; à la
»fin, ce fut auprès d'eux qu'il se retira. Puis il commença
»à se mettre en relation avec Ibn-Abdo-'l-azíz; il sut coudre
»excuses à excuses, faire accepter ses fictions, rendre proba-
»bles des mensonges en les faisant précéder de choses vraies.
»Ibn-Abdo-'l-azíz riait rarement alors, mais il pleurait sou-
»vent: quelquefois il disait ce qu'il pensait, mais ordinaire-
»ment il le cachait. Les astres roulent toujours, et l'ordre
»de Dieu s'exécute quoi qu'il arrive!

»Sur ces entrefaites, on apprit qu'Ibn-Abdo-'l-azíz avait
»rendu le dernier soupir, et qu'après sa mort, ses deux fils
»se querellaient à Valence. Alors Ibn-Dhí-'n-noun se rendit
»aussi rapidement à Valence que les *katás* tombent sur les
»bords de l'eau [2], et il y arriva à l'improviste, ainsi qu'un
»espion vient interrompre tout à coup les tendres discours et
»les douces caresses d'un couple amoureux.

»Plus tard, dans l'année 479, les princes de notre pays

---

1) Je traduis ainsi parce qu'on lit chez an-Nowairí (*Histoire d'Espagne*, man. 2 h, p. 467): عمل عليه حتى قتله.

2) Le *katá* est une espèce de perdrix; M. Silvestre de Sacy en a parlé, fort au long dans sa *Chrestomathie arabe* (t. II, p. 367 et suiv.). Schanfará, dans le magnifique poème (vs. 36 et suiv.) que M. Fresnel a traduit avec tant de talent et de bonheur, se glorifie que, grâce à l'extrême rapidité de sa course, il arrive avant les *katás* à la citerne.

» se mirent en rapport avec l'émir des Musulmans [1] (que Dieu
» lui soit propice!), ainsi que nous l'avons raconté plus haut,
» et celui-ci remporta sur le tyran Alphonse (que Dieu le
» mette en pièces!) cette glorieuse victoire, le vendredi, ainsi
» que nous l'avons dit. Alphonse (que Dieu le maudisse!)
» retourna alors vers son pays; mais il ressemblait à un oiseau
» dont les ailes ont été brisées, à un malade qui a de la peine
» à respirer. Alors la poitrine de ce Yahyá ibn-Dhí-'n-noun
» se trouva dégagée; il respira l'air vital, et était content
» qu'il lui restât encore du sang dans les veines. De même
» que tous les autres princes, il conclut alors une alliance avec
» l'émir des Musulmans.

» Mais, comme nous l'avons dit, le mauvais vouloir des
» princes devint évident [2], et leurs calomnies mutuelles ram-
» paient d'un prince à un autre. A la fin, Dieu permit à
» l'émir des Musulmans d'anéantir leur pouvoir, de guérir les
» maux que causait leur jalousie, et de délivrer tous les Mu-
» sulmans de leurs actions et de leurs desseins abominables.
» Il commença à le faire, ainsi que nous l'avons dit, dans
» l'année 483. Alors les Musulmans trépignaient de joie, et
» dans la prière publique, les prédicateurs prononçaient son
» nom avec orgueil. Pendant le reste de l'année 483, et pen-
» dant l'année suivante, il continua à chasser les roitelets de
» leurs trônes, ainsi que le soleil chasse les étoiles devant lui,
» et à faire disparaître jusqu'aux traces de leur puissance. A
» cette occasion Abou-Tammám ibn-Riyáh composa ce vers:

» Leurs pays ressemblent à des femmes qu'un destin inexorable force à
» se divorcer de leurs époux.

» Abou-'l-Hosain ibno-'l-Hadwárah dit à cette même oc-

---

1) On sait que tel était le titre que portait Yousof ibn-Teschifín l'Almoravide.

2) La 10e forme du verbe سرى manque dans le Dictionnaire.

» casion (il fait allusion au seigneur de Majorque [1], et il com-
» posa ces vers quand les Benou-Abbád eurent été chassés de
» leur trône):

» Allez dire à celui qui espère pouvoir dormir tranquillement: Vos reins
» sont bien loins de la couche! Abou-Yacoub [2] dont vous parlez, est-il la
» plume d'un lit, ou bien est-il la plume de la flèche ennemie? Quand vous
» voyez que le destin a brisé en pièces les montagnes de Radhwá [3], que croyez-
» vous qu'il fera d'un papillon?

» Quand Ahmed ibn-Yousof ibn-Houd, celui qui, aujour-
» d'hui encore, gouverne la Marche de Saragosse [4], s'aperçut

---

1) Le seigneur de Majorque était alors Náciro-'d-daulah Mobasschir. Il avait été nommé au gouvernement de cette île par Alí ibn-Modjéhid, le seigneur de Dénia; mais quand celui-ci eut été privé de ses états par al-Moctadir de Saragosse, il s'était déclaré indépendant. *Voir* Ibn-Khaldoun, man., t. IV, fol. 28 v.

2) C'est-à-dire, Yousof ibn-Téschifín.

3) Radhwá est le nom d'une chaîne de montagnes près de Médine. C'est ici que le poète fait allusion aux Abbádides, qu'à cause de leur bravoure et de leur puissance, il compare à de hautes montagnes.

4) Ahmed al-Mostaín, roi de Saragosse, mourut dans cette même année 503, où Ibn-Bassám écrivit. Ibn-Khaldoun (man., t. IV, fol. 27 v.) dit: ولم يزل اميرا بسرقسطة الى ان هلك شهيدا سنة ٥٠٣ بظاهر سرقسطة فى زحف الطاغية اليها، » Il continua à régner à Saragosse » jusqu'à ce qu'il fût tué dans la guerre sainte, l'an 503, hors de Sara-» gosse, quand le roi chrétien (Alphonse Ier d'Aragon) alla attaquer cette » ville." Ibno-'l-Abbár (man. de la Soc. asiat., fol. 121 v,) donne la date précise de sa mort, quand il dit: واستشهد على مقربة من تطيلة يوم الاثنين اول رجب من سنة ٥٠٣، » Il fut tué dans la guerre sainte, » non loin de Tudèle, le lundi, 1er jour de Redjeb de l'année 503." Le 1er Redjeb 503 tombe réellement un lundi, et il répond au 24 janvier 1110. La mort d'al-Mostaín est fixée à la même année dans une charte de Sainte-Marie d'Yrache, que cite Moret (*Annales de Navarra*, édit. de 1695, t. II, p. 83). Dans une autre charte, citée par Blancas (*Aragon*.

» que les soldats de l'émir des Musulmans sortaient de chaque
» défilé, et que, placés sur tous les beffrois, ils épiaient ses
» frontières, il hala un certain chien galicien [1], appelé Ro-
» drigue et surnommé le Campéador. C'était un homme habi-
» tué à enchaîner des prisonniers, à raser des forteresses, à
» réduire ses adversaires à la dernière extrémité ; il avait livré
» aux roitelets arabes de la Péninsule plusieurs batailles, dans
» lesquelles il leur avait causé des maux de toute sorte ; à dif-
» férentes reprises il avait fondu sur eux. Auparavant ç'avaient
» été les Benou-Houd qui l'avaient fait sortir de son obscurité;
» ils s'étaient servis de son appui, pour exercer leurs violences
» excessives, pour exécuter leurs vils et méprisables projets;
» ils lui avaient livré différentes provinces de la Péninsule, et
» il avait foulé aux pieds les armées de celle-ci et planté sa
» bannière dans ses plus belles provinces. Aussi sa puissance
» était devenue très-grande, et, semblable à un vautour, il

---

rerum commentarii, p. 637), on lit: » Facta carta Era 1148, anno quo
» mortuus est Almustahen super Valterra" — Valtierra se trouve près de
Tudèle, au nord de cette ville — » et occiderunt eum milites de Aragone
» et de Pampilona, noto die VIIII Kal. April. Regnante Domino nostro
» Iesu Christo, et sub eius gratia Anfusus," — Alphonse Ier, roi d'Aragon
et de Navarre, le mari d'Urraque de Castille et de Léon — » gratia Dei
» Imperator de Leone et Rex totius Hispaniae, maritus meus." Blancas,
Briz Martinez (*Historia de San Juan de la Peña*, p. 724) et Moret
(*loco laud.* et p. 86) ont conclu de là qu'al-Mostaín mourut le 24 mars
(qui tombe un jeudi) 1110. Chez un historien moderne, la bévue mériterait à peine d'être signalée, car ils en commettent de bien plus graves, et par milliers; mais on s'étonne de la trouver chez un homme aussi
savant, aussi consciencieux, que Moret. Il va sans dire que la date qui suit
les mots solennels *noto die*, est ici, comme toujours, celle où la charte a
été écrite, et non celle de l'événement dont il vient d'être parlé en paren-
thèse. La charte n'indique donc pas le jour, mais seulement l'année, où
al-Mostaín fut tué.

1) Par le mot *Galice*, Ibn-Bassâm entend Castille et Léon.

» avait pillé toutes les provinces de l'Espagne. Quand donc
» cet Ahmed, de la famille des Benou-Houd, craignit la chûte
» de sa dynastie, et qu'il vit que ses affaires s'embrouillaient,
» il voulut placer le Campéador entre soi et l'avant-garde de
» l'armée de l'émir des Musulmans. En conséquent, il lui
» fournit l'occasion d'entrer sur le territoire valencien, lui
» donna de l'argent, et l'excita à fouler aux pieds les guerriers
» qui voudraient s'opposer à lui. Le Campéador mit donc le
» siége devant Valence, où la discorde avait éclaté, et où les
» habitants s'étaient divisés ¹. Voici pourquoi. Quand le fakíh
» Abou-Ahmed ibn-Djahháf qui remplissait alors à Valence
» l'emploi de kádhí, vit d'un côté, la nombreuse armée des
» Almoravides, et de l'autre, ce tyran que Dieu maudisse, il
» excita une sédition ; il prit exemple ² sur le filou qui a d'ex-
» cellentes occasions pour exercer son métier, quand il y a de la
» rumeur sur le marché ; il voulut obtenir le gouvernement
» en trompant les deux partis ; mais il avait oublié (la fable où)
» le renard, placé entre les deux bouquetins, lèche (leur
» sang) ³. Avant d'exécuter quelque chose de ses projets, il

---

1) Le parallélisme indique suffisamment que la 5ᵉ forme du verbe سرب
est ici verbe dénominatif de سَرْب (*agmen*).

2) Ce sens de la 5ᵉ forme du verbe مثل manque dans le Dictionnaire.

3) Un renard vit un jour deux bouquetins qui se donnaient très-chau-
dement des coups de corne ; leur sang coulait à grands flots. Il faut profiter de tout, pensa le rusé compère, et il se mit à lécher le sang qu'avaient
perdu les deux champions. Mais ceux-ci qui, à ce qu'il paraît, avaient
des idées très-rigides sur la propriété, ne goûtèrent nullement l'idée du fin
matois ; ils l'attaquèrent tous les deux et le tuèrent sur la place.

J'étais dans le même cas qu'Ibn-Dhahháf : comme lui, j'avais oublié
cette fable, que j'avais pourtant lue dans Bidpai (p. ٩٤). Mon excellent
ami, M. Defrémery, a eu la bonté de me le rappeler, en ajoutant qu'elle
est racontée aussi dans le *Pantchatantra* (livre I, chap. intitulé *Aventures
de Déva-Sarma*, cité par Aug. Loiseleur des Longchamps, *Essai sur les*

» prit à son service un petit nombre des soldats de l'émir de
» Musulmans. Puis il fondit avec eux sur le palais d'Ibn-Dhí-
» 'n-noun, homme dur et inique, bien qu'il eût négligé les af-
» faires du royaume, que plusieurs des siens l'eussent quitté,
» et qu'il se trouvât dans un grand péril. Quand Ibn-Djahháf
» attaqua le palais, Ibn-Dhí-'n-noun n'y avait d'autres défen-
» seurs que ses larmes, et personne ne le plaignit, hormis le
» fer de la lance [1] (qui le frappa). Alors il le tua, dit-on,
» par la main de l'un des Benou-'l-Hadídí, qui voulait venger
» ceux de ses parents qu'Ibn-Dhí-'n-noun avait tués, ou qu'il
» avait privés de leurs dignités. (L'histoire de ces Benou-'l-
» Hadídí sera racontée plus tard, s'il plaît à Dieu, et les dé-
» tails en seront exposés dans ce livre, à l'endroit convenable.)
» A l'occasion du meurtre d'Ibn-Dhí-'n-noun al-Kádir par Ibn-
» Djahháf, Abou-Abdorrahmán ibn-Táhir composa ces vers:

» Doucement, ô toi dont un oeil est bleu et l'autre noir, car tu as com-
» mis un crime horrible: tu as tué le roi Yahyá, et tu t'es revêtu de sa tu-
» nique [2]. Un jour viendra peut-être où tu ne pourras échapper, où tu seras
» récompensé comme tu le mérites!

» Quand Abou-Ahmed eut exécuté son projet, et que son
» pouvoir, à ce qu'il prétendait, se fut affermi, des troubles
» éclatèrent, et les glaives se tournèrent les uns contre les au-

---

fables indiennes et sur leur introduction en Europe, p. 33, 34), dans
l'*Anwári Sohailí* (édit. de 1829, p. ٦) et dans l'*Homayoun námeh* (*contes et fables indiennes de Bidpaï et de Lokman, traduites par* Galland,
t. I, p. 310, 311).

1) L'auteur veut dire: les hommes n'avaient pas pitié du roi, mais les objets inanimés auraient plaint son triste sort, s'ils l'avaient pu. Le mot قناة désigne *une lance*, ce qu'il faut ajouter au Dictionnaire; *voyez* Alcala aux mots *asta* et *lança*, Abdo-'l-wáhid, *Histoire des Almohades*, p. ١٨٢ de mon édition, Ibno-'l-Khatíb, man. de M. de Gayangos, fol. 160 r.

2) C'est-à-dire, tu t'es emparé des vêtements royaux, tu as usurpé le gouvernement.

» tres. Il n'y avait là rien d'étonnant, car Abou-Ahmed se
» trouva obligé de régler les affaires publiques dont il n'avait
» jamais sondé les secrets, de remplir des fonctions administra-
» tives dont il n'était pas habitué à s'acquitter avec rapidité,
» dont il ne connaissait pas les difficultés nombreuses; il ne
» savait pas que gouverner est tout autre chose que de dire à
» des hommes qui se disputent, ce que commande la loi; il ne
» savait pas que conduire au combat les drapeaux noirs est tout
» autre chose que de déclarer tel contrat de plus grande valeur
» que tel autre, ou de faire un choix entre différents témoigna-
» ges. Il ne s'occupa que des précieux trésors d'Ibn-Dhí-'n-
» noun, dont il s'était rendu maître; ces trésors lui faisaient
» oublier qu'il était de son devoir de réunir des soldats, d'ad-
» ministrer les provinces. Il fut quitté par la petite troupe
» almoravide sur laquelle il s'était appuyé; quand il la prit
» à son service, il avait fait croire aux hommes que sa con-
» duite serait pleine de bonté, et que celle de l'ennemi qui
» était devant les portes, serait cruelle.

» Rodrigue désira donc plus ardemment que jamais, de
» s'emparer de Valence. Il se cramponna à cette ville comme
» le créancier se cramponne au débiteur; il l'aima comme les
» amants aiment les lieux où ils ont goûté les plaisirs que donne
» l'amour. Il lui coupa [1] les vivres, tua ses défenseurs, lui
» causa tous les maux possibles, se montra à elle sur chaque
» colline. Combien de superbes endroits (où l'on n'osait for-
» mer le voeu d'arriver, que les lunes et les soleils n'osaient
» espérer d'égaler en beauté) dont ce tyran s'empara [2], dont
» il profana les mystères! Combien de charmantes jeunes
» filles (quand elles se lavaient le visage avec du lait, le sang

---

1) La 8e forme du verbe نفض se trouve dans le même sens chez Ab-
do-'l-wáhid, p. ١٨٩ et ٢٠٩ de mon édition.

2) Voyez sur le mot عبر Script. Arab. loci de Abbad., t. I, p. 67,
l. 6, et p. 157, note 495.

» jaillissait de leurs joues; le soleil et la lune leur enviaient leur
» beauté; le corail de leurs lèvres rivalisait avec les perles dans
» leurs bouches) épousèrent les pointes de ses lances, et fu-
» rent écrasées, comme si elles eussent été des feuilles mortes,
» par les pieds de ses insolents mercenaires!

» La faim et la misère forcèrent les Valenciens à manger
» des animaux immondes, et Abou-Ahmed ne savait que faire;
» les suites de son crime, qu'il n'avait commis que pour se
» perdre soi-même, l'étouffaient. Il implora le secours de ses
» voisins et de l'émir des Musulmans; mais celui-ci était à
» une grande distance, et l'endroit où il se trouvait, était très-
» éloigné; quelquefois Ibn-Djahháf put lui faire entendre ses
» plaintes et l'exciter à venir le secourir; d'autres fois on l'en
» empêcha. Cependant l'émir des Musulmans l'aimait; plein
» de pitié, il voyait ses maux, et prêtait l'oreille quand on
» les lui racontait; mais il ne pouvait lui envoyer assez tôt du
» secours, parce qu'il était loin de Valence, et parce que le
» destin en avait disposé autrement. Lorsque Dieu a résolu
» une chose, il lui ouvre les portes et aplanit les obstacles!

» Le tyran Rodrigue obtint l'accomplissement de ses infâ-
» mes souhaits. Il entra dans Valence l'année 488 [1], en usant
» de fraude, selon sa coutume, après que le kádhí qui sur-
» passait qui que ce fût en arrogance, se fut humilié, eut
» reconnu la suzeraineté de Rodrigue, et eut conclu un traité
» que Rodrigue, disait-il, s'était engagé à observer. Mais ce
» traité ne fut pas observé longtemps. Ibn-Djahháf resta pen-
» dant peu de temps auprès de Rodrigue qui était ennuyé de
» sa présence et qui voulait le faire tomber. Il trouva, dit-on,
» le moyen de le faire, au sujet d'un certain trésor d'une très-
» grande valeur, qui avait appartenu à Ibn-Dhí-'n-noun. Ro-

---

1) Cette date est fausse, ainsi que l'observe très-bien Ibno 'l-Abbár.
L'auteur aurait dû dire: l'année 487.

» drigue, dès qu'il fut entré dans Valence, l'avait interrogé à
» ce propos, et l'avait fait jurer, en présence d'un grand nombre
» d'hommes des deux religions, qu'il ne possédait pas ce trésor.
» Le kádhí avait prêté les serments les plus solennels ; mais il
» ne savait pas quelles calamités et quelles douleurs l'avenir lui
» réservait! Rodrigue avait conclu avec le kádhí une conven-
» tion, en présence des deux partis et signée par les hommes
» les plus considérés des deux religions, où il fut déclaré que,
» si Rodrigue trouvait ou découvrait ce trésor, il aurait le droit
» de refuser sa protection à la famille du kádhí, et de verser
» le sang de celui-ci. Bientôt Rodrigue s'empara du trésor,
» du kádhí et de sa famille, fit éprouver aux prisonniers tou-
» tes sortes de tortures, et le malheureux vint au comble de
» l'angoisse et du désespoir. Puis il lui fit dresser un bûcher
» qui le priva de la vie et brûla ses membres. Une personne
» qui l'a vu dans cette position, m'a raconté qu'il fut placé
» dans une fosse qui avait été creusée à cet effet, et d'où sor-
» taient ses mains et sa tête ; que le feu fut allumé autour
» de lui, et qu'il rapprocha de son corps les tisons allumés,
» afin de hâter sa mort et d'abréger son supplice. Que Dieu
» veuille écrire cette action méritoire sur la feuille où il a en-
» régistré les bonnes actions du kádhí ; qu'elle serve à effacer
» les péchés qu'il avait commis auparavant ; que dans la vie
» future, il daigne nous épargner ses douloureux châtiments,
» et nous aider à faire des choses qui nous méritent son ap-
» probation!

» Celui que Dieu maudisse, voulait alors brûler aussi la
» femme et les filles du kádhí, mais un des siens le pria d'é-
» pargner la vie à ces femmes, et après avoir éprouvé quel-
» ques difficultés, il le fit abandonner son projet, et délivra
» ces femmes du supplice que Rodrigue voulait leur faire
» souffrir.

» Cette terrible calamité frappa comme un incendie tou-

» tes les provinces de la Péninsule, et couvrit toutes les clas-
» ses de la société de douleur et de honte.

» La puissance de ce tyran alla toujours en croissant, de
» sorte qu'il pesa sur les contrées basses et sur les contrées
» élevées, et qu'il remplit de crainte les nobles et les rotu-
« riers [1]. Quelqu'un m'a raconté l'avoir entendu dire, dans
» un moment où ses désirs étaient très-vifs, et où son avidité
» était extrême: » Sous un Rodrigue cette Péninsule a été
» » conquise; mais un autre Rodrigue la délivrera!" Parole
» qui remplit les coeurs d'épouvante, et qui fit penser aux
» hommes que ce qu'ils craignaient et redoutaient, arriverait
» bientôt! Pourtant cet homme, le fléau de son temps, était,
» par son amour pour la gloire, par la prudente fermeté de
» son caractère, et par son courage héroïque, un des miracles
» du Seigneur. Peu de temps après, il mourut à Valence
» d'une mort naturelle. La victoire suivait toujours la ban-
» nière de Rodrigue (que Dieu le maudisse!); il triompha des
» princes des Barbares; à différentes reprises il combattit leurs
» chefs, tels que Garcia surnommé par dérision La bouche
» tortue, le comte de Barcelone [2], et le fils de Rami-

---

1) Voyez sur la phrase القريب والبعيد *Script. Ar. loci de Abbadidis*,
t. I, p. 259, note 3 et p. 360, note 202.

2) Dans le texte il y a *le prince* (ou *le chef*) *des Francs*. Les historiens arabes plus modernes donnent indistinctement le nom de Francs à
tous les peuples chrétiens de la Péninsule; mais Ibn-Bassám donne constamment aux Castillans et aux Léonnais le nom de Galiciens, aux Navar-
rois celui de Basques, et aux Catalans celui de Francs. La *Cronica
general* les appelle aussi *Franceses*. Les troubadours appellent ordinairement les Catalans par leur nom véritable; mais quelquefois ils leur donnent
aussi celui de Francs. Voyez l'appel à la croisade contre l'Almohade Ya-
coub al-Mançor, par Gavaudan le Vieux (*apud* Raynouard, *Choix des
poésies originales des troubadours*, t. IV, p. 87), pièce que je traduirai
plus tard. On sait que la Catalogne était un fief français.

» re ¹ ; alors il mit en fuite leurs armées et tua avec son petit
» nombre de guerriers, leurs nombreux soldats. On étudiait,
» dit-on, les livres en sa présence, et on lui lisait les gestes
» des Arabes ; et quand il en fut arrivé aux faits et gestes
» d'al-Mohallab, il fut ravi en extase et se montra rempli
» d'admiration pour ce héros.

» Abou-Ishác ibn-Khafádjah composa sur Valence les vers suivants ² :

» Les glaives ont sévi dans ton cour, ô palais! La misère et le feu ont
» détruit tes beautés! Quand à présent on te contemple, on médite long-
» temps et on pleure. . . . . Ville infortunée! Tes habitants ont été les pe-
» lotes que se renvoyaient les désastres ; toutes les angoisses se sont agitées
» dans tes rues désertes! La main du malheur a écrit sur les portes de tes
» cours : Tu n'es plus toi-même ; tes maisons ne sont plus des maisons!

» Quand l'émir des Musulmans (que Dieu lui soit propi-
» ce !) eut entendu cette grave nouvelle et qu'il eut appris cet
» horrible malheur, il employa tous ses efforts ; Valence lui
» était un fétu dans l'oeil ; il mit en oeuvre tous ses moyens,
» ne songea qu'à reconquérir cette ville, parla et écrivit. Il
« envoya contre elle des troupes nombreuses, dépensa beau-
» coup d'argent, tendit ses lacets, la fit attaquer par ses guer-

---

1) Tous les rois d'Aragon portent chez les Arabes le nom de *fils de Ramire*.

2) Le célèbre poète Abou-Ishác Ibráhím ibn-abí-'l-Fath, connu sous le nom d'Ibn-Khafádjah, était né à Alcira en 1058, et mourut en 1139. Ibn-Bassám (*ad-Dhakhirah*, man. de Gotha, fol. 144 r. — 183 v.), Ibn-Khácán (*al-Kaláyid*, Livre IV, ch. 1er) et Ibn-Khallicán (t. I, p. 19, ؟., édit. de Slane) lui ont consacré des articles. Son *Díwán* se trouve dans la Bibliothèque de l'Escurial (n°. 376), dans celle du musée asiatique à Saint-Pétersbourg, dans celle de Copenhague, dans celle de Cid Hammou-da à Constantine, et enfin dans la Bibl. nationale (Asselin 418, 1518 du supplément arabe). M. Defrémery a eu la bonté de feuilleter ce dernier exemplaire, mais il n'y a pas trouvé les quatre vers que cite Ibn-Bassám.

» riers. La fortune de ses armes fut variable; tantôt la vic-
» toire se déclara pour l'ennemi, tantôt pour les armées de
» l'émir des Musulmans. A la fin, celui-ci effaça [1] la honte
» qui avait frappé la ville, et lava les outrages qu'elle avait
» reçus. Le dernier des généraux qu'il y envoya à la tête
» de nombreuses armées, fut le général Abou-Mohammed Maz-
» dalí [2], la pointe de l'épée de l'émir des Musulmans, et le
» cordon dont celui-ci se servait pour enfiler ses perles. Dieu
» lui fit conquérir la ville et permit qu'elle fût délivrée par
» lui, dans le mois de Ramadhán [3] de l'année 495. Que
« Dieu veuille lui assigner une place dans le septième ciel,
» et qu'il daigne le récompenser de son zèle et de ses combats
» pour la sainte cause, en lui accordant les plus belles récom-
». penses qui soient réservées à ceux qui ont pratiqué la vertu!

» A cette occasion, Abou-Abdorrahmán ibn-Táhir écrivit
» une lettre au wézir Abou-Abdo-'l-melic ibn-Abdo-'l-azíz,
» où il dit:

» Je vous écris au milieu du mois béni [4]; nous avons
» remporté la victoire, car les Musulmans sont entrés dans Va-
» lence (que Dieu veuille lui rendre la force!), après qu'elle
» a été couverte de honte. L'ennemi en a incendié la plus
» grande partie, et il l'a laissée dans un tel état qu'elle est
» propre à stupéfier ceux qui s'informent d'elle, et à les plon-
» ger dans une silencieuse et morne méditation. Il l'a cou-
» verte de noirs vêtements, de même qu'elle portait le deuil

---

1) Voyez sur ce sens du verbe دحص *Script. Arab. loci de Abbadi-dis*, t. I, p. 261, note 14.

2) Ce nom étant d'origine berbère, les lexicographes arabes n'en donnent pas la prononciation; mais j'ai cru devoir suivre celle d'une ancienne chronique espagnole, les *Anales Toledanos II* (*España sagr.*, XXIII, p. 403), où l'on trouve trois fois *Almazdali* (l'article est de trop).

3) Ce renseignement est inexact.

4) Ramadhán.

»quand il s'y trouvait encore; son regard est donc encore voi-
»lé, et son coeur qui s'agite sur des charbons ardents, pousse
»des soupirs. Mais son corps délicieux lui reste; il lui reste
»son terrain élevé qui ressemble au musc odorant et à l'or
»rouge, ses jardins qui abondent en arbres, son fleuve rempli
»d'eaux limpides; et grâce à la bonne étoile de l'émir des
»Musulmans et aux soins qu'il lui vouera, les ténèbres qui la
»couvrent, se dissiperont; elle recouvrera sa parure et ses
»bijoux; le soir elle se parera de nouveau de ses robes magni-
»fiques; elle se montrera dans tout son éclat, et ressemblera
»au soleil quand il est entré dans le premier signe du zodia-
»que [1]. Louange à Dieu, le roi du royaume éternel, parce
»qu'il l'a purgée des polythéistes! A présent qu'elle a été
»rendue à l'Islám, un adoucissement et une consolation [2] ont
»été apportés à nos douleurs, que le destin et la volonté de
»Dieu avait causées.

»Plus tard [3], il écrivit au wézir et fakíh Ibn-Djahháf,
»pour le consoler de la mort de son cousin-germain qui avait
»été brûlé et dont nous avons parlé plus haut:

»Un homme qui comme vous (que Dieu veuille vous épar-
»gner les malheurs!), est plein de religion et inébranlable dans
»la foi, qui a une conscience pure, qui cherche en vain son
»égal, qui montre toujours une extrême clémence [4], qui con-
»naît les vicissitudes de la fortune, — un tel homme supporte

---

1) On sait que le soleil entre dans le signe du bélier à l'équinoxe du printemps.

2) عَزَى est l'infinitif de la 1re forme du verbe عَزِىَ, *solatium percepit*; عَزَّى est l'infinitif (forme فَعَّلَ) de la 2e forme du même verbe, *consolatus fuit* aliquem (cf. al-Bayáno 'l-mogrib, t. I, p. ٢٥٧ et ٢٧٤ de mon édition).

3) Il est certain que la lettre suivante a été écrite longtemps avant celle qu'Ibn-Bassám vient de rapporter.

4) Si le texte n'est pas altéré, le mot رحْس doit signifier ici *clémence*.

» patiemment les calamités, les repousse et les méprise; il ne
» se laisse pas abattre par la douleur quand elles le frappent,
» mais il attend leurs attaques avec indifférence; car il sait que
» telles sont les vicissitudes du destin et de la fortune, qu'il
» y a un temps où il faut mourir, et que le sort a réglé d'a-
» vance tout ce qui arrive. Eh bien! Le malheur (plaise à
» Dieu qu'il ne vous atteigne jamais et que jamais il ne nous vous
» enlève!) a voulu que le fakíh, le kádhí Abou-Ahmed (que
» Dieu lui pardonne ses péchés!) fût renversé et tué; qu'il
» fût privé de sa haute dignité. Les étoiles de la gloire, je le
» jure, ont disparu alors que cet homme honorable a péri;
» les cieux de la noblesse ont versé des larmes quand il tomba
» et quitta ce monde. En effet, par sa belle conduite, par le
» secours qu'il prêtait aux infortunés, il ressemblait à la pluie
» pendant un été stérile, au lait pendant le temps où l'on n'en
» trouve que difficilement; il n'était pas du tout cruel, mais
» il pardonnait les erreurs; il était aimable envers ses voisins,
» fort estimé par [1] ses amis; il séduisait les coeurs par ses ma-

---

1) Tel est souvent le sens de l'expression عزيز على. Dans un poème d'adieu, adressé par Ibn-Abdoun à son ami Ibn-Khácán (*apud* Hoogvliet, *Divers. script. loci de regia Aphtasidarum familia* etc., p. 101), on trouve le vers suivant:

عزيز على العُلْيَا وداعك لى غَدًا   فلا أَدمُعْ تَهْمى ولا اضلع تَهْفو

M. Weijers (*apud* Hoogvliet, p. 107, note 4) a traduit les premiers mots ainsi: » grave erit nobilissimis viris," et M. Hoogvliet (p. 111) a traduit le vers dans son entier de cette manière:

» Molestum erit cras praestantiori hominum parti te mihi valedixisse,
» nec amplius manabunt lachrymae, neque costae prae alacritate celeriter
» se commovebunt."

Et il a ajouté en note: » Quod nempe fiebat, prouti tu aut lugubria re-
» citabas aut laeta carmina."

Il faut avouer que M. Hoogvliet a tâché, avec une certaine adresse, de sauver une traduction qui n'a pas l'ombre du sens commun. Il faut traduire:

»nières affables, et asservissait les hommes libres par sa bonté.
»A présent qu'il est mort, le monde porte le deuil, — — 1.
»Il prenait soin de la bien gouverner 2, et il subjuguait 3 ses
»ennemis. En conséquence, elle verse sur lui des larmes qui,
»par leur multitude, ressemblent aux gouttes d'une pluie de
»printemps, et partout elle déplore sa perte. Oh! que la
»mort l'a enlevé vite! Et cela dans un temps où il était votre
»joie, où il vous avait couverts de gloire, magnifique collier
»dont vous étiez fiers, où il avait élevé votre puissance au
»dessus de toute autre! Mais nous sommes créés par Dieu,
»et nous retournerons vers lui, quelque grand que soit notre
»malheur; nous supporterons notre perte avec une résignation
»dont Dieu nous récompensera largement dans la vie futu-
»re 4; car nous avons toute raison de nous affliger, puisque
»le trépassé était d'une origine illustre, qu'il était pour nous
»une montagne inaccessible à nos ennemis, et un asile 5 situé

» O vous qui êtes estimé par les hommes les plus nobles! demain je de-
» vrai vous dire adieu; — comment donc mes larmes ne couleraient-elles
» pas, comment mon coeur ne battrait-il pas plus rapidement?"

1) J'ai dû omettre la phrase qui suit ici dans le texte, et qui me paraît altérée. Dans la phrase suivante, il semble être question de Valence.

2) Voyez sur la 4e forme du verbe عَنِي Script. Arab. loci de Abbad., I, p. 46, 109, note 195, et le Glossaire sur Ibn-Badroun, p. 97.

3) La forme سَقْي manque dans le Dictionnaire.

4) Voyez sur la phrase احتسبه عند الله la note (20) de M. Hoog-vliet, libro laud., p. 61. Les accusatifs qui suivent, sont les appositifs du pronom ه dans ذاحتسبه, qui se rapporte à Ibn-Djahháf.

5) Je crois que مَوْمًا ou (مَوْمى) مَوْمًا est le nom de lieu du verbe رَمَى, qu'on trouve écrit très-souvent رَمَى. Il signifie donc proprement *le lieu qu'on montre des doigts, où on a le désir d'aller*. Dans un passage d'Ibno-'l-Khatib (*Script. Ar. loci de Abbad.*, II, p. 162) on lit,

» sur la hauteur. Le même malheur nous a frappés tous les
» deux ; mais tâchons de nous consoler ; si nous y réussissons,
» ce sera pour nous le plus précieux trésor dans l'autre vie,
» et nous aurons droit à la plus grande récompense.

» Abou-'l-Hasan dit : Abou-Abdorrahmán a composé tant
» d'excellentes pièces, ses pensées secrètes et ses actions sont
» si belles, que ses faits ne peuvent être racontés tous ici,
» et que la noblesse de son caractère ne peut être décrite
» avec les développements convenables. Mais j'ai copié la
» plupart de ses compositions dans un livre à part, auquel
» j'ai donné le titre de *Fil de perles, sur les lettres d'Ibn-*
» *Táhir*. En ce moment, il vit à Valence ; il a conservé
» l'usage de toutes ses facultés bien qu'il soit âgé de quatre-
» vingts ans environ. Il a toujours l'ouïe très-fine [1], et au-
» jourd'hui encore il montre son humeur caustique [2] ; ses pro-
» pos mordants ôtent tout leur éclat [3] aux colliers de perles,
» et comparées avec eux, les nuits éclairées par un beau clair
» de lune, sont obscures. Mais ce que nous avons écrit peut
» suffire, car quel homme pourrait donner tout ce qu'il y a à
» dire sur ce sujet !"

---

en parlant de la Mecque : نشيدك أملي ومؤمى نيتى وعملى (dans la note ajoutée à ce passage, j'ai dit que مومى était un nom d'action ; c'est un *lapsus calami*). J'ai traduit *asile* pour éviter une périphrase.

1) Ce qui signifie qu'il entend parfaitement toutes les choses ridicules qui se disent.

2) Ibn-Táhir était un esprit très-malin ; ce sont surtout ses démêlés avec Ibn-Ammár qui le montrent comme tel.

3) Voyez sur le verbe فصح mes notes sur Ibn-Badroun, p. 128.

III.

> Mirémos, pues, que ya el dia
> con mayor luz nos advierte,
> si avrá por donde salir.
> Calderon, *Agradecer, y no
> amar*, Jorn. III.

Ibn-Bassám, on l'a vu, ne donne pas une biographie proprement dite du Cid; il se contente d'indiquer les principaux faits qui signalèrent sa carrière. Cependant les renseignements qu'il nous fournit, sont inappréciables. Selon lui, Rodrigue avait été d'abord au service des Benou-Houd, les rois arabes de Saragosse. Les *Gesta* disent la même chose. Masdeu (p. 177, 178) a trouvé cette circonstance tout à fait incroyable; les auteurs contemporains du Cid, prétend-il, et ceux des deux siècles suivants, n'ont jamais insinué une pareille chose; c'est donc une fable inventée par les romanceros et les jongleurs; impossible de croire qu'un prince mahométan accorde sa confiance et son amitié à un ennemi de sa religion, que les sujets de ce prince tolèrent parmi eux un tel homme. » C'est pousser les choses jusqu'au bout!" s'écrie Masdeu. Sans doute, il y a ici quelque chose de bien ridicule; mais ce n'est pas le récit de l'historien latin, soutenu qu'il est par le témoignage d'un auteur arabe, contemporain du Cid.

Ibn-Bassám atteste aussi que Rodrigue combattit, à différentes reprises, le comte de Barcelone, le roi d'Aragon et Garcia, surnommé La bouche tortue, sobriquet que les auteurs chrétiens ont épargné à leur compatriote Garcia Ordoñez, le comte de Najera, l'ennemi mortel du Cid. Masdeu nie qu'une seule de ces guerres, racontées dans les *Gesta*, ait eu lieu; aussi les historiens n'en parlent plus; ce sont des fables, des contes de Peau-d'âne.

Le récit du siége de Valence, tel que le donne Ibn-Bassám, offre plusieurs rapports avec celui de la *Cronica general*, qui a été traité d'absurde.

Enfin, il n'y a pas jusqu'à la terrible parole prononcée par Rodrigue, qui ne se retrouve; cette fois non pas dans un écrit qui veut passer pour historique, mais dans une romance [1]. Il est vrai que l'idée de Rodrigue y a revêtu une forme moins orgueilleuse que chez Ibn-Bassám; mais il faut faire attention que, chez Ibn-Bassám, le Cid parle à un Arabe, tandis que, dans la romance, il parle à son suzerain. »Je ne »suis pas un assez mauvais vassal," dit-il à Alphonse, »pour »que, avec beaucoup d'autres comme moi, je ne regagnasse »rapidement ce que le roi goth perdit."

Les historiens modernes, nous le voulons bien, ont donc le droit de s'écrier avec Wagner:

Und wie wir's dann zulezt so herrlich weit gebracht!

Mais on a le droit de leur répondre avec Faust:

O ja, bis an die Sterne weit!

Bref, toute la question du Cid a besoin d'être traitée de nouveau, non-seulement parce que le passage d'Ibn-Bassám nous a donné de nouvelles lumières, mais parce qu'en la traitant, les historiens modernes ont fait preuve partout d'une légèreté inconcevable. Les histoires chrétiennes doivent être assujetties à un nouvel examen. La tâche nous tente; mais avant de pouvoir l'aborder, et pour ne pas être arrêtés à chaque instant, nous aurons à examiner les textes arabes dont Casiri et Conde se sont servis.

---

1) »El vasallo desleal."

IV.

> Faust.
> Mich dünkt, die Alte spricht im Fieber.
> Mephistopheles.
> Das ist noch lange nicht vorüber,
> Ich kenn' es wohl, so klingt das ganze Buch;
> Ich habe manche Zeit damit verloren,
> Denn ein vollkommner Widerspruch
> Bleibt gleich geheimniszvoll für Kluge wie für Thoren.
> Mein Freund, die Kunst ist alt und neu.
> Es war die Art zu allen Zeiten,
> Durch Drei und Eins, und Eins und Drei
> Irrthum statt Wahrheit zu verbreiten.
>
> Göthe, *Faust.*

> Banquo.
> Whither are they vanish'd?
> Macbeth.
> Into the air; and what seem'd corporal melted
> As breath into the wind.
>
> Shakspeare, *Macbeth*, I, 3.

Conde, t. II, p. 155 :

« (Ibn-Abbád) envoya des lettres au roi Juzef ben Taxfin, » pour lui donner avis des invasions et des courses que les Chré-» tiens faisaient dans les terres des Musulmans, tant dans l'orient » que dans le midi de l'Espagne; il lui parla surtout des cour-» ses de Cambitur, prince chrétien, qui infestait les frontières » de Valence."

Conde ne peut avoir eu en vue ici qu'un passage de l'*al-Holal al-mauschiyah*, que j'ai déjà publié ailleurs [1]; mais il l'a traduit bien inexactement. En voici une traduction plus fidèle :

« Yousof passa pour la deuxième fois en Espagne l'année » 481, et cela parce que, deux années après la bataille de

---

1) *Scriptorum Arabum loci de Abbadidis*, II, p. 201.

» Zallaka, comme raconte le wézir Abou-Bekr ibn-Ocáb, plu-
» sieurs nobles andalous de Valence, de Murcie, de Lorca et
» de Baza étaient arrivés à Maroc auprès de l'émir des Musul-
» mans, Yousof ibn-Téschifîn, pour se plaindre de ce qui était
» arrivé aux Valenciens de la part du Campéador; celui-ci était
» un prince [1] chrétien; il assiégea Valence pendant sept an-
» nées, jusqu'à ce qu'il s'en emparât."

On pourrait à la rigueur déduire des paroles du texte arabe, que l'auteur est tombé dans la lourde bévue de dire que le Campéador s'était déjà emparé de Valence avant l'arrivée des nobles andalous à Maroc, c'est-à-dire, avant l'année 481; mais le texte souffre aussi une autre interprétation, d'après laquelle l'auteur ne raconterait ici que ce qui arriva plus tard. Quoi qu'il en soit, le passage est peu important. Ajoutons que le *Holal* n'a été écrit qu'à la fin du XIVe siècle de notre ère, en 1381.

Conde, t. II, p. 174:

» Dans l'année 485, Juzef donna l'ordre à son général
» Davud ben Aixa, de marcher contre Dénia. Celui-ci se mit
» en marche, et occupa cette ville ainsi que Xatiba; ces deux
» villes étaient au pouvoir d'Aben-Moncad; car ces émirs," —
quels émirs? il n'a été question que d'un seul — » de même
» qu'Abu Meruan Huzail d'Aben Razin, Murbiter et Valence,
» s'étaient alliés aux Chrétiens et à leur général Ruderic le
» Campiatûr; ils espéraient pouvoir se défendre, avec son se-
» cours, contre les Almoravides. Cependant Aben Ayxa oc-
» cupa ces villes sans beaucoup de difficulté et sans une grande
» effusion de sang."

---

1) On sait que ملك ne signifie pas seulement *roi*, mais aussi *prince*; les quatre fils d'al-Motamid de Séville, qui n'étaient que gouverneurs, portaient aussi le titre de ملك. De même les auteurs latins et espagnols donnent souvent le titre de *rex* et de *rey* à des Arabes qui n'étaient que de simples généraux ou des gouverneurs.

Ce passage ne nous arrêtera pas longtemps; c'est la prétendue traduction de quelques paroles d'Ibn-abí-Zer (al-*Kartás*, p. ١١, éd. Tornberg), qui, par malheur, ne parle pas du Campéador, car il dit tout simplement:

» Dans l'année 485, Yousof ibn-Téschifín, l'émir des Mu» sulmans, donna l'ordre à son général Ibn-Aschah (ابن عاشة, » plus correctement, ابن عائشة, Ibn-Ayischah) de marcher » contre Dénia. Il se mit en marche, et s'empara de cette » ville et de Xatiba. Cette dernière obéissait à Ibn-Monkidh" — dans l'édition de M. Tornberg on lit منقد; mais un tel nom propre n'existe pas; مُنَقِّدة se trouve dans le *Kámous*, p. ٢٢٧ — » qui la quitta en prenant la fuite, et les Almoravides y en» trèrent."

On voit qu'il n'est nullement question ici ni du Campéador ni de l'autre personnage nommé par Conde, qui ne peut avoir fait usage d'un texte arabe autre que celui que je viens de traduire. A-t-il donc inventé tout simplement cette alliance du Campéador avec les rois musulmans qu'il nomme? Nous verrons tantôt comment il est arrivé à cette assertion; traduisons d'abord un autre passage du *Kartás* qui suit immédiatement celui que je viens de citer:

» Puis le général Ibn-Aschah marcha contre la ville de » Segura et s'en empara. De là il marcha contre Valence. » Dans cette ville régnait al-Kádir ibn-Dhí-'n-noun," — les mots يحكم الرجل qui suivent ici dans l'édition de M. Tornberg, sont absolument vides de sens, ce qui n'a pas empêché l'éditeur de les traduire (p. 138) — » avec une troupe de Chré» tiens qui percevaient les impôts levés sur la ville" — et non » qui lui payaient un tribut" ainsi que traduit M. Tornberg; les mots فى جمع من النصارى يجبون خراجها n'admettent pas d'autre sens que celui que je leur donne; d'ailleurs, le tribut payé par les Chrétiens, s'appelle *djizyah* et non

kharádj —. » Al-kádir quitta la ville en prenant la fuite;
» le général Ibn-Ayischah y entra, et donna avis de sa con-
» quête à l'émir des Musulmans, Yousof."

Ibn-abí-Zer, auteur africain qui écrivit vers l'année 1325, est, sans contredit, le plus mal informé de tous les écrivains arabes qui traitent de l'histoire d'Espagne dans le XIe siècle. Aussi ce qu'il dit ici de l'entrée d'Ibn-Ayischah dans Valence et de la fuite d'al-Kádir, est erroné, bien qu'il y ait *quelque chose* de vrai dans ses renseignements inexacts. Mais Conde (II, p. 174, 175) y a ajouté de son propre fonds, des circonstances très-remarquables. Dans une » escarmouche san-
» glante," Yahyá ibn-Dhí-'n-noun est blessé. Il meurt le même jour. Al-Kádir Yahyá ibn-Dhí-'n-noun lui succède (voilà encore un mort qui revient!). Le prince ressuscité est un vaillant et habile capitaine. Il dispute par » des sorties » sanglantes" (terrible spectre! » it will have blood," comme dit Macbeth quand il voit l'ombre de Banquo) l'entrée de la ville aux ennemis. Mais impossible de la défendre. Les Chrétiens quittent al-Kádir. Celui-ci et Ibn-Táhir, seigneur de Murcie (!), défendent la ville » jusqu'à la mort." Le traître Ibn-Gehaf fait ouvrir les portes. Les Almoravides entrent dans la ville » l'épée à la main." Al-Kádir se bat » comme un « lion," mais il est tué — pour la deuxième fois!

Conde, II, p. 182:

» Le seigneur de Santa Maria d'Aben Razin, Abu Meruan
» Abdelmelik ben Huzeil, allié et parent d'Alcadir, excita les
» seigneurs de Murbiter, de Xatiba et de Dénia, qui étaient
» aussi irrités contre les Almoravides, et tous se réunirent à
» Ruderik," (en note: » d'autres l'appellent roi, ou Tagi,
» tyran") » général des Chrétiens et connu sous le nom d'el
» Cambitor, qui se vantait d'être l'ami et l'allié du roi Alca-
» dir, d'Abu Meruân et de leurs parents."

On peut remarquer que, dans le passage cité plus haut,

Xativa et Dénia sont déjà tombées toutes les deux au pouvoir des Almoravides, et qu'ici ces deux villes ne dépendent pas du tout de ces derniers. Mais il s'agit bien de cela! Voici le texte dont Conde s'est servi; on le trouve chez Ibno-'l-Abbár, man., fol. 79 r., au commencement du chapitre sur le Dhou-'l-wizárataini Abou-Isá Ibn-Labboun:

لبون بن عبد العزيز بن لبون وكان من جملة اصحاب
القادر يحيى بن ذى النون وراس بمريبطر من اعمال بلنسية ثم
تخلّى عنها لابى مروان عبد الملك بن رزين صاحب شنتمرية
الشرق ايام تغلّب رذريق المعروف بالكنبيطور على بلنسية واحراقه
لرئيسها ابى احمد بن حاجاف (خحاف ۱.) وسار معه الى شنتمرية
ثم ندم بعد ذلك واستثقل ما كان يُجْرى عليه فقال

» Ce personnage était Labboun, fils d'Abdo-'l-aziz, fils
» de Labboun. Il était un des amis d'al-Kádir Yahyá ibn-
» Dhí-'n-noun, et il était gouverneur de Murviédro dans le
» territoire de Valence. Dans la suite il céda cette ville à
» Abou-Merwán Abdo-'l-melik ibn-Razín, seigneur de Santa-
» Maria d'Orient, vers l'époque où Rodrigue, connu sous le
» nom d'el Campéador, s'empara de Valence et brûla le
» seigneur de cette ville, Abou-Ahmed ibn-Djahháf. Il (Ibn-
» Labboun) se rendit avec lui (Ibn-Razín) à Santa-Maria;
» mais plus tard il se repentit de ce qu'il avait fait, et jugea
» que la pension que lui donnait Ibn-Razín, était bien minime.
» Il composa alors les vers suivants." Suivent ces vers que je donnerai plus tard.

Mais, me dira-t-on, ce n'est pas là le passage traduit par Conde; c'est un passage entièrement différent. S'il en est ainsi, je dois répondre qu'alors Conde a inventé tout simplement le passage qu'il prétend avoir traduit. Qu'on le sache bien: pour cette époque, il n'a pu consulter qu'Ibno-'l-Abbár, le *Kartás* et le *Holal*; il ne faut pas se faire illusion là-dessus : ce qui ne se trouve pas dans un de ces trois livres, Conde ne l'a trouvé nulle part. Qu'il ait donc forgé le passage en question, cela est très-possible ; il a la coutume d'en forger par centaines. Mais quant à moi, je serais plutôt porté à croire qu'il a voulu traduire le passage que je viens de citer. Sans doute, il l'a traduit à sa manière ; c'est-à-dire que, n'y ayant rien compris, il a appelé son imagination à son aide.

A en croire Casiri (*Bibl. Escur.*, tom. II, p. 42, 43) on trouverait dans Ibno-'l-Abbár un passage sur la prise de Valence, qui serait emprunté à Ibn-Haiyán. Il serait en effet infiniment curieux qu'Ibn-Haiyán, le plus grand historien arabe de l'Espagne, eût parlé de cet événement qui arriva en 1094; car cet auteur mourut, comme l'on sait, en 1076, dix-huit années avant la prise de Valence. Les historiens modernes n'ont cependant fait aucune difficulté de copier cette étrange assertion de Casiri. En recourant à Ibno-'l-Abbár (man. de la société asiatique de Paris, copié sur celui de l'Escurial, fol. 66 v. et suiv.), on voit que cet auteur s'est servi en effet de quelques extraits d'Ibn-Haiyán, faits par le kádhí Abou-'l-Kásim ibn-Hobaisch (وقرأت بخط القاضى ابى القاسم بن حبيش فى بعض معلقاته من تاريخ ابى مروان بن حيان خاف زهير يعنى الصقلبى الخ), mais que ces extraits n'ont rien à démêler avec la prise de Valence; qu'ils n'ont trait qu'à des événements antérieurs. Arrivé à l'événement dont il s'agit, Ibno-'l-Abbár (fol. 68 v.) cite *Ibn-Bassám*, قال ابن بسام فى كتاب الذخيرة من تاليفه, et il copie le passage que j'ai déjà publié et traduit ci-devant, p. 333 l. 1 — 4 du texte, p. 344, dernier alinéa, de la traduction. Puis il dit : كذا قال ابن بسام وانما دخل الكنبيطور بلنسية سنة ٨٧, « voilà ce que dit Ibn-Bassám, mais » le Campéador s'empara de Valence dans l'année 487, » et il ajoute sur Ibn-Táhir, auquel ce chapitre est consacré, les renseignements suivants :

وتــوفــى ابو عبد الرحمن بـبـلـنـسية وصلى عليه بقبلة المسجد الجامع منها، اثر صلاة العصر من يوم الاربعا الرابع والعشرين من جمـــدى الاخرة سنة ٥٠٨ ثم سير به الى مرسية ودفـن بها وقد نيف على الثمانين. « Abou-Abdorrahmán (ibn-Táhir) mourut à Va-
» lence, et on pria sur lui dans la partie de la grande mos-
» quée de cette ville, qui se trouve du côté de la Mecque; ce
» qui eut lieu après la prière du soir, le mercredi 24 de Djo-
» máda II de l'année 508. Ensuite on transporta son corps à
» Murcie où on l'enterra. A l'époque de sa mort, il était
» âgé d'environ quatre-vingts ans." Puisqu'on pria sur Ibn-
Táhir le mercredi, après le coucher du soleil, 24 Djomádá II
de l'année 508, c'est-à-dire (en tenant compte de la manière
de calculer propre aux Arabes, qui font commencer leur jour
après le coucher du soleil), dans la soirée du mardi 24 novembre 1114, et qu'il fut enterré vers cette époque, Casiri
a tiré de ce passage la conclusion, fort vraisemblable peut-
être, mais pourtant un peu étrange, que ce personnage mourut dans l'année 487 de l'Hégire, 1094 de Jésus-Christ, tandis que Conde (II, 184) en a tiré une conclusion non moins
remarquable, en disant qu'Ibn-Táhir se rendit de Valence à
Murcie, emportant avec lui le cadavre du roi Alcadir, pour
l'enterrer dans la dernière ville avec tous les honneurs convenables. Mais laissons reposer en paix tous ces cadavres, et re-
tournons à Ibno-'l-Abbár.

Cet auteur dit qu'il n'a trouvé d'autres vers composés par
Ibn-Táhir que ceux qu'il composa sur le meurtre d'al-Kádir
par Abou-Ahmed Djafar ibn-Abdolláh ibn-Djahháf al-Moáfarí,
quand ce dernier se fut revolté à Valence et qu'il fut devenu
seigneur de la ville, de kádhí qu'il était. Suivent les vers que
j'ai déjà publiés et traduits plus hauts (p. 337 du texte, p. 352
de la traduction), et un passage dont Casiri et Conde ont déjà
fait usage, le premier de ces deux auteurs s'exprimant en ces
termes:

» Dans l'an 487 de l'Hégire, 1094 de J. Chr., quand
» l'empereur Alfonse assiégea Valence avec une armée nom-
» breuse, le dit Ben Althaher mourut plein de jours et de
» vertus." (Je traduis littéralement cette superbe phrase ; il
y a dans le latin : » annis et virtutibus plenus decessit"). » On
» dit que les Valenciens, après quelques jours de siège, ren-
» dirent la ville à l'empereur, à condition que surtout il
» laisserait aux habitants leur vie, leur liberté et leurs biens,
» et qu'il n'ôterait en aucune manière au gouverneur, Abi
» Ahmed Ben Giaphar Ben Hagiaph Almoapheri, soit ses biens,
» soit sa dignité. L'empereur accepta ces conditions ; mais après
» à peine une année, il jeta en prison Abi Ahmed avec toute
» sa famille, et le menaça de coups et de la mort, s'il ne li-
» vrait pas les trésors de l'état. Mais voyant que ses menaces
» n'obtenaient pas l'effet désiré, il le condamna au bûcher avec
» son épouse et ses fils ; cependant Alfonse, mû par les priè-
» res unanimes des Chrétiens et des Musulmans, épargna ces
» derniers." C'est tout ce que dit Casiri.

Mais il n'est pas question ici du Cid ! C'est Alfonse qui prend Valence ! — Casiri le dit en effet ; nous verrons bientôt à quoi il faut s'en tenir là-dessus, mais écoutons d'abord le récit, bien plus circonstancié, de Conde (t. II, p. 182) :

» Les alliés" — il s'agit toujours de cette fameuse alliance conclue par Conde — » réunirent une troupe choisie de cava-
» liers et de piétons, tant musulmans que chrétiens," — où donc Conde a-t-il trouvé cela ? Il ne l'a trouvé nulle part ; mais puisqu'il lui en coûte si peu de conclure des alliances, il saura toujours rassembler des armées ; — » et commandés par
» le Cambitor, ils assiégèrent la ville de Valence. Le Cambi-
» tor serra les habitants de la ville de si près, qu'ils obligè-
» rent leur Wali à la rendre, puisqu'ils ne pouvaient espérer
» un secours aussi prompt que le demandait le péril. Ahmed
» ben Geâf conclut alors un traité ; il reçut l'assurance que,

» pour aucune raison ni sous aucun prétexte, lui-même, sa fa-
» mille ou les citoyens de la ville ne seraient lésés dans leurs
» personnes ni dans leurs propriétés; et le Cambitor offrit de
» le laisser en possession du gouvernement qu'il tenait. A ces
» conditions avantageuses, le Wali ouvrit les portes de la ville,
» et le Cambitor (qu'Alláh le maudisse!) y entra avec tous ses
» soldats et avec ses alliés."

Il faut seulemeut savoir comment s'y prendre pour dire peu de choses en beaucoup de mots, car ce récit n'a que deux lignes dans l'original que voici :

فقضى الله ان تسلّط عليه الطاغية الكنبيطور بعد ان امنه
فى نفسه وماله عند دخوله بلنسية صلحيا وتركه على القضاء نحوا
من عام ۞

» Plus tard, il plut à Dieu de donner plein pouvoir sur
» lui (Ibn-Djahháf) au tyran le Campéador, après que, à son
» entrée dans Valence par capitulation, il lui eût promis de lui
» conserver sa vie et ses biens. Il lui laissa le poste de kádhí
» pendant environ une année." Du reste Conde aurait bien autrement maltraité ce passage, si Casiri ne l'avait traduit avant lui; cette fois, Conde s'est contenté (et ordinairement il ne se contente pas de si peu) de paraphraser la paraphrase de Casiri.

On vient de voir que, dans le texte, il est question du tyran le Campéador, et nullement de l'empereur Alfonse, ainsi que l'a dit Casiri, par une bévue assez singulière, mais fort grave, et qu'il reproduit malheureusement dans ses extraits d'ad-Dhabbí (II, p. 135), où il dit qu'un littérateur fut brûlé à Valence, en 488 de l'Hégire, » par ordre du roi des Chrétiens, » qui est nommé *Imperator*." Cependant les historiens modernes, à commencer par Masdeu (p. 278), ont attribué une très-grande autorité à ce témoignage d'Ibn-Haiyán, comme ils disent. Sans doute, quand un mort se donne la peine de quitter son tombeau, pour venir nous dire qui, d'Alfonse ou du Cid, prit Valence, il mérite bien qu'on lui accorde quelque crédit. Je l'ai déjà fait remarquer dans un autre article, les morts reviennent de temps à autre dans l'histoire de l'Espagne arabe; serait-ce parce qu'on les enterre vingt années trop tard, comme ce pauvre Ibn-Táhir chez Casiri? Dans le Nord, il est vrai, les morts non enterrés, viennent troubler le repos des vivants; mais nous ne savions pas qu'ils avaient aussi cette détestable coutume dans le Midi.

Après le passage que j'ai copié, Ibno-'l-Abbár continue en ces termes:

ثم اعتقله وأهل بيته وقرابته وجعل يطلبهم بمال القادر ابن ذى النون ولم يزل يستخرج ما عندهم بالضرب والاهانة وغلايظ العذاب ثم امر باضرام نار عظيمة كانت تلفح الوجوه على مسافة بعيدة وجيء بالقاضي ابى احمد يرسف في قيوده واهله وبنوه حوله فامر باحراقهم جميعا فصبح المسلمون والروم وقد اجتمعوا لذلك ورغبوا في ترك الاطفال والعيال فاسعفهم بعد جهد شديد واحتفر للقاضى حفرة وذلك بولاجة بلنسية وأُدخل فيها الى حاجرته (حناجرته !) وسوى التراب حوله وضُمّت النار نحوه فلما دنت منه ولفحت وجهه قال بسم الله الرحمن الرحيم وقبض على اقباسها وضمها الى جسده يستعجل المنية فاحترقت رحمه الله وذلك في جمادى الاولى سنة ٤٨٨ ويوم الخميس مسلخ جمادى الاولى من السنة قبلها كان دخول الكنبيطور المذكور بلنسية ۞

» Ensuite il le jeta en prison, de même que ceux qui de-
» meuraient avec lui et ses parents ; il leur demanda les trésors
» d'al-Kádir ibn-Dhí-'n-noun, et il ne cessa de leur extorquer
» ce qu'ils possédaient par des coups, des traitements ignomi-
» nieux et des tortures cruelles. Puis il ordonna d'allumer un
» grand feu, qui brûlait le visage même à ceux qui se trou-

» vaient à une grande distance. On y conduisit le kádhí Abou-
» Ahmed, chargé de fers et entouré de ses parents et de ses
» fils, et le Campéador donna l'ordre de les brûler tous. Mais
» les Musulmans et les Chrétiens rassemblés poussèrent des cris
» d'indignation, et voulurent qu'on épargnât les enfants et les
« esclaves. Après s'être fortement refusé à leur demande, il
» y consentit à la fin. On creusa dans la vallée de Valence,
» une fosse, où l'on plaça le kádhí jusqu'à la hauteur du cou ;
» on aplatit la terre à l'entour, et on approcha le feu de lui.
» Lorsque le feu se fut approché de lui et lui brûla la figure,
» il dit : Au nom de Dieu clément et miséricordieux ! prit des
» tisons ardents et les approcha de son corps afin de hâter sa
» mort. Il fut donc brûlé (que Dieu lui soit propice!) en
» Djomádá Ier de l'année 488 (9 mai — 7 juin 1095). Le
» jeudi, à la fin de Djomádá Ier de l'année précédente, le dit
» Campéador était entré dans Valence." Ici suivent des détails sur la conquête de Valence par Jacques Ier d'Aragon, en
1238.

On aura vu qu'il y a des inexactitudes dans la version de
Casiri, d'ailleurs fort abrégée ; ainsi il n'est pas dit dans le
texte que le siége dura » quelques jours." Conde (II, 183)
a traduit le dernier passage que j'ai copié, sans commettre des
fautes importantes; mais il ajoute: » Le Cambitor mit ordre
« au gouvernement de la ville qui, pour en assurer la posses-
» sion aux alliés musulmans, resta occupée par les Chrétiens ;
» puis il partit avec le principal d'entre eux, à savoir Abdelmelic
» Abu Meruan ben Huzeil, seigneur de Santa Maria d'Aben-
» Razin. Abu Izá ben Lebun ben Abdelaziz, seigneur de Mur-
» biter, resta à Valence en qualité de Naib ou de lieutenant
» d'Abu Meruan." La première période est entièrement de
l'invention de Conde qui devait écouduire ses alliés, de même
qu'il les avait fait venir ; elle est d'ailleurs tout à fait en opposition avec la marche réelle des événements. Dans la se-

conde période, on reconnaît encore un fort malheureux traves-
tissement des paroles qu'Ibno-'l-Abbár a consacrées à Ibn-
Labboun. Rayons donc tout ce passage qui ne contient *pas
un seul mot* de vrai.

Conde ne paraît pas s'être servi d'un passage fort utile
d'Ibno-'l-Khatîb, extrait par Casiri (II, p. 94), où il est dit
que Mazdali reprit Valence le 15 redjeb 495, c'est-à-dire le
5 mai 1102, et non »anno Christi 1101," comme on lit chez
Casiri. Mais il s'est servi d'un article biographique qui se
trouve dans la *Tekmilah* d'Ibno-'l-Abbár, et dont parle aussi
Casiri (II, p. 121). Il y est dit que Mohammed ibn-Yahyá
ibn-Mohammed ibno-'l-Aci, né à Liria en 470, étudia à
Valence, ville qu'il fut obligé de quitter en 488, quand elle
fut prise par les Chrétiens (nous avons vu que, dans son *al-
Hollato 's-siyárá*, Ibno-'l-Abbár fixe la prise de Valence à
l'année 487; il est donc présumable que la traduction de Casiri est erronée). Ayant habité Jaen pendant quelque temps,
il retourna à Valence, après qu'elle eût été reprise par les Musulmans dans le mois de Redjeb de l'année 495. Ces renseignements sont les seuls que donne Casiri. Conde (II, p. 186)
raconte bien d'autres choses. Il dit que le général Sîr ibn-
abí-Becr fut averti par le gouverneur d'Almérie, fils d'Ahmed
ben Geâf, celui qui avait été brûlé par le Cid, que les Chrétiens s'étaient emparés de Valence; alors Sîr marcha contre
cette ville avec des troupes nombreuses, y envoya une flotte,
et s'en empara. Il faut avouer que l'avis était un peu tardif,
la ville ayant été prise huit années auparavant! Puis le personnage brûlé par le Cid, s'appelait Abou-Ahmed et non
Ahmed. Bien que je ne possède pas l'article biographique en
question, je crains bien que Conde seul, qui avait lu chez des
auteurs chrétiens que le conquérant de Valence s'appelait Bucar, ne soit responsable de toutes ces inepties, et que rien de
tout cela ne se lise chez Ibno-'l-Abbár. Plusieurs auteurs ara-

bes parlent de la prise de Valence par les Almoravides, mais tous s'accordent à dire que leur général était Mazdalí [1].

Ayant arraché ces ronces et ces épines, dont les historiens modernes se sont montrés un peu trop friands, — car ils ont préféré les malentendus et les fictions de Casiri et de Conde à tous les témoignages latins et espagnols — je pourrais reprendre ma tâche où je l'ai laissée. Mais je profiterai encore de cette occasion pour publier le texte d'un passage d'al-Makkarí, et pour rectifier la traduction qu'en a donnée M. de Gayangos. Al-Makkarí, auteur du XVIIe siècle, semble avoir eu sous les yeux le passage d'Ibn-Bassám, qu'il a abrégé d'une manière peu exacte, celui d'Ibno-'l-Abbár, et un troisième encore.

Al-Makkarí, man. de Gotha, fol. 620 r. et v.:

ولما صار أمر بلنسية الى الفقيه القاضى ابى احمد بن جحاف قاضيها صيّرها لامير المسلمين يوسف بن تاشفين فحصره بها القادر بن ذى النون الذى مكّن اذفونش من طليطلة فهجم عليه القاضى فى لمّة من المرابطين وقتله ودُفع ابن جحاف لمّا لم

---

[1] Il est vrai que M. de Gayangos (II, p. 528) contredit hautement al-Makkarí qui dit que Mazdalí prit Valence en 495. »La ville," dit-il, »ne fut pas reprise par Abú Mohammed Modhzeli, mais par Yahya Ibn »Abí Bekr, un des fils de Yúsuf Ibn Táshefín. Voyez l'Appendice à la »fin de ce volume, p. XLII." En recourant à l'appendice (traduction d'une partie du *Kitábo 'l-iktifá*), on y trouve en effet qu'en 494 *l'émir Yahyá ibn abí Becr* alla assiéger Valence. Mais dans le manuscrit dont M. de Gayangos s'est servi, on lit *l'émir dali*, الامير دلى ; je ne vois pas ce que cela a de commun avec *l'émir Yahyá ibn-abí-Becr*. Dans la suite il est question de *l'émir Mazdali*, et M. de Gayangos aurait dû s'apercevoir que dans les mots *l'émir dali*, la première syllabe, *Maz*, a été omise par le copiste; faute qui s'explique aisément quand on fait attention que la dernière syllabe d'*émir*, مير, ressemble beaucoup à la première de Mazdali, مز.

يَعْنِيْ من تدبير السلطان ورجعت عند (عنه lisez) طائفة الملثمين الذين كان يعتد بهم وجعل يستصرخ الى امير المسلمين فيبطئ عليه وفى اثناء ذلك انهض يوسف بن احمد بن هود صاحب سرقسطة رذريبق•(sic) الطاغية للاستيلاء على بلنسية فدخلها وعاهده القاضى ابن جحاف واشترط عليه احضار ذخيرة كانت للقادر بن ذى النون واقسم انها ليست عنده فاشترط عليه انه ان وجدها عنده قتله فاتفق ان وجدها عنده فاحرقه بالنار وعاث فى بلنسية وفيها يقول ابن خفاجة حينئذ ۞

Ici se placent les quatre vers que j'ai déjà publiés et traduits plus haut, p. 340 et 357.

وكان استيلاء القنبيطور لعنه الله عليها سنة ٤٨٨ وقيل فى التى قبلها وبه جزم ابن الابار قائلا فتم حصار القنبيطور اياها عشرين شهرا وذكر انه دخلها صلحا وقال غيره انه دخلها عنوة واحرقها وعاث فيها وممن أُحْرَقَ فيها ابو جعفر بن البنى الشاعر المشهور رحمه الله وعفى عنه فوجّه امير المسلمين يوسف بن تاشفين الامير ابا محمد مزدلى ففتحها الله على يديه سنة ٤٩٥ ۞

Je vais mettre en regard la traduction de M. de Gayangos (t. II, p. 333, 334) et la mienne; je soulignerai les mots que M. de Gayangos a cru devoir ajouter de son propre fonds.

When Abú Ahmed Ibn Jeháf, who was Kádí of Valencia, assumed the command in that city, and proclaimed Yúsuf Ibn Táshefín, Al-Kádir Ibn-Dhi-'n-nún, the same who had been expelled from Toledo by Alfonso, *marched thither at the*	Quand le gouvernement de Valence eut passé au fakíh, le kádhí Abou-Ahmed ibn-Djahháf, kádhí de cette ville, il reconnut la suzeraineté de l'émir des Musulmans, Yousof ibn-Téschifin. Alors al-Kádir ibn-Dhi-'n-noun, celui qui

head *of his forces*, *and* besieged him in it; but Ibn Jeháf having, with the assistance of a body of Almoravides, made a sudden attack upon *the camp of* Al-kádir, *defeated that Sultán* and put him to death. It appears, however, that Ibn Jeháf, exceeded the limits of his authority; for the same party of the Almoravides [who had assisted him against Al-kádir] now deserted him *and left him to fight single-handed against his enemies.* In this extremity the Kádi of Valencia sent to implore the assistance of Yúsuf, *who promised to send troops to his aid*, but the succour never came. In the mean while, Yúsuf Ibn Ahmed Ibn Húd, King of Saragossa, *who was the enemy of Ibn Jeháf*, instigated the tyrant Rudherik (Rodrigo Diaz de Vivar) to march to Valencia, which he did, taking possession of that city *after a short*

avait livré Tolède à Alfonse, l'assiégea dans cette ville [1]; mais le kádhí, accompagné d'une petite troupe d'Almoravides, fondit sur lui et le tua. Puis Ibn-Djahháf se laissa aller à gouverner d'une manière à laquelle on n'était nullement accoutumé, et la troupe des Almoravides, sur laquelle il comptait, le quitta. Ensuite il commença à implorer le secours de l'émir des Musulmans; mais celui-ci tarda trop à lui en envoyer. Sur ces entrefaites, Yousof ibn-Ahmed [2] ibn-Houd, seigneur de Saragosse, avait excité Rodrigue le tyran à s'emparer de Valence. Celui-ci y entra. Le kádhí Ibn-Djahháf conclut un traité avec lui. Rodrigue imposa au kádhí la condition de lui livrer certain trésor qui avait appartenu à al-Kádir ibn-Dhí-'n-noun. Le kádhí jura qu'il ne le possédait pas, et Rodrigue stipula que, s'il le trouvait auprès de lui,

---

1) Al-Makkarí est tombé ici dans une grave erreur.
2) L'auteur se trompe de nouveau. Ce roi de Saragosse s'appelait Ahmed ibn-Yousof, et non Yousof ibn-Ahmed. M. de Gayangos a négligé de faire remarquer cette bévue.

siege ¹. *They relate that* Ibn Jeháf surrendered the city by capitulation, and *that* Rodrigo asked him to give up [to him] the treasures of Al-kádir Ibn Dhí-n-nún; *that* Ibn Jeháf swore that he knew nothing of them, and *that* Rodrigo told him that he would put him to death if he found them; *that* he discovered them in his possession, and caused him to be burned alive. Rodrigo, moreover, plundered Valencia, *and almost destroyed it.*

il aurait le droit de le tuer. Il arriva alors qu'il le trouva auprès de lui; il fit brûler le kádhi et sévit contre Valence. Ibn-Khafádjah dit alors sur cette ville :

M. de Gayangos a omis les quatres vers d'Ibn-Khafádjah sans en avertir.

The taking of Valencia by the Kanbittúr [El Cid Campeador], may the curse of God fall on his head! happened in the year 488 (A. D. 1095). Some authors refer it to the year before [A. H. 487]. *But let us hear the account of* Ibnu-l-abbár, who,

La prise de Valence par le Campéador (que Dieu le maudisse!) arriva dans l'année 488; d'autres disent, dans l'année précédente, et c'est à cette opinion que se range Ibno-l-Abbár qui s'exprime très-formellement ². La ville avait été

---

1) J'ignore comment M. de Gayangos a pu concilier cette addition tout à fait arbitraire, avec la phrase qui suit un peu plus loin, et où il est dit que le siége dura *vingt mois.*

2) L'expression ب جزم se trouve dans le même sens dans le *Madjma al-anhor* (t. II, p. 258 éd. de Constantinople): ربه جزم مولى خسرو » c'est à cette opinion que se range Maulá Khosrou." Le mot قائلا a sans

alluding to that deplorable event, writes as follows: »Va-»lencia was besieged by the »Kanbittúr for a period of »twenty months, after which »it was taken, some say by ca-»pitulation, others by storm. »The Christians set fire to it »and destroyed it. Among the »Moslems who perished that »day in the flames was the lear-»ned Abú Ja'far Ibnu-l-bana, »the celebrated poet (may God »have mercy on him and for-»give him his sins!). Some »years after the Amír of the »Moslems, Yúsuf Ibn Táshefín, »sent thither one of his gene-»rals, named Abú Mohammed »Modhzelí, who retook it from »the enemy in 495."

assiégée pendant vingt mois. Ibno-'l-Abbár dit que le Campéador y entra par capitulation; mais un autre auteur dit qu'il y entra par assaut, qu'il y mit le feu et qu'il sévit contre elle. Parmi ceux qu'il y brûla, était le littérateur Abou-Djafar ibno-'l-Binní [1], le célèbre poète (que Dieu lui soit propice et lui pardonne ses péchés!). Dans la suite, l'émir des Musulmans, Yousof ibn-Téschifín, envoya (contre elle) l'émir Abou-Mohammed Mazdalí, par l'entremise duquel Dieu la prit, dans l'année 495.

On voit que M. de Gayangos a attribué à Ibno-'l-Abbár

doute ici le sens que je lui donne, et qu'il a aussi dans d'autres endroits. Il ne peut signifier ici *en disant*, et il est impossible qu'al-Makkarí dise qu'Ibno-'l-Abbár raconte que le siége dura vingt mois; et cela pour deux raisons: d'abord parce qu'Ibno-'l-Abbár dont j'ai déjà publié le texte, ne dit rien sur la durée du siége, et ensuite parce que la phrase فتم حصار القنبيطور اياها عشرين شهرا est très-incorrecte; on conçoit que cette phrase louche soit sortie de la plume d'un compilateur du XVIIe siècle, mais on ne peut se figurer qu'elle se trouve chez un auteur très-élégant du XIIIe.

1) J'aurai à revenir sur ce personnage.

un passage que ce dernier n'a jamais écrit. Il lui attribue bien d'autres choses encore (car les guillemets continuent) qui ne se trouvent pas plus dans son ouvrage que le reste.

M. de Gayangos a aussi traduit, dans l'appendice de son second volume, plusieurs passages du *Kitábo 'l-iktifá* qui se rapportent au Campéador. Ces traductions ne se recommandent pas toujours par l'exactitude; mais j'ai déjà publié une partie de ce texte ailleurs, et dans la suite de ce travail, je me propose de donner les textes de ce livre qui n'ont pas encore été publiés, et qui ont rapport à notre sujet. Je me dispenserai donc d'examiner ici la traduction de ces passages qu'a donnée M. de Gayangos, et je passe à l'examen des textes espagnols et latins qui parlent du Cid. Je commence par la *Cronica general* et par la *Cronica del Cid*.

V.

أَضْيَعُ مِنَ ٱلْمَصَاحِفِ فِى بَيْتِ
ٱلزِّنْدِيقِ ٱلْأَمِّى

Ibn-Bassám, fol. 2 r.

Francisco.
    Remember, she's the dutchess.
Marcella.
But used with more contempt, than if I were
A peasant's daughter; baited, and hooted at,
Like to a common strumpet.
    Massinger, *The Duke of Milan*, II, 1.

Let me see the jewel, son!
'T is a rich one, curious set,
Fit a prince's burgonet.
    Fletcher, *Women pleased*, IV, 4.

Dans la seconde moitié du XIIIe siècle, Alfonse X, surnommé le Savant (et non pas le Sage, comme on traduit ordinairement), composa la grande chronique d'Espagne, connue sous le nom de *Cronica general* [1]. Ce roi avait fait réunir autant de livres historiques qu'il avait pu s'en procurer [2]. Les graves historiens Lucas de Tuy et Roderich de Tolède, se trouvent souvent cités dans la *Cronica*; mais l'auteur de ce grand travail a aussi fait usage des poèmes espagnols qui traitaient un sujet historique, absolument comme l'a fait Tite-Live; quelquefois il n'a pas même fait disparaître la mesure ou les assonances. Alfonse avait aussi à sa disposition quelques livres arabes, parmi lesquels il y en avait qui étaient dignes de foi, tandis que d'autres, ceux qui traitaient de la conquête de l'Espagne par les Musulmans, étaient plutôt des romans historiques.

---

1) On dit ordinairemeet qu'Alfonse ne composa pas lui-même cette chronique, qu'elle fut écrite par d'autres que le roi avait chargés de ce travail. Pourtant le marquis de Mondejar (*Memorias historicas del Rei D. Alonso el sabio*, p. 466—468) a fait observer, il y a longtemps déjà, que dans le prologue, Alfonse dit qu'il a écrit lui-même cette chronique; que le prince Don Juan Manuel écrivit un abrégé de la chronique de son oncle, et qu'il dit très-formellement, dans son introduction, qu'Alfonse lui-même en était l'auteur; que tous les écrivains antérieurs à Florian d'Ocampo, sont de la même opinion, qui est confirmée d'ailleurs par les titres de tous les manuscrits. Comment donc se fait-il que l'on s'obstine à ne pas reconnaître Alfonse pour l'auteur de la *Cronica general*? Il paraît que l'on préfère aux témoignages les plus anciens, les plus dignes de foi, celui de Florian d'Ocampo qui, en 1541, a publié, pour la première fois, la *Cronica general*, et auquel il a plu de mettre sur le titre qu'elle a été composée *par ordre* d'Alfonse, sans qu'il se soit donné la peine de citer une seule preuve à l'appui de son opinion paradoxale.

2) » Mandamos ayuntar quantos libros podimos aver de estorias, en » que alguna cosa contassen de fechos de España." Fol. 2, col. 4, édit. de Zamora, 1541. Le prologue a été publié beaucoup plus correctement, d'après les manuscrits, par le marquis de Mondejar (p. 468—470).

A l'epoque où ce grand ouvrage fut écrit, la critique historique n'existait pas encore dans l'Espagne chrétienne. Dans quelques cas, il est vrai, Alfonse rejette un récit comme apocryphe ; mais ces cas sont rares, et les récits rejetés se caractérisent par un tel degré de fausseté, qu'il aurait été impossible de les admettre comme vrais.

Depuis longtemps cette *Cronica general* est le souffre-douleur des historiens. Je conçois et j'excuse cette tendance chez les historiens anciens, chez Sandoval, chez Moret ; mais je ne la conçois pas chez les historiens modernes. La *Cronica* aurait droit à toute notre estime, même si elle n'avait qu'un seul mérite (qu'elle partage du reste avec le Code que composa Alfonse, les *Siete Partidas*), celui d'avoir créé la prose castillane, — non pas cette pâle prose d'aujourd'hui, qui manque de caractère, d'individualité, qui trop souvent n'est que du français traduit mot à mot — mais la vraie prose castillane, celle du bon vieux temps, cette prose qui exprime si fidèlement le caractère espagnol, cette prose vigoureuse, large, riche, grave, noble et naïve, tout à la fois ; — et cela dans un temps où les autres peuples de l'Europe, sans en excepter les Italiens, étaient bien loins encore d'avoir produit un ouvrage en prose qui se recommandât par le style. Mais il y a plus. Dans un temps où l'on est revenu, Dieu merci, des étroits préjugés classiques ; où l'on étudie avec ardeur les magnifiques monuments du moyen âge ; où l'on recherche avec avidité ce qui reste des poésies qui charmaient nos pères ; dans un temps où l'histoire du moyen âge ne doit et ne peut plus se borner à des dates, à des récits de guerres et de siéges, à l'analyse des lois, mais où on l'étudie aussi dans les monuments de toute sorte, qu'a élévés le génie des maîtres ou du peuple ; où l'on ne se contente plus d'aperçus partiels, mais où l'on veut connaître le moyen âge dans tout ce qu'il a produit de beau, de grandiose, de sublime : dans un tel temps, c'est un spectacle qui serait risible s'il était moins triste, que de voir les historiens ne citer que pour le ravaler un livre, dans lequel se sont conservées les esquisses d'une foule de poëmes épiques que, sans lui, nous ne connaîtrions pas du tout ; un livre admirable et qui nous donne une très-haute idée du mouvement littéraire dans la Péninsule. Il faut bien en convenir : rien n'est plus facile que de prouver que certaines histoires qui se trouvent dans la *Cronica*, n'ont jamais eu lieu, que ce sont des *fables*, comme on dit. Mais au lieu de répéter toujours cette thèse banale et de la prouver jusqu'à satiété, comme on s'obstine à le faire, ne vaudrait-il pas mieux analyser ces récits, les caractériser, en rechercher l'origine, en tirer des conséquences dont l'histoire littéraire ne profiterait pas moins que l'histoire des moeurs ? Certes, l'histoire n'est pas si grande dame qu'elle le paraît ; le véritable historien ne dédaigne nullement les traditions populaires, les poëmes de quelque nature qu'ils soient ; c'est là au contraire, que se révèle le génie d'une époque, c'est là qu'il se dessine bien plus nettement peut-être que dans les écrits des graves et sévères historiens. Les écrivains qui regardent avec un oeil de mépris ces récits tour à tour terribles ou charmants, mélancoliques ou joyeux, me font assez l'effet de vouloir faire ressembler l'histoire du moyen âge à une de ces îles dont parlent les anciens géographes, où il n'y avait pas de femmes, mais seulement des hommes. Sur ces îles, la vie doit avoir été souverainement triste et ennuyeuse, — précisément comme le serait l'histoire si on la dépouillait de ces beaux et joyeux festons poétiques.

Et puis, quelle variété dans cette *Cronica general !*

On connaît le magnifique tableau que Victor Hugo a tracé d'une belle vieille ville d'Espagne, où l'on trouve ces nombreux édifices, » tous divers, tous portant leur destination »écrite dans leur architecture, dressés côte à côte, pêle mêle ;"

ici, le théâtre ; là, au centre, la grande cathédrale gothique,
» merveilleux édifice, imposant par sa masse, curieux par ses
» détails, beau à deux lieues, et beau à deux pas ;" à l'autre
bout de la ville, la coquette et gracieuse mosquée orientale,
» cachée dans les sycomores et les palmiers ;" puis, » la fraî-
» che promenade d'orangers le long de la rivière, les larges
» places ouvertes au grand soleil pour les fêtes, les marchés
» pleins de peuple et de bruit," et mille autres choses encore. — Génie fécond s'il en fût, l'archiprêtre de Hita a des-
siné, avec une gaîté charmante, la société espagnole au XIVe
siècle, la société féminine surtout. En le lisant, on voit devant soi les chevaliers » qui viennent les premiers quand on
» paye la solde, les derniers quand on marche à la frontière,"
joueurs de profession, qui pipent les dés ; les juges peu scrupuleux et les hardis filous ; les prêtres et les moines, qui mènent joyeuse vie, le doyen avec sa sensible Orabuena, — brave
homme après tout que ce doyen qui, chaque jour, » les yeux
» mouillés de larmes et le coeur rempli d'une profonde dou-
» leur, dit aux apôtres et aux saints qui ont le plus de crédit
« dans le ciel : Qu'il vous sera doux de pardonner !" — le
trésorier du chapitre avec sa fidèle Thérèse, le chantre avec
la belle jeune fille qu'il loge par pure charité, et qui s'écrie
que, si l'on ne permet plus aux prêtres de faire des bonnes
oeuvres de cette nature, ils doivent aller s'appliquer aux mauvaises ; les valets qui se distinguent par quatorze fameuses qualités, qui, pauvres pécheurs, observent si scrupuleusement le
jeûne — quand ils n'ont rien à manger ; les nobles dames,
vêtues d'or et de soie ; les délicieuses nonnes au regard aga-
çant, aux *palabrillas pintadas*, et leur amie inséparable
Trota-Conventos, l'entremetteuse ; les belles jeunes filles jui-
ves et mauresques qui n'ont d'autre tort que d'être un peu
plus prudes que les nonnes, et pour lesquelles l'archiprêtre
compose des chants de danse et des galops ; les paysannes de

la Sierra de Guadarrama, lourdes ganaches aux larges hanches, aux robustes épaules : tout cela revit pour nous dans les piquants croquis du vieux poète.

Eh bien! Au moyen âge le mouvement intellectuel se présentait en Espagne sous des aspects si variés, qu'on ne peut mieux le comparer qu'à la belle vieille ville, qu'à la multitude d'hommes et de femmes, différents de profession, de race, de langue, de penchants, de passions, qui tourbillonnent sur les pages de l'archiprêtre ; et nulle part ces tendances littéraires opposées, ou plutôt, si j'ose m'exprimer ainsi, juxtaposées, ne se trouvent réunies aussi complétement que dans la *Cronica general*. Là le vénérable évêque-chroniqueur coudoie le grave historien musulman ; là le légendaire et le jongleur castillans heurtent le ráwí arabe ; là le troubadour espagnol se trouve côte à côte avec le scháir andaloux, car même les poésies lyriques ne manquent pas dans ce vaste et riche recueil.

Mais il va sans dire qu'il faut distinguer entre les différents éléments dont la *Cronica* se compose ; qu'il ne faut pas prendre pour de l'histoire un poème épique. Certes, les historiens anciens qui l'ont fait, sont bien plus à excuser que leurs successeurs qui ont cru aux pitoyables bêtises de Conde ; car dans la *Cronica*, il règne toujours une certaine vérité morale ; l'homme y est toujours vrai, et, à défaut d'une scrupuleuse exactitude d'historien, on y rencontre ce sentiment juste et vif des événements et des personnages, qui suffit à la vérité relative des tableaux ; mais enfin, il ne faut pas prendre de la poésie pour de l'histoire : c'est clair. D'un autre côté, il ne faut pas prendre de l'histoire pour de la poésie. C'est encore clair — Pas si clair qu'on le pense, à en juger par les Histoires d'Espagne et les biographies du Cid.

L'histoire du Cid remplit plus de la moitié de la quatrième ou dernière partie de la *Cronica general*. On se demande si cette partie a été composée par Alfonse ainsi que

les trois précédentes. Florian d'Ocampo qui a donné une tres-
mauvaise édition de l'ouvrage, nous apprend dans deux notes,
placées à la fin de la 3e et de la 4e partie, que plusieurs personnes instruites parmi ses contemporains, pensaient que cette
dernière partie n'a été écrite qu'après la mort d'Alfonse X,
par ordre de son fils Sancho; qu'elle se compose de morceaux
détachés, écrits par des auteurs anciens, et auxquels il a manqué une main habile pour les corriger, comme Alfonse avait
corrigé les trois autres parties. Ces notes de Florian d'Ocampo, bien qu'elles reposent sur la fausse supposition qu'Alfonse
n'a pas écrit lui-même la *Cronica*, mériteraient d'être prises
en considération, s'il s'agissait réellement ici d'une tradition
tant soit peu ancienne; mais après un mûr examen, je n'y
vois que ceci: Quelques personnes du XVIe siècle ont observé
certain fait, et ils en ont tiré une conclusion. En effet, Florian d'Ocampo et ses amis ont trouvé que le style de la 4e partie
différait de celui des trois autres, et ils y ont remarqué des
» vocablos mas groseros." Cette différence ne saute pourtant
nullement aux yeux [1]; si on laisse de côté le récit du siége
de Valence, tout le reste de la quatrième partie est écrit dans
le même style que les trois autres. Mais Florian d'Ocampo
paraît précisément avoir eu en vue le long récit en question,
et il l'a trouvé trop mal écrit pour qu'il pût admettre qu'il
eût passé sous les yeux du savant roi; de là sa conjecture,
car je ne puis donner d'autre nom à son observation. Le

---

1) Je m'estime heureux que M. Huber partage cette opinion, bien que
du reste, ses idées sur toute cette question, soient totalement opposées aux
miennes. » Verdad es," dit-il (*Cron. del Cid, Introd.* p. XLVII). » que la
» desigualdad en el estilo y modo de tratar el argumento de que habla el
» editor de entonces, aunque *acaso* podamos reconocerla en algun que otro
» pasage de la edicion que nos ha dejado, sin embargo no es tanta que
» ella sola bastaria para fundamento de nuestra hipotesis."

méchant style du récit incriminé s'expliquera, je crois, d'une tout autre manière. D'ailleurs, le prince Don Juan Manuel, qui a écrit un abrégé de la chronique de son oncle, ne nous apprend pas que la fin ne soit pas de lui ; il présente le tout comme l'oeuvre d'Alfonse, et personne, à ce qu'il paraît, n'en avait douté avant que Florian d'Ocampo écrivît ses deux notes. Il n'y a donc nulle raison valable pour ne pas attribuer cette quatrième partie à l'auteur des trois précédentes [1].

---

1) M. Huber a choisi une assez étrange base pour pouvoir construire son système d'une chronique primitive du Cid, comme il s'exprime. Il admet (p. I.) qu'il existe des témoignages anciens et dignes de foi, d'après lesquels Alfonse aurait écrit une histoire d'Espagne jusqu'à la mort de Saint-Ferdinand. Mais, dit-il, il n'est nullement certain que cette relation soit la même que celle que nous possédons dans la 4e partie de la *Cronica general;* en d'autres mots, la dernière partie de l'ouvrage d'Alfonse s'est perdue, et on y a substitué une autre suite. Cette thèse de M. Huber est, sans contredit, neuve et originale; mais sur quoi la fonde-t-il ? Sur un argument on ne peut plus faible. M. Huber fait dire au marquis de Mondejar (p. 464), que l'Abrégé de Don Juan Manuel, contient le même nombre de chapitres et les mêmes divisions que le manuscrit sur lequel Don Juan a travaillé. Malheureusement le marquis ne dit pas cela ; si l'on se donne la peine de relire la page que cite M. Huber, on verra que le marquis dit seulement que, puisque l'ancien manuscrit de l'Abrégé qu'il possédait, est divisé en trois livres et non en quatre, il est probable qu'Alfonse avait adopté la même division en trois livres ; mais le marquis ne donne pas à entendre que la division des chapitres était la même dans le man. dont Don Juan s'est servi et dans l'Abrégé; supposé même qu'il l'eût pensé, ce n'aurait été qu'une conjecture. Puis, M. Huber raisonne ainsi: le premier livre de l'Abrégé, qui va jusqu'à Théodorich, contient 508 chapitres, et le troisième qui, de même que la 4e partie de notre *General,* va de la mort de Bermude jusqu'à Saint-Ferdinand, en contient 341. Or, notre 4e partie contient à peu près le même nombre de feuilles que celle qui correspond au premier livre de l'Abrégé ; il est présumable que les chapitres étaient à peu près de la même longueur ; le 3e livre de

Alfonse a fait usage de Lucas de Tuy, de Roderich de Tolède, des *Gesta*, de la *Chanson du Cid;* mais quand on déduit de son récit les morceaux qui sont tirés de ces quatre livres, il reste un fort long morceau, sans compter quelques courts récits qui sont évidemment fondés sur la tradition ou sur des poëmes, et dont nous ne parlerons que plus tard. Ce long morceau se distingue en deux parties qui portent un caractère tout à fait différent, et dont la dernière, remplie de miracles et de faits qui sont en opposition avec le témoignage des historiens, n'est, à mon avis, qu'une légende de moine, composée dans le cloître de Saint-Pierre de Cardègne. Nous y reviendrons.

---

l'Abrégé ne contient que 341 chapitres tandis qu'il devrait en contenir 508 ou plus; donc, le prince Don Juan Manuel a abrégé non pas la 4e partie de notre *General*, mais un autre ouvrage. Qu'il me soit permis de demander à M. Huber, s'il est bien sûr de n'avoir pas été la dupe d'une faute d'impression. Les *Memorias* n'ont été publiées qu'après la mort du marquis de Mondejar; ne pourrait on pas supposer que 341 est une faute d'impression et qu'il faut lire 541, ce qui serait précisément le nombre requis? D'ailleurs, le marquis de Mondejar qui critique l'édition d'Ocampo, et qui en indique les fautes les plus graves, n'aurait pas manqué de nous dire que le 3e livre de son man. de l'Abrégé, offrait un ouvrage entièrement différent de la 4e partie de notre *General*, si cela eût été réellement le cas; la circonstance aurait été trop étrange pour qu'un savant aussi consciencieux que le marquis, ne l'eût pas signalée. Il possédait en outre quatre anciens manuscrits de la *General* et l'exemplaire que Zurita avait collationné sur l'ancien manuscrit qui avait appartenu au célèbre marquis de Santillane; et tout indique que, sauf les fautes commises par Ocampo, tous ces manuscrits s'accordent avec l'édition. En conséquence, l'opinion de M. Huber me paraît manquer de tout fondement. Je me suis vu dans la nécessité de prouver que le savant professeur a bâti sur du sable; cela fait, tout son système s'écroule, et il est inutile de le réfuter davantage.

Reste l'histoire détaillée de Valence, depuis la prise de Tolède jusqu'à la conquête de Valence par le Cid.

Je ne sais pas trop bien quels griefs on a contre ce récit. J'ai bien lu çà et là quelques objections qui n'ont pas le sens commun; mais nulle part je n'ai trouvé une attaque savante, une attaque selon les règles. Il paraît que ce récit ne méritait pas un tel honneur. Masdeu qui a consacré un si grand nombre de pages à l'examen des *Gesta*, se débarrasse non-seulement du récit en question, mais de toute la *Cronica general*, dans ces peu de paroles (p, 320): » Je porte cette histoire » sur le catalogue des romances, parce que, au jugement des » savants, c'est là la place qui convient à la plupart de ses » récits, à ceux surtout qui ont trait à la vie et aux gestes du » Campéador." C'est ce qui s'appelle tuer et enterrer un livre; — allez! Et les critiques et les historiens de chanter à l'unisson: A bas le roman, à bas le roman! — Mais non, je me trompe; — les historiens modernes n'ont pas même voulu signaler, par une seule phrase, l'existence de ce récit!

Un seul d'entre eux, M. Huber, a abandonné dernièrement l'opinion générale, qu'il partageait encore en 1829 quand il publia son histoire du Cid. L'opinion qu'a émise M. Huber et dont j'ai déjà parlé dans l'introduction, fait sans doute beaucoup d'honneur à son tact critique; mais ne connaissant pas l'arabe, ne s'étant pas familiarisé avec l'histoire de cette époque telle qu'elle se trouve dans les auteurs musulmans, il n'a pu qu'émettre une opinion, il n'a pas pu prouver sa thèse. Aussi je ne sache pas que, jusqu'ici, elle ait trouvé des partisans, et tout en recommandant l'argumentation de M. Huber à l'attention de mes lecteurs, je me sens forcé de suivre ma propre route.

Si ce morceau n'est pas de l'histoire, qu'est-ce donc? Est-ce une légende? Mais il ne contient aucun miracle, rien de ce qui caractérise une légende; tout au contraire, le point de vue de notre chroniqueur, loin d'être catholique, est essentiellement musulman. Un auteur catholique n'aurait jamais composé un récit de cette nature, mais il se serait bien gardé surtout d'employer des phrases comme celle-ci [1]: » Alors il » vit" — il est question d'Ibn-Djahhâf, — » quelle imprudence » il avait commise en chassant les Almoravides hors de la vil- » le, et en se fiant à des hommes d'une autre religion." Ce morceau n'est donc pas une légende: serait-ce par hasard un poème refondu en prose? Mais il n'est pas du tout poétique, à moins que la poésie n'ait eu l'étrange fantaisie d'aller se fourrer dans des tarifs de vivres et autres choses aussi platement prosaïques. Et puis, il faut avoir une bien singulière idée de la poésie espagnole et de la noble fierté castillane, quand on pense qu'un poète aurait représenté le héros de sa nation, comme un traître infâme qui ne se fait aucun scrupule de rompre les traités solennellement jurés; comme un monstre sans entrailles, qui fait brûler, dans un seul jour, dix-huit Valenciens affamés qui s'étaient mis en son pouvoir pour ne pas mourir de faim; qui en fait déchirer d'autres par des dogues. Est-ce là le Cid toujours loyal, toujours noble, toujours généreux, toujours humain, de la *Chanson*, de la *Cronica rimada*, des romances? Ce Cid dont on aurait pu dire:

Deus! con se joignent en lui bel
Cuers de lion et cuers d'aignel! [2]

Non, mille fois non; — mais c'est bien là le Cid d'Ibn-Bassám et des autres auteurs arabes. Mais je dois répéter ma question: qu'est-ce donc que ce récit, si ce n'est pas de l'histoire? Je regrette, en vérité, qu'il n'ait pas été attaqué selon les règles par mes adversaires, car je vais leur prêter une opinion qu'ils trouveront peut-être absurde eux-mêmes. Disons-

---

1) Fol. 331, col. 2.
2) *Partonopeus de Blois*, vs. 8599, 8600.

le toujours : ce récit a été composé par un faussaire qui a tâché de couvrir ses mensonges d'un vernis de vérité. Mais cette espèce de fraude était très-rare au moyen âge, infiniment plus rare qu'aujourd'hui. En ce temps-là, les prosateurs n'inventaient pas l'histoire. Les poètes, quand ils traitaient un sujet historique, s'abandonnaient à leur imagination; ils étaient dans leur droit; ils n'auraient pas été poètes s'ils ne l'eussent pas fait. Puis venaient les prosateurs qui, dans leur simplicité, prenaient la poésie pour de l'histoire, et la traduisaient en prose. Prenons deux exemples. Il est bien avéré aujourd'hui, quoi qu'en aient dit plusieurs soi-disant critiques, que Geoffroi de Monmouth, dans son *Historia Regum Britanniae*, n'a pas inventé le cycle de la Table Ronde; Geoffroi s'est borné à écrire en prose latine les récits que l'archidiacre d'Oxford, Gautier Calenius, avait recueillis pendant ses voyages dans l'Armorique. Depuis la publication du *Mabinogion*, aucun doute n'est plus permis à cet égard. De même il est très-avéré à présent que, quand certain moine pseudonyme écrivit, vers la fin du XIe siècle, sa fameuse Vie de Charlemagne et de Roland, les poètes avaient créé, déjà longtemps auparavant, le cycle carlovingien, et que le moine en question s'est borné à refondre les poèmes romans en prose latine. Il est vrai qu'il a attribué son ouvrage à l'archevêque de Reims, contemporain de Charlemagne, à Turpin; mais c'est à cela peut-être que se borne toute sa fraude. Quant à celle-ci, elle était fréquente, et nous aurons à revenir là-dessus. Mais pour qu'un faussaire fabriquât un livre, il fallait un grave motif, un puissant intérêt. On conçoit aisément que, dans un temps où la puissance temporelle des papes avait besoin d'appui, on ait fabriqué les fausses décrétales; mais on ne conçoit pas dans quel intérêt aurait été fabriqué le récit qui nous occupe. Non pas, sans doute, dans l'intérêt chrétien; mais pas plus dans l'intérêt arabe, car le commandant de Valence, Ibn-Djahháf, y apparaît sous le même point de vue défavorable que chez Ibn-Bassám.

Mais il y a des preuves évidentes que ce récit a été traduit de l'arabe. Le style contraste singulièrement avec le style ordinaire de la *Cronica*. Il est lourd, embarrassé, il louche et il boite; il a tout l'air d'une traduction, et d'une traduction non-seulement fidèle, mais servile, d'une traduction qui veut rendre jusqu'à la construction de l'original; quelquefois il est si obscur, surtout quand l'écrivain s'embrouille dans les pronoms possessifs (c'est surtout par le fréquent emploi de ces pronoms que toute traduction servile d'un ouvrage arabe sera obscure), que j'ose dire qu'une foule de ses phrases sont inintelligibles pour quiconque ne sait pas l'arabe, et ne traduit pas dans cette langue ces phrases entortillées. En général le style est extrêmement simple; mais de temps à autre on rencontre des locutions qui se trouvent à chaque page chez les historiens arabes les plus sobres d'ornements, des locutions qui, par un fréquent usage, ont perdu leur force en arabe, mais qui font un singulier effet quand on les traduit littéralement dans une langue européenne, comme l'a fait le traducteur espagnol de ce morceau. Un Castillan n'aurait pas écrit, au milieu d'un récit fort prosaïque: » la chandelle de Valence » s'éteignit et la lumière s'obscurcit [1]." En arabe, la phrase أُخْفِىَ سِرَاجُ بلنسية وعاد النور ظلاما, est extrêmement fréquente. On trouve ailleurs [2]: » et tout le peuple était déjà dans les » ondes de la mort." Jamais un Espagnol n'a employé cette métaphore arabe, فى امواج الموت. Dans un autre endroit [3]:

---

1) » Amatóse la candéla de Valencia é escureció la luz." Fol. 314, col. 3.

2) Fol. 333, col. 3.

3) Fol. 328, col. 2.

» dando grandes bozes así como el trueno é sus amenazas de los
» relampagos," » poussant de grands cris comme le tonnerre,
» et" — mais je ne puis traduire cela dans aucune langue,
l'arabe excepté, وتنهاديدهم من البرق, ce qui, traduit mot à
mot, est en effet, » é sus amenazas de los relampagos," » et
» eorum minae ex fulminibus." L'expression est bien connue en arabe, mais il faut la traduire moins servilement si
l'on veut se faire comprendre. La traduction espagnole est
bien servile en effet. Au lieu de dire qu'Ibn-Labboun ne
voulait pas se rendre en personne auprès du Cid, mais rester
auprès d'Ibn-Razín et de ses amis, elle dit: » qu'il ne voulait
» pas sortir avec son corps et qu'il voulait rester avec sa com-
» pagnie 1," ce que l'on ne comprend pas, à moins de le traduire en arabe, où la phrase أن لا يخرج بنفسه وأن يبقى مع
جملته, est très-claire. Dans un autre endroit 2, بنفسه, *en
personne*, se trouve aussi traduit *por su cuerpo!* Au lieu
de faire dire à Ibn-Djahháf qu'il voulait rentrer dans la vie
privée, ou qu'il y était rentré, on lui fait dire, » qu'il voulait
» être comme un d'eux 3," » qu'il se considérait dans l'endroit
» d'un d'eux 4;" expressions aussi peu espagnoles que françaises,
mais parfaitement arabes, بمكان أحد منهم, كاحد منهم. Plus
loin, on lit: » le roi de Saragosse ne lui tourna pas la tête 5,"
ce qui doit signifier que ce roi ne fit point de cas du messager
d'Ibn-Djahháf, qu'il ne voulut pas écouter ses propositions.
En arabe on dit en effet dans ce sens: لم يَلْوِ البه رأسًا ; mais
cette phrase ne s'emploie ni en espagnol ni dans quelque lan-

---

1) » nin querie fuera salir con su cuerpo é que querie quedar con su
» compaña." Fol. 325, col. 1.
2) Fol. 335, col. 2.
3) » é que querie ser como uno dellos." Fol. 328, col. 1.
4) Fol. 330, col. 1.
5) » nol tornó cabeça el rey de Çaragoça." Fol. 332, col. 2.

gue romane que ce soit. Dans un autre endroit [1] on trouve une expression non moins singulière. Al-Kádir a été assassiné par ordre d'Ibn-Djahháf, » é vino gran compaña é tomó el » cuerpo é pusol en las treçes del lecho." Au lieu de *treçes* qui ne signifie rien [2], il faut lire *troços*. Traduisons: » et il » vint une grande compagnie, et elle prit le corps et le plaça » sur les tronçons du lit." Ce qui ne convient nullement ici, car il n'a point été dit que le lit avait été rompu, il n'a pas même été question d'un lit. Aussi l'ancien éditeur, Florian d'Ocampo, n'a pas compris cette phrase puisqu'il a fait imprimer *treçes* au lieu de *troços*; le rédacteur de la *Cronica del Cid* ne l'a pas comprise non plus, car il dit: » et elle » le mit sur des cordes (!) et sur un lit [3]." Traduisons: على اعواد السرير. Le mot اعواد signifie en effet *des tronçons*, *des morceaux de bois*, et سرير signifie *un lit* [4]. Nous pouvons donc traduire *sur les tronçons du lit*; mais cette traduction n'exprime nullement l'idée de l'auteur; car le mot سرير signifie aussi *un brancard*, et le mot اعواد désigne *les pièces de bois* dont ce brancard se compose. Aujourd'hui encore, on ne fait point usage de bière à Maroc, bien qu'on s'en serve en Egypte; quand on a lavé le corps, on le place sur un brancard, on le couvre d'une pièce de toile, et on le porte au cime-

---

1) Fol. 324, col. 3.

2) L'édition, de même que les anciens manuscrits, porte toujours un c cédille quand cette lettre a la valeur du z, soit qu'elle se trouve devant a, o, u, soit qu'elle précède l'e ou l'i.

3) » é pusolo en unas sogas é en un lecho." Chap. 165.

4) Cette signification manque dans le Dictionnaire, mais il y a longtemps que j'en ai donné des exemples. Voyez *Script. Arab. loci de Abbad.*, I, p. 268, note 56, et comparez l'excellente traduction des *Voyages d'Ibn-Batoutah dans la Perse et dans l'Asie centrale*, que M. Defrémery a publiée récemment (p. 48).

tière [1]. Le même usage existait en Espagne, et les auteurs arabes de ce pays se servent souvent du mot اعواد (*les pièces de bois*), pris isolément, pour désigner le brancard sur lequel on porte un mort au cimetière. C'est ainsi qu'Ibn-Khácán [2] dit d'un homme qui venait de mourir: »وُضِعَ على اعواده « il fut » placé sur son brancard," littéralement, » sur ses pièces de » bois." Dans un poème [3] qu'al-Motamid, l'ex-roi de Séville, composa quand il sentit sa fin approcher, on trouve ce vers:

ولم اكن قبل ذاك النعش اعلمه ان الجبال تهادى فوق اعواد

» Avant d'avoir vu ce brancard," — نعش est le synonyme de سرير — »je ne savais pas que les montagnes" — c'est ainsi que les Arabes appellent les héros — » se transportent sur des » pièces de bois." La phrase اعواد السرير est aussi très-fréquente, et au lieu de traduire: » on plaça le corps sur les » tronçons du lit," le traducteur espagnol aurait dû dire: » on » plaça le corps sur le brancard." En effet, il dit immédiatement après, qu'on le couvrit d'une vieille *acitára* (c'est le *shroud of cotton cloth* dont parle Jackson [4]), qu'on le porta hors de la ville et qu'on l'enterra.

---

1) Jackson, *Account of Marocco*, p. 157: » they first wash it (the » body), then lay it on a wooden tray, without any coffin, but covered » with a shroud of cotton cloth; it is thus borne to the grave by four » men" etc.

2) *Al-Kaláyid*, man. A, t. I, p. 96.

3) *Apud* Abdo-'l-wáhid, p. ١١٣ de mon édition.

4) Il est vrai que le Dictionnaire de l'académie espagnole ne connaît pas ce sens du mot *acitára* (السِّتَارة en arabe), et je dois avouer que je ne me rappelle pas l'avoir vu employé en ce sens par les auteurs castillans. Mais Gonzalo de Berceo (vers l'année 1220) l'emploie dans le sens de *housse* (acception que l'Académie ne connaît pas non plus), quand il dit (*Vida de Santa Oria*, copla 78):

Je pourrais facilement multiplier ces exemples, mais j'aurai l'occasion d'en donner d'autres dans la suite de ce travail. Je

> Vedia sobre la siella muy rica acitára,
> Non podria en este mundo cosa ser tan clara;
> Dios solo faz tal cosa que sus siervos empara,
> Que non podria comprarla toda alfoz de Lara.

Pierre d'Alcala (*acitára de silla*) et Hierosme Victor (*Tesoro de las tres lenguas*, Genève, 1609: »*acitára de silla*, une couverture de selle, une » faulse housse, une housse à la genette") connaissent encore ce sens du mot, qui se rapproche déjà de celui de *pièce de toile*, *couverture*. Le mot *acitara* a réellement ce dernier sens dans des chartes latines du XIᵉ siècle, comme on peut le voir dans le Glossaire de Ducange, qui n'a pas manqué de citer le testament de Ramire, roi d'Aragon (*apud* Briz Martinez, *Historia de San Juan da la Peña*, p. 439), où on lit: » et meos vesti-» tos, et acitaras, et collectras, et almucellas et servitium de mea mensa," Ducange dit que le mot *collectra*, qu'il n'a pas trouvé ailleurs, est une espèce de vêtement; la leçon serait bonne, que ce sens ne conviendrait nullement ici; il faut lire *culcitras* (coussins). Je dirai aussi quelque chose sur le mot *almucella*, parce qu'il me paraît que, jusqu'à présent, on l'a toujours mal expliqué. Il ne désigne pas du tout *parvula almucia*, une *petite aumusse*, comme le prétend Ducange. Il y a en arabe le mot *moçallá*, *mocellá*, qui manque dans nos dictionnaires, mais qui désigne *un petit tapis sur lequel on s'agenouillait quand on priait* (de صلّى, prier à genoux); voyez Ibno-'l-Djauzí et Baibars dans le *Journal asiatique*, IVᵉ série, t. X, p. 422. Le mot مصليّة, *moçalliyah*, *mocelliyah*, s'emploie dans le même sens. Ibn-Khaldoun, man., t. IV, fol. 12 v. et al-Makkari, man. de Gotha, fol. 77 v.: ومائة قطعة مصليات من وجوه الفرش, » cent pièces de *moçalliyahs*, qui appartenaient aux plus belles » sortes de tapis." An-Nowairi, *Histoire des Abbasides*, man. 2 h, p. 158: ثلاث مصليات من جلد السمندل, » trois *moçalliyahs* de peau de sa-» lamandre." Que si nous observons à présent que le mot *almucella* ne se trouve que dans des chartes écrites en Espagne ou dans le midi de la France; que dans un titre de l'ère 1011, publié par Yepes et cité par Ducange, il est question d'une *almuçalla grezisca*, ce qui se traduit bien

me contenterai de signaler encore ici une bévue grossière du traducteur espagnol ; elle est bien propre à convaincre les plus incrédules que ce récit a bien réellement été traduit de l'arabe.

Après la révolte d'Ibn-Djahháf et le meurtre d'al-Kádir, tous les partisans de ce roi prirent la fuite. »Fuxéron para » un castiello que dezien Jubala *con un paño* de Benalfarax, » aquel preso que fuera su alguazil del rey é del Cid." » Ils » s'enfuirent vers un château qu'on nommait Jubala," — c'est Cebolla, aujourd'hui el Puche de Cebolla ; mais le traducteur espagnol ne le savait pas, car là où il combine le récit de sa chronique arabe avec celui des *Gesta*, il parle de Jubala et de Cebolla comme de deux endroits différents ; dans l'écriture arabe sans voyelles, Jubala et Cebolla s'écrivent de la même manière, — » *avec une pièce d'étoffe* de Benalfarax (Ibno-»'l-Faradj), celui qui était maintenant prisonnier, et qui au-» paravant avait été le wézir du roi et du Cid." Il faut avouer

---

mieux par *petit tapis grec*, que par *petite aumusse grecque;* qu'enfin dans le testament d'Arnaud, archevêque de Narbonne, daté de l'année 1149, et cité également par Ducange, les *almucellas* sont nommées conjointement avec les tapis (» insuper laxo illi omnem substantiam meam » quam ibi habeo, praeter tapetia et almucellas quae laxo Ecclesiae S. Justi"): alors il ne sera pas douteux, je pense, que le mot *almucella* ne soit rien d'autre qu'une transcription du mot arabe *almucellá*. Un passage des Ordonnances de Séville, cité dans le Dictionnaire de l'Académie espagnole, vient à l'appui de cette assertion. On y lit : » Otrosi que ningun Texe-» dor, ni Texedéra no sea ossado, ni ossada de facer haces de almadrá-» ques, ni de *almocélas*, ni fustánes de algodón para facer de sirgo." Il est clair qu'*almocéla* ne signifie pas ici *un capuchon*, ainsi que prétendent les académiciens de Madrid ; peut-être faut-il lui donner le sens de *couverture de lit*, puisqu'il se trouve nommé conjointement avec les matelas. Raynouard, dans son *Lexique roman*, et M. Honnorat, dans son *Dictionnaire provençal-français*, ont aussi suivi l'opinion erronée de Ducange, puisqu'ils traduisent *almussella*, *almucella*, par *petite aumusse;* il faut dire *petit tapis*.

que cette pièce d'étoffe fait ici un effet fort singulier, surtout parce que, dans la suite, il n'en est plus question. Traduisons : مـع قطْعَة ابـن الفرج. Sans doute, cela peut signifier : » avec la ¹ pièce d'étoffe d'Ibno-'l-Faradj," car قطعة désigne fort souvent *une pièce d'étoffe* ². Mais ce sens ne convient nullement ici. Le mot قطعة désigne encore *un bataillon*, ou *un escadron, une troupe de soldats* ³. Il faut donc traduire : » avec la troupe (avec les soldats) d'Ibno-'l-Faradj," et alors tout va à merveille.

Tous ces arguments, tirés du caractère et du style du récit, pourraient suffire à la rigueur. Mais les faits sont là pour leur prêter un puissant appui, pour lever jusqu'au moindre doute. Ce récit, nous pouvons souvent le contrôler à l'aide des auteurs arabes, quelquefois aussi à l'aide des chroniques et des chartes chrétiennes. Je l'ai fait, et voici quel a été le résultat de mon examen. J'ai trouvé que partout ce récit s'accorde parfaitement avec les auteurs arabes les plus anciens et les plus dignes de foi ; qu'on n'y trouve pas les fautes qui déparent les ouvrages des auteurs arabes plus modernes qui ont parlé de cette époque ; qu'il contient des faits et des noms propres peu connus, et qu'on ne trouve que par accident dans les auteurs arabes, mais qui sont d'une scrupuleuse exactitude ; que les détails topographiques le sont aussi ; que même les mots et les phrases qu'emploie l'auteur, se retrouvent dans les écrits arabes qui traitent de cette époque, surtout dans le

---

1) C'est ainsi qu'il faut traduire, et non pas *une*, comme on trouve dans le texte espagnol.

2) Voyez les exemples que j'ai cités dans mon *Dictionnaire détaillé des noms des vêtements chez les Arabes*, p. 368.

3) Voyez *Script. Arab. loci de Abbad.*, t. II, p. 232, note 30, et plus haut, p. 286, l. 5.

Kitábo 'l-iktifá, écrit dans le XIIe siècle; cette remarquable coïncidence ne saurait être accidentelle, et il faut bien admettre ou que l'auteur de ce livre a eu devant les yeux l'original du récit traduit dans la *Cronica*, ou qu'il a puisé dans un autre auteur qui s'en était servi. Mais le récit en question est bien plus complet, bien plus circonstancié, bien plus exact que ceux de tous les autres auteurs arabes pris ensemble. Il l'est à un tel point qu'il ne peut avoir été composé que par un Arabe qui résidait à Valence pendant que cette ville était assiégée par le Cid. Cet auteur paraît avoir écrit une histoire de Valence, depuis la prise de Tolède par Alfonse VI jusqu'au moment où Ibn-Djahháf fut jeté en prison. J'ajouterai qu'il ne pouvait la conduire plus loin parce qu'il était, selon toute probabilité, un de ceux que le Cid fit brûler, dans le mois de mai ou au commencement de juin de l'année 1095, conjointement avec Ibn-Djahháf.

En effet, ce récit est exact jusqu'à l'époque où Ibn-Djahháf fut jeté en prison; mais la mort de ce personnage est racontée d'une manière assez singulière. Le Cid le fait juger par le fakíh qu'il avait nommé kádhí, et par les patriciens de Valence; ils décident que, parce qu'il avait tué son roi, il avait mérité, d'après la loi musulmane, d'être lapidé. Ce récit soulève deux objections: il est en contradiction avec Ibn-Bassám, auteur contemporain, et avec Ibno-'l-Abbár, historien très-exact et, de plus, Valencien; puis, il n'y a pas, je crois, de loi musulmane qui dise ce qu'on lit ici. Après avoir placé ce récit controuvé, Alfonse se sert exclusivement de livres chrétiens, et on ne retrouve aucune trace de la chronique arabe. Comment expliquer ces circonstances? Sans doute, Alfonse n'a pas adouci et changé le récit du supplice d'Ibn-Djahháf, parce que ce récit aurait placé le Cid sous un trop mauvais jour; il ne peut avoir eu ce motif, car il n'a point dissimulé d'autres événements où le Cid se montra bien plus cruel

encore que dans cette circonstance. Il faut donc supposer que
la chronique arabe ne racontait pas le supplice d'Ibn-Djahháf;
qu'Alfonse a emprunté le récit controuvé de son supplice à un
ouvrage chrétien, et notamment à la légende de Cardègne;
qu'enfin le chroniqueur arabe a été obligé, par un accident
quelconque, d'interrompre brusquement son travail, de même
que Giovanni Villani et tant d'autres parmi ses contemporains,
ont été empêchés, par une mort subite, de continuer leurs
ouvrages, quand la terrible peste de 1348 ravagea le monde.

Mais par quel accident fâcheux l'auteur arabe a-t-il été
empêché de continuer son travail?

Il est très-certain que le Cid ne brûla pas seulement Ibn-
Djahháf et ses parents en 1095, mais qu'il fit partager à d'autres le même sort. Nous avons déjà vu qu'al-Makkarí dit que
le Cid fit brûler à Valence » le littérateur Abou-Djafar ibno-'l-
» Binní, le célèbre poète." Au lieu d'Ibno-'l-Binní, il aurait
dû dire al-Battí. Ce personnage est aussi mentionné par Yácout[1],
qui dit que Battah est un village sur le territoire de Valence,
et qu'Abou-Djafar al-Battí, poète et homme de lettres, y était
né. Ce renseignement a été copié par al-Fírouzabádí[2]. Dans
son *Dictionnaire biographique*, ad-Dhabbí, auteur qui écrivit à la fin du XIIe siècle, nous offre sur cet Abou-Djafar un
article emprunté à un Dictionnaire biographique plus ancien,
celui d'ar-Rischátí. Il est conçu en ces termes : احمد بن عبد

الولي البتى ابو جعفر ينسسب الى بتة قرية من قرى بلنسية
كاتب شاعر لبيب أحرقه القنبيطور لعنه الله حين غلب على
بلنسية وذلك سنة ٤٨٨ ذكره الوشاطى فى كتابه. » Ahmed ibn-
» Abdo-'l-walí al-Battí Abou-Djafar, dont le nom relatif dé-
» rive de Battah, un des villages de Valence, cátib, poète et

---

1) *Al-Moschtarik*, p. ۳۷, édit. Wüstenfeld.
2) *Al-Kámous*, p. ۱۷۴, édit. de Calcutta.

»homme de beaucoup d'intelligence. Le Campéador (que Dieu
»le maudisse!), quand il se fut emparé de Valence, le fit
»brûler, dans l'année 488. Ar-Rischátí a parlé de lui dans
»son livre ¹." Dans le *Dictionnaire biographique des grammairiens et des lexicographes* par as-Soyoutí, on trouve l'article suivant ² : احمد بن عبد الولى ³ البلنسى ⁴ البتى ابو جعفر
قال ابن عبد الملك كان قائما على الاداب وكتب النحو واللغة
والاشعار كاتبا شاعرا كتب عن بعض الوزراء واحرقه القنبيطور ⁵ لعنه
الله لمّا تغلّب على بلنسية سنة ٨٨ وقيل سنة ٩٤. » Ahmed ibn-
»Abdo-'l-walí le valencien ⁶, al-Battí, Abou-Djafar. Ibn-
»Abdo-'l-melic ⁷ dit: il avait étudié les belles-lettres, et il
»écrivit des livres de grammaire, des dictionnaires et des poé-
»sies; il était cátib et poète, et remplit l'emploi de secrétai-
»re auprès d'un certain wézir. Le Campéador (que Dieu le
»maudisse!), après qu'il se fut emparé de Valence, le fit

---

1) M. Defrémery a bien voulu me copier cet article sur le man. de la Société asiatique, transcrit sur celui de l'Escurial. Casiri (II, 135) en a donné un extrait, mais il a substitué *Christianorum rex qui Imperator nuncupatur* à *Campéador*.

2) Je publie cet article d'après le man. de M. Lee (fol. 60 v.) et celui de la Bibliothèque impériale de Vienne.

3) Man. de Vienne الوالى.

4) Le man. de M. Lee porte البثينى, et celui de Vienne التنبينى.

5) Man. de Vienne القنبنطور.

6) Il portait ce nom relatif, non pas parce qu'il était né à Valence, mais parce qu'il y avait demeuré longtemps.

7) Ibn-Abdo-'l-melic al-Marrékoschí (c'est ainsi que l'appelle al-Makkarí, man. de Gotha, fol. 311 v.) écrivit, sous le titre d'*aç-Çilah*, un dictionnaire biographique en neuf volumes (مجلدات; as-Soyoutí dans sa préface). Ibno-'l-Khatîb, as-Soyoutí et al-Makkarí citent souvent cet ouvrage, mais Hádjí-Khalífah ne paraît pas l'avoir connu.

» brûler dans l'année 488; d'autres disent dans l'année 490." Cette dernière date me paraît erronée [1].

---

[1] Dans le *Kaláyid* d'Ibn-Khácán, on trouve un article sur un personnage qui, dans les manuscrits, est nommé presque invariablement Abou-Djafar ibno-'l-بنى (voyez ma note sur Abdo-'l-wáhid, p. ١٢٢, ١٢٣). M. Weijers (*Orientalia*, t. I, p. 428) a cru devoir lire *Ibno-'l-* بَنِّى *Batti*, et il a pensé que c'était le personnage mentionné par l'auteur du *Kámous* sous le nom d'Abou-Djafar al-Batti. Je ne saurais partager cette opinion, et je crois que l'article d'Ibn-Khácán se rapporte à un autre personnage. En effet, Abdo-'l-wáhid (p. ١٢٢, ١٢٣) parle d'un poète qu'il nomme Abou-Djafar Ahmed ibn-Mohammed, connu sous le nom d'Ibno-'l-Binní, ابن البِنِّى. Il ne faut pas substituer al-Batti à al-Binní; car Abou-Djafar al-Batti était fils d'Abdo-'l-walí et non de Mohammed; les deux articles biographiques que j'ai copiés, ne le nomment pas *Ibno-'l-Batti*, mais *al-Batti* tout court; puis le personnage dont parle Abdo-'l-wáhid, n'était pas de Valence, mais de Jaen, comme il le dit en termes formels; enfin, il n'a pas été brûlé en 488, car il vivait encore longtemps après cette année, puisqu'il ridiculisa, dans ses satires, les bigots du temps d'Alí ibn-Yousof (qui ne commença à régner qu'en 500), et particulièrement Abou-Abdolláh Mohammed ibn Hamdín qui, à cette époque, était kádhí de Cordoue. Je crois que c'est à ce personnage qu'est consacré l'article d'Ibn-Khácán, et non pas à notre Abou-Djafar al-Batti. En effet, Ibn-Khácán ne donne nullement à entendre que le personnage dont il parle, ait habité Valence ou qu'il ait été brûlé par le Campéador. Il dit au contraire, qu'il était secrétaire de Náciro-'d-daulah, seigneur de Majorque. D'ailleurs, les notices qu'il donne sur lui, conviennent bien plus au malin poète qui flagellait les bigots, qu'à Abou-Djafar al-Batti. » C'était un homme," dit Ibn-Khácán, » qui se rendait coupable du pé- « ché contre nature; un incrédule et non un croyant; dans ses discours, » il ne tenait aucun compte de la loi divine; par ses regards, il blessait » la pudeur; il ne croyait pas au dernier jugement; il niait l'autre vie et » la résurrection; souvent il prenait un air dévot pour tourner en ridicule » les hommes pieux, et vantait beaucoup alors la religion qu'il outrageait

La *Cronica* ne dit pas quel est l'auteur arabe du récit qu'elle donne. Ne pourrait-on pas supposer que cet auteur est Abou-Djafar al-Battí? Alors on s'expliquerait pourquoi ce récit finit si brusquement, pourquoi le supplice d'Ibn-Djahháf n'y était pas raconté. Je dois encore faire observer qu'à travers la rude et lourde traduction espagnole, on peut entrevoir facilement une diction arabe très-élégante ; cette circonstance plaide pour ma supposition, car nous avons vu qu'Abou-Djafar al-Battí était un littérateur distingué. Il est vrai que nous ne savons pas pour quelle raison le Cid fit brûler cet homme de lettres ; les deux articles biographiques ne le disent pas, et l'auteur de la chronique ne paraît pas avoir été partisan d'Ibn-Djahháf. Mais je dois ajouter que cette chronique est écrite avec assez d'impartialité ; l'auteur ne s'y montre partisan de personne, et il peut bien avoir offensé le Cid sans que précisément il ait été l'ami ou le complice d'Ibn-Djahháf. On s'aperçoit d'ailleurs que, vers la fin de son récit, l'auteur se montre de plus en plus irrité contre le Cid ; il se peut donc très-bien qu'il ait eu des démêlés avec lui.

Mais quel que soit l'auteur de cette chronique, toujours est-il que, loin d'être un tissu de fables comme on l'a pensé depuis deux siècles, presque sans exception, elle est, sans contredit, le plus bel échantillon de l'historiographie arabe du XIe siècle, qui nous reste ; et toute la littérature arabe, telle que nous la connaissons, ne nous offre pas peut-être le récit d'un siége, comparable à celui qu'on trouve ici. Dans le déplorable naufrage de cette littérature, les ouvrages les plus

---

» impudemment; peu lui importait si ses actions étaient bonnes ou mau-
» vaises, s'il professait telle religion ou telle autre. Il composa des sati-
» res où il abreuvait ses ennemis d'injures amères comme la coloquinte,
» et bien propres à les rendre malades." On voit du reste qu'al-Makkari
a confondu Abou-Djafar al-Battí avec Abou-Djafar ibno-'l-Binní.

remarquables ont péri ; il ne nous reste des soixante-dix volumes historiques du grand Ibn-Haiyán, qu'un seul volume et quelques fragments qui en remplissent à peine un demi. Honneur donc à Alfonse le Savant qui nous a conservé, quoique dans une traduction barbare, un trésor inappréciable!

Nous avons encore à expliquer comment et pourquoi cette traduction de la chronique arabe se trouve dans la *Cronica general*, et à réfuter l'opinion de ceux qui pensent, on plutôt de ceux qui pensaient, que le récit en question a pour auteur un certain Abenalfange ou Abenalfarax. Cette opinion était générale quand Escolano écrivit son inestimable histoire de Valence, c'est-à-dire, au commencement du XVIIe siècle, et dernièrement elle a été adoptée par M. Huber. Avant de pouvoir aborder ces questions, je dois dire ce que c'est que la *Cronica del Cid*, et je ne doute pas qu'il n'y ait des personnes qui trouvent étrange que j'aie jusqu'ici laissé de côté cet ouvrage.

La *Cronica del Cid* a été publiée à Burgos, en 1512, d'après le manuscrit de Saint-Pierre de Cardègne, par Juan de Velorado, abbé de ce couvent. Cette édition a été réimprimée en 1552 à Médina del Campo, et à Burgos en 1593. Cette troisième édition a été réimprimée, en 1844 et à Marbourg, par M. Huber.

Je résumerai en peu de mots le résultat de mon examen de cette chronique. Je dirai donc que ce n'est rien autre chose que la partie correspondante de la *Cronica general*, retouchée et refondue arbitrairement par quelque ignorant du XVe, ou tout au plus de la fin du XIVe siècle, probablement par un moine de Saint-Pierre de Cardègne, puis retouchée et refondue aussi arbitrairement, au commencement du XVIe, par l'éditeur Juan de Velorado.

Pour prouver la dernière thèse, je citerai le témoignage de Berganza, qui n'a été remarqué ni par le dernier éditeur,

M. Huber, ni, je crois, par aucun de ceux qui, dans ces derniers temps, ont parlé de la *Cronica del Cid*. Il faut remarquer que Berganza, qui publia son livre en 1719, est peut-être le seul écrivain qui ait comparé l'édition de Velorado avec le manuscrit de Cardègne. » J'avertis," dit Berganza [1], » que la Chronique du Cid imprimée ne répond pas, » dans quelques choses et dans quelques chapitres, à la Chro-» nique manuscrite; ainsi je me règlerai sur celle qui se trouve » dans nos archives." Aussi j'ai vu par quelques collations qui m'ont été fournies par M. Defrémery, que l'édition de Velorado diffère assez notablement du manuscrit de la *Cronica del Cid* que possède la bibliothèque nationale (n°. 9988). Ce manuscrit diffère moins de la *Cronica general* que l'édition de Velorado, mais il en diffère pourtant. Sans avoir sous les yeux le manuscrit de Cardègne, il est impossible de dire quels changements il faut attribuer à l'ancien moine et quels à Velorado. Toujours est-il qu'ils sont tous, sans exception, très-malheureux et souvent ridicules. Dans le récit arabe, les deux rédacteurs n'ont pas compris une foule de phrases, peu espagnoles à la vérité. Ils les ont ou sautées, ou changées avec une incroyable maladresse. Aussi quand les détails de ce récit, tel qu'il se trouve dans la *Cronica general*, s'accordent parfaitement avec les récits arabes, il n'en est nullement de même de ceux qui se trouvent dans la *Cronica del Cid*, bien que ce soit le même récit quant au fond. Je pourrais donner une foule de preuves de ce que j'avance, mais j'en donnerai quelques-unes plus tard, et le lecteur pourra les multiplier jusqu'à l'infini en comparant le texte de la *Cronica del Cid* avec

---

1) *Antigüedades de España*, t. I, p. 390, col. 2: » Advierto, que la » Coronica del Cid impressa en algunas cosas, y en algunos Capitulos, no » corresponde á la manuscrita : y assi me arreglaré á la que está en nuestro » Archivo."

celui de la *Cronica general* et avec les récits des historiens arabes. Remarquons encore que le rédacteur de ce misérable pastiche, ne s'est pas même donné la peine d'en séparer ce qui n'aurait pas dû s'y trouver. Ecrivant une Chronique du Cid, il a cependant admis beaucoup de choses qui se trouvent dans la *Cronica general*, mais qui n'ont rien à voir avec ce héros. Il dit à la fin de son travail, qu'il y a mêlé ces notices, » parce que cette chronique ne pouvait s'écrire d'une autre » manière." Je ne sais si le rédacteur a pu le faire, même j'en doute fort; mais il aurait dû séparer de son travail ce qui n'y appartenait pas, ou il n'aurait pas dû écrire. Il y a plus. Ce moine maladroit dit tout simplement: » comme nous avons » déjà dit," là où il s'agit de faits antérieurs à l'époque du Cid, et dont il ne parle pas du tout; de même il dit: » com- » me nous dirons plus tard," quand il s'agit de choses qui n'arrivèrent qu'au XIIIe siècle, et dont il ne parle pas non plus [1].

C'est de cette chronique que nous est venu l'Abenalfange qui aurait écrit le récit arabe; car elle dit (chap. 180): » Et » alors Abenalfange, un Maure qui écrivit cette histoire en » arabe à Valence, nota combien valaient les vivres, pour voir » combien de temps la ville pouvait encore tenir; et il dit que » le *cafíz*" etc. Il n'existe pas en arabe un nom propre Ibno- 'l-Fandj. Je vois par le livre de Berganza, que le manuscrit porte *Abenfax* [2]. En supposant que c'est *Abenf'ax*, *Aben-*

---

1) Voyez les exemples qu'a rassemblés M. Huber (Introduction, p. XLV, dans la note) — pour prouver tout autre chose, il est vrai.

2) Dans l'édition, la phrase en question se lit ainsi: » E estonce Abenal- » fange, un Moro que escrivió esta historia en Valencia en Arabigo, puso » como valian las viandas." D'après Berganza (*Antigüedades*, t. I, p. 390, col. 1), le man. porte: » Entonces un Moro Abenfax, que escrivió esta » Coronica en Arabigo en Valencia, puso como valian las viandas." Ce

farax, *Ibn-Faradj*, le passage mériterait sans doute considération, s'il se trouvait dans la *General*; mais il ne se trouve que dans un livre où, quelques lignes plus haut, le récit arabe a été interpolé de cette manière : »Mais notre seigneur »Jésus Christ ne voulut pas qu'il en fût ainsi" etc.

Le fait est que le moine du XVe siècle, qui a composé la *Cronica del Cid*, a attribué le récit arabe authentique au personnage fabuleux qui passait pour l'auteur de la vieille légende de Cardègne. L'auteur de cette légende avait besoin du nom d'un personnage, contemporain du Cid, pour donner à son récit la vraisemblance qui lui manquait. C'était d'ailleurs la coutume à cette époque. Les auteurs des romans du cycle carlovingien, prétendent presque toujours que ces livres ont été trouvés à Saint-Denis. Le roman provençal connu sous le nom de *Philomena*, se prétend écrit par un maître d'histoire, contemporain et ami de Charlemagne, et appelé Philomena. Même des poèmes historiques se publiaient sous un pseudonyme. Ainsi la Croisade contre les Albigeois, récit assez fidèle et composé par un troubadour contemporain, se dit écrite par un personnage qui avait longtemps étudié la géomancie, et qui s'appelait maître Guillaume, de Tudèle en Navarre [1]. Cervantes a tourné en ridicule cette coutume, quand il prétend que son Don Quichotte est une traduction d'un ouvrage arabe, écrit par Cide Hamete Benengeli. Il est même fort possible qu'il ait voulu persifler surtout la Cronica del Cid, où le véritable récit arabe fourmille de phrases chrétiennes

---

passage de Berganza n'a pas été remarqué par M. Huber. Du reste, les mots en question se trouvent dans le chapitre 174 du man., il paraît donc que Velorado a cru devoir adopter une autre division des chapitres.

[1]) Pourquoi le troubadour a-t-il attribué son récit à un géomancien *espagnol?* Le savant éditeur, M. Fauriel, n'a pas répondu à cette question; nous y reviendrons dans une des notes suivantes.

interpolées, et où la légende catholique de Cardègne (ainsi que dans la *General*) est attribuée à un Arabe valencien. Cette supposition devient fort probable, quand on se souvient que Cide Hamete commence un chapitre par ces paroles: »Je » jure comme chrétien catholique [1]."

Le prête-nom, le Turpin, de la légende, est donc le valencien Abenalfarax, le neveu d'un personnage qui se trouve souvent nommé dans la légende, et dont parlaient probablement les traditions monastiques que le légendaire a suivies. Cet oncle d'Abenalfarax s'appelait Alfaraxi; ayant embrassé le christianisme, il reçut le nom de Gil Diaz, et après la mort du Cid, il se fit moine dans le couvent de Cardègne, où il fut enterré. A en croire la légende, le Cid l'avait nommé kádhí de Valence; car là où le véritable récit arabe est fini, la *General* (fol. 337, col. 2) dit: »Les Valenciens demandè- » rent au Cid qu'il nommât son *alguazil* (wézir), et qu'il » leur donnât pour kádhí son kádhí qui se nommait Alhugi; » et celui-ci était le personnage qui avait fait les vers [c'est- » à-dire, l'élégie sur Valence], ainsi que l'histoire l'a raconté. » Et après que le Cid se fut établi dans la ville de Valence, » ce Maure se convertit, et le Cid le fit baptiser, ainsi que » l'histoire vous le racontera dans la suite." Au lieu d'Alhugi, la *Cronica del Cid* (ch. 208) porte *Aya Traxi*; mais il est certain qu'il faut lire *Alfaraxi*, car il est raconté plus loin (fol. 359, col. 1 et 2), que le fakíh qui avait été nommé kádhí des Maures par le Cid, et qui se nommait Alfaraxi,

---

[1] *Don Quijote*, II[a] parte, c. 27. M. Schmidt, dans son excellent essai sur les romans de chevalerie en prose, pense que Cervantes a voulu ridiculiser la prétention de quelques auteurs de romans de chevalerie, quand ils disent qu'ils ont traduit leurs livres d'après un original latin. Voyez *Wiener Jahrbücher*, t. 29, p. 97, 98. J'ose croire que l'explication que je donne dans le texte, est plus naturelle.

»celui qui avait fait et inventé les vers sur Valence," vint trouver le Cid; »et il était de si bon entendement et de si » bon jugement, et il était tant latin, qu'il semblait chrétien, »et à cause de cela le Cid l'aimait." Si on lit ici que l'Alfaraxi de la légende avait composé l'élégie sur Valence, qui se trouve dans le récit arabe, il ne faut y voir qu'une assertion sans fondement de l'auteur de la *General;* ce renseignement ne pouvait se trouver dans la légende, comme nous le verrons bientôt. Là où le récit arabe finit, la *General* suit d'abord la *Chanson du Cid* (Gener., fol. 338, col. 1 med. — fol. 359, col. 2; *Chanson du Cid,* vs. 1215 jusqu'à la fin) en y ajoutant de temps en temps quelques notices tout à fait fabuleuses, qu'elle a empruntées à la légende de Cardègne. Puis elle dit (fol. 359, col. 3): » D'après ce que raconte l'histoire du Cid, »que composa, à partir d'ici, Abenalfarax, le neveu de Gil »Diaz, à Valence [1]," etc. (Un peu plus bas (col. 4) Abenalfarax se trouve nommé de nouveau, et fol. 362, col. 2: »Segun »que cuenta Abenalfarax él que fizo esta estoria en aravigo.") Il ne faut pas croire que la *Cronica* ne commence qu'ici à se servir de la légende de Cardègne; mais à partir d'ici, elle s'en sert *exclusivement.*

Est-il probable à présent que le récit arabe ait déjà été traduit dans la vieille légende? Je crois que non. Le caractère des deux récits est entièrement opposé; l'un est musulman et place le Cid dans un jour assez défavorable; l'autre est ultra-catholique, et le Cid y devient un saint qui fait des miracles. Impossible que ce moine, rempli d'enthousiasme

---

1) La *Cron. del Cid* (ch. 278) dit ici: »Cuenta la historia, que com» puso Abenalfange, un Moro, sobrino de Gil Diez, en Valencia, é dize." Et plus loin (ch. 282): » E segun cuenta la historia, que Abenalfange fizo » en Arabigo." Ch. 285: »Segun cuenta Abenalfange, él que fizo esta » historia en Arabigo."

pour son héros catholique, ait copié un récit qui le représente comme un monstre de cruauté. C'est parce que je crois ce fait impossible, que j'ai dit que la phrase où il est raconté qu'Alfaraxi ou Gil Diaz avait composé l'élégie sur Valence, a été ajoutée par Alfonse le Savant. Quand on suppose qu'elle se trouvait chez le légendaire, on dit en même temps que celui-ci a connu et suivi en partie le récit arabe. Cela ne pouvant être, il faut bien croire que cette phrase est une des mille et une additions arbitraires, qu'on remarque dans la *General* quand on compare ses récits avec les sources où elle a puisé.

Supposons donc qu'Alfonse le Savant a traduit le récit arabe; alors on s'expliquera *pourquoi* un récit qui couvre le Cid d'opprobre, se trouve dans la *General*. Alfonse savait l'arabe, et il s'entourait de savants de cette nation; ayant trouvé le récit valencien, il doit l'avoir lu avec joie, car — ce récit était hostile au Cid. Qui disait le Cid, disait noble castillan, ennemi du roi; nous reviendrons là-dessus. Eh bien, Alfonse le Savant, on le sait, avait eu maintes fois à combattre ses barons, qui finirent même par le chasser de son trône. Quoi de plus naturel que de supposer qu'il s'est trouvé bien heureux de pouvoir dire quelques mauvaises choses sur l'idéal du héros castillan, sur le rebelle par excellence; d'autant plus qu'il pouvait le faire, son ancien livre arabe à la main? Je crois donc qu'il a traduit lui-même le récit arabe; et cela aussi littéralement que possible, afin qu'on ne pût pas dire qu'il avait calomnié le héros de la nation; c'est cette circonstance qui nous explique pourquoi le style de la traduction est si mauvais, pourquoi il diffère si sensiblement du style ordinaire du roi-auteur. D'ailleurs, le traducteur a commis trop de fautes grossières, le nombre des phrases arabes qu'il n'a pas comprises, est trop considérable, pour que l'on puisse admettre que la traduction a été faite par un Juif ou par un Mozarabe.

Que l'on ne nous oppose pas que pourtant Alfonse a dit aussi beaucoup de bien du Cid. Sans doute il l'a fait là où il a suivi les récits chrétiens ; mais il ne pouvait en agir autrement. Il devait copier ces récits que tout le monde connaissait ; mais cela ne l'empêchait pas de copier aussi, et cette fois de tout son coeur, le récit arabe qui était d'une autre nature.

Jusqu'ici nous n'avons parlé que des récits arabes. Nous devions commencer par là parce qu'ils sont les plus anciens, et parce que le Cid n'est point devenu pour les Musulmans un personnage semi-fabuleux. Pour eux il ne pouvait le devenir ; la société arabe était arrivée depuis longtemps à un état de civilisation qui exclut les traditions populaires et poétiques. Pour eux le Campéador était un chevalier chrétien comme un autre ; ils pouvaient le haïr, mais voilà tout. Il faut examiner à présent les récits chrétiens proprement dits.

VI.

> Ne tout mensonge, ne tout voir ;
> Ne tout faulte, ne tout savoir.
> Robert Wace, *Roman de Rou.*

> Nè chi più vaglia, ancor si trova il vero;
> Che resta or questo or quel superïore.
> Ariosto, *Orlando furioso*, XXV, 1.

On sait que c'est Masdeu qui a attaqué les *Gesta* sur tous les points, qui a tâché de prouver que ce livre ne mérite pas la moindre confiance. On sait aussi que ceux qui sont venus après lui, ont trouvé ses arguments convaincants.

Je dois avouer que je ne partage pas cette opinion ; qu'à quelques rares exceptions près, je n'adopte aucun des raisonnements de Masdeu ; qu'en conséquence, je ne puis adopter le résultat auquel il est arrivé.

Dans des questions qui ne sont pas purement et simplement philosophiques, il ne suffit pas de raisonner logiquement; il faut encore de l'érudition. Je l'avouerai: il me paraît que Masdeu ne possédait pas les connaissances nécessaires pour l'accomplissement de la tâche qu'il s'était imposée; on trouve dans son livre des preuves frappantes et nombreuses du contraire. L'auteur des *Gesta* dit par exemple, que Chimène, fille de Diégo comte d'Oviédo, l'épouse de Rodrigue, était la *neptis* d'Alfonse VI. Elle était en effet la fille de Diégo d'Oviédo et de Chimène, fille d'Alphonse V, et par conséquent, cousine-germaine d'Alfonse VI [1]. Masdeu (p. 168, 169) fait tous ses efforts pour nier cette circonstance, mais ne pouvant trouver aucun argument valable, il se jette en désespéré sur le mot *neptis*, auquel il ne semble connaître aucun autre sens que celui de *petite-fille*, et il dit que l'auteur latin a confondu Alfonse V avec Alfonse VI, puisqu'il dit que Chimène était petite-fille de ce dernier; ce qui, en effet, est tout à fait absurde. Masdeu semble donc avoir ignoré que, dans le latin du moyen âge, *nepos* et *neptis* se prennent souvent dans le sens de *cousin-germain*, *cousine-germaine*. C'est une ignorance bien peu pardonnable chez un historien soi-disant critique; mais puisqu'il ignorait ce fait connu de tout le monde, pourquoi ne s'est-il pas donné la peine de chercher le mot *nepos* dans le Glossaire de Ducange et dans le supplément de Carpentier?

---

1) Voyez Florez, *Reynas Catholicas*, t. I, p. 131, et les auteurs qu'il cite. Voici la table généalogique:

Alfonse V.

Sancha, mariée à Ferdinand I.	Chimène, épouse de Diégo d'Oviédo.
Alfonse VI.	Chimène, épouse du Cid.

Masdeu a laissé échapper d'autres bévues aussi extraordinaires, en parlant du surnom de Rodrigue, *el Campeador*. Les *Gesta* disent : » et factus est vir bellator fortissi-»mus et campidoctus in aulâ Regis Sanctii." L'auteur, je l'avoue, a latinisé assez malheureusement le surnom de Campéador, de sorte que Masdeu (p. 160) avance que *campidoctus* n'est pas un titre d'honneur, mais qu'il indique » una suce-»siva adquisicion de doctrina campal ó militar." Il ajoute que le surnom de *Campeador* ne se trouve que dans les auteurs du XIIIe siècle, et que d'ailleurs ce n'est pas un titre d'honneur. *Campeada*, dit-il, signifiait » une incursion en »pays ennemi," telle qu'en fait un capitaine de quelques chevaux-légers, non un général d'armée. Un *campeador* est donc un soldat aventureux et hardi, mais qui ne sait pas conduire la guerre d'une manière savante. Dans la guerre, c'est là le plus bas emploi (» el mas baxo oficio") : comment donc *Campeador* serait-il un titre d'honneur ? — Comment donc, ce titre n'est-il pas très-ancien ? Je ne dirai rien de tous les anciens documents latins et espagnols où on le rencontre ; mais ne se trouve-t-il pas chez tous les auteurs arabes qui parlent de Rodrigue, à partir d'Ibn-Bassám qui écrivit en 1109 ? Les Arabes écrivent الكنبيطور, en ajoutant les voyelles اَلْكَنْبِيْطُور. Remarquons que *n* avant *b* se prononce *m*, que les Arabes n'ont point de *p*, et qu'en Espagne le son ـُ se prononçait constamment *o*, alors nous aurons *el-cambeyator*. Cette transcription du latin *campeator* n'est-elle pas parfaitement exacte ? Et osera-t-on encore nous dire que le titre ne se trouve que chez les auteurs du XIIIe siècle ? Mais ce n'est pas un titre d'honneur, dit Masdeu, c'est plutôt un sobriquet injurieux. Si Masdeu avait lu les anciens poètes de sa nation, il aurait su que Gonzalo de Berceo, qui florissait vers l'année 1220, dit dans sa *Vida de Santo Domingo de Silos* (copla 127) :

> El Rey Don García de Nagera Sennor,
> Fijo del Rey Don Sancho él que dicen Mayor,
> Un firme caballero, noble campeador,
> Mas para sant Millán podrie ser meior;

Le roi Don Garcia, seigneur de Nagera, fils du roi don Sancho, surnommé le Grand, était un vaillant chevalier, un noble *campeador*, mais pour (le cloître de) Saint-Millan il aurait pu être meilleur.

Est-ce que *campeador* est ici un sobriquet injurieux? Le roi Garcia remplissait-il dans la guerre le plus bas emploi?

Mais c'est ici le lieu d'expliquer ce titre de Campéador; car, bien qu'il soit connu de tout le monde, il me semble que non-seulement Masdeu n'en a pas compris le véritable sens, mais qu'en général personne ne l'a fait. M. Huber [1], plus prudent en ceci que d'autres auteurs, a dit que l'on ne peut donner que des conjectures sur la véritable signification de ce nom.

Il va sans dire que Campéador n'a rien à démêler avec le mot latin *campus*. Il dérive au contraire du mot teutonique *champh*, qui répond aux mots *duellum* et *pugna*; le verbe *kamfjan* répond à *praeliari*, et le substantif *kamfo* ou *kamfjo* répond aux mots *gladiator*, *athleta*, *tiro*, *pugil*, *pugillator*, *agonista*, *venator*, *miles*. Ces termes se rencontrent déjà dans les plus anciens monuments de la langue allemande [2]. L'anglo-saxon avait le mot *coempa* qui était l'équivalent de l'allemand *kamfo*, et le verbe *campjan*. Dans l'allemand du moyen âge, le mot *kampf* s'employait dans le sens de *duel*, et il était l'opposé de *lantstrit* [3]. Cette racine et ses dérivés se sont conservés dans toutes les langues germaniques, l'anglais excepté [4]. L'islandais a le verbe *keppa* et le substantif *kempa*

---

1) *Geschichte des Cid*, p. 96.

2) *Voir* Graff, *Althochdeutscher Sprachschatz*, t. IV, p. 406, 407.

3) *Voir* Ziemann, *Mittelhochdeutsches Wörterbuch*, au mot *kampf*.

4) Les Anglais ont reçu leur *champion* des Normands. Notre mot hollandais *kampioen* nous est aussi venu des Français.

(champion); le suédois, le danois et le hollandais ont *kamp*, en allemand *kampf;* le verbe est *kåmpa* en suédois, *kiœmpe* en danois, *kempen* en hollandais, *kämpfen* en allemand ; le champion se nomme *kåmpe* ou *kåmpare* en suédois, *kiœmpe* en danois, *kempe*, *kamper* ou *kemper* en vieux hollandais, *kämpfe* en allemand. Je passe sous silence les divers autres mots qui dérivent de cette même racine. Dans le latin du moyen âge on trouve les substantifs *camphio*, *camphius* (on le rencontre dans la loi des Lombards et dans les lois de Charlemagne [1]), *campio*, les verbes *campare*, *campire* et probablement *campeare* (d'où dérive *campeator*). Cette racine teutonique a aussi passé dans les langues romanes. En français *champion*, en provençal *champion*, *campiou*, *champien*, en italien *campione*, en catalan *campion*, en portugais *campeão*, *campião*, en espagnol *campeon* [2].

On a cru généralement que *campeador* était synonyme de *champion*, et si l'on ne fait attention qu'à l'étymologie, on a eu raison de le croire. Le verbe *campire* signifie, d'après Ducange au mot *campus :* »Duellum inire. *Chronicon Be-* »*suense :* Fidelium suorum factus est conventus, insuper »etiam campiendi est dies statutus." Jusqu'à un certain point, *campeador* répond même à *champion*. M. Huber [3] a demandé si *campeador* ne pourrait avoir quelque analogie avec le

---

1) *Voir* les exemples que cite Ducange.

2) Dans un ouvrage qui, au moment où j'écris, est encore en voie de publication, le Dictionnaire provençal-francais de M. le Docteur Honnorat, on trouve que, d'après Ménage, *campio* dérive de *campus*, et que *pion* est un mot indien adopté par les Arabes (!!), qui signifie soldat; »ainsi *champion* désigne un soldat de champ ou qui combat dans le champ." Ce n'est là qu'un petit échantillon des ridicules étymologies dont ce livre fourmille.

3) *Geschichte des Cid*, p. 96.

champion of England, qui à l'occasion du couronnement où dans d'autres circonstances, entrait en lice pour défendre les droits du roi d'Angleterre. Cette opinion est confirmée par une charte que le savant professeur ne mentionne pas [1]. Dans ce titre qui est de l'année 1075, on lit que quand Alfonse VI eut eu des différents avec des *Infançones*, sur la possession des terres de Langreo dans les Asturies, il résolut de vider le différent par un combat judiciaire, et qu'il désigna à cet effet Rodrigue Diaz le Castillan. Les Infançones n'osèrent accepter le combat, et ils supplièrent Urraque, la soeur d'Alfonse, et quelques nobles, de prier le roi que le différent se vidât par des arbitres et non par les armes ; ce qui se fit. Mais quoique Rodrigue fût designé à cette occasion par Alfonse pour qu'il défendît ses droits, il n'était nullement cependant un *champion*.

Dans le moyen âge, le *champion* roman, de même que le *kempfe* allemand, était un homme qui allait d'un lieu à un autre, et qui se donnait à louage pour combattre dans les combats judiciaires. Il combattait à pied, jamais à cheval, et n'avait d'autres armes qu'un bâton et un bouclier. Les champions étaient réputés infâmes, et les anciennes lois les mettent sur la même ligne que les voleurs et les filles publiques [2]. Si donc *campeador* était l'équivalent de *champion*, Masdeu aurait eu raison sans le savoir, en disant que *campeador* était un sobriquet injurieux. Mais quoique le terme

---

1) Je vois par le livre de Marina (*Ensayo critico sobre la legislacion y principales cuerpos legales de Leon y Castilla*, t. I, p. 65, 2e édit.), que ce document a été publié dans le 38e volume de l'*España sagrada*. N'ayant pas ce volume à ma disposition, je cite d'après Sandoval, *S. Pedro de Cardeña*, fol. 41 r., et *Cinco Reyes*, fol. 51, col. 2 et 3.

2) Voyez l'excellent article *campio* dans Ducange, et comparez Ziemann, *Mittelhochdeutsches Wörterbuch*, au mot *kempfe*.

en question dérive d'une racine germanique, ce ne seront pourtant ni les langues du nord ni les langues romanes qui nous expliqueront son sens véritable ; ce seront les Arabes qui nous l'indiqueront.

Déjà dans les récits des premières guerres civiles des Musulmans, il est parlé fort souvent d'un usage qui consistait en ce que certains preux sortaient des rangs, quand les deux armées ennemies étaient rangées en ordre de bataille, pour défier les ennemis, pour engager quelques-uns d'entre eux à accepter un combat singulier. Ordinairement celui qui faisait l'appel au combat, improvisait quelques vers dans le mètre *ar-redjez*, auxquels son adversaire répondait dans le même mètre et en employant la même rime. Sortir des rangs pour défier son adversaire et le combattre, s'appelait en un seul mot *baraza*, برز [1] ; celui qui appelait au combat portait le nom de *mobáriz*, que Pierre d'Alcala a très-bien traduit par *desafiador* [2], et celui qui avait la coutume de faire de tels défis, qui, pour ainsi dire, en faisait son métier, se nommait *barráz*. Cet ancien usage existait encore dans le XIe siècle, et un auteur arabe qui avait séjourné à Saragosse et qui était contemporain du célèbre Campéador, at-Tortóschí, nous offre à ce sujet un passage qui me paraît assez curieux pour que j'en donne ici la traduction [3]. »Il y avait à Saragosse un cavalier, nommé

---

1) Ce sens est extrêmement fréquent, et si l'on ne savait que les significations les plus fréquentes manquent fort souvent dans nos détestables dictionnaires arabes, on aurait le droit de s'étonner de ne pas l'y trouver. Pour ne pas remplir une demi-page de citations, je me bornerai aux suivantes : *Fables de Bidpai*, p. ٩ ; an-Nowairí, *Histoire d'Espagne*, man. 2 *h*, p. 443 ; al-Hoçrí, *Zahro 'l-ádáb*, man. 27, fol. 21 r.

2) Le même lexicographe traduit aussi très-bien *desafio por uno* par *mobárazah*.

3) Ibn-abí-Zandakah at-Tortóschí (de Tortose) naquit en 1059. Il sé-

» Ibn-Fathoun, qui était de ma famille, car il était l'oncle de
« ma mère. C'était le plus brave des Arabes et des Barbares
» (c. à. d. des Chrétiens). Al-Mostaín, le père d'al-Mocta-
» dir ¹, le savait très-bien; en conséquence, il le tenait en
» honneur, et lui payait 500 dínárs de solde (وكان يجرى
» في كل عطية خمس مائة دينار). Tous les Chrétiens con-
» naissaient sa bravoure et redoutaient de le rencontrer sur le
» champ de bataille. On raconte que quand un Chrétien abreu-
» vait son cheval et que l'animal ne voulait pas boire, il lui
» disait : Bois donc! as-tu vu Ibn-Fathoun dans l'eau? Ses
» camarades lui portaient envie à cause de la haute solde qu'il
» recevait, et des grands égards que lui témoignait le sultan.
» Il surent le noircir auprès d'al-Mostaín, qui, pendant quel-

---

journa à Saragosse, où il prit des leçons d'Abou-'l-Walíd al-Bádjí, et il étudia les belles-lettres à Séville, sous le grand Ibn-Hazm. En 476 (1083, 4), il quitta l'Espagne, fit le pèlerinage de la Mecque, visita différentes autres villes, et s'établit pour quelque temps en Syrie. Dans la suite, il jouit de la faveur d'al-Mamoun al-Batáyihí qui, après le meurtre d'al-Afdhal Sháhánscháh en décembre 1121, fut élu wézir par les émirs égyptiens. Ce fut à ce noble personnage qu'at-Tortóschí dédia son *Sirádjo 'l-molouc*, ouvrage qu'il doit avoir composé entre 1122 et 1126, qu'Ibno-'l-Batáyihí fut arrêté et mis à mort par le khalife Fatimide al-Aamir. *Voyez* Ibn-Khallicán, Fasc. VI, p. ١٢١ — ١٢٣, édit. Wüstenfeld, et al-Makkarí dans son V*e* livre.

Le *Sirádjo-'l molouc* est une sorte de manuel à l'usage des rois et des princes. Il contient aussi une foule de courtes histoires, souvent très-curieuses.

J'ai traduit le passage que je cite ici, d'après trois manuscrits, les nos. 70, 354 *a* et 354 *b*. Il se trouve dans le chapitre 61, qui traite de l'art de la guerre.

1) Il s'agit ici d'al-Mostaín Ier, le premier roi de la dynastie des Benou-Houd, qui commença à régner en 1039 et mourut en 438 de l'Hégire (1046, 7).

»ques jours, lui interdit sa porte. Ensuite al-Mostaín fit une
» incursion dans le pays des Chrétiens. Les Musulmans et les
» polythéistes se rangèrent en ordre de bataille. Puis un mé-
» créant sortit des rangs (*baraza*) et s'avança jusqu'au milieu
» du champ clos (برز الى وسط الميدان), en criant : Y a-t-il
» un *mobáriz?* Un cavalier musulman alla à sa rencontre
» (*baraza ilaihi*). Ils joutèrent pendant quelque temps, mais
» le Chrétien tua son adversaire. Alors les polythéistes pous-
» sèrent des cris de joie, et les Musulmans furent découragés.
» Le Chrétien se plaça de nouveau entre les deux rangs, et
» cria : deux contre un! Un Musulman alla à sa rencontre
» (خرج اليه). Ils joutèrent pendant quelque temps, mais le
» Chrétien tua son adversaire. Les mécréants poussèrent des
» cris de joie, et les Musulmans furent découragés [1]. Le Chré-
» tien se plaça de nouveau entre les deux rangs, et cria : trois
» contre un! Mais aucun Musulman n'osait aller à sa rencon-
» tre, et tout le monde était stupéfait. Alors on dit au sul-
» tan : il n'y a qu'Abou-'l-Walíd ibn-Fathoun qui puisse ser-
» vir ici. Al-Mostaín l'appela, le traita avec beaucoup de bonté
» et lui dit : Ne voyez-vous pas ce que fait ce mécréant? —
» Mais oui, je le vois. — Eh bien, qu'y a-t-il à faire? —
» Que désirez vous? — Que vous délivriez les Musulmans de cet
» homme. — Cela sera fait dans un instant, s'il plaît à Dieu. —

---

1) Dans le man. 354 *b*, il n'est pas question du second combat; mais il est évident que le copiste l'a sauté par inattention. Il est remarquable du reste, que les Musulmans n'acceptent pas la proposition du cavalier chrétien, qu'un seul va à sa rencontre, et non pas deux. Dans la traduction allemande (XIIe siècle) du roman d'Yvain, ce chevalier au lion défie trois chevaliers à la fois, et ceux-ci acceptent ce combat inégal;

   Unt triben alle drî dan
   Wider ûf ten einen man.

Hartman's Iwein, p. 198, édit. Benecke et Lachmann.

» A l'instant même, Ibn-Fathoun se revêt d'une chemise de toile
» et se met en selle; mais sans se munir d'aucune arme, il
» prend un fouet avec une longue cordelette, garnie d'un gros
» noeud, et va à la rencontre (*baraza*) du Chrétien, qui le
» regarde plein d'étonnement. Les deux adversaires se préci-
» pitent l'un contre l'autre, et le Chrétien désarçonne Ibn-
» Fathoun d'un coup de lance; celui-ci se cramponne au cou
» de son destrier; puis il se débarrasse de ses étriers, saute
» à terre, se remet en selle, se précipite sur son adversaire,
» et lui assène un coup de fouet sur le cou. La cordelette se
» tord autour du cou du Chrétien; Ibn-Fathoun l'arrache avec
» la main de sa selle, et le traîne vers al-Mostaín. Alors ce-
» lui-ci reconnut qu'il n'avait pas bien agi envers Ibn-Fathoun;
» il lui témoigna les plus grands égards et lui rendit tout ce
» qu'il lui avait ôté."

Voilà le *barráz* arabe; ce qu'Ibn-Fathoun était dans l'armée d'al-Mostaín, Rodrigue Diaz l'était dans l'armée de Sancho et d'Alfonse, car *campeador* répond exactement à *barráz*.
Et ceci n'est pas une conjecture: c'est un fait bien avéré. Dans
une lettre de Bérenger, comte de Barcelone, au Cid, lettre
qui se trouve rapportée dans les *Gesta* (p. XXXVII), on lit
d'après l'édition de Risco: » Tandem vero faciemus de te *albo-*
» *roz*. Illud idem, quod scripsisti, fecisti tu ipse de nobis."
Risco (p. 188) traduit: » Finalement nous ferons de vous ce
» qu'on appelle *alboroz*, et cela même que vous avez écrit et
» fait de nous," et il n'ajoute aucune observation. M. Huber
(*Gesch. des Cid*, p. 66): » Finalement tu éprouveras notre
» vengeance. Ce que tu nous reproches, tu le mérites de nous;"
et dans une note (p. 170) il dit qu'il n'a pas trouvé le mot
alboroz chez Ducange, qu'il ne peut pas trop rendre compte
de sa véritable signification, mais que sans doute, il est
analogue à *alborote*, *tumulte*, *sédition*, et à *alborozo*, *ra-
vissement*. Deux difficultés se soulèvent contre cette explica-

tion. D'abord il n'y a pas la moindre trace d'un mot *alboroz* dans l'ancien espagnol. Mais supposé, pour un instant, que ce mot ait existé comme synonyme d'*alborote*, alors la phrase: *nous ferons de vous tumulte*, ou *sédition*, est parfaitement ridicule. Dans la traduction abrégée de la *Cron. general* (fol. 322, col. 3) on lit: » é farémos de ti alboras lo que feziste de » nos." Ici l'interponction est déjà beaucoup meilleure que chez Risco, qui n'a rien compris à la phrase; l'un des *o* est déjà un *a* ; changeons aussi le second, et lisons: » Tandem » vero faciemus de te, albaraz! illud idem quod, scripsisti, » fecisti tu ipse de nobis," » Finalement nous ferons avec vous, » albarráz! cela même que, comme vous écrivez, vous avez fait » avec nous." Plus haut, Bérenger avait donné à Rodrigue le titre de campéador; mais ici il le traduit, parce qu'il lui reproche d'être plutôt un chevalier arabe qu'un chevalier chrétien, et après la phrase que j'ai citée, il dit: » Dieu vengera » ses églises, que vous avez violemment détruites et violées!"

Mais Bérenger de Barcelone nous ramène à Masdeu et à ses critiques.

L'auteur des *Gesta* donne toujours au comte de Barcelone le nom de Bérenger. Masdeu (p. 181—183 et passim) prétend que ce Bérenger n'a jamais été comte de Barcelone; qu'il est faux que Barcelone lui ait obéi un seul jour, soit pendant la vie de son frère Raymond II, soit pendant celle de son neveu, Raymond III; qu'il fut déshérité par son père; que pendant la vie de son frère, depuis 1076 jusqu'à 1082, il ne fut qu'un prétendant rebelle; qu'il n'a pas été tuteur de son neveu; c'est ce que prouvent, dit Masdeu, les diplômes et les priviléges de cette époque, où l'on trouve toujours le nom de l'un des deux Raymonds, mais pas une seule fois celui de Bérenger. Enfin il trouve qu'ici la *Chanson du Cid*, la *Cronica general* et celle du Cid sont moins absurdes que l'histoire latine, puisque ces livres nomment le véritable comte de cette époque, à savoir Raymond II ; il est vrai que, quand il s'agit d'une époque où Raymond II était déjà mort, Masdeu avoue qu'il est impossible que Raymond ait combattu Rodrigue, parce qu'il était encore au berceau. Masdeu ignorait-il donc que Raymond Ier, qui mourut en 1076, avait, par son testament, divisé ses états entre ses deux fils, Raymond II et Bérenger? Que ce testament existe dans les archives de Barcelone [1]? Que l'on y trouve aussi la charte où Raymond II promet à son frère Bérenger d'observer le testament de leur père [2]? Qu'il existe dans les mêmes archives une autre charte de Raymond II, datée du 18 juin 1078, et qui est de la même nature [3]? Qu'il y a une convention, datée du 27 mai 1079, entre Raymond II et Bérenger, où ils définissent le temps pendant lequel chacun des deux habiterait le palais de Barcelone; à savoir l'un à partir de huit jours avant la pentecôte jusqu'à huit jours avant la fête de noël, l'autre à partir de huit jours avant la fête de noël jusqu'à huit jours avant la pentecôte [4]? Que par un acte du 20 juin de la même année, Raymond et Bérenger, *comtes de Barcelone par la grâce de Dieu*, donnent de concert à l'abbaie de Saint-Pons la moitié du château de Peyriac dans le Minervois [5]? Que dans un autre acte, du 26 juin de cette année, ils se nomment aussi *Nos duo fratres Comites Barchinonenses* [6]? Que dans l'enquête faite du temps d'Alfonse, roi d'Aragon, vers l'an 1170, touchant l'acquisition faite par les comtes de Barcelone ses prédécesseurs, du comté de Carcassone, il est aussi parlé de la division des états

---

1) *Voyez* Diago, *Historia de los Condes de Barcelona*, fol. 129 r.
2) Voyez *ibid.*, fol. 132 r.
3) *Ibid.*, fol. 132 r. et v.
4) Diago (fol. 132 v.) donne dans l'original une partie de ce document.
5) *Histoire générale de Languedoc*, t. II, p. 252, et Preuves, p. 303.
6) Diago, fol. 133 r.

de Raymond Ier entre ses deux fils Raymond II et Bérenger [1]? Que quand Raymond II eut péri assassiné le 6 décembre 1082, laissant un fils, Raymond III, qui, à cette époque, ne comptait pas encore un mois, Bérenger conserva non-seulement la moitié du comté, mais qu'il fut aussi le tuteur du fils de son frère, ainsi qu'il résulte encore d'une charte [2]? Qu'il existe un document du 13 novembre 1089, par lequel Arnaud Miron de Saint-Martin se reconnaît vassal du *comte* Bérenger en sa qualité de tuteur de Raymond III [3]? Que dans une charte de 1090, Raymond III, qui était alors âgé de huit ans, et son oncle Bérenger se nomment tous les deux comtes de Barcelone [4]? Qu'Ermengaud deGerp, comte d'Urgel, donne, dans son testament daté du 29 avril 1090, à Bérenger le titre de comte de Barcelone [5]? De deux choses l'une: ou Masdeu n'a pas connu ces documents, auxquels on pourrait en ajouter beaucoup d'autres encore [6], et alors il est tout à fait ridicule qu'un homme d'une ignorance si étonnante ait la prétention d'écrire une histoire critique d'Espagne en vingt volumes; ou bien il les a ignorés à dessein, parce qu'ils étaient

---

1) Ce document a été publié par Marca, *Marca Hispanica*, p. 1131, et par Dom Vaissette, *Hist. génér. de Languedoc*, t. II, Preuves, p. 12.
2) Diago, fol. 134 v.
3) Diago, fol. 134 v., 135 r.
4) Diago, fol. 142 v.
5) Voyez l'original latin chez Diago, fol. 137 v.
6) Masdeu avoue lui-même qu'Urbain II, dans un bref de 1089, donne à Bérenger le titre de comte de Barcelone. M. Bofarull (*Condes de Barcelona*, t. II, p. 108—141) cite une foule d'autres chartes qui confirment ce que j'ai dit dans mon texte; à mon grand regret, je n'ai pu mettre ici à profit cet excellent livre, parce qu'il est postérieur à celui de Masdeu, et que je devais me borner à citer des ouvrages que Masdeu aurait pu consulter. Voyez aussi la charte (archives de Vich) publiée par Villanueva, *Viage literario á las iglesias de España*, t. VI, p. 318—320, et comparez p. 208—211 du même volume.

favorables à l'histoire latine dont il combat l'authenticité, et alors il a fait preuve de mauvaise foi. Je ne veux pas recourir à une troisième supposition; je ne veux pas dire que Masdeu a rejeté toutes ces chartes pour ne suivre que le récit confus et haineux des *Gesta Comitum Barcinonensium* [1], chronique qui n'a été écrite que vers l'année 1190; car dans ce cas il faudrait supposer en même temps que Masdeu avait le cerveau mal timbré, et tout serait dit. Non; l'histoire latine a parfaitement raison quand elle dit que l'adversaire de Rodrigue était Bérenger et non Raymond. Elle ne précise pas l'époque où Rodrigue combattit Bérenger pour la première fois, mais elle dit du moins que cela eut lieu quelque temps après la mort d'al-Moctadir de Saragosse, c'est-à-dire, après l'année 1081. Que cette première guerre ait eu lieu avant ou après le 5 décembre [2] 1082, époque de l'assassinat de Raymond II, peu importe; car Bérenger était comte de Barcelone conjointement avec son frère. Plus tard Rodrigue ne peut avoir combattu que Bérenger, car le pupille de celui-ci, Raymond III, était encore enfant. Que Rodrigue a réellement combattu à différentes reprises le comte de Barcelone, c'est ce qui résulte du témoignage irrécusable d'Ibn-Bassám.

L'ignorance de Masdeu étant déjà très-grande quand il s'agit de l'histoire de l'Espagne chrétienne, on conçoit qu'il est resté tout à fait étranger à l'histoire de l'Espagne arabe; ce qui, malheureusement, ne l'empêche pas de nier tout ce qui lui déplaît. L'auteur de l'histoire latine dit, par exemple, qu'à la mort d'al-Moctadir, ses états furent partagés entre ses deux fils, dont l'un, al-Moutamin, obtint Saragosse, et l'autre, Alfagib, Dénia (p. xx), Tortose et Lérida (p. xxxiv). Masdeu (p. 179) a nié hautement ce fait; car, dit-il, Ali ibn-Modjéhid régnait alors à Dénia, et Alfagib n'existait pas. Rien

---

1) *Apud* Marca, *Marca Hisp.*, p. 546. 2) Cf. Bofarull, II, 119—123.

n'est moins vrai. Al-Moctadir s'était emparé de Dénia dans le mois de Schabán de l'année 468 [1], c'est-à-dire, dans le mois de mars de l'année 1076, et il avait emmené avec lui à Saragosse Alí ibn-Modjéhid. Dénia appartenait donc à al-Moctadir. Il est très-certain qu'al-Moctadir partagea ses états entre ses deux fils, et que l'un d'eux, celui qui portait le titre d'al-Hádjib, reçut Lérida. C'est ce qui résulte du témoignage de l'auteur du *Kitábo 'l-iktifá* [2], qui atteste que le seigneur de Lérida se nommait al-Hádjib Mondhir, fils d'Ahmed (al-Moctadir) ibn-Houd. Cet auteur ne dit pas si Dénia et Tortose lui appartenaient aussi, mais ce fait résulte du récit arabe traduit dans la *Cronica general*.

Voilà pour les observations les plus importantes que Masdeu a adressées à deux ou trois pages des *Gesta*. Je pourrais facilement multiplier ces échantillons de l'ignorance de Masdeu; mais je ferai plutôt remarquer que, loin d'être un écrivain impartial, il se montre partout plein de préventions. Ainsi, il n'a pu trouver aucun argument pour combattre l'authenticité du contrat de mariage de Rodrigue et de Chimène; il dit (p. 167) que, n'ayant pas été à Burgos, il n'a pas vu l'original, mais qu'il tient pour certain que, s'il l'eût examiné, il eût trouvé des preuves que le document n'est pas aussi ancien qu'on le prétend. Il y a sans doute certains savants qui trouvent toujours ce qui s'accorde avec leur système; mais ce ne sont pas ceux-là qui ont droit à notre considération et à notre estime.

Puis quelques-uns des principes de la critique de Masdeu, sont assez singuliers. Il prétend que tel fait ne peut avoir eu

---

1) Ibno-'l-Abbár (*Scriptor. Arab. loci de Abbadidis*, tom. II, p. 106); Ibn-Khaldoun (*apud* Weijers, *Loci Ibn Khacanis*, p. 115, et man., t. IV, fol. 27 r.). An-Nowairí (*apud* Weijers, p. 114) nomme Ramadhán 478; mais M. Weijers a déjà fait remarquer que c'est une grave erreur.

2) *Scriptorum Arabum loci de Abbadidis*, t. II, p. 24.

lieu, parce qu'il place dans un mauvais jour le roi de Castille (p. 176 etc.) ou les Castillans (p. 155); déjà dans sa préface (p. II), il annonce que l'histoire latine est au plus haut degré injurieuse pour la nation espagnole et ses princes; il dément un récit parce qu'il n'est pas honorable pour la mémoire du Cid (p. 221, 227, 262 etc.), comme si les *Gesta* ne devaient contenir que l'éloge du Cid! Enfin, niant tout à tort et à travers, il est porté à démentir tous les faits qu'il ne trouve pas dans les maigres chroniques latines contemporaines; ni les chartes ni les chroniques un peu plus modernes n'ont pour lui la moindre autorité; d'un autre côté, il semble vouloir qu'au moyen âge tout se fît comme aujourd'hui, ou plutôt de la manière dont il eût voulu que les choses se passassent. J'ai donc peine à concevoir l'engouement que les historiens modernes montrent pour lui, car à les entendre, Masdeu serait le modèle de l'historien critique. Je ne comprends pas comment M. Rosseeuw Saint-Hilaire (I, p. III) peut admirer la »vaste éru- »dition" de Masdeu; comment M. Aschbach (*Ommaijaden*, p. VI) a pu dire que l'ouvrage de Masdeu mérite d'être préféré à tous les ouvrages d'histoire espagnols. La lecture de son livre n'a pas produit sur moi cette impression. Je ne sais comment cela s'est fait, et j'ai eu beau m'en défendre, mais en lisant l'ouvrage de Masdeu, j'ai toujours cru lire celui d'un épicier, pas absolument dépourvu d'un certain gros bon sens qui se rencontre assez souvent chez les bourgeois de cette espèce, ayant lu dans ses moments de loisir certains écrits de Voltaire, mais rempli de préjugés, ne sortant jamais de sa sphère, et ne possédant ni assez d'érudition, ni des vues assez larges, ni peut-être assez de bonne foi, pour pouvoir jamais s'élever au rang d'un historien critique. Vu la grande réputation dont il jouit, je n'ai pas voulu passer ses remarques entièrement sous silence; mais on comprendra aisément, d'après ce que je viens de dire, que, si M. Schaefer (II, p. 397) a prétendu dernièrement, que » rien n'a été fait tant que Masdeu n'aura » pas été réfuté point pour point, de même qu'il a attaqué » les *Gesta* point pour point:" on comprendra, dis-je, que je n'ai nullement l'intention de satisfaire à cette exigence. Certes, j'espère trouver des lecteurs très-patients, même j'y compte; je leur dirais volontiers:

> And to your understanding
> Marry your constant patience.

Cependant je ne voudrais pas qu'ils me répondissent:

> You put us, sir,
> To the *utmost trial* of it [1].

Et ils auraient le droit de répondre ainsi, si j'allais réfuter gravement un tas d'observations qui ne méritent que d'être oubliées. Par la suite, j'ose le promettre, il ne sera même presque jamais question de Masdeu.

Cependant il paraîtra impossible que le gros livre de Masdeu (et j'avouerai que, pendant la lecture, l'épaisseur du volume n'est pas celle de ses qualités qui m'a le moins frappé) ne renferme aucune critique juste et fondée. Aussi je ne dis pas que telle est mon opinion; mais il faut distinguer. Eloignons d'abord toutes les critiques qui ne s'adressent qu'à la paraphrase et aux commentaires de Risco, et non aux *Gesta*. Ces critiques sont souvent fondées, Risco n'ayant quelquefois pas compris le texte latin; ayant embrouillé notamment toute la chronologie, ainsi que l'a déjà fait remarquer M. Huber. Il y en a d'autres où Masdeu tâche de couvrir de ridicule son adversaire, mais où le ridicule retombe sur lui-même. Ainsi Risco (p. 219) avait dit que la ville d'Albarracin empruntait son nom au prince maure Albarracin. Masdeu (p. 275) trouve cela fort ridicule; il engage Risco à donner des notices plus

---

1) Massinger, *The Picture*, I, 1.

circonstanciées sur ce point, puisqu'il importe à tout le monde, mais surtout à ceux qui sont nés à Albarracin et qui y demeurent, d'en savoir autant que possible sur ce Maure »si » mémorable;" il engage encore l'auteur de » la Castille et du » plus fameux Castillan" à écrire un autre ouvrage, sous le titre de » Histoire d'Albarracin et du plus fameux Albarraci-» nois." Il y aura peut-être des personnes qui trouveront la plaisanterie d'un goût contestable; par malheur, ce n'est point du tout Risco qui a tort ici, c'est Masdeu. Inutile d'insister là-dessus, tout le monde sachant aujourd'hui que la ville d'Albarracin s'appelait anciennement Santa-Maria d'Ibn-Razin, pour la distinguer de Santa-Maria d'Ibn-Hároun en Algarve; qu'Ibn-Razin y régnait, et que son nom a été corrompu par les Espagnols en Albarracin. Masdeu aurait pu apprendre cela de Casiri (II, 144). Mais éloignons, dis-je, ces critiques qui n'ont rien à faire avec les *Gesta*. Eloignons encore celles qui portent sur des points extrêmement douteux, de même que celles qui sont fausses : alors je crains qu'il ne reste bien peu de chose du travail de Masdeu; mais enfin il en restera quelque chose; et j'avoue volontiers que, pour ce qui concerne un petit nombre d'observations, je me range à son avis.

C'est déjà dire que je ne considère pas comme exacts tous les récits qui se trouvent dans les *Gesta*. En effet, si je n'adopte que rarement les raisonnements de Masdeu, si je ne puis embrasser les conclusions auxquelles il est arrivé, ce n'est pas à dire que je considère les *Gesta* comme à l'abri de la critique; c'est dire seulement que Masden n'a pas bien rempli sa tâche. Pour prouver que l'histoire latine renferme des erreurs, je m'arrêterai un instant au récit de la mort de Ramire Ier, roi d'Aragon.

L'auteur des *Gesta* dit que Rodrigue assista à la bataille de Grados, » où le roi Sancho combattit Ramire, roi » d'Aragon, le vainquit et le tua." Masdeu (p. 153, 162,

163) objecte que Ramire mourut en 1063 et que Sancho ne devint roi de Castille qu'en 1065, époque de la mort de son père Ferdinand. On sait que quelques historiens ne font mourir Ramire qu'en 1067. Un historien arabe du milieu du XIIe siècle, l'auteur du *Kitábo 'l-iktifá*[1], ne donne pas de date précise, mais il dit expressément que Ramire fut tué après la reprise de Barbastro par al-Moctadir de Saragosse. Or, un historien contemporain, Ibn-Haiyán[2], atteste que Barbastro fut reprise à la fin de Djomádá Ier 457, c'est-à-dire, dans le printemps de l'année 1065. M. Romey (V, p. 306) dit ce qui suit: » La plupart des historiens, Garibay et Moret entre » autres, placent la mort de Ramire en 1067, et avec toute » raison. Nous avons vu en effet les mémoires arabes rappor- » ter la mort du roi Radmir des chrétiens sous l'année 460 de » l'hégire. Or, cette année (commençant le 10 novembre 1067) » répond précisément (?) à la date donnée par ces historiens." Et il ajoute en note: » En présence de ces faits et de cet ac- » cord, on ne saurait trop s'étonner d'une note de M. Asch- » bach (Geschichte von Ommajaden) (*sic!*), où, pour justi- » fier la date qu'il adopte de 1063, sur la foi d'une inscription » apocryphe de Saint-Jean de la Peña, il déclare, de sa pleine « autorité, et sans en apporter la moindre preuve, la date de » 1068 (lisez 1067) donnée par les Arabes *tout-à-fait fausse*. » En général, c'est assez là la manière de M. Aschbach: tou- » tes les fois qu'un texte l'embarasse, il ne le discute pas, il » ne le convainc pas d'erreur, il le dément." Ne résulte-t-il pas de tout cela que Ramire mourut en 1067, époque où Sancho était réellement roi, et que l'auteur des *Gesta* ne s'est pas trompé? C'est ce qui vaut la peine d'être examiné.

M. Romey a assurément le droit de critiquer le professeur

---

1) *Scriptorum Ar. loci de Abbad.*, II, p. 15.
2) *Apud* Ibn-Bassám, man. de Gotha, fol. 51 r.

de Bonn autant qu'il le jugera à propos; je me permettrai pourtant d'y mettre quelques conditions, telles que celles-ci: 1°. il ne doit pas copier en même temps les grossières bévues d'Aschbach, qui dit (I, p. 322) que Moret place la mort de Ramire en 1067, tandis que c'est précisément Moret qui, dans deux ouvrages différents, a tâché de prouver fort au long l'opinion contraire, celle selon laquelle Ramire mourut en 1063; M. Romey doit cependant avoir lu Moret; on ne s'en aperçoit guère, il est vrai, mais il range pourtant (III, p. 282) cet historien, qui ne le cède à personne en savoir, et qui surpasse, par sa critique solide, tous ceux qui ont écrit sur l'histoire de la Péninsule, parmi les » falsificateurs de l'histoire d'Espagne;" 2°. il ne doit pas, » de sa pleine autorité, et » sans en apporter la moindre preuve," déclarer apocryphe, une épitaphe; M. Romey aura oublié qu'il ne s'agit pas du tout ici d'une des épitaphes de Saint-Jean de la Peña, qu'a publiées Yepes, et qui ont été forgées par le moine Barangua; mais bien d'une épitaphe que le consciencieux Moret, qui n'avait aucun intérêt personnel dans cette question, a examinée de ses propres yeux, et dont il garantit l'authenticité; » Moret," et ici je me sers des paroles de Masdeu qui a déclaré fausses les épitaphes de Yepes, » Moret n'était pas un père de Saint-» Jean de la Peña, mais un bon père jésuite" (Masdeu était jésuite lui même) » qui regardait ce sujet avec la même indif-» férence que moi-même [1];" 3°. il ne doit pas admettre comme irrécusable le témoignage de Conde, avant d'avoir appris l'arabe et d'avoir cherché et trouvé le texte du passage traduit par Conde. Quant à moi, je crains bien que ses recherches ne soient infructueuses, et qu'il n'ait été la dupe du grand faussaire. Je pourrais ajouter qu'il serait à désirer que M. Romey, quand il cite un livre allemand, n'en mutilât pas le titre

---

1) Masdeu, Apendice contra el P. Casaus dans l'*Historia critica*, t. XX, p. 379.

d'une manière qui donne à entendre qu'il ne comprend mot à cette langue; qu'il ne doit pas citer l'Histoire des Omaiyades de M. Aschbach, quand il s'agit d'un tout autre livre de cet écrivain, de son Histoire des Almoravides et des Almohades. Mais ce sont là des choses d'une moindre importance.

Voilà pour Conde et pour M. Romey; mais j'engage le lecteur à consulter pour ce qui concerne la mort de Ramire, le raisonnement clair, net et serré du père Moret [1]. Je me bornerai à rapporter ses principaux arguments: 1°. deux chartes du roi de Navarre, Sancho de Peñalen, dont l'une est datée du 13 février 1063, tandis que l'autre est de la même année, mais ne signale pas de mois, nomment parmi les rois de l'époque, non pas Ramire, mais son fils Sancho; 2°. sur la pierre sépulchrale du tombeau de Ramire, dans la sacristie de Saint-Jean de la Peña, les chiffres de l'année, ou plutôt de l'ère, ne peuvent plus se lire, mais on y lit très-distinctement: »Hic requiescit Ranimirus Rex, qui obijt VIII. Idus »Maij. die V. feria;" jeudi 8 mai ne convient qu'à l'année 1063 (lettre dominicale E); 3°. le récit de la mort violente de Ramire, dans la bataille de Grados, où il aurait combattu contre Sancho de Castille, ne se trouve que dans des chroniques relativement modernes, la *Cronica general* et l'histoire du moine de Saint-Jean de la Peña; aucun document plus ancien ne fait mention de cette guerre, bien que Lucas et Roderich parlent assez au long de Sancho de Castille [2]; 4°. en

---

[1] *Annales de Navarra*, édit. de Pampelune 1684, t. I, p. 744—748; *Investigaciones historicas de las Antigüedades del Reyno de Navarra*, p. 494, 495.

[2] J'omets ici un argument de Moret, parce qu'il ne me paraît pas valable. Il dit que le mot *obiit* dans l'épitaphe, montre que Ramire mourut d'une mort naturelle. Mais il y a des exemples où ce mot s'emploie aussi en parlant d'une mort violente; ainsi on lit dans une charte de 1160

1063 Sancho n'était pas encore roi de Castille; Ferdinand l'était, et il était occupé par la guerre contre le roi de Séville [1]; 5°. la charte du roi de Navarre, Sancho de Peñalen, dont il a déjà été question, et qui porte la date du 13 février 1063, prouve qu'au moins trois mois avant sa mort, Ramire avait déposé la couronne en faveur de son fils Sancho; deux autres chartes de Sancho de Peñalen viennent à l'appui de ce témoignage; elles portent toutes deux la date 8 février 1063, et disent que Sancho régnait en Aragon. Ces arguments du savant père jésuite me paraissent tout à fait concluants; mais on pourrait ajouter 6°. que l'ancienne chronique de Ripoll [2], qui finit à l'année 1191, et une chronique espagnole [3] fixent aussi la mort de Ramire à l'année 1063.

Ces raisons suffisent pour prouver que Ramire mourut en 1063, et qu'il n'a pas été tué dans une bataille que lui aurait livrée Sancho de Castille près de Grados. L'auteur des *Gesta* s'est donc trompé. Quant au récit du *Kitábo 'l-iktifá*, qui est soutenu par le témoignage de deux chroniques latines [4], il ne me

---

(*apud* Diago, *Historia de los Condes de Barcelona*, fol. 135 v.): » quan-
» do obiit Raimundus Berengarii ad Perxam del Ostor et fuit interfectus
» a traditoribus suis."

1) Moret ajoute que Ramire était trop vieux pour combattre. Il était vieux sans doute, mais pas si vieux qu'il ne pût encore conduire son armée au combat.

2) Publiée par Villanueva, dans le 5e volume de son *Viage literario á las iglesias de España*; voyez p. 245: » 1063. Ob. Ranimirus rex."

3) *Anales Toledanos* I. (*Esp. sagr.*, XXIII, p. 384): » Murió el Rey » D. Ramiro en Grados Era MCI."

4) *Necrolog.* in *Esp. Sagr.*, XLVI, p. 344: » dum strenue regeret » regnum suum interfectus est a Mauris in obsidione Gradus." *Fragm. hist.* ibid. p. 327: » occisus est a Mauris in bello apud Gradus." N'ayant pas à ma disposition le 46e volume de l'*España sagrada*, j'emprunte ces deux citations à l'ouvrage de M. Schaefer (II, p. 335). Il paraît que ces deux chroniques ne donnent pas de date.

paraît pas dénué de fondement ; seulement il est inexact, et la date, après le printemps de 1065, est erronée. Je crois avoir trouvé la solution de cette question difficile et obscure, dans le *Sirádjo 'l-molouc* par at-Tortóschí, auteur quasi-contemporain et qui était à même d'être bien instruit sur l'événement qui nous occupe, puisqu'il a habité Saragosse. At-Tortóschí [1] nous offre le récit suivant : » Quand al-Moctadir-billáh ibn-
» Houd quitta Saragosse, ville qui est située sur les frontières
» de l'Espagne (arabe), pour aller, avec son armée, à la ren-
» contre du tyran Ramire [2], le prince des Chrétiens, et que
» chacun de ces deux rois eut rassemblé une armée aussi nom-
» breuse que possible, les Musulmans et les mécréants vinrent
» en vue les uns des autres ; chacune des deux armées établit
» son camp et se rangea en ordre de bataille. Le combat dura
» pendant une grande partie de la journée, mais les Musul-
» mans eurent le dessous. Al-Moctadir en fut consterné ; le
» combat avait été si acharné que les Musulmans avaient été
» dispersés çà et là. Alors al-Moctadir appela un certain Mu-
» sulman qui surpassait tous les autres guerriers de la frontière
» en connaissances militaires, et qui s'appelait Sadádah (سدادة).
» Que pensez-vous de cette journée ? lui demanda al-Moctadir.
» C'est une journée malheureuse, répondit Sadádah ; mais il

---

1) Chapitre 61 ; man. 354 *a* et 70. Ce récit manque dans le man. 354 *b* qui est moins complet que les deux autres.

2) At-Tortóschí écrit constamment *Radmíl* au lieu de *Radmir*. La première leçon se trouve aussi chez d'autres auteurs ; on la rencontre par exemple, dans un lettre d'Ibn-Táhir, qui a été copiée par Ibn-Khácán. Les Arabes substituent fréquemment le *l* au *r*, et al-Idrísí (II, p. 16) écrit *Madjlit* au lieu de *Madjrit* (Madrid). Dans le dialecte galicien, le *l* et le *r* permutent constamment ; dans la *Cronica general*, où quelques particularités de ce dialecte ont été conservées, on lit toujours *cralo* au lieu de *claro*.

» me reste un moyen. Puis il s'en alla. Il portait le costume
» des Chrétiens et il parlait très-bien leur langue, parce qu'il
» vivait dans leur voisinage et qu'il se mêlait souvent à eux.
» Il pénétra donc dans l'armée des mécréants, et se rendit
» auprès du tyran Ramire. Il le trouva armé de pied en cap;
» sa visière était baissée, de sorte qu'on ne pouvait voir que
» ses yeux. Sadádah le guetta et attendit l'occasion de pouvoir
» le frapper. Il la trouva à la fin, se précipita sur Ramire et le
» frappa dans l'oeil avec sa lance. Ramire tomba les mains et
» la bouche contre terre. Aussitôt Sadádah commença à crier
» en langue romance: Le sultan est tué, ô Chrétiens! Le bruit
» de la mort de Ramire s'étant répandu dans l'armée, les
» Chrétiens se dispersèrent et prirent précipitamment la fuite.
» Telle fut, par la permission du Tout-Puissant, la cause de
» la victoire des Musulmans [1]."

Rien ne nous empêche d'admettre qu'il s'agit ici d'une bataille livrée près de Grados. On voit qu'en effet le bruit se répandit que Ramire avait été tué; mais ce bruit était faux; le roi avait été seulement blessé à l'oeil. Remarquons à présent que Ramire était déjà vieux à cette époque; dans le privilége de Leyre de 1058, il est appelé » senex;" en 1059, il avait fait son testament; en 1061, il en avait fait un second à l'époque où il se trouvait malade à Saint-Jean de la Peña [2]; il est donc présumable que cette blessure eut des suites fâcheuses chez un vieillard maladif; que Ramire n'était guère propre dans la suite, à gouverner ses états. De cette manière, on s'explique pourquoi Sancho régnait déjà du vivant de son père, en février 1063. Dans son testament de 1061, Ramire avait dit

---

1) Ce récit offre quelque analogie avec celui du meurtre de Sancho II de Castille par Bellido Dolfos, pendant le siége de Zamora.

2) Ce testament a été publié par Briz Martinez, *Historia de San Juan de la Peña*, p. 438, 439.

formellement : » Que si Dieu me rend la santé, et que je vive, » je veux que je possède ma terre et mon royaume, pour le ser- » vice de Dieu, comme je l'ai possédé jusqu'aujourd'hui." A cette époque il n'avait donc nullement encore l'intention de déposer la couronne en faveur de son fils. Ce fut, si je ne me trompe, la blessure que lui porta Sadádah, qui l'obligea à le faire. Le faux bruit qui s'était répandu de sa mort, a donc trompé un historien arabe et deux chroniqueurs chrétiens ; ce qui était d'autant plus naturel que Ramire mourut en effet peu de mois après la bataille de Grados, où il avait été blessé, et qu'il faut fixer, je crois, au mois de janvier de l'année 1063.

Je ne considère donc pas comme exacts tous les détails qui se trouvent dans les *Gesta ;* je crois que ce livre ne mérite pas la confiance illimitée que lui a accordée la droite, représentée par Risco et M. Huber. Mais je me range moins encore à l'opinion de la gauche, celle de Masdeu et de ses disciples, qui rejettent ce livre comme apocryphe. Selon moi, la vérité se trouve entre ces deux extrêmes ; dans le cas présent, il ne faut être ni de la droite ni de la gauche, mais du centre, ou plutôt du centre droit.

On conçoit que le Rodrigue de l'histoire ne fit pas place d'une manière brusque et absolue, au Rodrigue de la tradition ; une telle transition est toujours plus ou moins lente, est toujours graduelle. Il y a d'abord une époque où un prosateur croit en savoir assez sur un personnage qui est devenu le héros de la poésie populaire, pour pouvoir écrire son histoire, son histoire véritable ; il le fera avec toute candeur, avec la ferme volonté de dire la vérité, de s'en tenir aux faits et de rejeter les fables des chanteurs populaires, » sub certissimâ veritate » stylo rudi" (p. LIX). Mais on écrivait fort peu du temps du héros ; l'historien, dans la plupart des cas, devra s'en rapporter à la tradition, souvent véridique encore, mais quelquefois altérée ; ce ne sont pas les chants populaires qui se mêlent à ses récits; contre eux il se tient sur ses gardes; ce sont plutôt les traditions déjà moins exactes, déjà décolorées, pâles, incomplètes, fausses même, qui s'y glissent imperceptiblement; l'historien ne s'en doute pas; il croit toujours écrire de l'histoire; à son inçu, il ne l'écrit plus. Voilà ce qui est arrivé à l'auteur des *Gesta*. Son récit c'est bien de l'histoire la plupart du temps; c'est la biographie du Cid qui s'approche le plus de la vérité; mais ce n'est pas la vérité toute seule, ce n'est pas la vérité tout entière, et ce n'est pas toujours la vérité. Les deux endroits où l'auteur indique vaguement l'époque où il a écrit, sont favorables à l'opinion que je viens d'émettre. Nous avons déjà vu qu'il écrivait avant la prise de Valence par Jacques d'Aragon, c'est-à-dire, avant 1236. Mais il n'était pas contemporain du Cid, car voici comment il commence son histoire: "Quoniam rerum temporalium gesta immensâ annorum volubilitate praetereuntia, nisi sub notificationis speculo denotentur, oblivioni proculdubio traduntur, idcirco et [1] Roderici Didaci, nobilissimi ac bellatoris viri, prosapiam et bella, ab eodem viriliter peracta, sub scripti luce contineri atque haberi decrevimus." Il craint donc que les faits et gestes de Rodrigue ne soient oubliés par laps de temps; ce n'est pas là une crainte naturelle chez un contemporain du fameux héros. Puis l'auteur manque souvent de renseignements. Rodrigue, dit-il, passa neuf ans à Saragosse (le renseignement n'est pas tout à fait exact); mais il ne dit rien de ce que Rodrigue fit pendant les trois ou quatre dernières années de son séjour dans cette ville, lorsqu'al-Mostaïn occu-

---

1) Ce mot *et* manque dans l'édition de Risco, mais il se trouve dans le fac-simile, inséré dans la traduction espagnole de Bouterwek. De même, Risco n'a pas donné le véritable titre, qui est *Incipit Gesta de Roderici Campidocti*, et non *Incipiunt gesta Roderici Campidocti*, comme Risco le dit dans sa préface (p. VIII).

pait le trône. » Bella autem et opiniones bellorum, quae fecit
» Rodericus cum militibus suis et sociis, non sunt omnia scripta
» in hoc libro." Voilà sa phrase, qui veut dire qu'il ne savait
rien de certain sur cette époque. Par la suite, nous aurons
souvent l'occasion de faire remarquer combien ce récit est incomplet ; il arrive bien des fois à l'auteur de ne souffler mot
de plusieurs événements de la dernière importance, et qui seuls
en expliquent d'autres, fort obscurs en eux-mêmes, qui se trouvent racontés dans son propre livre. Ces renseignements in-
complets forment un des traits les plus saillants, les plus caractéristiques, de l'histoire latine ; il s'ensuit que Risco s'est
gravement trompé quand il a rejeté certains récits pour la seule
raison qu'ils ne se trouvent pas dans les *Gesta*. L'auteur n'af-
fiche nulle part la prétention d'être un auteur contemporain
de Rodrigue ; il ne prétend pas être bien informé de tout ce
qui concerne son héros ; en parlant de sa généalogie, il emploie la formule dubitative : » haec esse *videtur* ;" enfin il a
écrit l'histoire du héros aussi bien que le lui permettait l'exi-
guité de ce qu'il savait, » quod nostrae scientiae parvitas va-
» luit." L'écriture du manuscrit n'est que d'une utilité secondaire pour préciser l'époque où l'auteur vécut. Le manuscrit est
du XIIe ou du commencement du XIIIe siècle ; mais ce n'est pas
l'autographe, car il s'y trouve plusieurs fautes de copiste. La
phrase (p. XXVI): » Berengarius — iacebat super Valentiam, —
» *faciebatque Cebollam et Liriam contra eum*," est altérée ;
plusieurs noms de lieux le sont également ; au lieu de *Salarca*,
près de Saragosse (p. XLI), il faut lire *Sacarca*, شكرقة en arabe, endroit près de Saragosse qui se trouve mentionné dans
l'*Abrégé des vies des grammairiens* par ad-Dhahabí [1] ; il y

---

1) Manuscrit arabe 654, article sur Alí ibn-Ismaíl ibn-Saíd ibn-Ahmed
ibn-Lope ibn-Hazm al-Khazradjí as-Schacarkí : بشكرقة حصن بقرب سرقسطة. Cet ouvrage est d'al-Kiftí, mais ad-Dhahabí est l'auteur de
l'abrégé que possède la bibliothèque de Leyde.

a même des lacunes dans le manuscrit, comme à la page xxxviii, où on lit : » idcirco dedecus mihi inferre pepercisti, et mihi » noluisti . . . . . ." Risco supplée » injuriam irrogare." Ailleurs (p. xliii ; cf. Risco, p. 200) on lit : » in loco qui dicitur," mais le nom (Marthos) manque. Tout bien considéré, nous croyons ne pas trop nous tromper quand nous pensons que les *Gesta* ont été écrits soixante-dix ans environ après la mort de Rodrigue, vers l'an 1170.

———

Dans les *Gesta*, l'élément poétique ne se montre que très-rarement, mais je ne le trouve pas du tout chez Lucas de Tuy et Roderich de Tolède. Quand on compare les courtes et prosaïques notices que donnent ces deux auteurs, aux récits circonstanciés de la Chanson du Cid et de la légende de Cardègne, il est clair comme le jour, que les graves prélats ont dédaigné les traditions des moines et du peuple, qu'ils se sont bornés ici comme ailleurs, à copier les notices du moine de Silos ; ils nous dédommagent donc en quelque sorte de la perte de la principale partie de l'histoire de ce dernier, dont nous ne possédons que l'introduction qui va jusqu'à la mort de Ferdinand Ier, tandis que l'auteur avait pris pour tâche d'écrire l'histoire d'Alfonse VI. Le moine de Silos mérite une entière confiance quand il parle d'événements arrivés de son temps, et je n'hésite pas à l'accorder à ceux qui, à mon avis, n'ont fait que le copier. Quant aux courtes chroniques latines, elles n'enregistrent d'ordinaire que des faits très-certains et très-connus, et il n'y a nulle raison valable pour croire que, dans cette seule circonstance, la tradition s'y soit glissée à la place de l'histoire. Ceux qui écrivaient ces notices sur les premières feuilles d'un livre, laissées en blanc, étaient ordinairement des clercs contemporains des événements qu'ils notaient ; d'autres personnes continuaient ces notes, ou bien ils copiaient celles de leurs devanciers et y ajoutaient les leurs. Ainsi il ne faut pas croire que les notices qui se trouvent dans une courte chronique qui finit à telle année du XIIIe siècle, n'ont été écrites que vers ce temps-là; presque toujours elles sont beaucoup plus anciennes, et souvent elles ont des contemporains pour auteurs.

Le *Liber Regum*, espèce de courte chronique espagnole, depuis Adam jusqu'à Saint-Ferdinand [1], contient aussi quelques notices sur le Cid. Nous ne nous y arrêterons pas; c'est un résumé fort sec des *Gesta*, de la Chanson du Cid, de la légende de Cardègne et d'un petit nombre de traditions. Mais nous devons appeler l'attention sur un auteur contemporain du Cid, que la plupart des historiens modernes ont négligé de mettre à profit. Je veux parler de Pierre, évêque de Léon. Ce personnage signe plusieurs chartes d'Alfonse VI, dans les années 1087 [2], 1088 [3], 1095 [4], 1097 [5], 1106 [6]; dans cette dernière année, il se trouva dans le camp d'Alfonse qui guerroyait alors contre les Maures, ainsi qu'il le raconte lui même [7], car il écrivit une très-courte chronique d'Alfonse VI, ouvrage dont Sandoval, qui publia ses *Cinco Reyes* en 1615, s'est encore servi [8], mais qui paraît perdu aujourd'hui [9]. Cette chronique

---

1) Voyez Florez (*Reynas*, t. I, p. 188) qui a publié une grande partie de cet ouvrage (*ibid.*, p. 481—494). Avant lui, Sandoval et d'autres s'en étaient déjà servis.

2) Sandoval, *Cinco Reyes*, fol. 75, col. 1.

3) *Ibid.*, fol. 79, col. 2.

4) Sota, p. 535, col. 2.

5) Sandoval, fol. 89, col. 2.

6) *Ibid.*, fol. 96, col. 2.

7) Voyez *ibid.*, fol. 95.

8) Voyez *ibid.*, fol. 21, col. 3: » Esto dize don Pedro Obispo de Leon » en tiempo de don Alonso el Sexto, autor mas cierto, y grave, que largo

renferme quelques notices sur le Cid (circonstance qui, si elle avait été remarquée par Masdeu, lui aurait épargné sa ridicule thèse que le Cid n'a jamais existé). Il va sans dire que nous nous en servirons, d'après les extraits que Sandoval nous a laissés.

Voulant avant tout exposer quel était le Cid de l'histoire, je n'ai pas à m'occuper ici de la *Chanson du Cid*, qui, selon moi, ne contient que deux ou trois faits historiques, tandis que le reste est de la poésie toute pure. Si des historiens célèbres, tels que Jean de Müller, ont cru que c'était une chronique rimée, cette circonstance prouve seulement que la vieille et magnifique chanson de geste porte un caractère très-prononcé de vérité morale. Plus tard, quand nous reviendrons sur ce poème, je me verrai dans la nécessité de prouver l'opinion qu'à présent je dois me contenter d'émettre ; placés ici, mes arguments ne seraient pas toujours, je le crains du moins, assez clairs, assez convaincaints ; et cela par la simple raison qu'il faut comparer le Cid de l'histoire au Cid de la Chanson: ce qui ne pourra se faire que quand on aura lu la vie du premier d'après les documents historiques. Pour la même raison, je laisserai de côté la légende de Cardègne, qui se trouve

---

» en su historia." Fol. 37, col. 3, au commencement du règne d'Alfonse VI : » Escrivió esta historia don Pedro Obispo de Leon, hecho por el » mesmo Rey don Alonso: pero no dixo todo lo que yo diré." Fol. 89, col. 2, sur la marge : » Este Perlado escrivió parte de la historia del Rey » don Alonso ; lo que uve della puse aquí." Faut-t-il conclure de ce dernier passage, que Sandoval ne possédait pas cette chronique dans son entier ? Fol. 101, col. 1 : » Todas estas jornadas, y breve relacion de ellas » dexó escritas don Pedro Obispo de Leon."

9) Le savant Florez (*Esp. sagr.*, t. XVII, p. 266—268) a bien prouvé que la chronique du moine de Silos est distincte de celle de Pierre de Léon, mais son raisonnement montre assez qu'il n'a jamais vu cette dernière. Moret (*Annales*, II, 20) se plaint de n'avoir pu trouver l'ouvrage de Pierre.

en partie dans la *Cronica general*, les romances et la *Cronica rimada* qu'a publiée M. Francisque Michel. Il va sans dire que j'y reviendrai plus tard.

Je tâcherai donc de donner une biographie du Cid, en suivant les documents chrétiens dont nous avons reconnu l'authenticité, en mettant à profit les différentes chartes qui nous restent de cette époque, la chronique arabe traduite dans la *Cronica general*, Ibn-Bassám, le *Kitábo 'l-iktifá*, Ibno-'l-Abbár, Ibn-Khaldoun etc. Les observations qui précèdent, nous ont frayé la route pour pouvoir le faire; néanmoins cette route sera souvent encore difficile et épineuse. Ces difficultés tiennent en partie au caractère des *Gesta*. Nous reconnaîtrons que là où nous pouvons contrôler ce livre au moyen des autres documents, il renferme, à côté de beaucoup de choses vraies, quelques récits qui ne le sont pas. Mais que faire quand ce livre est notre unique garant?

> Que faire et que penser? — Nier, douter ou croire!
> Carrefour ténébreux! triple route! nuit noire!

Certes, des livres du caractère de celui-ci, sont bien propres à embarrasser l'historien; que le lecteur choisisse et juge par lui-même, c'est le seul parti qui nous reste. Une autre difficulté se présente quand la *Cronica general* combine le récit de sa chronique arabe avec celui d'un des livres chrétiens. Nous ne savons pas au juste alors ce qui se trouvait dans l'écrit musulman; nous ignorons quelles modifications Alfonse a apporté à ce dernier. Il est fort à regretter aussi que nous ne possédions plus l'original de la chronique de Pierre de Léon. Sandoval était sans doute un savant historien; mais, comme tous les historiens anciens, il néglige trop souvent de citer les écrivains qu'il suit, de sorte que quelquefois on ne sait pas trop bien s'il traduit Pierre de Léon ou un autre auteur [1]; puis ses extraits

---

[1] Sota (p. 529) a cru que Sandoval (fol. 23, col. 4 et suiv.) a emprun-

ne paraissent pas toujours aussi exacts qu'on pourrait le désirer.

Si nous n'avons pas voulu nous dissimuler ces difficultés, elles ne sont pas cependant de nature à nous faire renoncer à notre entreprise. Quelques points resteront douteux, nous en convenons; mais ce seront des points secondaires. Quant à la question principale: qu'était-ce que le Cid? qu'a-t-il fait? nous croyons pouvoir y répondre avec une pleine certitude.

En donnant toutes les notices dignes de foi, que nous avons pu recueillir sur le Cid, nous y joindrons celles qui ont rapport à Alvar Fañez. Ceci nous fournira un double avantage. Dans la tradition et dans les poëmes, Alvar Fañez est le fidèle compagnon du Cid, son bras droit. J'ai toute raison de croire qu'à une certaine époque il l'était réellement, bien que les documents historiques ne le disent pas. Puis, je pourrai placer de cette manière le récit arabe de la *General* dans son entier; ce qui n'est pas un médiocre avantage, puisque le commencement de cette chronique arabe, très-intéressant en lui-même, est utile pour bien comprendre l'histoire de Valence antérieurement à l'époque où le Cid se trouva mis en rapport avec cette ville. La chronique arabe reprend l'histoire de Valence là où je l'ai laissée dans l'article précédent. Je me suis vu dans la nécessité d'y ajouter un assez grand nombre de notes, dont la plupart ont pour but de montrer que ce récit est très-exact et en parfaite harmonie avec les écrits arabes.

Quelquefois je me permettrai d'insérer des traductions de certains morceaux poétiques, qui s'approchent plus que les autres, de l'histoire. On excusera dans ces traductions quelques légères teintes d'archaïsme: M. Fauriel l'a dit avant moi: le mot d'*armée* ne dit pas précisément la même chose que celui de *host*.

---

té le récit de la guerre entre Sancho de Castille et son frère Garcia de Galice, à Pierre de Léon. C'est une erreur; Sandoval a suivi ici la *Cronica general* (fol. 291 et suiv.)

VII.

Estas son las nuevas de Mio Cid el Campeador.
Chanson du Cid, vs. 3740.

Senhor, ar escoutatz, si vos platz, et aujatz
canso de ver' ystoria; — — — —
que non es ges mesonja, ans es fina vertatz.
testimonis en trac avesques et abatz,
clergues, moines, epestres e los santz honoratz.
Fierabras, vs. 30—34.

Lorsque les Castillans avaient des différents entre eux, ils étaient obligés de se rendre à Léon, afin de les faire juger par les juges royaux. Le chemin était long et l'on devait passer plusieurs montagnes. Voulant remédier à cet inconvénient, ils élurent, sous le règne de Froïla II (924, 5), deux juges, chargés de terminer leurs différents à l'amiable. Les lois gothiques permettaient en effet de terminer les différents par des arbitres. Ces deux prud'hommes, qui n'appartenaient pas à la haute noblesse (» non de potentioribus, sed de prudentiori- »bus," dit Roderich de Tolède [1]), se nommaient Nuño Rasura et Laïn Calvo [2]. Roderich de Tolède atteste que Rodrigue Diaz descendait de ce dernier; l'auteur des *Gesta* le dit aussi, mais nous avons déjà vu qu'il emploie une formule dubitative. Quoi qu'il en soit, Rodrigue était sans doute un noble et non un roturier; sans cela, on ne conçoit pas qu'il

---

[1] Lib. V, ch. 1.

[2] Voyez *Chron. de Cardeña*, Roderich de Tolède et l'Introduction au *Fuero de Burgos*, déjà cités par M. Huber (*Gesch. des Cid*, p. 101—104), et comparez Marina, *Ensayo historico-critico sobre la legislacion y principales cuerpos legales de los reinos de Leon y Castilla*, 2e édition (Madrid, 1834), t. I, p. 164—166. Les historiens modernes ont eu tort de suivre Masdeu et de rejeter ce récit des deux juges de Castille.

épousât la cousine-germaine d'Alfonse VI, qu'il possédât dans la Castille, la Rioja et Bureba des terres très-étendues, qu'il nomme dans sa *charta arrharum*.

Avant de mourir (27 decembre 1065), Ferdinand Ier avait partagé ses états entre ses cinq enfants. Il donna à l'aîné, Sancho, la Castille, Najera et Pampelune, à Alfonse Léon et les Asturies, à Garcia la Galice et la partie du Portugal dont les Chrétiens étaient maîtres alors; Urraque eut Zamora et Elvire Toro. Rodrigue Diaz, qui était encore enfant quand il perdit son père Diégo Laïnez, et dont le nom apparaît pour la première fois dans une charte de Ferdinand Ier, de l'année 1064 [1], demeura à la cour de Sancho, qui lui confia plus tard l'étendard royal et le commandement de son armée [2], quand il fit la guerre au roi de Navarre, Sancho (de Peñalen), en 1067 [3]. Rodrigue combattit aussi à la bataille de Llantada,

---

1) Voyez Sandoval, *Cinco Reyes*, fol. 13, col. 3. Cette charte prouve que l'auteur des *Gesta* se trompe quand il dit que Rodrigue fut *élevé* à la cour de Sancho.

2) L'auteur des *Gesta* dit d'abord: » constituit eum principem super » omnem militiam suam," et plus bas: » tenuit regale signum Regis Sanctii;" confirmé par Pierre de Léon, *apud* Sandoval, fol. 21, col. 3; fol. 22, col. 3. En Allemagne, le général en chef portait aussi l'étendard impérial. Guillaume de Tyr (l. IX, c. 8), en parlant de Henri IV et de Godefroi de Bouillon: » Convocatis ad se principibus, imperator quaerit cui » tute possit imperiale committere vexillum et tantorum exercituum com- » mittere primicerium. Cui de communi consilio datum est responsum: » Dominum ducem Lotharingiae Godefridum prae omnibus ad id oneris » idoneum et sufficientem esse." Ce fut avec le fer de ce drapeau, que Godefroi tua l'anti-César, Rodolphe. On sait qu'en France, le roi à cheval portait lui-même la bannière de l'abbaye de Saint-Denis, le fameux Oriflamme.

3) Il ne nous reste que des notices fort vagues, et en partie peu sûres, sur cette guerre. Comparez Sandoval, *Cinco Reyes*, fol. 21, col. 3 et

livrée en 1068, où Sancho remporta la victoire sur son frère
Alfonse, roi de Léon [1]. Trois années plus tard, les deux
frères reprirent les armes, fixèrent un jour pour le combat,
et stipulèrent que le vaincu céderait son royaume au vainqueur.
Le combat eut lieu sur la frontière des deux états, près d'un
village nommé Golpejare. Les Castillans combattirent longtemps et vaillamment, mais à la fin ils furent contraints de
tourner le dos à l'ennemi et de lui abandonner leur camp.
Alfonse défendit à ses soldats de poursuivre les fugitifs, car,
d'après les conditions du combat, il se croyait déjà maître du
royaume de Castille. C'est ce qui le perdit. Rodrigue Diaz
releva le courage abattu du roi Sancho, et lui dit: " Voilà
" qu'après la victoire qu'ils viennent de remporter, les Léo-
" nais qui sont avec votre frère Alfonse, reposent en toute
" sécurité dans nos tentes; ruons-nous donc sur eux à la
" pointe du jour, et nous obtiendrons la victoire." Sancho
goûta le conseil, et ralliant autant qu'il put son armée, il se
jeta, au lever de l'aurore, sur les Léonais encore endormis; la
plupart furent égorgés, quelques-uns prirent la fuite; de ce
nombre fut Alfonse qui chercha un asile dans l'église de Sainte-
Marie, dans la ville de Carrion. Mais on l'arracha violemment
de ce saint lieu, et on le conduisit captif à Burgos [2]. Cette

---

suiv., avec Moret, *Annales de Navarra*, t. I, p. 757 et suiv. Il me semble certain, d'après le témoignage de Pierre de Léon, et les chartes ana-
lysées par Moret, que cette guerre eut lieu, et que les historiens modernes ont eu tort de la passer entièrement sous silence; mais si l'on ne veut
pas recourir au récit d'un livre aussi peu sûr que la chronique latine de
Saint-Jean de la Peña (reproduit par Briz Martinez, p. 469 et suiv., et
par Moret), il faut avouer que nous ignorons les circonstances qui l'accompagnèrent.

1) *Gesta*, p. XVII.
2) Lucas de Tuy, p. 97, 98; Roderich de Tolède, VI, c. 16. Les

victoire, que Sancho devait aux conseils de Rodrigue, rendit le roi de Castille maître du royaume de Léon. Observons toutefois, que déjà à cette occasion, Rodrigue se montra bien peu scrupuleux sur les moyens pourvu qu'il parvînt à son but. D'après les conditions arrêtées avant la bataille, Alfonse avait gagné le royaume de Castille, car il avait vaincu son frère; voulant épargner des Chrétiens qu'il considérait désormais comme ses sujets, il avait défendu aux siens de les poursuivre; le conseil que Rodrigue donna à Sancho et qui valut à celui-ci un nouveau royaume, n'était après tout qu'une trahison, une violation des conditions arrêtées entre les deux rois. Mais la Castille triomphait; elle s'était assujetti les Léonais; la fin avait justifié les moyens; — telle était probablement la pensée des Castillans.

A la suggestion d'Urraque et par les soins du comte léonais Pierre Ansurez, Sancho permit à Alfonse de sortir de sa prison, à la condition que celui-ci revêtirait l'habit monacal. Alfonse le fit; mais bientôt il s'échappa de son cloître et alla chercher un asile auprès d'al-Mamoun, roi de Tolède.

Plus tard, Sancho tourna ses armes contre les domaines indépendants de ses deux soeurs, qui voyaient avec douleur l'exil de leur frère Alfonse. Elvire lui abandonna Toro, mais Urraque se défendit vaillamment dans Zamora. Le siége avait déjà duré quelque temps, lorsqu'un audacieux chevalier zamoréen, qu'on nomme ordinairement Bellido Dolfos (Bellitus Adelphis dans l'épitaphe de Sancho), sortit de la ville, frappa tout-à-coup de sa lance Sancho qui se promenait dans son camp, et se sauva vers la ville avec la même hâte qu'il était venu. Rodrigue vit le meurtre de son roi; il se mit sans tarder à la poursuite de Bellido, et faillit le tuer près de la porte

---

Gesta disent bien que Rodrigue assista à la bataille de Golpejare, mais ils n'entrent dans aucun détail.

de Zamora ; mais Bellido eut encore le temps de s'échapper [1]. Le meurtre du roi jeta la consternation dans l'armée; les Léonais prirent la fuite dans un grand désordre, moins peut-être par crainte d'une attaque subite des Zamoréens, que parce qu'ils savaient que leur roi Alfonse allait remonter sur le trône (Sancho n'avait point d'enfants) ; auparavant déjà, plusieurs nobles léonais avaient refusé de se soumettre à Sancho, et ils avaient tenu le parti d'Urraque et d'Alfonse [2]. Mais si les Léonais, peuple vaincu par Sancho et ses Castillans, se hâtèrent de regagner leurs foyers, les anciens sujets de Sancho restèrent fermement à leur poste. Ayant placé le corps de leur roi dans un sarcophage, les Castillans se formèrent en convoi funèbre, et faisant retentir l'air de leurs plaintes, ils transportèrent le corps de Sancho au monastère d'Oña, où ils lui donnèrent la sépulture avec tous les honneurs royaux [3]. Il va sans dire que Rodrigue assista à cette triste cérémonie. A en croire l'auteur

---

1) Ce meurtre de Sancho par Bellido est le sujet de plusieurs romances. De là vient qu'en Espagne on nomme un traître un Bellido. Calderon, *El Galan Fantasma*, Jorn. I :

Enrique.
Siempre, el Cielo me es testigo,
os tuve por leal criado.

Candil.
El *fidus Acates* fué,
puesto conmigo, un Bellido.

2) » Zemorenses tamen et quidam nobiles de regno Legionis noluerunt » Regi Sancio subiici, sed pro Rege Adefonso et Regina Urraca fortiter » resistebant." Lucas de Tuy, p. 98. Roderich (VI, 18) atteste que Sancho avait eu quelque peine à se faire reconnaître comme roi dans le royaume de Léon.

3) Lucas, p. 98, 99; Roderich VI, 19. Le premier de ces deux auteurs ne parle pas de la poursuite de Bellido par le Cid.

des *Gesta*, Rodrigue combattit seul, pendant le siége de Zamora, contre quinze ennemis, dont sept portaient des cuirasses; il en tua un, en blessa deux qu'il mit hors de combat, et força les autres à prendre la fuite.

Par la mort de Sancho, les Castillans avaient perdu leur prépondérance. Sous Sancho, Léon était une province conquise; la royauté revenant au ci-devant roi de Léon, la Castille devenait une annexe de ce royaume. Les Castillans, c'est-à-dire les cortes du royaume, se réunirent à Burgos pour délibérer; mais ils n'avaient personne qui appartînt à la famille royale et auquel ils pussent donner le trône. Force leur fut donc de l'offrir à Alfonse [1]. Ils y mirent pourtant une condition humiliante. Alfonse devait jurer de ne pas avoir participé au meurtre de Sancho. Personne cependant n'osa se charger de lui faire prêter ce serment. Ce fut Rodrigue Diaz qui s'en chargea [2]. Mais bien qu'Alfonse eût consenti à faire ce que les Castillans exigeaient de lui, il prit dès lors en aversion l'audacieux chevalier qui l'avait contraint à un serment qui l'humiliait [3]. Pendant quelque temps, il jugea prudent de cacher cette haine; il fit même épouser à Rodrigue sa cousine-germaine, Chimène, la fille de Diégo comte d'Oviédo [4]. Al-

---

1) Ce n'est pas moi qui prête ces idées aux Castillans. Lucas de Tuy (p. 100) dit formellement: » cum nullus esset sibi de genere regali, quem » dominum possent habere, venientes ad Regem Adefonsum" etc.

2) Pierre de Léon (Sandoval, fol. 39, col. 1) dit qu'Alfonse prêta le serment dans les mains de douze chevaliers castillans. Sandoval ne dit pas si l'évêque parle de Rodrigue ou non.

3) Lucas, p. 100; Roderich, VI, 20, 21.

4) *Gesta*. M. Huber (p. 130) a déjà fait remarquer la singulière contradiction que renferment les paroles de Sandoval (fol. 21, col. 3). Cet historien dit que Pierre de Léon atteste que Sancho fit épouser sa parente Chimène Diaz, fille du comte Diégo des Asturies, à Rodrigue, immédiatement après la guerre contre la Navarre, c'est-à-dire, dans l'année 1067;

fonse était un politique assez rusé pour qu'il soit permis de supposer qu'il avait un plan bien arrêté en faisant ce mariage. Rodrigue était un des Castillans les plus considérés ; ajoutons que c'était le plus à craindre. Chimène, parente du roi, appartenait d'ailleurs à la plus haute noblesse asturienne ou léonaise. Il ne me paraît pas improbable qu'Alfonse ait voulu réconcilier par ce mariage les Castillans avec les Léonais. Quoi qu'il en soit, dans la *charta arrharum*, les deux comtes Pierre Ansurez et Garcia Ordoñez se portent garants de l'exécution de ce contrat, qui est revêtu de la signature d'Alfonse VI, de ses deux sœurs Urraque et Elvire, d'Alvar Fañez, que Rodrigue y appelle son *sobrinus*, et de plusieurs nobles. Par cet acte, Rodrigue et Chimène s'assurent réciproquement, en cas de décès, l'usufruit de tous leurs biens respectifs, supposé que le survivant ne se remarie point.

Il est certain que plus tard Alfonse bannit Rodrigue de ses états ; mais la cause de cet exil ne nous est pas connue. Le récit des *Gesta*, reproduit par M. Huber et attaqué par Masdeu, est loin d'être clair ; il est même si peu vraisemblable, que je me dispenserai de le reproduire ici, de même que je passerai sous silence le récit de l'expédition de Rodrigue contre Grenade, qui soulève trop d'objections pour que je m'y arrête. Quant à un autre récit plus digne de confiance, nous ne le possédons pas. Il semble cependant résulter du récit des

---

il ajoute que ce renseignement s'accorde parfaitement avec la charta arrharum, *qui est de l'année suivante, 1074*. Nous ne pouvons expliquer cette contradiction, parce que nous ne possédons pas l'original de la chronique de Pierre ; toujours est-il que cet auteur contemporain parle du mariage de Rodrigue avec Chimène, fille du comte des Asturies. Pour nous il n'est point douteux que la charta arrharum a été signée le jour même où Rodrigue et Chimène avaient reçu la bénédiction nuptiale. Ils se marièrent donc le 19 juillet 1074.

Gesta, que ce fut à l'instigation de la famille de Garcia Ordoñez, l'ennemi de Rodrigue, qu'Alfonse bannit celui-ci. Quoi qu'il en soit, Rodrigue doit avoir quitté le royaume vers l'année 1081, ainsi que l'atteste l'auteur des *Gesta*, quand il donne à entendre que Rodrigue arriva à Saragosse peu de temps avant la mort d'al-Moctadir. Ce roi mourut dans le mois de Djomádá Ier de l'année 474 [1], c'est-à-dire, entre le 7 octobre et le 5 novembre 1081. Nous avons déjà vu qu'il y a un titre qui appartient au règne de Ferdinand (année 1064) et qui porte la signature de Rodrigue Diaz; il signe aussi des titres de Sancho des années 1068 [2], 1069, 1070 [3], 1072 [4]; un titre d'Alfonse VI de 1074 [5], et deux autres de 1075 [6], sont aussi si-

---

1) Ibn-Khaldoun, dans son histoire des Benou-Houd, ne donne que l'année; mais Ibno-'l-Abbár (*Script. Arab. loci de Abbad.*, II, p. 105) et Ibn-abi-Zer (*al-Kartás*, p. 19, édit. Tornberg) mentionnent aussi le mois.

2) Voyez Sandoval, *S. Pedro de Cardeña*, fol. 41 r.; *Cinco Reyes*, fol. 23, col. 1; Sota, p. 523, col. 2.

3) Sandoval, *S. Pedro de Card.*, fol. 41 r.; *Cinco Reyes*, fol. 23, col. 3.

4) Sandoval, *S. Pedro*; Sota, p. 520, col. 1; p. 513, col. 2 (où il cite le 5e volume de Yepes).

5) Sandoval, *Cinco Reyes*, fol. 41, col. 1. Sota (p. 657) a publié une charte d'Alfonse VI, où il donne à l'abbé Lecennius, parent (consanguineus) de Rodricus Didaz Campidator, l'église de Sainte-Eugénie, dans le district d'Aguilar del Campo, avec tout son territoire; elle porte la date: » Facta charta apud Legionem anno tertio in quarto mense post obitum » Santij regis in Zamora. Et in Castro Mayor fuit tradita ad roborandum » sub Era T. C. XI. regnante Adefonso" etc. Cette charte porte la signature de plusieurs personnages parmi lesquels se trouve » Roy Diaz Cam» pidator." Sancho ayant été assassiné le dimanche 7 octobre 1072, l'année 1073 n'est pas la troisième du règne d'Alfonse. Il est vrai qu'on lit chez Sandoval (*Cinco Reyes*, fol. 37, col. 1) » Era 1113;" mais dans un autre endroit (fol. 60, col. 2), il dit: » Está confussa la Era." L'authencité de cette charte ne me paraît donc pas incontestable.

6) Sandoval, *San Pedro de Cardeña*.

gnées par Rodrigue Diaz. L'une de ces dernières est celle qui se rapporte aux Infançones de Langréo (nous en avons déjà parlé) ; dans l'autre, Rodrigue se nomme *le Castillan*, pour se distinguer, d'après la juste observation de Sandoval, de Rodrigue Diaz l'Asturien, son beau-frère. Le *Fuero* de Sepulveda [1], de l'année 1076, porte aussi la signature de »Rodericus Diaz." Par une charte du 12 mai (jeudi) 1076 [2], Rodrigue Diaz et son épouse Chimène donnent à Saint-Sébastien (c'est-à-dire, au cloître de Saint-Domingue de Silos) plusieurs propriétés territoriales dont ils avaient hérité (» has haereditates habuimus ex nostris parentibus") et qu'ils énumèrent; ils ajoutent: » Quomodo nobis ingenuavit Sanccius Rex." Sota (p. 650, 651) a publié une charte d'Urraque et d'Elvire, filles de Ferdinand Ier, de l'ère 1120 (année 1082), qui porte la signature de » Rodrico Didaz." Il a cru que ce Rodrigue était le Cid, et que Didaco Rodriz, un des autres témoins, était son fils ; ce dernier point est tout à fait inadmissible, Rodrigue ne s'étant marié qu'en 1074 ; il doit y avoir eu d'ailleurs à cette époque une foule de personnages qui portaient le nom de Diégo, fils de Rodrigue. Que si à présent le Rodrigue Diaz de cet acte est le Cid, il n'avait pas encore quitté le royaume en 1082, tandis que l'auteur des *Gesta* atteste

---

1) Publié par Llorente, *Noticias históricas de las tres provincias Vascongadas*, t. III, p. 425 et suiv.

2) Sandoval, *Cinco Reyes*, fol. 54, col. 4. La date est: » Era 1114. » regnante Rex Alfonso in Legione et Castella, quinta feria IIII. Idus » Maij." Cette date est parfaitement exacte (année 1076, lettres dominicales CB.), et je ne sais comment Sandoval a pu dire: » Que viene al » justo quitando 39. años de la Era, como se han de quitar contando » desde la Encarnacion, y no del Nacimiento." La date 1075 serait fautive; pour cette année la lettre dominicale est D., et le 12 mai tombait un mardi.

qu'il se trouvait déjà à Saragosse en 1081. Mais ce Rodrigue Diaz ne pourrait-il être le beau-frère du Cid? Supposé cependant que ce soit le Cid lui-même, alors l'auteur latin a commis une erreur chronologique assez légère; car il ne dit rien sur les relations de Rodrigue avec al-Moctadir; il passe de prime abord au règne du fils de ce dernier, al-Moutamin. » Deinde vero," dit-il, » ad Caesaraugustam venit, regnante » in ea tunc Almuctamir, qui mortuus fuit Caesaraugusta. » Regnumque autem eius divisum est inter duos ejusdem filios, » Almuctamam videlicet, et Alfagib." Toujours est-il qu'aucune charte postérieure à l'année 1082, ne porte la signature du Cid; les *Gesta* précisent donc assez exactement l'époque où Rodrigue quitta sa patrie. Ce livre ajoute qu'il se rendit à Saragosse. Nous avons vu qu'Ibn-Bassám dit de même que Rodrigue avait été au service des Benou-Houd de Saragosse; quand il ajoute que » les Benou-Houd l'avaient fait sortir de » son obscurité," il ne faut voir là qu'une de ces phrases de rhéteur, qui en dit plus que l'auteur n'en voulait dire, qui lui a fourni une rime, sans qu'il se soit trop soucié si l'histoire l'autorisait à la placer ici. En effet, cette phrase est en opposition avec le témoignage des chroniques et des chartes latines, d'où il résulte que Rodrigue n'était pas, à l'époque où il se rendit à Saragosse, un homme obscur; qu'au contraire, il était un noble puissant, et qu'il s'était déjà signalé à différentes occasions par sa bravoure.

Avant sa mort, al-Moctadir avait divisé ses états entre ses deux fils; l'aîné, Yousof al-Moutamin, obtint Saragosse; l'autre, Mondhir surnommé al-Hádjib, eut Dénia, Tortose et Lérida [1]. La guerre éclata entre ces deux frères; Mondhir s'allia avec Sancho Ramirez, roi d'Aragon et de Navarre, et avec Bérenger, comte de Barcelone. Rodrigue était au service d'al-

---

1) Voyez plus haut, p. 427.

Moutamin ; il entra dans Monzon, en vue de l'armée des alliés, bien que Sancho eût juré qu'il n'oserait pas le faire ; puis il se concerta avec al-Moutamin, et tous les deux résolurent de rebâtir et de fortifier un vieux château, nommé Almenara (entre Lérida et Tamariz). La chose ayant été faite, et Sancho étant occupé ailleurs, Mondhir, Bérenger, le comte de Cerdagne, le frère du comte d'Urgel, le seigneur de Vich, celui de l'Ampourdan, celui de Roussillon et celui de Carcassone, allèrent mettre le siége devant Almenara. Le siége traînant en longueur, l'eau commença à manquer aux assiégés. Rodrigue était alors dans la forteresse d'Escarpe, qu'il venait de prendre ; il envoya des messagers à al-Moutamin pour lui donner avis de la position difficile où se trouvait la garnison d'Almenara. Ils eurent une entrevue à Tamariz. Al-Moutamin voulut que Rodrigue attaquât les assiégeants ; mais celui-ci lui conseilla de ne pas risquer une bataille, et de payer plutôt un tribut à l'ennemi. Al-Moutamin y consentit ; mais les alliés refusèrent l'offre. Plein d'indignation, Rodrigue les attaque, les met en fuite, s'empare d'un riche butin, fait prisonniers le comte de Barcelone et plusieurs nobles catalans ; cinq jours plus tard, il les remet en liberté. De retour à Saragosse, il y est reçu avec beaucoup d'honneurs [1].

En 1083, le gouverneur de Rueda, homme d'une origine obscure et que les *Gesta* appellent *Albofalac* et *Albolfalac*, se révolta contre al-Moutamin, et reconnut pour son souverain al-Modhaffar, l'oncle d'al-Moutamin, qui avait été incarcéré à Rueda par son frère al-Moctadir [2]. Al-Modhaffar demanda du

---

1) Le récit de cette guerre ne se trouve que dans les *Gesta*, p. xx—xxii. En lui-même il n'a rien d'improbable. Les notices catalanes, aragonaises et arabes sur cette époque, sont si maigres, qu'il faut se garder de rien conclure de leur silence.

2) Je crois devoir donner quelques renseignements sur cet al-Modhaffar

secours à Alfonse, qui envoya vers lui son cousin-germain,

(المظفر)), que les *Gesta* nomment par erreur *Adafir* (الظافر). On les chercherait vainement ailleurs. Ibn-Khaldoun, dans son chapitre sur les Benou-Houd (d'après les deux man. de Paris et celui de Leyde), dit ce qui suit : ولى ابنه احمد المقتدر سرقسطة وسائر الثغر الاعلى وابنه يوسف المظفر لاردة ثم نشأت الفتنة بينهما وانتصر المقتدر بالافرنج والبشكنس فاجاءوا لمبيعـادة فوقعت الفتنة بيـن المسلمين وبينهم ناثرة وانصرفوا الى يوسف صاحب لاردة فحاصر بهم سرقسطة وذلك سنة ٤٤٣. » (Après la mort de Solaimán al-Mostaín en 438), l'un de ses
» fils, Ahmed al-Moctadir, gouverna Saragosse et le reste de la Marche du
» nord, et l'autre, Yousof al-Modhaffar, gouverna Lérida. Ensuite la guerre
» éclata entre ces deux frères. Al-Moctadir appela les Francs (c. à. d. les
» Catalans) et les Basques (c. à. d. les Navarrais) à son secours. La guer-
» re entre ceux-ci et les Musulmans fut violente; mais quelque temps
» après, les chrétiens embrassèrent le parti de Yousof, seigneur de Léri-
» da, qui assiégea avec leur secours Saragosse, dans l'année 443 (15 mai
» 1051 — 2 mai 1052)." Dans un titre de Ramire d'Aragon du 4 mai
1049 (cité par Briz Martinez, *Hist. de S. Juan de la Peña*, p. 449,
col. 2), on lit qu'al-Moctadir régnait alors à Saragosse et *Almudafar* à
Lérida. Moret (*Annales de Navarra*, t. I, p. 680) cite une autre charte, où on lit la même chose; mais la date, 1043, doit être fautive, car
al-Mostaín ne mourut qu'en 1046 ou 1047. Quant à la guerre sur laquelle Ibn-Khaldoun nous donne quelques détails, aucun historien européen
n'en a parlé jusqu'à présent; c'est donc un fait à ajouter à l'histoire
d'Espagne. Il est toutefois à regretter qu'Ibn-Khaldoun n'ait pas donné
des notices plus circonstanciées; on ne voit pas *pourquoi* le comte de Barcelone (Raymond Ier) et le roi de Navarre (García Sanchez el de Nágera)
abandonnèrent le parti d'al-Moctadir pour embrasser celui de son frère;
on n'apprend pas non plus quelles furent les suites du siége de Saragosse.
Toujours est-il que les deux frères gardèrent leurs états respectifs, et qu'ils
continuèrent à se haïr. Ibn-Haiyán (*apud* Ibn-Bassám, man. de Gotha,
fol. 115 v., 116 r.) nous offre le récit d'une trahison infâme, ourdie
par al-Moctadir contre son frère, en novembre 1058. Ce passage me

l'infant Ramire, fils de Garcia de Navarre, et Gonzalo Salva-

paraît assez curieux pour que je le reproduise ici. الخبر ببادرة احمد
ابن سليمان بن هود فيما كان رامه من الفتك باخيه ۞ ابو مروان
ابن حيّان وفى رمضان من سنة ٤٥٠ سقط الخبر اليِنا بذلك وكان
(وكانا lisez) اتّفقا على الالتقاء طلبًا للسلم والكفّ عن الفتنة فلما
خرجا للمكان المتّفق عليه تكارما فى اللقاء وتداذبا دون احد
من اصحابهما وكلاهما حاسرًا عدل (عُزَّلًا lisez) على ما تشارطاه
تمكينًا لصانيتنتهما (لطمانينتهما lisez) فتنازعا الكلام فيما جاء اليه
فلم يرع يوسف الّا اطال فارس عليه من ناحية موقف معسكر اخيه
احمد شاكى السلاح يبرق وسنان (يبرق سنان lisez) رمحه واذا
بطريق من مستامنة النصارى الخريبيين (؟ النبريبيين lisez) الخادمين
معه قد واطاه احمد على الفتك باخيه فانقضّ على يوسف وهو
يكلّم اخاه واحمد يصيح حتى خالط يوسف وطعنه ثلاث طعنات
وتنحت درع يوسف درع حصينة كان قد استظهر بلباسها خلل
اثوابه ابدا بالحزم فرّتَّ سنان الرمح عنه وصاح يوسف ذكو
اصحابه غدرت فابتدروه ونجوا به وقُيّد بجراحه وقد ابتدر احمد
رجاله واختلط الفريقان اختلاطا قبيحا كادت تقع بينهم ملاحمة
اطفاها احمد بالبروء من العلج لوثنه ورفع راسه والنداء عليه
فسكن شغب الفريقين وانكفاً كلّ وطنه فعادت (حال ajoutez) ابنى
هود. التفرّق من كانت كالذى « *Récit de l'action inconsidérée*
» *d'Ahmed ibn-Solaimán ibn-Houd, quand il chercha à tuer son frère*
» *par trahison*. Abou-Merwán ibn-Haiyán dit: Dans le mois de Rama-
» dhán de l'année 450, nous fûmes informés (à Cordoue) de cet événe-
» ment. Les deux frères étaient convenus d'avoir une entrevue pour tâ-
» cher de conclure la paix et de faire cesser la guerre. Arrivés tous les

dores, gouverneur de la Vieille-Castille et surnommé Quatremains à cause de sa bravoure, accompagnés de plusieurs au-

---

» deux au lieu convenu, ils se témoignèrent réciproquement les plus grands
» égards, et s'approchèrent l'un de l'autre sans aucune suite; ils étaient
» tous les deux sans armes, comme cela avait été arrêté entre eux pour
» leur sûreté réciproque. Ils parlèrent de choses et d'autres; mais au mo-
» ment où Yousof y songea le moins, un cavalier fondit sur lui, qui ve-
» nait du côté du camp d'Ahmed, le frère de Yousof; il était armé de
» pied en cap, et la pointe de sa lance jetait des éclairs. Le fait était
» qu'Ahmed avait intimé l'ordre à un certain *patricien* (chevalier), qui
» appartenait aux chrétiens navarrais (?) qu'il avait à son service et
» auxquels il se fiait, d'attaquer son frère à l'improviste. Ce chevalier
» fondit donc sur Yousof, tandis que celui-ci parlait avec son frère et
» qu'Ahmed poussait des cris; il attaqua Yousof et le frappa trois fois de
» sa lance. Mais Yousof portait sous sa tunique une bonne cotte de mail-
» les, que par prudence il revêtait toujours sous ses habits. Cette armure
» repoussa la pointe de la lance, et Yousof cria aux siens: Je suis trahi!
» Ils se précipitèrent vers lui et le mirent en sûreté, ses blessures l'empê-
» chant de marcher. Ahmed était retourné en toute hâte vers son camp.
» Les soldats des deux armées se dirent les plus graves injures, et ils s'ap-
» prêtaient au combat; mais Ahmed l'empêcha, en se disculpant à l'in-
» stant même de toute complicité avec le chrétien, en faisant porter la tête
» de ce dernier au bout d'une lance, et en la faisant accompagner par un
» héraut qui proclamait son crime. Alors le tumulte cessa, et chacune
» des deux armées retourna vers ses foyers; mais les deux Benou-Houd
» restèrent ennemis comme auparavant." Dans un titre du 26 novembre
1058 (cf. Bofarull, *Condes de Barcelona*, t. II, p. 79), Raymond Ier de
Barcelone promet à Raymond, comte de Cerdagne, qu'il l'aidera à forcer
les deux princes de Saragosse et de Lérida à lui payer le tribut qu'ils
avaient payé auparavant aux comtes de Cerdagne. Dans une convention
entre Ermengaud, comte d'Urgel, et Raymond Ier, de l'année 1063
(*Marca Hispanica*, p. 1125 et suiv., où l'éditeur donne par erreur l'année
1064), le premier promet au second de lui donner la troisième partie
des terres qu'il pourrait enlever ou à Alchagib (al-Hádjib; c'était le titre

tres nobles et d'une nombreuse armée. Ils se mirent en mar-

---

d'al-Moctadir, ainsi qu'il résulte d'une autre charte (*Marca*, p. 1112), où on lit: *Alchagib Dux Caesaraugustae*), ou à Almudafar. Au rapport d'Ibn-Haiyán (*apud* Ibn-Bassám, man. de Gotha, fol. 48 v. — 51 r.), Barbastro fut prise par les chrétiens en 456 (1064, et non 1065, comme on le dit ordinairement; comparez mon Histoire des Benou-Abbád), parce que son émir, Yousof ibn-Solaimán ibn-Houd (c. à. d. al-Modhaffar), avait abandonné à leur sort les habitants de cette ville, qui voulaient se gouverner eux-mêmes (لتخطبيهم ووكلهم الى انفسهم). Dans le printemps de l'année suivante (1065), al-Moctadir, aidé par une troupe de cinq cents cavaliers que lui avait envoyés al-Motadhid de Séville, reconquit Barbastro, dont les habitants ne l'aimaient pas et lui préféraient son frère. Par un acte du 18 juin 1078 (cf. Diago, *Condes de Barcelona*, fol. 132 r. et v.), Raymond II de Barcelone promet à son frère Bérenger, qu'il sera pour lui un ami fidèle, et qu'il l'aidera de tout son pouvoir; il lui donne comme ôtage le roi Almudafar, qui serait obligé à payer à Bérenger le tribut qu'il avait payé au père des deux princes, Raymond Ier. Chez Ibn-Bassám (man. de Gotha, fol. 9 r.) on trouve une lettre d'Ibn-Táhir à *al-Modhaffar, seigneur de Lérida;* elle ne porte point de date. D'après un auteur cité par Ibno-'l-Abbár (dans mes *Script. Ar. loci de Abbad.*, II, p. 104), le célèbre Ibn-Ammár séjourna pendant quelque temps à Lérida, à la cour » du seigneur de cette ville, al-Modhaffar Ho- » sámo-'d-daulah Abou-Omar Yousof, fils de Solaimán al-Mostaín." Cet auteur ajoute que ce prince était le fils *aîné* d'al-Mostaín, et qu'il surpassait son frère al-Moctadir par sa bravoure et par ses connaissances littéraires.

Puisque nous avons vu qu'al-Modhaffar était encore seigneur de Lérida en juin 1078, et que nous savons qu'al-Moctadir mourut en 1081, il faut admettre que ce dernier priva son frère de ses états et l'emprisonna à Rueda, dans une des quatre dernières années de son règne. Nous ne possédons point de renseignement à ce sujet; mais on ne peut douter du fait, quand on se rappelle qu'al-Moctadir possédait Lérida vers l'époque de sa mort, et qu'il donna cette ville, ainsi que Dénia et Tortose, à son fils Mondhir.

che vers la fin de septembre, à ce qu'il paraît [1]. Quand ils furent arrivés à Rueda, al-Modhaffar fit prier Alfonse, par leur entremise, de venir en personne. Le roi le fit, et resta pendant quelques jours à Rueda. Après son départ, al-Modhaffar mourut. Albofalac traita avec l'infant Ramire, et offrit de livrer Rueda à Alfonse, auprès duquel il se rendit en personne en le priant d'entrer dans la ville. Alfonse y consentit; mais il semble ne pas avoir eu beaucoup de confiance dans l'Arabe, car il voulut que ses généraux entrassent avant lui dans la forteresse. Dès qu'ils y furent entrés, il devint évident qu'Albofalac avait tendu un piége à Alfonse, car les Arabes lancèrent incontinent une grêle de pierres sur les Chrétiens et en tuèrent un grand nombre. On transporta le corps de Gonzalo Quatremains à Oña, où on l'enterra; il paraît qu'il avait été tué, ainsi que ses compagnons d'armes, le 9 juin 1084 [2]. Pour expliquer ce récit des *Gesta*, il faut supposer,

---

1) C'est ce qui semble résulter du testament du comte Gonzalo Salvadores Quatremains, analysé par Moret (*Annales*, t. II, p. 15). Cet acte, dressé dans le cloître d'Oña, porte la date du 5 septembre 1083; le comte y donne plusieurs terres et autres choses au cloître d'Oña, et il ordonne que, s'il est tué dans cette guerre, son corps devra être transporté à Oña, où ses ancêtres étaient enterrés. Moret parle encore du testament du comte Nuño Alvarez, qui assista aussi à cette expédition; cet acte porte la date du 14 août 1083, et il est de la même nature que le testament de Gonzalo.

2) L'épitaphe espagnole de Gonzalo (*apud* Sandoval, *Cinco Reyes*, fol. 68, col. 4, fol. 69, col. 1), donne la date 9 juin 1074. Elle n'a été composée que longtemps après l'époque dont il s'agit, car le tombeau a été renouvelé; mais il me paraît certain qu'il y avait une épitaphe sur le premier tombeau, que la date 9 juin est exacte, et que celui qui a composé l'épitaphe espagnole, n'a pas fait attention au second X (ère MCXXII) de l'ancienne épitaphe latine; de là la méprise. Toujours est-il que la trahison de Rueda doit être postérieure au 5 septembre 1083, date du

je crois, qu'après la mort d'al-Modhaffar, le gouverneur de Rueda tâcha de regagner la faveur d'al-Moutamin, et qu'il était d'intelligence avec lui quand il trahit l'armée chrétienne.

Quand Rodrigue qui se trouvait alors à Tudèle, eut appris qu'Alfonse était retourné, plein de tristesse, à son camp, il vint le trouver. Alfonse le reçut honorablement et l'engagea à le suivre en Castille. Rodrigue y consentit, mais s'apercevant bientôt que le roi le haïssait toujours, il se hâta de le quitter et retourna à Saragosse. Al-Moutamin lui ordonna d'aller faire une incursion en Aragon. Il y entra, fit beaucoup de prisonniers, gagna un riche butin, et retourna, après une absence de cinq jours, à Monzon. Sancho n'avait pas osé aller à sa rencontre, disent les *Gesta*. Il est probable qu'il ne le put pas; l'*algára* s'était effectuée avec une rapidité extrême, et les bandes du *guerrillero* avaient disparu avant que le tocsin eût propagé l'alarme. Ensuite Rodrigue fit une autre incursion sur le territoire du Hádjib Mondhir; il porta ses armes du côté de Morella, ravagea tout, mit le siège devant Morella, rebâtit le château d'Alcala de Chivet et s'y fortifia. Mondhir implora le secours de Sancho d'Aragon; les deux princes établirent leurs camps sur l'Ebre, et Sancho fit sommer Rodrigue d'évacuer le territoire de Mondhir. Rodrigue lui fit répondre que, s'il venait avec des intentions pacifiques, il le laisserait passer librement, et lui donnerait même cent de ses soldats pour le conduire; mais il ajouta qu'il resterait où il était. Ayant reçu cette réponse, Sancho et Mondhir marchèrent contre Rodrigue, qui les attendit de pied ferme. Le combat s'engagea et dura longtemps; à la fin, Sancho et Mondhir furent défaits, et prirent la fuite. Rodrigue les poursuivit; il fit prisonniers quantité de nobles aragonais et deux mille soldats.

---

testament de Gonzalo, et que trois petites chroniques la fixent à l'année 1084.

Chargé d'un butin immense, il retourna à Saragosse, où al-Moutamin le combla d'honneurs [1].

C'est l'histoire de Valence qui attirera désormais notre attention.

Quand al-Kádir billáh céda Tolède à Alfonse VI (le 25 mai 1085), il le fit sous la condition que le puissant roi de Castille et de Léon le remettrait en possession de Valence [2]. Al-Kádir se rendit d'abord à la forteresse de Cuenca, où commandaient ses fidèles serviteurs les Benou-'l-Faradj [3]. De là il envoya un des membres de cette famille à Valence [4], pour que celui-ci entrât en pourparlers avec Abou-Becr ibn-Abdo-'l-azíz,

---

1) *Gesta*. Bien que ce livre soit le seul qui fasse mention de ces faits d'armes, je dois cependant faire observer que les autres documents relatifs à cette période, ne les contredisent d'aucune manière, qu'ils rentrent parfaitement dans le génie de cette époque, qu'ils ont un caractère très-prononcé de vraisemblance, et qu'ils sont confirmés, quoique d'une manière vague et générale, par le témoignage d'Ibn-Bassám.

2) Ibn-Bassám; *Kitábo 'l-iktifá* (*Scriptor. Arab. loci de Abbadidis*, t. II) p. 18; Ibn-Khaldoun dans deux passages que je copierai plus bas; *Cronica general*, fol. 314, col. 2; celle-ci ajoute qu'Alfonse lui avait aussi promis de le mettre en possession de Dénia et de Santa Maria d'Albarracin, parce qu'il comptait mettre à profit les divisions des Maures.

3) Ibn-Bassám. La *Cronica general* (fol. 314, col. 4) dit qu'il se rendit » à un endroit qu'on nomme Santa Maria." Est-il question ici d'Albarracin? Le rédacteur de la *Cronica del Cid* (ch. 132) l'a cru, car il dit: » vinose para Albarrazin;" mais je dois avouer que cette supposition me paraît peu probable, parce que, dans la *Cron. gener.*, il a été question, quelques lignes plus haut, d'Albarracin, et qu'ici l'auteur parle de Santa Maria comme d'un endroit peu connu. Quoiqu'il en soit, le témoignage d'Ibn-Bassám mérite ici sans doute la préférence.

4) » Un sien ami qui était nommé Abenfarax" *Cr. gener.*, fol. 314, col. 4. La *Cron. del Cid* a eu tort de substituer *primo*, cousin-germain, à *privado*, ami.

seigneur de cette ville, et l'engageât à la livrer à al-Kádir [1];
mais ce dernier craignait bien que cette démarche ne fût sans
succès, car Ibn-Abdo-'l-azíz allait donner en mariage sa fille
au fils du roi de Saragosse [2], de sorte qu'il pouvait compter sur

---

1) *Cr. general.* Comparez Ibn-Bassám.

2) *Cron. general.* Il est aussi question de ce mariage dans le *Kitábo 'l-iktifá* (p. 16), mais l'auteur de ce livre dit qu'il eut lieu quand al-Kádir régnait encore à Tolède. Le récit de la *Cr. general* est trop circonstancié pour qu'il soit permis de le rejeter. Ibn-Khácán, dans son chapitre sur Ibn-Táhir, nous offre le passage suivant: ولما نهضت بنت الوزير
الاجلّ ابى بكر بن عبد العزيز الى سرقسطة لتزوّج الى المستعين
بالله استدعى المؤتمن بالله اعيان الاندلس وامجادها وابطالها
وانجادها، وكتّابها ووزراءها وحجّابها وامرائها، لمشاهدة زفافها
فاجابوا لمناديه، وانحشروا لناديه، وكان عرسا لم تكتحل مثله
بسرقسطة عين بوس، ولم يحتفل احتفاله فيه المامون لبوران
بنت الحسن، حشرت اليه الامال حشرا، وطابت فيه الامانى عرفا
ونشرا، وابدت له الدنيا تهلّلا وبشرا، ورمت فيه المسرّات
جمارها، وفسحت لطراء المستهزئين مضمارها، « Quand la fille du
» noble wézir Abou-Becr ibn-Abdo 'l-azíz, partit pour Saragosse pour y
» épouser al-Mostaïn billáh, al-Moutamin billáh invita aux noces les An-
» dalous les plus considérés et les plus illustres, les héros les plus braves
» et les plus distingués, les kátibs et les wézirs, les hádjibs et les émirs.
» Ils s'empressèrent d'accepter son invitation, et se rendirent en foule à sa
» cour. Pendant ces noces, les festins se succédèrent sans interruption,
» et l'on n'avait pas le loisir de se livrer un seul instant au sommeil. Al-
» Moutamin donna des fêtes plus splendides que n'en avait donné al-Ma-
» moun (le khalife abbáside) à l'occasion de son mariage avec Bourán, la
» fille d'al-Hasan (ibn-Sahl); tous les plaisirs y étaient réunis; tout y était
» parfumé de délices; tout y étincelait de richesses; c'était une pluie de
» jouissances, et la lice était ouverte à ceux qui voulaient épuiser tous les

un puissant allié [1]. Ibno-'l-Faradj avait reçu l'ordre de sonder en secret les intentions d'Ibn-Abdo-'l-azíz, de lui dire que son maître l'avait envoyé pour demander des conseils au seigneur de Valence, et qu'al-Kádir avait l'intention de les suivre. Arrivé à Valence, il se logea dans la maison d'Abou-Isá ibn-Labboun [2], où il resta jusqu'à ce que le mariage dont il a été question, eût été conclu [3]. Les négociations qu'il entama, n'aboutirent à aucun résultat; mais Ibn-Abdo-'l-azíz n'avait pas vu sans crainte se conclure le traité entre Alfonse et al-Kádir [4].

Peu de temps après, Ibn-Abdo-'l-azíz tomba malade [5], et mourut après un règne de dix années [6]. Il laissa deux fils

---

» plaisirs." Après ce passage (dont j'ai donné une traduction fort libre, parce qu'il est presque impossible de le traduire littéralement), Ibn-Khácán copie une lettre, adressée à al-Moutamin par Ibn-Táhir, où ce dernier s'excuse de ne pouvoir assister aux noces, à cause de sa vieillesse.

1) L'auteur du *Kitábo 'l-iktifá* dit qu'Ibn-Houd avait contracté ce mariage dans l'espoir de devenir maître de Valence. Il paraît donc qu'il espérait succéder à Ibn-Abdo-'l-azíz.

2) Dans la *General* » Aboeça abenlupon." Puisque l'on prononçait en Espagne les sons ـَو et ـِى, *o* et *é*, *Aboeça* et *pon* (dans *lupon*) sont des transcriptions parfaitement exactes. Mais puisque لبون est une forme arabe de *Léon*, et que la mesure de plusieurs vers indique que le *b* ou le *p* doit être doublé (voyez la note de M. Weijers dans les *Orientalia*, t. I, p. 415, 416), *Lupon* n'est pas la véritable prononciation du mot لبون; cependant toutes les consonnes ont été bien rendues. Dans la *Cron. del Cid*, ce nom a été estropié ainsi: *Abenlumpo*.

3) *Cronica general*.

4) Ibn-Bassám.

5) *Cronica general*.

6) Comparez plus haut, p. 311; Ibn-Khaldoun (fol. 27 r.): ثم هلك سنة ٧٨، لعشر سنين من ولايته وولى ابنه القاضى عثمان, » Il (Ibn-Abdo-'l-azíz) mourut dans l'année 478, après un règne de dix années, et son

qui avaient déjà été ennemis pendant la vie de leur père, et qui, après sa mort, se trouvèrent en concurrence lorsqu'il fut question de diviser l'héritage. Bientôt deux partis se formèrent à Valence, dont l'un tenait pour l'aîné, nommé le kádhí Othmán (probablement parce qu'il avait exercé l'emploi de kádhí sous le règne de son père), l'autre pour son frère [1]. Deux autres partis se formèrent en même temps, l'un voulant reconnaître pour seigneur le roi de Saragosse, l'autre, al-Kádir. Le commandant du château, Abou-Isá ibn-Labboun, fatigué de ces discordes, conçut le dessein de quitter Valence et de se retirer dans la ville de Murviédro qui lui appartenait. Il communiqua ce projet au kátib Abou-Mohammed Abdolláh ibn-Haiyán al-Arauschi [2],

---

» fils, le kádhí Othmán, régna à sa place." *Kitábo 'l-iktifá*, p. 19; la *Cr. gener.* (fol. 314, col. 3) attribue *onze* années de règne à ce prince; la différence est si minime qu'elle mérite à peine d'être signalée.

1) *Cr. general*, fol. 314, col 4; fol. 315, col. 1; Ibn-Bassám; *Kitábo 'l-iktifá;* cf. Ibn-Khaldoun dans la note précédente.

2) Dans la *Cron. gen.* on lit: Mahomad abenhayen (prononcez abenhayén) alaronxa. Dans un article d'ad-Dhabbi, extrait par Casiri (II, p. 138) et que M. Defrémery a eu la complaisance de copier pour moi, il est question d'un personnage nommé Abdolláh ibn-Haiyán al-Arauschi, الأَرُوشِي (sic, avec les voyelles). Il y est dit que ce savant théologien, qui était né en 409 de l'Hégire, alla s'établir à Valence; qu'il possédait une bibliothèque extrêmement riche; qu'au rapport d'Ibn-Alcamah, dans son histoire de Valence, al-Kádir la fit enlever de la maison du théologien et transporter dans son palais. Ces livres étaient si nombreux qu'ils s'élevaient à 143 fardeaux de portefaix; cependant le bibliophile avait réussi à en cacher environ la troisième partie (وكانت له نعمة عالية فى

اقتناء الكتب وجمعها ذكر ابن علقمة فى تاريخه ان ابن ذى النون صاحب بلنسية اخذ كتب الاروشى من داره وسيقت الى قصره وذلك مائة عدل وثلاثة واربعون عدلا من اعدال الحمّالين يقدر كل عدل منها بعشرة ارباع وقيل انه كان قد اخفى منها

son ami intime, qui fit tous ses efforts pour l'engager à rester et à ne pas l'abandonner dans un temps aussi périlleux. Ils se promirent alors de demeurer à Valence pour voir comment les choses tourneraient, et ils jurèrent de s'entr'aider, quoi qu'il arrivât. Ils restèrent donc dans le château, et Abou-Isâ envoya ses parents et ses amis à Murviédro, à Castro, à Sainte-Croix [1] et à ses autres châteaux pour les garder [2].

نحو الثلث). Il mourut dans l'année 487 de l'Hégire (1094). Dans un manuscrit de l'Escurial (n°. 486, 1), qui contient des lettres en prose rimée, recueillies par le célèbre Ibn-Khácán, dont M. de Gayangos a eu la bonté de me copier les titres, on trouve (fol. 35 v.) une lettre du wézir Abou-Mohammed ibno-'l-Arauschí, au sujet d'une question où il se trouvait en opposition avec Ibn-Báddjah (Aben Pace) في مسألة نازع فيها (ابن باجّة). Dans la supposition que dans la *Cronica general*, ad-Dhabbí et le recueil d'Ibn-Khácán, il s'agit d'un seul et même personnage, j'ai cru que, dans le premier de ces ouvrages, il faut lire *Abu Mahomad* au lieu de *Mahomad*, et *alarouxi*, ou *alarauxi*, au lieu d'*alaronxa*. Je dois encore faire observer que les auteurs espagnols du moyen âge, donnent fréquemment aux noms relatifs la terminaison *a*, au lieu de *i*.

1) On lit dans la Chronique de Ripoll (*apud* Villanueva, t. V, p. 245), à l'année 1063, » fuit captum castrum dasens ☩." Zurita (*Anales de Aragon*, t. I, fol. 23 v.) qui sans doute s'est servi de cette même chronique, est tombé dans une lourde bévue, en disant: » et Casteldasses fut » pris." A en croire Diago (*Condes de Barcelona*, fol. 175, col. 2), il est fait mention d'un *Castelldasens* dans la convention de Raymond III, comte de Barcelone, avec le gouverneur maure de Lérida. Peut-être est-il aussi question ici du *château de Sainte-Croix*. Ce point pourra être examiné, car le titre en question (de l'année 1120) existe encore dans les archives de Barcelone (cf. Bofarull, t. II, p. 175; il est à regretter que ce savant n'ait pas jugé à propos de publier cette pièce qui paraît assez curieuse). Il est possible que le château d'Ibn-Labboun soit identique avec *Sainte-Croix de Castille*, nommé dans les *Fueros* valenciens de Jacques Ier

Ibno-'l-Faradj retourna vers al-Kádir et l'informa de ce qui se passait à Valence. Al-Kádir jugea le moment favorable; il réunit ses troupes, et se fit accompagner d'une armée chrétienne, commandée par Alvar Fañez.

Nous avons déjà rencontré le nom de ce parent de Rodrigue, dans la *charta arrharum* de ce dernier. Deux années plus tard, le 17 novembre 1076, il signe comme témoin le Fuero de Sepulveda [1]. Après la prise de Tolède, Alfonse l'avait envoyé, en qualité d'ambassadeur, auprès d'al-Motamid de Séville [2]. Dans cette même année 1085, il signe un titre d'Alfonse et de son épouse Constance [3].

Al-Kádir se mit en marche, avertit les Valenciens de son arrivée, leur donna les plus belles promesses, et leur fit savoir qu'il se trouvait à Serra [4]. Les principaux habitants se réunirent en conseil; chacun donna son opinion, mais à la fin ils résolurent de livrer la ville à al-Kádir, parce qu'ils craignaient de la voir pillée par l'armée chrétienne. Ils déposèrent donc

---

(cf. Escolano, *Historia de Valencia*, t. I, p. 177). Dans ce cas, il se trouvait sur la frontière valencienne, du côté de la Nouvelle-Castille.

2) *Cronica general*, fol. 315, col. 2.

1) Voyez Llorente, *Noticias de las tres provincias Vascongadas*, t. III, p. 426, 428.

2) *Al-Holalo 'l-mauschiyah* (*Script. Arab. loci de Abbadidis*, t. II, p. 185), où on lit القرمط البرهانس. Ce mot القرمط me paraît une altération de القومط, *conde*, *comte*.

3) Sota, p. 539, col. 1. Cet auteur n'indique pas la date précise de ce titre.

4) *Sera* dans la *Cronica general*, *Serra* dans celle du Cid. Sierra, dit Diago (*Anales del Reyno de Valencia*, fol. 246, col. 2), est un village près de Naquera, à peu de lieues de Valence. Escolano (*Historia de Valencia*, t. I, p. 378) dit qu'on le nomme Serra de Naquera, parce qu'il est près d'un village de ce nom.

Othmán, et firent savoir à al-Kádir que tout le sénat [1], de même qu'Abou-Isá ibn-Labboun, le gouverneur du château qui gardait les clefs de la ville, avaient reconnu avec plaisir son autorité [2].

---

1) » Toda la aljama," dit la *Cr. general.* Ibn-Haiyán donne toujours le nom d'*al-djamáah* au sénat de Cordoue.

2) *Cr. general; Kitábo 'l-iktifá,* p. 19, où on lit aussi qu'Alvar Fañez commandait l'armée chrétienne (fait qui est confirmé indirectement par Ibn-abí-Zer, *al-Kartás*, p. ٩٤, l. 3, édit. Tornberg); mais quand l'auteur de ce livre ajoute que Valence se soumit à al-Kádir dans l'année 480, il est clair qu'il se trompe; car non-seulement il se trouve en opposition avec Ibn-Bassám (*avant* la bataille de Zalláçah), avec la *Cron. general* (de même) et avec Ibn-Khaldoun, mais encore il est peu probable qu'Alfonse entreprit la conquête de Valence, alors que son armée venait d'être anéantie dans la bataille de Zalláçah. Ibn-Khaldoun, fol. 27 r.: فلما سلّم القادر من (بن *lisez*) ذى النون طليطلة وزحف الى بلنسية ومعه الفنش كما قلناه وخلع (و *rayez*) اهل بلنسية عثمان بن ابى بكر وامكنوا منها القادر خوفا من استيلاء النصرانى وذلك سنة ٤٧٨ ثم ثار الخ, » Après qu'al-Kádir ibn-Dhí-'n-noun eut livré Tolède, et qu'il se fut » mis en marche contre Valence, accompagné d'Alfonse," — ce dernier renseignement me paraît inexact — » ainsi que nous l'avons dit, les Va- » lenciens déposèrent Othmán ibn-abí-Becr, et livrèrent leur ville à al- » Kádir, de crainte que le chrétien ne la prît par la force. Ceci arriva » dans l'année 478." Le passage auquel l'auteur renvoie, se trouve dans l'histoire des rois de Tolède (fol. 26 v.). Le voici: وضايق (الفنش) ابن ذى النون حتى غلبه على طليطلة فخرج له القادر عليها (*lisez* عنها) سنة ٤٧٨ وشرط عليه ان يظاهره على اخذ بلنسية وعليها عثمان القاضى ابن ابى بكر بن عبد العزيز من وزراء ابن ابى عامر فخلعه اهلها خوفا من القادر ان يمكن منهم الفنش فدخلها القادر » Al- » fonse réduisit Ibn-Dhí-'n-noun à l'étroit, jusqu'à ce qu'il s'emparât de

Sur ces entrefaites [1], le roi de Saragosse, Yousof al-Moutamin, était mort, et son fils Ahmed al-Mostaín lui avait succédé [2]. D'après l'auteur des *Gesta*, le Cid était encore à Saragosse.

Abou-Isá, accompagné des principaux Valenciens, alla à Serra pour inviter al-Kádir à faire son entrée dans Valence. Accompagné de son armée, le prince entra dans cette ville, et le peuple l'accueillit avec empressement et en poussant des cris de joie. Abou-Isá avait fait mettre le château dans un état convenable pour y recevoir le prince avec ses femmes et sa suite; les cavaliers arabes les plus distingués furent logés dans la ville; les arbalétriers et les autres soldats bivouaquaient autour du château, sur la place entre cet édifice et la mosquée; enfin Alvar Fañez et ses soldats chrétiens furent logés dans le village de Ruçáfa [3]. Al-Kádir nomma Abou-Isá ibn-Labboun au rang de premier wézir [4], mais il lui gardait rancune parce

---

» Tolède. Al-Kádir lui céda cette ville dans l'année 478, et stipula qu'Al» fonse l'aiderait à se rendre maître de Valence, où régnait Othmán le kádhí, » fils d'Abou-Becr ibn-Abdo-'l-azíz, un des wézirs d'Ibn-abí-Amir. Oth» mán fut déposé par les Valenciens, parce qu'ils craignaient qu'al-Kádir » les livrât à Alfonse. Al-Kádir entra alors dans Valence." Comparez aussi Ibn-Bassám. An-Nowairí (man. 2 h, p. 494) dit: وأرسل القادر بالله الى بلنسية, » Alfonse envoya al-Kádir billáh à Valence."

1) » E entre tanto," dit la *Cr. general*, fol. 315, col. 2.

2) Tous les auteurs arabes qui parlent des Benou-Houd, s'accordent à fixer la mort d'al-Moutamin à l'année où Tolède fut prise. Dans la *Cronica general*, le prince qui mourut est nommé par erreur Hamet (Ahmed) et son successeur Yuçaf. Dans le *Kitábo 'l-iktifá* (p. 19), il faut lire Yousof *al-Moutamin* au lieu de Yousof *al-Moctadir*.

3) Ruçaf dans la *Cron. general*. Comparez la traduction française d'Aboulféda par M. Reinaud, t. I, p. 258.

4) » Algualzin (sic) mayor," c'est-à-dire, Dhou 'l-wizarataini.

qu'il avait servi le rebelle Ibn-Abdo-'l-azíz. De son côté, Abou-Isá ne savait s'il devait se fier à al-Kádir; cependant il le servait très-loyalement, et quand al-Kádir se fut assuré de son zèle sincère, il lui témoigna les plus grands égards, lui jura qu'il ne prendrait jamais un autre premier wézir, et lui promit de ne rien faire sans son approbation.

Les gouverneurs des forteresses apportèrent de magnifiques présents à al-Kádir et lui promirent de le servir fidèlement ; ils le faisaient dans l'espoir que le prince renverrait Alvar Fañez et l'armée chrétienne, car l'entretien de cette armée coûtait six-cents dínárs [1] par jour. Le roi lui-même

---

1) Dans le texte il y a » seyscientos maravedís." Le mot espagnol *maravedí* est une altération de l'adjectif arabe *morábiti*; *dinár morábiti*, *dinár almoravide*. Anciennement on disait *morabitinus* (voyez par exemple, le tarif d'Alfonse III de Portugal, de l'année 1253, publié par Ribeiro, *Dissertações sobre a historia e jurisprudencia de Portugal*, t. III, part. 2, p. 59 et suiv.), en provençal *maraboti* (voyez la biographie provençale de Bertrand de Born, *apud* Raynouard, *Choix*, t. V, p. 91). Ce mot ne s'employa en Espagne qu'à partir du règne d'Alfonse VI. A en croire M. Yanguas (*Diccionario de antigüedades del Reino de Navarra*, t. II, p. 333), il serait question de *maravedís mercadantes* dans un titre de 1042; mais de deux choses l'une: ou M. Yanguas a ajouté de son chef le mot *maravedí*, ou bien il y a une erreur dans la date; car il est incontestable que le mot *maravedí* dérive de *morábiti*. La dynastie qui succéda aux Almoravides, donna aussi son nom à une monnaie qui fut connue parmi les chrétiens d'Europe. On sait que les Almohades portaient aussi le nom de Maçmoudites, emprunté à leur tribu (Maçmoud). Vers l'année 1209, on se servait en Navarre d'une monnaie d'or, qui avait la même valeur que le maravedí alfonsin, et qui s'appelait *mazmutina*, *mazmudina*, *mezmudina* ou *muzmedina*; il y en avait aussi en argent. Vers la même époque, il est aussi question de *meallas* (meajas) *muzmedinas jucefinas* (voyez Yanguas, t. II, p. 388); cette dernière monnaie empruntait son nom à Abou-Yacoub Yousof, le deuxième sultan des

n'avait pas les moyens de pourvoir à cette dépense, qui pesait lourdement sur ses sujets. Cependant al-Kádir craignait un sou-

---

Macmoudites ou Almohades. Cette monnaie avait aussi cours dans le midi de la France. *Croisade contre les Albigeois*, vs. 1065:

  Mot bon denier costeron e mota masmudina.

(J'observerai en passant que, dans le vers 1066 qui suit, il faut corriger la leçon:

  Si lo reis de Marces ab sa gent Sarrazina.

M. Fauriel a traduit *le roi de Murcie*, ce qui est tout à fait inadmissible parce qu'il n'y avait pas alors un roi de Murcie, et qu'en tous cas, ç'aurait été un chétif roitelet. Il faut lire: *Si lo reis de Marocs*. Pour les troubadours, l'idéal de la puissance et de la richesse, c'était le sultan de Maroc. *Parnasse occitanien*, p. 398:

  Quant m'auretz dat so don m'avetz dig d'oc,
  Serai plus rics que'l senhor de Maroc.)

Mais il s'agit de savoir quel mot arabe le traducteur espagnol a rendu par *maravedi*, car depuis Alfonse VI jusqu'à Alfonse le Savant, la valeur du maravedi a beaucoup varié, et ce mot indiquait soit une monnaie d'or, soit une monnaie d'argent. (*Voir* les notes d'Asso et Manuel sur le *Fuero viejo*, p. 8, 30, 31). La *Cron. del Cid* (ch. 180) dit que le maravedi de Valence était d'argent; » ces maravedis étaient d'argent, car il ne cou- » rait pas d'autre monnaie parmi eux." Cette assertion est contredite par le témoignage formel des auteurs arabes. D'ailleurs, la *Cron. gener.* mentionne expressément, dans l'endroit correspondant (fol. 328, col. 2), des *maravedis d'or*. Il y a une autre circonstance qui prouve que l'assertion de la *Cronica del Cid* est entièrement controuvée. Le tribut annuel qu'al-Kádir devait payer au Cid, est évalué par l'auteur du *Kitábo 'l-iktifá* (p. 25) à cent mille *dinárs* par an. La *Cron. gener.* (fol. 326, col. 4) dit mille maravedis par mois; mais je crois que c'est une erreur du copiste ou de l'éditeur, et qu'il faut lire *dix mille;* car la *Cron. del Cid* (ch. 173) dit deux mille maravedis (dinárs) par semaine (104,000 par an), ce qui s'accorde très-bien avec le témoignage du *Kitábo 'l-iktifá*.

Le maravedi de notre texte n'est donc pas le *dirhem* arabe; c'est le *dinár*, le ducat d'or de Valence, dont il est question dans les chartes

lèvement s'il éloignait l'armée chrétienne, et il ne voulut pas la renvoyer. Pour pouvoir la payer, il grèva la ville et son territoire d'un impôt extraordinaire, sous le prétexte qu'il avait besoin d'argent pour acheter de l'orge. Cet impôt frappa sans distinction les riches et les pauvres. Ce fut, dit l'historien que nous suivons, la première mauvaise action d'al-Kádir, et on prédit alors qu'il serait la cause de la perte de Valence, de même que Tolède s'était perdue par sa faute. Cet impôt parut si onéreux aux Valenciens que quand on se rencontrait, on employait comme proverbe les mots: »donnez l'orge¹!" Il y avait un chien à la boucherie, qui, quand on lui disait: »donnez l'orge!" commençait à aboyer. Alors un poète dit: »Dieu merci, nous en avons plusieurs dans notre » ville qui ressemblent à ce chien; quand on leur dit: »don- » nez l'orge!" cela leur pèse comme au chien ²."

Quand les gouverneurs des forteresses apportèrent leurs présents à al-Kádir et lui prêtèrent serment, un seul, Ibn-Mahcour³, gouverneur de Xativa, s'y refusa. Le roi lui

---

de cette époque; comparez plus bas, p. 475 dans la note. Le *dirhem* est toujours nommé dans la *Cron. gener.*, *dinero d'argent*. On conçoit aisément du reste, que le compilateur de la *Cron. del Cid*, qui vivait à une époque où il n'y avait plus de maravedis d'or, ait cru qu'il n'y en avait pas non plus à Valence.

1) »Daca la cevada!" Je suppose que le texte arabe portait هات الشعير.

2) C'est-à-dire: il y en a plusieurs qui ne sont pas disposés à souffrir plus longtemps les exactions d'al-Kádir, et qui se soulèveront bientôt contre lui.

3) On lit dans la *Dhakhirah* d'Ibn-Bassám (man. d'Oxford, fol. 109 v.) que, quand al-Motamid eut fait mettre en prison son wézir Ibn-Ammár, dans l'année 477 (1084), plusieurs personnes demandèrent sa grâce, et entre autres, le gouverneur de Xativa (صاحب شاطبة), Ibn-Mahcour, ابن محقور. Si ma mémoire ne me trompe pas, Ibn-Bassám a copié la lettre qu'Ibn-Mahcour adressa à al-Motamid à cette occasion; et j'ai sous

intima l'ordre de venir le trouver sans délai ; mais Ibn-Mahcour se contenta d'envoyer un messager avec des lettres et des présents ; il s'excusa de ce qu'il ne venait pas en personne, et assura al-Kádir qu'il le servirait avec fidélité et qu'il se soumettrait à tous ses ordres quels qu'ils fussent, et jugeât-il convenable de lui ôter le gouvernement de Xativa. Le roi consulta alors Abou-Isá ibn-Labboun, qui lui conseilla de laisser à Ibn-Mahcour le gouvernement de Xativa, de renvoyer Alvar Fañez et son armée, d'adopter une politique pacifique, d'apaiser la querelle qui s'était élevée entre les chevaliers et le peuple [1]. Ces conseils étaient bons, mais le roi ne voulut pas y croire ; il fit part des avis d'Ibn-Labboun aux deux fils d'Ibn-Abdo-'l-azíz, qui lui conseillèrent d'attaquer Ibn-Mahcour. Le roi goûta ce dernier conseil, rassembla une grande armée et marcha contre Xativa. Le premier jour de son arrivée, il se rendit maître de la partie la plus basse de la ville ; mais Ibn-Mahcour défendit le château, les forts et une

---

les yeux des extraits d'une lettre, écrite, sur l'ordre d'al-Motamid, par Abou-'l-walid ibn-Tarif (طريف), en réponse à celle d'Ibn-Mahcour. Ces extraits se trouvent dans l'*Encyclopédie* d'an-Nowairí, man. 273, p. 549. Le gouverneur de Xativa y est nommé par erreur ابن يحفور, et il y porte le titre de Dhou-'l-wizáratainí. Ce passage se trouve aussi, d'après une communication de M. Amari, dans le manuscrit 702 A. de la bibliothèque nationale à Paris (fol. 86 v.), qui contient divers fragments d'an-Nowairí. Le nom propre y est écrit indistinctement, de sorte que M. Amari est resté incertain s'il fallait lire بيحفور ou بحفور.

Il est donc certain que le gouverneur de Xativa se nommait ابن محقور, nom qui dans la *Cron. general* se trouve écrit Abenmacor (dans la *Cron. del Cid* il y a par erreur un c cédille). C'est là la véritable prononciation espagnole, car l'h ne se fait presque pas entendre, et قُ se prononce o.

1) » é que pensase de enderesçar el preyto de los cavalleros é del pue-» bro." Il n'est pas clair de quoi il s'agit ici ; aussi la *Cronica del Cid* a eu soin de sauter la phrase.

grande partie de la ville. Le siége avait déjà duré quatre mois quand les assiégés commencèrent à manquer de vivres; mais l'armée valencienne en manquait également, et les Valenciens ne pouvaient pourvoir ni aux besoins de l'armée d'Alvar Fañez, ni à ceux de leurs propres troupes. Le roi s'aperçut alors qu'il avait été mal conseillé, et pour punir les fils d'Ibn-Abdo-'l-azíz, il ordonna que l'un d'eux fournît, pendant trente jours, à Alvar Fañez tout ce dont il avait besoin; en outre, il jeta en prison un juif, qui était majordome du fils d'Ibn-Abdo-'l-azíz, et lui arracha tout l'argent qu'il avait entre ses mains.

Cependant Ibn-Mahcour, réduit à l'extrémité, envoya dire à Mondhir, le prince de Lérida, Dénia et Tortose, que, s'il voulait le secourir, il lui abandonnerait Xativa et tousses autres châteaux. Mondhir accepta l'offre, et envoya un de ses généraux nommé al-Aisar [1], qui devait aider Ibn-Mahcour à défendre le château, jusqu'à ce que Ibn-Houd eût pris à sa solde une armée chrétienne pour l'opposer à celle d'Alvar Fañez. Pendant la nuit, al-Aisar entra avec ses soldats dans le château; il y trouva le seigneur de la forteresse d'Almenara, qui était aussi venu au secours d'Ibn-Mahcour. Mondhir rassembla ensuite son armée, prit à sa solde Geraud d'Alaman, baron de Cervellon [2], avec ses soldats catalans,

---

1) Dans le texte *el esquierdo*. Il est facile de reconnaître ici le nom الايسر.

2) Dans le texte on lit *Giralte el Romano*, rien de plus. M. Huber (*Cron. del Cid*, Introduction, p. xcIII), a cru que c'était une faute, et il a préféré lire *Giralte Alaman*, parce que ce nom se trouve dans les *Gesta* (*Giraldus Alaman*, p. xxxv, xl.). Si l'on se donne la peine de consulter les documents relatifs à l'histoire de la Catalogne, ce que M. Huber n'a pas fait, on y trouvera non-seulement le véritable nom de ce personnage, mais on y verra aussi qui il était.

et marcha vers Xativa. A son approche, le roi de Valence prit la fuite en toute hâte; il se retira à Alcira, et de là il re-

---

Ce personnage se trouve nommé comme témoin dans plusieurs chartes. Dans une charte de 1068 (convention entre Raymond Ier de Barcelone et Raymond-Bernard, vicomte de Carcassone, *Marca Hispan.*, p. 1137), on lit, au génitif, *Geraldi Alamandi*. Dans un autre titre, de 1071 (accord entre Guillaume IV, comte de Toulouse, et Raymond Ier, comte de Barcelone, touchant le Lauraguais, dans l'*Histoire générale de Languedoc*, t. II, Preuves, p. 279, 280), *Gairaldi Alamandi*. Geraud Aleman était un des exécuteurs du testament de Raymond Ier de Barcelone (Diago, *Condes de Barcelona*, fol. 129 r.), qui l'avait aussi nommé tuteur de sa fille Sancha (*ibid.* fol. 131 v.). Son nom apparaît aussi dans un titre de 1086, où Ponce, vicomte de Girona, et son fils confient à Bérenger la tutelle de son neveu, Raymond III (Bofarull, *Condes*, t. II, p. 134). Son oncle Humbert de Alemany, comme écrit Diago (fol. 138 r.), évêque de Barcelone, qui mourut en 1088, lui donna le château de Gelida. Parmi le nom des vingt et un hauts personnages qui aidèrent Raymond Ier dans la composition des *Usages*, on trouve celui d'Aleman de Cervellon (voyez Diago, fol. 120 v.). Ce personnage est-il le même que celui dont il s'agit dans notre texte? C'est ce qui ne saurait être douteux; car il existe dans les archives de Barcelone (voyez Diago, fol. 138 v., 140 v.), une convention entre Bérenger de Barcelone et Geraud Aleman de Cervellon, datée du 15 juin 1089, par laquelle ce dernier s'engage à prêter au comte la somme de sept mille ducats d'or de Valence (ce sont les *maravedis* de la *Cron. gener.*, les *dinárs* arabes), tandis que le comte lui donne en nantissement le château de Santa Perpetua del Penades. Il est donc certain que Geraud Aleman était baron de Cervellon; car Cervellon était une baronie (voyez Diago, fol. 122 r.), ainsi qu'Alaman ou Alemany. Gilbert d'Alaman, qui se trouve nommé parmi les témoins du contrat de mariage entre Roger, vicomte de Carcassone, et Bernarde de Comminges (*Hist. génér. de Languedoc*, t. II, Preuves, p. 488), était peut-être le fils de notre Geraud, car ce contrat est de l'année 1139. Sicard d'Alaman, auquel Raymond VII de Toulouse avait confié, par son testament, le gouvernement de ses états jusqu'au retour de sa fille (Velly, *Histoire*

tourna à Valence. Ibn-Mahcour céda alors Xativa à Mondhir, et alla demeurer à Dénia, où Mondhir le traita toujours avec beaucoup d'égards.

Quand al-Kádir, couvert de honte, fut rentré dans Valence, les Valenciens et les gouverneurs des châteaux, voyant qu'Alvar Fañez ne lui prêtait pas un secours bien efficace, voulurent secouer l'autorité de ce roi incapable et prodigue, et se donner à Mondhir, qui était déjà parti de Xativa pour attaquer Valence. Il avait d'abord passé par un endroit » qui » était un oratoire pour les Maures pendant leurs fêtes, et qui, » en arabe, se nomme Axeca [1];" puis, sachant que les Valenciens avaient beaucoup à souffrir de l'armée d'Alvar Fañez, et qu'ils n'aimaient pas leur roi, il avait établi son camp dans un endroit tout près de Valence, de sorte que les habitants de cette ville pussent le voir. Il fit impunément la ronde autour de la ville; le roi de Valence le laissait faire, et Alvar Fañez était toujours en armes avec ses Castillans, craignant d'être défié par les Catalans. Mais quelque temps après, Mondhir leva le siége et partit pour Tortose [2].

Cependant al-Kádir était pressé par Alvar Fañez de lui donner sa solde arriérée; il avait déjà jeté en prison les fils d'Ibn-Abdo-'l-azíz et plusieurs autres nobles, et il leur avait

---

de France, t. IV, p. 443), mourut devant Tunis, en 1270, dans la même année que Saint-Louis, qu'il avait accompagné dans sa croisade (*Hist. génér. de Languedoc*, t. II, Pr., p. 14). Son père, qui s'appelait aussi Sicard d'Alaman, mourut cinq années plus tard (*Ibid.*, p. 15). Enfin cette famille se distingua longtemps en France et en Espagne, et elle prit part à la conquête de Valence par Jacques I*er*.

1) *Axarea* dans la *Cronica del Cid* (ch. 137).

2) Le texte ne dit pas pourquoi Mondhir leva le siége de Valence. Peut-être ses propres états avaient-ils été attaqués par un de ses voisins; peut-être n'avait-il plus d'argent pour payer le baron de Cervellon.

extorqué beaucoup d'argent. A la fin il persuada Alvar Fañez de se fixer dans son royaume, et lui donna des terres très-étendues. Quand cette convention fut connue des Maures, tous les malfaiteurs s'enrôlèrent sous la bannière du chevalier castillan [1]. Ils prirent le nom de *dawáyir (partisans)*, et beaucoup d'entre eux abjurèrent l'Islamisme. Dans la suite, ces soldats accompagnèrent toujours Alvar Fañez pendant ses incursions sur le territoire musulman, et ils acquirent, par leur cruautés inouïes, une triste célébrité; ils massacraient les hommes, violaient les femmes, vendaient souvent un prisonnier musulman pour un pain, pour un pot de vin, ou pour une livre de poisson. Quand un de leurs prisonniers ne pouvait ou ne voulait payer rançon, ils lui coupaient la langue, lui crevaient les yeux, et le faisaient déchirer par des dogues qui avaient été dressés à cet effet [2].

---

1) *Cronica general*, fol. 315, col. 2 — 316, col. 3.

2) *Kitábo 'l-iktifá*, p. 25, 26. L'auteur de ce livre mentionne encore d'autres cruautés que commettaient ces bandes farouches, mais elles sont d'une nature si dégoûtante que je ne puis les faire passer dans une traduction française. Il est vrai que l'auteur du *Kitábo 'l-iktifá* ne parle de ces féroces troupiers qu'après avoir mentionné la prise de Valence par le Cid; mais il dit: وفى هذه المدة , » pendant cet intervalle, beaucoup » de malfaiteurs musulmans se joignirent au Campéador et à d'autres (gé- » néraux chrétiens)" etc., et un peu plus loin, il dit formellement que plusieurs de ces hommes servaient sous Alvar Fañez. Je suppose donc qu'il parle des mêmes individus que la *Cronica general;* la suite du récit de celle-ci me confirme dans cette supposition, et il paraît qu'à différentes reprises, la lie du peuple arabe alla s'enrôler sous les bannières des aventureux chevaliers chrétiens de cette époque. Du reste l'auteur du *Kitábo 'l-iktifá* dit que ces bandes se composaient de *malfaiteurs* (il emploie trois mots synonymes pour les désigner) et de gens qui appartenaient à la plus vile populace. La *Cronica general* dit qu'elles se composaient de malfaiteurs (*malfechores*) et de garçons (*garçones*). Voilà encore une preuve que nous avons ici bien certainement une traduction d'un ouvrage arabe.

Valence était donc comme au pouvoir des Chrétiens [1]. Les habitants, désespérant de voir leur sort s'améliorer, quittaient la ville en grand nombre; les terres avaient perdu leur valeur, car nul n'était sûr de son avoir ou de sa personne.

Alvar Fañez entreprit une incursion dans les états de Mondhir. Accompagné de ses *malfaiteurs* et de Maures almogavares [2], il courut le pays à l'entour de Burriana, prit quelques places fortes, et retourna à Valence avec un riche butin.

Othmán, le fils d'Ibn-Abdo-'l-azíz, avait recouvré sa liberté; il s'était lié avec Alvar Fañez et lui avait fait des présents; il s'était lié également avec un juif, qui avait été auparavant ambassadeur d'Alfonse auprès de lui [3]. Il l'avait prié

Le traducteur espagnol aura trouvé dans l'original الغتيان. Même aujourd'hui, si l'on se borne à consulter les Dictionnaires, on traduira ce mot par *garçons;* mais j'ai déjà fait observer plus haut (p. 206) que, chez les auteurs arabes de l'Espagne, ce mot a encore une autre signification, qui manque dans nos Lexiques, celle de *gardes* ou *pages, dans la condition d'esclaves.* Je ferai encore remarquer une autre circonstance. Le *Kitábo 'l-iktifá* dit que ces bandes du Cid et d'Alvar Fañez, vendaient un prisonnier musulman pour un pain ou pour un pot de vin. La *Cronica general* (fol. 331, col. 4) dit de même, en parlant des soldats du Cid pendant le siége de Valence: » ils donnaient un Maure pour un pain ou » pour un pot de vin."

1) » Tornóse Valencia como en poder de cristianos." *Cron. gener.*, fol. 316, col. 3.

2) Plusieurs étymologies de ce mot ont été proposées, les unes plus étranges que les autres. M. Defrémery, dans un article sur l'Histoire de Don Pèdre par M. Mérimée (voyez le *Constitutionnel* du 6 février 1849), a observé, avec toute raison, que c'est le terme arabe المغاور, *guerrier belliqueux, qui fait de nombreuses incursions sur le territoire ennemi.*

3) On se rappellera que l'ambassadeur d'Alfonse auprès d'al-Motamid, était aussi un juif. D'ordinaire les juifs étaient les intermédiaires entre

de le protéger contre al-Kádir, et de lui garantir ses revenus ; de son côté, il s'était engagé à donner à Alfonse trente mille dinárs annuellement. Alfonse avait approuvé cette convention ; il avait recommandé Othmán à al-Kádir en le priant de ne point lui faire de mal et de ne pas lui enlever son argent. Quelque temps après, ce juif retourna à Valence pour recevoir les trente mille dínars. Alors al-Kádir feignit de traiter Othman avec plus d'égards, parce qu'il voyait qu'il était protégé par Alfonse ; néanmoins Othmán était prisonnier dans sa maison. Ne s'y croyant pas en sûreté, il perça le mur pendant la nuit, et s'esquiva sous un costume de femme. Pendant tout le jour suivant, il se cacha dans un jardin, et quand la nuit fut venue, il se mit à cheval et galopa vers Murviédro, où se trouvaient Ibn-Labboun et le juif. Othmán convint avec ce dernier qu'il lui donnerait à l'instant même la moitié de la somme, et qu'il lui compterait le reste quand il serait de retour à Valence et qu'il pourrait y demeurer en toute sûreté et y toucher ses revenus. Le juif retourna alors vers Alfonse avec les quinze mille dinárs en argent, en bagues d'or, en pièces d'étoffe et en colliers. Vers cette même époque, on mit en liberté le frère d'Othmán, sur la demande du roi de Saragosse. Plusieurs riches habitants de Valence se retirèrent à Murviédro [1].

Quand Yousof ibn-Téschifín eut abordé en Espagne, Al-

---

les Arabes et les Espagnols. Les voyages fréquents et lointains, qu'ils entreprenaient dans l'intérêt de leur commerce, avaient eu pour résultat qu'ils savaient parfaitement se reconnaître dans le dédale de langues et de dialectes qui se parlaient dans la Péninsule. On pouvait dire d'eux, qu'ils pouvaient se faire comprendre depuis le détroit de Gibraltar jusqu'aux Pyrénées, ainsi qu'on disait du juif Abryon de Trèves:

He vorsteit alle tungen uñ sprake dorch,
Van Pötrow an wente to Luneborch.

(*Reineke Vos*, vs. 4879 du texte bas-saxon).

1) *Cronica general*, fol. 316, col. 3 — 317, col. 1.

fonse rappela Alvar Fañez de Valence [1]. On sait que le roi de Castille essuya un terrible échec dans la célèbre bataille de Zallácah, livrée le vendredi 23 octobre 1086. La victoire éclatante remportée par les Musulmans, eut pour suite qu'Alfonse ne pouvait plus se mêler des affaires de Valence [2], et qu'al-Kádir conclut une alliance avec Yousof [3]. Mais si al-Kádir s'était affranchi du joug des Chrétiens, il avait aussi perdu leur appui, et les gouverneurs des forteresses ne tardèrent pas à se révolter contre lui [4]. Yousof était retourné en Afrique quelque temps après la bataille de Zallácah; il avait laissé des troupes dans l'Andalousie, mais les Chrétiens attaquèrent la partie orientale de l'Espagne, où il n'y avait point d'Almoravides [5].

Dans l'année 1088 [6], Mondhir chercha à profiter des discordes qui avaient éclaté à Valence; il avait d'ailleurs reçu des ouvertures des principaux Valenciens qui lui avaient promis de l'aider s'il attaquait leur ville. Il rassembla donc son armée et prit des Catalans à sa solde; il confia le commandement d'une division à un de ses oncles, l'envoya à Dénia, et fixa le jour où il devrait se trouver sous les murs de Valence et où lui-même viendrait le rejoindre avec le reste de ses forces. Mais l'oncle de Mondhir arriva devant Valence avant le jour convenu. Le roi de cette ville l'attaqua, parce qu'il croyait qu'il

---

1) *Cron. gener.*, fol. 319, col. 4; Ibn-abí-Zer, *al-Kartás*, p. ٩٣, l. 3. Cet auteur ne dit pas précisément qu'Alvar Fañez *assiégeait* Valence, comme on lit dans la traduction de M. Tornberg (p. 128).

2) *Cron. gener.*, fol. 321, col. 2; Ibn-Bassám.

3) Ibn-Bassám.

4) *Cron. general.*

5) *Kitábo 'l-iktifá*, p. 24.

6) Cette date est donnée par le *Kitábo 'l-iktifá*, p. 24, l. 12) (481 de l'Hégire, 27 mars 1088 — 15 mars 1089) et par la *Cron. gener.* (fol. 320, col. 1) (année chrétienne 1088; l'ère (1127) est fautive, il faut lire 1126).

valait mieux combattre cette partie de l'armée de Mondhir, que d'attendre qu'elle fût réunie toute entière; mais il fut vaincu, perdit beaucoup de ses gens et rentra dans la ville. Quand Mondhir, qui se trouvait à une journée de distance, eut été informé de la victoire remportée par ses troupes, il se mit en marche pendant la nuit, et rejoignit ses soldats victorieux devant Valence. Al-Kádir ne sut que faire; il voulut se rendre, mais Ibn-Táhir [1] l'en dissuada. Il envoya donc demander du secours à Alfonse et à al-Mostaín de Saragosse [2]. D'un autre côté, un capitaine, nommé Ibn-Cannoun et originaire de Valence, était venu de Cuenca à Saragosse, pour engager al-Mostaín à se rendre avec lui à Valence, en lui promettant de faire en sorte que la ville lui fût livrée; il lui avait promis en outre, que son frère lui livrerait Ségorbe, forteresse qui appartenait au territoire de Valence et dont ce frère était gouverneur [3]. Al-Mostaín se laissa facilement persuader, et il conclut une convention avec le Cid [4], d'après la-

---

1) *Abenaher* (sic), lit-on ici dans la *Cron. gener.* (fol. 320, col. 3; dans la *Cron. del Cid*, ch. 140, ce nom a été estropié ainsi: Abenaçor), c'est-à-dire *Abennaher*. Il est clair qu'il faut lire *Abentaher*, et qu'il s'agit de l'ex-roi de Murcie, qui se trouvait alors à Valence, et dont nous avons déjà parlé plus haut.

2) *Cronica general*, fol. 320 (cotée par erreur 321), col. 2 et 3; *Kitábo 'l-iktifá*, p. 24.

3) *Cron. gener.*, fol. 320, col. 3. Abencanon est sans doute le nom arabe ابن قنون. Je ne crois pas que ce personnage était *gouverneur* de Cuenca, car il y a lieu de penser que les Benou-'l-Faradj commandaient toujours dans cette ville; aussi la *Cronica* ne le dit pas, car elle porte: » *un* Arrayaz de Cuenca," et non » el Arrayaz."

4) La *Cronica general* (fol. 320, col. 4) a emprunté mal à propos aux *Gesta* des renseignements sur le départ du Cid de Castille; ce qu'elle raconte d'après ce livre, n'eut lieu que dans l'année suivante, 1089; elle se trompe aussi quand elle dit que Yousof de Saragosse (al-Moutamin, qui

quelle ils devaient s'aider réciproquement à conquérir Valence 1, à la condition que le Cid aurait tout le butin, et que la ville elle-même écherrait à al-Mostaín 2. Ce dernier avait quatre cents cavaliers sous ses ordres, le Cid trois mille 3.

Mondhir ne voulut pas attendre l'arrivée d'al-Mostaín et du Cid devant Valence. Il envoya donc dire à al-Kádir que non-seulement il allait lever le siége, mais qu'en outre il désirait être son ami, et qu'il l'aiderait de sa personne et de son argent, à condition qu'il ne livrât pas la ville à al-Mostaín. Le roi de Valence » comprit les motifs de cette conduite;" mais il accepta l'alliance 4. On conçoit que Mondhir comptait attendre une occasion plus favorable pour s'emparer de Valence, et qu'il ne voulait pas que cette riche proie tombât dans les mains de son neveu de Saragosse.

Quand Mondhir fut retourné à Tortose 5, et qu'al-Mostaín et le Cid se trouvèrent devant Valence, al-Kádir sortit à leur rencontre, les remercia de l'avoir délivré du siége, et leur montra beaucoup d'égards. Cependant le roi de Saragosse

---

était mort en 1085) mourut vers cette époque, et qu'al-Mostaín lui succéda; ici encore elle a copié les *Gesta* (p. xxv), mais sans les comprendre et en brouillant les dates. Mais elle retourne aussitôt, et avec toute raison, à son auteur arabe, qui est d'accord avec le *Kitábo 'l-iktifá* (p. 24).

1) *Cron. gener.*; *Kitábo 'l-iktifá*, p. 24.
2) *Kitábo 'l-iktifá*.
3) *Kitábo 'l-iktifá*. L'auteur des *Gesta* évalue l'armée du Cid, dans l'année suivante, à sept mille hommes, ce qui s'accorde très-bien avec le livre arabe, si l'on suppose que quatre mille de ces soldats étaient piétons. La *Cron. gener.* donne aussi à entendre que l'armée du Cid était bien plus nombreuse que celle d'al-Mostaín. » Le roi de Saragosse," dit-elle, » était si avide d'aller à Valence, qu'il ne considéra pas si son armée » était grande ou petite, ni si celle du Cid était plus grande que la sienne."
4) *Cron. gener.*; comparez le *Kitábo 'l-iktifá*.
5) *Cronica general*.

attendit vainement qu'on lui livrât Ségorbe, ainsi qu'Ibn-Cannoun le lui avait promis. Il fut trompé en outre par son allié, le Cid, qui, à l'inçu d'al-Mostaín, avait reçu d'al-Kádir de grands présents; car quand al-Mostaín lui rappela sa promesse de l'aider à enlever Valence à al-Kádir, le chevalier castillan lui répondit que ce projet était inexécutable, parce que la ville appartenait à Alfonse, et qu'al-Kádir n'était que le vassal du roi de Castille; il ajouta qu'al-Mostaín ne pourrait obtenir la possession de la ville, qu'en l'enlevant à Alfonse; que, s'il voulait déclarer la guerre à ce dernier, il pourrait conquérir la ville dans peu de temps, et que, dans ce cas, il l'aiderait à combattre Alfonse; il prétexta qu'en agissant autrement, il se rendrait coupable envers Alfonse. On voit que le Cid avait été corrompu par al-Kádir; que les raisons qu'il allégua pour s'excuser de ne point exécuter le traité qu'il avait conclu avec al-Mostaín, n'étaient que de vains subterfuges; que ses promesses ne méritaient pas d'autre nom, car il pouvait prévoir que le roi de Saragosse ne serait pas assez inconsidéré pour s'attirer sur les bras les armées du puissant roi de Castille [1].

Après cette expédition, bien infructueuse pour lui, al-Mostaín retourna à Saragosse; mais il laissa à Valence un de ses capitaines avec une troupe de cavaliers, sous le prétexte qu'ils devaient être en aide à al-Kádir, mais en réalité pour avoir toujours lui-même des auxiliaires à Valence, dans le cas que l'occasion de s'emparer de cette ville, se présentât de nouveau à lui [2]. Il faut avouer que si al-Mostaín avait été trompé

---

1) J'ai suivi ici le récit de la *Cronica general* (fol. 321, col. 1), mais j'ai essayé en même temps de l'expliquer.

2) Tel me paraît être le sens de cette phrase: »é dexó un su alcayde »con pieça de cavalleros en razon que ayudassen al rey de Valencia, é »dexaval otrosí por ver si podrie passar á la villa." Dans la *Cron. del Cid*

par le Cid, il avait mérité de voir ses espérances déçues; car, sous le prétexte de venir au secours d'al-Kádir, il n'était venu en vérité que pour le dépouiller.

Sur le désir d'al-Mostaín, Rodrigue alla assiéger la forteresse de Xerica 3. Al-Mostaín voulait s'emparer plus tard de Murviédro, car lorsqu'il marcha contre Valence, Ibn-Labboun avait promis de lui livrer Murviédro; mais après la suite malheureuse de cette expédition, il avait refusé d'accomplir sa promesse; al-Mostaín voulait le punir de ce manque de foi. Par la négligence du gouverneur, Xerica était dépourvue d'armes et de vivres; mais Ibn-Labboun envoya dire aussitôt à Mondhir que, s'il voulait venir au secours de Xerica, il se reconnaîtrait son vassal pour cette forteresse. Mondhir fut charmé de cette offre, et Rodrigue se vit obligé de lever le siége.

Le Cid craignit alors que Mondhir ne réussît également dans ses projets sur Valence; ce qui ne lui convenait guère. Il conseilla donc en secret à al-Kádir de ne livrer la ville à qui que ce fût. En même temps, il fit dire à al-Mostaín qu'il l'aiderait à gagner Valence; il promit la même chose à Mondhir; enfin il envoya dire à Alfonse qu'il se considérait comme son vassal, et qu'il n'agissait et ne guerroyait que dans son intérêt; que l'armée castillane qui l'accompagnait, ne coûterait rien au roi de Castille, puisqu'il l'entretenait aux frais des Maures; qu'il affaiblissait ces derniers, et qu'Alfonse serait bientôt maître de tout le pays. Alfonse fut trompé par ces mensonges comme l'avaient été al-Kádir, al-Mostaín et Mon-

---

(ch. 153) les derniers mot se lisent ainsi: » é dexavalo otrosí por ver si » podria posar en la villa;" ce qui ne donne aucun sens raisonnable.

1) Xerica est située sur la grande route entre Saragosse et Valence, à dix lieues de cette dernière ville et à deux de Ségorbe. Voyez Escolano, *Historia de Valencia*, t. II, p. 756.

dhir; il fut content des protestations du Cid, et lui permit de retenir son armée [1].

Rodrigue avait donc les mains libres, et il en profita pour faire des incursions dans les environs. Quand on lui demandait pourquoi il en agissait ainsi, il donnait pour réponse qu'il le faisait pour avoir de quoi manger [2].

Nous sommes dans l'année 1089 [3]. Le roi de Saragosse avait vu que, s'il lui fallait compter sur le secours du Cid, il ne parviendrait jamais à s'emparer de Valence. Il rechercha donc une autre alliance, et en contracta une avec Bérenger, comte

---

1) *Cronica general*, fol. 321, col. 2. La *Cron. del Cid* (voyez ch. 154) a eu soin d'omettre ce récit peu flatteur pour Rodrigue.

2) "dezie él que porque oviese que comer." *Cron. gener.* fol. 321, col. 2 et 3.

3) La date est donnée par les *Gesta*, p. xxvi (ère 1127). D'après un récit qui se trouve chez Zurita, Bérenger de Barcelone enleva aux Maures, dans cette année 1089, le littoral situé entre Villafranca et Tarragone. Nous ignorons absolument où Zurita a trouvé cette notice (cf. Diago, *Condes de Barcelona*, fol. 138 v.; M. Schmidt, *Gesch. Aragon.*, p. 90); en conséquence, nous ignorons aussi si l'auteur qu'il a suivi, est digne de confiance ou non; mais je dois avouer que le récit me paraît un peu étrange, car Villafranca et Tarragone étaient chrétiennes depuis longtemps: est il donc probable que les Maures se soient établis dans un pays où les deux principales forteresses étaient occupées par leurs ennemis? Quoi qu'il en soit, ce qui est très-certain c'est que, dans cette année, Bérenger avait besoin de beaucoup d'argent; car la convention entre Bérenger et Geraud d'Alaman, baron de Cervellon, où ce dernier s'engage à prêter au comte la somme de sept mille ducats d'or de Valence, et où Bérenger lui donne en nantissement le château de Santa Perpetua del Penades (voyez plus haut p. 475, dans la note), est datée du 15 juin 1089. Il est bien plus naturel de croire que Bérenger avait besoin de cette forte somme pour attaquer Valence, que de supposer qu'il en avait besoin pour réduire un coin de terre, dépourvu de forteresses, entre Villafranca et Tarragone.

de Barcelone [1], qui partit pour aller mettre le siége devant Valence [2], tandis que le Cid était allé en Castille pour faire ses conditions avec Alfonse [3]. Le roi le reçut très-bien, lui donna quelques châteaux, et lui fit remettre un diplôme, où il déclara que tout le territoire et tous les châteaux, que Rodrigue enlèverait dans la suite aux Musulmans, appartiendraient en propre à celui-ci et à ses descendants [4]. Puis Rodrigue retourna vers le pays valencien, accompagné de son armée, qui se composait de sept mille hommes. Il passa le Duero, et quand il se trouva à Calamocha, les ambassadeurs d'Ibn-Razín vinrent le trouver, pour le prier de vouloir bien accorder un entretien à ce prince. Cet entretien eut lieu, et le Cid s'engagea à laisser en paix le prince d'Albarracin, à la condition qu'il payerait un tribut à Alfonse [5]. Ce prince avait déjà reconnu auparavant la suzeraineté du roi de Castille et de Léon; il était venu le trouver et lui avait apporté des présents précieux, et quand le roi chrétien eut eu l'insolence de lui donner un singe en retour, le prince d'Albarracin avait été assez lache pour ne pas ressentir l'injure; au contraire, il s'était

---

1) *Cron. general*, fol. 321, col. 3.

2) Les *Gesta* (p. xxvi) parlent bien du siége de Valence par Bérenger, mais ils ne font pas mention de l'alliance entre celui-ci et al-Mostaín. La *Cron. gen.* (fol. 321, col. 3 et 4) a sans doute fait usage ici des *Gesta*, mais elle contient aussi des détails qui ne se trouvent pas dans ce livre, et qu'elle a empruntés à sa chronique arabe. En effet, suivant tour à tour cette dernière ou les *Gesta*, elle désigne le même endroit, el Puche de Cebolla, tantôt sous le nom de Juballa, tantôt sous celui de Cebolla.

3) *Cronica general*.

4) *Gesta*, p. xxv, xxvi. Comparez Roderich de Tolède (VI, c. 29):
» In diebus eius, Rodericus Didaci Campiator, qui ex causa quam dixi-
» mus, non erat in eius oculis gratiosus, conferta manu consanguineorum
» et militum aliorum, proposuit *per se* Arabes infestare."

5) *Gesta*.

montré fier du présent qu'il avait reçu ; il l'avait considéré comme un gage d'amitié, comme une preuve qu'Alfonse n'avait pas l'intention de le chasser de ses états [1]. Probablement il avait profité de la déroute d'Alfonse à Zallácah, et de sa faiblesse momentanée, pour ne plus payer le tribut stipulé.

Après cette entrevue avec Ibn-Razín, le Cid établit son camp à Torres, près de Murviédro [2]. Bérenger avait profité de son absence pour investir la capitale d'al-Kádir, et le roi de Saragosse avait fait construire deux bastides, l'une à Liria, ville qui lui avait été donnée en fief par le roi de Valence quand il fut venu à son secours, l'autre à Cebolla ; il comptait en construire une troisième dans un château près de l'Albufera, afin que personne ne pût entrer dans Valence ni en sortir. Mais quand le Cid approcha de Valence, Bérenger n'osa pas l'attendre, et se disposa à lever le siége. Avant de partir, ses soldats se livrèrent à des sarcasmes, des insultes et des menaces contre le Cid, qui en fut informé, mais qui ne voulut pas les combattre, parce que Bérenger était parent d'Alfonse, son souverain [3]. Bérenger prit donc le chemin de Requena

---

1) *Kitábo 'l-iktifá*, p. 19.

2) » in valle quae dicitur Torrens, quae est vicina Muro vetulo," lit-on dans les *Gesta*. Masdeu (p. 209, 210) a eu raison de combattre l'opinion de Risco, qui pense (p. 165) qu'il s'agit ici de Torrente, village situé à une lieue de Valence, au sud. Il s'agit de Torres, village situé à peu de distance de Murviédro, et il est clair qu'il y a ici dans le manuscrit une légère erreur de copiste, Torrēs au lieu de Torres. La veritable leçon se trouve dans la *Cron. del Cid* (ch. 154) ; dans la *General* on lit par erreur Tares.

3) *Gesta*. J'ignore de quelle manière Bérenger était parent d'Alfonse. Diago (*Condes*, fol. 90 v.), Briz Martinez (*Hist. de S. Juan de la Peña*, p. 342, 424) et Pujades ont cru que Sancha, l'épouse de Bérenger de Barcelone, c'est-à-dire, du grand-père du Bérenger dont il s'agit ici, était la fille de Sancho Garcia, comte de Castille. Mais Moret (*Annales de Navar-*

et retourna à Barcelone [1]. Quand le Cid fut arrivé à Valence, il promit à al-Kádir de faire rentrer sous son obéissance les châteaux rebelles, de le protéger contre tous ses ennemis, Maures ou Chrétiens, de se fixer à Valence, d'apporter dans cette ville tout le butin qu'il ferait, et de l'y vendre. En revanche, al-Kádir s'engagea à lui payer une redevance mensuelle de mille dinárs. Ibn-Labboun de Murviédro acheta aussi sa protection [2].

Ensuite le Cid fit une incursion sur le territoire d'Alpuente [3]. Alpuente et Elche obéissaient, à cette époque, à Djanáho-'d-daulah Abdolláh, prince indépendant, qui, en 440

---

ra, t. I, p. 644 et suiv.) a prouvé, avec sa sagacité ordinaire, que cette Sancha était la fille de Sancho, comte de Gascogne; Salazar (*Casa de Lara*, t. I, p. 62), les savants historiens du Languedoc et M. Bofarull (*Condes*, t. I, p. 238 et suiv.) ont adopté cette opinion. Le Bérenger dont il s'agit dans notre texte, n'était pas marié; mais M. Bofarull (II, p. 147) pense qu'il était parent d'Alfonse VI du côté d'une des femmes de ce dernier, qui étaient presque toutes d'origine française ainsi que les comtesses de Barcelone.

1) On lit dans les *Gesta* (p. XXVII) que Bérenger alla d'abord à Raquena, puis à Saragosse, et enfin à Barcelone. Dans la *Cron. gener.* (fol. 321, col. 4) on lit au contraire que Bérenger promit au Cid de ne pas passer par Saragosse (comparez *Cron. del Cid*, ch. 154).

2) *Cronica general.* Comparez les *Gesta*.

3) » montana de Alpont" dans les *Gesta;* » montaña del Pont" dans la *Cron. gener.*, qui copie ici les *Gesta*. Dans son édition de la *Cron. del Cid* (ch. 154), M. Huber, au lieu de corriger tout simplement la faute de l'édition de 1594 (montaña del Mont) d'après la *Cron. gener.*, a cru devoir lire *montaña del Poniente*. Cette étrange leçon avait bien besoin d'être expliquée; aussi M. Huber (p. XCIV) nous apprend que cela signifie » montagne du couchant," et qu'il s'agit des montagnes situées à l'ouest de Valence! Il y a plus de deux siècles qu'Escolano (*Historia de Valencia*, t. I, p. 388) avait déjà très-bien vu qu'il s'agit ici d'Alpuente.

(1048, 9) avait succédé à son frère [1]. Chargé d'un riche butin, le Cid quitta ce pays et vint à Requena [2]. Puis il força les gouverneurs des forteresses à payer à al-Kádir le tribut accoutumé [3].

Alfonse possédait à cette époque la forteresse d'Alédo, non loin de Lorca, dont la garnison faisait fréquemment des incursions sur le territoire musulman [4]. Yousof l'Almoravide voulut s'emparer de cette forteresse. Accompagné de plusieurs princes andalous, il vint y mettre le siége, dans l'année 1090 [5]. Alfonse écrivit au Cid pour lui ordonner de venir avec lui au secours des assiégés. Le Cid répondit qu'il était prêt à le faire, et pria le roi de l'informer de son arrivée quand il se serait mis en route. Puis il partit de Requena et se rendit à Xativa, où un messager du roi vint lui dire que celui-ci était à Tolède avec une armée d'environ dix-huit mille hommes [6]. Alfonse lui fit dire aussi de l'attendre à Villena, puisqu'il comptait passer par cet endroit; mais le Cid manquait de vivres à

---

1) Voyez Ibn-Khaldoun (*Script. Arab. loci de Abbad.*, t. II, p. 212).

2) *Gesta.*

3) *Cronica general.*

4) Voyez sur ce sujet mon Histoire des Benou-Abbád.

5) Année 483 de l'Hégire, d'après Ibno-'l-Abbár (*Script. Arab. loci de Abbad.*, t. II, p. 121). Cette année commence le 6 mars 1090, et il est certain que les événements en question eurent lieu avant le 22 septembre de cette année, époque où Yousof ôta le trône de Grenade à Abdolláh ibn-Bolokkín (Ibno-'ç-Çairafí, cité par Ibno-'l-Khatíb, *Script. Arab. loci* etc., t. II, p. 179; dans ce passage on lit: dimanche, treize jours s'étant écoulés du mois de Redjeb 483; mais le 14 Redjeb tombe un jeudi; il faut donc lire 23 au lieu de 13, car le 24 tombe réellement un dimanche).

6) *Gesta*, p. xxvii, xxviii. L'auteur de ce livre se contente de dire: « cum maximo exercitu et cum infinita multitudine militum et peditum; » mais Ibno-'l-Abbár (*loco laud.*) donne le nombre que j'énonce dans mon texte.

Villena, et il s'était rendu à Ontiñente [1] pour y attendre qu'on l'informât de l'arrivée du roi ; il envoya vers Villena et Chinchilla quelques troupes qui devaient lui en donner avis. Cependant Alfonse suivit une autre route, et le Cid apprit avec beaucoup de chagrin, que le roi l'avait déjà devancé. Il quitta aussitôt Hellin avec son armée, et quand il fut bien certain que la nouvelle qu'il avait reçue, était exacte, il se sépara du gros de son armée, et arriva avec un petit nombre de troupes à Molina [2].

A l'approche d'Alfonse, Yousof et les rois andalous prirent la fuite [3], et se retirèrent sur Lorca [4]. Alfonse retourna alors à Tolède [5], et le Cid se rendit à Elche [6].

Les Castillans accusèrent aussitôt le Cid de trahison auprès du roi ; ils prétendirent qu'il avait retardé à dessein sa venue, afin que l'armée castillane fût taillée en pièces par les Sarrasins. Alfonse ajouta foi à ces dénonciations ; il retira au Cid toutes les terres et tous les châteaux qu'il lui avait donnés, mit la main sur les possessions que le Cid avait en propre, et fit emprisonner sa femme et ses enfants. Informé de ces mesures, Rodrigue envoya un de ses chevaliers pour le justifier auprès du roi ; il offrit de prouver son innocence, ou de la faire prouver par un des siens, dans un combat judiciaire. Le roi ne voulut

---

1) *Ortimano* dans les *Gesta;* comparez la note de Risco, p. 168.

2) *Gesta*, p. xxviii.

3) *Gesta;* Ibno-'l-Abbár. Risco (p. 170) se trompe quand il pense que l'expédition d'Alfonse dont il est question dans une charte du 25 novembre 1089, est celle dont il s'agit ici. Voyez à ce sujet mon Histoire des Benou-Abbád.

4) Ibno-'l-Abbár.

5) *Gesta*. Ibno-'l-Abbár raconte que la peste éclata dans l'armée chrétienne, et que de dix-huit mille hommes avec lesquels Alfonse était parti, il n'en ramena que cinq mille.

6) *Gesta.*

pas de ces propositions; il renvoya cependant à Rodrigue sa femme et ses enfants. Celui-ci fit alors remettre à Alfonse une quadruple justification, chacune en termes différents [1]; mais le roi ne se laissa pas fléchir [2].

Après la fête de noël 1090, Rodrigue partit d'Elche. En suivant la côte, il arriva à Polop, où était une forteresse [3] remplie de trésors et d'étoffes précieuses. Dans l'espace de peu de jours, Rodrigue força la garnison à se rendre. Il trouva des richesses immenses, dont il s'empara [4]. Pendant tout l'hiver (1090—1091), il resta dans les environs de Dénia; il envoya des troupes courir le pays, de sorte que, depuis Orihuela jusqu'à Xativa, aucun mur ne demeura debout; il vendait toujours le butin à Valence. Puis il marcha avec toute son armée contre Tortose, ravagea tout le pays, prit Mora [5] et s'y éta-

---

1) Ces pièces se trouvent dans les *Gesta*, p. xxx — xxxiii. Sont-elles authentiques? Je n'oserais décider cette question; mais vu le caractère du livre, il me paraît assez probable qu'elles le sont. Comparez M. Huber, *Gesch. des Cid*, p. 164, 165.

2) *Gesta*.

3) Les *Gesta* (p. xxxiii) emploient ici le mot *spelunca*, mais l'ensemble du récit montre assez clairement qu'il s'agit d'une forteresse; » ubi erat » quaedam spelunca maxima repleta pecunia; qui eam obsedit, eamque for- » titer debellavit. Consummatisque paucis diebus, devicit bellantes, et » viriliter ingressus est eam." Je crois qu'il s'agit d'un château où se gardait le trésor public.

4) *Gesta*.

5) » Il s'établit près de Tortose dans un endroit qu'on nomme en arabe Maurelet." *Cron. gener.*, fol. 322, col. 1. Il est fort remarquable que l'auteur du *Kitábo 'l-iktifá* (p. 24) atteste que, vers cette époque, les Chrétiens s'emparèrent d'une forteresse (حصن) qu'il nomme مورة رابط, More-ret, ou Mora-ret. M. de Gayangos a eu l'idée bien malheureuse de traduire ce nom propre par Murviédro; mais on ne peut douter qu'il ne soit identique avec le *Maurelet* de la *Cron. gener.*; car dans ce der-

blit. Vivement pressé, Mondhir promit beaucoup d'argent à Bérenger, comte de Barcelone, s'il voulait venir à son aide et le débarrasser du Cid [1]. Le comte de Barcelone se laissa facilement persuader, car il brûlait de se venger du Cid, qui s'était emparé des revenus qu'il tirait autrefois du pays valencien. Il rassembla donc une grande armée, et établit son camp à Calamocha sur le territoire d'Albarracin. Puis il se rendit, avec quelques-uns des siens, auprès d'al-Mostaïn, qui se trouvait alors à Daroca; il conclut une alliance avec ce prince, qui lui donna de l'argent (probablement sous la condition qu'il aurait sa part du butin), et s'engagea à se rendre auprès d'Alfonse avec Bérenger, pour demander au roi de Castille de leur prêter main forte dans leur guerre contre le Cid. Cependant ils firent en vain cette démarche, et le comte de Barcelone revint à Calamocha avec ses chevaliers.

 Le Cid s'était campé dans une vallée, entourée de hautes montagnes, et dont l'entrée était très-étroite. Al-Mostaïn qui, à ce qu'il paraît, voulait être l'ami de tout le monde, envoya un messager à Rodrigue pour le prévenir que le comte de Barcelone s'apprêtait à le combattre. Le Cid lui fit répondre qu'il attendrait son ennemi; dans sa lettre, il accabla Béren-

---

nier ouvrage, le *r* et le *l* permutent constamment; comparez plus haut, p. 435, note (2).

Il est donc certain que Moreret ou Morelet était une forteresse non loin de Tortose. Dans les *Gesta Comitum Barcinonensium* (*Marca Hispan.*, p. 547) on lit que Raymond IV, après s'être emparé de Tortose, prit, en 1153, la forteresse de *Miravetum*, située sur le rivage de l'Ebre. Je crois devoir lire ici *Moraretum*, et je pense que Moraret n'est autre que l'endroit qu'on appelle aujourd'hui Mora, et qui se trouve en effet sur le rivage de l'Ebre, dans la courbure que décrit ce fleuve avant d'arriver à Tortose.

1) J'ai suivi ici la *Cron. gener.*, dont le récit mérite incontestablement la préférence sur celui des *Gesta*.

ger d'injures, et pria al-Mostaín de la montrer à ce dernier. Bérenger fut vivement piqué de cette lettre, et il écrivit au Cid qu'il en tirerait vengeance ; que lui et les siens n'étaient pas des femmes, comme Rodrigue l'avait prétendu, et qu'ils lui montreraient bientôt le contraire. De son côté, il reprocha à Rodrigue que les montagnes, les corbeaux, les corneilles, les éperviers et les aigles étaient ses dieux ; qu'il avait plus de confiance dans leurs augures que dans le Tout-Puissant [1].

---

1) Dans la *Chanson*, Rodrigue *vit* aussi *à augure*, comme on disait a'ors. Cette superstition était du reste très-répandue en Espagne, et l'on en trouve des traces nombreuses dans les écrits du moyen âge ; voyez, par exemple, *Cron. general*, fol. 263, col. 2, dans l'histoire des infants de Lara ; *Historia Compostellana* (commencement du XIIe siècle), *España sagr.*, t. XX, p. 101, 116. M. Fauriel (*Histoire de la poésie provençale*, t. III, p. 305, 306) a parlé de cette pratique, fort vivace dans le midi de la France, au XIIe et au XIIIe siècle ; mais il n'a pas fait observer que les Provençaux l'avaient empruntée aux Espagnols. C'est ce qui semble résulter cependant d'un passage d'un des monuments les plus anciens de la littérature italienne, recueil curieux des traditions les plus populaires en Italie aux XIIe, XIIIe et XIVe siècles, et qui remonte à un temps où la littérature provençale était encore très-cultivée en Italie. Je veux parler des *Cento Novelle antiche*. Une de ces nouvelles (Nov. 32, p. 34 de l'édition de Florence, 1572), qui évidemment a été traduite du provençal, car on y trouve encore plusieurs phrases, plus ou moins altérées, qui appartiennent à cette langue (*ie vit ; convenga Dieu! ie non cavalcherai*), une de ces nouvelles, dis-je, commence par ces mots : » Messire Imberal del Balzo, grand châtelain de Provence, vivait beaucoup à » augure, *à la manière espagnole*" etc. Il est question ici de Barral, vicomte de Marseille, de l'illustre maison de Baux, qui mourut en 1192 ; *Imberal* est *En* (synonyme provençal du *Don* castillan) *Beral*. On connaît la magnifique complainte que composa Folquet sur la mort de Barral : » Si cum sel qu'es tan grevatz." Paulet de Marseille en composa aussi une sur le même sujet (*apud* Raynouard, t. IV, p. 74). On lit encore

Il lui dit que, s'il voulait quitter ses montagnes le lendemain, et combattre dans la plaine, il le tiendrait pour Rodrigue, surnommé le guerrier (*bellator*) et le Campéador; mais que s'il refusait de le faire, il le tiendrait pour traître [1]. La lettre se terminait par ces mots: » Dieu vengera ses églises, que vous » avez violemment détruites et violées [2]".

---

dans cette nouvelle, que l'astrologue de Barral était un *Espagnol*, et qu'il se nommait Pythagore (c'était probablement son nom de guerre). C'est, je crois, parce que les géomanciens espagnols étaient réputés plus habiles que ceux des autres pays, que le troubadour qui a écrit la Croisade contre les Albigeois, a attribué son ouvrage à un géomancien de Tudèle en Navarre.

1) » Si autem hoc factum nolueris, eris talis qualem dicunt in vulgo » Castellani *alevoso*, et in vulgo Francorum *bauzador* et fraudator." Il faut rayer ces deux derniers mots, car le mot *fraudator* n'est qu'une glose du mot provençal *bauzador* (régime direct ou indirect; le sujet est *bauzaire*), et dans la réponse du Cid on trouve seulement: » Me autem » falsissime deludendo dixisti quod feci *aleve* ad Forum Castellae," — comparez *Fuero Viejo*, Lib. I, Titol V, §. 1 — » aut *bauzia* ad Forum » Galliae, quod sane proprio ore plane mentitus es." Du reste la glose est exacte. Dans la traduction provençale des Actes des Apôtres (V, vs. 1, 2), citée dans la *Glossaire occitanien* (p. 40), les mots » vendidit agrum et » *fraudavit* de pretio agri," sont traduits ainsi: » vendec un camp e *bau-* » *zec* del pretz." *Fierabras*, vs. 59, 60:

autras gens lay menet, cuy dami-dieus maldia,
    los parens Gaynelo, que tostemps fan bauzia.

Comparez Raynouard, *Lexique roman*, t. II, p. 202, 203.

2) Cette lettre de Bérenger, ainsi que la réponse du Cid, se trouvent en entier dans les *Gesta*. Je ne doute nullement de l'authencité de ces deux documents; mais je crois qu'ils portent en eux-mêmes des preuves suffisantes qu'ils n'ont pas été écrits en latin, mais en espagnol. En effet, il ne s'agit pas ici d'une charte proprement dite, espèce de documents qui continuaient à s'écrire en latin, mais d'une simple lettre, pour laquelle il

Quand cette lettre eut été lue à Rodrigue, il ordonna d'y répondre sur-le-champ. Il donna à Bérenger les raisons pour lesquelles il lui avait adressé des injures; c'était parce que Bérenger, alors qu'il se trouvait à Calatayud avec al-Mostaïn, avait dit à ce dernier que le Cid n'avait pas osé mettre le pied sur le territoire de Saragosse, par crainte de lui, Bérenger; parce que Raymond de Baran et d'autres chevaliers catalans avaient affirmé la même chose à Alfonse, en Castille; parce qu'enfin Bérenger avait dit à Alfonse, en présence d'al-Mostaïn, qu'il aurait pu le chasser, lui, Rodrigue, du pays du Hádjib (Mondhir); que lui, Rodrigue, n'aurait pas osé l'attendre. C'étaient de vaines bravades, ajouta Rodrigue; s'il avait évité de le combattre, c'avait été pour l'amour du roi, dont il était le vassal. Puis il lui dit son fait; il lui promit de lui donner sa *solde*, comme de coutume; il l'informa aussi qu'il était prêt à combattre dans la plaine.

Pendant la nuit, Bérenger fit occuper secrètement les montagnes qui entouraient le camp de Rodrigue, et à la pointe du jour, il fondit sur ses ennemis. Le Cid et les siens s'armèrent en toute hâte. Au premier choc, Rodrigue tomba de son cheval et se blessa; mais ses soldats n'en combattirent pas moins à outrance; ils vainquirent le comte de Barcelone, le firent prisonnier avec environ cinq mille des siens, parmi lesquels se trouvait Giraud d'Alaman, et pillèrent son camp. Bérenger se fit conduire à la tente de Rodrigue, et lui demanda grâce. Le Cid le traita d'abord avec dureté, ne lui permit pas de s'asseoir auprès de lui dans sa tente, et ordonna à ses soldats de le garder hors de l'enceinte du camp; mais il ordonna aussi de le pourvoir largement de vivres, lui et les siens.

---

est bien plus probable qu'on se soit servi de sa langue maternelle, que d'une langue qui, à cette époque, était morte depuis longtemps.

A la fin, il accepta la rançon que lui offrirent Bérenger et Giraud d'Alaman, et qui consistait en quatre-vingt mille marcs d'or de Valence. Tous les autres captifs promirent aussi de se racheter et quand ils furent de retour dans leur patrie, ils rassemblèrent autant d'argent qu'ils pouvaient, et amenèrent leurs fils et leurs parents comme ôtages à Rodrigue. Celui-ci, touché de leur malheur, les tint généreusement quittes de leur rançon [1].

Qu'on nous permette de quitter ici, pour un moment, les livres historiques, et de traduire un passage fort remarquable de la Chanson [2]. Raymond a été fait prisonnier :

On fait une grande cuisine à Mon Cid Don Rodrigue. Le comte Don Raymond ne lui en tient pas compte; on lui apporte les mets, on les apprête devant lui; il n'en veut pas manger, il se moque de tous les mets. »Je ne » mangerai pas une bouchée, pour tout ce qu'il y a dans l'Espagne entière! »Je perdrai plutôt mon corps, et je laisserai plutôt mon âme, puisque de » tels sans-culottes [3] m'ont vaincu dans la bataille!" Mon Cid Ruy Diaz, vous ouïrez ce qu'il dit: »Mangez, comte, de ce pain, et buvez de ce vin; si » vous faites ce que je dis, vous cesserez d'être prisonnier; sinon vous ne re- » verrez plus la terre chrétienne pendant tous vos jours." Le comte Don Raymond dit : »Mangez, Don Rodrigue, et livrez-vous à la joie; quant à moi, » je me laisserai mourir, car je ne veux pas manger." Jusqu'au troisième jour ils ne peuvent le persuader; pendant qu'ils partagent ces riches dépouilles, ils ne peuvent lui faire manger un morceau de pain. Mon Cid dit: » Mangez quelque chose, comte, car si vous ne mangez pas, vous ne reverrez »pas les Chrétiens. Mais si vous mangez autant que je puisse m'en contenter, »je vous mettrai en liberté, vous et deux chevaliers, et je vous laisserai par- » tir." Quand le comte entendit cela, il devint déjà plus gai. »Cid, si vous » faites ce que vous avez dit, je vous admirerai tant que je vivrai." — »Man- » gez donc, comte, et quand vous aurez dîné, je vous laisserai partir, vous et « deux autres. Mais tout ce que vous avez perdu et que j'ai gagné sur le

---

1) *Gesta.*
2) Vers 1025 et suiv.
3) *Tales malcalzados.*

»champ de bataille, sachez que je ne vous en donnerai pas même un faux
»denier. Je ne vous donnerai rien de ce que vous avez perdu; car j'en ai be-
»soin pour ces miens vassaux qui, auprès de moi, sont dans la misère; je ne
»vous en donnerai rien. En prenant de vous et d'autres, nous devons les
»payer; nous mènerons cette vie tant qu'il plaît au Saint-Père, comme un
»homme qui a attiré sur soi la colère de son roi et qui est banni de son
»pays." Le comte est joyeux; il demande de l'eau pour se laver les mains;
on lui en présente et on lui en donne sur-le-champ. Avec les chevaliers que
le Cid lui a donnés, le comte va manger. Dieu! comme il le fait de bonne
grâce! Vis-à-vis de lui est assis celui qui naquit à l'heure favorable. »Si vous
»ne mangez pas bien, comte, de sorte que je puisse m'en contenter, nous
»resterons ici, nous ne nous quitterons pas." Alors le comte dit: »De bon-
»ne volonté et de bonne grâce!" Il dîne vite avec ces deux chevaliers; Mon
Cid qui le regarde, est content parce que le comte Don Raymond remue si
bien les mains. »Si vous le voulez, Mon Cid, nous sommes prêts à partir.
»Ordonnez qu'on nous donne nos chevaux, et nous chevaucherons sur-le-champ.
»Depuis le jour que je fus comte, je ne dînai avec tant d'appétit. Le plaisir
»que j'en ai, ne sera pas oublié." On leur donne trois palefrois très-bien
sellés, et de bons vêtements, des pelisses et des manteaux. Le comte Don
Raymond chevauche entre les deux autres; jusqu'à la limite du camp, le
Castillan les escorte. »Vous partez, comte, entièrement libre. Je vous sais
»gré de ce que vous m'avez laissé. Quand vous aurez envie de vous venger,
»et que vous viendrez me chercher, vous pourrez me trouver; et quand vous
»n'ordonnerez pas de me chercher et que vous me laisserez tranquille, vous
»aurez quelque chose du vôtre ou du mien." »Livrez-vous à la joie, Mon
»Cid, soyez sain et sauf; je vous ai payé pour toute cette année; venir vous
»chercher, on n'y pensera même pas." Le comte piqua des deux et se mit
en route; en partant il tournait la tête et regardait en arrière; il craignait
que Mon Cid ne se repentît, ce que l'accompli n'aurait pas fait pour tout au
monde; une déloyauté, il n'en fit jamais.

Inutile de faire remarquer la brusque et rude, mais vigoureuse et énergique simplicité de ce récit, le mouvement, la
vivacité dramatique dans les dialogues. Sous ce dernier rapport, le vieux jongleur était un digne devancier des Lope, des
Moreto et des Calderon.

Après sa victoire, Rodrigue se rendit à Sacarca [1], sur le

---

1) Voyez plus haut, p. 439.

territoire de Saragosse, où il resta environ deux mois. De là il se rendit à Daroca, où il tomba malade, et d'où il envoya des messagers avec des lettres à al-Mostaïn qui se trouvait à Saragosse. Ces messagers y trouvèrent aussi Bérenger, qui leur ordonna de dire à Rodrigue qu'il désirait être son allié et son ami. De retour auprès de leur maître, qui, pendant cet intervalle, avait recouvré la santé, les messagers lui firent part de l'offre du comte de Barcelone. Rodrigue refusa d'abord de l'accepter; à la fin, il céda aux instances de ses amis, et se déclara prêt à conclure une alliance avec Bérenger, qui se rendit à cet effet au camp de Rodrigue, et plaça une partie de son territoire sous la protection de ce dernier. Ensuite il retourna à Barcelone [1].

A la nouvelle de la défaite de son allié Bérenger, Mondhir éprouva un si violent chagrin qu'il tomba malade, et mourut peu de temps après. Il laissa un fils en bas âge qu'il avait placé sous la tutelle des Benou-Betyr [2]. L'un de ces deux frères gouverna Tortose, l'autre, Xativa, et leur cousin, Dénia. Ils comprirent qu'ils avaient besoin de s'allier avec le Cid, et ils achetèrent cette alliance en s'engageant à lui payer un tribut, qui fut fixé par le Cid à cinquante mille dínárs par an. Outre cette somme, le Cid recevait chaque année 10,000 dínárs du seigneur d'Albarracin [3], 10,000 du seigneur d'Alpuente [4], 6000 du seigneur de Murviédro, 6000

---

1) *Gesta*, p. XLI, XLII.

2) » é toviéronlo en guarda unos fijos que dezien de Betyr," *Cron. gen.*, fol. 323, col. 2. Les historiens arabes ne parlant pas de ces personnages, j'ignore comment leur nom doit s'écrire, car il y a plusieurs noms propres qui se rapprochent de *Betyr*.

3) La *Cron. gener.* le nomme *Abezay*. Il faut lire *Abenhozayl*.

4) Nommé par erreur *Abenrazin* dans l'édition de la *Cron. gener.* Il faut changer le *r* en *c*, et lire *Abencazin*. C'est ainsi que la *Cronica*

de celui de Ségorbe, 4000 de celui de Xerica, 3000 de celui d'Almenara. Liria devait payer 2000 dínárs, mais elle n'acquittait pas alors ce tribut; elle appartenait au roi de Saragosse, et le Cid avait l'intention de lui déclarer la guerre. Enfin le Cid tirait 12,000 dínárs de Valence, et cette ville devait payer en outre 1200 dínárs à un évêque qui y avait été envoyé par Alfonse [1].

Rodrigue assiégeait Liria en 1092, quand il reçut des lettres de la reine de Castille [2] et de ses amis, où ils le priaient de prêter secours à Alfonse dans une expédition qu'il avait préparée contre les Almoravides (qui s'étaient déjà emparés des états de plusieurs émirs andalous), et où ils l'assuraient qu'il rentrerait ainsi dans la faveur d'Alfonse. Bien que Liria fût sur le point de se rendre à lui, Rodrigue suivit cependant ce conseil, et rejoignit le roi de Castille à Martos, à l'ouest de Jaen. Alfonse était allé à sa rencontre et le traita avec beaucoup de courtoisie. Puis ils marchèrent tous les deux dans la direction de Grenade. Le roi alla camper sur les montagnes, et Rodrigue dans la plaine, au-devant du camp d'Alfonse, pour le protéger contre une attaque. Cette action déplut fort au roi; il y voyait de la présomption, et ses courtisans pri-

---

nomme ailleurs (fol. 324, col. 4) le seigneur d'Alpuente, et nous savons par Ibn-Khaldoun (*Script. Arab. loci de Abbad.*, t. II, p. 212), que les seigneurs d'Alpuente s'appelaient les Benou-Kásim.

1) *Cronica general*, fol. 323, col. 1 et 2. » un obispo que dezien Alat almarian por su aravigo," dit la *Cron. gener*. Au lieu de *almarian*, il faut lire *almatran*, ainsi que l'a déjà vu Berganza (t. I, p. 483); اَلْمَطْرَان est l'altération arabe de μητροπολίτης; mais je n'ai pas pu découvrir ce que signifie le mot *Alat*. La *Cron. del Cid* (chap. 159) a substitué à cette phrase, celle-ci: » un obispo que dizen don Cahoc los de Valencia."

2) Florez (*Reynas catholicas*, t. I, p. 169) prouve que la reine Constance vivait encore en 1092.

rent soin de nourrir son mécontentement ¹. Quand les Chrétiens et les Musulmans en furent venus aux mains, la victoire se déclara d'abord pour Alfonse; mais les Musulmans parvinrent à rétablir leurs rangs; ils mirent leurs ennemis en fuite et en tuèrent un grand nombre. Alfonse n'échappa qu'avec une petite troupe des siens ².

---

1) *Gesta*, p. XLII, XLIII.

2) J'emprunte ces renseignements à un historien fort respectable, savoir Ibno-'l-Athír. D'après une communication de M. Defrémery, cet auteur dit en tête de l'année 485 (12 février 1092 — 31 janvier 1093) (man. 741 (supplément arabe) de la bibl. nation., fol. 59 v.): ذكر الحرب بين المسلمين والفرنج بجيان ۞ فى هذه السنة جمع اذفونس عساكره وجموعه وغزا بلاد جيان من الاندلس فلقيه المسلمون وقاتلوه واشتد الحرب وكانت الهزيمة اولا على المسلمين ثم ان الله تعالى رد لهم الكرة على الفرنج فهزموهم واكثروا القتل فيهم ولم ينج الا اذفونس فى نفر يسير وكانت هذه الوقعة من اشهر الوقائع بعد الزلاقة واكثر الشعراء ذكرها فى اشعارهم. « *Récit de la guerre entre* » *les Musulmans et les Francs près de Jaen.* Dans cette année, Alfonse » rassembla ses armées et fit une incursion dans le pays de Jaen en An-» dalousie. Les Musulmans allèrent à sa rencontre et le combattirent. » Le combat fut acharné. D'abord les Musulmans prirent la fuite, mais » plus tard, Dieu leur donna la victoire sur les Francs. Alors ils les » mirent en déroute et en tuèrent un grand nombre. Alfonse n'échappa » qu'avec une petite troupe des siens. Cette bataille fut une des plus glo-» rieuses après celle de Zallácah, et les poètes en parlèrent fréquemment » dans leurs compositions." Il est curieux de comparer avec ce récit, sans doute exact, celui des *Gesta.* »Rex autem in eodem loco VI. per-» mansit diebus. Juzeph vero, Rex Moabitarum et Sarracenorum, Regem » Aldefonsum expectare et cum eo pugnare non audens, eiusdem Regis » pavore perterritus, una cum exercitu suo fugit et a partibus illis clam » recessit." Est-ce ignorance de la part de l'auteur espagnol? ou bien

Retournant à **Tolède**, Alfonse passa par Ubéda, et Rodrigue campa sur les bords du Guadalquivir. Le roi lui adressa de dures paroles et ne montra que trop qu'il voulait le faire arrêter. Rodrigue se tut; mais pendant la nuit, il leva son camp et retourna sur le territoire valencien. A cette occasion, plusieurs des siens le quittèrent pour aller servir sous Alfonse.

De retour dans l'est, Rodrigue rebâtit la forteresse de Peñacatel qui avait été détruite par les Sarrasins; puis il vint à Valence [1]. Al-Kádir, le roi de cette ville, était tombé malade. Sa maladie fut longue, et quand on ne le vit plus sortir, on le crut mort. C'était donc en effet le Cid qui régnait à Valence [2]. En partant de cette ville pour Morella [3], il y laissa ses majordomes et son alguazil Ibno-'l-Faradj; l'évêque d'Alfonse et un ambassadeur de Sancho d'Aragon, qui avait quarante cavaliers à sa suite, s'y trouvaient aussi [4]. A Morella, certain

---

est-ce un manque de bonne foi, est-ce le désir de dissimuler une défaite du roi de Castille? Toujours est-il qu'il est le seul historien de sa nation, qui parle de cette incursion d'Alfonse. Sandoval (*Cinco Reyes*, fol. 84, col. 4) nous apprend qu'il y a un titre, où Doña Mayor donne quelques terres au cloître d'Arlanza, afin que Dieu fasse revenir ses fils sains et saufs du pays des Maures, contre qui l'armée était en campagne. S'il s'agit ici de l'expédition d'Alfonse, ce qui me paraît assez probable, celle-ci eut lieu dans le mois de juin, car le titre en question est du 12 juin 1092.

1) *Gesta*, p. XLIV.
2) *Cron. gener.*, fol. 323, col. 3.
3) *Gesta*, p. XLIV. Je ne puis admettre que Rodrigue y célébra la fête de noël, comme le disent les *Gesta*; les évènements en question doivent s'être passés quelque temps auparavant.
4) *Cron. gener.* Elle appelle par erreur le roi d'Aragon, Ramire. Il paraît que le texte arabe portait Ibn-Radmir, et que le mot *ibn* a été sauté par le traducteur castillan.

personnage vint trouver le Cid, et lui promit de lui livrer secrètement la forteresse de Borja, située entre Saragosse et Tudèle. Rodrigue s'était déjà mis en marche, quand al-Mostaín de Saragosse lui envoya un messager pour lui dire que Sancho, roi d'Aragon et de Navarre, le jetait dans un grand embarras [1]. En effet, l'année précédente (1091), Sancho avait bâti la forteresse de Castellar, sur l'Ebre, à quatre lieues de Saragosse, qu'elle dominait [2]. Vers l'époque dont il s'agit, le fils de Ramire, comme les historiens arabes appellent le roi d'Aragon, assiégeait aussi Tudèle, après s'être emparé de plusieurs forteresses qui appartenaient à al-Mostaín [3].

Quand Rodrigue eut reçu ce message, il partit en secret pour Saragosse avec quelques-uns des siens. Il y acquit la certitude que la personne qui lui avait promis de lui livrer Borja, l'avait trompé. Les principaux habitants de Saragosse vinrent le trouver, et le supplièrent d'aider al-Mostaín contre Sancho. Rodrigue se rendit à ces prières et conclut une alliance avec al-Mostaín. Puis il fit venir ses troupes, passa l'Ebre et campa à Fraga. Sancho rassembla une grande armée, et accompagné de son fils Pedro [4], il campa à Gurrea, non loin de Huesca. Avant d'en venir aux mains avec le Campéador, il voulut tenter d'arranger les affaires à l'amiable, et il lui envoya des messagers à cet effet. Rodrigue consentit à conclure

---

1) *Gesta.*

2) Voyez Moret, *Annales de Navarra*, t. II, p. 39 et suiv.

3) *Kitábo 'l-iktifá*, p. 24.

4) » Una cum filio suo *Rege*," disent les *Gesta.* C'est là une des preuves de l'authenticité de ce livre. En effet, Pedro n'était pas seulement prince héréditaire, mais déjà à cette époque il semble avoir porté le titre de roi; car dans le privilége d'Arguedas, daté de janvier 1092, on lit que Sancho *régnait* à Pampelune et en Aragon, et que son fils Don Pedro *régnait* en Ribagorce et à Monzon. *Voir* Moret, t. II, p. 43, note *c.*

la paix avec Sancho, à condition que celui-ci ne molesterait pas davantage al-Mostaín. Ces affaires arrangées, Sancho retourna dans ses états, et Rodrigue à Saragosse [1].

Cependant Alfonse avait profité de l'absence du Cid pour assiéger Valence, non-seulement par terre, mais encore par mer; car il avait conclu une alliance avec les Génois et les Pisans, qui étaient arrivés dans quatre cents bâtiments pour lui prêter appui. Malheureusement des différents éclatèrent, soit dans le camp d'Alfonse, soit entre l'armée de terre et l'armée de mer [2]. Une autre raison força aussi Alfonse de re-

---

1) *Gesta*, p. xlv.
2) *Kitábo 'l-iktifá*, p. 24, 25. Ibn-Khaldoun, dans son histoire des rois chrétiens, parle aussi du siége de Valence par Alfonse. Les *Gesta* n'en disent rien, et ce livre, incomplet ici comme ailleurs, ne dit rien qui puisse motiver l'invasion du Cid dans la Rioja. Le même reproche frappe la *Cron. gener.*; mais il est fort remarquable qu'on trouve dans la *Cron. del Cid* (chap. 162) le passage suivant: » Ensuite le roi Don Alfonse » réunit une très-grande armée, assiégea Valence et envoya dire aux châ- » telains de la province qu'ils eussent à lui donner cinq fois le tribut qu'ils » payaient au Cid. Quand le Cid en fut averti, il envoya dire au roi qu'il » ne comprenait pas pourquoi sa grâce voulait le déshonorer, mais qu'il » se tenait assuré que, Dieu aidant, elle reconnaîtrait bientôt que son » entourage l'avait mal conseillé." Suit le récit de l'invasion de la Rioja d'après les *Gesta*. Il est douteux où la *Cronica* a puisé ce renseignement, du reste exact. Faudrait-il supposer que le seul man. des *Gesta* que nous possédons, offre ici une lacune, ou bien qu'il ait existé un ancien document chrétien, aujourd'hui perdu, où il était question du siége de Valence par Alfonse? Ce qui rend cette dernière supposition assez probable, c'est un passage de Sandoval (*Cinco Reyes*, fol. 91, col. 2), conçu en ces termes: » Après avoir quitté Ubéda, le roi Alfonse marcha » contre le roi de Valence, et il attendit la flotte que les Pisans et les Gé- » nois avaient promis d'envoyer à son secours pour attaquer Tortose. Ceux- » ci manquèrent à leur engagement, et le roi, qui manquait de machines » de guerre, retourna à Tolède. Peu de jours après, la flotte des Génois

retourner en toute hâte en Castille. Quand le Cid eut reçu avis qu'Alfonse assiégeait Valence, il partit de Saragosse, et tomba sur la province de Calahorra et de Najera, s'empara d'Alberite et de Logroño, mit le pays à feu et à sang, pilla et détruisit tout, et marcha contre Alfaro qu'il prit aussi [1].

» et des Pisans arriva en vue de Tortose. Alfonse avait déjà laissé ses
» troupes se disperser. Pierre d'Aragon accourut pour défendre son ter-
» ritoire avec une armée si nombreuse que la flotte italienne partit sans
» avoir remporté quelque avantage." Sandoval assigne une fausse date (ère 1136, année 1098) à ces événements et à l'expédition d'Alfonse contre Jaen; sa notice renferme d'ailleurs plusieurs graves erreurs, comme l'a déjà fait remarquer M. Huber (*Gesch. des Cid*, p. 195). Mais le fond, loin d'être tout à fait fabuleux comme l'a cru ce savant, est vrai; l'ancien *Kitábo 'l-iktifá* le prouve. Il faut donc supposer que Sandoval a trouvé ce récit (que nous ne retrouvons dans aucune chronique ancienne, soit latine soit espagnole) dans un manuscrit aujourd'hui perdu, probablement dans l'histoire de Pierre de Léon. Peut-être le compilateur de la *Cronica del Cid* l'a-t-il puisé à cette même source.

1) *Gesta*, p. XLVI; *Kitábo 'l-iktifá*, p. 25; *Chronicon de Cardeña* (*Esp. sagr.*, t. XXIII, p. 371, 372) sous la fausse date ère 1111 (année 1073); lisez 1130. Je donne ici le texte même d'une partie du récit des *Gesta*, parce qu'il prouve combien peu ce livre est partial pour Rodrigue: » Ingentem nimirum atque *moestabilem* et valde *lacrimabilem* prae-
» dam, et *dirum* et *impium* atque vastum inremediabili flamma incendium
» per omnes terras illas *saevissime* et *immisericorditer* fecit. *Dira* itaque
» et *impia* depraedatione omnem terram praefatam devastavit et destruxit,
» ejusque divitiis et pecuniis atque omnibus ejus spoliis eam omnino denu-
» davit et penes se cuncta habuit." Le *Kitábo 'l-iktifá* se contente de dire: » il brûla et il détruisit." Il est certain du reste, que Logroño fut détruit de fond en comble; car trois années plus tard, en 1095, Alfonse dit dans la *carta puebla*, donnée à cette ville (ce document a été publié par Llorente, *Noticias*, t. III, p. 463—470), que le très-fidèle comte Garcia (Ordoñez) et sa femme Urraque, » Nazarensium" (il est curieux de retrouver dans un document latin, ce nom de Nazaréens, que les Arabes

Pendant qu'il se trouvait dans cette forteresse, des messagers du comte Garcia Ordoñez, qui était alors gouverneur de Najera pour Alfonse [1], vinrent le trouver pour le sommer d'y rester pen-

---

donnaient aux chrétiens) » presidentes utilitati et nostre, de palacii nostri »consilio et assensu, decreverunt populare villam que dicitur Lucronio, »quam etiam populantes perfecerunt." Après avoir rebâti et repeuplé Logroño, Garcia et sa femme » consilium dederunt qui ibi populare voluerunt »quod legem et fuero, ut ibi habitare possent, daremus, ne magna oppre-»sione servitutis gravati, acepta ocasione dimisso loco, factum nostrum »inanis esset." Ce *Fuero* était si avantageux, que plusieurs villes de l'Alava et de Biscaye le demandèrent dans la suite. Du reste, Llorente (p. 471, 472) a déjà fait observer qu'il s'agit ici d'un *repeuplement*, et que Logroño existait déjà en 926, comme il résulte d'un titre du roi de Navarre de cette année. Mais ce savant paraît avoir ignoré à quelle occasion Logroño avait été detruit.

1) » Suivant la vague et pompeuse histoire à la manière académique," ce sont les paroles de M. Romey (V, p. 492) que je cite, » qui affirme sans »preuves, et parle sans cesse, *ore rotundo*, quelque mal fondé que soit ce »qu'elle débite d'un si haut ton — Garci Ordoñez était comte de Najera, »commandant en la Rioja pour le roi de Castille, le second personnage »de l'état par l'éclat de son origine, par son alliance avec la famille roya-»le, par ses richesses et ses éminens services; mais envieux, implacable »ennemi du Cid, attentif à irriter la haine du roi, et coupable provoca-»teur des arrêts qui avaient banni Rodrigue; et celui-ci, brûlant de le »châtier, était venu porter la dévastation sur les terres de ses domaines: »*de tout cela personne ne saurait trouver la moindre trace* dans les his-»toriens des deux siècles immédiatement postérieurs au Cid; mais c'est un »spirituel écrivain espagnol (Quintana) qui nous le dit, en phrases assu-»rément fort élégantes, auxquelles il ne manque rien, sinon d'être fon-»dées sur quelque chose."

Voilà une phrase assez élégante, très-spirituelle, très-hostile au vague et pompeux jargon académique, très-.... mais voilà, je crois, un nombre suffisant de superlatifs élogieux: ajoutons plutôt qu'elle est absurde d'un bout a l'autre. C'est peu poli, mais c'est vrai, et dans le cas où nous

dant sept jours seulement, au bout desquels le comte viendrait
lui livrer bataille. Le Cid répondit qu'il l'attendrait. Mais quand

---

a placé M. Romey, la politesse serait hors de mise. Garcia Ordoñez est
nommé comte de Najera *dans une suite non interrompue de chartes contemporaines*, depuis l'année 1086 jusqu'à l'année 1106. Je n'en ai noté
que quelques-unes, mais celles-ci sont au nombre de VINGT-DEUX. Elles ont
été citées ou publiées par Sandoval (*Cinco Reyes*, fol. 45, col. 4; 79, 3;
81, 1; 89, 3; 94, 2 et 3; 95, 1 et 2), Sota (fol. 539, col. 2; 540,
1 et 2), Moret (*Annales*, t. II, p. 30, 84) et Llorente (t. III, p. 446,
448, 452, 462, 463, 472; tom. IV, p. 5). (Je passe sous silence les deux
chartes ecclésiastiques publiées par Llorente aux pages 434 et 439 de son
IIIe volume, parce qu'elles me paraissent apocryphes; la première se prétend de l'année 1081, et la seconde du 20 avril 1085; mais toutes
deux disent qu'Alfonse régnait alors à Tolède, tandis qu'il est très-certain
que cette ville ne se rendit à lui que le 25 mai 1085.) Garcia Ordoñez
était de sang royal; il descendait de l'infant Ordoño, fils de Ramire l'A-
veugle, et de l'infante Christine (voyez sur cette famille, Salazar, *Casa de
Silva*, t. I, p. 63 et suiv.). Il avait porté l'étendard royal sous Ferdinand Ier (voyez Moret, *Ann.*, t. I, p. 758). Il avait épousé Urraque,
fille de Garcia roi de Navarre et cousine-germaine d'Alfonse; cette princesse possédait Alberite, Landero et Mucrones, villes qu'elle avait héritées
de sa mère Stéphanie (voyez Moret, II, 30; Sandoval 53, 4; testament
de Stéphanie chez Sandoval, *Catalogo de los Obispos de Pamplona*, fol. 60).
Peu s'en faut qu'Alfonse lui-même ne l'appelle le second personnage de
l'état; il reconnaît du moins ses éminents services quand il l'appelle, lui
et sa femme Urraque, » glorie nostri regni gerentes," » latores glorie regni
» nostri" (Llorente, III, 463, 472). Mais l'historien que nous critiquons,
ajoute: » Nous verrons tout à l'heure que ce comte Garci Ordoñez, qu'on
» nous peint allié à la famille royale, et comme ayant l'oreille du roi,
» combattait à la même époque contre Alfonse, dans les rangs des Almo-
» ravides;" ailleurs (V, p. 518) M. Romey dit, en citant Roderich et
Lucas de Tuy, qu'en 1094, » les Almoravides comptaient dans leurs
» rangs un grand nombre de chrétiens sous la conduite du comte Garcia
» Ordoñez," et à la fin (V, p. 524) il arrive à cette conclusion: » siu-

Garcia eut rassemblé son armée, et qu'il se fut avancé jusqu'à Alberite, il fut saisi d'une terreur panique et fit volte-face. Après que le Cid eut attendu en vain, pendant sept jours, l'arrivée du comte, il brûla ce qui restait encore à brûler, et retourna à Saragosse [1], sans attendre l'arrivée d'Alfonse qui avait levé le siége de Valence pour aller défendre son propre pays. Quand il y rentra, le Cid était déjà parti [2].

La flotte de Gênes et de Pise dirigea sa course vers le nord et attaqua Tortose. En même temps le fils de Ramire (Sancho d'Aragon) et le comte de Barcelone assiégèrent cette ville du côté de la terre ferme; mais les forces chrétiennes ne purent s'en rendre maîtresses [3].

Sur ces entrefaites, des événements très-graves eurent lieu à Valence. Le général almoravide Ibn-Ayischah venait de s'em-

---

» gulière et obscure existence sur laquelle on cherche en vain des rensei-» gnements précis." Nous avons l'intention de ne pas perdre de vue Garcia Ordoñez dans la suite de notre récit; nous pouvons donc nous dispenser d'entrer ici dans des détails; nous dirons seulement que, si Roderich et Lucas prétendent que Garcia Ordoñez servait sous les Almoravides vers l'année 1094, il faut admettre de trois choses l'une: ou que les chartes contemporaines ont tort de le nommer comte de Najera à cette époque, supposition trop absurde pour que je m'y arrête; ou que les deux historiens espagnols du XIIIe siècle se sont trompés; ou enfin (et c'est ce qui me paraît la supposition la plus probable), qu'ils parlent d'un autre personnage, à savoir du comte Garcia Ordoñez *de Cabra*, qui avait aussi à cette époque (*voir* Sandoval).

1) *Gesta; Chronicon de Cardeña.*
2) *Kitábo 'l-iktifá.*
3) *Kitábo 'l-iktifá.* Cette expédition de la flotte italienne est un fait à ajouter au sixième volume des *Annali d'Italia* de Muratori. En 1095 Raymond III assiégea Tortose, et en 1097 il renouvela le siége. *Voir* Diago, *Condes*, fol. 143. On sait qu'en 1148, Raymond IV s'empara de Tortose avec le secours des Génois, qui reçurent la troisième partie de la ville.

parer de Dénia et de Murcie [1]. Ibn-Djahháf, kádhí de Valence [2], voulut alors profiter de l'absence du Cid et de la faiblesse d'al-Kádir, pour s'asseoir sur le trône. Il fit à cet effet des ouvertures à Ibno-'l-Faradj, le lieutenant de Rodrigue, mais ces démarches étant demeurées sans succès, il rechercha l'appui d'Ibn-Ayischah et promit de lui livrer Valence. Il se concerta aussi avec le gouverneur d'Alcira, et tous les deux prièrent Ibn-Ayischah de passer par cette dernière ville et de se rendre de là à Valence. Le général almoravide envoya en effet un de ses capitaines pour prendre possession d'Alcira.

Informés de ces événements, les Castillans que le Cid avait laissés à Valence, l'évêque d'Alfonse et l'ambassadeur de Sancho se hâtèrent de prendre la fuite, et d'emporter tout ce qu'ils pouvaient. Ibno-'l-Faradj, rempli de crainte, ne savait que faire. Le roi de Valence, bien que guéri de sa maladie, n'osait se montrer. Ibno-'l-Faradj vint le trouver à différentes reprises; à la fin, ils résolurent d'envoyer d'abord leurs biens et leurs richesses à Ségorbe et à Penaguila [3], et de quitter ensuite Valence. Ils firent en effet transporter leurs biens, mais avant de partir, ils voulaient attendre si le Cid ne viendrait pas à leur secours. Après avoir rempli le palais de soldats pour se prémunir contre une attaque soudaine, ils envoyèrent prier le Cid, qui était encore à Saragosse, de se rendre à Valence. Ils attendirent vingt jours, mais le Cid ne

---

1) *Al-Kartás*, p. ١.١; *Cron. gener.*, fol. 323, col. 3 et 4.

2) Ses aïeux avaient depuis longtemps rempli à Valence le même emploi. *Cron. gener.*, fol. 324, col. 2.

3) » Un château nommé Benaecab (*lisez* Benaocab), c'est-à-dire, châ-
» teau de l'aigle." *Cron. gener.* » J'ignore," dit Escolano (*Historia de Valencia*, t. I, p. 393) » si c'est celui que nous appelons à présent Pena-
» guila." Le fait me paraît certain.

vint pas. Un matin, ils entendent tout-à-coup battre les tambours du côté de la porte dite de Tudèle. Le bruit se répand que cinq cents cavaliers almoravides sont aux portes. Ibno-'l-Faradj court au palais du roi, fait fermer les portes de la ville et garnit les murailles de soldats.

Le fait était que le capitaine almoravide Abou-Nácir [1] était parti d'Alcira, au commencement de la nuit, accompagné de vingt cavaliers almoravides et de vingt cavaliers d'Alcira, qui tous portaient le costume almoravide [2]. Au point du jour ils étaient arrivés à la porte dite de Tudèle.

Les soldats d'al-Kádir coururent à la maison d'Ibn-Djahháf, et lui crièrent de sortir. Ibn-Djahháf tremblait de peur, et n'osait se montrer; heureusement des habitants de la ville vinrent le délivrer. Puis ceux-ci allèrent avec lui au palais d'al-Kádir. Ils arrêtèrent Ibno-'l-Faradj, et quand un grand nombre d'autres bourgeois se furent réunis à eux, ils tâchèrent de forcer les portes, après en avoir chassé les gardes; ne pouvant réussir, ils y mirent le feu, tandis que d'autres qui avaient su pénétrer dans le palais, jetèrent des cordes par-dessus les murs et introduisirent les Almoravides.

---

1) C'est ainsi que l'appelle l'auteur du *Kitábo 'l-iktifá;* dans la *Cron. gener.* (fol. 324, col. 1) on lit *Aldebaaya.* Il ne faut pas en conclure que les deux textes se contredisent; le *Kitábo 'l-iktifá* ne donne que le prénom du capitaine, et la *Cron. gen.* paraît donner son nom propre, qui cependant est altéré. Du reste nous avons suivi la *Cronica;* d'après le *Kitábo 'l-iktifá,* Ibn-Djahháf alla trouver en personne Ibn-Ayischah à Dénia, pour lui demander de venir avec lui à Valence. Le général s'excusa en disant qu'il ne pouvait quitter Dénia en ce moment, mais il donna à Ibn-Djahháf une armée, commandée par Abou-Nácir. Puis ils marchèrent tous les deux contre Valence, etc.

2) C'est-à-dire qu'ils avaient revêtu des *bornos* et des turbans; voyez plus haut, p. 117. Ibn-Bassám atteste aussi que cette troupe était peu nombreuse.

Trahi par son peuple, le malheureux al-Kádir avait cependant eu le temps de revêtir des vêtements de femme. Il sortit du palais avec les femmes de son harem, et se cacha dans une maisonnette.

Les Valenciens introduisirent le capitaine almoravide dans le palais, pillèrent les chambres royales, tuèrent un soldat chrétien qui montait la garde à une porte, et un soldat d'Albarracin qui gardait une des tours du mur.

Ibn-Djahháf sut bientôt qu'al-Kádir n'avait pas quitté la ville; il le chercha, et il le trouva dans la maisonnette avec plusieurs de ses femmes. En fuyant de son palais, le roi avait emporté ses plus précieux trésors. Il avait caché dans sa ceinture un collier, composé de pierres précieuses, et qui avait appartenu à Zobaidah, la célèbre épouse de Hároun ar-Raschíd; plus tard il avait passé dans les mains des Omaiyades d'Espagne [1], puis dans celles d'al-Mamoun de Tolède, et enfin dans celles d'al-Kádir. Ibn-Djahháf voulut s'emparer en secret de ces trésors; mais il comprit qu'il ne pouvait exécuter ce dessein qu'en tuant al-Kádir. Il le fit donc garder par quelques-uns de ses serviteurs les plus dévoués. Pendant la nuit, Ibno-'l-Hadídí porta le coup fatal à al-Kádir; cet homme ne servit pas seulement Ibn-Djahháf, il servit aussi sa propre vengeance; car al-Kádir avait tué quelques-uns de ses parents et confisqué leurs biens [2].

---

1) Pour montrer combien l'édition de la *Cron. gener.* est fautive, j'ajoute le texte de ce passage: » é diz que fué de Seleyda muger que fué de Aben-» arrexit él que fué señor de Belcab [Bagdád]: é que pasó despues á los » reyes que dizien Benuiuoyas que fuéron señores del Andaluzia." D'après une note de M. Huber (*Cron.*, p. xciv), on lit dans l'ancienne édition de la *Cron. del Cid:* » Cubayda del Rey Alaxidich que fué Aufa de Nalda."

2) J'emprunte ce renseignement à Ibn-Bassám. D'après le *Kitábo 'l-iktifá* (p. 17), le fakíh Abou-Becr ibno-'l-Harírí الحريري fut tué dans

On apporta la tête d'al-Kádir à Ibn-Djahháf, qui la fit jeter dans un étang près de sa maison. On comprend qu'il ne manqua pas de s'emparer des trésors qu'il convoitait ; bien des richesses lui échappèrent cependant, car ceux qui avaient gardé al-Kádir pendant la dernière nuit de sa vie, en avaient pris et caché, dans leur propre intérêt, autant qu'ils avaient pu. Le corps d'al-Kádir resta dans l'endroit où ce roi avait été assassiné, jusqu'au lever de l'aurore; alors quelques hommes vinrent le prendre, le placèrent sur un brancard, le couvrirent d'une vieille couverture, le portèrent hors de la ville, creusèrent une fosse dans un endroit où se tenaient ordinairement les chameaux, et enterrèrent le cadavre sans l'envelopper d'un linceul, comme si al-Kádir eût été un homme de rien [1]. Le meurtre d'al-Kádir eut lieu après la fin de Ramadhán, au commencement de schawwál 485, première moitié de novembre 1092 [2].

---

une émeute qui éclata pendant la nuit à Tolède, à l'époque où al-Kádir régnait encore dans cette ville. Peut-être faut-il lire Ibno-'l-Hadidí الحديدي. D'après cette supposition, ce personnage aurait appartenu à la même famille que le meurtrier d'al-Kádir.

1) *Cronica general.*

2) Roderich de Tolède, dans son *Historia Arabum* (ch. 49), dit qu'al-Kádir régna pendant sept ans à Valence. » Yahye, dictus Alchadir Bille, » postquam Toletum perdiderat, ivit Valentiam, quae ad suum dominium » pertinebat, et annis VII vixit ibidem, et interfecit eum iudex quidam » qui Abeniahab dicebatur." L'auteur du *Kitábo 'l-iktifá* (p. 25) fixe aussi, et avec toute raison, le meurtre d'al-Kádir à l'année 485. C'est à tort que M. Romey (V, p. 511) prétend que l'on ignore dans quel mois de l'année 1092 cet événement eut lieu. Ce mois se trouve indiqué dans la lettre que le Cid adressa à Ibn-Djahháf (*Cron. gen.*, fol. 324, col. 4) et dont nous parlerons tout à l'heure. Le Cid y dit à Ibn-Djahháf qu'il a dignement terminé son jeûne en tuant son seigneur. Il s'agit ici du jeûne du mois de Ramadhán. Puisque Valence se rendit le 15 juin 1094, la

Ibn-Djahháf qui semblait avoir pris à tâche de suppléer par la vanité et l'orgueil au manque absolu de talents, voulut dès lors s'entourer de toute la pompe royale, sans se soucier de mettre ordre aux affaires de l'état. Il s'entoura de gardes et de secrétaires. Quand il parcourait la ville à cheval, il se faisait accompagner par un grand nombre de cavaliers et de chambellans [1]; les femmes sortaient pour le voir passer et entonnaient les chants de lou, lou, lou [2]. Il était très-flatté de

date de la mort d'al-Kádir, première moitié de novembre 1092, s'accorde très-bien avec la durée que l'auteur du *Kitábo 'l-iktifá* assigne au siége de Valence, quand il dit que ce siége dura vingt mois; seulement l'auteur arabe ne tient pas compte de la courte paix, conclue entre le Cid et Ibn-Djahháf. Ibn-Khaldoun dit dans son chapitre sur le rois de Tolède, qu'al-Kádir fut tué en 481, et dans le chapitre suivant, il fixe cet événement à l'année 483. L'une et l'autre de ces dates est erronée; mais il est certain qu'Ibn-Khaldoun lui-même, et non un de ses copistes, est responsable de ces erreurs et de cette contradiction, car les deux man. de Paris et celui de Leyde sont d'accord.

1) Je prends *montero* dans le sens de *montero de cámara, de espinosa*, et non dans celui de *chasseur*, parce que les Arabes disent bien: واذا ركب كان معه عدة من الفرسان والحجاب (» é quando cavalgava yvan mu-» chos cavalleros é monteros con él"), mais non pas عدة من الفرسان والصيادين.

2) » Davan las mugeres grandes alegrías con él," dit la *Cron. gener.* Dans la *Cron. del Cid* (ch. 166): » davan las mugeres *albuérvolas*" (peut-être cette leçon se trouve-t-elle aussi dans les manuscrits de la *General*). M. Huber (p. xciv) déclare qu'il ne connaît pas ce mot; il propose de lire *albricias* (conjecture bien malheureuse); mais il ajoute qu'il est possible qu'*albuérvolas* soit un mot d'origine arabe, tombé en désuétude. Cette note a de quoi étonner de la part d'un savant aussi consciencieux et aussi versé dans la langue espagnole que l'est M. Huber. Non-seulement le mot *albórbolas* se trouve dans les dictionnaires anciens (Hierosme Victor (1609): *albórbolas, ó albórbolos de alegria, cry signifiant ioye;*

ces témoignages de respect; il voulait humilier d'ailleurs son cousin-germain, le *çáhibo 'l-madhálim* (grand juge) Ibn-Djah-

---

hazer *albórbolas, ó alborbolear, s'escrier de ioye, faire des cris de ioye*) et dans celui de l'académie espagnole (*albórbola, albórbora, arbórbola*), mais il a encore été employé par Quevedo, et même les Dictionnaires modernes, tels que celui de M. Nuñez de Taboada, offrent les mots *albuérbola* et *albórbola, cri de joie, acclamation*. Du reste *albórbola* est sans doute d'origine arabe, bien qu'il ne dérive nullement d'un mot arabe *boóra* (»que significa enójo y coráge"?), comme le prétendent les académiciens de Madrid. Il faut observer que la deuxième syllabe était anciennement *buel* et non pas *buer* ou *bor*. On retrouve la forme ancienne chez un poète du XIVe siècle, l'Archiprêtre de Hita (copla 872):

Mas valia vuestra *albuélvola* é vuestro buen solas,
Vuestro atombor sonante, los sonetes que fas,
Que toda nuestra fiesta.

(Dans le XVe siècle, le poète Juan de Mena écrivait déjà *albuérbolas*). Remarquons à présent que Pierre d'Alcala traduit *albórbolas de alegria* par *teguelgūl* (تَوَلْوُل, *tebuelvol*), et que Cañes (*Diccion. Esp. Lat. Arab.*) dit que le mot *albórbola* (il fait observer qu'il a vieilli) indique ces cris de joie, que les femmes en Asie poussent pendant les noces, où, après avoir chanté quelque couplet, elles finissent par ces *albórbolas* qu'elles produisent avec la langue, et qui ressemblent au bruit de l'eau quand elle bout. On ne peut donc douter que le mot espagnol en question ne dérive du verbe arabe *walwala* (ولول), auquel nos Dictionnaires ne donnent d'autre sens que celui de *pousser des gémissements*, mais qui signifie aussi *pousser des cris d'alégresse*. On lit, par exemple, chez Abdo-'l-wáhid (*Histoire des Almohades*, p. ٣١١ de mon édition), à l'occasion d'une fête: وجاء النساء يُوَلْوِلْنَ ويضربن بالدفوف, »les femmes » accoururent (auprès du prince) en poussant des cris d'alégresse et en » jouant du tambour de basque." En général *walwala* signifie *pousser les cris lou, lou, lou, lou*, comme les femmes arabes ont la coutume de le faire aux jours de fêtes, de noces, de funérailles, et dans d'autres occasions. *Voyez* Höst, *Nachrichten von Marokos*, p. 111; Kennedy, *Algiers en*

háf, qu'il haïssait, et lui montrer que lui seul commandait à Valence ; il ne donnait à ce cousin que de très-faibles appointements, et renfermait son autorité dans de très-étroites limites [1].

―――――

Tunis in 1845, t. I, p. 111; *Narrative of a ten years' residence at Tripoli in Africa*, p. 91, 93. Dans cette dernière relation on trouve un passage qui présente presque autant d'analogie avec notre texte, que celui d'Abdo-'l-wáhid. Il y est dit (p. 82) que l'épouse du Bey et trois princesses ayant fait une procession, des gardes déblayèrent les rues, et qu'un grand nombre des meilleures chanteuses entonnèrent les chants de lou, lou, lou.

1) Voici le texte de la *Cron gener.* (fol. 324, col. 4) ; j'ai corrigé la ponctuation qui, comme toujours, est très-fautive: » é fazien (*lisez* fazie) » todas sus cosas como por rey ; é esto fazie por abaxar preito de un su » hermano que era alcalde de la villa, é por mostrar quél era señor; é » nol preciava nada ; nin mandava nin vedava, fueras que le dava que » espendiese él é toda su compaña mucho escasamente." Le sujet des deux verbes *nin mandava nin vedava* (c'est une phrase arabe, امر ونهى) est le *hermano*; mais au lieu de *hermano* (frère), la *Cron. del Cid* (ch. 166) porte *primo cormano* (cousin-germain). Cette leçon est excellente. Dans la *General*, le mot *primo* a été sauté par un copiste ou par l'éditeur, et on doit y lire *primo hermano*. Il résulte des lettres d'Ibn-Táhir, ainsi que du témoignage d'Ibn-Bassám et d'Ibn-Khácán (voyez plus haut, p. 330, note 2; 341 ; 343 ; 359), qu'Abou-Ahmed ibn-Djahháf, le meurtrier d'al-Kádir, avait un cousin-germain, le wézir et fakíh Ibn-Djahháf, qui remplissait les fonctions de *çáhibo 'l-madhálim ;* que ces deux cousins étaient ennemis, et que le *çáhibo 'l-madhálim* était l'ami d'Ibn-Táhir, l'adversaire d'Abou-Ahmed ibn-Djahháf. D'un côté, l'accord entre les lettres d'Ibn-Táhir, le passage d'Ibn-Khácán, ceux d'Ibn-Bassám et entre la *Cronica general*, est une nouvelle preuve que le récit que donne cette dernière a été traduit de l'arabe; d'un autre côté, l'explication que j'ai donnée plus haut (p. 284, note 2) du terme *çáhibo 'l-madhálim*, se trouve justifiée par le passage qui nous occupe. J'ai dit que c'était le titre que portait anciennement dans l'Occident le grand juge, celui qui en Orient s'appelait

C'est ici le lieu de remarquer qu'Ibn-Djahháf n'était pas roi de Valence et qu'il ne le devint jamais. A partir de la mort d'al-Kádir jusqu'à la prise de Valence par le Cid, cette ville était une république, gouvernée par le sénat, la *djamáah*, qui se composait des habitants les plus considérés. Ibn-Djahháf n'était que l'exécuteur des ordres de cette assemblée. Cette forme de gouvernement républicain se reproduisait toujours dans l'Espagne arabe quand une dynastie était tombée, et qu'il n'y avait pas un noble habile et hardi, qui osât s'arroger la royauté. C'est ainsi que Cordoue, après la chute des Omaiyades, fut pendant longtemps une république, gouvernée par le sénat, tandis que le gouvernement exécutif était entre les mains des Benou-Djahwar. Séville était aussi une république avant qu'Ibn-Abbád supplantât ses collègues et s'emparât du pouvoir suprême. Le patricien Ibn-Djahháf visait sans doute à la royauté [1], mais il ne put jamais réaliser ses desseins ambitieux, parce que c'était un homme sans talents. Pour bien comprendre la suite de ce récit, il est essentiel de ne pas perdre de vue ces circonstances.

Les serviteurs et les eunuques du roi assassiné, avaient pris la fuite et s'étaient rendus à Cebolla. Les soldats d'Ibno-'l-Faradj [2] les avaient accompagnés. Le gouverneur de Ce-

---

kádhí 'l-kodhát, et qui, postérieurement au dixième siècle, s'appelait en Espagne kádhí 'l-djemáah. La *General* traduit ce terme par *alcalde*, kádhí; mais dans la *Cron. del Cid* on lit *alcayde mayor*, grand kádhí, grand juge. Je crois qu'il faut lire de même dans la *General*, et que le mot *mayor* y a été omis par erreur. Si je n'ai pas cité ce passage espagnol dans la note en question, ç'a été parce que je ne pouvais m'en prévaloir qu'après avoir prouvé que le récit de la *General* a réellement été traduit de l'arabe.

1) Ibn-Khácán l'atteste en termes très-formels; voyez plus haut, p. 330, note 2.

2) Voyez plus haut, p. 399, 400.

bolla, originaire d'Albarracin, reconnaissait la suzeraineté d'Ibn-Kásim, le seigneur d'Alpuente [1]. Un juif qui portait le titre de *moschrif* [2] (*inspecteur*, *surintendant*), logea tous ces fuyards. D'autres partisans du roi assassiné allèrent trouver le Cid à Saragosse [3], et lui racontèrent ce qui était arrivé. Le Cid partit sur-le-champ et marcha rapidement vers Cebolla. Le gouverneur de cette forteresse voulut lui barrer le passage, et le Cid fut obligé de l'assiéger. Tous ceux qui s'étaient enfuis de Valence se réunirent alors au chevalier castillan, se mirent entièrement à sa disposition, et lui jurèrent fidélité. Le Cid envoya une lettre à Ibn-Djahháf où il lui dit qu'il devait rendre grâce à Dieu, qui l'avait aidé à célébrer son jeûne, et à le terminer par un bon sacrifice en tuant son seigneur (ce qui montre qu'Ibn-Djahháf, avait tué al-Kádir après la fin du mois du jeûne, Ramadhán). Il lui dit aussi qu'il avait fait une vilaine chose en jetant la tête de son seigneur dans l'étang, et en enterrant son corps dans le fumier; il termina sa lettre en réclamant impérieusement le blé qu'il avait laissé dans ses granges à Valence. Ibn-Djahháf lui répondit que le blé en question avait été volé, et que la ville était au pouvoir des Almoravides; mais il se déclara prêt à être l'ami du Cid et à l'aider, si toutefois

---

1) » é teniel de mano de Abencazin." Voyez plus haut, p. 498, note 4.

2) » un judio que avie nombre el Almoxife," mais il faut lire *Almoxarife*. Le mot espagnol *almojarife* dérive du mot arabe المُشْرِف, sur lequel on peut consulter une note de M. Quatremère (*Histoire des sultans mamlouks*, t. I, part. I, pag. 10); voyez aussi M. Weijers dans les *Orientalia*, t. I, p. 417.

3) La *Cron. gener.* et les *Gesta* (p. XLVII) disent tous les deux que le Cid était alors à Saragosse. L'auteur du *Kitábo 'l-iktifá* (p. 25) dit par erreur qu'il *assiégeait* Saragosse. Du reste les *Gesta* disent que le Cid s'était déjà mis en route vers Valence quand il reçut ces nouvelles.

celui-ci voulait obéir au roi des Almoravides. Quand le Cid eut lu cette lettre, il jugea qu'Ibn-Djahháf était un scélérat imbécille, incapable de se maintenir au poste important dont il avait su s'emparer. Il lui écrivit donc une seconde lettre très-menaçante, et lui jura qu'il vengerait la mort du roi de Valence. Puis il fit dire aux gouverneurs de tous les châteaux environnants, qu'ils eussent à pourvoir son armée de vivres, et cela à l'instant même; il menaça d'ôter toutes leurs possessions à ceux qui se montreraient rebelles. Tous s'empressèrent de lui obéir; mais le gouverneur de Murviédro, Abou-Isá ibn-Labboun, en homme sensé qu'il était, prévit fort bien ce qui arriverait. Il comprit que s'il n'obéissait pas, il ne pourrait se défendre contre le Cid et que celui-ci le mettrait à mort; d'un autre côté, il comprit que s'il obéissait, le Cid finirait par lui enlever ses états et par l'exiler. Il fit donc dire au Cid qu'il obéirait; mais en même temps il offrit tous ses châteaux au seigneur d'Albarracin, en disant qu'il ne voulait pas avoir de démêlés avec le Cid, ni se rendre auprès de lui; Ibn-Razín devait s'entendre avec ce dernier, et quant à lui, il irait demeurer à Albarracin, à la condition que le seigneur de cet endroit pourvoirait à sa subsistance [1]. Ibn-Razín accepta cette offre avec empressement; il se hâta de se rendre à Murviédro et d'en prendre possession [2]. Ceci eut lieu vingt-six jours après le meurtre d'al-Kádir.

Ibn-Razín alla trouver le Cid, et ils convinrent entre eux qu'Ibn-Razín ordonnerait aux gouverneurs de ses châteaux de

---

1) Voyez plus haut, p. 395.
2) Nous suivons toujours la *Cron. gener.*, dont le récit est tout à fait conforme, non-seulement au témoignage d'Ibno-'l-Abbár (voyez plus haut, p. 369), mais encore à ceux de deux auteurs quasi-contemporains, Ibn-Bassám et Ibn-Kháçán, et à ceux d'Ibn-Labboun et d'Ibn-Razín eux-mêmes, comme on le verra bientôt.

vendre des vivres au Cid, et d'acheter le butin que celui-ci
leur offrirait [1]; de son côté, le Cid s'engagea à ne point inquiéter les châteaux d'Ibn-Razín. Ce dernier laissa un lieutenant à Murviédro, et retourna à Albarracin; Ibn-Labboun
l'accompagna avec ses femmes, ses fils, ses amis et ses biens [2].

Pendant le séjour d'Ibn-Razín à Murviédro, les poètes et
les câtibs de cette cour s'étaient présentés à lui, et lui avaient
récité des poèmes composés en son honneur. Le prince avait
récompensé quelques-uns d'entre eux; mais il y en avait eu
d'autres dont il n'avait pas fait grand cas, et sur les conseils
de son wézir, il avait négligé de traiter Ibn-Labboun avec
tous les égards qui lui étaient dûs. Quelques hommes de lettres, amis de ce dernier, s'étaient alors rendus à Saragosse,
où ils espéraient trouver un accueil favorable auprès d'al-Mostaín. Parmi eux se trouvait le câtib Abou-'l-Hasan ibn-Sábik.
Celui-ci fut mécontent de la froideur qui lui témoigna al-Mostaín, et il composa ces vers [3]:

---

1) C'est ainsi que j'entends la phrase: » é ovieron amos á dos tal postu-
» ra, que Albarrazin que diese compra é vendida á sus castiellos é quel
» abondase de conducho." On se rappellera que le Cid avait aussi exigé
d'al-Kádir de lui ouvrir un débouché pour son butin.

2) Le compilateur de la *Cron. del Cid* (ch. 168), altérant toujours
l'excellent morceau historique sur lequel il travaillait, a eu la malheureuse
idée de faire partir Ibn-Labboun pour Baeza.

3) Ibn Khácán, dans son chapitre sur Ibn-Razín: واخبرنى الكاتب ابو
عبد الله بن خَلْصَة انه لما دخل مربيطر بتَخَلَّى ابى عيسى بن
لبون عنها انشدَتْه طائفة من الشعراء والكتاب فاخرَّج [a] ووصل وادنى

---

a) Telle est la leçon des man. Ga. et B. Si on l'adopte, il faut ajouter aux Dictionnaires que la 2e forme du verbe خرج signifier *donner
de l'argent*. L'étymologie le permet (comparez نفق *sortir*, أنفق,

من كان يطلب من اصحابها صلةً على قراك ابى عيسى بن لبون
فليس يقنعه من بعده عوض ولو جعلتُ على اموال قارون

قوما وابعد اخرين‘ واصاخ من وزيره الى أسوء قرين“ فاشار فى
جانب ابى عيسى باخلال‘ واصار عزّته فى قبضة الاخمال والاذلال“
فتفرّق القوم فرقـــا‘ وسلكوا من التشعيب *a* عليه طرقا‘‘ وتشوّفوا
الى المستعبين‘ وانفوا من الورود على غير عذب ولا معين‘‘ وكان
فى الجملة المنحرفة‘ والفئة المتطلعة الى ابن هود المستشرفة‘‘
الكاتب ابو الحسن بن سابق فقال &

Ibn-Bassám, man. de Gotha, fol. 32 v. (chapitre sur Ibn-Razín):
وللكاتب ابى الحسن عند مسا وصل مرييطر عند تخلّى ابى
عيسى بن لبون عنها وكان فى جملة من انحرف عن ابن لبون

faire sortir, donner de l'argent); mais les man. A. et G. portent
فاحرم, et cette leçon mérite peut-être la préférence, car alors la phrase
serait antithétique (*il refusa de l'argent aux uns et en donna aux autres*), de même que la suivante.

a) Les man. Ga. et G. portent التشغيب. Le verbe شغب signifie *se
révolter* contre quelqu'un, et il se construit avec على (comparez l'extrait du *Kitábo 'l-oyouni wa 'l-hadáyik* (khalifat d'al-Motacim), publié
récemment par M. Matthiessen, p. 1). La seconde forme a le même
sens. Ibn-Saïd (*apud* al-Makkarí, man. de Gotha, fol. 31 v.), en parlant de Cordoue: عامّتها اكثر الناس فضولا واشدّهم تشغيبا ويضرب
بهم المثل ما بين الاندلس فى القيام على الملوك. Mais il ne
peut être question ici d'une *révolte*. Le man. A. porte التشعيث,
mais les trois points de la dernière lettre paraissent d'une main plus
récente, et le man. B. offre التشعب. J'ai donc cru devoir lire التشعيب
(*partir pour ne plus revenir*), comme l'exige le contexte. Seulement
il faut se garder de conclure de ce passage que شعّب se construit avec
على; cette préposition signifie ici *envers lui, à son égard*.

قد كان كنزى فكفّ الدهر عنه يدى   والدهر يمتع بالنعمى الى حين

كأنّ قلبى اذا ذوكرت فرقته   مقلّب فوق اطراف السكاكين

S'il y en a parmi nos amis qui espèrent encore recevoir des présents après qu'ils ont quitté Abou-Isá ibn-Labboun, auprès de moi aucun autre ne le remplacera, m'offrît-on les richesses de Coré 1. Il était mon trésor; mais le destin me l'a enlevé; hélas, le destin ne donne l'opulence que pour un certain temps. Quand je pense à mon bienfaiteur absent, mon cœur semble se tordre sur des couteaux pointus.

Quand Ibn-Razín eut entendu ces vers, il y répondit par ceux-ci:

هبوا لنـا حظّكم من آل لبون   كم تبخلون علينـا بالرياحين

لا تعدلونا فحقّ أن ننافسكم   فى أكرم الناس للدنيا وللدين

ذاك الكريم الذى نيطت تمائمه   عند الفطام على حلم ابن سيرين

اختارنـا فتخيّرناه صاحبنـا   وكآمنـا فى اخيه غير مغبون

ان كان انشر ذكرى فى بلادكم   لانشرن له يحيى بن ذى النون

وكل من حوله حافظ بحظوته   يشجى الحسود بترفيع وتمكين

حتى تقول الليالى وهى صادقة   هذا السموءل فى هذى السلاطين

Donnez-nous une partie de l'amour que vous portez à la famille de Labboun! Quand donc cesserez-vous de nous priver de vos fleurs odorantes? Ne m'estimez pas l'égal d'Ibn-Labboun; non, il me sied de vous envier parce que

وتشوّف الى المستعين، فورد على غير عذب ولا معين" فقال ابو الحسن ۞

J'ai combiné ces deux récits dont l'un explique et complète l'autre. Les deux pièces que je donne ici, se trouvent chez Ibn-Bassám et Ibn-Khácán.

1) D'après la tradition musulmane, Coré était un homme très-riche; il fallait quarante chameaux pour porter ses trésors. Voyez la traduction turque du commentaire d'Ibn-Nobátah sur la lettre d'Ibn-Zaidoun, p. ٣٠. et suiv., édit. de Constantinople.

le plus noble des hommes dans les choses mondaines et dans la religion, est votre ami. Mais cet homme généreux qui, lorsqu'on le sevra et qu'on lui donna des amulettes, égalait déjà Ibn-Sírín 1 par sa douceur, m'a choisi pour son ami; j'en suis fier, et aucun de nous ne s'est trompé dans son choix. S'il a ressuscité ma mémoire dans votre pays 2, je ressusciterai pour lui Yahyá ibn-Dhí-'n-noun 3, et tous ceux qui l'entouraient seront honorés comme lui; leurs dignités et leur puissance rempliront les envieux d'une profonde douleur, et l'histoire véridique dira un jour de moi: Celui-là était le Samaual 4 parmi les sultans de cette époque.

Il y a lieu de croire que le prince s'est flatté; car quelque excellentes qu'aient été ses intentions, il paraît ne pas les avoir réalisées, et l'histoire véridique ne peut nullement dire de lui que, dans ses relations avec Ibn-Labboun, il a tenu ses promesses, qu'il a été le Samaual parmi les sultans de cette époque. C'est ce qui apparaîtra bientôt si l'on nous permet de placer ici quelques détails sur Ibn-Labboun, dont le nom s'est déjà présenté maintes fois à nous.

---

1) J'ignore de quel Ibn-Sirín il s'agit ici, les personnages de ce nom que je connais, n'étant pas devenus célèbres par leur douceur.

2) Il semble résulter de cette expression, qu'Ibn Razín avait déjà possédé Murviédro à une époque antérieure.

3) C'est-à-dire, je serai son ami autant que l'était al-Kádir.

4) Partant pour la Grèce, Amro-'l-kais confia à as-Samaual sa fille, ses cuirasses et ses richesses. Quand le prince gassánide al-Hárith sut qu'Amro-'l-kais était mort, il alla sommer as-Samaual de lui livrer les précieuses cuirasses. Ce dernier, refusant de trahir la foi due à son hôte, et de frustrer ses héritiers d'un bien qui était leur propriété, soutint un siège dans son château al-Ablak. Al-Hárith étant parvenu, par une circonstance fortuite, à se saisir d'un fils d'as-Samaual encore en bas âge, menaça le père de tuer cet enfant, s'il ne cédait à sa demande. As-Samaual fut inébranlable. Plutôt que de manquer à l'honneur, il aima mieux laisser massacrer sous ses yeux son jeune fils. C'est ce fait qui a rendu proverbiale chez les Arabes la foi d'as-Samaual. Voyez M. Caussin de Perceval, *Essai sur l'histoire des Arabes avant l'Islamisme*, t. II, p. 322, 323.

Abou-Isá Labboun ibn-Abdo-'l-azíz ibn-Labboun était un des nobles les plus distingués par sa bravoure. Excellent poète lui-même, il accorda une généreuse protection aux hommes de lettres. Il avait trois frères. L'un d'eux, Abou-Mohammed Abdolláh ibn-Labboun, gouverneur de Lorca, mourut quelque temps après la bataille de Zallácah (23 octobre 1086); les deux autres, Abou-Wahb Amir, gouverneur du château de Valence [1], et Abou-Schodjá Arcam, gouverneur d'Ubéda, étaient déjà morts avant cette époque; le dernier avait été tué en 481 (27 mars 1088 — 15 mars 1089), dans un combat contre les Chrétiens [2]. Après la mort d'Abdolláh, le gouverneur de Lorca, Abou-Isá composa ces vers [3] :

---

1) Nous avons vu plus haut que, dans l'année 1085, Abou-Isá était gouverneur du château de Valence. Il avait sans doute obtenu cet emploi après la mort de son frère Abou-Wahb Amir.

2) C'est ce qu'atteste l'auteur du *Kitábo 'l-iktifá* (p. 24).

3) Ibno-'l-Abbár, man., fol. 79 v.: وكان ابو عيسى معدودا فى الاجواد موصوفا بتجويد القريض وطالبت اقامته فى كنف ابن رزين الى ان توفى هنالك وقيل بل توفى بسرقسطة واما اخوه ابو محمد عبد الله بن لبون فكان واليا على لورقة وتوفى بها بعد وقيعة الزلاقة بيسير وسيأتى ذكره فقال ابو عيسى يرثيه ويذكر اخويه المتوفيين قبله ابا وهب عامرا وكان ضابطا لقصر بلنسية وابا شجاع ارقم وكان واليا على وبذة.

Après ces mots, on trouve ceux-ci: من سنة ابرية, que je ne comprends pas. Ensuite: وكان ابراهيم ابو الاصبغ من كبار اصحاب المامون ابن ذى النون وهو الذى استخلف على بلنسية فى خروجه لتملك شاطبة. Cette phrase est sans doute déplacée ici, car nulle part, dans ce chapitre, il n'est question d'Abou-'l-Açbag Ibráhím.

Les vers d'Ibn-Labboun, que je donne ici, se trouvent chez Ibno-'l-Abbár, Ibn-Bassám et Ibn-Khácán.

قُلْ لِصَرْفِ الزمانِ كم ذا التناهى فى تلقّيك لى بِهٰذى الدواهى
كان فى عامرٍ وأرقمَ ما يكـــفى فهلّا أبقيتَ عبدَ الإلٰه
فبِهِ بَعْدُ كنتُ أستدفِع الخَطــــــــبَ وأسطو على العدى وأباهى
أىُّ شمسٍ وافى عليها أقولُ   فلَّ غربَىْ عزائمى ونواهى

Dis au Malheur: Jusques à quand t'efforceras-tu de me plonger dans le deuil, en m'envoyant ces calamités? La perte d'Amir et d'Arcam était une douleur suffisante: pourquoi donc ne m'as-tu pas laissé Abdolláh? Grâce à lui je pouvais encore combattre le malheur, attaquer impétueusement les ennemis, montrer une noble fierté. Ah, quel soleil s'est couché à jamais! Sa mort a ébréché deux épées tranchantes, ma fermeté d'âme et ma prudence consommée.

Gouverneur de Murviédro, Ibn-Labboun secoua l'autorité du faible al-Kádir, qui le laissa faire sans cesser de rester son ami [1]; mais il ne prit jamais d'autre titre que celui de wézir ou de Dhou 'l-wizárataini [2]. Quand il eut cédé sa principauté

---

1) Ce dernier fait semble résulter du poème d'Ibn-Razín, que j'ai donné plus haut.

2) C'est ce qu'atteste Ibn-Bassám dans un passage que je publierai ici dans son entier (man. de Gotha, fol. 26 r. et v.). On doit remarquer qu'il se trouve aussi dans le man. A. d'Ibn-Khácán, et que les trois autres manuscrits de cet auteur offrent un texte tout à fait différent. Ce dernier se trouve sur la marge du man. A., avec cette note du copiste: وجدتُ فى بعض النسخِ بعد ذكر أسمه. Je tiendrai compte des variantes du man. A., mais non de ses fautes nombreuses: فصلٌ فى ذكر ذى الوزارتين القائد أبى عيسى بن لبّون (avec les voyelles) ۞ أحد [a] وزراءِ ابن ذى النون المعتزّين فى دولته، والمعتدّين لِبَأْسِه وشدّته [b] ،، ولاكنه ثارَ، وخاصَ الهولَ المُثار،، وخلص من الهلك [c] ،، واقتنص نائر

---

a) Man. A. أجَلّ; l'autre leçon convient bien mieux au style d'Ibn-Bassám.   b) Man. A. ودولته.   c) Man. d'I—B. المهلك.

à Ibn-Razín, il ne tarda pas à s'en repentir. Ce prince ne lui

الملك" وكان شهم الفواد، معدودا فى الاجواد، مفضلا فى الوزراء والقواد ª "حصل b بمرييطر واقتنطعها، وحلّ بها c فلك الرياسة ومطلعها" وما خلع اسم الوزارة، ولا تسوّغ d سواها ممّن أمه أو زاره" فغدت به e مَنْزَع الوفد، ومشرع الرفد f " وكانت عنده مشاهد، تزف للمنى *ابكار نواهد g " يراق بها h ذجيع الراح، ويساق اليها ترجيع i الاقداح" والدنيا k تسعده، وتنجز له ما تعده" الى ان

---

a) Le man. A. ajoute: "كثير النائل، أثير الفضائل".   *b)* Man. A. فحصل.   *c)* Man. d'I — B. ملك.   *d)* La 5ᵉ forme du verbe ساغ, qui manque dans le Dictionnaire, signifie *jouir de* quelque chose; comparez M. Weijers, *Loci Ibn Khacanis de Ibn Zeidouno*, p. 59, dernier vers; M. Hoogvliet, *Divers. script. loci* etc., p. 55, l. 16; Ibn-Khácán, *al-Matmah*, man. de St. Pétersbourg, fol. 51 v.: "تمرّد فى طلب الدنيا حتى بلغ المنى، وتسوّغ ذلك الجنا". Le sens de notre passage est: *et il ne voulut pas qu'aucun de ceux qui se rendaient auprès de lui, lui donnât un autre titre.*   *e)* Le man. A. ajoute مرييطر; c'est une glose.   *f)* Ces deux mots manquent dans le man. d'I—B. Le mot مَشْرَع (*lieu où l'on entre*) ne se trouve pas dans le Dictionnaire. On lit aussi chez Ibn-Khácán (man. A., t. I, p. 77): "وكانت دولته مشروعا للكرم، ومَطْلَعًا للهمم", où les manuscrits A. et Ga. portent مَ, de même que le man. A. dans le passage qui nous occupe.   *g)* Le man. d'I—B. porte ابكارها, نواهد, et le man. A. ابكار ونواهد; mais la leçon que je donne ici, se trouve dans le passage correspondant d'Ibn-Khácán. Il y a ellipse de فيها, mot qui se trouve ajouté dans Ibn-Khácán.   *h)* Man. A. لها.   *i)* Cette leçon du man. A. est bonne sans doute (le man. d'I—B. porte ترجع); mais il faut alors ajouter au Dictionnaire que la 2ᵉ forme du verbe رجع signifie *présenter la coupe à différentes reprises.*   *k)* Man. A. والايام.

donnait que de faibles appointements [1], et Ibn-Labboun regrettait avec amertume sa grandeur passée. Les poèmes suivants en font preuve:

ذروني أجب شرق البلاد وغربها   لاشفى نفسى أو أموت بدائى [2]
فلست كـكلب السوء يرضيه مريض   وعظم ولكنى عقاب سماء

لعب عليه ابن رزين وخدعه، ولم يف بما أعطاه منها عوضا واقتطعه، فبقى ضاحيا، وغدا جوّه من تلك العدة [a] صاحبا.

Je ne donne pas le passage d'Ibn-Khácán dans son entier, parce qu'il ne nous apprend rien de nouveau; mais en voici un fragment: وكانت مربيطر مطلع شمسه، وموضع أنسه، فاخذها ابن رزين من قبضته، واقعده بعد نهضته، وخدعه بالمحال، واقتطعه أنكد حال.

1) Ibno-'l-Abbár (plus haut, p. 369); Ibn-Bassám et Ibn-Khácán dans la note précédente. Ces deux derniers auteurs font précéder le poème suivant, de ces mots: وله يأنف من المقام على ما رتب له من الأجرا، ويكلف بالادلاج والاسرا، « Il lui répugnait de demeurer plus longtemps » (à Albarracin) s'il ne recevait pas des appointements plus considérables; » voulant plutôt voyager matin et soir, il dit."

2) Ces vers se trouvent chez Ibn-Bassám, Ibn-Khácán et Ibno-'l-Abbár. Scolie du man. G.: لاشفى نفسى أو أموت بدائى هو من معنى قول غزوة (lisez عروة) بن الورد

ليبلغ عذرا أو (يصيب غنيمة) (ajoutez) (يقال) (lisez ويقال) (رغيبة lisez) ويبلغ (ومبلغ lisez) نفس عذرها مثل منـاجـح.

Le scoliaste compare donc avec le vers: *pour guérir mon âme ou mourir de douleur*, celui d'Orwah ibno-'l-Ward (ancien poète guerrier de la tribu d'Abs), qui se trouve dans la *Hamásah* (p. ٣٣٨, édit. Freytag). Celui qui comme moi, dit Orwah, est pauvre et a une famille à nourrir, se

---

a) Man. A. الكظوة.

تَحُومُ لِكَيْمَا يُدْرِكَ الخِصْبَ حَوْمُها   اَمَامَ اَمَامٍ اَوْ وَرَاءَ وَرَاءِ ١
وَكُنْتُ اِذَا مَا بَلْدَةٌ لِى تَنَكَّرَتْ   شَدَدْتُ اِلَى اُخْرَى مَطَىَّ اَبائِى

jette hardiment dans tous les périls, *afin qu'il évite le blâme ou qu'il gagne du butin; car celui qui évite le blâme, est l'égal de celui qui réussit dans ses projets.* On voit que les scoliastes arabes trouvent de l'analogie là où nous ne nous aviserions guère d'en chercher.

1) Dans ce vers (qui ne se trouve pas dans le man. d'Ibn-Bassám), tous les man. d'Ibn-Khácán portent: اَمَامَ اَمَامٍ اَوْ وَرَاءَ وَرَاءِ, mais celui d'Ibno-'l-Abbár: هٰذا. Le scoliaste du man. G. dit: اَمَامَ اَمَامِى اَوْ وَرَاءَ وَرَاءِى. كِنَايَةٌ عَنِ المُبَالَغَةِ فِى الاِسْتِقْصَاءِ وَالاِمْعَانِ فِى الاِسْتِقْرَاءِ وَاَنَّهُ لَا يَتْرُكُ لِنَفْسِهِ مِنْ اَمَامٍ اِلَّا وَلَهُ بِهِ اَمَامٌ وَلَا مِنْ وَرَاءٍ اِلَّا وَلَهُ فِيهِ سَبِيٌ هُوَ بِهِ مِنَ العَادِى (العَادِى *lisez* بَرَّا) (بِوَرَاءٍ *lisez* بَرَّا) وَهٰذَا صَادِقٌ بِالْيَمِينِ وَالْيَسَارِ لِاَنَّهُمَا اَمَامٌ وَوَرَاءٌ فِى بَعْضِ الاَحْوَالِ وَاَمَّا قَوْلُ المَعَرِّىِّ

وَرَاءِى اَمَامٌ وَالاِمَامُ وَرَاءٌ   اِذَا اَنَا لَمْ تُكْبِرْنِىَ الكُبَرَاءُ

فَمَعْنَاهُ اَنَّهُ يَنْحَرِفُ عَنْ جِهَةِ مَنْ لَمْ يُكَبِّرْهُ مِنْهُمْ كُلَّ الاِنْحِرَافِ وَيَعْدِلُ عَنْهَا اِلَى ضِدِّهَا غَايَةَ العَدْلِ فَيَصِيرُ مَا كَانَ اَمَامًا وَمَا كَانَ اَمَامَهُ (اَى قَصْدَهُ وَجِهَتَهُ وَهُوَ مَحَلُّ مَنْ لَمْ يَعْرِفْ قَدْرَهُ مِنَ الكَبِيرِ) خَلْفًا وَاَمَّا كَوْنُهُ يُوغِلُ فِيمَا اِنْحَرَفَ اِلَيْهِ فَلْيَكُنْ كَلَامُهُ مَا يَدُلُّ عَلَيْهِ وَاللّٰهُ سُبْحَانَهُ اَعْلَمُ. Le vers d'Abou-'l-Alá al-Maärrí, que cite le scoliaste, est le premier d'une satire dirigée contre un mauvais poète. Elle a été publiée par M. Charles Rieu, *De Abul-Alae vita et carminibus commentatio*, p. 116. Ce savant traduit: *Pars mei posterior fit anterior, anterior autem posterior (sc. totus perturbor), nisi principes me magni faciant;* mais d'après notre scoliaste (et je crois qu'il a parfaitement raison), cette phrase ne signifie pas *totus perturbor*, mais *je tourne le dos (aux grands)*. Quant à la dernière phrase du scoliaste (وَاَمَّا etc.), où il dit que le poème lui-même indiquera où le poète se rendait, je crois qu'elle s'applique bien mieux au poème d'Ibn-Labboun qu'à celui

— 527 —

وسرتُ ولا ألوى على متعذر وصممت لا أصغى الى النصحاء
كشمس تبدّت للعيون بمشرق صباحا وفى غرب أُصيلَ مساء

Laissez-moi parcourir l'Orient et l'Occident, pour guérir mon âme ou mourir de douleur! Je ne suis point un misérable chien qui se contente d'un gîte et d'un os. Non, je suis un aigle des cieux, qui plane pour découvrir un riche pays; qui le touche déjà quand il ne le touche pas encore, qui l'a déjà quitté quand il ne l'a pas encore quitté. Un pays commençait-il à me déplaire? je sellais les chevaux de mes pères pour galoper vers un autre; l'éperon sans cesse dans le flanc de ma monture, je ne m'inquiétais pas de ceux qui ne pouvaient me suivre dans ma course rapide; je poussais mon coursier sans prêter l'oreille aux conseils de mes amis. J'étais comme le soleil qui le matin se montre dans l'orient, le soir dans l'occident.

يا ليت شعرى وهل فى ليت من أَرب هيهات لا تنقضى من ليت آراب
اين الشموس التى كانت تطالعنا والداجوُّ من فوقه للّيل جلباب
واين تلك الليالى اذ تُلمّ بنا فيها وقد نام حُرّاسٌ وحُجّاب
تهدى الينا لجينا حشوه ذهب انامل العاج والاطراف عنّاب ¹

Oh, je voudrais savoir . . . . pourquoi: je voudrais? Hélas! un autre mot, le temps ne viendra pas où je pourrai le prononcer! . . . . Où sont-ils ces soleils qui nous éclairaient, tandis que la voûte céleste était couverte du voile noir de la nuit? Où sont-elles ces nuits où tu venais en secret auprès de moi? tes gardiens, ils dormaient, les jaloux, ils dormaient; mais des doigts d'ivoire et des mains qui ressemblaient aux beaux fruits rouges du jujubier, nous présentaient des coupes d'argent, remplies d'un vin couleur d'or.

---

d'Abou-'l-Alá. Du reste, le commentateur semble avoir comparé entre eux les deux vers parce que les mots se ressemblent; car le sens est tout à fait différent; Abou-'l-Alá dit qu'il tourne le dos aux grands qui ne l'admirent pas; Ibn-Labboun parle de l'extrême rapidité du vol de l'aigle, et il dit littéralement: *ante (corporis) partem anteriorem, aut post partem posteriorem.*

1) Chez Ibn-Bassám, Ibn-Khácán et Ibno-'l-Abbár.

خليلىَّ عوجا بى على مسقط اللوى[1] لعلّ رسوم الدار لم تتغيّرا
فاسأل عن ليل تولّى بانسنا واندب ايامًا *تقضّت واعصرا[2]
ليالىَّ اذ كان الزمان مسالمًا وان كان غصن العيش فينان اخضرا
وان كنت اسقى الراح من كفّ اغيد يناولنيها رائحًا ومبكّرا
اعانق منه الغصن يهتزّ ناعمًا والمحّ[3] منه البدر يطلع مقمرا
وقد ضربت ايدى الامانى قبابها علينا وكفّ الدهر عنّا واقصرا
فما شئت من لهو وما شئت من دد ومن مَبْسم يَجنيك عذبًا موشَّرا
وما شئت من عود يغنيك مفصحًا سما لك شوق بعدما كان اقصرا
ولاكنها الدنيا تخادع اهلها تغرّ بصفو وهى تطوى تكدّرا
لقد اوردتنى بعد ذلك كلّه موارد ممّا الغيث عنهن مصدرًا
وكم كابدت نفسى لها من ملمّة وكم بات طرفى من اساها مسهّرا
خليلىَّ ما بالى على صدق عزمتى[4] أرى من زمانى ونَبْيةً وتعذّرا
والله ما ادرى لاىّ جريمة تجنّى ولا عين اىّ ذنب تغيّرا
ولم اكُ عن كسب المكارم عاجزًا ولا كنت فى نيل انيل مقصّرا
لئن ساء تمزيق الزمان لدولتى لقد ردّ عن جهل كثير وبصّرا
وايقظ من نوم الغرارة نائمًا وكسّب علمًا بالزمان وبالورى

O mes deux amis, rendons-nous ensemble à cet endroit où les sables du désert sont moins épais; peut-être y reste-t-il encore quelque trace de la demeure bien aimée. Je veux me rappeler cette nuit qui s'est envolée en emportant mon bonheur; je veux pleurer des jours et des siècles qui ne re-

---

1) Cette pièce se trouve, avec quelques variantes que je noterai, chez Ibn-Bassám et chez Ibn-Khácán; Ibno-'l-Abbár n'en cite que les cinq derniers vers. Au lieu de اللوى, Ibn-Bass. الحمى.

2) Ibn-Bass. خلتْ ثم اعصرا.

3) Ibn-Kh. والثم.

4) Ibn-Bass. نيّتى.

viendront plus! Dans ces nuits-là, je vivais en paix avec le destin; ma vie était un rameau surchargé de verdure. Je savourais le vin que me présentait, soir et matin, ma svelte maîtresse; je l'embrassais, branche souple et flexible qui se ployait gracieusement; je la contemplais en extase, belle lune qui éclairait le monde. Tous les plaisirs avaient dressé leurs tentes sur notre terre; le malheur nous épargnait et semblait ne pouvoir nous atteindre. Désiriez-vous joie et gaîté, vouliez-vous goûter les doux baisers de bouches belles et souriantes, entendre un luth mélodieux? vous aviez tout cela, et lorsque vous croyiez vos désirs apaisés, ils renaissaient avec une nouvelle force. [1].

Mais hélas! le destin trompe ceux qui se fient à lui; il vous leurre d'un bonheur sans mélange: il vous cache la goutte amère qui est au fond du vase. Après m'avoir fait jouir de toutes ces délices, il m'a abreuvé d'amertumes, sans que j'aie pu lui résister; que de maux ai-je soufferts sans me plaindre; que de longues veilles, alors que le destin m'avait fait avaler ses amers breuvages! O mes deux amis, quelle ne doit pas être ma douleur, quand je vois que, malgré des prévisions que je croyais sages [2], le bonheur me fuit et est devenu impossible pour moi! Et pourtant, Dieu m'en est témoin, j'ignore quel crime le destin m'impute, j'ignore à cause de quelle faute il a changé; je ne manquais pas de faire des actions glorieuses; pour répandre des bienfaits, on ne me jugeait pas inférieur à d'autres. Mais si le destin a été injuste en

---

1) Ibn-Labboun a emprunté cet hémistiche à un poème d'Amro-'l-kais (*Diwán*, p. ٢٥ édit. de Slane), ainsi que le remarque très-bien le scoliaste du man. G. Ce commentateur donne aussi des détails assez intéressants sur les deux noms de lieu, mentionnés dans le deuxième hémistiche du vieux poète: وحلّت سليمى بطن قوّ (ظبى) فعرعرا ; mais ils sont entièrement étrangers à notre sujet, et je dois me contenter de recommander cette note à l'attention de ceux qui voudront s'occuper *ex professo* de ce poème d'Amro-'l-kais. Pour ce qui concerne les mots de notre texte, le scoliaste dit ce qui suit: سما لك شوق ارتفع وذهب بك كل مذهب لبعد الاحبّة عنك بعد ما كان اقصر عنك وكفّ بقرب من تحبّ دنوه منك

2) Le prince avait cru agir sagement quand il céda Murviédro à Ibn-Razin.

m'enlevant ma principauté, il m'a guéri de ma grande ignorance ; il m'a fait voir beaucoup de choses; je dormais, bercé de rêves trompeurs: il m'a éveillé, il m'a fait connaître le monde et les hommes.

نفضت كفى عن الدنيا وقلت لها   اليك عنى فما فى الحق اغتبن
من كسر بيتى لى روض ومن كتبى   جليس صدق على الاسرار موتمن
ادرى به ما جرى فى الدهر من خبر   فعنده الحق مسطور ومختزن
وما مصابى سوى موتى ويلحقنى   قوم وما نهم علم بمن دفنوا [1]

Je me suis détaché du monde et je lui ai dit: Désormais il n'y a plus rien de commun entre nous, car je ne veux plus que tu me trompes sur la vérité. J'ai un jardin à côté de ma maison; un de mes livres est mon fidèle compagnon, et je puis lui confier tous mes secrets; par lui, je sais les histoires d'un autre âge; la vérité seule est écrite dans ce précieux trésor. Un seul malheur m'attend: quand je ne serai plus, ceux qui m'enterreront ne sauront pas qui ils enterrent.

Toute la noble fierté de l'aristocrate musulman se révèle dans ce dernier vers. L'ombre du prince nous en saura gré peut-être, si nous recherchons, après un intervalle de huit siècles, dans quel endroit on lui rendit les dernières honneurs. Il y a à ce sujet deux traditions; d'après l'une, Ibn-Labboun mourut à Albarracin, d'après l'autre, à Saragosse [2]. Il est certain qu'il resta très-longtemps à Albarracin. Après la mort du Cid, dans le mois de décembre de l'année 1099 ou en janvier de l'année suivante (Çafar 493), Obaidolláh, gouverneur d'Azcon [3], trahit Ibn-Razín, dont il avait épousé la soeur. Dans l'espoir de lui succéder, il l'invita avec plusieurs autres, *parmi lesquels se trouvait Abou-Isá ibn-Labboun, autrefois seigneur de Murviédro*, à un magnifique festin. Quand Ibn-Razín fut plongé dans l'ivresse, son beau-frère le fit at-

---

1) Chez les trois auteurs que j'ai déjà cité plusieurs fois.
2) Voyez Ibno-'l-Abbár, plus haut, p. 522, note 3.
3) اذكون. Cet endroit m'est inconnu.

taquer inopinément par ses satellites. Sa sœur se trouvait présente; elle monta à un étage élevé et cria au meurtre. La foule pénétra dans le palais. Ibn-Razín, bien que criblé de blessures, n'était pas encore mort. Il lui restait encore assez de forces pour ordonner de ne pas tuer son beau-frère et son fils; les autres assassins furent massacrés sans pitié. Ibn-Razín fut guéri de ses blessures, mais il était devenu méconnaissable. Il fit couper les jambes à son fils, et quant à son beau-frère, il lui fit couper les jambes et les mains et crever les yeux; puis il fit crucifier ce corps mutilé. Il survécut trois années à ce fatal événement, et il avait déjà reconnu la suzeraineté de l'Almoravide Yousof ibn-Téschifín, quand il mourut en 1102 ou en 1103 (496). Son fils Yahyá qui lui succéda, fut bientôt chassé de ses domaines par les Almoravides [1].

Il est donc certain qu'Ibn-Labboun vivait encore à Albarracin en 1099. Il me paraît qu'il ne quitta cette ville que lorsque Yahyá ibn-Razín céda ses états aux Almoravides et qu'alors il se rendit à Saragosse, où il mourut peu de temps après; en tous cas avant 1109, époque où écrivit Ibn-Bassám, qui parle de lui comme d'un homme qui était déjà mort alors. Ce qui m'engage à croire que le ci-devant prince de Murviédro ne mourut pas à Albarracin, c'est que dans son chant du cygne (s'il nous est permis d'appeler ainsi le dernier poème que nous avons traduit), il n'aurait pas pu dire que ceux qui le porteraient au tombeau, ne le connaîtraient pas, s'il avait encore habité alors Albarracin, où tout le monde devait le connaître à cause de son long séjour à la cour des seigneurs de cette ville. Mais il est temps de retourner à notre récit.

Deux fois par jour, le matin et le soir, le Cid envoyait ses *algáras* sur le territoire valencien. Ses soldats prenaient les troupeaux et faisaient prisonniers ceux qu'ils pouvaient at-

---

1) Ibno-'l-Abbár, man., fol. 66 v., 65 r. et v.

traper, à l'exception des laboureurs; car le Cid avait ordonné à ses capitaines de ne molester ni les habitants de la Huerta¹ ni les autres laboureurs; ils devaient au contraire les traiter

---

1) » á los de tierra de Moya," dit le texte. Il est fort naturel que le rédacteur de la *Cron. del Cid* n'ait pas compris cela, et qu'il ait sauté la phrase. Il faut lire Moya, c'est-à-dire, Monya, mot arabe (مُنْيَة) qui désigne *un vaste jardin*, *huerta* en espagnol, ainsi que je l'ai déjà fait observer ailleurs (*Script. Arab. loci de Abbad.*, t. I, p. 31, note 99). Aux exemples que j'ai cités pour prouver que le mot *almunia* s'est conservé dans plusieurs noms de lieu espagnols, on peut ajouter que, dans son testament, de l'année 1090, Ermengaud de Gerp, comte d'Urgel (*apud* Diago, *Condes de Barcelona*, fol. 137 r.), fait mention de l'Almunia d'Abluez (ce nom est altéré), qui lui avait été donnée par Almudafar. Dans le *Kitábo 'l-iktifá* (man. de M. de Gayangos, fol. 164 v.) on lit que, dans l'année 503, Ali ibn-Yousof attaqua Tolède ونزل على بابها وحاز المنية المشهورة التي بها; » mit le siége devant les portes de cette ville et prit » possession du célèbre jardin qui se trouve dans son voisinage." Nous verrons plus loin que, dans le récit arabe traduit dans la *General*, il est question de la *Monyah* ou jardin d'Ibn-Abdo-'l-azíz. Ibn-Khácán (man. A., t. I, p. 117) parle du magnifique jardin (مُنْيَة) d'al-Mançor ibn-abi-Amir, près de Valence. Malheureusement ce sens du mot *monyah* manque dans les Dictionnaires, et les orientalistes ont souvent traduit *monyah* par *désir* là où ce mot signifie *jardin*. Ainsi M. Reinaud (traduction française de la Géographie d'Abou-'l-fedá, t. II, part. 1, p. 258) dit que *monyah Ibn-abi-Amir* » paraît signifier, en arabe, *le désir* d'Ibn-abi-Amir." Dans un passage d'Ibn-Khácán, publié par M. Hoogvliet (p. 55), il est question d'un festin nocturne, auquel le prince de Badajoz avait invité ses amis; والمُنَى قد أفصحت ورقها, lit M. Hoogvliet, ce qu'il traduit ainsi (p. 92): *purique erant votorum nummi*. Avec la meilleure volonté du monde, je n'ai pu réussir à comprendre ces paroles latines; il me semble même que c'est là un non-sens. Le fait est qu'il faut prononcer ورقها et non ورقها (le man. Ga. porte و), et traduire: *et les tourterelles des jardins roucoulaient*.

avec douceur et leur recommander de travailler. Les paysans
le firent, car ils pensaient que, si l'on venait à leur secours
vers le temps de la récolte, ils auraient à nourrir les troupes
auxiliaires; sinon, ils auraient besoin de blé pour eux-mêmes,
et avec son aide, ils pourraient soutenir plus longtemps le siége ;
ils comptaient, dans les deux cas, pouvoir empêcher le Cid de
s'emparer des blés [1].

En même temps le Cid assiégeait Cebolla, et il ne permettait à personne d'en sortir ou d'y entrer. Les assiégés avaient
secrètement promis au Cid de lui livrer la forteresse, mais ils
tardèrent à le faire pour que les Maures ne pussent dire qu'ils
s'étaient rendus trop facilement ; la place n'était pas cependant assez forte pour pouvoir tenir longtemps. Tant que dura le siége de Cebolla, tout le butin, capturé sur le territoire valencien, se vendit à Murviédro. Il arriva aussi au camp
plusieurs convois, et les soldats du Cid ne manquaient de rien.

De son côté, Ibn-Djahháf rassembla les cavaliers valenciens et envoya demander du secours à Ibn-Ayischah qui se
trouvait toujours à Dénia. De cette manière il réunit trois
cents cavaliers qu'il nourrissait du blé de Rodrigue, et qu'il
payait aux dépens du trésor et des rentes provenant des biens
particuliers du roi assassiné. Il ne faisait aucun cas du capitaine almoravide Abou-Nácir; jamais il ne le consultait. Abou-
Nácir et les siens en conçurent du dépit. Ils entrèrent en relations avec les Benou-Táhir [2], et ils agirent de concert avec

---

1) Tel me semble être le sens de cette phrase assez obscure, et où la
phrase, d'indirecte qu'elle était, devient directe, de même que cela arrive
en arabe: » é así dezie (*je lis* dezien) que quando fuese el tiempo de co-
» ger el pan, si algun acorro les viniese, que averien que comer, é si
» non nos viniere ayuda, averémos nos cobro que comer, é assi passaré-
» mos unos dias."

2) Ici (fol. 325, col. 2) et plus loin on lit dans la *Cron. gener.*: » los

eux pour nuire à Ibn-Djahháf. Le vieux chef de la puissante famille des Benou-Táhir, Abou-Abdorrahmán ibn-Táhir, ex-roi de Murcie, avait déjà donné un libre cours à son indignation quand Ibn-Djahháf eut assassiné al-Kádir [1]. Pendant quelque temps, il avait pris à tâche de dissimuler la haine qu'il portait à l'usurpateur ; mais celui-ci, qui savait très-bien qu'Ibn-Táhir le détestait, et qui le considérait d'ailleurs comme un rival redoutable, rompit ouvertement avec lui. Dans une lettre que nous possédons encore [2], Ibn-Táhir se plaint de la conduite d'Ibn-Djahháf, au cousin-germain de ce dernier, le grand juge, qui avait déjà quitté Valence à cette époque [3].

Le Cid multipliait ses *algáras;* au lieu de deux, il en faisait trois par jour, le matin, à midi et le soir ; il ne laissait donc pas un instant de répit aux Valenciens. Les trois cents cavaliers d'Ibn-Djahháf et ses autres soldats tâchèrent vainement de riposter à ces attaques ; les Chrétiens en tuaient cha-

---

» fijos de Aboegib;" ailleurs (fol. 330, col. 2 etc.): » los fijos de Abenagit;" dans la *Cron. del Cid:* » los fijos de Abenagir." Quelque leçon qu'on adopte, il n'y a pas là de nom propre arabe. J'ai donc cru devoir lire: » los fijos de Abentahir" (plus haut (fol. 320, col. 3) le nom d'Ibn-Táhir se trouve altéré de cette manière: Abēnaher, comme je l'ai fait remarquer). Nous ne connaissons aucune autre famille valencienne de ce temps, dont le nom se rapproche davantage des leçons fautives des deux *Cronicas.* Que les Benou-Táhir aient joué un grand rôle à Valence à cette époque, c'est ce qui ne saurait être mis en doute.

1) Voyez les vers d'Ibn-Táhir, publiés et traduits plus haut, p. 337, 352.

2) Je l'ai publiée et traduite plus haut, p. 330 — 332, 343, 344.

3) Il résulte des paroles de la lettre d'Ibn-Táhir, que le grand juge ne se trouvait pas à Valence à cette époque. Il n'y était pas non plus quand le Cid fit brûler Ibn-Djahháf, ainsi qu'il résulte d'une autre lettre d'Ibn-Táhir. Aussi il est fort remarquable que la *Cronica general*, après avoir parlé une seule fois du grand juge (voyez plus haut, p. 513, 514), ne fasse jamais mention de lui dans la suite.

que jour quelques-uns. Le Cid fit aussi prisonnier un riche Maure qui était gouverneur d'Alcala près de Torralua [1]; il le fit torturer jusqu'à ce qu'il se rachetât au prix de dix mille dinárs, et promît de céder du Cid certaines maisons qu'il possédait à Valence [2], dans le cas que cette ville se rendît.

Le Cid voulait à tout prix éloigner les Almoravides. Sachant qu'Ibn-Djahháf s'était brouillé avec eux et avec les Benou-Táhir, il lui fit dire en secret que, s'il désirait être seigneur de Valence, il lui prêterait appui et le protégerait comme il avait protégé al-Kádir; il y mit la condition que, d'une manière ou d'une autre, il éconduisît les Almoravides. Cette offre plut à Ibn-Djahháf. Il consulta Ibno-'l-Faradj, le lieutenant du Cid qu'il avait fait jeter en prison. Quand Ibno-'l-Faradj l'eut assuré qu'il pouvait compter sur la loyauté du Cid, Ibn-Djahháf fit dire à celui-ci qu'il acceptait sa proposition. En même temps il diminua la solde de ses cavaliers almoravides, sous le prétexte qu'il manquait d'argent, et dans l'espoir qu'ils quitteraient bientôt Valence.

Cependant le général almoravide qui se trouvait à Dénia, écrivit maintes fois à Ibn-Djahháf pour obtenir quelque chose des trésors d'al-Kádir. Il lui conseilla aussi d'envoyer de l'argent à Yousof en Afrique, afin que celui-ci rassemblât une grande armée et vînt au secours des Valenciens. Ibn-Djahháf consulta le sénat pour savoir s'il fallait envoyer des ambassadeurs et de l'argent à Yousof. Les avis se trouvèrent partagés; quelques schaikhs conseillèrent de le faire, d'autres s'y opposèrent. Ibn-Djahháf se rangea à la première opinion. Il envoya beaucoup d'argent à Yousof. Les ambassadeurs, chargés de le lui remettre, étaient le fils d'Ibn-Abdo-'l-azíz, un mem-

---

1) Au lieu de *Acala*, je lis *Alcala* avec la *Cron. del Cid*. La situation de Torralua est indiquée par Escolano, *Historia de Valencia*, t. II, p. 730.

2) Elles s'appelaient » les maisons d'Añaya," dit la *Cron. gener.*

bre de la famille des Benou-Táhir et un troisième personnage 1.
Ibno-'l-Faradj qui, à ce qu'il paraît, avait su s'insinuer dans
les bonnes grâces de l'imprudent Ibn-Djahháf, faisait aussi
partie de l'ambassade. Elle partit de Valence en secret, afin
de ne pas tomber entre les mains du Cid. Mais Ibno-'l-Faradj
avait réussi à donner de ses nouvelles au Cid, qui fit suivre
les ambassadeurs à la piste par des cavaliers. Ceux-ci les at-
teignirent. Le Cid, qui avait gagné ainsi des trésors considérables, fut très-content d'Ibno-'l-Faradj et promit de le récompenser.

Vers cette époque, Cebolla se rendit, et le gouverneur de
cette forteresse resta auprès du Cid 2. Celui-ci laissa un lieutenant à Cebolla, et marcha contre Valence avec toute son
armée, afin de serrer cette ville de plus près. Il fit brûler
tous les villages des environs, tout ce qui appartenait à Ibn-
Djahháf et à sa famille, les moulins, les barques qui se trouvaient dans le Guadalaviar. Comme on était en juillet (1093)
et qu'on allait procéder à la récolte 3, il ordonna de couper

---

1) Dans la *Cron. gener.* son nom est altéré de cette manière: *Albaga-
ben orab.*

2) *Cron. gener.* Les *Gesta* (p. xlvii) mentionnent aussi, mais fort
brièvement, la prise de Cebolla. Ce livre ajoute que Rodrigue arrêta la
marche victorieuse des Almoravides; » nisi vero tam cito venisset, illae
» barbarae gentes Hispaniam totam usque ad Caesaraugustam et Leridam
» iam praeoccupassent atque omnino obtinuissent." D'après Ibn-Bassám, c'était précisément cela que craignait al-Mostain de Saragosse, et ce
fut pour écarter ce péril qu'il conseilla à Rodrigue de marcher contre
Valence.

3) La *Cron. gener.* ne nomme pas le mois, mais elle dit: » é mandó
» segar los panes, ca entonces era el tiempo de cogerlos." Elle donne
toujours le récit de sa chronique arabe, et est entièrement indépendante des
Gesta, dont le récit, quoique très-court, est cependant parfaitement conforme au sien: » Mense autem Iulio, cum messes sunt colligendae, Ro-

les blés. Puis il démolit toutes les maisons et toutes les tours des environs, et en envoya les pierres et le bois à Cebolla pour rebâtir cette ville et son château [1].

Sur ces entrefaites, un wézir du roi de Saragosse, accompagné de soixante cavaliers, arriva au camp du Cid. Al-Mostaín l'avait chargé de racheter les prisonniers musulmans; il fit dire au Cid, qu'il voulait le faire parce qu'il avait pitié de ces Maures, et qu'il espérait que Dieu le récompenserait de cette pieuse action dans la vie future. C'était là le but apparent et avouable de la mission du wézir; mais le but réel était tout autre. Le wézir entama secrètement des négociations avec Ibn-Djahháf; il l'engagea à éloigner les Almoravides et à reconnaître la suzeraineté d'al-Mostaín, qui, dans ce cas, lui prêterait appui contre le Cid et contre tous ceux qui seraient tentés de l'attaquer. Quand Ibn-Djahháf eut refusé ces propositions, le wézir lui fit dire qu'il s'en repentirait un jour.

Le deuxième jour après l'arrivée du wézir d'al-Mostaín, le Cid attaqua le faubourg dit Villeneuve, y entra, tua plusieurs Maures et Almoravides, pilla et détruisit les maisons, dont il envoya le bois à Cebolla, et fit occuper le faubourg par quelques-unes de ses troupes [2]. Un autre jour, il attaqua le faubourg al-Coudia. Pendant le combat, son destrier broncha et le démonta; mais bientôt il rattrapa sa monture, fondit sur les Maures, et blessa et tua plusieurs d'entre eux. Il avait posté une partie de son armée à la porte d'Alcantara (la

---

»dericus fixit castra sua iuxta Valentiam. Messes quidem illorum cum
»equis coepit comedere, eorumque domos forinsecas destruere."

1) Les *Gesta* parlent aussi des constructions du Cid à Cebolla. La *Cron. gener.* écrit toujours *Jubala*, preuve certaine qu'elle suit sa chronique arabe.

2) *Cron. gener.*, fol. 326, col. 1 et 2. Confirmé par les *Gesta*, p. XLVIII.

porte du pont) [1], pour occuper les Maures de la ville de ce côté-là et les empêcher de venir au secours du faubourg. Ces troupes chrétiennes réussirent à escalader une partie du mur, et elles espéraient entrer dans la ville; mais les Maures, postés sur les remparts et les tours, et assistés d'un grand nombre de femmes, leur lancèrent une grêle de pierres. Quand la masse des soldats musulmans qui défendaient al-Coudia, eurent reçu avis que la ville était en danger du côté du pont, ils y accoururent et y engagèrent un combat qui se prolongea jusqu'à midi, heure à laquelle le Cid se retira dans son camp. Dans l'après midi, ce dernier attaqua de nouveau al-Coudia. L'attaque fut si impétueuse que les Maures demandèrent à grands cris l'amán [2]. Le Cid le leur accorda. Les habitants les plus considérés du faubourg allèrent alors le trouver, et conclurent la paix avec lui. Pendant la nuit, il fit son entrée dans le faubourg, y posta ses soldats et leur défendit, sous peine de mort, de faire du mal aux habitants. Le jour suivant, les Maures du faubourg se réunirent, et le Cid leur promit solennellement de respecter leurs propriétés et de ne prendre d'eux que la dîme; puis il chargea son almoxarife, le Maure Ibn-Abdous [3], de recevoir les

---

1) L'auteur du *Kitábo 'l-iktifá* parle quelque part (p. 24) de la »tour » du pont.'' برج القنطرة.

2) » començaron á llamar paz paz;'' puis il est dit du Cid *seguróles*, traduction littérale de أمنهم.

3) Le texte porte ici *Abdenabdis*; plus loin (fol. 335, col. 1) on lit *Abenahadyz*, *Abenadalhyz* (fol. 336, col. 4) et *Abenaduz* (fol. 337, col. 1); mais la véritable leçon ne saurait être douteuse. Ibn-Bassám (man. de Gotha, fol. 323 v.) donne le récit d'un événement qui avait eu lieu à Saragosse; ce récit lui avait été communiqué par le Dhou 'l-wizáratani Abou-Amir (عامر) ibn-Abdous (عبدوس). Dans son chapitre sur Ibn-Táhir (man., fol. 16 v.), le même auteur copie une lettre adressée par ce personnage à Ibn-Abdous. J'ignore s'il s'agit dans les deux endroits du même homme et si celui-ci est identique avec l'Ibn-Abdous de la *General*.

contributions auxquelles il avait droit. Les habitants d'al-Coudia lui apportèrent alors beaucoup de vivres et d'autres marchandises, de sorte que l'armée fut bien approvisionnée [1].

Maître de Villeneuve et d'al-Coudia, le Cid resserra Valence de très-près. Les Valenciens ne savaient que faire; ils se repentaient de n'avoir pas accepté les offres d'al-Mostaïn. Cependant les négociations secrètes entre le Cid et Ibn-Djahháf continuaient. Les Valenciens et les Almoravides se réunirent pour délibérer. Ils résolurent de conclure, à tout prix, la paix avec le Cid, et de la maintenir, jusqu'à ce qu'ils sussent ce que le roi almoravide avait résolu à leur égard. Ils firent donc demander au Cid ses conditions. Il leur répondit qu'ils les fixeraient eux-mêmes, pourvu qu'ils éloignassent les Almoravides; c'était la condition *sine quâ non*. Quand les Valenciens eurent communiqué cette réponse aux Almoravides, ceux-ci se déclarèrent tout prêts à partir, en disant »qu'ils »n'avaient jamais vu un si bon jour." On s'arrêta donc aux conditions suivantes: les Almoravides quitteraient la ville en sûreté [2]; ibn-Djahháf remettrait au Cid la valeur du blé dont il s'était emparé; il lui donnerait en outre le tribut mensuel de dix mille dinárs [3], et il en payerait l'arriéré; le Cid aurait

---

1) *Cron. gener.*, fol. 326, col. 2 et 3. Les *Gesta* parlent aussi de la prise d'Al-Coudia: »Interim autem alteram urbis partem quae appellaba-»tur Alcudia, debellavit et cepit. Homines vero in loco huius partis »habitabant, submiserunt se, et subiugaverunt se continuo sub dominio et »imperio suo. Ille autem iam sibi subiugatos in domibus suis et in loco »suo, cum omnibus suis rebus, liberos in pace restituit."

2) Ibn-Bassám dit aussi qu'Ibn-Djahháf se brouilla avec les Almoravides qu'il avait pris à son service, et qu'ils le quittèrent.

3) Voyez plus haut, p. 471 dans la note. Bien que le récit arabe, traduit dans la *General*, dise à deux reprises (voyez plus haut, p. 488 et 499) que le tribut, payé au Cid par al-Kádir, était de mille dinárs par mois, je persiste à croire qu'ici le mot *dix* a été omis: et cela non-

la permission d'avoir son armée à Cebolla [1].

La paix ayant été conclue à ces conditions, le Cid retourna à Cebolla, et ne laissa à al-Coudia que son almoxarife maure; car on comprend que le traité ne regardait que Valence, non les faubourgs que le Cid avait conquis et qui demeuraient sa propriété. Ibn-Djahháf chercha des moyens pour pouvoir payer le Cid. Il se concerta à cet effet avec les gouverneurs des châteaux valenciens, qui promirent de lui donner la dîme de tous les produits de la terre et de toutes les autres rentes. Comme on était au temps de la récolte, le majordome d'Ibn-Djahháf fit évaluer les blés et emporter la dîme dans ses magasins.

Sur ces entrefaites, on apprit à Valence que les Almoravides s'apprêtaient à marcher vers cette ville, mais qu'ils attendaient l'arrivée de leur roi. Quand le Cid eut aussi reçu cette nouvelle, il en fut fort contrarié. Il tâcha de persuader à Ibn-Djahháf qu'il y allait de son intérêt de ne pas recevoir les Almoravides dans la ville, parce qu'alors il n'en serait plus le maître; il ferait donc mieux de compter sur le fidèle appui du Cid. Ibn-Djahháf goûta fort ces sages conseils. Il entra en pourparlers avec le capitaine qui commandait à Xativa et avec celui qui commandait à Cullera [2], et ils conclurent tous les

---

seulement parce que le *Kitábo 'l-iktifá* et la *Cron. del Cid* disent cent mille dínárs par an, mais aussi parce que la somme de 12,000 dínárs par an est trop minime, si l'on considère que vers la fin du règne d'al-Kádir, ce roi dépendait entièrement du Cid, et qu'en réalité ce dernier commandait à Valence.

1) *Cron. gener.*, fol. 326, col. 3 et 4. Confirmé par le court récit des *Gesta*.

2) La *General* porte ici *Gobaira* et plus loin *Cervera*. Il y a bien un *Cervera* dans le royaume de Valence, mais il se trouve près de Morella (voyez Escolano, t. II, p. 664), et les Almoravides n'avaient nullement pénétré jusque là. Il y a aussi un *Corbera*, situé à cinq lieues de Va-

trois une alliance par laquelle ils s'engagèrent à se prêter un appui mutuel, quoi qu'il arrivât. Ainsi ces deux capitaines almoravides trahissaient leur roi, dans l'espoir de régner eux-mêmes sur le territoire où ils commandaient. Ibn-Maimoun, le capitaine almoravide qui commandait à Alcira, refusa de suivre l'exemple que lui avaient donné ses frères d'armes. Aussitôt les alliés firent des incursions sur son territoire. Le gouverneur auquel le Cid avait confié Cebolla [2], alla assiéger Ibn-Maimoun dans Alcira; il fit couper et transporter à Cebolla les blés qui n'avaient pas encore été rentrés dans les magasins.

Cependant Ibn-Razín avait trahi le Cid, son allié. Il s'était concerté avec Sancho d'Aragon, qui lui avait promis de l'aider à conquérir Valence. Ibn-Razín avait promis beaucoup d'argent à Sancho, et lui avait donné en nantissement la forteresse de Toalba. Ayant éventé ce complot, le Cid n'en parla à personne; il voulut attendre que les siens eussent transporté à Cebolla tous les blés d'Alcira. Cela fait, il dit à ses soldats qu'il allait se mettre en marche, mais sans ajouter vers quel endroit. Les Albarracinois ne surent donc rien de ses dispositions. Pendant la nuit, il fit une soudaine irruption

---

lence, sur le Rio Xucar (Escolano, t. II, p. 212, 213). Il se peut qu'il soit ici question de ce dernier endroit; mais la *Chanson* (vs. 1735) parle, à une autre occasion, d'un château qu'elle nomme *Guyera*. Cela ne peut guère être que *Cullera*, près de l'embouchure du Rio Xucar, et je crois que, dans notre texte, il s'agit de la même forteresse. Voici pourquoi: 1°. al-Idrísí (II, p. 37) parle de Cullera قُلَيْرَة ; 2°. l'endroit en question doit avoir été un château, une forteresse, puisqu'il s'y trouvait un capitaine et une garnison: al-Idrísí dit en effet que le château de Cullera est bien fortifié; 3°. quand on adopte cette leçon, on s'explique pourquoi on lit une fois *Gobaira* dans la *General;* le traducteur aura lu قُبَيْرَة au lieu de قُلَيْرَة ; c'est une faute très-fréquente dans les manuscrits arabes.

1) En très-peu de temps, le Cid avait fait de Cebolla une grande ville, qui avait ses tours et ses églises.

dans leur pays, prit un immense butin, consistant en vaches, en brebis et en chevaux, fit prisonniers beaucoup de Maures, tua douze cavaliers de sa propre lance, et retourna à Cebolla. Il avait reçu lui-même une grave blessure à la gorge; mais du reste deux seulement de ses cavaliers avaient été tués. Le succès avait donc couronné cette entreprise du Cid. Ibn-Razín avait perdu en outre son château de Toalba, que Sancho n'eut garde de lui restituer [1].

Trois mois s'étaient écoulés de la sorte, dit l'auteur que nous suivons; nous sommes donc dans le mois d'octobre 1093. Les Valenciens avaient reçu l'avis que l'armée almoravide était en marche vers Valence, et qu'elle était déjà à Lorca; que le roi Yousof était malade, mais qu'il avait confié le commandement de ses troupes à son gendre [2]; ils s'étaient beaucoup réjouis de ces nouvelles, et disaient qu'ils se vengeraient bientôt d'Ibn-Djahháf. Celui-ci eut peur, et fit dire au Cid qui continuait à molester les Albarracinois, qu'il se hâtât de venir à Valence. Le Cid retourna à Cebolla, où vinrent le trouver les alliés, le gouverneur de Xativa, celui de Cullera et Ibn-Djahháf. Ils renouvelèrent tous les quatre leur alliance, et écrivirent une lettre au général almoravide

---

1) L'auteur des *Gesta* (p. xlix) parle aussi de cette incursion, mais sans en indiquer le véritable motif (»Albarracin, qui ei mentitus fuerat in suo » tributo''").

2) La *General* ne donne pas le nom de ce gendre de Yousof, mais Ibno-'l-Khatíb a consacré un article à Abou-Becr ibn-Ibráhím (fol. 98 v. — 100 r.), *le beau-frère d'Ali ibn-Yousof ibn-Téschifin, le mari de sa soeur*. C'est probablement de lui qu'il s'agit ici. Ce personnage n'avait point de nom propre; en revanche il portait deux surnoms: *Abou-Becr* et *Abou-Yahyá*. Dans l'année 500, il fut nommé au gouvernement de Grenade, *et plus tard, à celui de Saragosse*. Je reviendrai sur ce dernier point dans un autre article, où je publierai la vie d'Abou-Becr par Ibno-'l-Khatíb.

pour l'informer que le Cid avait conclu une alliance avec Sancho d'Aragon ; ils ajoutèrent que s'il osait venir à Valence, il aurait à combattre huit mille cavaliers chrétiens bardés de fer, et les meilleurs guerriers du monde.

Ensuite le Cid ordonna à Ibn-Djahháf de lui donner le jardin d'Ibn-Abdo-'l-azíz [1], près de Valence; il voulait, disait-il, s'y délasser pendant plusieurs jours avec quelques-uns des siens. Il en agissait ainsi pour tromper les Almoravides et leur faire croire que les Valenciens, en lui cédant ce territoire, préféraient son alliance à la leur. Ibn-Djahháf promit au Cid de lui donner le jardin d'Ibn-Abdo-'l-azíz. Mais Rodrigue avait résolu de ne pas y entrer par le chemin ordinaire, qui passait par des gorges étroites où il n'osait s'aventurer; il voulait entrer dans le jardin par une certaine porte qu'il nomma [2]. Ibn-Djahháf avait informé ses cavaliers et ceux de sa maison, de la demande du Cid ; il avait ajouté qu'il y avait consenti, et que le Cid serait son hôte à tel et tel jour. Il avait fait décorer la porte en question, couvrir le sol de tapis précieux, étendre des nattes tout autour du palais [3], et préparer des mets choisis. Au jour convenu, Ibn-Djahháf attendit le Cid ; — mais le Cid ne vint pas. Pendant la nuit, il se fit excuser en prétextant une indisposition, et Ibn-Djahháf retourna dans la ville. C'était une ruse du Cid ; il voulait mettre les Valenciens à l'épreuve ; il désirait savoir

---

1) » una huerta que era cerca de Valencia que era de Abdenalhazys (sic)." Ce jardin s'appelait en arabe مُنَيّة ابن عبد العزيز (comparez sur le mot منية, plus haut, p. 532 dans la note). Les auteurs arabes en parlent souvent, et à en croire Ibn-Khácán (cité dans les *Script. Arab. loci de Abbad.*, t. I, p. 31, note 99), c'était un des plus magnifiques endroits du monde.

2) Dans la *Cron. del Cid* (ch. 177) cette porte est nommée *el Quexar.*

3) Il s'agit ici sans doute d'un palais, d'une maison de plaisance, qui se trouvait dans ce jardin.

quel effet sa conduite cavalière produirait à Valence ; si les Valenciens le craignaient assez pour qu'ils étouffassent leur indignation. Au premier moment, les Benou-Táhir et le peuple étaient pleins de rage ; ils voulaient se révolter contre le lâche Ibn-Djahháf qui souffrait patiemment les plus graves insultes ; mais bientôt la crainte du Cid emporta le dessus ; les nobles tremblèrent qu'il ne détruisît leurs possessions situées hors de la ville, et personne ne bougea.

Cependant les Almoravides se faisaient toujours attendre. Les nouvelles les plus contradictoires tenaient les Valenciens en émoi. Le bruit qu'ils arrivaient, était démenti l'instant après.

Quand le Cid sut que les Valenciens avaient pris leur parti de sa conduite, il se rendit tout à coup au jardin d'Ibn-Abdo-'l-azíz et prit possession du faubourg voisin ; mais comme il avait beaucoup de Maures parmi ses troupes, les habitants du faubourg n'étaient pas trop chagrinés de la présence de leurs hôtes.

A la fin les Almoravides étaient partis de Lorca, et s'étaient mis en marche vers Murcie [1]. Les Benou-Táhir et la plupart des Valenciens apprirent cette nouvelle avec beaucoup de joie ; mais Ibn-Djahháf en fut consterné. Il dit à ses concitoyens que le Cid n'avait demandé le jardin d'Ibn-Abdo-'l-azíz que pour s'y délasser pendant quelques jours, et qu'il en sortirait dès que les Valenciens l'exigeraient ; il ajouta qu'ils auraient bientôt à se consulter et à choisir un autre gouverneur ; car quant à lui, il prierait le Cid de nommer un autre à sa place, qui se char-

---

1) Le texte ajoute ici: » é que non tardaran tanto fueras por la enfer-
» medad que oviera aquel que era cabdillo dellos: é que ya era sano;"
d'où il résulterait que le gendre de Yousof avait aussi été malade. Mais c'est, je crois, une faute du traducteur espagnol, ou une petite addition de sa façon. Il n'y avait que Yousof qui fût malade, ainsi que l'auteur l'a dit précédemment, et qu'il le répète plus bas (fol. 328, col. 1).

geât de percevoir le tribut; il ne voulait plus se mêler de cette besogne, et il avait résolu de rentrer dans la vie privée. Il va sans dire qu'Ibn-Djahháf n'avait nullement l'intention de se démettre de ses fonctions; il ne cherchait qu'à apaiser le peuple d'une manière ou d'une autre. Les Valenciens ne pénétrèrent que trop bien ses desseins. Ils allèrent trouver Ibn-Táhir, en criant qu'ils voulaient lui obéir et fermer les portes, c'est-à-dire, déclarer la guerre au Cid. Voyant que le parti qui voulait la guerre, allait l'emporter, et que sa chute serait la suite inévitable du triomphe de ses rivaux les Benou-Táhir, Ibn-Djahháf changea aussitôt de conduite et déclara la guerre au Cid. En même temps il prit soin de s'entourer d'une garde plus nombreuse.

L'armée almoravide s'était avancée jusqu'à Xativa. Le Cid avait quitté le jardin d'Ibn-Abdo-'l-azíz pour rejoindre son armée; il ne savait s'il attendrait les Almoravides ou s'il irait à leur rencontre; à la fin il se décida à rester où il était, pour voir comment les choses tourneraient. Il fit détruire les ponts du Guadalaviar et inonda toutes les plaines, de sorte que les Almoravides ne pouvaient l'attaquer qu'en passant par une gorge très-étroite. Continuant sa marche, l'armée almoravide était arrivée à Alcira. Pendant une nuit obscure, les Valenciens, montés sur les tours, virent distinctement les feux de l'armée almoravide qui campait à Bacer. Après avoir imploré le secours de Dieu, ils résolurent de laisser les Almoravides attaquer le Cid, et de sortir pendant la mêlée pour aller piller le camp du chevalier castillan [1].

Leur espoir fut déçu. Il pleuvait à verse cette nuit-là; de mémoire d'homme, on n'avait vu une pluie aussi abondante. Le matin les Valenciens retournèrent aux tours pour voir où se

---

1) Cette tactique avait réussi à merveille à Yousof ibn-Téschifín dans la bataille de Zallácah.

trouvait l'armée de leurs alliés. Ils ne la virent plus. Pleins d'anxiété, »ils étaient comme la femme en travail d'enfant." A neuf heures du matin, un messager arriva à Valence pour dire que les Almoravides ne viendraient pas, qu'ils avaient rebroussé chemin ¹. » Alors il se tinrent pour morts, et mar-
» chaient comme des hommes ivres, de sorte que l'un n'en-
» tendait pas l'autre ; et leurs figures devinrent noires comme
» si elles eussent été couvertes de poix, et ils perdirent entiè-
» rement la mémoire comme celui qui tombe dans les vagues de
» la mer ²." En même temps les Chrétiens approchèrent de la ville ; ils menaçaient et insultaient les Valenciens, en leur criant de rendre la ville au Cid, puisqu'il ne pourraient la sauver. A cette époque, les vivres se vendaient à Valence aux prix que nous allons dire ³ : le *cafíz* de blé, douze dinárs ; le *cafíz* d'orge, six dinárs ; le *carón* ⁴ d'huile, un dinár ; l'ar-

---

1) Tout à l'heure nous verrons pour quelles raisons.

2) Voilà encore de l'arabe tout pur.

3) Je reproduirai toujours les tarifs qui se trouvent dans la *General*, parce qu'ils donnent une idée exacte des progrès de la famine.

4) Le texte porte : » é una medida de azeyte, que dizen los moros ma-
» ron." Je ne connais point de mot arabe *maron* pour désigner une mesure d'huile ; mais en comparant un passage d'Ibn-Batoutah, j'ai cru devoir lire *caron*. Nos Dictionnaires disent que *carrán* (قران) signifie *ampulla*. En parlant des Indiens, Ibn-Batoutah (*Voyages*, man. de M. de Gayangos, fol. 212 v.) dit ce qui suit: وأتوا بقلال من الذهب يسمونها السبر, » Ils apportèrent des *collahs* d'or, auxquelles ils donnent le nom
» de *sér*." Le mot *collah* (قلة), *grande cruche* dans nos Dictionnaires, désigne une mesure d'huile. Höst, *Nachrichten von Marokos*, p. 277 :
» قولة Kúla est une mesure pour l'huile d'olives etc., qui contient 22
» livres." M. Gråberg de Hemsö (*Specchio geografico e statistico dell' Impero di Marocco*, p. 164) atteste la même chose. Comparez Ibn-Batoutah dans son chapitre sur le pays des Noirs (*Journal asiatique*, IVᵉ série, p. 199, 200), et Ibno-'l-Khatib (*Dictionnaire biographique*, man. de M. de

rove de miel, un dínár et demi; le quintal de figues, cinq dínárs; l'arrove de caroubes, un tiers de dínár; l'arrove de fromage, deux dínárs et demi; la livre de mouton, six dirhems; la livre de boeuf, quatre dirhems.

Le Cid, désormais certain que les Almoravides ne viendraient pas, retourna au jardin d'Ibn-Abdo-'l-azíz, et fit piller les faubourgs. Les Valenciens qui ne voulaient pas abandonner tout ce butin à leurs ennemis, sortirent de la ville pour piller les endroits situés dans le voisinage des remparts. De leur côté, les Chrétiens[1] abattirent toutes les maisons des faubourgs; ne voulant pas s'exposer au tir des Valenciens, ils y mirent le feu pendant la nuit. Pour mettre un terme à ces dégâts, les Valenciens firent une sortie, et emportèrent tout le bois qui pouvait encore être sauvé. Le Chrétiens fouirent le sol et les fondements des maisons qu'ils avaient abattues; ils y trouvèrent beaucoup de choses de valeur, que les habitants fugitifs n'avaient pu emporter lorsqu'ils étaient allé chercher un asile dans Valence; ils découvrirent aussi un grand nombre de silos.

Gayangos, fol. 18 v.): وجهّنى يوما بقلة من الرب (الزيت lisez) لابيعه بالبلد, » il m'envoya certain jour avec une *collah* d'huile pour la vendre » dans la ville." Le mot سير *sér* est persan; il désigne, d'après Richardson, » une mesure de 6½ dirhems." Ibn-Batoutah ajoute: وهى مثل القرون, » ces *collahs* ressemblent au *carón.*" Il paraît donc que le mot *carón* est synonyme de *collah*, et qu'il désigne *une grande cruche*, *une jarre*, et aussi *une mesure d'huile*.

1) L'ensemble du récit démontre suffisamment que les mots: » é derri » baron todas las casas é allanaronlas," se rapportent aux Chrétiens. Quand on prend cette phrase au pied de la lettre, on doit dire que les Valenciens en sont le sujet; je doute que cette ambiguïté se soit trouvée dans le texte original, car les Arabes peuvent facilement l'éviter en employant la particule ف avant le verbe, qui indique alors qu'il n'est plus question de ceux dont on vient de parler, mais d'autres personnes.

Ensuite le Cid cerna la ville de tous côtés, et l'on se battit chaque jour. Mais les Valenciens ne cessaient d'espérer du secours de la part des Almoravides ; car Ibn-Ayischah avait écrit aux Benou-Táhir [1] que les Almoravides ne s'étaient pas retirés par lâcheté, mais parce qu'ils manquaient de vivres et que les grandes pluies avaient rendu les chemins impraticables. Des Valenciens établis à Dénia, écrivirent la même chose à leurs amis. Ibn-Ayischah avait ajouté que les Almoravides préparaient une nouvelle expédition, et il avait conjuré ses amis valenciens de tenir bon et de ne pas se rendre. Les assiégés exigèrent alors d'Ibn-Djahháf que la garnison almoravide rentrât dans la ville ; mais celui-ci ne se hâta nullement de céder à cette demande. A cette époque le tarif des vivres était celui-ci : le *cafiz* de blé, dix-huit dínars ; le *cafiz* d'orge, neuf dínars ; le *cafiz* de panis (espèce de millet), dix-huit dínars ; le *cafiz* d'autres céréales, neuf dínars ; le quintal de figues, huit dínars ; l'arrove d'huile, dix dínars ; l'arrove de miel, neuf dínars ; l'arrove de fromage, trois dínars ; l'arrove

---

1) Il y a ici trois fautes fort ridicules dans le texte, qu'il faut attribuer au copiste ou à l'éditeur du manuscrit. On y lit : » E los moros de » Valencia estando así mal cuytados *llegóse cerca de alli Abonaxa* el ade- » lantado de los Almoravides." Il est clair qu'il faut lire : » cuytados, » llególes carta de Ali Abenaxa." Mais ce passage est le seul dans la *General*, où Ibn-Ayischah porte le nom d'Ali, qui lui est donné quelquefois dans la *Cron. del Cid*. Le *Kitábo 'l-iktifá* (man., fol. 163 r. et v.) et d'autres auteurs l'appellent *Mohammed* ibn-Ayischah. Ibn-abi-Zer (*al-Kartás*, p. ۱۰۱) paraît connaître *deux* généraux du nom d'Ibn-Ayischah, à savoir Mohammed et Yousof. Si cette assertion ne se retrouve pas dans un auteur plus respectable, plus digne de foi, je suis très-porté à la démentir. Mais d'un autre côté, il paraît certain que le général en question s'appelait *Mohammed* et non *Ali*: faudrait-il donc lire *Aboali* (Abou-Alí) dans ce passage de la *General*, qui a été altéré d'une manière si étrange?

de caroubes, deux tiers de dínár; l'arrove d'oignons, un dínár; la livre de mouton, huit dirhems; la livre de boeuf, six dirhems.

Tandis que le prix des vivres montait toujours à Valence, les assiégeants ne manquaient de rien. Le Cid avait ordonné de cultiver les champs autour de Valence; al-Coudia prospérait, et devenait véritablement une ville; les habitants maures de ce faubourg vivaient en toute sûreté d'après leur propre loi, et n'avaient aucunement à se plaindre du Cid, qui y avait établi un marché où l'on accourait de toutes parts.

Les Valenciens avaient compté en vain sur le secours de l'armée almoravide; ils apprirent qu'elle était retournée en Afrique. Alors les gouverneurs des châteaux valenciens vinrent humblement implorer l'alliance et la protection du Cid. Celui-ci n'eut garde de les repousser; mais il leur ordonna de lui envoyer des arbalétriers et des piétons qui devaient l'aider à combattre Valence. Les gouverneurs se hâtèrent de lui obéir [1].

La *Cronica general* traduit ici une élégie, composée à cette époque par un des assiégés. N'ayant pas encore réussi à en retrouver le texte arabe, je dois me contenter de traduire la traduction espagnole. La *Cronica* commence une nouvelle ligne à chaque vers; je suivrai son exemple:

Valence! Valence! une foule de malheurs t'ont frappée et tu es menacée d'une mort prochaine; si ta bonne fortune veut que tu échappes, ce sera une grande merveille pour tous ceux qui te voyent.

Si Dieu a montré sa grâce quelque part, qu'il daigne la montrer à toi; car tu fus nommée joie et plaisir; dans toi, tous les Maures se réjouissaient, se récréaient, se divertissaient.

Mais si Dieu veut que cette fois tu te perdes entièrement, ce sera à cause de tes grands péchés et de la grande audace que tu as montrée dans ton orgueil.

---

1) *Cron. gener.*, fol. 326, col. 4 — 329, col. 1.

Les quatre pierres angulaires sur lesquelles tu fus bâtie, veulent se réunir pour te pleurer, mais elles ne le peuvent pas.

Ton très-noble mur, élevé sur ces quatre pierres, tremble d'un bout à l'autre et menace ruine, car il a perdu la force qu'il avait autrefois.

Tes très-hautes et très-belles tours qui se montraient au loin et qui réjouissaient le coeur des hommes, tombent peu à peu.

Tes blancs créneaux qui reluisaient si bien au loin, ont perdu la beauté qu'ils avaient aux rayons du soleil.

Ton très-noble grand fleuve, le Guadalaviar, avec toutes les autres eaux dont tu te servais si bien, a quitté sa mère et va là où il ne devrait pas aller 1.

Tes très-clairs canaux, si utiles aux hommes, sont devenus bourbeux, et parce qu'on ne les nettoie pas, ils sont entièrement remplis de fange.

Les très-nobles et somptueux jardins qui t'entourent, le loup enragé, à force de fouir, en a enlevé les racines, et ils ne peuvent plus produire des fruits.

Tes très-nobles promenades, pleines de belles fleurs et d'oiseaux 2, où ton peuple se divertissait, sont toutes desséchées.

Ton très-noble port, dont tu étais fière, se trouve dépouillé des nobles choses qu'il te procurait sans cesse.

Ton grand territoire, dont tu t'appelais la maîtresse, le feu l'a brûlé, et la grande fumée en arrive jusqu'à toi.

A ta grande maladie je ne puis trouver un remède, et les médecins désespèrent de pouvoir jamais te guérir.

Valence! Valence! toutes ces choses que je t'ai dites à ton sujet, je les ai dites et prononcées le coeur rempli d'une profonde tristesse.

---

1) » salido es de madre é va onde non deve." Il paraît que le poète appelle Valence *la mère* du Guadalaviar, et que le Cid avait détourné cette rivière.

2) Le texte porte : » Los tus muy nobres prados, en que muy fermosas » flores é muchas avie, con que" etc. Cette leçon peut être tolérée: » pul» cherrimi flores et multi;" mais cette construction est peu naturelle, et j'aime mieux lire : » é muchas aves avie." Dans la poésie arabe, il est presque de rigueur de parler aussi des oiseaux quand on parle des fleurs; le mot *aves* peut fort bien avoir été omis par un copiste ou par l'éditeur, parce que le mot *avie*, qui lui ressemble beaucoup, suit immédiatement; enfin, quand on adopte cette conjecture, la dureté dans la construction n'existe plus.

Je ne veux les faire connaître qu'à mon cœur, afin que personne ne les sache avant qu'il soit devenu nécessaire de les faire connaître 1.

---

1) Je n'examinerai pas si cette élégie est réellement d'origine arabe. Cette question est étroitement liée à une autre, passablement oiseuse, à savoir, s'il existe une poésie arabe ou s'il n'en existe pas; si cette poésie porte un cachet particulier qui la fait reconnaître à la première vue, ou si elle n'a nullement un caractère prononcé.

Nous avons vu plus haut (p. 340, 357) qu'Ibn-Bassám et al-Makkarí citent quatre vers d'une élégie sur Valence par Abou-Ishác ibn-Khafádjah. Cette élégie, non-seulement n'est pas identique avec celle de la *General*, mais elle n'a pas été composée à la même époque, car Ibn-Khafádjah doit avoir écrit la sienne dans ou après le mois de mai 1102, époque où les Castillans évacuèrent Valence après y avoir mis le feu. C'est ce qui résulte des paroles dont ce poète se sert: » La misère et *le feu* ont détruit » tes beautés;" ce qui ne pouvait se dire qu'à l'époque que nous venons d'indiquer.

La traduction de la *General* me paraît assez littérale. La *Cronica del Cid* (ch. 183) ne donne que quelques vers mutilés; mais on fera bien de comparer avec le texte de la *General*, la romance: » Apretada está Va-» lencia." Cette romance, où le texte de la *General* a été refondu en vers espagnols, doit être assez ancienne puisqu'on la trouve déjà dans le *Cancionero de romances*; je la suppose du XVe ou du commencement du XVIe siècle. Elle n'est pas mauvaise, on pourrait même dire qu'elle est assez bonne; mais la couleur arabe y est devenue bien pâle et presque imperceptible.

Le commentaire ou la paraphrase, qui, dans la *General*, accompagne cette pièce, est un travail assez singulier. Il ne faut pas s'attendre à y trouver des remarques utiles pour l'intelligence de l'élégie, loin de là. Au lieu de dire que les poètes arabes attribuent la faculté de sentir aux objets inanimés, le commentateur nous dit que les *quatre pierres angulaires* de Valence sont: la première, al-Kádir (qui était déjà mort); la seconde, le fils d'al-Kádir, l'héritier du trône (où donc le commentateur a-t-il trouvé qu'al-Kádir avait un fils?); la troisième, le roi de Saragosse (le commentateur semble avoir ignoré que ce roi avait poussé le Cid à attaquer Valence); la quatrième, » le très-noble Arrayaz, vassal de *notre seigneur* et

Ibn-Djahhâf, irrité parce que les Valenciens lui avaient préféré les Benou-Tâhir, qui avaient maintenant la conduite

---

» son conseiller dans tout ce qu'il entreprend" (*notre seigneur:* qu'est-ce que cela signifie? et de qui le commentateur parle-t-il? d'Ibn-Ayischah? mais Yousof n'était pas seigneur de Valence). Le bonhomme de commentateur nous apprend aussi, toujours avec la même gravité, que le *très-noble mur* désigne le peuple de Valence; que les *très-hautes tours* sont les nobles valenciens; les *blancs créneaux*, les sages paroles de ces nobles; que le *grand fleuve* est le code; que les *clairs canaux* sont les juges, etc.— car il me répugne d'énumérer le reste de ces billevesées.

Est-il probable qu'Alfonse ait composé un tel commentaire? Je ne crains pas de le dire: le fond en est trop contraire à la vérité historique et au sentiment du beau, le style, trop obscur et trop ambigu, pour que l'on puisse admettre que le traducteur du récit valencien, qu'un poète d'un goût exquis, ait composé une pièce de cette nature. Je serais porté à y voir une traduction d'un original arabe, et ce qui me confirme dans cette supposition, c'est qu'on lit en tête de cette pièce: *Paroles d'Alhagib al-faqui;* elle se donne donc elle-même pour une traduction d'un original arabe. الحاجب الفقيه, *le chambellan, le théologien,* sont des mots arabes, et bien qu'il n'y ait pas là un nom propre, je crois qu'il n'est pas impossible de déterminer quelle espèce d'homme a composé le commentaire. Alfonse savait sans doute assez d'arabe pour pouvoir traduire passablement de la simple prose; mais il ne faut pas supposer pour cela qu'il comprenait aussi les vers arabes; la langue poétique différait infiniment de celle des prosateurs, c'était une langue morte. Il est donc présumable qu'Alfonse avait besoin d'assistance pour comprendre le poème qu'il trouvait dans son histoire valencienne. D'un autre côté, nous savons qu'il s'entourait d'alchimistes arabes. C'était son faible de chercher la pierre philosophale; lorsqu'il écrivit son *Thesoro*, il croyait même l'avoir trouvée, grâce à un Egyptien d'Alexandrie.

   La Piedra que llaman Philosophal,
  Sabia facer, é me la enseñó;
  Fizimosla juntos; despues solo yo;
  Con que muchas veces creció mi caudal.

des affaires, se réjouissait des maux qui frappaient la ville. Chaque jour il disait à ceux qui venaient le voir, que les Benou-Táhir étaient la cause de toutes ces calamités, que c'étaient des hommes sans talents et sans expérience. Les patriciens et les plébéiens commençaient à trouver qu'Ibn-Djahháf avait raison. Les Chrétiens les combattaient chaque jour ; le prix des vivres montait sans cesse ; les Benou-Táhir les avaient donc mal conseillés quand ils les avaient poussés à la guerre ; ils étaient la cause de tous leurs maux ; c'étaient des hommes incapables. Les passions populaires sont les mêmes partout : ce peuple qui, quelque temps auparavant, avait ravalé Ibn-Djahháf et porté aux cieux les Benou-Táhir, accourut auprès d'Ibn-Djahháf, maintenant que la famine exerçait ses ravages ; il implora son pardon, le supplia de dire ce qu'on devait faire pour être délivré de ces souffrances. Ibn-Djahháf répondit à ces hommes qu'il n'avait rien à faire avec eux ; qu'il était rentré dans la vie privée ; que, s'ils souffraient, il souffrait également ; qu'il avait à craindre les mêmes maux qu'eux ; qu'il ne pouvait donner conseil à des hommes déchirés par l'esprit de parti. Cependant il ajouta que, s'ils voulaient laisser là leurs discordes et leurs haines ; s'ils voulaient se détourner des Benou-Táhir, et que ceux-ci ne le contrarias-

---

(5e octave du *Thesoro*, apud Sarmiento, *Memorias para la historia de la poesia Española*, p. 283). Rien de plus naturel, je crois, que de supposer qu'Alfonse ait demandé l'explication de l'élégie valencienne à un des savants arabes qui se trouvaient à sa cour ; et notre commentateur, qui n'avait pas la moindre idée d'une oeuvre poétique, qui a vu partout un sens caché et des allusions mystérieuses, peut fort bien avoir été un de ces alchimistes arabes qui travaillaient avec Alfonse au grand oeuvre. Je dois avouer du reste, que le XIIIe siècle a vu naître des commentaires arabes qui, bien qu'ils n'aient pas des alchimistes pour auteurs, ne le cèdent en rien à celui d'Alhagib alfaqui.

sent plus par leurs mauvais conseils; qu'alors il leur donnerait de bons conseils et leur procurerait la paix; car ils savaient bien, dit-il, comment ils avaient vécu en paix alors qu'il avait encore la conduite des affaires; et Dieu aidant, il comptait bien faire en sorte qu'ils n'eussent point de guerre contre le Cid ni contre qui que ce fût. Alors tous s'écrièrent d'une seule voix qu'ils ne demandaient rien de mieux qui de lui obéir; car, disaient-ils, les choses allaient bien, tant que nous avons suivi vos conseils.

Ainsi le parti qui avait poussé à la guerre, succomba, et Ibn-Djahháf fut de nouveau proclamé gouverneur de Valence. Mais les partisans des Benou-Táhir étaient nombreux et puissants, et l'on s'attendait à les voir montrer une résistance opiniâtre. Ibn-Djahháf fit donc signer aux principaux habitants de la ville un acte, par lequel ils s'engageaient à payer au Cid le tribut accoutumé, à la condition qu'il les laissât en paix. En même temps il pria le Cid de venir sous les murs de la ville, et de dire aux Valenciens qu'il n'écouterait aucune proposition avant que les Benou-Táhir eussent quitté Valence. Le Cid le fit; mais les Valenciens ne purent se résoudre à chasser de leur ville des citoyens aussi puissants. Ibn-Djahháf conféra de nouveau, et en secret, avec ses partisans les plus dévoués et avec le Cid. On résolut de se saisir des Benou-Táhir par un coup de main. Un officier d'Ibn-Djahháf, nommé at-Técoronní [1], se fit donc accompagner par un grand nombre de ca-

---

1) On lit ici (fol. 330, col. 4) *Atetoin*; dans la *Cron. del Cid* (ch. 185) *Atecoray*; plus loin, dans la *Gener.* (fol. 331, col. 2): *Atetorui*. Cette dernière leçon se rapproche beaucoup de la leçon véritable: *Atecorni*; dans les manuscrits, le *c* et le *t*, de même que le *n* et le *u*, permutent facilement. Ce nom relatif *Atecorni* s'écrit en arabe التاكرنى, que tout le monde prononcera *at-Técorni* à moins de recourir au *Lobbo 'l-lobáb* d'as-Soyoutí, publié par M. Veth, où on lit qu'il faut prononcer *at-Técoronni*

valiers et de piétons, et alla arrêter les Benou-Táhir. Ceux-ci se réfugièrent dans la maison d'un certain fakih, fort honoré parmi les Maures; cette maison étant entourée de hautes murailles, ils comptaient s'y défendre avec les quelques partisans qui les accompagnaient, jusqu'à ce que l'éveil fût donné dans la ville, et que leurs autres partisans vinssent les secourir. At-Técoronní fit mettre le feu aux portes du mur. Beaucoup de curieux, appartenant à la populace, s'étaient réunis pour voir ce qui se passait. Bientôt, de spectateurs qu'ils étaient, ils devinrent acteurs, montèrent sur le toit de la maison, jetèrent une grêle de pierres sur les Benou-Táhir qui se trouvaient dans la cour, et les contraignirent à se retirer sous la saillie du toit. Puis on enfonça les portes; la maison fut pillée et les Benou-Táhir furent arrêtés. Quand l'éveil eut été donné aux partisans de cette famille, tout était déjà fini. Les Benou-Táhir restèrent dans la prison jusqu'à la nuit où on les livra au Cid qui était à al-Coudia. Le matin, l'indignation fut grande à Valence; mais Ibn-Djahháf avait réussi dans ses desseins.

Cette arrestation des Benou-Táhir doit avoir eu lieu avant la moitié du mois de mars 1093, car nous possédons une lettre du chef de cette famille, Abou-Abdorrahmán ibn-Táhir, où celui-ci se plaint à un de ses amis d'être devenu prisonnier auprès des Chrétiens, après que Valence eut été frappée d'une suite de malheurs [1].

(at-*Tácoronní* d'après la manière de prononcer des Asiatiques). Les Técoronnís étaient en effet une famille valencienne, car nous avons déjà vu plus haut (p. 308, 309 dans la note) qu'Abou-Amir ibno-'t-Técoronní était wézir sous le règne d'Abdo-'l-azíz al-Mançor, roi de Valence.

1) Voyez plus haut, p. 333, 345. Ibn-Bassám prétend qu'Ibn-Táhir écrivit cette lettre en 488; mais dans cette circonstance, son témoignage n'a aucun poids. Cet auteur se trompe assez souvent quand il veut indi-

Ibn-Djahháf se rendit dans la plaine [1] située près de la porte (du pont), pour avoir une entrevue avec le Cid. L'évêque d'Albarracin et plusieurs chevaliers allèrent à sa rencontre, et le traitèrent très-courtoisement, » dans l'espoir qu'il leur » ferait des présents." Le Cid pensait aussi qu'Ibn-Djahháf ne venait pas les mains vides.

Quand le gouverneur de Valence fut arrivé auprès du Cid qui se trouvait à Villeneuve, celui-ci le reçut à la porte de ce lieu de plaisance. Il fit semblant de vouloir lui tenir l'étrier, il l'embrassa, et la première chose qu'il lui dit, fut d'ôter son *tailesán*, et de revêtir des vêtements royaux, puisqu'il était bien certainement roi [2]. Puis il parlèrent d'autre chose;

---

quer l'occasion et l'époque où les morceaux qu'il copie, ont été composés; très-souvent ces indications n'ont aucune valeur parce que ce sont des conjectures, et rien autre chose. Ici il nomme l'année 488, sans doute parce qu'il a cru qu'Ibn-Táhir fut jeté en prison après la prise de Valence, événement qu'il fixe à tort à l'année 488. Maintenant de deux choses l'une: ou Ibn-Bassám a voulu dire qu'Ibn-Táhir fut jeté en prison après la prise de Valence, c'est-à-dire, après le mois de Djomádá Ier 487, et alors il est évident qu'il se trompe, car Djomádá Ier est le cinquième mois de l'année, et la lettre porte la date: » moitié de Çafar," qui est le deuxième mois; ou bien Ibn-Bassám a eu réellement en vue l'année 488, mais dans ce cas, on peut objecter qu'aucun autre auteur ne parle d'une captivité d'Ibn-Táhir à cette époque; nous ne voyons pas d'ailleurs pourquoi le Cid, maître de Valence, aurait emprisonné Ibn-Táhir; enfin, la lettre elle-même ne donne nullement à entendre que Valence était alors au pouvoir du Cid. J'ai donc cru devoir rapporter cette lettre à la captivité d'Ibn-Táhir dont parle l'auteur valencien contemporain.

1) Il y a *glera* dans l'original. Comparez sur ce mot le Glossaire de Sanchez sur la *Chanson du Cid*. Dans la *Maria Egipciaca* on lit *eglera*. Page 93, édit. Pidal:

Corriendo van por la ribera
Jugando por la eglera.

2) » E la primera cosa quel dixo fué, que se tirasse un capirote que

mais le Cid attendait toujours qu'Ibn-Djahháf lui offrît quelque présent. Cette espérance ne se réalisa pas. Cependant le Cid lui promit son amitié, à condition qu'Ibn-Djahháf lui cédât successivement toutes les contributions de la ville et de la campagne, et que l'almoxarife du Cid habitât à Valence et prît soin de tout. Quand Ibn-Djahháf eut consenti à ces conditions humiliantes, le Cid exigea encore qu'il lui livrât son fils qu'il voulait emmener à Cebolla comme otage. Ibn-Djahháf y consentit encore et promit de revenir le lendemain pour signer un traité où ces conditions seraient exprimées. Puis il retourna à Valence, le coeur rongé de chagrin, car »il vit »quelle imprudence il avait commise en chassant les Almora- »vides hors de la ville, et en se fiant à des hommes d'une au- »tre religion."

Le lendemain, le Cid fit dire à Ibn-Djahháf qu'il l'attendait. Mais celui-ci lui fit répondre qu'il aimait mieux perdre la tête que de livrer son fils. Alors le Cid lui envoya une lettre remplie de menaces, où il lui dit que, puisqu'il manquait à sa promesse, il ne voulait plus jamais être son ami, et qu'il ne le croirait plus en quoi que ce fût. Leur mésintelligence devint de plus en plus grave. Le Cid ordonna à at-Técoronní de quitter la ville et de se rendre à la forteresse

---

»tenie en la cabeça, é que se vestiese vestiduras de rey, ca rey era."
Le mot *capirote* désigne une espèce de couverture de tête, qui retombe sur les épaules et qui quelquefois descend jusqu'à la ceinture ou même plus bas (voyez le Dictionnaire de l'Académie espagnole, et corrigez ce que j'ai dit sur le mot *capirote* dans mon *Dictionnaire des noms des vêtements*, p. 350). *Capirote* répond donc aux mots arabes *tarhah* et *tailesán*. Le *tailesán* ou *tarhah* était la coiffure distinctive des kádhís (voyez l'ouvrage que je viens de citer, p. 254—262, 278—280, et comparez le passage d'Ibno-'l-Khatíb que j'ai publié dans mes *Notices sur quelques manuscrits arabes*, p. 30), et l'on se rappellera qu'Ibn-Djahháf était kádhí à Valence.

d'Alcala. At-Técoronní n'osa désobéir à cet ordre et partit. En même temps, le Cid combla d'égards les Benou-Tâhir, ses prisonniers, les fit pourvoir abondamment de tout ce dont ils avaient besoin, et leur promit son appui.

Les trois patriciens les plus considérés et les plus sages de Valence étant morts vers cette époque, Ibn-Djahhâf y resta seul maître. La guerre s'était renouvelée, et le tarif des vivres était celui-ci : le *cafíz* de blé, 40 dínárs ; le *cafíz* d'orge, 30 dínárs ; le *cafíz* de panis, 25 dínárs ; le *cafíz* d'autres céréales, 25 dínárs ; le quintal de figues, 13 dínárs ; l'arrove de caroubes, 13 dínárs ; le quintal de miel, 16 dínárs ; l'arrove de fromage, 14 dínárs ; le pot d'huile, 13 dínárs ; l'arrove d'oignons, 3 dínárs ; quant à la viande, il n'y en avait plus, mais on égorgeait les bêtes de somme, dont la chair se vendait un dínár la livre. Le Cid se rapprochait chaque jour davantage de la ville. Cependant Ibn-Djahhâf persistait dans son ridicule orgueil, insultait et maltraitait ceux qui venaient se plaindre auprès de lui de leurs souffrances, s'entourait de poètes et d'hommes de lettres, discutait avec eux sur le mérite des vers qu'ils récitaient, et se livrait à tous les plaisirs. Les Valenciens étaient en proie à tous les fléaux ; les Chrétiens les harcelaient, la famine les décimait, Ibn-Djahhâf les pressurait. Ce tyran vaniteux s'appropriait les possessions de ceux qui étaient morts de faim, sans respecter celles des malheureux qui traînaient une vie languissante. La prison et le fouet attendaient ceux qui osaient montrer quelque résistance ; Ibn-Djahhâf n'épargnait personne, ni ses amis ni ses parents. Le prix de tous les biens baissait ; tout le monde voulait vendre, mais personne ne voulait acheter. Les vivres montèrent à un prix exorbitant ; le *cafíz* de blé valait déjà 90 dínárs ; le *cafíz* d'orge, 61 dínárs ; le *cafíz* d'autres céréales, 60 dínárs ; l'arrove de figues, 7 dínárs ; l'arrove de miel, 20 dínárs ; l'arrove de fromage, 18 dínárs ; l'arrove de caroubes, 16 dínárs ;

le pot d'huile, 20 dinárs; l'arrove d'oignons, 12 dinárs; il n'y avait plus de bêtes de somme à égorger. Les Chrétiens étaient si près de la ville qu'ils y lançaient des pierres avec la main, et leurs flèches, tirées d'un côté de la ville, tombaient au côté opposé. Dans ces circonstances, le Cid fit construire un mangonneau qu'il plaça près d'une porte de la ville, et qui causa de grands dommages; mais les Maures construisirent aussi des mangonneaux, et parvinrent à briser celui de leurs ennemis. La famine augmenta à un tel point qu'on mangea les chiens, les chats et les rats [1], et qu'on ouvrit les égouts et les cloaques pour y chercher le marc des raisins et le manger. D'ordinaire une foule d'hommes, de femmes et d'enfants guettaient le moment où l'on ouvrirait une porte; alors ils se précipitaient hors de la ville; les Chrétiens en tuaient quelques-uns et faisaient prisonniers les autres; puis ils les vendaient aux Maures d'al-Coudia, un pain ou un pot de vin la pièce [2]; mais ces malheureux étaient si affamés qu'ils mouraient dès qu'on leur avait donné de la nourriture. Quant à ceux qui appartenaient à la classe aisée et qui n'étaient pas encore affamés, on les vendait aux marchands qui étaient venus en grand nombre de l'autre côté de la mer. Enfin, les Valenciens étaient réduits à une telle extrémité, qu'ils pouvaient s'appliquer ces vers d'un poète:

Si je vais à droite, le fleuve me tuera; si je vais à gauche, le lion me tuera; si je vais en avant, je mourrai dans la mer; si je vais en arrière, le feu me brûlera [3].

---

1) » é tornaronse á comer los perros é los gatos é los mures." Ibn-Bassâm: » la faim et la misère forcèrent les Valenciens à manger des ani- »maux immondes." L'auteur du *Kitábo 'l-iktifá* (p. 25) atteste qu'un rat se vendait au prix énorme d'un dinár.

2) Comparez plus haut, p. 477 et p. 478 dans la note.

3) *General:* » é estavan así de la manera que dezien estos versos que

Ibn-Djahháf résolut alors d'implorer le secours du roi de Saragosse. Il lui écrivit à cet effet une lettre très-humble, où il lui peignait les affreuses souffrances des Valenciens. Mais il s'agissait de savoir quel titre on lui donnerait: si on lui écrirait: à vous roi, ou bien: à vous seigneur; en lui donnant ce dernier titre, on le reconnaissait comme suzerain de Valence. Ibn-Djahháf assembla le sénat pour le consulter sur

» estavan en aravigo que fizo Albataxi: Si fuere á diestro, matarme ha el
» aguaducho; é si fuere á siniestro, matarme ha el leon, é si quisiere
» tornar atras, quemar me ha el fuego." *Cron. del Cid* (ch. 187): » que
» estavan hy como dize el Philosopho en el Proverbio: Si fuere á diestro,
» matarme ha el aguaducho; é si fuere á sinistro, comerme ha el leon; é
» si fuere adelante, moriré en la mar; é si quisiere tornar atras, que-
» marme ha el fuego." Il va sans dire que la troisième phrase a été omise par erreur dans la *General*.

M. Huber semble croire que ces vers ont été composés à cette occasion (voyez son Introduction, p. LXII, dans la note), ce qu'on peut lui pardonner parce qu'il n'est pas orientaliste; le rédacteur de la *Cron. del Cid* le savait mieux pourtant, car il a très-bien vu que ces deux vers sont proverbiaux, et, par conséquent, plus anciens que le récit valencien. L'ancien poète est nommé dans la *General*, mais nous ne connaissons point de poète du nom d'Albataxi. Ne me rappelant pas avoir lu ces vers ailleurs, je dois me borner à une conjecture. Des vers qui sont devenus proverbiaux, doivent avoir un poète célèbre pour auteur; je propose donc de lire *Albatari*, c'est-à-dire, al-Bohtorí, البحتري, nom d'un célèbre poète qui florissait dans la seconde moitié du VIIIe siècle de notre ère. Dans cette supposition, l'*x* au lieu du *r*, serait une faute de copiste, et Alfonse aurait prononcé *Albatari* avec deux *fathas*, de même que l'ont fait d'Herbelot et d'autres (d'Herbelot (*Bakhteri*) et Silvestre de Sacy ont même commis une faute de plus qu'Alfonse, en prononçant خ au lieu de ح). D'ordinaire Alfonse ne rend pas l'*h* (ابن جحاف *Abenjaf*, ابن محقور *Abenmacor*). Du reste mes savants confrères à Saint-Pétersbourg ou à Paris, pourront décider si cette conjecture est fondée, car le *Diwán* d'al-Bohtorí se trouve aux bibliothèques de ces deux villes.

ce point délicat. Trois jours se passèrent en délibérations.
A la fin, les sénateurs résolurent de lui donner le titre de
seigneur, afin qu'il se décidât plus promptement à leur venir
en aide. Ibn-Djahháf fut très-chagriné de cette décision ; il
s'y conforma cependant, et confia la lettre à un homme qui
devait secrètement sortir de la ville pendant la nuit ; il lui assura que, dès qu'al-Mostaín aurait vu la lettre, il donnerait
des habits, un cheval et une mule au porteur. Celui-ci
partit. A Valence le blé ne se vendait plus par *cafiz* ou
par fanègue, mais par once, ou tout au plus par livre. Une
livre de blé coûtait alors un dínár et demi ; une livre d'orge,
un dínár et un huitième ; une livre de panis, deux dínárs
moins un quart ; une livre d'autres céréales, un dínár ; une
once de fromage, trois dirhems ; une once d'oignons, un dirhem ; une once d'aulx, un dirhem ; une livre de choux, cinq
dirhems, une livre de chair de bête de somme, six dínárs ;
une livre de cuir de vache, cinq dirhems ; une livre de caroubes, un dínár.

Arrivé à Saragosse, le messager attendit vainement une
réponse à la lettre d'Ibn-Djahháf. Trois semaines se passèrent ainsi, et al-Mostaín finit par ne pas vouloir répondre à la lettre. A peine donnait-il de l'eau au pauvre messager, qui cependant n'osait retourner à Valence sans réponse ; il craignait qu'Ibn-Djahháf le tuât, si même il n'était tué
sur la route par des serviteurs qu'al-Mostaín ne manquerait pas
d'envoyer à sa poursuite. Il se plaça donc à la porte du palais, où il cria et se lamenta tant que le roi dut l'entendre.
Celui-ci l'entendit en effet, et ses courtisans lui conseillèrent
de donner au messager une réponse quelconque, afin de se
débarrasser de lui. Al-Mostaín fit donc écrire une lettre, où
il dit qu'il ne pouvait faire ce que demandait Ibn-Djahháf,
avant de s'être concerté avec Alfonse, celui-ci devant fournir
un contingent de cavaliers ; il prétendit avoir écrit au roi de

Castille, et il conseillait à Ibn-Djahháf de prendre patience et de se défendre de son mieux ; en même temps, il le pria de lui donner de temps en temps de ses nouvelles. On conçoit que ce n'étaient là que des subterfuges; qu'al-Mostaín voulait gagner du temps et ne rien faire pour Valence.

Le messager retourna à Valence avec cette lettre.

Les assiégés ne trouvaient plus rien à acheter, plus rien à manger ; ils mouraient de faim l'un après l'autre ; beaucoup de ceux qui survivaient encore, se livraient aux Chrétiens; peu leur importait si ceux-ci les laissaient partir, s'ils les retenaient prisonniers ou s'ils les tuaient ; la prison ou la mort étaient toujours préférables à la famine. Ibn-Djahháf fit fouiller dans les maisons pour voir s'il s'y trouvait encore des denrées; il s'emparait de tout ce qu'il trouvait, et ne laissait aux propriétaires que la provision d'un demi-mois. Quand on se plaignait de cette mesure, il répondait qu'on devait prendre patience ; qu'il se tenait assuré que le roi de Saragosse viendrait au secours de Valence, qu'il s'était déjà mis en marche, et qu'il ne tardait à arriver que parce qu'il rassemblait quantité de vivres pour les Valenciens. Puis il continua ses mesures vexatoires, et ne songea qu'à amasser des vivres pour ses gardes; quelquefois il payait pour ce qu'il prenait, mais souvent il ne le faisait pas, quoiqu'il eût promis de le faire. Ceux qui avaient encore quelques vivres, les enfouissaient. Les riches achetaient, à un prix énorme, des herbes, des cuirs, des nerfs, des électuaires ; les pauvres mangeaient de la chair humaine.

Ibn-Djahháf envoyait chaque nuit des messagers au roi de Saragosse, qui le berçait toujours de vaines promesses. Il avait aussi demandé du secours à Alfonse, qui lui avait répondu qu'il lui enverrait Garcia Ordoñez avec une nombreuse cavallerie, et qu'il suivrait bientôt en personne. Il avait renfermé dans sa lettre un petit billet, écrit de sa main, qui devait être montré au sénat de Valence, mais rester secret pour le peuple.

Il y jurait qu'il viendrait au secours des Valenciens, disant qu'il compatissait vivement à leurs privations et à leurs angoisses. Ces lettres relevèrent le courage abattu d'Ibn-Djahháf. Celui-ci écrivit aussi aux amis intimes du roi, et il reçut d'eux la même réponse ; ils promirent de venir à son secours ; il ne devait pas en douter, disaient-ils. Cependant un de ceux auxquels il avait écrit, lui répondit que le roi voulait bâtir une tour de cire à al-Coudia [1]. Il voulait donner à entendre par là, qu'Alfonse ne voulait que gagner du temps, et qu'Ibn-Djahháf ne devait pas compter sur ses promesses. Ce dernier ne comprit pas ce que signifiait cette expression ; il demanda à celui qui avait écrit la lettre, ce qu'il entendait par là, et en quel endroit serait cette tour ; mais l'autre, qui ne voulait pas s'expliquer en paroles plus claires, ne lui répondit pas.

Le roi de Saragosse envoya deux messagers au Cid, sous le prétexte qu'ils devaient le prier d'user de plus de clémence envers les Valenciens ; ils lui offrirent aussi de beaux présents de la part de leur maître ; mais le but réel de leur mission était d'avoir une entrevue avec Ibn-Djahháf. Le Cid ne leur permit pas d'entrer dans Valence ; mais ils trouvèrent moyen de faire parvenir une lettre d'al-Mostaín à Ibn-Djahháf, où il lui disait : »Sachez que j'envoie demander au Cid qu'il ne »vous presse pas ainsi, et afin qu'il cesse de le faire, je lui »envoie mes joyaux et un très-grand présent. J'espère qu'il »m'accordera ma demande, qu'il cessera de se montrer votre »ennemi, et qu'il traitera avec vous ; mais s'il ne veut pas le

---

1) Le texte porte : » que el rey que querie fazer una torre de candéla » en el Alcudia." Le mot *candéla* signifie *chandelle*; mais *une tour de chandelle* est évidemment un non-sens. Alfonse doit donc s'être trompé en traduisant *candéla*. Une *chandelle* se nomme en arabe شمع ; mais ce dernier mot a encore un autre sens ; il désigne aussi *de la cire*. Alfonse aurait donc dû traduire : *una torre de cera*.

» faire, croyez que je vous enverrai sans tarder une grande
» armée qui le chassera du pays ; vous vous en réjouirez ; mais
» que ces paroles restent secrètes."

Cependant le Cid songea à susciter à Ibn-Djahháf, dans Valence même, un ennemi redoutable. Il entra en pourparlers avec un Maure puissant de Valence, nommé Ibn-Moschisch [1], et lui dit que, s'il voulait se révolter contre Ibn-Djahháf, il l'établirait seigneur de Valence et le ferait régner jusqu'à Dénia. Ibn-Moschisch se concerta avec ses amis dans la ville, qui approuvèrent son dessein. Mais Ibn-Djahháf fut informé du complot. Il fit jeter aussitôt Ibn-Moschisch et ses partisans dans une prison, dont il confia la garde à deux de ses officiers sur lesquels il croyait pouvoir compter. Néanmoins Ibn-Moschisch et les siens réussirent à corrompre leurs gardiens ; ils se concertèrent avec eux et résolurent de se rendre, pendant la nuit, au château, de battre le tambour, et de pro-

---

1) La *Cronica general* (fol. 333, col. 1) nomme ce personnage *Aboegid*. Nous avons vu plus haut (p. 533, note 2) que, dans cet ouvrage, *Aboegid* est une des altérations du nom d'Ibn-Táhir : mais il ne peut être question ici de ce dernier, car nous avons vu qu'il était prisonnier auprès du Cid, et rien n'indique qu'il eût été mis en liberté. Aussi la *Cron. del Cid* (ch. 192) présente une tout autre leçon ; elle porte *Abenmoxiz*, et elle parle de ce personnage comme s'il n'eut pas encore été question de lui (» un Maure puissant de la ville qu'on nommait Abenmoxiz"). J'ai donc cru devoir la suivre ici. Moxiz est un nom propre fort rare, mais il existe ; car ad-Dhahabi (*al-Moschtabih*, man. 325) dit, au mot مسيس :

وبمعاجمتين محمد بن موسى بن مُشيش (sic) عن أحمد بن حنبل وعنه الحسن بن الهيثم. On ne peut objecter contre cette explication, que la dernière lettre est un *z* et non un *x*, car nous verrons plus bas que la *Cron. gen.* (là où elle parle de la porte de la couleuvre) rend le ش à la fin d'un mot par *s*.

clamer le roi de Saragosse seigneur de Valence. Quand les habitants de la ville se seraient réunis à eux, ils voulaient aller à la demeure d'Ibn-Djahháf et se saisir de lui. Chose dite, chose faite. Ils coururent au château, battirent le tambour, et firent monter sur la tour de la mosquée un crieur, qui proclama que tous les habitants devaient se rassembler au château. Mais le peuple, au lieu d'y accourir, fut consterné; personne ne savait de quoi il s'agissait; chacun ne pensa qu'à garder sa maison et les tours. Ibn-Djahháf avait éprouvé d'abord une grande peur; mais en peu de temps, tous ses cavaliers et tous ses piétons s'étaient réunis; il marcha avec eux vers le château, et fondit sur les rebelles. Ibn-Moschísch fut bientôt abandonné des siens, qui tâchèrent de se sauver par une prompte fuite. Il fut arrêté, lui cinquième. Ibn-Dhahháf fit couper la tête aux quatre rebelles et jeter Ibn-Moschísch en prison. Puis il fit arrêter tous ceux qu'il croyait d'intelligence avec lui, confisqua les biens de quelques uns d'entre eux et retint les autres sous les verroux. Ensuite il envoya quelques cavaliers qui possédaient encore des chevaux, à al-Mostaín, pour lui donner avis de ce qui s'était passé, et pour lui livrer Ibn-Moschísch [1]. Il leur ordonna de ne retourner à Valence qu'accompagnés d'al-Mostaín; ils devaient lui donner des nouvelles exactes sur les dispositions du roi, et sonder ses courtisans. Le tarif des vivres à Valence était alors celui-ci: la livre de blé, 3 dínars; la livre d'autres céréales, 2 dínars; l'once de fromage, 1 dínar; l'once de figues, 2 dirhems; la livre de choux, 1 dínar. Quant à l'huile, il n'y en avait plus. Le peuple était si exténué, qu'on voyait chaque jour des hommes tomber roide morts en marchant. Autour du mur de la place du château, il y avait quantité de

---

[1] Ibn-Djahháf semble en avoir agi ainsi pour donner à entendre qu'il reconnaissait la suzeraineté d'al-Mostaín.

fosses, et pourtant aucune ne contenait moins de dix cadavres. Le Cid soupçonnait que les malheureux qui venaient journellement se mettre entre ses mains, étaient repoussés par les bourgeois plus riches qui, pour pouvoir soutenir plus longtemps le siége, chassaient les pauvres et les affamés. Il voulait affamer la ville [1], mais dans le plus bref délai, car il craignait de voir arriver les Almoravides. Tantôt il se montrait joyeux quand des Maures venaient se mettre entre ses mains; tantôt il en témoignait du chagrin. Certain jour, des patriciens vinrent le trouver pour le prier de livrer un assaut [2]; ils disaient que les soldats étaient peu nombreux dans Valence, et que le Cid s'en rendrait maître d'un seul coup. Celui-ci s'y résolut, réunit tous ses soldats, et donna l'assaut du côté de Bábo 'l-hanasch [3]. Tous les assiégés accoururent à cette porte. Postés sur les remparts, ils lancèrent une grêle de pierres et de flèches sur les Chrétiens; elles pleuvaient dru et serré et aucune ne frappa le vide. Le Cid et quelques-uns des siens furent obligés de se mettre à couvert dans une maison de bains, qui se trouvait près des remparts. Les soldats d'Ibn-Djahháf ouvrirent aussitôt

---

1) » E él cuydavala aver por fuerça, mas non podie que sele alongava » el tiempo, porque se temie" etc. *Fuerça* est en opposition avec le contexte, avec tout le récit; il faut y substituer *fambre*, ainsi qu'on lit dans la *Cron. del Cid* (ch. 193).

2) *Ici* il y a très-bien: » porque por *fuerça* la combatiese."

3) *Belsahanes* dans le texte, » ce qui signifie porte de la couleuvre » (puerta de la culebra)." Il est donc certain qu'il faut lire *Bebalhanes*, باب الحَنَش ; comparez Alcala au mot *culebra*. (Le rédacteur de la *Cron. del Cid* (ch. 194) écrit *Albomalieches* (!), ce qui ne l'a pas empêché de donner la même explication que la *Cron. general.*) Cette *porte de la couleuvre*, *bábo 'l-hanasch*, est aussi mentionnée par Ibn-Kháçán dans son chapitre sur Ibn-Táhir. Elle conduisait au magnifique jardin (*monyah*) d'Abou-Becr ibn-Abdo-'l-aziz.

la porte, et firent reculer les assiégeants sur lesquels les pierres et les flèches pleuvaient sans cesse. Puis ils cernèrent la porte de la maison de bains. Le Cid sortit avec les siens par une petite porte de derrière; mais il se repentit amèrement d'avoir tenté l'assaut; il résolut de ne plus se fourvoyer dans cette fausse route, mais d'affamer la ville [1]. Il fit annoncer par un crieur, qui s'approcha des remparts afin que les Maures qui y étaient postés, pussent l'entendre, que tous les habitants qui s'étaient mis en son pouvoir, eussent à retourner dans la ville; que, s'ils ne le faisaient pas, il les ferait tous brûler, et que dorénavant personne ne pourrait sortir de Valence. Néanmoins il y avait toujours des Valenciens qui se précipitaient des remparts, et que les Chrétiens faisaient prisonniers à l'insu du Cid; mais si celui-ci les attrapait, il les faisait brûler devant tout le monde, en faisant élever le bûcher dans un endroit où les Valenciens pouvaient le voir. Dans un seul jour, il fit brûler dix-huit de ces malheureux. Il en fit jeter d'autres aux dogues afin qu'ils les déchirassent tout vivants. Les soldats embarquèrent ceux qu'ils avaient réussi à cacher, sur des vaisseaux qui les conduisirent dans des pays chrétiens pour qu'ils y fussent vendus. C'étaient pour la plupart des garçons et des jeunes filles, car quant aux autres, ils n'en voulaient pas. Pour toucher de l'argent, les soldats du Cid employèrent encore un autre moyen. Quand ils savaient que les jeunes filles captives avaient des parents riches, ils faisaient monter ces malheureuses sur les tours des mosquées situées hors de la ville. Puis ils faisaient mine de vouloir les précipiter du haut de ces tours, ou de les lapider; alors leurs parents les rachetaient à condition qu'elles habiteraient al-Coudia, où se trouvaient les Maures, sujets du Cid.

---

1) Il paraît que les patriciens qui avaient conseillé au Cid de livrer un assaut, étaient d'intelligence avec Ibn-Djahhâf.

A Valence il ne restait que quatre bêtes de somme : un mulet appartenant à Ibn-Djahháf, un cheval, à son fils, un autre cheval, à un autre Maure, et un deuxième mulet. Tous les habitants étaient si affamés, si exténués par la misère, que personne n'allait plus se précipiter du haut des remparts, à l'exception de quelques-uns qui avaient encore su se procurer quelque nourriture. Les gardes et les parents d'Ibn-Djahháf, voyant qu'ils ne pourraient soutenir plus longtemps le siége, et que le secours du roi de Saragosse ou des Almoravides arriverait trop tard, aimaient mieux mourir que de voir se prolonger leurs horribles souffrances.

Abou-Abbád et quelques-autres allèrent alors trouver le fakíh al-Wattán [1], personnage très-considéré, pour lui demander ses bons conseils, puisqu'il voyait leur misère, et qu'aucun secours ne leur arrivait; ils le prirent aussi de parler à Ibn-Djahháf, afin que leurs souffrances eussent un terme. Le fakíh le leur promit et conseilla à tous de montrer une grande indignation contre Ibn-Djahháf. Celui-ci, voyant qu'il ne pourrait plus résister au peuple ni le leurrer d'espérances, se montra très-humble et se soumit à ce que l'on exigea de lui. Il promit de ne plus se mêler de la chose publique et d'abandonner au fakíh la conduite des négociations [2].

Le fakíh envoya un messager à Ibn-Abdous, l'almoxarife du Cid, qui avait été chargé par son maître de régler les conditions du traité. On s'arrêta à celles-ci : les Valenciens enverraient des messagers au roi de Saragosse et à Ibn-Ayischah,

---

1) Alhuatan, الوَطَّان.

2) La *Cronica general* abandonne ici, pour un instant, sa chronique arabe pour placer le bel épisode de Martin Pelaez l'Asturien. Il est remarquable comment le style change tout à coup; ce n'est plus le style louche et boiteux de la traduction de l'ouvrage arabe; c'est un style noble, et en même temps naïf, qui le remplace brusquement.

le général almoravide qui commandait à Murcie ; ils les prieraient de venir au secours de Valence sous quinze jours ; si aucun des deux n'arrivait avant le temps fixé, Valence se rendrait au Cid à ces conditions : Qu'Ibn-Djahháf conserverait dans la ville la même autorité que par le passé [1] ; qu'il serait assuré de son corps et de ses biens, de même que ses femmes et ses enfants ; qu'Ibn-Abdous serait inspecteur des impôts ; que Mousá exercerait à Valence le commandement militaire (ce Mousá avait eu la conduite des affaires du vivant d'al-Kádir ; après la mort de ce roi, il avait toujours suivi le parti du Cid, qui l'avait nommé gouverneur d'une certaine forteresse) ; que la garnison se composerait de Chrétiens pris parmi les Mozarabes qui vivaient au milieu des Musulmans ; que la demeure du Cid serait à Cebolla ; que le Cid ne changerait rien aux lois de Valence, ni au taux des contributions, ni à la monnaie. La capitulation, ainsi réglée entre eux, fut signée aussitôt. Le jour suivant, cinq patriciens partaient pour Saragosse, et autant d'autres pour Murcie. Le Cid avait stipulé que chaque ambassadeur emporterait cinquante dínárs seulement ; ceux qui allaient à Murcie, devaient s'embarquer dans un navire chrétien qui les conduirait à Dénia ; de là, ils continueraient leur chemin par terre. Les ambassadeurs s'embarquèrent ; mais le Cid avait donné l'ordre au capitaine du navire, de ne pas mettre à la voile avant qu'il fût arrivé en personne. Quand il fut venu, il fit fouiller les ambassadeurs pour voir s'ils avaient sur eux plus de cinquante dínárs chacun. On trouva sur eux quantité d'or, d'argent, de perles et de pierres précieuses ; une partie de ces richesses leur appartenait en propre ; le reste était à des marchands de Valence qui avaient l'intention de quitter

---

1) C'est-à-dire, qu'il conserverait l'emploi de kádhí. Ibno-'l-Abbár (voyez plus haut, p. 373) atteste que le Cid lui laissa le poste de kádhí pendant environ une année ; j'aurai à revenir sur cette assertion.

cette ville, et qui voulaient mettre leurs trésors en sûreté. Le Cid confisqua tout cela, et ne laissa à chaque ambassadeur que cinquante dínárs, d'après ce qui avait été convenu. Le jour où les ambassadeurs partirent, le prix des vivres était celui-ci : la livre de blé, trois dínárs ; la livre d'orge, un dínár et demi ; la livre de panis, trois dínárs moins un quart ; l'once de fromage, trois dirhems ; l'once de chènevis, quatre dirhems ; la livre de choux, un dínár et deux dirhems ; la livre de cuir de vache, un dínár. Il n'y avait plus d'autres bestiaux que le mulet d'Ibn-Djahháf, le cheval de son fils et le mulet de l'autre Maure. Quant au second cheval, son propriétaire l'avait vendu aux bouchers pour deux cents dínárs, à condition qu'on lui donnerait dix livres de la chair. Les bouchers revendirent ce cheval à dix dínárs la livre au commencement, ensuite à douze dínárs, et enfin la tête fut achetée quinze dínárs.

Il y avait trêve. Les Valenciens qui avaient encore des vivres, les vendaient et en faisaient le plus d'argent possible, parce qu'ils étaient sûrs que le siége serait bientôt fini [1]. Cependant les quinze jours se passèrent et les ambassadeurs ne revinrent pas. Ibn-Djahháf tâcha de persuader aux habitants d'attendre encore trois jours, pas davantage. Mais ils répondirent qu'ils ne le voulaient ni le pouvaient faire. De son côté, le Cid leur fit déclarer, avec de grands serments, que,

---

1) » é començaron los omes á sacar é á vender de aquella vianda que » tenien ;" ce qui ne signifie nullement : » *ceux du dehors* commencèrent » à vendre aux assiégés les vivres qu'ils avaient," comme traduit M. le comte Albert de Circourt. (Dans son *Histoire des Mores Mudejares et des Morisques* (t. I, p. 383 et suiv.), ce savant a traduit la conclusion du récit arabe, où il a vu » des traditions populaires, sans grande valeur historique » quant aux faits.") Si *ceux du dehors* avaient vendu des vivres aux Valenciens, le plan du Cid aurait échoué ; le chevalier castillan devait nécessairement empêcher la place de se ravitailler.

s'ils laissaient passer un moment après le délai qu'il leur avait accordé, il ne se regarderait plus comme tenu à observer la capitulation. Néanmoins un jour s'écoula sans qu'ils ouvrissent les portes, et quand les négociateurs qui avaient arrangé la capitulation, se présentèrent devant le Cid, celui-ci leur dit qu'il n'était plus tenu à rien, puisque le délai était dépassé. Alors ils lui répondirent qu'ils se remettaient entre ses mains pour qu'il fît d'eux à sa volonté. Le lendemain, Ibn-Djahháf se rendit auprès du Cid. Ces deux chefs, de même que les principaux des Chrétiens et des Maures, signèrent le traité avec les articles que nous avons déjà rapportés. Puis Ibn-Djahháf rentra dans la ville, et à l'heure de midi on ouvrit la porte. Le peuple, amaigri par la famine, se réunit; » on » aurait dit que ces malheureux sortaient de la fosse; ils se » montraient pâles et défaits comme ils paraîtront au jour du » jugement dernier, lorsque les hommes sortiront de leurs tom- » beaux pour se présenter tous devant la majesté de Dieu." La reddition de Valence eut lieu le jeudi, 15 juin de l'année 1094 [1].

---

1) Telle est la date précise donnée par Ibno-'l-Abbár (*voyez* plus haut, p. 374, 375): un jeudi, vers la fin de Djomádá Ier de l'année 487, c'est-à-dire, le 28 de ce mois, qui répond au 15 juin. La *Cronica general* (fol. 325, col. 4) est d'accord avec Ibno-'l-Abbár pour le mois (juin) et pour le jour (jeudi); mais elle diffère de lui pour ce qui concerne le quantième du mois; car elle dit: » jeudi, le dernier jour de juin, après la » fête de Saint-Jean, que les Maures appellent Alhazaro." (Il faut lire Alhazaro, c'est-à-dire, Alhanzaro. الخنصرة manque dans nos dictionnaires, mais le renseignement est exact; comparez al-Makkarí, trad. de M. de Gayangos, t. II, p. 121). Ce passage donne lieu à deux observations: 1°. le dernier jour de juin 1094 (lettre dominicale A) n'était pas un jeudi, mais un vendredi; si l'on voulait fixer la reddition de Valence à l'année arabe 488, avec Ibn-Bassám, c'est-à-dire, à l'année chrétienne 1095 (lettre dominicale G), le renseignement serait plus inexact encore, car le

A mesure qu'ils entraient dans la ville, les Chrétiens montaient sur les remparts et sur les tours, malgré les réclamations d'Ibn-Djahháf qui leur criait qu'ils violaient le traité.

Les revendeurs qui demeuraient à al-Coudia, entrèrent

---

30 juin 1095 tombe un samedi; 2°. que signifie cette addition, » après » la Saint-Jean?" Si Valence se rendit le 30 juin, il est bien superflu d'ajouter, après le 24. Voici comment je crois devoir résoudre ces difficultés. Le traducteur espagnol aura trouvé dans son ouvrage arabe la même phrase qu'emploie Ibno-'l-Abbár: » jeudi, vers la fin de Djomádá Ier." Il aura calculé que Djomádá Ier 487 répond au mois de juin 1094, ce qui est vrai à moitié; mais il n'aura pas calculé scrupuleusement; il aura cru que la fin de Djomádá Ier répond à la fin de juin; il s'est donc trompé en voulant indiquer le quantième du mois. Quant à cette addition assez ridicule: » après la Saint-Jean que les Maures appellent Alhanzaro," je crois qu'il faut l'attribuer à un bonhomme de copiste qui avait la démangeaison de montrer son savoir.

On ne saurait douter du reste, que la *Cronica* n'ait emprunté la date qu'elle donne, au récit arabe; car elle nomme (fol. 337, col. 2) l'année 1087. Cette fausse date ne se trouve dans aucun autre document chrétien; mais n'est-il pas facile de reconnaître dans ce nombre 87, l'année *arabe* 487? Remarquez encore que le dernier jour de juin 1087 (lettre dominicale C) n'est pas un jeudi, mais un mercredi.

Dans le man. de Leyde d'Ibn-Khaldoun (fol. 27 r.) on lit (histoire de Valence): ثم تغلّب النصارى عليها (على بلنسية) سنة تسع وثمانين وقتلوه (ابن جحاف). Dans son chapitre sur les rois chrétiens, Ibn-Khaldoun dit que le *Campéador* prit Valence, mais il y donne la même fausse date, 489. Les mots تسع (9) et سبع (7) sont confondus fort souvent par les copistes; cependant il paraît qu'il ne faut pas mettre l'erreur sur le compte des copistes, mais sur celui d'Ibn-Khaldoun lui-même; car dans les deux endroits, les deux manuscrits de Paris présentent la même erreur que le manuscrit de Leyde.

Les *Anales Toledanos I* (*Esp. sagr.*, t. XXIII, p. 385) donnent aussi l'année 1094; » Prisó Mio Cit Valencia, Era MCXXXII."

dans la ville, où ils apportèrent du pain et des fèves; ceux de la ville allaient aussi à al-Coudia acheter des vivres; les plus pauvres cueillaient les herbes des champs, et les mangeaient. Beaucoup de personnes moururent parce qu'ils se rassasiaient au lieu de manger modérément.

Le Cid monta sur la tour la plus haute des remparts et examina toute la ville. Les Maures vinrent lui baiser la main. Il les reçut avec beaucoup d'égards, et ordonna de murer les fenêtres des tours qui donnaient sur la ville, afin qu'aucun regard indiscret ne plongeât dans les maisons des Maures; ceux-ci l'en remercièrent beaucoup. Il ordonna encore aux Chrétiens de faire honneur aux Maures, de les saluer quand ils passaient près d'eux, et de leur céder le pas. » Les Mau-
» res surent beaucoup de gré au Cid de l'honneur que leur fai-
» saient les Chrétiens; ils disaient qu'ils n'avaient jamais vu
» un homme si excellent ni si honoré, ni qui eût une troupe
» si bien disciplinée."

Ibn-Djahháf qui se rappelait combien le Cid avait été fâché lorsqu'il était allé le voir sans lui offrir un présent, prit une grande partie de l'argent qu'il avait enlevé à ceux qui avaient vendu cher le pain pendant le siége 1, et l'offrit au

---

La *General* se trompe quand elle dit que le siége de Valence dura neuf mois. Elle a emprunté ce renseignement erroné à la Chanson du Cid.

Le récit du siége de Valence dans les *Gesta*, est fort court; mais il est singulier que l'auteur de ce livre dise que le Cid obtint la possession de Valence, non par capitulation, mais de vive force. Cette assertion est contredite par presque tous les auteurs arabes, et même la *Chanson du Cid* semble donner à entendre que Valence capitula (vs. 1217—1219). Deux auteurs arabes, savoir l'auteur du *Kitábo'l-iktifá* (p. 25 دخلها قهرا) et un historien cité par al-Makkarí (voyez plus haut, p. 380) sont d'accord avec l'auteur des *Gesta;* mais il va sans dire qu'ils se trompent.

1) » Entre aquellos que vendiéron havia hy omes mayorales," dit la

— 574 —

Cid. Celui-ci qui savait très-bien de quelle manière il s'était rendu maître de cet argent, refusa son cadeau.

Le Cid fit proclamer par un héraut qu'il invitait les patriciens du territoire de Valence à se rassembler dans le jardin de Villeneuve où il se trouvait alors, et quand ils y furent arrivés, il monta sur une estrade, couverte de tapis et de nattes, ordonna aux patriciens de s'asseoir en face de lui, et leur tint le discours suivant [1] :

» Je suis un homme qui n'a jamais possédé de royaume,
» et personne de mon lignage n'en a eu ; mais du jour que

Cron. del Cid (ch. 205). Dans la *Cron. gener.* il y a ici une faute fort ridicule: aux *patriciens* (*omes mayorales*) ont été substitués des *omes de las yslas Mayorgas*. M. le comte de Circourt (t. I, p. 388) n'a pas remarqué cette lourde bévue; il a traduit: *des habitans des îles Mayorques.*

1) Les trois discours du Cid ont déjà été traduits par M. de Circourt. J'ai adopté la traduction, en général très-fidèle, de cet historien, en y apportant de temps en temps quelques légères modifications. Il y a des preuves certaines que ces discours ont été traduits de l'arabe, car on y trouve des locutions qui n'appartiennent qu'à cette langue. On lit, par exemple, dans le premier discours: » ca yo amo á vos é quiero tornar sobre vos," littéralement: » car je vous aime et je veux tourner sur vous." Cette expression: » quiero tornar sobre vos," » je veux tourner sur vous," n'est pas plus espagnole que française ; mais elle est arabe: لوى على فلان. Plus loin on lit: » é mando que non metan cativo ninguno en la villa." M. de Circourt traduit: » J'ai ordonné qu'on ne fasse pas entrer de captifs » dans la ville," et tel, en effet, semble être le sens des termes espagnols. Mais dans ce cas, ils seraient absurdes; pourquoi ne ferait-on pas entrer de captifs dans la ville? Les Maures n'avaient-ils pas d'esclaves? Les captifs ne se vendaient-ils pas comme esclaves? Traduisons: وآمر ألّا يجعلوا أسيرا احدا فى المدينة. Ces paroles arabes répondent une pour une aux termes espagnols, mais elles signifient: » et j'ordonne que » l'on n'arrête personne dans la ville." Quand on traduit de cette manière, elles présentent un sens parfaitement clair et raisonnable.

» j'ai vu cette ville, je l'ai trouvée à mon gré et l'ai convoi-
» tée, et j'ai demandé à Dieu qu'il m'en rendît maître; et
» voyez quelle est la puissance de Dieu! le jour que j'ai mis le
» siége devant Jubala (Cebolla), je n'avais que quatre pains,
» et maintenant Dieu m'a fait la grâce de me donner Valence,
» et j'y suis établi en maître. Si je m'y conduis avec justice,
» et si j'en dirige bien les affaires, Dieu me la laissera; si j'agis
» avec orgueil et malice, je sais bien qu'il me la reprendra.
» Ainsi, que chacun retourne à son héritage et le possède
» comme auparavant; celui qui trouvera sa vigne ou son jardin
» libre, qu'il y entre aussitôt; celui qui trouvera son champ
» cultivé, qu'il paie le travail du cultivateur, et rentre en pos-
» session, comme l'ordonne la loi des Maures. Je veux aussi
» que les collecteurs d'impôts dans la ville ne prennent pas
» plus que la dîme, suivant votre usage; et j'ai arrangé que
» j'entendrais vos raisons deux jours dans la semaine, le lundi
» et le jeudi; mais si vous avez quelque affaire pressée, venez
» quand sous voudrez, et je vous écouterai, car je ne me ren-
» ferme pas avec des femmes pour boire et chanter, comme
» vos seigneurs que vous ne pouvez jamais voir; je veux régler
» toutes vos affaires par moi-même, vous être comme un com-
» pagnon, vous protéger comme un ami et un parent; je se-
» rai votre alcalde et votre alguazil; et chaque fois que l'un
» de vous se plaindra de l'autre, je rendrai justice." Après
avoir ainsi parlé, il leur dit encore: » On m'a rapporté qu'Ibn-
» Djahháf a fait du tort à plusieurs d'entre vous, auxquels il
» a pris leur bien pour me le donner en cadeau, et il l'a pris
» parce que vous vendiez le pain trop cher; je n'ai pas voulu
» accepter un tel présent, et si j'avais envie de votre bien,
» je saurais le prendre sans le demander à lui ni à d'autres;
» mais Dieu me garde de faire violence à personne pour avoir
» ce qui ne m'appartient pas. Que ceux qui ont trafiqué de
» leurs biens en gardent le profit, si Dieu le permet, et que

» ceux auxquels Ibn-Djahháf a enlevé quelque chose, aillent
» le lui redemander, je le forcerai à le rendre." Il leur dit
ensuite : » Vous avez vu ce que j'ai pris aux messagers qui se
» rendaient à Murcie ; cela m'appartenait par droit ; je l'ai pris
» en guerre, et parce qu'ils avaient violé leurs conventions ; mais
» quoique cela m'appartienne par droit, je veux le leur rendre
» jusqu'au dernier dirhem ; ils n'en perdront rien. Je veux
» que vous me fassiez serment d'accomplir les choses que je
» vous dirai, et que vous ne vous en écartiez pas. Obéissez-
» moi, et ne manquez jamais aux conventions que nous ferons ;
» que tout ce que j'ordonnerai soit observé, car je vous aime
» et je veux vous faire du bien ; j'ai pitié de vous, je vous
» plains d'avoir supporté si grande misère, la faim, la morta-
» lité. Si ce que vous avez fait à la fin, vous vous étiez pressé
» de le faire, vous n'en seriez pas arrivés là, vous n'auriez
» pas payé le blé mille dinárs ; enfin, maintenant restez chez
» vous tranquilles et assurés, car j'ai défendu à mes hommes
» d'entrer dans votre ville pour y trafiquer : je leur ai assigné
» al-Coudia pour marché ; cela je le fais à votre considération.
» J'ai ordonné qu'on n'arrête personne dans la ville ; si quel-
» qu'un contrevenait à cet ordre, tuez-le et délivrez la person-
» ne qui aura été arrêtée, vous n'encourrez aucune peine."
Il leur dit encore : » Je ne veux pas entrer dans votre ville,
» je ne veux pas y demeurer, mais je veux établir sur le pont
» d'Alcantara une maison de plaisance où je viendrai me re-
» poser, et que j'aurai prête, s'il m'en est besoin, pour tout
» ce qui se présentera."

Quand les Maures eurent entendu ce discours, ils en furent
très-satisfaits ; ils croyaient aux promesses du Cid.

Ibn-Abdous, l'almoxarife, nomma ses employés. Les
Maures voulurent aller reprendre leurs terres ; mais les Chrétiens qui en étaient en possession, leur répondirent : » Com-
» ment vous les rendrions-nous ? le Cid nous les a données pour

»notre solde de cette année." D'autres leur dirent qu'ils les avaient affermées, et que la rente de l'année était déjà payée. Les Maures attendirent donc jusqu'au jeudi que le Cid vînt juger les procès, comme il le leur avait annoncé.

Quand ce fut le jeudi, tous se présentèrent dans le jardin. Le Cid vint à eux, s'assit sur son estrade, et commença de leur dire des choses qui ne ressemblaient en rien à ce qu'il leur avait dit la première fois. »Si je reste sans mes hom- »mes," leur dit-il, »je serai comme celui qui a perdu le » bras droit, ou comme un guerrier sans lance et sans épée. »La première chose à laquelle je dois aviser, dans ce débat, »est donc de prendre les meilleures mesures pour que moi et »mes hommes nous soyons bien gardés; car si Dieu a bien »voulu me donner la ville de Valence, je n'entends pas qu'il »y ait ici d'autre maître que moi; mais je vous dis que, si » vous voulez obtenir ma faveur, il faut que vous mettiez Ibn- »Djahháf en mon pouvoir. Vous savez tous la vilaine trahi- »son qu'il a commise contre le roi de Valence, son seigneur, »et qu'il lui a fait subir de grandes misères, ainsi qu'à vous »pendant que je vous assiégeais."

Les Maures, étonnés que le Cid ne tînt pas mieux ce qu'il leur avait promis, répondirent qu'ils se consulteraient avant de rien arrêter. Trente patriciens se rendirent auprès d'Ibn-Abdous. »Nous te demandons en grâce," lui dirent-ils, »de » nous donner le meilleur et le plus loyal conseil que tu con- »naisses, car nous croyons que tu es obligé de le faire, puis- »que tu es de notre religion; et l'affaire sur laquelle nous » voulons être conseillés, est celle-ci: Le Cid nous a promis »l'autre fois beaucoup de choses, et nous voyons maintenant »qu'il ne nous en reparle plus, et qu'il met en avant d'autres » raisons nouvelles. Toi, tu connais bien son caractère, puis- »qu'il t'a employé pour nous faire savoir sa volonté: dis-nous »si nous devons obéir; mais quand nous ne le voudrions pas,

» nous ne sommes pas en mesure de nous opposer à ce qu'il
» demande." » Braves gens," leur répondit Ibn-Abdous, » le
» conseil est facile à donner. Vous voyez bien qu'Ibn-Djahhâf
» a fait grande trahison contre son seigneur ; arrangez vous
» donc maintenant pour le remettre entre les mains du Cid,
» et ne craignez rien ; ne pensez pas surtout à faire autre cho-
» se, car je sais bien qu'après cela vous ne demanderez jamais
» rien au Cid sans qu'il vous l'accorde."

Les Maures retournèrent aussitôt vers le Cid, et lui dirent qu'ils consentaient à lui livrer Ibn-Djahhâf. Ensuite ils prirent une grosse troupe d'hommes armés, et allèrent à la maison d'Ibn-Djahhâf, dont ils enfoncèrent les portes ; ils se saisirent de lui et de toute sa famille, et les amenèrent devant le Cid [1]. Le Cid fit jeter en prison Ibn-Djahhâf et tous ceux qui avaient participé au meurtre d'al-Kádir. Ensuite il dit aux prud'hommes : » Puisque vous avez fait ce que je vous avais
» ordonné, demandez ce que vous désirez, et je l'exécuterai
» sur-le-champ, mais à cette condition, que ma demeure sera
» dans le château de la ville, et que mes Chrétiens garderont
» toutes les forteresses." C'était une nouvelle infraction au

---

1) D'après Ibno-'l-Abbár (plus haut, p. 373), le Cid laissa à Ibn-Djahhâf le poste de kádhí pendant environ une année. Cette assertion ne peut se concilier avec le récit valencien, d'après lequel Ibn-Djahhâf fut arrêté peu de temps après la reddition de Valence. Il est permis de se demander si Ibno-'l-Abbár a réellement trouvé le renseignement qu'il donne, chez un historien du XIe siècle. Je serais porté à croire qu'il a trouvé seulement qu'Ibn-Djahhâf a été brûlé environ une année après la reddition de Valence, dans le mois de Djomádá Ier de l'année 488, et qu'il a tiré de là la conclusion qu'il resta kádhí jusqu'à cette époque. Mais rien ne nous empêche d'admettre qu'il resta longtemps en prison. Il n'est donc nullement nécessaire de rejeter le récit de l'auteur contemporain, traduit par Alfonse.

traité, mais les Maures se virent forcés d'obéir ¹.

Le Cid fit mener Ibn-Djahháf à Cebolla, où il lui donna la torture jusqu'à ce qu'il fût près de mourir. On le retint deux jours à Cebolla; ensuite on le ramena à Valence, et on le mit en prison dans le jardin du Cid. Le Cid lui ordonna d'écrire de sa main la liste de tout ce qu'il possédait, et Ibn-Djahháf nota les colliers, les bagues, les draps précieux, les nobles habits et autres meubles riches, et aussi les dettes qu'il avait; mais il n'écrivit pas l'argent monnayé qu'il possédait. Le Cid lui faisait faire cela pour voir s'il ne lui cachait rien des trésors d'al-Kádir. Puis le Cid fit prêter serment à Ibn-Djahháf, en présence des Chrétiens et des Maures les plus considérés, qu'il ne possédait rien autre chose que les objets qu'il avait écrits sur la liste, et qu'il reconnaissait au Cid le droit de le mettre à mort, si l'on en trouvait d'autres. Ensuite le Cid fit fouiller dans les maisons des amis d'Ibn-Djahháf et menaça d'ôter leurs biens et la vie à ceux qui tâcheraient de lui cacher les richesses qu'Ibn-Djahháf leur avait confiées. Par crainte du Cid, ou pour gagner ses bonnes grâces, chacun s'empressa de livrer les trésors qu'Ibn-Djahháf avait confiés à sa garde, et qu'il avait promis de partager avec lui s'il échappait à la mort. Le Cid ordonna aussi de fouiller dans la maison d'Ibn-Djahháf, et sur l'indication d'un esclave, on y trouva de grandes richesses, en or et en pierres précieuses ².

---

1) Dans le récit suivant, le manuscrit de la *General* dont disposait Florian d'Ocampo, paraît incomplet; il faut comparer la *Cron. del Cid* (ch. 210). Voyez aussi les auteurs arabes dont j'ai déjà publié les textes plus haut.

2) La *Cronica general* place ici le récit apocryphe de la lapidation d'Ibn-Djahháf; ensuite elle donne le récit qu'on va lire. Ne trouvant pas raconté le supplice d'Ibn-Djahháf dans sa chronique arabe, mais supposant que ce personnage avait été mis à mort, Alfonse l'aura tué à sa manière avant de traduire le dernier paragraphe du récit valencien.

Sur ces entrefaites, le Cid avait réuni les sénateurs au château et les avait harangués de cette façon : » Prud'hommes
» de l'Aljama de Valence, vous savez combien j'ai servi et j'ai
» aidé votre roi, et combien de misère j'ai supporté avant de
» gagner cette ville. Maintenant que Dieu a bien voulu m'en
» rendre maître, je la veux pour moi et pour ceux qui m'ont
» aidé à la gagner, sauf la suzeraineté de mon seigneur le roi
» Don Alfonse. Vous êtes tous en ma puissance pour faire ce
» que je voudrai et trouverai bon. Je pourrais vous prendre
» tout ce que vous possédez au monde, vos personnes, vos en-
» fants, vos femmes ; mais je ne le ferai pas. Il me plaît et
» j'ordonne que les hommes honorables d'entre vous, ceux qui
» se sont toujours montrés loyaux, demeurent à Valence dans
» leurs maisons avec leurs gens ; mais je ne veux pas que vous
» ayez chacun plus d'une mule et d'un serviteur, et que vous
» portiez des armes ni en gardiez chez vous, si ce n'est en cas
» de besoin, avec mon autorisation : tous les autres, je veux
» qu'ils me vident la ville et demeurent à al-Coudia, où j'étais
» auparavant. Vous aurez vos mosquées à Valence, et dehors
» à al-Coudia ; vous aurez vos fakíhs ; vous vivrez sous votre
» loi ; vous aurez vos alcaïdes et votre alguazil que j'ai nom-
» més ; vous posséderez vos héritages, mais vous me donnerez
» le droit du seigneur sur toutes les rentes, et la justice m'ap-
» partiendra, et je ferai faire ma monnaie. Ceux qui voudront
» rester avec moi sous mon gouvernement, qu'ils restent ; ceux
» qui ne voudront pas rester, qu'ils s'en aillent à la bonne
» aventure, avec leurs personnes seulement, sans rien empor-
» ter ; je les ferai mettre en sûreté."

Quand les sénateurs eurent entendu ce discours, ils furent bien tristes, mais ils n'étaient plus à temps pour faire autre chose que ce que le Cid voulait. A l'instant même, les Maures commencèrent à sortir de la ville avec leurs femmes et leurs enfants, excepté ceux que le Cid gardait ; et comme les Maures sortaient, les Chrétiens d'al-Coudia entraient pour les remplacer. Le nombre des sortants fut si considérable, que deux jours se passèrent à les faire défiler [1].

Le Cid fit creuser une fosse où l'on plaça Ibn-Djahháf, et d'où sortaient ses mains et sa tête. Puis le Cid fit allumer le bûcher dressé autour de cette fosse. Ibn-Djahháf prononça les mots: » Au nom de Dieu clément et miséricordieux!" rapprocha de son corps les tisons allumés, afin d'abréger son supplice, et rendit le dernier soupir au milieu d'horribles souffrances. Le Cid voulut alors brûler aussi les parents, la femme, les fils, les filles et les esclaves d'Ibn-Djahháf. Touchés de pitié, les Chrétiens et les Musulmans poussèrent des cris d'indignation, et supplièrent le Cid d'épargner les femmes, les enfants et les esclaves. D'abord le Cid se refusa obstinément à leur demande, mais à la fin il se vit forcé d'y consentir. Les autres furent brûlés cependant [2]. Un littérateur distingué, Abou-Djafar al-Battí, celui auquel nous devons peut-être le récit arabe traduit dans la *Cronica general*, partagea le même sort, nous ignorons pour quelle raison.

Pendant sa vie, Ibn-Djahháf n'avait pas joui de beaucoup de considération: son atroce supplice l'éleva au rang d'un martyr. Abou-Abdorrahmán ibn-Táhir, auparavant son ennemi mortel, écrivit au cousin-germain du malheureux gouverneur de Valence, à celui qui avait rempli dans cette ville l'emploi de grand juge, une lettre [3] où il comble d'éloges la malheureuse victime de la haine du cruel Rodrigue; il semble y avoir oublié tout le mal qu'Ibn-Djahháf lui avait causé, il semble

---

1) Mohammed ibn-Yahyá ibn-Mohammed ibno-'l-Ací paraît avoir quitté Valence à cette époque (voyez plus haut, p. 376). C'est ici que nous quitte le récit arabe, traduit par Alfonse.
2) Voyez plus haut, p. 355, 374, 375.
3) Voyez plus haut, p. 359—362.

ne pas se rappeler qu'il écrit à un homme qui, comme lui, avait été l'adversaire d'Ibn-Djahháf.

Le supplice d'Ibn-Djahháf avait eu lieu en mai, ou au commencement de juin, de l'année 1095.

Voulant reconquérir Valence sur le Cid, Yousof ibn-Téschifín envoya contre cette ville une grande armée, commandée par Mohammed ibn-Ayischah [1]. Elle mit le siége devant la ville. Le onzième jour, le Cid fit une sortie, mit les ennemis en déroute et s'empara de leur camp [2].

En 1094, Sancho d'Aragon avait été tué par une flèche au siége de Huesca. Son fils, Pierre Ier, qui lui succéda, continua le siége pendant deux années et demie. Al-Mostaín de Saragosse implora le secours d'Alfonse, qui lui envoya une

---

1) D'après l'auteur des *Gesta* (p. L), elle était commandée par Mohammed, le fils de la soeur de Yousof. M. Huber (p. 82) et d'autres auteurs ont cru que ce personnage était Sír ibn-abí-Becr. Mais celui-ci ne s'appelait pas Mohammed, et il n'était pas le fils de la soeur de Yousof, mais son cousin-germain (ابن عمه ; *al-Holal* dans mes *Scriptorum Arab. loci de Abbad.*, t. II, p. 204). M. Huber (p. 203) a cru reconnaître le nom *Becr* dans les mots: » et contra Beyrem castra sua fecerunt;" cependant Risco (*La Castilla*, p. 241) avait déjà très-bien vu que Beyre est un nom de lieu; d'ailleurs Sír ibn-abí-Becr est tout autre chose que Becr. Il me paraît donc beaucoup plus probable, pour ne pas dire certain, que l'auteur des *Gesta* parle de Mohammed ibn-Ayischah, dont le nom s'est déjà présenté maintes fois à nous. Je ne me rappelle pas, je l'avoue, d'avoir lu autre part qu'il était le fils de la soeur de Yousof; cependant, puisqu'il porte le nom de sa mère (Ibn-Ayischah), il est fort possible que celle-ci fût une princesse.

Du reste l'auteur des *Gesta* évalue cette armée à quarante mille cavaliers et trente mille piétons; ce nombre est sans doute exagéré.

2) *Gesta*. Ce livre donne la date 1094; elle est inadmissible, le chroniqueur valencien ne parlant pas de cet événement. Ibn-Bassám atteste que Yousof fit plusieurs tentatives infructueuses pour reconquérir Valence, mais il ne donne point de détails sur ces expéditions.

armée sous les ordres de Garcia Ordoñez, comte de Najera. Les Musulmans et les Castillans se mirent en marche pour obliger Pierre à lever le siége. A la nouvelle de leur arrivée, Pierre fit venir le corps de Saint-Victorien du cloître consacré à ce martyr, se recommanda à lui, et marcha au devant des ennemis. La bataille eut lieu près d'Alcoraz [1]. Un auteur contemporain, at-Tortóschí, nous en a laissé un récit que je vais reproduire [2]: لما التقى المستنعين الصغير ابن هود مع الطاغية

ابن ردميل النصرانى على مدينة وشقة فى ثغور بلاد الاندلس وكان العسكران كالمتكافئين كل واحد منهما يراهق عشرين الف مقاتل بين خيل ورجل فحدثنى رجل ممن حضر الوقعة من الاجناد فقال لما دنا اللقاء قال الطاغية ابن ردميل لمن يثق بعقله وممارسته للحروب من رجاله استعلم من فى عسكر المسلمين من الشجعان الذين نعرفهم كما يعرفوننا ومن غاب منهم ومن حضر فذهب ثم رجع فقال فيهم فلان وفلان فعدّ سبعة رجال قال له الآن انظر من فى عسكرى من الرجال المعروفين بالشجاعة ومن غاب منهم فعدّوهم فوجدوهم ثمانية رجال لا يزيدون فقام الطاغية ضاحكا مسرورا وهو يقول يا بياضك من يوم ثم نشبت الحرب بينهم فلم تنزل المصابرة بين الفريقين لم يولّ احد دبره ولا تزحزح عن مقامه حتى فنى اكثر العسكرين ولم يفرّ واحد منهم قال فلما

---

1) *Annales Complutenses* (*España sagrada*, t. XXIII, p. 314); *Anales Toledanos* I, p. 385 (sous une fausse date); *Gesta Comitum Barcinonensium*, c. 19; Roderich de Tolède, VI, c. 1.

2) Conde (II, p. 152—154) donne le récit suivant d'après Ibn-Hodhail, sous la fausse date 1087. On s'aperçoit facilement qu'Ibn-Hodhail n'a fait que copier at-Tortóschí, bien que Conde n'ait presque rien compris à son texte et qu'il l'ait parsemé de faits de son invention. Le texte se trouve dans le 61e chapitre du *Sirádjo 'l-molouc* (man. 354a, 354b et 70).

كان وقت العصر نظروا الينا ساعة ثم حملوا علينا حملة وداخلونا
لمداخلة ففرقوا بيننا وصرنا شطرين وحالوا بيننا وبين اصحابنا
وصاروا بيننا. فكان ذلك سبب وهننا وضعفنا ولم تقم الحرب الا
ساعة ونحن فى خسارة معهم واشار مقدّمو العسكر على السلطان
ان ينجو بنفسه وانكسر عسكر المسلمين وتفرّق جمعهم . « Al-
» Mostaín II, Ibn-Houd, rencontra le tyran, Ibn-Radmír le
» Chrétien, près de la ville de Huesca située dans la Marche de
» l'Espagne arabe. Les deux armées étaient à peu près égales
» en nombre, chacune comptant presque [1] vingt mille combat-
» tants, cavaliers et piétons. Un soldat qui fut présent à cette
» bataille, m'a raconté ce qui suit [2] : Lorsque le combat était
» sur le point de s'engager, le tyran Ibn-Radmír dit à un de ses
» guerriers, qu'il connaissait pour un homme d'esprit et rompu
» aux exercices de la guerre : Allez vous informer quels braves il
» y a dans l'armée musulmane, de ceux que nous connaissons
» comme ils nous connaissent, quels sont absents, quels sont
» présents. L'autre partit, et quand il fut de retour il dit:
» Il y a parmi eux un tel et un tel; de cette manière il compta
» sept hommes. Maintenant, dit Ibn-Radmír, je verrai quels

---

1) Il faut ajouter aux Dictionnaires que la 3e forme du verbe رَهَقَ, signifie *approcher de*. C'est là la signification primitive et véritable de cette forme, car la première signifie aussi *approcher de* quelqu'un (لنا أَحَذَهُ سواءٌ مَنه او لم ياخذه, *al-Kámous*, p. ١٢٨١). Ibn-Djobair, *Voyage*, man. 320 (1), p. 207: قد راهَقَتِ الادْراكَ, la jeune fille » ap-
» prochait de l'âge de puberté." أَرْهَقَ, tout seul est une formule ellipti-
que pour exprimer *approcher de l'âge de puberté;* cette signification est la seule que donnent nos Dictionnaires.

2) At-Tortóschí ayant quitté l'Espagne douze ou treize années avant cette époque (voyez plus haut, p. 419, 420, note 3), il doit avoir rencontré en Asie ou en Egypte, le soldat dont il rapporte ici les paroles.

» guerriers connus par leur bravoure, sont présents dans mon
» armée, et quels sont absents. On les compta et l'on trouva
» huit hommes, pas davantage. Joyeux et le sourire sur les
» lèvres, le tyran s'écria: Quel beau jour que celui-ci [1]! Le
» combat s'engagea [2]. Les deux armées se combattirent avec
» une opiniâtreté égale; personne ne tourna le dos à l'ennemi,
» personne ne quitta son poste, jusqu'à ce que la plus grande
» partie des deux armées eût été tuée sans qu'aucun soldat eût
» pris la fuite. Le narrateur continue en ces termes: Vers
» quatre heures de l'après-midi [3], les ennemis nous observè-
» rent pendant quelque temps; puis ils nous chargèrent tous à
» la fois, rompirent nos rangs, nous divisèrent en deux corps,
» nous séparèrent de nos camarades et se placèrent au milieu
» de notre armée. Cette manoeuvre nous ôta nos forces; le
» combat fut court et tourna à notre désavantage. Les capi-
» taines de notre armée conseillèrent au sultan de se sauver;
» l'armée musulmane fut mise en déroute et se dispersa çà et
» là [4]." Cette bataille d'Alcoraz eut lieu le mardi, 18 no-

---

1) At-Tortóschí donne le récit de la bataille d'Alcoraz, pour montrer que le sort des batailles dépend souvent de la valeur d'un petit nombre de guerriers. Il aurait pu choisir peut-être un exemple plus frappant, car dans la suite de son récit, il n'est plus question des huit héros aragonais.

2) J'ai cru devoir lire نشبت (ou نشب, le mot حرب étant aussi du masculin), expression très-fréquente qui se lit, par exemple, chez an-Nowairí (*Histoire d'Espagne*, man. 2 h, p. 463): نشبت الحرب. Deux man. offrent ناشب (dans le man. 354b ou lit cependant الحرب au nominatif), et le troisième (man. 70) تناشت.

3) Tel est le sens du mot عصر; voyez *Narrative of a ten years' residence at Tripoli in Africa*, p. 15, 28, 69, 94.

4) L'auteur musulman ajoute tout simplement: وملك العدو مدينة شقة. » et l'ennemi s'empara de la ville de Huesca." Après avoir mutilé et faussé le récit qu'on vient de lire, Conde

vembre 1096 [1]. A en croire la chronique de Saint-Jean de la Peña, Garcia Ordoñez fut fait prisonnier par les Aragonais. Il fut cependant remis bientôt en liberté, car le 19 mai 1097, il accompagna Alfonse de Castille à Saragosse [2]. Le huitième jour après la bataille (25 novembre), Huesca se rendit à Pierre.

Les nobles aragonais conseillèrent à leur roi de conclure une alliance avec le Cid [3]. Pierre, ayant approuvé ce conseil,

>   vous fera du reste un fidèle récit;
> Il en sait mieux que moi toutes les circonstances;
> Non qu'il vous faille en prendre aucunes défiances;
> Mais il a le talent de bien imaginer.
>   (P. Corneille, *le Menteur*, V, 1.)

Al-Mostaín se retire dans Huesca. Les Chrétiens assiégent cette ville. Ibn-Radmír est tué par une flèche. (Conde paraît donc croire qu'Ibn-Radmír est Sancho; voilà encore un revenant.) Le siége n'en continue pas moins. Al-Mostaín, ayant réussi à s'échapper de la ville, réunit beaucoup de soldats et demande du secours aux émirs d'Albarrazin, de Xativa et de Dénia. Les Chrétiens lèvent le siége pour aller à la rencontre des alliés. Le combat a lieu près d'Alcoraz. Deuxième représentation de la pièce; décorations et costumes de M. Conde, qui s'est aussi chargé de livrer les morts » aux bêtes féroces et aux oiseaux carnivores." Al-Mostaín se retire à Saragosse. Peu de mois après, Huesca se rend par capitulation aux Chrétiens. — » Conde est un maître," a dit M. Romey (t. VI, p. 2).

>   Votre ordinaire est-il de rêver en parlant? —
> Où me vois-tu rêver? — J'appelle rêveries
> Ce qu'en d'autres qu'un *maître* ou nomme menteries;
> Je parle avec respect.
>   (*Le Menteur*, I, 6).

1) *Annales Complutenses.*
2) Voyez Moret, *Annales de Navarra*, t. II, p. 63, col. 2.
3) Lucas de Tuy et Roderich de Tolède disent qu'avant que le Cid allât assiéger Valence, il combattit Pierre d'Aragon et le fit prisonnier: Roderich ajoute qu'il lui rendit aussitôt la liberté. Il paraît que ces deux historiens ont confondu Pierre d'Aragon avec Bérenger de Barcelone.

envoya offrir au Cid une alliance offensive et défensive. Cette offre plut fort au Cid. L'Aragonais et le Castillan eurent une entrevue, et peu de temps après, Pierre marcha vers Valence avec son armée. Ensuite il se rendit avec le Cid à Peñacatel, parce qu'ils avaient l'intention d'y amasser quantité de vivres. Quand ils furent arrivés près de Xativa, Mohammed ibn-Ayischah, le général almoravide, alla à leur rencontre avec une armée de trente mille hommes; mais il jugea prudent d'éviter un combat. Après avoir rempli Peñacatel de vivres, le Cid et Pierre marchèrent vers le sud, en suivant la côte. Postés sur les montagnes, les Almoravides les attaquèrent, secondés par une flotte. Les Chrétiens étaient consternés de se voir assaillis des deux côtés; mais le Cid parcourut leurs rangs à cheval pour relever leur courage. Il y réussit. Les Chrétiens chassèrent l'armée almoravide de sa position avantageuse, pillèrent son camp, et rentrèrent dans Valence. Peu de jours après, Pierre et Rodrigue marchèrent contre Monte-Ornes, forteresse qui s'était révoltée contre le roi d'Aragon, et la réduisirent à l'obéissance.

Le roi d'Aragon étant rentré dans ses états et le Cid dans Valence, ce dernier songea à s'emparer de Murviédro. Il prit d'abord Almenara, après un siége de trois mois; puis il feignit de vouloir retourner à Valence, mais tournant tout à coup à gauche, il mit le siége devant Murviédro. Les assiégés le supplièrent de leur accorder un délai de trente jours, en lui promettant qu'ils se rendraient s'ils n'étaient pas secourus dans cet intervalle. Le seigneur de Murviédro, Ibn-Razin, n'était pas en état de venir au secours des assiégés, et ceux-ci s'adressèrent successivement à Alfonse de Castille, à al-Mostaïn de Saragosse, aux Almoravides et au comte de Barcelone. Alfonse leur répondit qu'il aimait mieux voir Murviédro au pouvoir de Rodrigue qu'en celui d'un prince sarrasin. Al-Mostaïn avait été intimidé par les menaces du Cid. Les Almoravides refusèrent de marcher si Yousof lui-même ne se mettait à leur tête. Le comte de Barcelone assiégea Oropesa pour faire diversion, mais sur la fausse nouvelle de l'arrivée du Cid, il se retira aussitôt.

Au bout des trente jours, le Cid somma les assiégés de se rendre. Ils s'excusèrent en disant que leurs messagers n'étaient pas encore de retour, et Rodrigue, sachant que Murviédro ne lui échapperait point, leur accorda encore un délai de douze jours. Ces douze jours s'étant écoulés, les assiégés supplièrent le Cid de leur accorder un nouveau délai jusqu'à la Pentecôte. Le Cid le leur accorda jusqu'à la Saint-Jean; il leur permit aussi de mettre leurs femmes, leurs enfants et leurs possessions en sûreté, et d'évacuer la ville. Le Cid fit alors son entrée dans Murviédro, le 24 juin 1098. Plusieurs Maures étaient restés dans la ville, et le troisième jour après son entrée, le Cid leur dit: "Maintenant je vous ordonne de me donner toutes vos possessions, que vous avez fait mettre en sûreté par les habitants qui ont quitté la ville, de même que tout l'argent que vous avez donné aux Almoravides pour les engager à venir me combattre; si vous refusez de faire ce que je vous ordonne, je vous ferai incarcérer et charger de fers, n'en doutez pas." Ainsi le Cid viola la capitulation à Murviédro comme il l'avait fait à Valence; avant que chacune de ces deux villes fût en son pouvoir, il s'était montré doux et clément; mais il changea de conduite dès qu'il en trouva l'occasion. Les Maures de Murviédro, ne pouvant payer les sommes que le Cid exigeait d'eux, furent spoliés de tout ce qu'ils possédaient, et chargés de fers, ils furent amenés à Valence [1].

---

1) *Gesta*, p. LII—LIX. Quand on examine attentivement ce texte, on ne peut douter que le Cid ne violât la capitulation. Il est singulier que cette circonstance n'ait été remarquée ni par M. Huber ni par Masdeu. Si

Qu'il nous soit permis de traduire ici une romance qui, comme l'observe très-bien Don Augustin Duran, est une des plus intéressantes par son antiquité et sa popularité [1]:

Voyez, voyez venir le Maure sur la grande route! Allant à cheval à la genette, monté sur une jument baie, portant des brodequins en cuir de Maroc et des éperons d'or, le bouclier devant la poitrine et un javelot dans la main, il contemple Valence et lui dit: »Que le feu te consume! Tu fus aux »Maures avant que d'être prise par les Chrétiens. Si ma lance ne me trompe »pas, tu retourneras aux Maures, et ce chien de Cid, je le prendrai par la »barbe; sa femme, Doña Chimène, sera ma captive; sa fille, Urraca Rodri- »guez, sera ma concubine; quand j'en aurai eu assez, je la livrerai à mes »soldats!" — Le Cid n'est pas si loin qu'il n'ait tout entendu. — »Venez »ici, ma fille, ma fille Doña Urraca; ôtez vos robes de tous les jours et »mettez des robes de fête! Amusez ce Maure, ce fils d'un chien, et parlez- »lui, tandis que je selle Babiéca et ceins mon épée." — La très-belle dame alla à une fenêtre. Le Maure, dès qu'il la vit, lui parla de cette sorte: »Al- »lâh vous garde, madame, madame Doña Urraca!" — »Qu'il vous garde de »même, seigneur! Soyez le bienvenu! Depuis sept ans, roi, sept ans, je »suis amoureuse de vous." — »Pendant autant d'années, madame, je vous

---

ce dernier eût compris ce texte, il n'aurait pas manqué d'y voir une nouvelle preuve de la mauvaise foi de l'auteur des *Gesta;* quant à nous, nous y voyons au contraire une preuve de son impartialité, de sa bonne foi. Ce passage est important. Les auteurs arabes sont les seuls qui attestent que le Cid viola la capitulation à Valence; mais c'est un auteur espagnol et chrétien qui atteste qu'il la viola aussi à Murviédro.

1) »Hélo, hélo por do viene." Cette romance se trouve dans le *Cancionero de romances*, ce qui fait déjà présumer qu'elle est ancienne. D'ailleurs Cobarruvias, qui publia son *Tesoro de la lengua Castellana* en 1611, la cite comme *romance viejo* (voyez aux mots *borzegui* et *héle*, car ce lexicographe écrit *héle*, *héle*, au lieu de *hélo*, *hélo*), et dans le vers: »Y »su hija Urraca Hernandez," que j'ai traduit: »sa fille Urraca Rodri- »guez," il y a une preuve certaine que, bien qu'elle ait subi des modifications, elle est antérieure à l'année 1300; je reviendrai là-dessus. Je dois encore avertir que je traduis d'après le texte de Duran, non d'après celui de Depping.

»porte dans mon âme." — Tandis qu'ils parlaient ainsi, le brave Cid se montra. — »Adieu, adieu, ma belle dame, ma gentille amante, car j'entends » les pas de Babiéca." — Où la jument pose le pied, Babiéca pose la patte. Le Cid parle à la cavale ; vous ouïrez ce qu'il dit : »Tu devrais crever, la » mère! puisque tu n'attends pas ton fils." — Sept fois il la fait faire le tour d'un hallier. La légère jument devance de beaucoup Babiéca, et arrive à une rivière où se trouve une barque. Le Maure, dès qu'il la voit, est fort joyeux; il crie au batelier d'approcher la barque. Le batelier est diligent; il avait la barque prête; il s'embarque vite et sans tarder. Le Maure était déjà dans la barque quand le brave Cid arriva à l'eau; voyant le Maure en sûreté, il creva de dépit. Mais plein de rage, il jeta contre lui sa lance, en disant: »Recevez, mon gendre, recevez cette lance; peut-être le » temps viendra-t-il qu'elle vous sera redemandée!"

D'après l'auteur du *Kitábo 'l-iktifá*, Mohammed ibn-Ayischah attaqua Alvar Fañez dans le voisinage de Cuenca, le mit en déroute et pilla son camp. Ensuite il marcha vers Alcira, parce qu'il avait appris que l'ennemi voulait s'en emparer. Il rencontra une partie de l'armée du Campéador, l'attaqua et en tua un grand nombre. Quand le peu de soldats qui avaient échappé à ce désastre, arrivèrent auprès du Campéador, il mourut de chagrin. Que Dieu ne soit pas clément envers lui! ajoute l'auteur musulman [1].

---

1) Voici le texte de ce passage d'après le man. que possède M. de Gayangos : واخذ (امير المسلمين) فى الصدر الى العدوة وقد كان انفذ جملة من جيشه الى كنكة وقدم عليه (؟ عليها) محمد بن عائشة فالتقوا مع البرهانس لعنه الله فانهزم امامهم واستأصلوا محلته وانصرفوا فارحين وبالظفر مستبشرين ثم نهض الى ناحية جزيرة شقر (للقاء *ajoutez*) العدو وذكر له انه يومها ويقصدها فالتقوا بجملة من جند القنبطور (sic) فاوقع بهم وقتلهم اشر قتلة ولم يفلت الا اليسير من تلك الجملة فلما وصل الفل اليه مات غمًا لا رحمه الله

Au premier abord il pourrait paraître que l'auteur fixe ces événements à

Après la mort du Cid, son épouse Chimène tâcha de défendre Valence contre les attaques réitérées des Almoravides [1]; mais vers le mois d'octobre 1101, le général almoravide Mazdalí vint assiéger la ville avec une armée nombreuse. Les assiégés tinrent bon pendant sept mois [2], au bout desquels Chimène envoya l'évêque de Valence, Jérôme, Français de naissance, à Alfonse, en suppliant le roi de la secourir [3]. Le roi de Castille se rendit en effet à Valence et y entra avec son armée;

---

l'année 490, parce que c'est la dernière qu'il a nommée. Mais immédiatement après les mots que j'ai copiés, il parle de ce qui arriva l'an 493, sans rien dire de l'année 491 ou 492. On peut donc admettre que l'auteur arabe ait voulu dire que les événements qu'il raconte, arrivèrent dans l'année 492, qui commença le 28 novembre 1098 et finit le 16 novembre 1099. Tous les autres auteurs fixent la mort du Cid à l'année 1099 (en juillet de cette année, d'après les *Gesta*, p. LIX): *Chronicon S. Maxentii vulgo dictum Malleacense* (apud Labbe, *Nova Bibl. Manuscriptorum*, t. II, p. 216), sous l'année 1099 (cette chronique a été écrite, dans le midi de la France, vers l'année 1141, où elle finit): » In Hispania apud » Valentiam Rodericus Comes defunctus est, de quo maximus luctus Chris- » tianis fuit, et gaudium inimicis paganis;" *Chronicon Burgense:* » Era » 1137. Obiit Rodericus Campidoctor;" *Annales Compostell.:* » Era 1137. » Rodericus Campiductor" (c'est-à-dire, *obiit*).

Je n'ai pas parlé de la charte de 1098 (Risco, p. X et suiv.), parce que Masdeu a prouvé qu'elle est apocryphe. Les mots *Almunia de Sabaleckem* suffiront pour convaincre les orientalistes que cette pièce est de fabrique assez moderne. Quant à l'autre charte, celle de Chimène de 1101, je ne crois pas plus à son authenticité que Masdeu; ce qui ne veut pas dire que j'approuve tous ses arguments, ni même que j'approuve la plupart.

1) *Gesta*, p. LIX, LX.

2) Il faut remarquer le parfait accord qui règne ici entre l'auteur du *Kitábo 'l-iktifá* et celui des *Gesta*. L'un et l'autre disent que le siège dura sept mois.

3) *Gesta*.

mais jugeant cette ville trop éloignée de ses états et ne la croyant pas tenable d'ailleurs, il emmena avec lui toute la garnison chrétienne, après avoir mis la ville en feu [1]. Mazdalí y entra avec ses Almoravides, le 5 mai 1102 [2]. Chimène avait emporté le corps de son mari, qu'elle fit enterrer dans le

---

1) *Gesta.* Ici encore ce livre est tout à fait conforme au *Kitábo 'l-iktifá* dont voici le texte : وفى سنة أربع وتسعين وأربع مائة جاز الامير مـزدلى (*lisez* مـزدلى) (*cf. supra* p. 377 *note*) فى جيش عرمرم وقصد بلنسية منازلا ومحاصرا لها فاقام عليها سبعة اشهر فلما رأى الفنش ما حل برجاله من الم الحصار واهواله وصل بمحلته الذميمة اليها واخرج جميع من كان فيها من الروم لديها واضرمها نارا وتركها آية واعتبارا. Voyez aussi Ibn-Bassám et la lettre écrite par Ibn-Táhir après la reprise de Valence (plus haut, p. 358, 359). Ibn-Khaldoun, man., t. IV, fol. 27 r. : ثم تغلّب المرابطون على الاندلس وزحف مزدلى قائدهم الى بلنسية فاسترجعها من أيديهم سنة ٤٩٥ " Ensuite les Almoravides prirent possession de l'Espagne, et leur général » Mazdalí marcha contre Valence et la reprit sur les Chrétiens dans l'année » 495." Au lieu de *Mazdalí*, on lit dans le man. de Leyde : Ibn-Dhí-'n-noun, faute assez ridicule. La véritable leçon se trouve dans les deux man. de Paris, collationnés par M. Defrémery. Le man. $\frac{742}{3}$ offre مَزْدالى : cette orthographe prouve que j'ai prononcé correctement ce nom propre (comparez plus haut, p. 358, note 2).

2) Cette date est donnée par Ibno-'l-Khatíb; voyez plus haut, p. 376. *Anales Toledanos I:* » El Rey D. Alfonso dexó deserta á Valencia en » el mes de Mayo, Era 1140." Cet accord entre un historien arabe et un annaliste chrétien, prouve qu'Ibn-Bassám (plus haut, p. 358) se trompe quand il dit que Valence fut reprise *dans le mois de Ramadhán* de l'année 495. Le fait est qu'Ibn-Táhir a écrit sa lettre dans ce mois; circonstance d'où Ibn-Bassám a tiré une conclusion tout à fait fausse. Du reste, le *Chronicon de Cardeña (Esp. sagr.*, t. XXIII, p. 372) dit aussi sous l'année 1102: » Perdieron los Christianos á Valencia."

cloître de Saint-Pierre de Cardègne [1]. Elle mourut dans l'année 1104 [2].

D'après le *Liber Regum*, le Cid avait un fils, nommé Diégo Rodriguez, qui fut tué par les Maures dans ou près de Consuegra. A en croire un privilége de Ferdinand IV, de l'année 1296, et le testament de Don Alonso Martinez de Olivera, de l'année 1340, ce Diégo aurait eu un fils nommé Jean, et ses descendants auraient habité Palencia [3].

Christine, fille du Cid, épousa Ramire, infant de Navarre, seigneur de Monzon. De ce mariage naquit Garcia Ramirez, le restaurateur du royaume de Navarre [4]. L'autre fille du Cid, Marie, épousa Raymond III, comte de Barcelone. De ce mariage naquit une fille qui épousa Bernard, le dernier comte de Besalou [5].

Dans la tradition et dans les poèmes, Alvar Fañez est le compagnon du Cid, et l'ancien auteur de la biographie d'Alfonse VII donne à entendre la même chose, dans un passage

---

1) *Gesta*.

2) Voyez Berganza, t. I, p. 553, 554. Sota (p. 659) a publié un acte, de l'année 1113, par lequel Chimène, épouse de Rodrigue Diaz, vend sa propriété Val de Cañas, où était situé le cloître de Saint-Pélage, à deux personnages, nommés Christophore et Pierre, pour la somme de cinq cents *solidi*. Sandoval (*S. Pedro de Cardeña*, fol. 45, col. 4; 46, 1; *Cinco Reyes*, fol. 60, col. 1 et 2, où on lit, par une faute d'impression, ère 1157) avait cru que cette Chimène était la veuve du Cid; mais Berganza a tâché de prouver qu'il s'agit ici d'une autre Chimène, épouse d'un autre Rodrigue Diaz.

3) Voyez Berganza; I, p. 554, 555. M. Huber (p. 214) se trompe quand il dit que nulle part il n'est fait mention des descendants de Diégo Rodriguez.

4) Voyez M. Huber, p. 215—220.

5) Voyez, outre les auteurs plus anciens, M. Bofarull, *Condes de Barcelona*, t. II, p. 157—160.

sur lequel nous aurons à revenir. Pourtant les historiens que nous avons suivis, ne le disent pas [1]; le nom d'Alvar Fañez ne se rencontre pas une seule fois dans les *Gesta*, et Ibn-Khaldoun (dans son chapitre sur les rois chrétiens) dit qu'Alvar Fañez était un des patriciens et des comtes de la cour d'Alfonse (وكان من بطارقته وقواميس دولته البرهانس). Il est certain qu'en tous cas il n'accompagna pas toujours le Cid. Dans l'année 1092, il fut mis en déroute par les Almoravides, près d'Almodovar del Rio [2]. Ce fut dans cette même année qu'Alfonse fut battu par eux près de Jaen; il paraît qu'Alvar Fañez commandait une division de l'armée castillane, et qu'il fut battu pendant sa retraite. Vers le temps où Alfonse assiégea Valence (1092), Alvar Fañez assiégea Murcie, et Garcia Ordoñez, Almérie, Alfana et Lorca [3]. En 1097, Alvar Fañez se trouva dans l'armée d'Alfonse quand elle marcha vers Saragosse [4]. L'auteur du *Kitábo 'l-iktifá* [5] nous apprend que Sîr ibn-abí-Becr mit Alvar Fañez en déroute avant la chute des Abbádides, probablement dans l'année 1090 ou 1091; et nous avons vu plus haut, qu'Alvar Fañez fut battu, en 1099, par Mohammed ibn-Ayischah, près de Cuenca. Mais d'un autre côté, il est assez singulier qu'Alvar Fañez ne se trouve jamais nommé

---

1) Vers la fin du récit valencien (*Cron. gener.*, fol. 337, col. 4) on lit: » Cette nuit, le Cid parla avec Alvar Fañez et Pero Bermudez;" mais c'est évidemment une interpolation d'Alfonse, car nulle part ailleurs le récit valencien ne nomme ces deux personnages.

2) *Anales Toledanos II*: » Arrancada sobre Alvar Hanez en Almodo-
» var, Era 1130."

3) *Kitábo 'l-iktifá* (p. 25) et Ibn-Khaldoun, dans son chapitre sur les rois chrétiens. Ce dernier auteur paraît avoir copié le *Kitábo 'l-iktifá*, et ils ajoutent tous les deux que le Campéador assiégea Xativa vers cette époque. Il assiégea Cebolla, mais non Xativa.

4) Charte citée par **Sandoval**, *Cinco Reyes*, fol. 89, col. 3.

5) Page 26.

comme témoin dans les chartes de cette époque ; sans doute il n'était pas toujours sur la frontière, et il est plutôt présumable qu'il n'était pas en Castille. Si l'on considère à présent qu'il était parent de Rodrigue, il devient tant soit peu probable que la tradition a raison, jusqu'à un certain point, quand elle dit qu'Alvar Fañez était le compagnon du Cid.

Dans le printemps de l'année 1106, Alfonse entreprit une expédition contre Saragosse, et pénétra jusqu'aux environs de cette ville. Al-Mostaín implora l'assistance d'Alí, le roi des Almoravides, le fils et le successeur de Yousof, et s'engagea à le reconnaître pour son suzerain. Le gouverneur almoravide de l'Espagne, Abou-'t-Táhir [1] Temím, frère d'Alí, marcha alors contre Alfonse [2]. Le roi lui offrit la bataille, mais les

---

1) M. Weijers (dans les *Orientalia*, t. I, p. 397) se trompe quand il pense que le nom propre *Táhir* s'écrit constamment *sans l'article*. Les deux passages d'Ibn-Khácán qu'il cite lui-même, et où il raye arbitrairement l'article, auraient plutôt dû le convaincre que son opinion était mal fondée. On lit assez fréquemment *at*-Táhir (voyez, par exemple, Silvestre de Sacy, *Chrestomathie arabe*, t. I, p. 251; t. III, p. 181), et le personnage dont il est ici question, est nommé constamment Abou-'t-Táhir, avec l'article, dans le *Kartás* et dans le *Holal*. J'ignore du reste, pourquoi M. Weijers, en rassemblant des notices sur Abou-'t-Táhir Temím, a mieux aimé suivre exclusivement deux auteurs tels que Conde et Aschbach, que de recourir aux sources, le *Kartás* et le *Holal;* la Bibliothèque de Leyde possède pourtant un manuscrit de chacun de ces deux ouvrages. Si M. Weijers en avait agi autrement, sa notice aurait été plus exacte et plus complète.

2) Nous nous servons ici du récit de Pierre de Léon (*apud* Sandoval, *Cinco Reyes*, fol. 95, 96), qui se trouva dans l'armée d'Alfonse. Mais ce prélat (si toutefois Sandoval a rendu exactement ses paroles) se trompe quand il dit que l'émir al-moslimin assista en personne à cette guerre. Il est certain qu'Alí n'était pas alors en Espagne, et l'auteur du *Kitábo 'l-iktifá*, dont nous reproduirons plus tard les paroles, atteste que Temím commanda cette expédition. Peut-être le texte ne portait-il que *Aben-*

Maures la refusèrent. Temím savait qu'Alfonse avait envoyé les deux comtes Garcia de Cabra et Ferdinand Assurez, avec une division de son armée, contre Rueda, pour assiéger cette forteresse, pour en piller les environs et pour lui fournir les moyens de fortifier son camp; il attaqua cette division avec des forces très-supérieures, et la mit en déroute près de Rueda. Alfonse quitta alors Saragosse pour aller secourir Badajoz qui était assiégée par les Maures. Il y avait dans son armée beaucoup de chevaliers français et elle comptait une très-bonne infanterie. Alfonse rencontra les Almoravides près de Salatrices. Pendant la bataille, le roi paya bravement de sa personne, et il fut blessé à la jambe par un coup de lance; mais l'avant-garde et l'arrière-garde furent mises en déroute, et le roi se retira à Coria. Dans le centre se trouvaient les deux frères le comte Osorio et le comte Martin Osorio, Gomez de Camdespina, le comte Pedro Gonzalez de Lara, l'évêque Pierre de Léon et Alvar Fañez. Voyant que les Maures pillaient le camp, ils continuèrent à combattre, au clair de la lune, jusqu'à minuit. Ils forcèrent l'ennemi à la retraite, sauvèrent leurs bagages, se retirèrent en bon ordre et arrivèrent à Coria à midi. Ils avaient combattu pendant plus de vingt-quatre heures, sans interruption. Le roi qui les croyait perdus, fut extrêmement joyeux en les voyant arriver. Etant allé à leur rencontre, et apercevant l'évêque Pierre de Léon, dont le rochet était teint de sang, il s'écria: » Grâces à Dieu, les clercs » font ce que devraient faire les cavaliers, et les cavaliers » sont devenus clercs pour mes péchés!" Le roi disait ces paroles parce que Garcia Ordoñez et ses neveux, les comtes de Carrion, s'étaient conduits en lâches pendant le combat. Lors-

---

juzaf, ainsi qu'on lit plus loin; Ali et Temím étaient tous les deux fils de Yousof ibn-Téschifín, et peut-être Sandoval a-t-il cru mal à propos qu'il s'agissait ici d'Ali.

que les preux chevaliers voulurent baiser la main à Alfonse, celui-ci ne le leur permit pas ; il les embrassa et les baisa. Rentrant dans la ville, il fit marcher l'évêque de Léon à sa droite, et celui de Tolède, Bernard, à sa gauche. Garcia Ordoñez, irrité de ce que le roi avait dit à son sujet, quitta l'armée et alla servir sous les Maures [1]. Il perdit sa dignité de comte de Najera ; aussi la dernière charte où il porte ce titre, est-elle de cette année 1106 [2].

Ce fut après la mort d'Alfonse VI, sous le règne d'Urraca et de son époux Alfonse le Batailleur, roi d'Aragon, que le roi Ali partit de Ceuta, le 14 août 1109 [3], à la tête d'une armée de cent mille cavaliers, pour aller combattre les Chrétiens de l'Espagne [4]. Passant par Séville [5], il arriva à Cordoue [6], où il resta pendant un mois [7]. Puis il marcha contre Tolède, en

---

1) Pierre de Léon. L'auteur du *Kitábo 'l-iktifá* parle de cette bataille, sous l'année 501 : وفى سنة ٥٠١ جمع الفنش واحتفل واحشد اهل بلاده وقصد شرق الاندلس واقبل فتصدّى له الامير تميم فتقابلا وتضاربا وتجاولا وتحاربا فنصر الله جيش المسلمين وانهزم العدو الملعين بعد ان جرح. J'omets le reste de ce passage, où il est dit que le fils d'Alfonse fut tué et qu'Alfonse lui-même mourut trois mois plus tard. Il est clair que l'auteur arabe a confondu la bataille de Salatrices avec celle d'Uclès, livrée en 502 (1108).

2) Citée par Sandoval, *Cinco Reyes*, fol. 96, col. 1. En 1110, le comte de Najera s'appelait Diégo Lopez ; voir Moret, *Annales*, t. II, p. 85 ; Llorente, *Noticias*, t. IV, p. 13.

3) 15 Moharrem 503. *Al-Kartás*, p. ١٠٥.

4) *Al-Kartás* ; *Chronica Adefonsi Imperatoris*, Livre II (*España sagrada*, t. XXI, p. 356) ; *Kitábo 'l-iktifá*, man., fol. 164 v. ; *al-Holal al-mauschiyah*.

5) *Chron. Adef. Imper.*

6) Le même et *al-Kartás*. 7) *Al-Kartás*.

passant par le territoire d'Alvar Fañez, où il détruisit quelques villes; dans d'autres il mit une garnison almoravide. Dans l'année 1110, Alí mit le siége devant Tolède, après qu'il eut détruit le cloître bénédictin de San Servando et le château d'Azeca [1], et qu'il se fut emparé du jardin situé sur la rive droite du Tage [2]. Alvar Fañez commandait à Tolède [3]. Il

---

1) *Chron. Adefonsi Imper.*, p. 357. Le cloître (plus tard la forteresse) de San-Servando était situé de l'autre côté du pont d'Alcantara. Voyez Fr. de Pisa, *Descripcion de Toledo*, fol. 23, 24. Aceja est aujourd'hui une maison de chasse, qui appartient à la reine (Alex. de Laborde, *Itinéraire descr. de l'Espagne*, t. III, p. 288).

2) *Kitábo 'l-iktifá*, fol. 164 v.: وفى سنة ٥٠٣ جاز الامير على بن يوسف الى الاندلس قاصدا الغزو فنزل الجزيرة بجيوش غزيرة فعمد نحو طايطلة ونزل على بابها وحاز المنية المشهورة التى بها وتغلب على جملة حصونها, « Dans l'année 503, l'émir Alí ibn-Yousof » passa en Espagne pour faire une incursion dans le pays des Chrétiens. » Il débarqua à Algeziras avec des troupes nombreuses, marcha contre » Tolède, mit le siége devant les portes de cette ville, prit possession de la » célèbre *almunia* (comparez plus haut, p. 532 dans la note) qui se trouve » près d'elle, et s'empara de tous ses châteaux." L'auteur du *al-Holal al-mauschiyah* (man. 24, fol. 52 r. et v.) dit à peu près la même chose (وحاز المنية المشهورة بخارجها). Ce nom d'*almunia* a été altéré, d'une manière singulière, en *Alcurnia*. Voyez sur la huerta de Alcurnia, Fr. de Pisa, *Descripcion de Toledo*, fol. 25. Ce jardin, situé sur la rive droite du Tage (c'est-à-dire, sur la rive où Tolède elle-même est assise), entre les deux ponts d'Alcantara et de Saint-Martin, fut détruit par une inondation, dans l'année 1545. Quand Fr. de Pisa publia son ouvrage (ce qui eut lieu en 1617), il y avait encore quelques traces de ce jardin.

Je ne doute pas qu'*Alcurnia* ne soit identique avec *Almunia*. En effet, il faut que l'armée almoravide se soit emparé d'un jardin qui, pour ainsi dire, formait partie de la ville. Que si au contraire ce jardin eût été situé de l'autre côté du Tage, il serait étrange que les historiens arabes eussent parlé de cette conquête qui, dans ce cas, n'aurait été d'aucune

avait sous ses ordres une nombreuse armée, qui riposta si vigoureusement aux attaques des Almoravides, que ceux-ci se virent forcés de se retirer. Alí fit entasser, pendant la nuit, quantité de bois aux pieds d'une tour très-forte, située sur la tête du pont d'Alcantara ¹ ; puis on lança, au moyen des mangonneaux, des projectiles incendiaires sur ce bois. Les Castillans qui se trouvaient dans la tour, versèrent beaucoup de vinaigre sur le bois, et réussirent à étouffer le feu. Le matin, Alí, voyant que son projet avait échoué, fit porter des machines de guerre et des échelles contre les murs de la ville, ordonna de miner ces derniers, et donna l'assaut. Les Castillans opposèrent d'autres machines à celles des ennemis. Le combat dura pendant sept jours, au bout desquels les assiégés firent une sortie, mirent en fuite les Almoravides et brûlèrent toutes leurs machines ².

Alí leva le siége pour aller attaquer les villes environnantes. Le 16 août, il s'empara de Talavera ³. Il prit aussi Madrid,

---

importance. Mais il s'élève deux autres questions, et je n'ose pas les décider : 1°. cette altération *Alcurnia* doit-elle être attribuée au peuple, aux Tolétans, ou bien aux savants qui ont peut-être mal lu le nom propre dans les deux chartes que cite Pisa, l'une d'Alfonse le Bon de Castille, l'autre de Doña Ines d'Ayala, de l'année 1383 ? 2°. l'opinion de M. de Gayangos (II, p. xlv) qui a cru que l'Almunia dont il s'agit ici est *Las Casas de la Reyna* (*Los Palacios de Galiana*), mérite-t-elle la préférence sur la mienne ?

3) » Sed in Civitate erat strenuus dux Christianorum Alvarus Fannici" etc. *Chron. Adef.*, p. 357.

1) » in capite Pontis contra S. Servandum." *Chron. Adef.*; comparez plus haut, p. 598, note 1.

2) *Chron. Adef.*, p. 357, 358. Les *Anales Toledanos I* disent, sous l'année 1110: » Posó el Rey Ali sobre Toledo, é tovola cercada VIII. » dias." L'auteur du *Kartás* dit que le *siége* dura un mois ; les deux auteurs chrétiens ne parlent que de l'*assaut*.

3) Les *Anales Toledanos II* disent : » Prisieron Moros Talavera en XVI.

Olmos et Canales, en tout vingt-sept places; mais il ne put

» dias de Agosto Era MCXLVII" (année 1109). Il faut lire MCXLVIII, année 1110. Il est vrai que l'auteur du *Kartás* parle de la prise de Talavera, Madrid et Guadalaxara, avant de parler du siége de Tolède; mais d'un autre côté, il est impossible qu'Alí se soit emparé de Talavera le 16 août 1109, parce qu'il ne s'embarqua à Ceuta que deux jours plus tôt et qu'il resta, pendant un mois, à Cordoue. D'ailleurs l'auteur de la Chronique d'Alfonse VII atteste que Talavera fut prise *après* qu'Alí eut levé le siége de Tolède, en quoi il est parfaitement d'accord avec l'auteur du *al-Holal al-mauschiyah*, qui, après avoir parlé du siége de Tolède et de la prise de l'Almunia, s'exprime en ces termes : وانتشرت جيوشه على تلك الاقطار ودوّخ بلاد المشركين (comme), فلاذ المشركون ajoutez (on lit dans le *Kitábo 'l-iktifá*) بالفرار الى المعاقل واعتصموا بالحصون المانعة ونزل على طليبيرة وافتتحها عنوة ولم يعهد مثل هذه الغزوة قوّة وظهورا وعدة ووفورا, « Les armées d'Alí se répan-
» dirent sur ce pays; il subjugua les provinces des polythéistes; ceux-ci
» prirent la fuite, cherchèrent un asile dans les forteresses et se défendirent
» dans les châteaux forts. Alí assiégea aussi Talavera et la prit par assaut.
» Jamais auparavant on n'avait vu une armée expéditionnaire qui égalât
» celle-ci en bonheur et en nombre." J'ai insisté sur ces points, parce que M. Rosseeuw Saint-Hilaire (IV, p. 307), en parlant de ce siége de Tolède sous la fausse date 1109, a dit ce qui suit : » Une grande con-
» fusion règne sur toute cette époque de l'histoire d'Espagne. Il est, du
» reste, à peu près impossible de faire concorder avec les récits arabes,
» que j'ai suivis en les contrôlant, les détails confus et dénués de dates
» que donne la Chronique d'Alonzo sur les guerres entre musulmans et
» chrétiens." J'ignore si M. Romey est de la même opinion; ce qui me le ferait croire, c'est qu'il a passé sous le plus profond silence une période d'une vingtaine d'années; il ne parle ni des démêlés d'Urraca avec son mari, Alfonse le Batailleur, et avec son fils Alfonse VII, ni des guerres entre Musulmans et Chrétiens pendant cette époque, qui pourtant est une des plus curieuses de l'histoire d'Espagne. Quant à l'opinion de M. Rosseeuw, elle me paraît dénuée de fondement; seulement, il faut faire at-

s'emparer des forteresses de ces villes 1. Alí attaqua en vain Guadalaxara 2, et la peste s'étant déclarée dans son armée 3, il retourna à Cordoue, et de là, en Afrique 4.

Deux chartes de cette même année 1110 5, nomment Alvar Fañez gouverneur de Tolède et de Peñafiel. Il signe comme témoin deux autres chartes de l'année suivante, 1111 6. En juillet de cette même année 1111, il enleva Cuenca aux Almoravides 7. Une notice dans une courte chronique espagnole, nous apprend qu' Alvar Fañez fut assiégé, en 1113, dans Montesant ; malheureusement elle n'ajoute pas par qui, par des Maures ou par des Chrétiens, et il est incertain quel endroit est désigné sous le nom de Montesant 8. Vers la fin de l'année

---

tention à deux choses : il faut mettre de côté et regarder comme non avenus » les récits arabes" que M. Rosseeuw a » suivis en les contrôlant", c'est-à-dire, le livre de Conde ; ensuite il ne faut pas accorder à la Chronique d'Alfonse VII plus de confiance qu'elle n'en mérite. Cet ouvrage est loin d'être infaillible ; ici, par exemple, son auteur est tombé dans une lourde bévue en disant que Téschifîn accompagna son père Alí pendant cette expédition, et qu'Alí, retournant en Afrique, le nomma au gouvernement de l'Espagne. Ceci n'eut lieu que seize années plus tard, en 1126. Voyez mes *Scriptorum Arab. loci de Abbad.*, t. I, p. 10 et 18.

1) Comparez le *Kartás* avec la *Chron. Adefonsi.*

2) L'auteur du *Kartás* dit qu'Alí prit aussi Guadalaxara, mais celui de la Chronique d'Alfonse dit : » Sed Goadalfajaram et aliae Civitates et Cas- » tella illaesa remanserunt, et muri earum non sunt rupti."

3) *Chron. Adefonsi.*

4) *Al-Kartás ; Chron. Adefonsi.*

5) Chez Llorente, t. IV, p. 11 et 13. Je vois par Salazar (*Casa de Lara*, t. I, p. 92) que la dernière charte se trouve aussi dans Yepes (t. I, escr. 26).

6) *Voir* Sota, p. 545, col. 1 ; Moret, *Annales*, t. II, p. 92, note a.

7) *Anales Toledanos I* (*Esp. sagr.*, t. XXIII, p. 387).

8) *Anales Toledanos II*: » Fué cercado Alvar Hanez en Montesant,

1113, le général almoravide Mazdalí alla assiéger Tolède, mit le pays à feu et à sang, prit la forteresse d'Oreja [1], tua tous les hommes qu'il y trouva, et fit captifs les femmes et les enfants. Au commencement de l'année 1114, il mit le siége devant Tolède. Alvar Fañez, qu'un auteur arabe appelle, à cette occasion, *le roi des Chrétiens*, alla à la rencontre des ennemis avec une armée de dix mille hommes pesamment armés; mais il fut mis en déroute pendant la nuit, et laissa sept cents de ses cavaliers sur le champ de bataille [2]. Ce vaillant chevalier qui avait si souvent et si bravement com-

---

» Era 1151." La conjecture de Sandoval (*Cinco Reyes*, fol. 119, col. 3) me paraît insoutenable.

1) فتح حصن أرجنة, lit-on dans la *Kartás*. M. Tornberg (notes sur le *Kartás*, p. 395) affirme qu'il s'agit ici d'Arjona, entre Cordoue et Jaen. Il est presque inutile d'ajouter que cette opinion est erronée, Mazdalí ne s'étant pas emparé, sans doute, d'un endroit situé au milieu des possessions almoravides, mais d'une forteresse située sur le territoire de Tolède. En effet, les *Anales Toledanos II* disent, sous l'année 1113: » El Rey Moro Azmazdali (*sic*) prisó Oreja." Donc il est évident qu'on doit lire أُرَجَة au lieu de أرجنة.

2) Ibn-abí-Zer, *al-Kartás*, p. ٤٠٥ (c'est lui qui donne à Alvar Fañez le titre de roi des Chrétiens); *Kitábo 'l-iktifá*, man., fol. 165 v., dont voici le texte: وفى سنة ٥٠٧ غزا الاميران سير بن ابى بكر ومزدلى طليطلة وشنّا على جميع تلك الجهات السرايا فهدموا ودمّروا وحرقوا ومزقوا فتعرّض لهم البرهانس فى عشرة الاف دارع فهزمساه واقتحناه وقُتل من جماعته سبع ماءة فارس. Je ne sais si Sir ibn-abí-Becr commanda cette expédition conjointement avec Mazdalí; les deux autres auteurs, l'un arabe, l'autre espagnol, ne nomment que ce dernier; d'ailleurs ibn-abí-Zer rapporte la mort de Sir sous cette même année 507, et avant de parler de l'expédition contre Tolède. *Anales Toledanos II*, sous l'année 1114: » El Moro Almazdali cercó á Toledo."

battu les Maures, n'avait échappé à leurs coups que pour être tué par ses compatriotes. L'Espagne était déchirée par les guerres civiles; après l'octave de Pâques 1114, les habitants de Segovia tuèrent Alvar Fañez [1]; »que Dieu veuille faire éprou-»ver à son âme la flamme éternelle!" ajoute un auteur musulman. Cette imprécation de l'Arabe est le plus bel éloge pour le chevalier castillan; elle montre à quel degré les Musulmans craignaient et haïssaient ce terrible ennemi, qui avait été pour eux, bien qu'à un moindre degré, ce que le grand Almanzor avait été pour les Chrétiens. »Dans l'ère 1040, »Almanzor mourut et fut enterré dans l'enfer," dit un chroniqueur chrétien, »et sepultus est in inferno" [2].

---

1) *Anales Toledanos I*: »Los de Segovia, despues de las Octavas de »Pascua mayor, mataron á Albar Hannez, Era 1152." *Chronicon de Cardeña*, sous la même ère: »Finó Alvar Fannez Minaya, é yace....." (les moines de S. Pierre de Cardègne prétendent qu'Alvar Fañez est enterré dans leur cloître; voyez Sandoval, *S. Pedro de Cardeña*, fol. 49, col. 3). *Kitábo 'l-iktifá*, man., fol. 165 v., sous l'année arabe 507: وقعت وفيها بين اهل قشتالة وابن ردمير حروب دمّرت الفريقين أى التدمير وانّجلَت عن البرهانس لعنه الله قتيلا عقيرا أصلى الله روحه سعيرا, » Dans cette année eurent lieu entre les Castillans et Ibn-Radmír »(Alfonse d'Aragon) des guerres qui affaiblirent au plus haut degré les deux » partis, et dans lesquels Alvar Fañez (que Dieu le maudisse!) fut blessé et tué; » que Dieu veuille faire éprouver à son âme la flamme éternelle!" Ibn-Khaldoun, dans son chapitre sur les rois chrétiens: ثم كانت بين ابن ردمير واهل قشتالة حرب هلك فيها البرهانس سنة ٥٠٧, » Ensuite il »y eut une guerre entre Ibn-Radmír (Alfonse le Batailleur) et les Castil-»lans, dans laquelle Alvar Fañez fut tué, l'année 507."

2) *Chronicon Burgense*, p. 308.

On pourrait appeler Alvar Fañez Minaya le plus grand capitaine espagnol pendant le règne d'Alfonse VI et pendant la minorité du petit-fils de ce dernier, Alfonse VII. Du moins il n'y eut point, à cette époque, de capitaine espagnol qui se trouve nommé aussi fréquemment dans les écrits arabes. Les Musulmans écrivent *Albar Hanes*; on sait qu'en espagnol *b* et *v* permutent, de même que *f* et *h*. Cependant plusieurs historiens modernes, en profonds érudits qu'ils sont, ne connaissent pas Albar Hanes. Voici une savante note de M. Romey (V, p. 463): » Je ne saurais » dire au juste quel était cet Albar Hanesch ou Alber Hanès dont il est fait » plusieurs fois mention dans le récit d'Ebn Abd el Halim [*lisez :* Ibn-abi-» Zer]. Moura, qui l'écrit Albarhanax, veut que ce soit Sancho, roi de » Navarre; mais c'est une erreur qui ne souffre pas l'examen. J'ai cru un » moment que ce pourrait être le comte Bérenger de Barcelone," — quel plagiaire que ce M. Romey! Cette conjecture magnifique appartient à M. Aschbach et non pas à lui — » dont le nom pouvait être facilement » altéré par les Arabes en Alberanesch (*risum teneatis!*). Mais je crois plus » juste de penser que c'était seulement un général ou un comte illustre de » la cour d'Alfonse." Puis M. Romey cite deux passages des *Anales Toledanos I*, sur la prise de Cuenca et la mort d'Albar Hannez, mais d'une manière qui montre suffisamment qu'il » ne saurait dire au juste quel était" ce personnage. Mais c'est surtout M. Aschbach qui, à cette occasion, s'est surpassé lui-même. Il nous apprend d'abord (t. I, p. 163) qu'Albar Hanes est Raymond Bérenger (Raymond II) de Barcelone; que celui-ci, en sa qualité de vassal d'Alfonse VI (!!), fut envoyé par ce dernier comme ambassadeur à Séville, et que cet Albar Hanes, dit Raymond II, assista à la bataille de Zallácah. Ensuite M. Aschbach écrit plus loin (I, p. 388) qu'Albarhanis est *évidemment* Alfonse Ier, roi d'Aragon; puis il déclare tout à fait fausse l'opinion des auteurs de l'*Art de vérifier les dates*, qui ont cru qu'Albarhanis était Raymond III, comte de Barcelone. Ainsi Albar Hanes est d'abord pour M. Aschbach Raymond II, et après la mort de ce dernier, il devient pour lui Alfonse Ier d'Aragon, tandis que deux autres personnes en ont fait Sancho de Navarre et Raymond III. Décidément, de tels barbouilleurs ne connaissent ni les chroniques, ni les chartes, ni les anciens poèmes espagnols sur le Cid, où le nom d'Alvar Fañez se rencontre presque à chaque page, ni même la tragédie de Casimir Delavigne, intitulée *la Fille du Cid*. Et cela écrit des histoires d'Espagne!

VIII.

> Stilled is the hum that through the hamlet broke,
> When round the ruins of their ancient oak
> The peasants flocked to hear the minstrel play.
> Her wheel at rest, the matron thrills no more
> With treasured tales, and legendary lore.
> All, all are fled!
>
>   Rogers, *The Pleasures of Memory*, I.

> Where 'er thy morning breath has play'd,
> Whatever isles of ocean fann'd,
> Come to my blossom-woven shade,
> Thou wandering wind of fairy-land.
>
>   Campbell, *Caroline*, I.

Un demi-siècle après sa mort, le Cid était déjà devenu le héros des chants populaires. Nous possédons à ce sujet un témoignage irrécusable, celui du biographe d'Alfonse VII. On sait qu'Alfonse VII mourut en 1157. La chronique latine qui porte son nom, a été écrite par un auteur quasi-contemporain ; »gesta Adefonsi Imperatoris, sicut ab illis qui viderunt, didici » et audivi, describere ratus sum;" telles sont ses paroles. Cette chronique est en prose ; mais le catalogue des chevaliers qui assistèrent au siége d'Almérie, est en vers. L'auteur nomme parmi ceux-ci Alvar Rodriguez, le petit-fils d'Alvar Fañez, et à cette occasion, il parle aussi de ce dernier et du Cid [1] :

> Cognitus et omnibus est avus Alvarus, arx probitatis,
> Nec minus hostibus extitit impiis [2] urbs bonitatis.
> Audio sic dici, quod est Alvarus ille Fanici ;
> Hismaelitarum gentes domuit, nec earum
> Oppida vel turres potuerunt stare fortes.
> Fortia frangebat; sic fortis ille premebat.
> Tempore Roldani si tertius Alvarus esset

---

1) *España sagrada*, t. XXI, p. 405.
2) Florez n'a pas corrigé la faute du manuscrit, qui porte *impius*.

Post Oliverum, fateor sine crimine rerum,
Sub juga Francorum fuerat gens Agarenorum,
Nec socii chari iacuissent morte perempti;
Nullaque sub coelo melior fuit hasta sereno.
Ipse Rodericus, mio Cid semper vocatus,
De quo cantatur, quod ab hostibus haud superatur,
Qui domuit Mauros, Comites domuit quoque nostros
Hunc extollebat, se laude minore ferebat;
Sed fateor virûm, quod tollet nulla dierum,
Meo Cidi primus fuit, Alvarus atque secundus.
Morte Roderici Valentia plangit amici,
Nec valuit Christi famulus ea (eam?) plus retinere.

Les paroles » *cognitus et omnibus* est Alvarus," prouvent que les faits et gestes d'Alvar Fañez étaient chantés alors, car le peuple ne lisait pas, naturellement, les chroniques latines [1]. Ensuite il faut remarquer qu'Alvar Fañez est mis sur la même ligne que les héros du cycle carlovingien, Roland et Olivier. Enfin il est évident que l'auteur de ces vers considère Alvar Fañez comme le compagnon du Cid; mais il est singulier qu'aucun des poèmes qui nous restent, ne rapporte que le Cid se jugeait inférieur à Alvar Fañez [2]. Pour ce qui concerne le Cid lui-même, ce passage est le plus ancien [3] où il soit nommé *Mio Cid*, سيدي en arabe, *monseigneur*, titre que lui donnaient sans doute ses soldats arabes et les Valenciens, devenus ses sujets [4]. Du reste, bien que le poète dise formelle-

---

[1] M. Diez (dans les *Jahrbücher für wissenschaftliche Kritik*, 1845, n°. 54) a déjà appuyé sur ce vers.

[2] Voyez M. Diez, *loco laud.*

[3] Rodrigue porte le nom de Cid dans une seule charte, évidemment apocryphe.

[4] On sait que les traditions populaires ont précisé la circonstance où Rodrigue reçut le surnom de *Mon Cid*, titre que beaucoup d'autres personnages portaient à cette époque. Sandoval et d'autres après lui, ont eu tort, je pense, de l'identifier avec le nom propre *Citis* ou *Citus*.

ment que déjà de son temps on chantait les guerres de Rodrigue, il n'indique pourtant qu'un seul trait caractéristique de ces chansons : Rodrigue y était célébré comme *invaincu*, exactement comme l'était Roland. Mais ce n'est pas là un trait qui appartienne exclusivement à la tradition ; il est en harmonie avec l'histoire, et peu s'en faut qu'Ibn-Bassám ne dise la même chose. Même en supposant que, dans ces chants, il était question des victoires remportées par Rodrigue sur les Maures et sur les comtes espagnols, — ce que pourtant le poète ne dit pas, à la rigueur — il n'y a rien là encore qui soit contraire à la vérité historique. Pourtant le Rodrigue de la tradition, des chansons populaires, est un tout autre personnage que le Cid de l'histoire. Nous voudrions faire connaître les métamorphoses qu'il a subies dans le moyen âge ; nous voudrions faire voir comment le farouche brûleur d'hommes est devenu graduellement le langoureux amant de Chimène, celui qui roucoule ses amours en plaintives romances. La tâche est difficile, parce que nous ne connaissons pas la date précise de la chanson de geste et de la *Cronica rimada ;* elle est surtout difficile, parce que celle des romances est incertaine au plus haut degré. On sait qu'elles n'existent pas en manuscrit ; que la langue en a été changée et modernisée à plaisir par les éditeurs qui, dans le XVIe et XVIIe siècles, publièrent des Cancioneros et des Romanceros, et qui les trouvaient dans des feuilles volantes, ou les écrivaient d'après la tradition orale [1]. Bref, les questions

---

1) M. Wolf a donné, dans les *Wiener Jahrbücher* (t. 114, p. 5—70), des notices fort savantes et fort complètes sur tous les Romanceros publiés jusqu'à ce jour. C'est pour remplir un voeu exprimé par M. Wolf lui-même (p. 71), que j'ajoute ici les titres de deux livres que ce savant n'a pas connus et qui se trouvent à la bibliothèque de Leyde:

Ramillete de Flores. Quarta, Quinta, y Sexta parte de Flor de Romances nuevos, nunca hasta agora impressos, llamado, Ramillete de

qui se présentent ici, sont extrêmement épineuses ; j'ose croire cependant qu'elles ne sont pas insolubles. Ce qui nous servira surtout de fil conducteur dans ce dédale, ce sera l'étude de la versification romane en général, et de la versification espagnole en particulier. Une telle étude doit porter ses fruits ; car quelques changements qu'aient pu apporter les éditeurs aux romances, il était presque toujours impossible de changer le rhythme et les rimes [1].

Flores : De muchos, graves y diversos Autores. Recopilado no con poco travajo : Por Pedro Flores *Librero : Y a su costa impresso. Y demas desto, va al cabo la tercera parte de el Araucana, en nueve Romances, excepto la entrada de este Reyno de Portugal, que por ser tan notoria a todos no se pone. Con licencia, y Privilegio. En Lisboa, Por* Antonio Alvarez *Impressor. Año de 1593. Vendese en casa de el mismo* Flores, *al Pelorinho Velho.* 444 feuillets in-douze.

Flor de varios Romances, diferentes de todos los impressos. Novena Parte. En Madrid, Por Juan Flamenco, 1597. 145 feuillets in-douze.

Du reste, il y a sans doute des romances anciennes et curieuses qui ne nous sont point parvenues, et je profite de cette occasion pour signaler l'existence d'une romance qui se trouve citée dans un livre assez ennuyeux et qu'on lit peu aujourd'hui, bien qu'il renferme, de temps en temps, des notices utiles. J'ai en vue la *Chronica de los Principes de Asturias y Cantabria*, publiée par le bénédictin Sota en 1681. A la page 444, Sota parle de la famille des Rosales, et il ajoute: » Y en la montaña de Castilla la Vieja, » donde es su primitivo solar, se canta vulgarmente en coplas antiguas:

» Conocistes los Rosales
» Gente rica, y principal, etc."

Cette romance historique, que Sota lui-même appelle ancienne, et dont malheureusement il ne donne que le premier vers, ne se trouve, je crois, dans aucune de nos collections.

1) L'ancienne romance » Dia era de San Jorge" a été modernisée (» En » Francia la noblecida," dans la *Silva*, réimprimée en partie par M. Wolf, *W. Jahrb.*, t. 117, p. 133). Le romancero moderne a substitué l'assonance féminine *a-o*, à l'assonance masculine *a* de son modèle, jusqu'au

Avant de commencer un tel examen, une profession de foi me paraît absolument nécessaire. »Le pseudo-orientalisme joue »le spectre dans la littérature espagnole," a dit M. Wolf [1]. Je cite ces paroles, non pour les combattre, mais pour y applaudir de tout mon coeur. Je laisse donc très-volontiers à Conde l'honneur d'avoir découvert que la forme de la romance a été empruntée aux Arabes [2]; à M. de Hammer, d'avoir revendiqué pour les Arabes l'honneur de l'invention des *ottave rime* [3]; à M. Fauriel, d'avoir écrit un chapitre sur le rapport de la poésie arabe avec celle des Provençaux [4]. Vraiment, cela n'est pas sérieux. M. de Gayangos annonce quelque part son intention d'écrire un ouvrage sur l'influence de la poésie arabe sur la poésie espagnole: j'espère, pour l'honneur de M. de Gayangos, que cet ouvrage restera inédit.

A priori — et c'est ce qu'on a toujours perdu de vue — une telle influence est fort peu vraisemblable. La poésie arabe-espagnole, classique en ce sens qu'elle imitait les anciens modèles, regorgeait d'images empruntées à la vie du Désert, inintelligibles pour la masse du peuple, et, à plus forte raison, pour les étrangers. La langue poétique était une langue morte, que les Arabes ne comprenaient et n'écrivaient qu'après avoir étudié, longtemps et sérieusement, les anciens poèmes, tels que les Moallacahs, la Hamásah et le Díwán des six poètes, les commentateurs de ces ouvrages, les anciens lexicographes. Quelquefois les poètes eux-mêmes se trompaient dans l'emploi de certains termes qui avaient vieilli. Fille des palais, cette poésie

---

vers »Guarda era de una puente;" mais il a dû conserver le vers: »El »emperador con enojo," qui contient une syllabe de trop.

1) *Wiener Jahrbücher*, t. 117, p. 104.
2) Conde, Prologo, p. XVIII.
3) *Journal asiatique*, 3e série, t. VIII, p. 153 et suiv.
4) *Histoire de la poésie provençale*, t. III, p. 310 et suiv.

ne s'adressait pas au peuple, mais seulement aux hommes instruits, aux grands et aux princes. Comment une poésie si savante aurait-elle fourni des modèles aux humbles et ignorants jongleurs castillans? Et quant aux nobles troubadours de la Provence, les belles dames, la bonne chère, les tournois et les guerres leur laissaient-ils assez de loisir pour aller étudier, pendant des années, des poésies arabes? Pendant des années, ai-je dit, et je ne me rétracte point. Aujourd'hui encore, on trouvera quantité d'orientalistes qui entendent parfaitement la langue arabe ordinaire, celle des historiens, mais qui se trompent, presque à chaque pas, quand il s'agit de traduire un poëme. C'est une étude à part que celle de la langue des poètes; pour la lire couramment, on doit en effet l'avoir étudiée pendant des années entières. Sans doute, le langage poétique diffère, chez chaque peuple, de celui de la prose; mais nulle part cette différence n'est plus marquée que chez les Arabes.

A posteriori, rien ne justifie l'opinion que je crois devoir combattre. La versification et la poésie espagnoles sont hors de cause par ce seul fait que la poésie espagnole est populaire et narrative, la poésie arabe, artistique, aristocratique et lyrique. Les pièces narratives, composées par des Arabes d'Espagne, sont en très-petit nombre; je n'en connais que deux: l'une se trouve chez Abdo-'l-wâhid [1], l'autre, chez Ibn-Bassám, dans son chapitre sur Abou-Becr Mohammed ibn-Sawwán de Lisbonne [2]. Si nous avons bonne mémoire, ce poète y raconte sa captivité parmi les Chrétiens à Coria, et sa délivrance. Mais quoique ces pièces soient narratives, elles ne ressemblent cependant en rien aux romances; quant à des romances arabes, on n'en trouve pas la moindre trace, et l'on peut regarder

---

1) *Histoire des Almohades*, p. ١٥ de mon edition.
2) Ce chapitre se trouve dans le manuscrit d'Oxford, fol. 210 r. — 217 r.

comme tout à fait surannée, l'opinion d'après laquelle les *Romances moriscos* auraient été traduits de l'arabe. Dernièrement M le comte de Circourt et M. Wolf ont évalué à leur juste valeur ces productions maniérées des galants poètes des XVIe et XVIIe siècles [1]. Et pour ce qui concerne la poésie provençale, il sera toujours fort curieux de voir comment les troubadours, placés, jusqu'à un certain point, dans les mêmes circonstances que les scháirs andalous, ont produit des poèmes qui offrent une certaine ressemblance, si l'on veut, avec les *kacidahs* et les *mowasschahahs*; mais c'est là que doit s'arrêter le rapprochement; quant à une influence directe de la poésie arabe sur la poésie provençale, sur la poésie romane en général, on ne l'a pas prouvée et on ne la prouvera pas [2]. Nous considérons cette question comme tout à fait oiseuse; nous voudrions ne plus la voir débattue, quoique nous soyons convaincu qu'elle le sera pendant longtemps encore. A chacun son cheval de bataille!

Les anciens monuments de la poésie romane, à commencer par l'hymne française sur Sainte-Eulalie, le plus ancien de tous (IXe siècle), présentent cinq points caractéristiques: 1°. au lieu d'employer un rhythme régulier, on ne faisait atten-

---

1) Je regrette de ne pouvoir partager toutes les opinions, sans exception, de M. de Circourt sur cette matière; je crois notamment que les costumes, portés encore alors par les Morisques, ont été décrits avec plus de fidélité qu'il ne le pense; mais puisque nous sommes d'accord sur le fond de la question, il m'a paru inutile d'entrer ici dans une discussion sur des points secondaires.

2) Afin de ne pas être mal compris, j'ajouterai que je ne nie nullement que les peuples romans aient emprunté une foule de leurs nouvelles, de leurs apologues etc., aux Arabes, ni que ceux-ci aient exercé une grande influence sur les sciences. Je ne parle que de la poésie. La langue des nouvelles et des ouvrages scientifiques arabes était le langage ordinaire.

tion qu'à une certaine harmonie ; on ne comptait pas les syllabes, mais on observait une césure vers le milieu du vers ; 2°. on employait des tirades monorimes ; 3°. dans les rimes, on ne se souciait pas des consonnes ; il suffisait que les voyelles fussent les mêmes ; 4°. les rimes ou les assonances étaient toujours masculines [1] ; mais 5°. les rimes féminines s'employaient comme masculines.

De ces cinq points caractéristiques, le premier, le troisième et le cinquième étaient des irrégularités qui devaient disparaître quand la poésie aurait atteint un plus haut degré de culture. Ils disparurent bientôt dans la poésie provençale. Le provençal se développa et se fixa bien avant les autres langues de l'Europe latine, qu'il surpassa tellement par la richesse de ses formes grammaticales, qu'à aucune époque ni l'italien ni l'espagnol n'ont pu rivaliser avec lui. En Languedoc, la poésie n'était pas d'ailleurs entre les mains des chantres populaires, des jongleurs ; au contraire, il s'y forma de bonne heure une école de poètes de cour ; une école exclusivement lyrique et artistique. Ajoutez à cela que les hauts barons et les nobles dames aimaient la poésie, qu'ils étaient fort souvent poètes eux-mêmes, et on s'expliquera pourquoi les troubadours laissaient si loin en arrière, pour ce qui concerne la correction et l'élégance de la forme, tous leurs contemporains de quelque peuple roman qu'ils fussent. Mais même en Provence, quelque temps se passa avant que les choses en fussent arrivé là. Dans le poème sur Boece (Xe siècle), on remarque déjà une mesure

---

1) » Manche Spuren," dit très-bien M. Diez (*Altromanische Sprachdenkmale, nebst einer Abhandlung über den epischen Vers*, Bonn, 1846, p. 83) » weisen darauf hin, dasz die Poesie in Frankreich mit dem männ-
» lichen Reim anfing." La rime masculine, dit M. Wolf (*Ueber die Lais*, p. 171) est celle de la poésie populaire, la rime féminine est le produit de la poésie artistique.

invariable ; quand la césure est masculine, le vers est de dix syllabes et l'accent tombe sur la quatrième ; quand la césure est féminine, le vers est de onze syllabes, mais l'accent reste à sa place. Cependant ce même poème offre encore quelques irrégularités ; elles ne sont pas nombreuses, puisqu'on ne compte pas même 25 vers irréguliers sur 257 dont le poème se compose [1]. Puis il est évident que le poète a voulu rimer, dans le sens que nous attachons à ce mot ; mais quelquefois de simples assonances lui échappent, et *pren* rime avec *te*, fel*lo* avec pei*or*, etc. Dans le Gérard de Rossillon, on remarque aussi, de temps en temps, des vers tout à fait irréguliers.

Dans le Nord de la France, on remarque les mêmes irrégularités à une époque bien moins reculée. La rudesse de la forme dans quelques-unes des plus anciennes épopées, dans la Chanson de Roland par exemple, contraste singulièrement avec la beauté du fond ; mais même les poètes lyriques du XIIIe siècle, qui cependant avaient les troubadours pour maîtres, et qui se distinguent en général par une grande correction, commettent encore des fautes de temps en temps. Leurs vers ont tantôt une syllabe de trop, tantôt il en manque une ; quelquefois les assonances tiennent encore lieu de rimes [2] ; dans la belle romance de Gérard et Isabeau par Aidefroi le Bâtard, *jostise* et *napetise* riment encore avec *espris* ; rime qui était très-fréquente et très-permise du temps où l'on chantait la chanson de Roland, mais qui étonne chez un poète artiste tel qu'Aidefroi. Dans la poésie populaire, l'assonance s'est conservée jusqu'à nos jours. Molière l'appelait encore *rime:*

Si le roi m'avait donné
Paris sa grand' *ville*,
Et qu'il me fallût quitter
L'amour de ma *mie.*

---

1) M. Diez les a notées ; voyez ses *Altromanische Sprachdenkmale*, p. 78.
2) Voyez, par exemple, les vers que cite M. Wackernagel, *Altfranzösische Lieder und Leichs* (Bâle, 1846), p. 188, 189.

» La *rime* n'est pas riche ," dit Alceste. Quand dans la poésie moderne, on retranche l'*e* final des mots *encore*, *zéphire*, et de quelques autres, ce n'est là qu'un emploi déguisé de la rime féminine en remplacement de la rime masculine.

Des cinq particularités que j'ai *signalées*, la poésie espagnole en a conservé une seule jusqu'à nos jours : l'emploi de l'assonance au lieu de la rime. Presque tous les peuples de l'Europe ont connu cette particularité, et l'ont conservée dans les proverbes rimés et dans les chants populaires [1] ; mais tous l'ont abandonnée et ont formé des rimes pures ; l'assonance est bannie au delà des Pyrénées. La raison en est fort simple. En France, on n'oublia que trop tôt les magnifiques épopées du moyen âge, pour aller travestir les Grecs et les Romains ; en Espagne, où la poésie épique avait cependant jeté un bien moindre éclat, on eut le bon sens de ne pas oublier les vieilles poésies ; au lieu de mendier des inspirations chez les maîtres d'Athènes et de Rome, on les chercha et on les trouva chez soi. L'Espagne y gagna un immense avantage, qu'elle ne partage qu'avec l'Angleterre, celui d'avoir un théâtre vraiment national, le plus riche de l'Europe, bien qu'il envie à Angleterre son unique Shakspeare. Loin de dédaigner les romances, Lope de Véga, Moreto, Calderon surent les porter sur la scène, et ce qui avait déjà charmé si longtemps les Espagnols, les charma de nouveau sous une autre forme. Ce ne fut que par respect pour les vieilles chansons que l'assonance se conserva en Espagne. On savait très-bien qu'elle n'était qu'une rime défectueuse. Alonso

---

[1] Avant Henri de Veldek, les Allemands se contentaient même de l'assonance des consonnes ; *beslozen* rimait avec *herzen* ; *waldes*, avec *goldes*. Voyez sur l'assonance dans la poésie neérlandaise du moyen âge, l'excellent ouvrage que vient de publier mon savant ami, M. le professeur Jonckbloet (*Over Middennederlandschen Epischen Versbouw*, Amsterdam, 1849, p. 166—168).

de Fuentes qui, en 1550, publia son *Libro de los quarenta cantos*, appelle les assonances *consonantes mal dotados*, et il dit qu'il ne les a employées qu'afin que ses propres romances ressemblassent davantage aux anciennes [1].

Les autres particularités qui caractérisent l'ancienne poésie romane, se sont effacées en Espagne comme ailleurs, mais l'ancienne poésie espagnole les possédait toutes, et elles subsistèrent plus longtemps en Espagne qu'ailleurs.

La rime ou l'assonance féminine comptait pour masculine. On en trouve une foule d'exemples dans la Chanson du Cid, dans d'autres pièces anciennes, et dans quantité de romances. Mais même les éditeurs les plus anciens des Romanceros ignoraient que c'est là un trait caractéristique de toute l'ancienne poésie romane; au lieu de conserver les assonances masculines, ils les ont converties toutes en assonances féminines, par le procédé aussi simple que ridicule, d'ajouter partout un e muet. De cette manière l'on a écrit: *amare*, *male*, *pane*, *hane*, *Juane*, et mille autres formes qui n'ont jamais existé que dans le cerveau d'éditeurs ignorants. Ce n'a été qu'en 1847, que le savant M. Wolf a signalé cette faute grossière, où sont tombés, sans exception, tous les éditeurs de Romanceros, espagnols et étrangers [2].

L'absence de rhythme bien fixé se fait remarquer dans la Chanson du Cid, dans la Cronica rimada, dans la légende de Santa María Egipciaca et dans le livre des trois rois d'Orient. Les deux premiers ouvrages sont en vers longs, avec la césure vers le milieu; les deux derniers, en vers courts. La Chanson du Cid est en tirades monorimes, de même que plusieurs an-

---

1) M. Wolf (*Wiener Jahrb*. t. 114, p. 18, 19) a réimprimé la fin remarquable de la préface d'Alonso de Fuentes. Comparez les judicieuses observations de M. Wolf dans le même recueil, t. 117, p. 113 et suiv.

2) Voyez *Wiener Jahrbücher*, t. 117, p. 118, 119.

ciennes romances [1]. J'ai peine à concevoir comment des savants distingués, tels que M. Wolf [2], ont pu considérer la versification de la Chanson et de la Cronica comme calquée sur celle des chansons de geste provençales ou françaises. Dans ce cas, jamais imitateur ne serait demeuré plus loin de son modèle. Même le Gérard de Rossillon, la plus irrégulière chanson de geste provençale qui nous soit connue, et bien antérieure, sans doute, aux deux poèmes espagnols, est un poème fort correct en comparaison de ces derniers. Dans la Chanson, le nombre des syllabes du vers varie de huit à vingt-quatre, et les vers de la Cronica sont plus irréguliers encore. Dans ce rhythme libre, dans ces tirades monorimes, nous reconnaissons, non l'imitation d'une forme étrangère, mais la forme nationale. Mais il n'y avait que les jongleurs qui versifiassent de cette manière ; les clercs avaient adopté, depuis le commencement du XIIIe siècle, ou peut-être plus tôt, le vers alexandrin de quatorze syllabes, dont quatre étaient liés ensemble par la même rime ; ils comptaient les syllabes :

> Fablar curso rimado per la quaderna via,
> A sillabas cuntadas, ca es grant maestria,

dit l'auteur de l'Alexandre (copla 2). — Puisque, vers le milieu du XIIe siècle, Marcabrun chantait à la cour d'Alfonse VII, il est possible que, dès cette époque, les courtisans-poètes aient pris la poésie provençale pour modèle ; nous ne pouvons l'affirmer parce que nous ne possédons pas des poésies espagnoles artistiques qui remontent à une si haute antiquité. Mais nous savons qu'Alfonse le Savant et ses courtisans imitèrent la poésie provençale ; c'est surtout le Cancioneiro du XIIIe siècle, en

---

1) Ces romances ont été indiquées par M. Wolf, *Wiener Jahrb.*, t. 117, p. 110, 111.
2) *Ibid.*, p. 93 et suiv.

dialecte galicien, qui nous en fournit les preuves ¹. Dans le XVe siècle, les poètes de la cour de Jean II imitèrent les Italiens. Mais la poésie populaire ne ressentit guère l'influence de la poésie artistique; elle s'attachait aux anciennes formes, et il résulte du témoignage formel du marquis de Santillane, qu'encore en plein XVe siècle, la poésie populaire ne comptait pas les syllabes ². A cette époque, tous les autres peuples romans avaient, depuis des siècles, abandonné cet ancien usage, et si l'emploi du rhythme libre peut nous être d'un grand secours pour préciser l'époque de la composition d'un poème français ou provençal, cette circonstance ne suffit pas pour déterminer la date d'un poème espagnol. Il faut en dire autant de l'emploi des tirades monorimes, *quand elles se trouvent dans un poème composé en rhythme libre.* L'emploi d'assonances féminines à la place d'assonances masculines, est d'une utilité plus grande dans les questions de date; mais en général, la versification ne suffit pas pour préciser la date des poèmes en vers libres; pour pouvoir le faire, il faut chercher d'autres indices. Mais il en est tout autrement pour ce qui concerne les romances.

On sait que le rhythme des romances est trochaïque (on nous permettra de nous servir des termes de la prosodie grecque; à parler strictement, les langues modernes n'ont pas de sylla-

---

1) Des fragments de ce *Cancioneiro* (composé, selon toute probabilité, par Jean Coello) ont été imprimés à Paris, en 1823, par M. Charles Stuart, mais à un si petit nombre d'exemplaires, que cette édition est extrêmement rare. Heureusement un assez grand nombre de pièces se trouvent dans l'excellent écrit de M. Bellermann (*Die alten Liederbücher der Portugiesen*, Berlin, 1840); M. Diez (*Altrom. Sprachd.*, p. 103) en a réimprimé une qui se trouve dans le recueil de M. Stuart.

2) » Infimos son aquellos que *sin ningunt orden, regla, ni cuento,* » facen estos romances é cantares, de que la gente baja é de servil con-» dicion se alegra." Lettre au connétable de Portugal (Sanchez, *Coleccion*, I, p. LIV).

bes longues ou brèves ; elles n'ont que l'accent, et le français a même perdu ce dernier ; mais il faut bien se servir d'un approximatif). Chaque vers se compose de quatre trochées ; les vers impairs ne riment pas, mais les vers pairs ont tous la même rime ou assonance. Dans les chansons populaires on rencontre sans doute quelquefois des vers qui ne riment pas ; mais il est impossible de croire que, dans la poésie populaire et rimée, les vers impairs ne rimassent jamais. Aussi s'accorde-t-on à présent à ne plus admettre cette énormité ; mais de toutes les manières dont on a cherché à résoudre cette difficulté, celle que proposa M. Jacques Grimm en 1815, quand il publia sa *Silva de romances viejos*, nous paraît toujours la plus simple et la plus naturelle. M. Grimm pense qu'on a mal à propos coupé en deux les vers des romances ; que ce ne sont pas des vers courts de huit syllabes, mais des vers longs de seize.

Nous admettons de tout notre coeur cette explication : mais nous nous permettrons d'exprimer une opinion qui paraîtra peut-être hasardée au premier abord, mais que nous tâcherons de prouver. Selon nous, la forme que la romance avait déjà dans le XIVe siècle, ou dans le XIIIe si l'on veut, ne s'est établie que lentement ; dans l'origine, les vers des romances étaient des vers longs, sans rhythme fixé, mais avec une césure au milieu. Qu'on nous permette de citer à l'appui de cette hypothèse, quelques faits que l'on n'a pas remarqués, à ce que nous sachions ; d'abord nous irons au devant de quelques objections qu'on pourrait nous faire.

A une autre occasion, l'illustre M. Diez [1] a dit qu'il ne pouvait admettre que la poésie populaire, qui se chantait (et les romances se chantaient aussi), ait commencé par des vers irréguliers ; qu'elle se soit élevée lentement à une forme correcte. Il avoue que quelques anciennes épopées françaises présentent

---

1) *Altrom. Sprachdenkm.*, p. 78.

une versification très-rude ; mais selon lui, cette circonstance s'explique par le fait que ces ouvrages ont été consignés par écrit en Angleterre, où l'on négligeait les lois de la versification, de même que celles de la langue. Nous n'avons pas à examiner ici cette dernière assertion ; mais quant au fait lui-même, à savoir que la poésie populaire, *surtout* celle qui se chante, commence par des vers irréguliers, c'est ce que nous croyons devoir considérer comme très-certain. Sans nous préoccuper de chansons populaires anciennes, nous nous bornerons à constater ce qui se passe journellement sous nos yeux. A une époque où la poésie hollandaise a, depuis sept ou huit siècles, des règles de versification bien arrêtées, les chansons populaires continuent à être en vers libres. Remplis d'assonances au lieu de rimes, renfermant même des tirades monorimes, ces couplets ne peuvent presque pas être lus à haute voix, tant ils sont durs et irréguliers ; et pourtant ils se chantent à merveille ; ce sont précisément la musique et le chant qui en voilent l'irrégularité.

Sarmiento et d'autres savants en ont appelé aux anciens proverbes, pour prouver que le mètre des romances est très-ancien. Mais ce qu'ils n'ont pas remarqué, c'est que la forme de ces proverbes a été changée dans des temps relativement modernes. Prenons un exemple. Les Castillans disent : »Quien á buen árbol se arrima, buena sombra le cobija [1]." Mais dans le XIII siècle, on ne connaissait pas ces deux vers, bien qu'on employât alors le même proverbe ; car dans la *Cronica general* (fol. 335, col. 1) on le lit ainsi : »Quien

---

1) César Oudin, *Refranes Castellanos* (Paris, 1624), p. 222. Al libro de D. Quijote de la Mancha, Urganda la Desconocida:

Y pues la experiencia ense-
Que el que á buen árbol se arri-
Buena sombra le cobi-.

» á buen árbol se allega, buena sombra le cubre." J'irai plus loin, et je dirai qu'aucun proverbe, dont on peut prouver que les termes sont antérieurs au XIVe siècle, n'est en vers trochaïques de quatorze, de quinze ou de seize syllabes [1].

Enfin plusieurs savants ont pensé que le vers des romances n'est qu'une imitation du *tetrameter catalecticus* des Latins. Cependant personne, à ce que je sache, n'a cité un exemple de l'emploi de ce mètre par des Espagnols qui, dans le moyen âge, versifiaient en latin. Je n'en trouve qu'un seul: c'est une ancienne hymne dont Briz Martinez [2] cite quelques vers, mais dont il n'indique pas la date précise. Si cette hymne est du XIVe siècle, ce qui est possible, elle prouverait

---

1) Le plus ancien proverbe espagnol qui nous soit connu, est notamment celui de: *Alla van leyes, do quieren reyes* (*là vont les lois, où veulent les rois; quo volunt reges, vadunt leges* chez Roderich de Tolède (VI, ch. 26); *do quieren reyes, alla van las leyes* dans la *Cronica general*, fol. 312, col. 4). Je puis prouver qu'un autre proverbe espagnol rimé était employé vers la même époque, ou plus tôt, puisque je le trouve traduit dans un auteur arabe qui écrivit en 1109. Dans un passage dont j'ai déjà donné la substance plus haut (p. 311), Ibn-Bassám (man. de Gotha, fol. 10 r.) dit que, lorsqu'al-Moctadir de Saragosse se fut emparé de Dénia, dans l'année 1076, on lui reprocha de ne pas s'être emparé en même temps de l'opulente Valence. Puis l'auteur arabe ajoute: وشاعت على الالسنة اعاجيبة (اعجوبة *je lis*) من ترجيمهم كلمة اعاجمية مزدوجة, ومعناها ما أحمق هذا وأفوجه‘ عاجز عن الايم وتكح الزوجة

« Et tout le monde prononça un bon mot admirable, un dicton barbare » (espagnol), qui se compose de deux vers rimés, et dont le sens est: Quel » homme stupide et inconsidéré! au lieu de coucher avec la jeune fille, il » a couché avec la femme mariée!" Je dois laisser à d'autres le soin de donner les termes espagnols de ce proverbe. Je ne l'ai trouvé dans aucun recueil, mais les recueils les plus anciens me manquent.

2) *Historia de San Juan de la Peña*, p. 572.

que le mètre des romances a été imité par des versificateurs latins ; en tous cas, cet exemple unique est peu propre à prouver le contraire. Il y a bien un autre exemple de l'emploi du *tetrameter catalecticus*: c'est l'épitaphe d'Otton, évêque de Gironne (de l'année 1010) [1]; mais cette épitaphe est en rimes croisées, ce qui change essentiellement la nature du mètre. En effet, les poètes provençaux emploient fréquemment le *tetrameter catalecticus* à rimes croisées [2]; mais dans toute la poésie provençale on ne connaît qu'un petit nombre de vers longs (du comte de Poitiers) qui appartiennent à ce mètre.

Observons maintenant que les vers des romances ne sont pas toujours réguliers. On sait que le premier hémistiche (le vers impair, d'après l'ancienne manière de voir) n'a souvent que sept syllabes, au lieu de huit. Les exemples en sont si nombreux, même dans les romances modernes, que je puis me dispenser de les citer. Mais souvent ce premier hémistiche a neuf syllabes, c'est-à-dire, une syllabe de trop. Je vais en donner des exemples, en citant les pages du premier volume du Romancero que M. Duran a publié à Madrid en 1829. Tous ces exemples se trouvent dans des romances que d'autres indices signalent comme anciennes, et qui sont généralement reconnues pour telles. Il va sans dire que je ne citerai point des vers qui sont réguliers si l'on fait attention à la synalèphe.

p. 3. Por Dios te ruego, marinero.
p. 7. Que ⌣ en Mérida no ⌣ hay cien castillos.
p. 17. Caballero de lejas tierras.
p. 53. Padre de la ⌣ Infanta Sevilla.
p. 54. Y que los que señalaredes.
p. 86. Allí todos los caballeros.
ibid. Hasta que de todos los doce.

---

1) Voyez plus haut, p. 250.
2) Voyez, par exemple, Pierre Cardinal, *apud* Raynouard, *Choix*, t. IV, p. 442.

p. 87. Con mucho pesar y tristeza.
ibid. De los doce Pares de Francia.
p. 88. Los caballos llevan holgados.
ibid. Mandó llamar sus caballeros.
p. 120. Pues con vos casó por amores.
ibid. Si con otro fuera casada.
ibid. Preguntando va, preguntando.
ibid. Diciendo que soy para juego.
ibid. Mi caballo ⌒ está bien vezado.
p. 121. Si fuérades mal caballero.
p. 122. Gayferos en tierra de moros.
ibid. Que todas las aves del mundo.
p. 123. Mas en verlo con armas blancas.
ibid. Acordóse de los palacios.
ibid. Por Dios os ruego, caballero.
ibid. Caballero si ⌒ á Francia ides.
ibid. Debe tener otros amores.
ibid. Los ausentes por los presentes [1].

Le second hémistiche a aussi souvent une syllabe de trop; huit au lieu de sept quand l'assonance est masculine:

p. 3. Del estrecho de Gibraltar.
p. 85. Dia de gran festividad [2].
p. 88. En los moros se van lanzar.
ibid. Para con el moro pelear.
p. 120. No ⌒ estuviera ⌒ en cativedad.
p. 122. Gayferos mal airado va;

neuf au lieu de huit quand l'assonance est féminine:

p. 16. Cuanto vieredes, encobrildo.

Le premier hémistiche a même quelquefois dix syllabes au lieu de huit:

---

1) M. Duran a publié cette romance de Gayferos (p. 119—127) d'après un ancien manuscrit.

2) *Dia* est toujours de deux syllabes; le premier hémistiche de ce vers est:
Dia era de Sant Jorge.

p. 86. Revolvióle con el Emperador.
p. 87. Pensando q'era ⊂ el moro valiente.
p. 88. Aquel dia salieron los doce;

et le second en a neuf au lieu de sept:

p. 88. Todos los fueron á cativar.
p. 89. De la venida de Don Roldan.
p. 123. De mí no lo dejan acordar.

On pourra facilement multiplier ces exemples.

Nous avons donc, même dans les romances modernisées, des preuves certaines que le rhythme des romances n'est arrivé que lentement à la régularité. Je crois que l'étude de la *Cronica rimada* prouvera jusqu'à l'évidence qu'anciennement le rhythme des romances était libre, qu'on se contentait d'observer une certaine harmonie, la césure au milieu du vers, et les assonances.

La *Cronica rimada* [1], bien qu'elle traite surtout du Cid, n'est pas cependant un poème dont celui-ci est le héros; c'est une chronique en vers, mais où il n'est question que des héros que chérissaient les Castillans. Nous ne possédons qu'un fragment de cet ouvrage, le commencement; il finit brusquement au milieu d'un vers, dans le récit de l'expédition de Ferdinand et de Rodrigue en France. Selon moi, il a été composé, vers la fin du XIIe ou au commencement du XIIIe siècle, d'après

---

1) Publiée pour la première fois par M. Francisque Michel, en 1846, dans les Annales de Vienne (*Anzeige-Blatt* du tome 116), d'après le manuscrit de la bibliothèque nationale, où elle se trouve à la suite de la *Cronica del Cid*. La dissertation sur la *Cronica rimada*, que je donne ici, est entièrement neuve. M. Ochoa (*Catálogo razonado de los man. Españ. exist. en Paris*, p. 107, 110) a dit qu'il ne savait que penser de cet ouvrage; M. Michel n'a rien dit à ce sujet, et les observations de M. Wolf (*Wien. Jahrb.*, t. 117, p. 94—96) ne m'ont pas paru d'une grande importance.

les traditions et les chansons populaires. Je crois que l'auteur a conservé quelques-unes de ces dernières sans y apporter aucun changement, et dans le fragment qui nous reste, j'ai cru reconnaître un chant guerrier et deux romances.

On s'étonnera peut-être de ce que je viens d'avancer, et je me hâte d'en apporter les preuves.

Plusieurs raisons m'engagent à croire que la *Cronica rimada* est beaucoup plus ancienne que son langage et son orthographe, qui sont du XVe siècle, ne semblent l'indiquer. Selon moi, c'est un ouvrage modernisé, mais qui accuse encore fortement son ancienneté. C'est ce qui appert, par exemple, de la grande incorrection du texte. M. Michel, en reproduisant scrupuleusement le manuscrit (car c'est à cela que s'est borné son travail), a sans doute rendu un éminent service à la littérature romane, qui lui avait déjà des obligations si nombreuses ; mais ce manuscrit fourmille de fautes et de lacunes ; ces dernières se trouvent même dans des lignes que personne ne peut méconnaître pour ce qu'elles sont, à savoir des gloses ; voyez, par exemple, vs. 776 et 788 (dans le chant de guerre). Bref, aucun poème espagnol du moyen âge ne nous est parvenu dans un état aussi pitoyable. L'unique manuscrit de l'Alexandre est assez fautif ; mais en comparaison de celui de la *Cronica rimada*, on dirait que c'est un manuscrit fort correct.

Le poète dit à différentes reprises (en se servant du présent, et non du prétérit), qu'il y a *cinq* rois (chrétiens) en Espagne. Il n'en était pas ainsi à l'époque dont il parle, celle de Ferdinand Ier. Quand on se rappelle que les poètes du moyen âge peignent toujours leur propre temps quand ils parlent du passé, il faut bien admettre que notre auteur ait écrit à une époque où il y avait réellement cinq rois en Espagne. En conséquence, il doit avoir écrit dans un temps où Léon et la Castille étaient des royaumes séparés, c'est-à-dire, entre 1157 et 1230 (les trois autres royaumes étaient alors l'Aragon, la Navarre et le Portugal).

On sait que Benavente est une ville dans le royaume de
Léon, et qu'elle est le passage des pèlerins qui se rendent à
Saint-Jacques de Compostelle [1]. Dans la *Cron. rimada* on lit
(vs. 546 et suiv.):

> A los caminos entró Rodrigo, pessól é a mal grado;
> de qual disen Benabente, segunt dise en el romance;
> é passó por Astorga, é llegó á Monteyraglo;
> complió su romerya por Sant Salvador de Oviedo.

Et plus loin (vs. 635 et suiv.):

> Metieronse á los caminos, passól (*lisez:* pessól á) Rodrigo a (*lisez:* é
> a) mal grado,
> que disen Benavente, segun dise en el romance.
> Passólo á Astorga, é metiólo á Monteyraglo.

Il saute aux yeux qu'il y a deux vers dans le premier passage,
et un dans le second, où l'assonance (*a-o*) manque. Puis
Rodrigue a choisi une route bien étrange; il va d'abord à
Astorga, ensuite à un endroit qui, comme nous le verrons bientôt, est situé au sud-est de cette ville, et de là à Oviédo,
au nord d'Astorga, dans les Asturies. Enfin il est clair que
la ligne: »qu'on nomme Benavente en romance," n'est pas à
sa place, et que le mot *Monteyraglo* est altéré, puisqu'on ne
connaît pas un endroit de ce nom. Une charte d'Alfonse VI,
du 25 janvier 1103 [2], est éminemment propre à résoudre toutes
ces difficultés. A la prière de l'hermite Garcelian, Alfonse et
sa femme Isabelle y exemptent de tout tribut l'église et l'auberge
de Saint-Salvador, situées sur la montagne Irago, où on logeait les pèlerins qui allaient à Saint-Jacques. On doit donc
lire *Monte Yrago* au lieu de *Monteyraglo;* on doit rayer les
mots *de Oviedo*, puisqu'il ne s'agit pas du tout de la cathé-

---

1) Voyez Alex. de Laborde, *Itinéraire descriptif de l'Espagne*, t. II,
2e partie, p. 252.
2) Citée par Sandoval, *Cinco Reyes*, fol. 94, col. 1.

drale d'Oviédo, bâtie par Fruela Ier et son épouse, et consacrée au *Sauveur*, ainsi que le copiste l'a cru, mais de l'église de *Saint-Salvador*, située sur la montagne Irago. Quand on a rayé cette glose tout à fait fausse, *de Oviedo*, l'assonance reparaît. Enfin, il faut biffer la ligne : » qu'on nomme Bena-» vente en romance." Puisque dans les deux endroits où elle se trouve, elle n'est nullement à sa place, et que l'assonance y manque, il est certain que c'était dans l'origine une note marginale, et que celui qui l'a ajoutée, a voulu expliquer le nom propre *Monte Yrago*. Ainsi toutes les difficultés que j'ai signalées, disparaissent; mais ces gloses et ces méprises montrent que la *Cronica* est beaucoup plus ancienne que le manuscrit que nous en possédons. Il me paraît même que la composition de cet ouvrage remonte à une époque où Monte Yrago était plus connu, plus célèbre, que Benavente. Cette ville est en effet assez moderne, car elle ne fut fondée ou *peuplée* que par Ferdinand II de Léon (1157—1188) [1], et elle ne reçut son *Fuero* que du fils et successeur de Ferdinand, Alfonse IX (1188—1230), quelque temps avant l'année 1206 [2]. Je ne veux pas affirmer que la *Cronica* ait été écrite avant la fondation de Benavente, car cette ville se trouve nommée dans un vers

---

1) Lucas de Tuy, p. 106; Roderich, VII, c. 19.
2) Dans cette année, Alfonse IX de Léon donna à Llanes le *Fuero* qu'il avait donné auparavant à Benavente. Ce *Fuero* de Llanes a été publié par Llorente (*Noticias de las tres Provincias Vascongadas*, t. IV, p. 183—195); il porte la date » 1er octobre de l'ère 1206," c'est-à-dire, d'après l'éditeur, 1er octobre de l'année 1168. Ce *Fuero* serait donc antérieur de trois années à la naissance, et de vingt années au règne, de celui qui le donna, car Alfonse IX de Léon naquit le 15 août 1171 (voyez Florez, *Reynas*, t. I, p. 315, 316). La bévue de Llorente, qui ne s'est pas aperçu qu'il s'agit ici de l'*année* 1206, et non de l'*ère* 1206, est tout à fait inexcusable.

qui, sans doute, n'est pas une glose (vs. 693) ; mais il me paraît qu'elle l'a été dans un temps où Benavente n'était pas encore une ville considérable, où l'on nommait encore Monte Yrago de préférence à Benavente.

Je crois que le poème ne renferme rien qui soit contraire à mon opinion. Il est vrai que le poète connaît les armes parlantes de Castille et de Léon réunies [1] ; mais il pourrait bien ne pas s'être trompé trop grossièrement en disant que Ferdinand Ier en faisait déjà usage. Alfonse le Savant les avait, ainsi qu'on le voit sur ses diplômes [2], et rien n'indique qu'il les ait adoptées le premier. Au contraire, il y a des raisons assez fortes pour penser que, dans le XIe siècle, Alfonse VI faisait déjà usage de ces armoiries [3]. J'aurai bientôt l'occasion de signaler une autre circonstance qui confirmera mon opinion sur le temps où la *Cronica rimada* a été écrite.

Toute la *Cronica*, à l'exception du commencement et d'un petit nombre de morceaux peu étendus, qui sont en prose (M. Michel les a mal à propos imprimés comme vers) [4], est en vers libres, et l'assonance est presque constamment *a-o*. Mais on y rencontre trois morceaux où l'assonance est masculine. La première fois (vs 301 [5] et suiv.), elle est en *o* dans quatre vers,

---

1) Vs. 264.

2) Voyez Salazar, *Casa de Lara*, t. IV, p. 38, 41.

3) Voyez Argote de Molina, *Nobleza del Andaluzia*, fol. 32 v.

4) C'est comme dans le livre de Job, dans l'Aucassin etc., où les vers sont aussi souvent interrompus par de la prose. M. Fauriel a cru que l'auteur de l'Aucassin a imité des contes arabes, où la prose est aussi souvent entrecoupée de vers. Certes, on pourrait, avec autant de justesse, reconnaître un modèle arabe dans le Voyage de Chapelle et de Bachaumont, et dans quantité d'autres ouvrages modernes ! Du reste, la *Cronica* n'abandonne les vers que dans des passages tout à fait prosaïques, dans les généalogies par exemple.

5) Le vers 300 est interpolé.

et en *a* dans la suite, jusqu'au vers 357. La seconde fois, elle est en *a* (vs. 372 et suiv.). La troisième fois (vs. 758 et suiv.), elle est en *o*. Ce dernier morceau me paraît un chant guerrier fort ancien, et voici pourquoi :

Après avoir raconté l'expédition fabuleuse de Ferdinand Ier en France, la *Cronica general* [1] ajoute : » Et à cause de » cet honneur, que le roi gagna, il fut nommé depuis don Fer- » rando le Grand, le pair d'empereur (*el par de emperador*); » et pour cette raison, les *cantares* dirent qu'il passa les Ports » d'Aspa en dépit des Français;" » é por esto dixeron los can- » tares que pasara los puertos de Aspa á pesar de los France- » ses." Dans le morceau en question, nous lisons réellement (vs. 758):

El buen don Fernando par fué de emperador;

et l'on y trouve aussi (vs. 769) :

A pessar de Francesses, los puertos de Aspa passó.

Ce dernier vers serait le vers ordinaire des romances, si l'on ajoutait l'article (*los*) avant *Francesses*. L'article se trouve ajouté, en effet, dans la *Cronica general*, et dans une romance qu'on trouve dans les *Rosas* de Juan Timoneda [2], où n lit :

A pesar de los Franceses, los puertos de Aspa pasó.

(Celui qui a composé cette romance assez moderne, a péché contre la tradition, car il place ce vers en parlant de Sancho II de Castille.) Mais d'un autre côté, on lit ailleurs dans la *Cronica* (vs. 1002) :

A pessar de Francesses, fué passar commo de cabo.

Maintenant il est très-remarquable que le poète ne donne pas ce morceau comme étant de sa composition. Il dit au con-

---

1) Fol. 287, col. 1.
2) Page 25 de l'édition de M. Wolf (Leipzic, 1846).

traire : »Por esta rrason dixieron ," »pour cette raison ils
»dirent (on dit) : Le bon roi don Fernando fut pair d'empe-
»reur ; il commanda à la Vieille-Castille, et il commanda à
»Léon," etc. Il cite donc lui-même ce morceau comme un
chant populaire, et il me paraît hors de doute qu'Alfonse,
dans sa chronique, a eu en vue le *cantar* qui s'est conservé
dans la *Cronica rimada*. Il y a une autre preuve de ce que
j'avance ; c'est l'emploi du mot *jensor*. Vs. 762 :

   Mandó á Portogal, essa tierra jensor.

Il n'y a, je crois, qu'un seul autre exemple de l'emploi de
ce comparatif provençal ; il se trouve dans la *Maria Egipciaca* (p. 92 édit. Pidal), ouvrage où il y a tant de vieux mots
qu'il pourrait très-bien être plus ancien que la *Chanson du
Cid*. Dans la *Maria*, *jensor* (*genzor*) a le sens du positif, de même que dans le chant guerrier. Partout ailleurs, on
trouve constamment *gentil* dans les phrases de ce genre.
Chanson du Cid, vs. 680 :

   De Castiella la gentil exidos somos acá.

Romance »Del Soldan de Babilonia :"

   Para ir á dar combate á Narbona la gentil.

 Du reste, ce chant célèbre les hauts faits d'armes de Ferdinand, ses guerriers intrépides, et ses préparatifs pour aller combattre les Français, les Allemands et les Italiens [1]. Très-

---

1) Il faut rayer les vers 788, 789 (assonance féminine en *a-o*) et 792
(*e-e*), qui sont interpolés par l'auteur de la *Cronica;* mais je crois qu'il
faut conserver le vers 797 :
  E Frandes, é Rrochella, é toda tierra de Ultramar ;
car dans une pièce si ancienne et si populaire, cet *a* se prononçait probablement à peu près comme *o*. Dans la poésie française, *a*, *o*, *u* et *ou*
formaient assonance (voyez le *Gormont*, vs. 251—292) ; de même *a* et *e*
(*ibid.*, vs. 112), *i* et *e* (*ibid.*, vs. 303), *au* et *ei* (*ibid.*, vs. 10 et 11) etc.
Dans la pièce espagnole, l'assonance :

simple en sa forme, de même que la chanson des soldats d'Aurélien rapportée par Vopiscus, renfermant des phrases courtes et susceptibles d'être répétées en chœur, ce morceau me paraît avoir été chanté dans les rangs des armées comme cette ancienne chanson de Roland, dont parlent plusieurs auteurs et que nous ne possédons plus [1]. Il doit avoir été composé après l'année 1157, car on y lit aussi qu'il y a *cinq* rois en Espagne (vs. 786) de même que dans la *Cronica* elle-même.

Un autre morceau contient le récit de la mort du comte Don Gomez de Gormaz, qui fut tué par Rodrigue, de l'arrivée de ses trois filles à Bivar, et du départ de Chimène pour Zamora, où elle prie le roi Ferdinand de la marier à Rodrigue. Nous traduirons plus tard ce beau récit; quand on connaît les anciennes romances, il est impossible de douter que ce morceau en soit une, et dans ce cas, celle-ci est peut-être la plus ancienne, et sans contredit la moins altérée, de toutes. Elle contient d'ailleurs une glose assez curieuse, qui doit être de l'auteur de la *Cronica*, car il est impossible qu'elle soit du copiste. Cette glose confirmera l'opinion que j'ai déjà émise sur l'époque où le poète de la *Cronica* vécut.

Il s'agit de la couleur des vêtements de deuil. J'ai déjà eu l'occasion de faire remarquer que, parmi les Arabes d'Espagne, sous le règne des Omaiyades et plus tard, la couleur du deuil était le blanc [2]. J'ai remarqué depuis, qu'il en était de même, à une certaine époque, en Italie et en France. Le

---

    E Armenia, é Persia la mayor,

    E Frandes, é Rrochella, é toda tierra de Ultramar,

est la même que dans le *Gormont* (vs. 253):

    Jeo te conois assez, Hugon,

    Qui l'autrir fus asparillans.

1) Comparez M. le baron de Reiffenberg, *Chronique rimée de Philippe Mouskes*, t. II, Introduction, p. cxcvi, et les auteurs qu'il cite.

2) Voyez plus haut, p. 147 et suivantes.

Dante (*Purgatorio*, VIII, vs. 73 et suiv.) fait dire à Nino Visconti, le fameux juge de Gallura, au sujet de sa femme Béatrix, marquise d'Este, qui s'était remariée à Galeazzo Visconti :

> Non credo che la sua madre (Beatrice) più m'ami
> *Poscia che trasmutò le bianche bende*,
> Le quai convién che misera ancór brami.

Mais si, du temps du Dante, les veuves italiennes portaient le deuil en blanc, les hommes, et probablement les femmes aussi, le portaient en noir un demi-siècle plus tard. Matteo Villani (Liv. X, c. 60) raconte que, quand Bernabos Visconti apprit la défaite de San Ruffello, en 1361, il s'habilla de noir en signe de son affliction. Dans la première moitié du XIIe siècle, le deuil était blanc en France ; auparavant il avait été noir, comme il l'était alors en Espagne. Nous possédons à ce sujet un passage fort curieux de Pierre le Vénérable, abbé de Cluny depuis 1122 jusqu'en 1156, qu'il mourut. Dans une lettre adressée à Saint-Bernard, Pierre de Cluny parle des disputes entre les moines noirs et les moines blancs. Il raconte [1] que Sidoine, archevêque d'Auvergne, reprochait à ses contemporains qu'ils assistaient en blanc aux enterrements, et en noir aux noces ; ceux qui suivaient alors la coutume générale, dit Pierre, faisaient le contraire. Quand je me trouvai récemment en Espagne, ajoute-t-il, j'ai eu l'occasion de voir, avec quelque surprise, que cette *ancienne coutume* est encore pratiquée par tous les Espagnols. En signe de deuil, » nigris tantum » vilibusque indumentis se contegunt."

Dans l'ancienne romance, on lit en parlant des filles du comte Don Gomez de Gormaz après la mort de leur père (vs. 314) :

> Paños visten brunitados é velos á toda parte.

---

[1] Voyez les lettres de Pierre le Vénérable dans la *Bibliotheca Cluniacensis*, publiée par Marrier et André du Chesne, p. 839, 840.

» Elles revêtent des habits noirs et se couvrent entièrement
» de voiles." Ce vers est le vers régulier des romances, et le
vieux mot *brunitado* a sans doute la signification que je lui
attribue. Après ce vers se place une ligne ainsi conçue:

(estonce la avian por duelo ; agora por goso la traen.)

Ce pronom *la* doit sans doute ici s'entendre comme un neutre
et se rapporter aux *paños brunitados ;* s'il se rapportait aux
velos, je ne vois pas pourquoi le glossateur n'aurait pas écrit
los ; d'ailleurs les voiles à eux seuls n'étaient ni un signe d'affliction ni un signe de joie. Je crois donc que le glossateur
a précisément écrit *la*, et non *los*, pour indiquer que cette
note se rapporte, non pas aux voiles dont il est fait mention
immédiatement auparavant, mais aux *paños brunitados*, et je
traduis: » Alors on portait cela comme deuil ; à présent on le
» porte en signe de joie." D'où il résulte qu'à l'époque où
la romance fut composée, le deuil était noir, et qu'il était
d'une autre couleur, en blanc comme en France et en Italie,
quand la note s'écrivit. Mais quand s'écrivit-elle ?

D'après Pierre le Vénérable, le deuil était noir en Espagne
dans la première moitié du XIIe siècle. Dans le XIVe siècle,
il était de la même couleur, comme il résulte d'un passage de
l'archiprêtre de Hita (copla 736), où il parle d'une veuve. Le
deuil était noir aussi quand la légende de Cardègne s'écrivit ;
celle-ci doit nécessairement être plus ancienne que la *Cronica
general* d'Alfonse, cependant elle me paraît encore appartenir
au XIIIe siècle. On lit dans cette légende [1], qu'après la mort
du Cid, sa fille Doña Sol se revêtit d'étamine, de même que
ses dames d'honneur ; l'infant Sancho d'Aragon, son époux,
et les cent chevaliers qui l'accompagnaient, revêtirent des manteaux noirs (*capas prietas*) et des chapeaux fendus par le milieu

---

1) Voyez *Cronica general*, fol. 363, col. 1 et 2.

(*capiellas fendidas*) , et ils pendirent les écus le haut en bas aux arçons de leurs selles. Alfonse ne faisant aucune observation sur ce passage de la légende, il est certain que, de son temps aussi, le deuil était noir. Il conserva cette couleur depuis ce temps. Dans la seconde moitié du XIIe siècle, il était noir en France aussi. Après la mort de Raymond V de Toulouse, arrivée en 1194, le troubadour Pierre Vidal » se vêtit de noir, » tailla la queue et les oreilles à tous ses chevaux [1], et se fit raser » la tête à lui-même et à tous ses serviteurs [2]; mais ils lais- » saient croître la barbe et les ongles [3]." Le deuil était donc noir en Espagne dans la première moitié du XIIe siècle, et à partir du XIIIe ; mais d'après la glose dont il s'agit, il doit avoir été blanc pendant un certain temps. Cela ne peut avoir été le cas qu'après Pierre le Vénérable et avant la composition de la chronique de Cardègne, c'est-à-dire, à la fin du XIIe ou au commencement du XIIIe siècle. Ainsi cette glose nous conduit à la même époque où nous ont conduit les autres passages d'où l'on peut inférer quand la *Cronica rimada* a été écrite. Il paraît que vers l'année 1160, les Espagnols adoptèrent de leur voisins, les Provençaux ou les Arabes, la coutume de porter le deuil en blanc, et qu'un peu plus tard, les

---

1) En Espagne aussi, d'après Pierre le Vénérable (*loco laud.*), on coupait la queue aux chevaux en signe de deuil. Morales (*Opúsculos castellanos publ. por* Cifuentes, Madrid, 1793, t. II, p. 81) cite un passage de la chronique de Ferdinand IV, où on lit : » Et quoique le roi Don Henri » eût beaucoup de vassaux, et qu'il leur eût fait beaucoup de bien, il ne » vint pourtant que très-peu d'entre eux pour assister à son enterrement, » et les nobles ne coupèrent pas la queue à leurs chevaux, comme c'est » la coutume des nobles de Castille, chaque fois qu'ils perdent leur seigneur."

2) La même coutume se pratiquait en Espagne; voyez Pierre le Vénérable.

3) Biographie provençale de Pierre Vidal, *apud* Raynouard, *Choix*, t. V, p. 337.

Provençaux se mirent à le porter en noir [1] ; et il est certain que, dans le XIIIe siècle, il était noir en France et en Espagne, comme il l'a toujours été depuis ce temps, dans les deux pays ; seulement on continuait en Espagne à porter le deuil en blanc à la mort des princes, jusqu'à l'année 1498.

La seconde romance raconte l'entretien entre Rodrigue et son père, après que ce dernier eut reçu les lettres de Ferdinand, et leur départ pour Zamora [2].

Le reste de la Cronica se compose évidemment de traditions populaires, en partie contradictoires. Ainsi le Cid est déjà marié à Chimène, quand il fait prisonnier le comte de Savoie, qui lui offre sa fille en mariage. Rodrigue refuse cette offre, non parce qu'il est déjà marié, nulle part il n'en est question, mais parce qu'il ne se croit pas digne d'épouser une dame d'une si haute naissance. Tous les récits de la Cronica sont d'ailleurs extrêmement simples et populaires ; le poète peut avoir modifié quelques détails, mais en général il pense comme pensait le peuple, sans substituer ses propres idées aux idées reçues. C'est par cela que la Cronica se distingue essentiellement de la Chanson.

Il ne paraît pas qu'Alfonse le Savant se soit servi de la *Cronica rimada*, bien qu'il y ait des traditions qui sont communes aux deux livres. Il se peut que le roi-chroniqueur n'y

---

1) Etait-ce un effet de la haine des Provençaux hérétiques contre les moines de Cîteaux, qui avaient échangé l'habit noir de Saint-Benoît contre l'habit blanc ?

2) Il est remarquable que là où cette romance finit, il y a une majuscule dans le manuscrit, et qu'il y en a aussi une au commencement de l'autre romance (elle se trouve au commencement du vers 300, qui est interpolé ; elle devrait se trouver au vers 301). Les majuscules sont rares dans ce manuscrit ; M. Michel les a indiquées scrupuleusement. Dans le manuscrit du poème provençal sur Boece, les majuscules, qui cependant n'y sont pas toujours à leur place, indiquent le commencement d'une nouvelle tirade monorime.

ait pas recouru parce qu'il se défiait du caractère peu historique de l'ouvrage ; mais puisqu'il a pourtant admis plusieurs traditions qui sont fabuleuses à un égal degré, je serais plutôt porté à croire, que la même raison qui l'a engagé à traduire la chronique arabe, l'a empêché de puiser dans la *Cronica rimada;* car ce dernier ouvrage, plus qu'aucun autre, est favorable à la noblesse et hostile au roi. Nous aurons plus tard l'occasion de signaler un passage dans la *General,* où Alfonse a altéré sciemment la tradition, et dans un but très-marqué. Un seul romancero a puisé, sans aucun doute, dans la *Cron. rimada.* Je prie mes lecteurs de vouloir bien comparer la romance »Cabalga Diego Lainez" (XVIe siècle?) avec la *Cron. rimada* (p. 11). Cette comparaison les convaincra, je crois, que la romance n'est qu'une amplification du passage correspondant de la *Cronica.* Non-seulement les idées sont les mêmes, avec cette différence que le récit de la *Cron.* est simple et énergique et que celui de la romance est un peu diffus, mais les assonances (*a-o*) sont aussi identiques. Il y a même des hémistiches qui les ont. *Cron.* vs. 400 :

    Todos disen: es él que mató al conde losano [1].

Romance :

    Aquí viene entre esta gente quien mató al conde Lozano.

Cron. vs. 403 :

    al rey bessarle la mano.

Romance :

    para al rey besar la mano.

Cron. vs. 405 :

    Rodrigo fincó los ynojos por le bessar la mano.

---

1) Il résulte de la comparaison de la romance que telle est la véritable leçon. Dans l'édition de M. Michel, on lit :

    Todos disen a él que el que (*sic*) mató al conde lozano.

Romance :

> Ya se apeaba Rodrigo para al rey besar la mano.

Cron. vs. 406, 407 :

> el rey fué mal espantado.
> A grandes boses dixo: Tiratme allá esse peccado.

Romance :

> Espantóse de ello el rey, y dijo como turbado:
> Quitateme allá Rodrigo, quitateme allá diablo.

Ces points établis, nous revenons au mètre des romances. Dans les deux anciennes romances et dans le chant de guerre, il y a des vers parfaitement réguliers, comme nous avons déjà eu l'occasion de le faire voir. Mais la plupart des vers ne le sont nullement, et l'on a beau se donner toute la peine possible, on ne réussira pas (à moins de se permettre des changements extrêmement hardis et que rien ne justifie) à réduire ces vers irréguliers à des vers réguliers. Mais d'ailleurs, y a-t-il quelque probabilité à supposer que l'auteur de la *Cronica* ait altéré à plaisir des vers réguliers; qu'il ait substitué un rhythme barbare à un rhythme harmonieux; qu'il ait altéré à dessein un vers tel que celui-ci :

> Vos venis en gruesa mula, | yo en un ligero caballo,

qui se trouve dans la romance »Castellanos y Leoneses," pour y substituer celui-ci (*Cron. rimada*, vs. 16):

> Vos estades sobre buena mula gruessa, | é yo sobre buen cavallo;

qu'il ait substitué au vers (Romance »Cabalga Diego Lainez") :

> Porque la besó mi padre, | me tengo por afrentado.

celui-ci (*Cron. rim.* vs. 410) :

> Porque vos la bessó mi padre, | soy yo mal amansellado?

En vérité, cela serait trop étrange. Il est bien plus naturel de croire que les vers qui se trouvent dans la *Cronica* sont les plus anciens (la forme longue de la seconde personne du pluriel (*estades*) et le vieux mot *amansellado* (cf. *Cron.* vs. 553) le montrent de reste), et qu'ils n'ont été changés en vers réguliers que lorsque le rhythme des romances était fixé.

Récapitulons : Dans toute poésie romane, le vers est d'abord irrégulier, et ne devient régulier que successivement. Le vers de la romance était irrégulier au commencement, c'était un vers libre ; nous en avons des preuves matérielles, des preuves irrécusables. Ces vers libres étaient déjà entremêlés de vers trochaïques réguliers de quinze syllabes (rime masculine), mais ce ne fut que plus tard qu'on commença à se servir *exclusivement* de ces derniers. Il s'ensuit que les romances où il y a des vers irréguliers, sont indubitablement les plus anciennes ; que pour reconnaître l'antiquité d'une romance, il est de la dernière importance de la scander. Mais à quelle époque commença-t-on à se servir exclusivement des vers trochaïques de quinze ou de seize syllabes : en d'autres mots, qu'entendons-nous par romances anciennes ?

Je trouve que le rhythme des romances était déjà parfaitement régulier au XIVe siècle. On ne trouve aucune irrégularité dans une romance de Don Juan Manuel [1], aucune dans le fragment de la chronique rimée sur Alfonse XI, qui doit avoir été composée vers cette époque [2]. Déjà dans les *Cántigas* d'Alfonse le Savant, composées en dialecte galicien [3], on trouve le mètre des romances, et il y est parfaitement régulier. Dans une romance castillane du même monarque [4], on ne trouve qu'un seul hémistiche qui ait une syllabe de trop :

---

1) » Gritando va el caballero."

2) On y trouve à la vérité: » é vieron iazer el Arraz," où il y a une syllabe de trop ; mais puisque ce serait la seule irrégularité dans un morceau assez long, je crois devoir rayer la copulative.

3) Chez Ortiz y Zuñiga et dans le livre de M. Bellermann.

4) Réimprimée par M. Wolf (*Wien. Jahrb.*, t. 114, p. 19). Je me tiens persuadé que cette pièce lyrique (car ce n'est pas une romance pro-

Y (*lisez* E) su madre sancta María.

Nous concédons volontiers qu'un Alfonse le Savant ait pu composer des romances en vers réguliers, tandis que les jongleurs ses contemporains en composaient encore en vers plus ou moins irréguliers ; mais nous oserons affirmer pourtant que vers l'année 1300 ou un peu plus tard, le rhythme de la romance était fixé, et que celles qui présentent des vers libres, sont antérieures à cette époque.

Il y a quelques autres signes auxquels on peut reconnaître qu'une romance est ancienne. Dans l'origine, l'assonance n'était pas invariablement la même pour toute une romance. Dans une de celles qui se sont conservées dans la *Cronica rimada*, l'assonance est *o* dans les quatre premiers vers, et *a* dans les autres. Dans un grand nombre de romances anciennes l'assonance change [1], et cela se pratiquait encore dans la première moitié du XIVe siècle, car dans la romance sur les Carvajales, qui a pour sujet un événement qui arriva en 1312, l'assonance est d'abord *e-a* et ensuite *a-o*. Là où l'assonance change, nous avons en effet des tirades monorimes. Les plus anciennes romances ont presque toujours l'assonance masculine (surtout *a* ou *o*). Quand on trouve une assonance féminine employée au lieu d'une masculine, c'est là un signe certain que la romance est ancienne. Les plus anciennes romances se trouvent, presque sans exception, dans le *Cancionero de romances*, imprimé à Anvers, dans le XVIe siècle et à différentes reprises, par Martin Nucio [2]. Il va sans dire que l'étude des

---

prement dite) est d'Alfonse X, surtout parce qu'elle s'accorde quelquefois textuellement, non pas avec une ancienne chronique citée par le marquis de Mondejar (p. 402), comme dit moins exactement M. Wolf, mais avec une lettre authentique d'Alfonse, qui se trouve à la page citée.

1) Voyez plus haut, p. 616, note 1.
2) Voyez sur ce livre les remarques de M. Wolf, *Wien. Jahrb.*, t. 114, p. 10—12.

moeurs, des coutumes, des modes, est de la plus grande utilité pour fixer le temps où une romance a été composée, car les poètes du moyen âge peignaient toujours leur propre temps.

En appliquant ces remarques aux romances du Cid, nous trouvons que les romances » Dia era de los Reyes," » En Burgos » está el buen Rey" et » Delante el Rey de Leon" présentent des indices d'antiquité; nous y reviendrons. La romance » Hélo, hélo por do viene," que nous avons traduite plus haut (p. 589, 590), doit aussi avoir été composée dans un temps où le mètre des romances n'était pas encore fixé. On y trouve la ligne:

Y su hija Urraca Hernandez.

Si cette leçon est la véritable, il faut supposer que le romancero croyait que le Cid s'appelait Ferdinand, et non Rodrigue. Mais cette supposition est inadmissible; les romanceros ne se trompaient pas sur ces sortes de choses. Le jongleur a dit sans doute:

Y su hija Urraca Rodriguez,

et plus tard, on aura changé ce vers, qui a une syllabe de trop, pour y substituer un vers régulier:

Y su | hija ⌒ Ur | raca ⌒ Her | nandez.

Aucune autre romance n'offre des particularités métriques qui la fassent croire ancienne. Il est possible, il est même à peu près certain, que plusieurs traits caractéristiques des romances anciennes, aujourd'hui perdues, se sont conservés dans les romances qui nous restent; mais dans leur entier, aucune d'elles n'est antérieure à l'année 1300, à l'exception peut-être des quatre que nous venons de nommer; la plupart d'entre elles accusent au contraire leur origine moderne; quelques-unes n'ont été composées qu'au XVIe ou au XVIIe siècle; elles décrivent les costumes de ce temps-là, et ceux qui les ont composées, ont puisé dans la *Cronica general* ou dans la *Cronica del Cid*. Ces romances sont si fades, si maniérées, que peut-être aucun autre cycle ne présente un nombre si considérable de romances décidément mauvaises. Cependant elles peuvent nous apprendre ce que le Cid devint sous les mains des poètes du XVIe et du XVIIe siècle.

Nous avons à examiner à présent la Chanson du Cid, et à fixer l'époque où elle fut composée.

D'après la très-juste observation de M. Wolf[1], la Chanson du Cid a pour sujet le mariage des deux filles de ce héros et l'honneur qui lui en revint; tout le reste n'est qu'accessoire. Il se divise en trois parties ou branches, dont la première finit au vers 1093, avec les mots:

Aquis' conpieza la gesta de Mio Cid el de Bibar;

la deuxième, au vers 2286:

Las coplas deste cantar aquis' van acabando: El Criador vos valla con todos los sos Sanctos.

On voit donc que le poète lui-même appelle assez clairement son ouvrage une *chanson de geste*, genre de poème qui, en Espagne aussi, était fort connu et dont parle la *Cronica general*[2].

---

1) *Wiener Jahrbücher*, t. 56, p. 240. M. Clarus (*Darstellung der spanischen Literatur im Mittelalter* (Mayence, 1846), t. I, p. 214) a adopté cette opinion; mais il n'a pas plus expliqué que M. Wolf, quelle était l'idée de l'ancien poète en faisant choix de ce sujet; nous reviendrons là-dessus. Du reste, M. Clarus a donné le premier une analyse vraiment fidèle de ce poème remarquable.

2) Voyez, par exemple, fol. 225, col. 3: » E algunos dizen en sus « cantares de gesta que fué este Don Bernaldo fijo de Doña Tiber" etc. M. Diez (*Jahrbücher für wissenschaftliche Kritik*, 1845, Sp. 427) a nié mal à propos que les Espagnols avaient des chansons de geste. Il est possible qu'ils aient emprunté le nom et la chose aux Provençaux (ce qui n'implique nullement qu'ils aient aussi imité le système métrique de ces derniers), et cette opinion se convertirait en certitude si l'on pouvait prou-

Le seul manuscrit de cet ouvrage (où il manque un petit nombre de pages au commencement et une feuille au milieu) a été écrit en 1207; je crois que l'ouvrage lui-même a été composé vers la même époque.

Sanchez et Capmany lui attribuent une plus haute antiquité; à en juger par la langue, disent-ils, il doit avoir été composé vers le milieu du XIIe siècle. » Le jugement de deux »linguistes aussi savants," dit M. Wolf [1], »est sans doute »d'un grand poids." Je le veux bien, pourvu toutefois qu'il se fonde sur quelque chose, et c'est ce que j'oserai nier. Il y a des chartes espagnoles de cette époque; elles sont rares, mais il y en a [2], et l'on n'a qu'à les parcourir pour se convaincre à l'instant même, que la langue de la Chanson n'est

---

ver que déjà dans le XIIe siècle, les seigneurs provençaux se faisaient accompagner de jongleurs dans leurs pèlerinages à Saint-Jacques de Compostelle, comme ils avaient la coutume de le faire au XIVe (voyez M. Yanguas, *Antigüedades de Navarra*, t. II, p. 707). On sait du reste qu'un extrait du roman provençal intitulé *El Mainet*, est entré dans la *Cronica general* (comparez M. Fauriel, *Histoire de la poésie provençale*, t. III, p. 465). Quant à la poésie française, je suis porté à croire qu'elle était entièrement inconnue en Castille, et même en Aragon. Il est vrai que, dans un manuscrit de Berne (voyez M. Wackernagel, *Altfranzösische Lieder und Leiche*, p. 89), on trouve une pièce française encore inédite (*juepartis*: » Bieu vos pairt, Andreus, ne laissies mie. — Rois je ne croi ke nulle » riens tant vaille") d'un roi d'Aragon, que M. Wackernagel croit être Pierre II (1204—1213); mais je pense que cet exemple unique ne prouve rien, cette pièce ayant pu être traduite du provençal en français, comme cela arriva assez fréquemment.

1) *Wien. Jahrb.*, t. 56, p. 249.

2) Voyez les *Fueros* d'Oviédo, donnés par Alfonse VII en 1145, et publiés par Llorente, *Noticias históricas de las tres Provincias Vascongadas*, t. IV, p. 96—107, et les pièces publiées par M. Yanguas, *Diccion. de antig. del Reino de Navarra*, t. I, p. 51—55, 208: t. II, p. 73, 74.

nullement celle du milieu du XIIe siècle, qui se rapprochait alors encore beaucoup plus du latin. A en juger par la langue, la Chanson du Cid ne remonte donc pas au milieu du XIIe siècle; cet ouvrage doit être plus moderne, à moins que la langue n'ait été modernisée par le copiste. Cela se pourrait, mais il faut alors qu'il y ait des raisons assez fortes qui prouvent que la Chanson est plus ancienne que la langue ne le ferait supposer.

Ces raisons, M. Wolf [1] a cru les trouver dan les vers bien connu (3735):

<blockquote>Hoy los Reyes de España sos parientes son.</blockquote>

» Aujourd'hui les rois d'Espagne sont les parents du Cid."

D'après M. Wolf, la Chanson est une espèce d'épithalame, composé à l'occasion du mariage de Blanche, l'arrière-petite-fille du Cid, avec Sancho III de Castille, en 1151.

Cette supposition me paraît arbitraire. Ni Blanche ni Sancho ne sont nommés une seule fois dans l'ouvrage. Après avoir raconté qu'Oiarra, infant de Navarre, et Ynigo Ximenez, infant d'Aragon (deux personnages entièrement fabuleux) épousèrent les deux filles du Cid, le poète s'écrie (vs. 3733—3735): » Voyez quel honneur obtient celui qui naquit à l'heure » favorable, puisque ses filles sont reines de Navarre et d'Ara-» gon: aujourd'hui les rois d'Espagne sont ses parents!" De l'aveu de M. Wolf lui-même, il s'agit ici, non pas de tous les rois d'Espagne sans exception, mais de quelques-uns d'entre eux. Or, le poète lui-même indique quels rois il a en vue, à savoir ceux de Navarre et d'Aragon; s'il avait eu en vue le mariage de Blanche avec Sancho III, s'il avait composé son poème à l'occasion de ce mariage, il en aurait dit quelque chose, ses contemporains n'ayant pas sous la main un livre de la nature des *Reynas* de Florez, pour y découvrir sa

---

[1] Voyez *Wien. Jahrb.*, t. 56, p. 250, 251.

pensée. Bref, si le poète a eu réellement l'idée que M. Wolf lui prête, jamais idée ne s'est mieux cachée.

Il faut donc des raisons bien plus solides que celles qui ont été produites jusqu'à ce jour, pour que l'on puisse admettre que la Chanson du Cid ait été écrite vers le milieu du XIIe siècle. Si on la suppose composée au commencement du XIIIe, on s'explique pourquoi elle est si peu conforme à l'histoire. Non pas que j'attache une grande importance à cette observation: loin de là. J'avoue de tout mon coeur que le Cid aurait pu devenir le héros d'un poème entièrement contraire à l'histoire, peu d'années après sa mort, de son vivant même; il y a des circonstances où la tradition se forme et se développe avec une rapidité merveilleuse. Je ne suis pas de ceux qui pensent que les contemporains du Cid se seraient donné la peine de démentir le récit d'un jongleur [1], et les personnes qui croient qu'à cette époque, »l'imagination ne »pouvait encore se débarrasser de la réalité," connaissent bien peu cette époque. Nous verrons bientôt que l'imagination jouait alors un rôle très-important; nous verrons ce qu'on rêvait en Castille, et à quel degré ces rêves audacieux passaient pour la réalité. Mais sans attacher une importance démesurée au caractère anti-historique de l'ouvrage, il me paraît cependant plus favorable à mon opinion qu'à l'opinion contraire.

Du reste, il y a très-peu de passages dans la Chanson, qui nous mettent à même de déterminer, avec toute la précision désirable, l'époque où elle a été écrite. J'en ferai pourtant remarquer un, d'autant plus qu'en le faisant, je pourrai opposer à M. Wolf une observation qu'il a faite lui-même. Cet éminent connaisseur de la poésie romane pense que la belle romance du comte Claros (»Media noche era por hilo") a été

---

1) Voyez plus haut, p. 326.

composée dans le XIIIe siècle, principalement parce qu'il y est dit que le poitrail était garni de trois cents grelots,

<blockquote>Con trescientos cascabéles al rededor del petral,</blockquote>

et que cette mode était surtout pratiquée dans le XIIIe siècle [1]. M. Wolf ne cite que l'article *cascavellus* chez Ducange. Il faut comparer l'article *tintinnabulum* chez le même lexicographe. En provençal on disait *cascavel* [2] ou *sonalh*, et l'on trouvera que dans le midi de la France, on garnissait les poitrails de ces grelots dans le XIIIe siècle. Arnaud de Marsan (*Ensenhamen*, *apud* Raynouard, *Choix*, t. V, p. 44):

<blockquote>
E denan al peitral
Bels sonalhs tragitatz
Gent assis e fermatz;
Car sonalhs an uzatje
Que donan alegratje,
Ardimen al senhor,
Et als autres paor.
</blockquote>

Aicart del Fossat (*apud* Raynouard, t. IV, p. 231), dans un sirvente sur la guerre entre Conradin et Charles d'Anjou:

<blockquote>
Trombas, tabors, sonaills, genz e peitrals,
E cavalliers encoratz de contendre
Veirem en cham [3].
</blockquote>

Chez un troubadour de la fin du XIIe siècle, le célèbre Bertrand de Born, le mot *sonalh* se trouve dans le sens de *cloche*, non dans celui de *grelot* [4]. Dans la *Chanson du Cid* (vs. 1516) il est aussi question de poitrails garnis de grelots:

---

1) *Wiener Jahrbücher*, t. 117, p. 132, dans la note.
2) Voyez Raynouard, *Lexique roman*, t. II, p. 349.
3) Ces deux passages ne se trouvent pas cités dans le *Lexique roman*.
4) Voyez le *Lexique roman*, T. V, p. 263. Voyez aussi sur les poitrails à grelots, une note de van Wijn, dans sa savante dissertation sur les grelots dont les vêtements des grands étaient garnis (*Werken van de Maet-*

En buenos cavallos á petráles é á cascabéles.

Il est possible qu'on en ait fait usage en Espagne vers le milieu du XIIe siècle, mais je crois qu'on le prouvera difficilement.

Mais si nous ne voyons aucune raison pour attribuer à la Chanson une plus haute antiquité que le commencement du XIIIe siècle, il est certain qu'elle n'est pas plus moderne que cette époque. Cette remarque n'est pas superflue, car dans la date du manuscrit, il y a une rature après les deux CC, et l'espace est tel qu'un troisième C pourrait le remplir. Sanchez (I, p. 221) a pensé qu'on a rayé un C afin de faire paraître le manuscrit plus ancien, et l'écriture lui a paru du XIVe siècle. Supposé pour un instant, que le manuscrit soit de 1307, l'ouvrage serait pourtant plus ancien. Il serait antérieur à la légende de Cardègne copiée dans la *Cronica general*, car dans cette légende, de même que dans les écrits du XIVe siècle, le hoqueton se nomme *gambax* [1], tandis que ce

---

schappÿ der *Nederlandsche Letterkunde*, t. IV, p. 38—40). Dans un passage du *Caerl ende Elegast*, cité par ce savant, il est fait mention de cent grands grelots en or rouge, attachés au poitrail. Dans le *Don Quijote* (II, 20) il est aussi question des *cascabéles en los pretáles*.

1) Dans mon *Dictionnaire détaillé des noms des vêtements chez les Arabes* (p. 324—326), j'ai parlé du mot غنباز *gambás*. J'ai cité un passage d'al-Makkarí, d'où il résulte que ce terme désignait en Espagne une espèce de vêtement grossier qui couvrait le cou; j'ai fait observer que, d'après Pierre d'Alcala, il désignait aussi en Espagne une sorte de robe, et qu'en Orient, ou emploie encore ce mot dans cette dernière acception. Mais j'ai négligé de faire remarquer que ce terme arabe n'est qu'une transcription du mot espagnol *gambax*, qu'au moyen âge il était employé dans presque toutes les langues de l'Europe, qu'on l'emploie encore en Hollande, et que l'on a même cru en trouver l'étymologie dans le hollandais. Qu'il me soit donc permis de revenir sur ce mot.

En Espagne, *gambax* désignait une espèce de tunique qu'on portait sur

vêtement porte le nom de *belmez* ou *velmez* dans la *Chanson du Cid* (vs. 3084, 3648). La langue y est aussi évidemment plus ancienne que dans les poésies de Gonzalo de Berceo. Mais il me paraît même qu'on n'a qu'à examiner le fac-simile des

---

la peau nue, sous le haubert. Légende de Cardègne dans la *Cron. gener.* (fol. 361, col. 3), en parlant du cadavre du Cid : » é vestiól á carona del » cuerpo un *gambax* branco fecho de un randal" (cet exemple est le seul que donne le Dict. de l'Académie espagnole au mot *gambax* ; mais loin de corriger la faute *randal*, les académiciens ont consacré un article à ce dernier mot, qui n'a jamais existé ; il faut lire ou *ranzal* (comparez le Glossaire de Sanchez sur la Chanson du Cid) ou bien *cendal*). *El libro de Alexandro*, copla 430 :

>Armós el buen cuerpo ardido é mui leal ;
>Vestió á carona un gambax de cendal ;
>Dessuso la loriga blanca cuemo christal.

» Le bon, vaillant et très-loyal chevalier s'arma ; il revêtit sur la peau nue » un *gambax* de sandal (taffetas) ; là-dessus le haubert blanc comme du » cristal."
Ayala, *Cronica de Don Pedro*, p. 81 : » E armóse de un *gambax*, » é una loriga, é una capellina, é asi fué á oir Misa." Et plus bas : » é » fué luego preso é desarmado, salvo del *gambax*." Le *gambax* répondait donc au hoqueton français, qui se portait aussi sous le haubert, et qui était souvent de soie en dehors, et doublé de coton en dedans. (Perizonius a déjà observé, avec toute raison, que *hoqueton* n'est qu'une altération du mot grec ὁ χιτων ; en vieux hollandais, on nommait aussi la tunique qui se portait sous le *halsberch*, *acottoen*, *acotoen*, *accotoen*; voyez les passages cités par Huydecoper dans ses notes sur Melis Stoke, t. II, p. 137, les fragments de la traduction hollandaise de la *Chanson des Lohérens*, publiés par M. Jonckbloet sous le titre de *Roman van Karel den Grooten en zijne XII Pairs*, Fr. II, vs. 321 et 449, et le Glossaire sur cet ouvrage.) Il est présumable que le hoqueton dont parle Joan Lorenzo, n'était de taffetas qu'en dehors, et qu'en dedans il était doublé de coton.

Nous retrouvons le mot espagnol *gambax* dans les formes provençales *gambais* et *gambaison, camisole piquée qui se mettait sous le haubert*

quatre premiers vers du manuscrit, publié dans la traduction espagnole de Bouterwek (p. 112), pour se convaincre que ces caractères longs et minces appartiennent à l'année 1207, et non à l'année 1307. Je crois donc qu'il faut attribuer la

---

(voyez Raynouard, *Lexique roman*, t. III, p. 421). (A en croire M. Honnorat, dans son *Dict. provençal-français*, le mot *gambais* désignerait aussi *la pièce de l'armure défensive, destinée à couvrir la jambe*. M. Honnorat n'a fait que répéter ici une grave erreur de M. Fauriel, qui a donné cette fausse explication dans son glossaire sur la *Croisade contre les Albigeois*. Dans ce glossaire, on ne trouve pas cités les vers auxquels les explications se rapportent; mais je crois pouvoir affirmer que le mot *gambais* ne se trouve qu'une seule fois dans le poème en question, savoir dans le vers 520, où il signifie *hoqueton*, comme partout ailleurs; le *jambard* se nommait en provençal *cambiera*.) L'ancien français avait les formes *gambais*, *gambes*, *hambais*, *wambais*, *wambeison*, *wanbais*, *gabeson*, *gambaison*, et une foule d'autres encore que l'on trouvera dans le *Glossaire de la langue romane* par Roquefort (au mot *gambaison*). En allemand, on disait *wambeis*, *waembeis*, *wambesch*, *wanwas*; en hollandais, *wambeys*; ces mots désignaient le hoqueton, fait de toile et doublé de laine (comparez Ziemann, *Mittelhochd. Wörterb.*; Huydecoper, *loco laud.*; Meyrick, cité par M. Jonckbloet *loco laud.*). On peut voir dans Ducange (t. III, p. 801—803) les différentes formes que ce terme avait dans la basse latinité.

Depuis longtemps, plusieurs savants, surtout hollandais, ont cru que notre mot *wambuis* (nous donnons ce nom à une espèce de pourpoint tel qu'en portent ici les paysans et les ouvriers) fournit l'étymologie de tous ces mots; et il n'y a pas longtemps que cette opinion a été reproduite par le célèbre Bilderdijk (*Geslachtlijst*, t. III, p. 239). *Wambuis*, dit-on, se compose de la racine *wam*, *wamme* (*wamba* en gothique, *wamb* en anglo-saxon, *womb* en anglais), qui signifie *ventre*, et de *buis* = *bus* = *bos*; *wambuis* signifie donc *ce qui entoure le ventre*. Cette étymologie est toujours plus plausible que celle de Barbazan, qui dérive *gambaison* de *campa* et de *summum*; j'objecterai cependant que: 1°. le *wambuis* n'entoure pas le ventre; 2°. le mot *buis* (nous disons simplement *buis* dans le même sens que *wambuis*) n'est pas néerlandais; Kilian atteste que, de son temps, on l'employait

rature à un simple hasard ; qu'il faut adopter une des autres conjectures de Sanchez, et supposer que le copiste a écrit par malheur un C de trop, ou la copulative *é*, qu'il raya quand il vit qu'elle n'était pas nécessaire.

Avant de quitter ce sujet, je me permettrai encore une observation. La Chanson et la Cronica sont toutes les deux en vers libres, mais ainsi que l'a déjà remarqué M. Ochoa [1], le rhythme de la première est moins barbare et plus harmonieux que celui de la seconde. Je crois que cette circonstance vient à l'appui de ce que j'ai dit plus haut sur l'époque où la Cronica a été composée. On peut se figurer difficilement que le rhythme devint successivement moins harmonieux ; il faut bien supposer le contraire. La

---

exclusivement dans la province de Hollande ; il paraît que c'était un plat provincialisme, un mot tronqué, la dernière syllabe altérée de *wambas* ou *wambeys* (ce changement de *a* ou *ey* en *ui* (diphthongue que les Français ne peuvent prononcer) a lieu quelquefois ; de *fornax* nous avons fait *fornuis*). Ce qui rend cette opinion très-probable, c'est qu'un poète qui était né à Amsterdam et qui florissait dans le XVIe siècle, Roemer Visscher, écrivait encore *wambas*. *Buis* ou *wambuis* n'existait donc pas alors dans la langue de la bonne compagnie, dans la langue écrite ; 3°. est-il probable que les peuples de deux parties du monde, depuis la Baltique jusqu'au golfe arabique, aient tous adopté un mot d'origine hollandaise, pour désigner une chose aussi simple qu'une tunique ?

Quant à moi, je serais plutôt porté à croire que ces mots français, provençaux, espagnols, arabes, allemands et hollandais dérivent de $\beta\alpha\mu\beta\alpha\xi$, *bambagia* en italien, *du coton*, et $\beta\alpha\mu\beta o\xi$ est probablement une altération de $\beta o\mu\beta v\xi$, car *bombyx* désignait non-seulement *de la soie*, mais aussi *du coton* (Pline, *H. N.*, XIX, 1). Dans une foule de cas, l'on a donné au vêtement le nom de l'étoffe dont il était formé. De cette manière, un mot qu'on emploie encore en Hollande et en Syrie, dériverait d'une racine grecque. Il faut avouer que les mots ont aussi leur histoire.

(1) *Catál. razon. de los manuscr. Españ. exist. en las bibliot. de Paris*, p. 110.

Cronica peut donc être [plus ancienne, ou appartenir à peu près à la même époque, que la Chanson, mais elle ne peut pas être plus moderne.

IX.

> All is not false which seems at first a lie.
> Southey, *St. Gualberto.*

Ce fut peu de temps après la mort du Cid, que la poésie castillane prit son élan. La langue s'était formée peu à peu ; elle était assez cultivée maintenant pour pouvoir se prêter à la poésie. Le pays avait joué un rôle honorable dans l'histoire, il avait vu son territoire s'agrandir, et il en était fier.

La poésie qui se forma en Espagne, n'était pas une poésie épique proprement dite. Celle-ci ne pouvait naître en Espagne. Les Visigoths avaient sans doute leurs dieux, mais probablement ils n'avaient point de mythologie ; ils sentaient vaguement qu'ils dépendaient d'êtres supérieurs, auxquels ils donnèrent des noms, mais ils n'avaient point de cosmogonie, point de théogonie, ils n'avaient ni temples ni images. C'est ce qu'il faut supposer du moins, quand on voit que, parmi leurs descendants, on ne retrouve aucune trace d'une ancienne foi religieuse, et que les dieux anciens n'ont pas même survécu dans les contes populaires. Les Scandinaves, et même les Allemands et les Français, se rappelaient encore leurs anciens dieux, quoiqu'ils eussent embrassé le christianisme ; ces dieux survivaient, bien qu'ils fussent descendus au rang de rois, de héros, de magiciens, d'esprits malins. Mais en Espagne on les avait entièrement oubliés, et il n'y a point de pays qui soit plus pauvre en contes populaires. Convertis de bonne heure au christianisme, les Visigoths avaient trouvé, à leur arrivée en Espagne, une civilisation qui, après être parvenue à son apogée, commençait déjà à décroître, la civilisation romaine. Ils l'adoptèrent. Ils prirent part aux controverses de l'église ;

Ariens zélés au commencement, ils furent plus tard de zélés catholiques. Ils ne pouvaient donc produire un poème épique véritable, car pour cela les conditions essentielles leur manquaient : une religion, basée sur la contemplation de la nature et possédant des mythes poétiques, et une situation sociale qui ne fût pas encore arrivée à l'état de civilisation artificielle.

Une poésie lyrique, rêveuse et intime, n'était pas faite pour le caractère espagnol. Aujourd'hui encore, on le sait, l'Espagnol ne se perd guère, comme l'Allemand, dans la contemplation de la nature ; rarement les bois, les lacs, les soleils couchants, les étoiles, ont pour lui des voix ; sa nature n'est nullement une nature panthéistique ; elle est trop positive, trop sereine, trop sérieuse, pour des rêves d'amour, pour cette douce mélancolie qui se plaît à sonder les plaies du coeur, ou à en créer là où elles n'existent pas.

Homme d'action, guerrier intrépide et audacieux, le Castillan se créa une poésie narrative qui convenait à son caractère. Dans ses romances, il raconte un seul fait d'une manière simple, brève et vigoureuse ; le fait en lui même a frappé le poète, c'est pour cela qu'il le raconte ; il ne décrit pas quelle impression ce fait a produit sur lui, il ne joint pas ses propres observations à son récit. Loin de rechercher une diction ornée et poétique, il semble ne pas se douter qu'il est poète. L'art des transitions lui est inconnu ; de là vient que la romance présente souvent quelque chose d'énigmatique, car doué d'une vive imagination, le poète passe sous silence les circonstances accessoires ; donne-t-il quelque chose de plus que ce qu'on aurait strictement le droit de lui demander, alors il peint d'un seul trait, mais qui parle directement au coeur ou à l'imagination.

Au fond de ces romances, il y avait fort souvent une idée politique.

Certes, le Castillan avait ses rêves, mais ce furent des rêves de grandeur nationale. Et qu'ils étaient audacieux ces rêves! Que le Castillan y croyait hardiment! Ce qu'il avait rêvé devint pour lui la réalité même. Ferdinand Ier avait fait de grandes choses; il avait arraché aux Maures une grande partie du Portugal, il avait été sur le point de prendre Valence. Mais qu'était-ce que tout cela en comparaison des hauts faits que les chanteurs populaires lui attribuèrent, que lui attribua, à leur exemple, la chronique Alfonsine? Il racontent que l'empereur d'Allemagne exigea que Ferdinand reconnût sa suzeraineté et lui payât un tribut annuel; le pape et le roi de France appuyèrent cette demande. Qu'est-ce que Ferdinand fit alors? L'ancien chant de guerre nous le dit en peu de mots: » En dépit des Français, il passa les Ports d'Aspa; en » dépit des rois et des empereurs, en dépit des Romains, il » entra dans Paris avec les soldats intrépides de l'Espagne." Ferdinand remporta la victoire sur les Français, les Italiens, les Allemands, les Flamands, les Arméniens, les Persans et ceux d'Outremer réunis!

La poésie castillane s'attachait donc à la réalité, en ce sens qu'elle n'aspirait ni à l'idéal ni à l'infini; mais elle n'en imprimait pas moins à la réalité un caractère poétique; elle en relevait les couleurs de manière à faire disparaître les couleurs primitives; le prisme dont elle se servait, rendait les objets méconnaissables; elle se souciait si peu de la chronologie, qu'elle faisait remonter quelques-unes des prouesses du Cid au temps de Ferdinand; bref, là où elle disait Ferdinand, elle aurait pu dire Roland ou Olivier. Ces deux noms-là appartenaient à un âge éloigné et à peu près mythique; mais Ferdinand appartenait à l'histoire, au XIe siècle, et le chant guerrier qui célèbre ses prouesses, est du siècle suivant. Ainsi un temps, comparativement parlant fort restreint, avait suffi pour transformer un roi historique en un roi semi-fabuleux. C'est là un phénomène bien digne d'attirer l'attention, et particulier à l'Espagne. Nulle part ailleurs en Europe, un roi du XIe siècle n'a été métamorphosé comme l'a été Ferdinand. Et pourtant il n'était pas pour le peuple le grand héros du XIe siècle ; ce grand héros était le Cid.

Mais pourquoi le Cid est-il devenu le héros des poésies populaires ? On dirait qu'il était peu propre à le devenir, lui, l'exilé, qui servit, pendant de longues années, les rois arabes de Saragosse dans leurs guerres contre les princes chrétiens Sancho d'Aragon et Bérenger de Barcelone ; lui qui ravagea sans pitié une province de sa patrie ; lui, l'aventurier hardi, l'*algarero* avide de butin, qui faisait la guerre » pour avoir de quoi » manger," comme le disent une chronique arabe et la Chanson du Cid ; lui dont les soldats appartenaient, en grande partie, à la lie de la société musulmane ; cet homme sans foi ni loi, ce Raoul de Cambrai, qui viola et détruisit les églises chrétiennes, qui procura à Sancho de Castille la possession du royaume de Léon par une trahison infâme, en conseillant à son roi de violer les conditions arrêtées avant la bataille décisive ; qui trompait Alfonse, les rois arabes, tout le monde ; qui fit brûler de malheureux assiégés qui s'étaient mis entre ses mains, et en fit déchirer d'autres par des dogues ; qui viola, à Valence et à Murviédro, les traités solennellement jurés. Il prit la riche, la superbe Valence, soit, mais quel avantage les Espagnols retirèrent-ils de la prise de cette ville ? Les bandes du Cid y gagnèrent du butin ; mais l'Espagne n'y gagna rien, car les Arabes la reprirent peu de temps après la mort de Rodrigue, et elle demeura en leur pouvoir jusqu'à ce qu'enfin elle leur fût enlevée définitivement, un siècle et demi plus tard, par Jacques d'Aragon — qui n'est pas devenu, lui, le héros des chansons populaires. Chose étrange! Le peuple espagnol qui a chanté et glorifié Rodrigue, n'a souvent su trouver que des paroles de mépris pour le glorieux Ferdinand Ier, des accents de haine pour Alfonse VI, le digne rival du grand Yousof ibn-Téschifín, le sage politique qui s'assujettissait les Arabes non moins par ses armes que par sa bonté, sa clémence, ses manières douces et affables ; le grand homme qui, par la prise de Tolède, décida du sort de l'Espagne, prépara la conquête de Grenade, et fut comme l'aurore du jour solennel où la croix serait plantée de nouveau sur tous les minarets arabes !

D'abord, hâtons-nous de le dire, ce que nous appellerions les défauts, les mauvaises actions, les crimes de Rodrigue, ne s'appelait pas ainsi au XIe, au XIIe siècle, ou plutôt tout cela était si général, si ordinaire, que l'on y faisait à peine attention.

Piller et brûler des églises ! — Et combien d'églises et de cloîtres ne furent pas pillés et brûlés en France à cette époque ? Raoul de Cambrai est toujours un héros, et bien des grands seigneurs ont brûlé des abbayes, sans se tenir obligés de prendre la croix pour si peu de chose, comme ce bon Louis VII. Alfonse d'Aragon, dit le Batailleur, était sans contredit un grand roi, et pourtant Urraca lui reproche aussi d'avoir violé les églises [1], de même que Bérenger le reproche au Campéador.

Brûler vifs des Musulmans, les jeter aux dogues ! — Sait-on ce que c'étaient que les Musulmans, sait-on comment on les traitait ? » Si quelqu'un," dit Sancho d'Aragon dans les *Fueros* de Jaca, donnés en 1090 [2], » si quelqu'un a reçu en » gage de son voisin un (esclave) sarrasin ou une (esclave) sarra- » sine, qu'il l'envoie dans mon palais et que le maître du sarra- » sin ou de la sarrasine donne à celui-ci du pain et de l'eau, » *parce que c'est un homme et qu'il ne doit pas jeûner*

---

(1) Voyez *Historia Compostellana* (*Esp. Sagr.*, t. XX, p. 117).
(2) *Apud* Llorente, *Noticias*, t. III, p. 456.

» (c'est-à-dire mourir de faim et de soif) *comme une bête.*"
Ceci est une prévision fort humaine de la part du législateur;
mais quelle idée le peuple se formait-il d'un Musulman, là
où de telles lois, de telles admonitions, étaient nécessaires? Il
ne faut pas l'oublier: les idées chevaleresques ne se montrèrent en Espagne que dans le XIVe siècle. Avant cette époque, les Espagnols et les Arabes se traitaient brutalement de
chiens; perro de moro, disait l'Espagnol; *calb* galicien,
répondait l'Arabe.

Combattre, avec des troupes musulmanes, contre des princes espagnols, contre sa propre patrie, la ravager, quand on
était chevalier espagnol! — Pourquoi pas? Quelle différence
y avait-il entre ces choses-là et un combat livré à un prince
arabe? Aucune ou peu s'en faut. Jamais un de Castro ne
s'est fait scrupule d'entrer au service du sultan de Grenade et
de combattre ses compatriotes. Un prince du sang royal, Don
Juan Manuel, le célèbre auteur du Comte Lucanor, implora
le secours du même sultan et combattit le roi, son parent,
avec des troupes musulmanes. — Mais le patriotisme le défendait pourtant. — Le patriotisme! Y avait-il au moyen âge
un mot, dans quelque langue que ce fût, pour exprimer cette
idée? Et l'idée est-elle fort vivace là où il n'y a pas de mot
pour la rendre? Un chevalier espagnol du XIe siècle ne combattait ni pour sa patrie ni pour sa religion; il combattait
pour s'enrichir par un grand butin.

Tromper ses ennemis, violer les conditions d'un traité! —
C'est que les Espagnols avaient profité de leur commerce
avec les Arabes. الحرب خدعة, »la guerre, c'est tromper,"
avait dit le Prophète de la Mecque. A Valence, dit Ibn-Bassám, »on lisait à Rodrigue les gestes des Arabes; et quand
» il en fut arrivé aux faits et gestes d'al-Mohallab, il fut ravi
» en extase et se montra rempli d'admiration pour ce héros."
Cette assertion n'a rien d'improbable quand on se rappelle

que Rodrigue avait passé de longues années à Saragosse, qu'une grande partie de son armée se composait d'Arabes, et que ses sujets appartenaient à la même nation. Mais qu'était-ce que cet al-Mohallab? N'ayant nullement l'intention d'énumérer toutes ses prouesses, nous nous bornerons à constater que ce célèbre héros était surnommé le Menteur, راح يكذب; الكذّاب, » il » ment toujours," disait-on de lui, et un poète s'écria:

Tu serais le plus noble de tous les chevaliers, si tu avais coutume de dire la vérité.

Mais les auteurs arabes, loin de blâmer dans le héros ce manque de foi, s'expriment en ces termes: » Al-Mohallab était un » théologien instruit; il connaissait les paroles du prophète qui » disent: chaque mensonge sera compté pour tel, à l'exception » de trois: le mensonge qu'on fait pour amener la paix entre » deux personnes qui se querellent; le mensonge de l'époux » envers son épouse quand il lui promet quelque chose, et le men- » songe du guerrier en temps de guerre, quand il menace[1]." A l'exemple des Arabes, on ne se piquait pas trop de véracité dans l'Espagne chrétienne; même le Cid idéalisé, celui de la Chanson, est un homme qui a souvent recours à la ruse. Il trompe aux cortes les Infants de Carrion quand il leur redemande ses deux épées; les Infants lui accordent cette demande parce qu'ils supposent qu'il ne demandera rien autre chose. Il trompe les deux juifs de Burgos, Rachel et Vidas; il remplit de sable deux coffres, les leur offre en gage comme s'ils contenaient de grands trésors, fait jurer aux deux juifs de ne pas les ouvrir avant qu'une année se soit écoulée, et se fait prêter par eux, sur ce gage trompeur, six cents marcs. Un poète moderne fait dire à la fille du Cid à cette occasion:

L'or de votre parole était dedans.

Mais le vieux jongleur ne raconte pas cette aventure pour mon-

---

1) Voyez Ibn-Khallicán, Fasc. IX, p. ۴٧, ۴٨ édit. Wüstenfeld.

trer que le Cid tint scrupuleusement sa parole ; au contraire, il ne mentionne ce fait que pour peindre le Cid comme un homme fin et rusé.

Etre exilé, combattre son roi, le tromper! — Mais il fallait précisément cela pour devenir le héros de la poésie castillane [1].

Outre le cycle carlovingien et celui des Infants de Lara, la poésie castillane en avait trois autres: de Bernard del Carpio, de Fernand Gonzalez et du Cid. Ces trois derniers portent tous le même caractère: le héros qu'ils peignent brave son roi, il est rebelle.

Bernard del Carpio était le fils naturel du comte de Saldaña et de Chimène, la soeur d'Alfonse le Chaste; ses parents durent expier leur faute, sa mère dans un cloître, son père dans une prison. Instruit du secret de sa naissance, Bernard pria en vain le roi, son oncle, de rendre la liberté à son père. Ecoutons à présent la romance [2]:

Le roi envoya des lettres et des messagers au Carpio. Bernard, en homme bien avisé, soupçonna une trahison; il jeta les lettres par terre, et parla ainsi au messager:

»Tu es un messager, mon ami, tu n'es point coupable, non [3]; mais

---

1) Quand nous disons *castillane*, ce n'est point là un synonyme d'*espagnole*. Toutes les poésies populaires ont été composées dans la province de Castille et dans les Asturies. La Galice avait un autre dialecte; méprisé aujourd'hui, c'était anciennement la langue de cour, celle dont se sont servi le poète de l'ancien *Cancioneiro* et Alfonse le Savant dans ses pièces les plus châtiées. La Catalogne avait son dialecte à elle, soeur du provençal; la cour d'Aragon versifiait en provençal.

2) » Con cartas y mensageros." L'assonance varie dans cette romance très-ancienne.

3) Mensagero eres, amigo, non mereceis culpa, non.
Le même vers, qui est devenu proverbial, se trouve dans la romance » Buen Conde Fernan Gonzalez." On lit dans la *Cronica rimada* (vs. 509):

Mensagero con cartas non deve tomar mal, nin recebir daño.

»dis au roi qui t'envoie ici, que je ne me soucie pas de lui ni de tous ceux
»qui lui ressemblent; toutefois pour voir ce qu'il me veut, j'irai là-bas."

Et il rassembla les siens et leur parla de cette sorte:

»Vous êtes quatre cents, vous les miens qui mangez mon pain [1]; cent
»resteront au Carpio pour le garder; cent autres se posteront sur les routes
»et ne laisseront passer personne; vous, mes deux cents, vous irez avec moi
»puisque je vais avoir un entretien avec le roi, et s'il m'arrive quelque mau-
»vaise chose, le pire sera que nous retournions."

A journées comptées il arriva à la cour.

»Que Dieu vous maintienne, brave roi, et tous ceux qui se trouvent
»avec vous!"

»Puisses-tu être venu pour ton malheur, Bernard, traître, fils du mau-
»vais père! Je t'ai donné le Carpio pour un certain temps; tu l'as pris comme
»s'il t'appartenait en propre!"

»Vous vous trompez, roi, et vous ne dites pas la vérité. Si j'étais un
»traître, je vous ressemblerais. Vous devriez vous souvenir de la bataille
»près de la chênaie, où des étrangers vous traitèrent si mal qu'ils vous tuè-
»rent votre cheval et voulurent vous tuer vous-même. Bernard, en traître
»qu'il est, vous retira de leurs mains. Alors vous me donnâtes le Carpio en
»propre; vous me promîtes de me rendre mon père; — vous n'avez pas gardé
»votre promesse!"

»Saisissez-le, mes chevaliers, car il me parle comme s'il était mon
»égal!"

»A moi, à moi, mes deux cents, vous qui mangez mon pain; car le
»jour est venu où nous devons nous signaler!"

Quand le roi vit cela, il parla ainsi:

»Qu'était-ce donc, Bernard, pourquoi te fâches-tu? Ce que l'on dit
»en badinant, tu le prends au sérieux? Je te donne le Carpio, Bernard,
»en propre."

»Ce badinage, roi, est un badinage inconvenant; vous m'avez ap-
»pelé traître, traître fils du mauvais père! Le Carpio je ne le veux pas,
»vous pouvez le garder, car quand je voudrai l'avoir, je saurai très-bien
»comment le prendre."

---

[1] Expression très-fréquente dans les romances. »Et de vestris homi-
»nibus qui vestro pane comedent," lit-on dans un Fuero de l'année 1130
(chez Llorente, *Noticias*, t. IV, p. 40).

En effet, le sentiment qui nous frappe le plus dans la poésie castillane du moyen âge, c'est la haine invétérée pour le roi. D'après la poésie populaire, il n'y a point de lâcheté, point de perfidie, point de crime, dont le roi ne soit capable. Sans doute, il y a eu assez de rois castillans dont la conduite semble justifier ce dur arrêt ; cependant c'est plutôt la constitution politique de la Castille, que la conduite des rois qui l'explique. Les deux classes de la société à laquelle la poésie populaire s'adressait de préférence, avaient de fortes raisons pour haïr le roi. Les poètes de ce temps, les *joglares*, voyageaient de château en château, de village en village, pour y chanter leurs compositions. On doit bien admettre qu'ils ne se rendaient que rarement dans les villes, quand on voit que les bourgeois n'occupent presque aucune place dans leurs poésies ; ces bourgeois étaient peut-être trop occupés d'intérêts matériels pour que la poésie trouvât chez eux un accueil favorable. Quoi qu'il en soit, les jongleurs ne parlent que des nobles et des paysans, des premiers surtout, et ces deux classes de la société avaient quantité de griefs contre le souverain. Les villes étaient plutôt des petites republiques unies par un lien fédératif ; grâce à leurs lois municipales, elles avaient peu de rapports avec le monarque, et elles traversèrent les temps les plus mauvais, ceux de Don Pèdre le Cruel par exemple, sans souffrir beaucoup de la tyrannie du roi.

Il y avait des fiefs en Castille ; ils s'appelaient *heredades* ou *solares*. Les paysans (*solariegos*) qui habitaient ces terres, n'étaient pas, à strictement parler, des serfs ; ils étaient seulement tenus à une redevance (*infurcion*) ; néanmoins le seigneur pouvait leur prendre le corps et les biens, s'ils abandonnaient le *solar* et s'ils négligeaient alors de se faire remplacer par d'autres paysans, afin que la culture des terres ne souffrît pas de leur départ ; le seigneur pouvait aussi le faire, si le *solariego* n'acquittait pas la redevance. Les *solariegos* n'étaient que les administrateurs des biens du maître; ils ne pouvaient non plus rien posséder hors du *solar;* ils ne pouvaient rien transporter du *solar* à un autre endroit, excepté à la *behetria* du seigneur auquel appartenait le *solar.* Le roi ne percevait de ces *solares* que la *moneda forera,* espèce de contribution directe qui se payait tous les sept ans [1]. Le nom d'*heredades* que portaient ces *solares,* montre déjà qu'ils étaient héréditaires; les *deviseros* (c'est ainsi que s'appelaient les seigneurs de ces endroits, parce qu'ils *divisaient* entre eux les propriétés territoriales de leurs parents) pouvaient aussi les vendre [2].

Mais ces *heredades* n'occupaient qu'une petite partie du sol; le reste était propriété royale (*realengo*). Le roi avait partout ses gouverneurs, chargés de l'administration civile et militaire; ils devaient veiller à ce que les lois fussent observées, que les impôts royaux fussent levés, que les fortifications et les murs des villes et des châteaux fussent tenus en bon état; mais ils n'avaient aucune juridiction. Ces gouverneurs s'appelaient *consuls, ducs, princes, comtes* etc. Nommer quelqu'un au poste de gouverneur s'appelait *dar renta y tierra.* En Espagne on appelait une telle terre, gouvernée par un noble, *feudo;* cependant ce n'était pas un *fief;* car le gouverneur remplissait tout simplement un *emploi;* il devait toujours exécuter les ordres du roi, et son emploi n'était ni héréditaire ni même à vie [3]. Depuis le comte Sancho Garcia, les gouver-

---

1) Voyez Asso et Manuel, notes sur le *Fuero Viejo,* p. 37, 38.
2) Voyez Morales, *Opúsculos castellanos,* t. II, p. 62 et suiv. Les *deviseros* étaient-ils obligés de suivre le roi à la guerre quand ils avaient seulement un *lugar en heredad,* et qu'ils n'avaient point de *lugar en tierra?* Je n'oserais répondre d'une manière absolue à cette question assez importante; cependant il me paraît plutôt que non.
3) C'est ce qui a été développé très-bien par M. Schaefer, t. II, p. 504. et suiv.; comparez aussi Morales, *loco laud.*

neurs castillans étaient soldés pour suivre le roi à la guerre [1].
A l'époque d'Alfonse le Savant et plus tard, le temps pendant
lequel ils devaient servir était de trois mois [2] ; ils pouvaient
quitter le souverain si celui ci ne les soldait pas [3].

On reconnaît bien ici quelques traces du droit féodal,
mais on s'aperçoit aussi que les gouverneurs castillans n'étaient
pas des vassaux, dans le sens que ce mot avait en France. Ils
n'avaient nullement la puissance ou les droits de leurs voisins,
les seigneurs féodaux français et aragonais. Même les *deviseros* n'étaient ni puissants ni riches, parce qu'il n'y avait pas
de majorats en Espagne avant Henri II. Les propriétés territoriales des *deviseros* se morcelaient donc entre différentes
mains, elles étaient flottantes, tandis que les gouverneurs dépendaient entièrement des volontés ou des caprices du roi.

On conçoit aisément que les nobles castillans, pour le
moins aussi ambitieux, aussi avides de pouvoir, que les nobles aragonais, n'étaient nullement contents de ces institutions.
De bonne heure ils tâchèrent d'étendre leur autorité, visèrent
même quelquefois à l'indépendance, et combattirent leur roi
à différentes reprises. Ils devaient donc accueillir avec faveur
des poésies qui célébraient des héros de leur caste, qui s'é-
taient révoltés avec succès contre le roi. Personne, sauf Fernand Gonzalez peut-être, ne se prêtait mieux que le Cid à
devenir le héros des poésies propres à charmer les nobles. Sa
carrière aventureuse était bien faite pour occuper l'imagination. Il avait fait de grandes choses, peu importait s'il avait
fait des choses durables ; Napoléon sera toujours pour les Français le plus grand des héros, bien que la France n'ait pas conservé

---

1) Roderich de Tolède, L. V, c. 3.
2) Voyez Morales, p. 67, 68 ; la loi *Fuero Viejo*, Libro I, Tit 3,
ordonne la même chose.
3) *Fuero Viejo*, loco laud.

les pays qu'il avait conquis. Mais avant tout, Rodrigue était le seul parmi ses contemporains qui, exilé et haï par son roi, eût fait payer cher à Alfonse la haine que celui-ci lui portait; le seul qui eût fondé une principauté, et y eût régné en prince indépendant. Pour la noblesse, tous les torts étaient naturellement du côté d'Alfonse; »Dieu, quel bon vassal s'il » avait un bon seigneur!" dit la Chanson (vs. 20).

A côté de la prépondérance du roi, se faisait sentir l'esprit d'indépendance chez les paysans. Plusieurs districts presque dépourvus de forteresses ayant été reconquis sur les Arabes, les vainqueurs les partagèrent entre eux, tandis que le roi ne se mêlait que de la justice; ils élurent eux-mêmes un seigneur, et après la mort de celui-ci, ils en élurent un autre. Quelquefois ils le prenaient dans une seule et même famille (*behetrias de linage*), quand certaine grande famille qui avait pris part à la conquête, était restée dans le district; d'autres fois, ils élurent celui qu'ils voulaient, sans distinction (*behetrias de mar á mar*), quand les conquérants les plus considérés étaient retournés dans leur patrie. Dans toutes les *behetrias* on pouvait changer de seigneur *sept fois par jour* [1].

Plus rapprochée du laboureur, la noblesse pauvre de la Castille avait besoin de l'appui des paysans pour pouvoir étendre son autorité. Les nobles devaient tâcher de se faire aimer par eux; ils devaient se montrer pour les campagnards, plus doux, plus avenants, que le roi ne pouvait ou ne voulait le faire. D'ordinaire, ils réussirent à gagner l'affection des paysans; ils ne commendaient pas d'ailleurs à un peuple vaincu, comme les Français commandaient aux Gaulois, les Normands aux Anglo-Saxons. Au fond, tous les Léonais, tous les Cas-

---

1) Les deux passages les plus importants sur les *behetrias* sont: *Fuero Viejo*, Lib. I, tit. VIII, et Ayala, *Cronica de Don Pedro*, p. 51 et suiv.

tillans, étaient égaux; il n'y avait qu'un avantage simplement matériel qui constituât la supériorité des uns sur les autres, à savoir la riches.

Une vieille romance peint ainsi les liens qui unissaient les paysans aux nobles [1]:

»Bon comte Fernand Gonzalez, le roi vous prie d'aller aux cortès à Léon.
» Si vous y allez, comte, on vous donnera une bonne récompense; on vous
» donnera [2] Palenzuela et Palencia la grande; on vous donnera les neuf villes,
» avec elles Carrion; on vous donnera Torquemada et Torre-Mormojon; on vous
» donnera Tordesillas et Torre-Labaton, et si vous désirez davantage, comte,
» on vous donnera Carrion [3]. Bon comte, si vous n'y allez pas, on vous dé-
» clarera traître."

Le comte répondit ces paroles:

»Tu es un messager, mon ami, tu n'es point coupable, non; mais moi, je ne
» crains pas le roi ni tous ceux qui sont avec lui. J'ai des villes et des châ-
» teaux, tous m'obéissent; mon père m'en laissa quelques-uns, je conquis les
» autres; ceux que me laissa mon père, je les peuplai de riches hommes; ceux
» que je conquis, je les peuplai de laboureurs; celui qui n'avait qu'un boeuf,
» je lui en donnai un autre, et ils étaient deux; celui qui mariait sa fille,
» je lui donnai un très-riche présent; ceux qui manquaient de deniers, je leur
» en prêtai. Chaque fois que le soleil se lève, ils prient pour moi. Ils ne
» priaient pas pour le roi, car il ne le mérite pas, non; il les greva d'impôts,
» et moi, je les en tins quittes [4]."

---

1) » Buen Conde Fernan Gonzalez."

2) Il faut lire ici et dans la suite *han* au lieu de *ha*. L'éditeur du *Cancionero de romances*, où cette romance a été imprimée pour la première fois, paraît avoir substitué *ha* à *han*, parce que sans cela, il y a quelquefois une syllabe de trop. D'après ce que nous avons dit plus haut à ce sujet, cette circonstance prouve la haute antiquité de cette romance; on y trouve aussi des assonances féminines qui doivent compter pour masculines, et, d'après la juste observation de M. Wolf, elle forme partie d'une autre romance (» Castellanos y Leoneses") où l'assonance varie.

3) Il faut substituer soit ici, soit plus haut, un autre nom de ville à celui de Carrion.

4) Depping (I, p. 80) dit que cette romance est de Sepúlveda, et M.

C'est cette union intime entre les paysans et la noblesse, qui nous explique pourquoi le Cid ne demeura pas pour le peuple ce qu'il était. Il devint à la fois noble et vilain; noble du côté de son père, vilain du côté de sa mère. D'après une tradition que la *Cronica general* [1] mentionne pour la réfuter, Diégo Laïnez, n'étant pas encore marié, chevaucha un jour de Saint-Jacques, lorsqu'il rencontra une paysanne qui portait le dîner à son mari; il la viola, et elle devint la mère du Cid. Une romance [2] dit aussi que Rodrigue était bâtard; seulement il y est plus jeune que les trois fils légitimes de Diégo Laïnez, car d'après la croyance espagnole, le cadet était toujours le meilleur. » Gonzalo Nuñez eut trois fils, et les » deux aînés ne valaient rien; le cadet était Fernand Gonzalez [3]," le héros favori des Castillans. Des sept Infants de Lara, le cadet, Gonzalo, surpasse ses six frères en générosité et en bravoure. La célèbre Chimène était aussi la plus jeune des trois filles du comte Gomez de Gormaz [4], et des trois filles du comte Pedro Anzurez, la cadette seule fut digne d'être l'épouse d'Alvar Fañez [5]. Dans la *Cronica rimada*, Rodrigue est fils légitime [6], mais la tradition dont nous avons parlé s'y montre

Alcala-Galiano a négligé de relever cette bévue inqualifiable. Certes, on donnerait très-volontiers le lourd bagage littéraire de cent ou de mille Sepúlvedas (mettez: rimailleurs) pour une romance comme celle-ci.

1) Fol. 280, col. 1 et 2.

2) » Ese buen Diego Lainez." Cette romance qui se trouve dans le *Cancionero de los enamorados*, manque dans le *Romancero del Cid* que M. Keller a publié à Stuttgart en 1840, mais elle a été réimprimée par Depping (I, p. 116).

3) *Cronica rimada*, p. 1.

4) *Cronica rimada*.

5) Don Juan Manuel, *El Conde Lucanor*, cap. V.

6) Vers 247, 248. Ce passage que M. Michel a fait imprimer comme si c'étaient des vers, est de la prose, comme le commencement de la Cronica, car l'assonance y manque.

pourtant, quoique sous une autre forme. En France Rodrigue va combattre le comte de Savoie. Il n'avait pas encore été armé chevalier; simple écuyer, il n'avait point de drapeau. Il prit un manteau de serge qu'il coupa en quinze *rameaux* avec son épée [1].

Il avait honte de donner ce drapeau à un chevalier. Il jeta les yeux autour de lui, et vit un sien neveu, fils de son frère, que l'on nommait Pero Mudo (Pierrot le muet). Il alla à lui: »Viens ici, mon neveu! tu es fils de » mon frère, celui qu'eut mon frère d'une paysanne avant son mariage [2]. Brave » homme, prends ce drapeau! fais ce que je t'ordonne!" Pero Mudo répondit: »Je le ferai avec plaisir. Je sais que je suis votre neveu, fils de votre » frère; mais depuis que vous avez quitté l'Espagne, vous ne vous en êtes pas » souvenu; vous ne m'avez invité ni à souper ni à dîner; je souffre beaucoup » de faim et de froid; je n'ai point de couverture pour mon cheval; le sang » ruisselle de mes pieds gercés." Alors Rodrigue dit: »Tais-toi à l'instant » même, traître! Tout bourgeois [3] qui veut monter à une haute dignité, doit

---

1) Dans la ligne 841, il faut lire *la seña*, au lieu de *la peña*. Dans la ligne 842:

apriessa ertó de punta á la meter la espada que traya al cuelo,

il faut lire *erió* (c'est-à-dire *hirió*, *firió* dans la *Chanson*, vs. 2029) au lieu de *ertó*, verbe qui n'existe pas. On disait *herir de punta* comme on disait *herir de espada* (*Alexandre*, copla 63, 70). Du reste, tout ce passage (vs. 840—846 dans l'édition de M. Michel) est de la prose.

2) »Quando andava casando," porte le texte. Je lis: »quando non an- » dava casado." Dans la *Cronica general*, Diégo Laïnez rencontre la paysanne, »seyendo por casar," c'est-à-dire, quand il était encore garçon; car tel est le sens de l'expression *por casar*, comme dans la célèbre romance des Infants de Lara (»A Calatrava la Vieja"):

Y me forzarian mis damas casadas y por casar.

Cronica rimada, vs. 936: »El rey don Fernando es por casar."

3) *Tout homme de bon lieu* (de buen logar), dit le texte. Il résulte des paroles du comte de Savoie, que je traduirai plus loin, que l'expression *homme de bon lieu* signifie *bourgeois*, par opposition à *comte* et à *riche homme*.

« s'enrichir par ses propres efforts 1 ; il doit souffrir patiemment les maux ;
» il doit savoir passer avec courage par le monde." Pero Mudo s'arma à l'instant même ; il reçut le drapeau, baisa la main à Rodrigue et dit: » Seigneur,
» devant Dieu, je ferai ce que vous m'ordonnez 2. Voyez le drapeau! Sans
» mentir, avant le coucher du soleil, je vous le planterai là où jamais drapeau de maure ni de chrétien, n'est entré." Alors Rodrigue dit: » C'est cela
» que je t'ordonne. A présent je vois que tu es fils de mon frère."

Ainsi Pero Mudo le bâtard est aussi le fils de ses oeuvres.
Il y a plus. Bien que Rodrigue soit un fils légitime et un
noble pour l'auteur de la Cronica, on y trouve pourtant un
passage où le héros se dit fils d'un marchand de drap. Il se
pourrait que le poète eût fait usage ici d'une tradition assez
répandue, mais qui était en opposition avec ses propres idées.
D'après la manière dont il raconte la chose, Rodrigue ne se
dit fils d'un marchand que pour se moquer du comte de Savoie.
Voici le passage dont il s'agit 3 :

Avec trois cents chevaliers Rodrigue chevaucha en protégeant le drapeau.
Le comte de Savoie le vit venir : il devint inquiet et dit à ses chevaliers :
» Montez à cheval à l'instant même ! Informez-vous si cet Espagnol a
» été exilé ; s'il est comte ou riche homme, qu'il vienne me baiser la
» main ; s'il est bourgeois, qu'il soit mon majordome 4!" Les Latins arrivent

---

1) » Conviene que de lo suyo sea abidado," dit le texte. Ce mot *abidado* est sans doute altéré ; je lis *abondado* (comparez le Dictionnaire de l'Académie espagnole).

2) » é dixo: » Señor, á fruenta (lisez *fruente* ; cf. *Alexandre*, copla 1712) » de Dios *te* fago." Ce *te* est fautif ; Pero Mudo ne tutoie pas Rodrigue (*vey* dans le vs. 864 est une espèce d'interjection) ; d'ailleurs, qu'est-ce que *te fago* signifierait ici? *je te jure?* mais *te fago* ne signifie jamais cela. Je lis donc : *lo fago*.

3) Vers 869 et suiv.

4) » Sy fuere ombre de buen logar, tome mio mayoradgo." Ce mot *mayoradgo* se prend ici dans un sens assez exceptionnel ; ne vaudrait-il pas mieux lire *mayordomadgo*, qu'on rencontre aussi dans la Chronique d'Alfonse XI (*voir* le Dictionnaire de l'académie espagnole)?

en toute hâte auprès de Rodrigue. Il fut bien étonné quand ils lui eurent dit leur message. »Retournez, Latins," dit-il, »retournez vers le comte avec »ma réponse, et dites-lui que je ne suis ni riche homme ni noble puissant. »Je suis un écuyer; je n'ai pas été armé chevalier; je suis fils d'un mar- »chand, petit-fils d'un bourgeois. Mon père demeurait à Rua, et vendait »toujours son drap. Deux pièces me restèrent le jour où il mourut, et de »même qu'il vendait le sien, je vendrai le mien avec plaisir; car qui achetait »de lui, achetait très-cher. Mais dites au comte 1 que tué ou pris il ne m'échap- »pera pas." Quand le comte entendit cela, il se fâcha on ne peut plus. »Cet »Espagnol, fils d'une diablesse, ose nous menacer 2! Que tous les autres »meurent, mais que celui-là soit fait prisonnier; qu'on me le mène en Savoie, »les mains bien liées! Je le pendrai, les cheveux attachés au mur du châ- »teau. Je donnerai mes ordres, sans miséricorde, à mes pages, et au milieu »du jour, il dira qu'il fait nuit noire!"

On se range en ordre de bataille, on se bat de bonne volonté. »Savoie!" crie le comte, et »Castille!" le Castillan. Avec quelle opiniâtreté les voyait-on batailler! Avec quelle fermeté donnait-on! Que de pennons gentiment travaillés s'élevaient et s'abaissaient! Que de lances se rompaient au premier choc 3! Que de chevaux tombaient et ne se relevaient plus! Que de chevaux galopaient sans maître dans les plaines!

Rodrigue se jeta au plus fort de la mêlée. Il rencontra le comte, lui asséna un coup et le désarçonna. Il ne voulut pas le tuer.

»Vous êtes prisonnier, Don comte, Savoisien honoré! C'est de cette ma- »nière que ce bourgeois vend du drap. Ainsi le vendait mon père jusqu'à »sa mort. Qui achetait de lui, achetait aussi cher." Le comte lui répondit: »Grâce, Espagnol honoré! un homme qui se bat ainsi, ne peut pas être un

---

1) J'omets les mots: »que de mi cuerpo a tanto," qui me paraissent altérés.

2) Lisez *nos* au lieu de *vos*.

3) Atantas lanças quebradas por el *primore* quebrar.
Il va sans dire qu'on doit lire *primero*. Ces huits vers qui riment en *ar*, pourraient bien être un fragment d'une romance ou d'une chanson de geste, car ces dernières offrent souvent des descriptions de batailles, où l'assonance est *a*; voyez, par exemple, *Chanson du Cid*, vs. 2414—2417. On peut aussi comparer avec le passage traduit dans le texte, *Gérard de Rossillon*, p. 189.

» vilain. Tu es frère ou cousin du bon roi Don Ferdinand. Comment te
» nomme-t-on? je te conjure de me le dire." Rodrigue dit alors: » Je ne te le
» refuse pas. Rodrigue m'appellent tous mes compagnons; je suis fils de Diégo
» Laïnez, petit-fils de Laïn Calvo." —»Infortuné, malheureux que je suis!" s'écria
le comte, »je croyais combattre un homme et je combattais un diable. Il y
» a peu de temps que l'on te nomma, et que l'on dit qu'aucun roi maure ou
» chrétien n'ose t'attendre sur le champ de bataille; car tué ou pris, il ne
» t'échapperait pas; et j'ai entendu raconter au roi de France et au pape de
» Rome, que jamais mortel ne t'a fait prisonnier [1]. Dis-moi de quelle manière
» je puis recouvrer ma liberté sans me déshonorer. Epouse une mienne fille,
» que j'aime plus qu'aucune autre chose; je n'ai point d'autre fille; je n'ai
» point de fils qui puisse hériter de mon comté."

Qu'il y avait réellement une tradition où Rodrigue était
fils d'un marchand de drap, c'est ce qui devient très-probable
quand on voit que, dans une romance, les Infants de Carrion
lui disent: » Nous sommes fils de rois, cousins d'empereurs:
» méritions-nous d'être mariés aux filles d'un laboureur [2]?"
Dans la Chanson, il est aussi un roturier, le fils d'un meu-
nier, comme Charlemagne dans les romans. Le comte Asur
Gonzalez s'écrie aux cortes de Tolède [3]: » Dites-donc, sei-

---

1) Que nunca prendes ombre nado, que nunca te prendiesse.

C'est un non-sens. Pour restituer le sens et l'assonance, il faut lire:

Que nunca te prendiesse ombre nado.

Il est clair que le copiste d'un ancien manuscrit a écrit par erreur *prendes* au lieu de *te prendiesse*, qu'il a corrigé sa bévue sur la marge, et
que celui qui a copié ce manuscrit-là, a transcrit la faute de même que
la véritable leçon.

2) »Tres Cortes armara el Rey." Au lieu de *emperador* dans le vers:

Nos somos fijos de Reyes, sobrinos de Emperador,

je lis *emperadores*. Cette correction me paraît absolument nécessaire, et
cette romance porte assez de traces d'ancienneté pour que l'on puisse admettre qu'une assonance féminine y compte pour une assonance masculine.

3) *Chanson du Cid*, vs. 3389 et suiv.

» gneurs, a-t-on jamais rien vu de si mauvais ? Qui est-ce qui
» peut nous donner des nouvelles de Mon Cid, celui de Bivar?
» Est-il allé à Riodovirna, pour y mettre en mouvement les mou-
» lins et prendre des moutures, comme c'est sa coutume? Qui
» donc lui conseilla de marier ses filles à ceux de Carrion?"
Ici donc le Cid est complétement *démocratisé;* il est homme
du peuple, il est vilain ; ce qu'il est devenu, il ne le doit qu'à
lui-même.

Observons maintenant comment ce Cid, ce noble ou ce roturier qui s'est élevé au niveau de la noblesse, traite son roi, surtout dans la *Cronica rimada*, car dans cette ancienne production, les qualités du Cid qui ont fait de lui le héros des chants populaires, ont été peintes avec le plus de fidélité. Ferdinand écrit à Rodrigue et à son père pour les prier de venir à sa cour.

Le messager s'est mis en route. Quand il arriva à Bivar, Don Diégo était à table. Le messager lui parla ainsi : » Je m'humilie devant vous, seigneur!
» Je vous apporte un bon message. Le brave roi Don Ferdinand désire vous voir,
» vous et votre fils. Voyez ici les lettres qu'il a signées et que je vous apporte.
» S'il plaît à Dieu, Rodrigue occupera bientôt un rang élevé."

Don Diégo examina les lettres et pâlit. Il soupçonna que le roi voulait le tuer à cause de la mort du comte [1].

» Ecoutez-moi, mon fils," dit-il, » et faites attention à ceci. Je crains
» ces lettres, je crains qu'elles ne cachent une trahison, car telle est l'infâme
» coutume des rois. Le roi que vous servez, je l'ai servi, moi, sans jamais le
» tromper ; — gardez-vous de lui comme d'un ennemi mortel. Mon fils, allez
» à Faro où se trouve votre oncle Ruy Laïnez, et moi j'irai à la cour auprès
» du brave roi ; et si, par hasard, le roi me tue, vous et vos oncles pourrez
» me venger."

Rodrigue lui répondit:

» Non, il n'en sera point ainsi! Par où vous passez, je veux aussi pas-
» ser, moi! Bien que vous soyez mon père, je veux vous conseiller. Faites
» vous accompagner de trois cents cavaliers, et donnez-les moi quand nous se-

---

1) Don Gomez de Gormaz. C'est ici que commence l'ancienne romance.

» rons arrivés à la porte de Zamora." Alors Don Diégo dit: » Eh bien, met-
» tons-nous en route!"

Ils partent pour Zamora. A la porte de Zamora, là où coule le Duero,
les trois cents s'arment et Rodrigue en fait de même. Quand Rodrigue vit
qu'ils étaient armés, il commença à leur parler de cette sorte : » Ecoutez-moi,"
dit-il, » amis, parents et vassaux de mon père! Protégez votre seigneur sans
» ruse et sans tromperie! Si vous voyez que l'alguazil veut l'arrêter, tuez
» l'alguazil à l'instant même! Que le jour soit noir pour le roi, de même
» que pour tous ceux qui se trouvent là-bas. On ne peut vous appeler traî-
» tres à cause de ce que vous tuez le roi, car nous ne sommes pas ses vassaux,
» et Dieu veuille que nous ne le soyons jamais! Le roi serait traître s'il
» tuait mon père 1!"

Tous les spectateurs disaient: » Voilà celui qui a tué le comte robuste 2!"
Lorsque Rodrigue jeta les yeux autour de lui, tous reculèrent; ils avaient
grandement peur de lui.

Don Diégo Laïnez vint baiser la main au roi; Rodrigue le vit, mais il
ne voulut pas en faire de même, lui; cependant sur l'ordre de son père, il
fléchit les genoux pour baiser la main au roi 3. Il portait une longue épée;

---

1) C'est ici que finit la romance qui, dans le manuscrit, est suivie des
deux vers suivants :

Por yo matar mi enemigo en buena lid en campo,
yrado contra la corte é do está el buen rey don Fernando.

Le premier vers est une explication assez fade de l'auteur de la Cronica ;
le second ne présente point de sens satisfaisant.

2) Voyez plus haut, p. 635 dans la note.

3) Dans la Cronica, il y a ici une contradiction singulière. On y lit:

Quando esto vió Rodrigo, non le quisso bessar la mano.
Rodrigo fincó les ynojos por le bessar la mano,

c'est-à-dire, Rodrigue ne voulut pas baiser la main au roi et il s'age-
nouilla pour la baiser. Mais il résulte de la comparaison de la romance
» Cabalga Diego Lainez," qu'il manque quelques vers entre ces deux lignes. Voici ce qu'on lit dans cette romance : » Tous mirent pied à terre
» pour baiser la main au roi; Rodrigue seul resta en selle. Alors
» son père parla; vous ouïrez ce qu'il dit: » Mettez pied à terre, mon
» » fils; baisez la main au roi, car il est votre seigneur et vous êtes son

le roi eut peur et s'écria : » Emmenez ce diable !" Alors Don Rodrigue dit:
» J'aimerais mieux souffrir la plus grande douleur que de vous voir mon sei-
» gneur, que de me voir votre vassal. Parce que mon père vous a baisé la main,
» je suis extrêmement fâché."

Dans la suite de la *Cronica*, Ferdinand se montre toujours incapable de bien régner ; c'est Rodrigue qui fait tout ; Ferdinand est une pitoyable marionnette dont Rodrigue tient les fils. Quand l'empereur d'Allemagne somme Ferdinand de le reconnaître pour suzerain, il ne sait que faire. » On voit » que je suis jeune et sans talents," s'écrie-t-il ; » c'est pour » cela qu'on me traite avec tant d'arrogance. J'enverrai cher- » cher mes vassaux, c'est ce qui me semble le meilleur, et » je les consulterai si je dois payer un tribut." Rodrigue accueille la demande de l'empereur d'Allemagne comme elle le mérite. Mais quand la bataille va s'engager contre les forces réunies de l'Europe, et que les Castillans crient aux armes, Ferdinand se lamente comme un enfant. » Personne ne répon- » dit à une seule de ces plaintes." Le roi, tout à fait découragé, demande Rodrigue, et c'est lui qui gagne la bataille. Lorsque plus tard, les alliés se furent montrés disposés à négocier avec Ferdinand, et que celui-ci, accompagné de Rodridrigue, se fut rendu à leur camp, » on ne savait quel était le » roi, ni quel était le Castillan, avant que le roi eût mis pied » à terre et fût allé baiser la main au pape." Ce dernier offre même à Rodrigue la couronne d'Espagne, qu'il refuse.

Puisque Rodrigue traite si cavalièrement son roi, on peut s'attendre qu'il ne montrera guère plus de respect envers les princes étrangers ou envers le pape, car en Espagne on n'ai-

---

» » vassal." Quand Rodrigue entendit ces paroles, il se sentit blessé ;
› la réponse qu'il donna, fut celle d'un homme déterminé : » Si un autre
» » m'avait dit cela, il me l'aurait déjà payé ; mais parce que c'est vous,
» » mon père, qui me l'ordonnez, je le ferai de bon coeur.""

mait pas trop ce dernier. Voici une romance assez remarquable sous ce rapport [1] :

> Le Saint-Père a appelé le noble roi Ferdinand à un concile qui se tiendrait à Rome, afin qu'il lui fît hommage. Accompagné du Cid, Ferdinand se rendit directement à Rome. Il y arriva au temps fixé, et alla baiser courtoisement la main au pape; le Cid et ses cavaliers y arrivèrent aussi successivement. Don Rodrigue était entré dans l'église de Saint-Pierre, où il vit les sept trônes des sept rois chrétiens; il vit celui du roi de France à côté de celui du Saint-Père, et un degré plus bas, celui du roi son seigneur. Il alla à celui du roi de France et le renversa d'un coup de pied; le trône était fait d'ivoire, il le brisa en quatre pièces; puis il prit le trône de son roi et le posa sur le degré le plus élevé. Un duc honoré, celui de Savoie, dit alors: »Soyez maudit, Rodrigue, et excommunié par le pape, parce que vous avez »déshonoré le meilleur et le plus noble des rois!" Quand le Cid eut entendu ces paroles, il répondit ainsi: »Laissons là les rois, duc! Si vous vous sentez »blessé, terminons l'affaire entre nous deux." Il s'approcha du duc et lui asséna un violent coup de poing. Le duc, sans lui répondre, resta très-tranquille. Informé de ce qui s'était passé, le pape excommunia le Cid. Quand celui de Bivar le sut, il se prosterna devant le pape. »Donnez-moi l'absolu»tion, pape," dit-il, »sinon vous me le payerez cher!" Le pape, en père clément, lui répondit avec beaucoup de modération: » Je te donne l'absolution, »Don Ruy Diaz, je te donne volontiers l'absolution, afin qu'à ma cour, tu »sois courtois et tranquille."

Il va sans dire qu'il y avait aussi des royalistes en Castille, et que pour eux ce caractère indépendant et républicain n'avait rien d'attrayant. Déjà dans la *Chanson*, Rodrigue montre un caractère beaucoup plus doux et plus soumis; Alfonse lui a fait du tort, mais le Cid ne le brave pas; il cherche plutôt à désarmer sa colère par une conduite digne et loyale. A la tête des royalistes se trouvait un roi, Alfonse X, et plus heureux que ses partisans, il opposa à l'enthousiasme des nobles pour le Cid l'argument le plus puissant: il rétablit la vérité historique en traduisant, dans sa *Cronica general*,

---

1) » A concilio dentro en Roma."

le récit arabe-valencien. Mais au lieu de se contenter de cette arme de bonne guerre, il alla plus loin; il altéra la tradition populaire. Il en existe un exemple frappant dans le récit que donne la *General* de l'arrivée du Cid auprès de Ferdinand. Nous avons déjà donné le récit de l'ancienne romance conservée dans la *Cronica rimada*; que l'on compare à présent celui de la *General* [1]:

» Quand Rodrigue de Bivar eut examiné les lettres du roi » son seigneur, il en fut très-content. Il répondit aux mes» sagers qu'il se conformerait à la volonté du roi, et qu'il » avait l'intention de se mettre incessamment en route, pro» prement accompagné de beaucoup de ses chevaliers, de » ses parents et de ses amis, qui porteraient de bonnes ar» mures neuves. Il arriva à Palencia auprès du roi avec » trois cents de ses parents qui portaient haut les armes. Le » roi alla à sa rencontre, le reçut courtoisement et lui fit beau» coup d'honneur; de quoi tous les comtes étaient fort cha» grinés." Le roi lui propose d'épouser Chimène. Dans la *Cronica rimada*, Rodrigue répond d'une manière peu courtoise à cette proposition. Dans la *General* au contraire, on lit: » Quand Rodrigue eut entendu cela, il en fut fort content, » et il répondit au roi qu'il lui obéirait en ceci comme dans » toutes les autres choses que le roi lui ordonnerait. Le roi le » remercia beaucoup de ses intentions."

Quelle différence n'y a-t-il pas entre ce Cid d'Alfonse et celui de la tradition populaire! Pour le peuple, le Cid d'Alfonse devait être (qu'on nous pardonne l'expression triviale) un crétin et un couard!

Dans Santa Agueda de Burgos, où jurent les gentilshommes, on reçut le serment d'Alfonse après la mort de son frère. Le brave Cid, le brave Cid castillan, lui fit prêter serment sur un verrou de fer, sur une arbalète de

---

1) Fol. 280, col. 4.

bois et sur les évangiles, tandis qu'il tenait un crucifix dans la main. Les paroles qu'il prononce sont si fortes, qu'elles font peur au brave roi.

» Que des vilains te tuent, Alfonse, des vilains (non des gentilshommes)
» des Asturies, d'Oviédo, non des Castillans; qu'ils te tuent avec des bâtons
» ferrés, non avec des lances ni avec des dards, avec des couteaux à manches
» de corne, non avec des poignards dorés; qu'ils portent des sabots, non des
» souliers à lacet; qu'ils soient vêtus de manteaux rustiques, non de manteaux
» de drap de Courtrai ou de soie frisée, de chemises d'étoupe, non de che-
» mises de toile de Hollande brodées; que chacun d'eux soit monté sur une
» ânesse, non sur une mule ni sur un cheval; qu'ils se servent de brides de
» corde, non de brides de cuir bien tanné; qu'ils te tuent dans les champs, non
» dans une ville ni dans un village; qu'ils t'arrachent le coeur encore palpitant,
» du côté gauche, si tu ne dis pas la vérité au sujet de ce qu'on te demande,
» à savoir si tu as pris part ou non à la mort de ton frère."

Les serments étaient si forts que le roi hésita à les prêter; mais un chevalier, l'ami le plus intime du roi, lui dit: » Prêtez le serment, brave roi,
» n'en soyez pas en peine, car jamais un roi ne fut parjure, ni un pape ex-
» communié."

Le brave roi jura donc qu'il n'avait pris aucune part à la mort de son frère; mais à l'instant même il dit rempli de colère: » Tu fais mal de me
» faire prêter serment de cette manière, Cid! Cid, tu as fait mal; car aujourd'hui
» tu fais prêter serment à celui auquel tu devras plus tard baiser la main [1]!
» Eloigne-toi de mes terres, Cid, mauvais chevalier, et n'y retourne pas d'au-
» jourd'hui à un an." — » Cela me plaît," dit le brave Cid, » cela me plaît
» beaucoup," dit-il, » parce que c'est le premier ordre que tu donnes pendant
» ton règne. Tu m'exiles pour un an, je m'exile pour quatre."

Le brave Cid part volontiers pour son exil; il prend avec lui trois cents chevaliers, tous gentilshommes, tous jeunes gens, parmi lesquels ne se trouvait pas un seul vieillard; chacun d'eux porte au poing une lance au fer fourbi; chacun d'eux porte un bouclier orné de houppes de couleur, — — — et le Cid ne manqua pas de trouver une terre où il pût établir son camp.

---

1) Il y a deux versions de cette romance. L'une, la plus ancienne, se trouve dans le *Cancionero de Romances*, et elle a été réimprimée par M. Duran; c'est celle que je traduis. L'autre se trouve dans le *Romancero del Cid*, et dans ceux de Depping et de M. Keller. Cette dernière ajoute ici deux lignes qui appartiennent à la romance » Cabalga » Diego Lainez."

Les descriptions des costumes qu'offre cette romance, prouvent que, dans sa forme actuelle, elle n'appartient pas aux plus anciennes. Cependant je serais porté à croire que le fond remonte à une haute antiquité; je ne suis même pas éloigné de la supposition que les faits principaux se trouvaient racontés dans cette partie de la *Cronica rimada* qui ne nous est point parvenue, car cet ouvrage respire le même esprit que cette romance. Dans d'autres romances sur le même sujet ("Hizo hacer al Rey Alfonso," "Por la muerte que le dieron"), le Cid se montre beaucoup plus courtois; mais voici de quelle manière un romancero royaliste a cru devoir répondre à la romance que nous venons de traduire [1]:

» Soyez mieux avisé, Don Rodrigue c'est à vous que je parle, considérez
» que je suis votre roi bien que l'on ne m'ait pas encore prêté serment; ce
» verrou de fer et cette arbalète de bois, de même qu'ils attestent mon ser-
» ment, attestent aussi l'affront que j'ai subi. Dieu et notre patron Saint-Jac-
» ques me sont témoins que je n'ai pas été traître, que je suis innocent du
» meurtre de Don Sancho. Ce n'est pas en vous montrant insolent, Rodrigue,
» que vous vous montrez vaillant, car même quand le vassal est dans son droit,
» il droit faire preuve d'humilité. Si en face de l'ennemi, Rodrigue, vous
» vous montrez brave et furieux, soyez humble envers les rois, et vous en
» serez plus estimé. N'éclipsez pas avec la langue les prouesses de vos bras,
» car parler sans nécessité est la qualité d'hommes efféminés. Je me rappelle
» très-bien le temps où vous avez servi, comme un noble soldat, mon père
» Ferdinand dans ses guerres; mais les triomphes que vous avez remportés ne
» doivent pas vous remplir d'orgueil, car la jactance efface les actions les plus
» glorieuses. Vous souhaitez que, si j'ai pris part au meurtre de mon frère,
» des vilains me tuent; vous dites vrai; ce seront des vilains; aucun vassal
» gentilhomme se ne tournera contre son roi, car un gentilhomme ne fait jamais
» une telle déloyauté."

C'est ce que disait Don Alfonse, en posant la main sur un verrou de fer et sur une arbalète de bois.

Comparée avec celle qui précède, cette romance moderne

---

1) » Fincad ende mas sesudo."

est assez piquante. C'est pour cette raison que je l'ai traduite, car considérée sous le point de vue de l'art, elle est décidément mauvaise; au détestable ton moraliseur et doctrinaire qui y règne, se joint un style recherché et plein d'affectation. Du reste, cette lutte entre les républicains et les royalistes se fait remarquer dans plusieurs autres romances, notamment dans celles qui se rapportent à l'histoire de Don Pèdre le Cruel. Mais lorsque la Castille perdit peu à peu sa liberté, lorsqu'elle se courba sous le joug du monarque, lorsque la centralisation remplaça la situation indépendante des provinces, alors le caractère du Cid se modifia très-sensiblement; l'ancien Cid n'avait plus de raison d'être; ses fiers sentiments républicains convenaient bien peu au goût de l'époque; les qualités qui avaient fait de lui le héros chéri des poésies populaires, s'effacèrent, et l'on oublia le Cid qui brave son roi, pour ne chanter que le tendre amant de Chimène [1].

Dans la poésie populaire, le Cid démocratisé humilie non-seulement le roi, mais aussi une famille espagnole très-puissante. On conçoit que tous les nobles n'avaient pas su se faire aimer du peuple, qu'au contraire le peuple haïssait certains riches

---

1) On n'a que trop souvent perdu de vue les considérations que j'offre ici. M. Duran, par exemple, n'a pas admis dans son *Romancero* la romance » Cabalga Diego Lainez." Elle est précisément une des plus remarquables, parce qu'elle est une copie du morceau correspondant dans la très-ancienne *Cronica rimada*, ainsi que nous l'avons observé plus haut. » J'ai supprimé cette romance," dit M. Duran, » parce que son caractère » est une anomalie en comparaison de celui des autres; cette romance dé-» ment l'idée de loyauté que nous attribuons à ce héros, dans la bouche » duquel se trouve la vérité sévère, mais non l'injure." On aurait le droit de s'étonner qu'un homme tel que M. Duran, supprime des romances parce qu'elles ne s'accordent pas avec ses idées préconçues et tout à fait fausses; mais pour être juste, il faut se rappeler que la publication récente de l'inappréciable Cronica rimada a jeté un nouveau jour sur cette question.

hommes, certaines familles. La poésie populaire fut le fidèle interprète de ces sentiments, et c'est de cette manière que s'explique l'aventure des Infants de Carrion, rapportée dans la Chanson.

Quand Rodrigue a conquis Valence, deux chevaliers lui demandent ses deux filles en mariage ; ils appartiennent à la plus haute noblesse de l'Espagne ; ils sont de la famille des Vani Gomez, » d'où sont sortis des comtes de prix et de va- » leur ¹ ;" ce sont les comtes de Carrion.

Ces personnages ne sont pas de l'invention du poète. Qu'est-ce que l'expression *Vani Gomez?* Elle est arabe: Bani Gomez (régime direct et indirect), Banou-Gomez ou Benou-Gomez (sujet) (on sait qu'en espagnol *b* et *v* permutent). Les chartes font mention d'eux dès l'année 915 ; Gomez Diaz, comte de Carrion, Saldaña et Sainte-Marthe, bâtit le célèbre monastère de Saint-Zoïl de Carrion en 1051 ². Mais c'est un historien arabe qui nous donnera sur cette famille des détails que l'on chercherait vainement dans les chartes et les chroniques espagnoles ; ses paroles montreront aussi que je ne me suis pas trompé sur la signification du mot *Vani*. Ibn-Khaldoun dit dans son histoire des rois chrétiens de l'Espagne : » Almanzor harcela la famille de Gomez. Ces comtes » gouvernaient le pays, situé entre Zamora et la Castille, sur » la frontière de la Galice ; leur capitale était Santa-Maria, et » Almanzor la prit dans l'année 385 (5 février 995—24 jan- » vier 996)." Carrion et Saldaña se trouvent en effet » entre » Zamora et la Castille ;" Santa-Maria était le nom que portait anciennement Carrion ³, et sa cathédrale (celle où se réfugia Alfonse VI quand il eut été mis en fuite par son frère

---

1) Vs. 3455, 3456.
2) *Voir* Sandoval, *Cinco Reyes*, fol. 62, col. 4.
3) Sandoval, *Cinco Reyes*, fol. 12, col. 2 ; fol. 29, col. 1.

Sancho et par le Cid) était consacrée à la Vierge [1]; le comte de Carrion dans l'année 995, s'appelait Gomez Diaz [2]. Un peu plus loin, Ibn-Khaldoun dit qu'Alfonse V réduisit à leur devoir les comtes qui visaient à l'indépendance, » tels que les » Banou-Gomez et les Banou-Ferdinand" (les comtes de Castille). Voilà les Vani Gomez de la Chanson.

Mais quoique la famille de Gomez fût très-illustre et que les deux chevaliers, Diégo et Ferdinand, qui, d'après la Chanson, demandèrent en mariage les deux filles du Cid, aient existé, il n'en est pas moins vrai que tout ce récit est ou de l'invention du poète, ou bien que c'est une tradition populaire. Il ne se trouve dans aucun livre digne de confiance; le comte Ferdinand Gomez, d'après son épitaphe dans le cloître de Saint-Zoïl [3], était déjà mort dans l'année 1083, neuf années seulement après le mariage du Cid, et onze années avant la prise de Valence; l'épitaphe de Diégo ne peut plus se lire. D'ailleurs, Carrion n'était pas un *solar*, une *heredad;* c'était un *realengo*. Différents chevaliers de la maison de Gomez l'avaient gouverné, car souvent le roi donnait au fils le gouvernement qu'avait eu le père; néanmoins ce gouvernement n'était pas héréditaire pour cela, et nous savons à n'en pas douter que, depuis l'année 1088, ou peut-être plus tôt, jusqu'à l'année 1117, le comte de Carrion était Pierre Ansurez, qui n'était pas de la famille des Gomez [4]. Mais il faut remarquer que le

---

1) Voyez plus haut, p. 447.
2) Voyez Sandoval, *Cinco Reyes*, fol. 63, col. 1.
3) Voyez *ibid.*, fol. 63, col. 2 et 3.
4) C'est ce qui résulte des chartes; voyez Sandoval, *Cinco Reyes*, fol. 45, col. 4; 70, 2; 74, 1; 79, 2; 88, 4; 89, 3; 92, 4; 93, 1; 94, 1 et 2; Sota, p. 536, col. 2; 539, 1; 540, 1 et 2; 543, 1; Moret, *Annales*, II, p. 85. Llorente, IV, p. 23, pour l'année 1117, mais dans cette même année, on trouve (Llorente, IV, p. 25): Comes *Bertrandus* de Carrione.

jongleur a confondu cette famille des Gomez avec une autre famille, ou plutôt, pour m'exprimer plus exactement, qu'il a voulu couvrir d'opprobre, non-seulement la puissante famille des Gomez, mais une autre famille encore, non moins puissante. L'infante Christine et son époux l'Infant Ordoño, fils de Ramire l'Aveugle, eurent une nombreuse postérité, et tous leurs descendants, qui possédaient beaucoup de terres sur le territoire de Carrion, s'appelaient *les Infants de Carrion*, parce qu'ils étaient de sang royal [1]. Nous avons déjà vu plus haut [2] que les Infants de Carrion qui assistèrent à la bataille de Salatrices, s'y conduisirent fort mal, de même que leur oncle Garcia Ordoñez. Pour le jongleur, les Infants de Carrion, neveux de Garcia Ordoñez, sont les Vani Gomez. Il n'en était point ainsi, mais le jongleur a commis peut-être sciemment cette erreur, pour pouvoir accabler de honte *deux* illustres et puissantes familles *léonaises* (car il ne faut pas perdre de vue qu'aucune d'elles n'était *castillane*), qui, sans doute, étaient haïes en Castille. Voyons à présent ce qu'il raconte.

Les deux Infants de Carrion, voyant que le Cid devenait de jour en jour plus puissant et plus renommé, résolurent de lui demander ses deux filles en mariage. »Notre honneur »grandira par cette alliance,'' pensèrent-ils, »et nous monterons » à de plus hautes dignités.'' Ils prient le roi de se charger de la demande. Alfonse y réfléchit longtemps. »J'ai exilé » le brave Campéador,'' répond-il à la fin, »et puisque je lui » ai fait du mal, et qu'il m'a fait beaucoup de bien, je ne sais » s'il goûtera ce mariage.'' Il en parle cependant à Alvar Fañez et à Pero Bermuez que le Cid avait envoyés à sa cour, et ceux-ci en parlent au Cid. Le héros réfléchit longtemps,

---

1) Voyez Roderich de Tolède et les autres historiens qui se trouvent cités chez Salazar, *Casa de Silva*, t. I, p. 65. Salazar donne des détails étendus sur cette famille.

2) Page 596.

puis il s'écrie : »Je te rends grâces de ceci, Jésus-Christ,
» mon seigneur! J'ai été exilé, mes fiefs m'ont été repris,
» ce que j'ai, je le gagnai à force de fatigues. Je te remer-
» cie, mon Dieu, que j'aie reconquis les bonnes grâces du roi,
» et qu'il me demande mes filles pour les Infants de Carrion.
» Ceux-ci sont fort orgueilleux et ils ont beaucoup d'influence à
» la cour. Je ne goûterais pas ce mariage, mais puisque celui
» qui vaut plus que nous, nous le conseille, parlons-en en se-
» cret. Que le Dieu du ciel nous fasse prendre une bonne dé-
» cision!" Le Cid et Alfonse fixent le temps et le lieu où ils
parleront de cette affaire. Alfonse part avec les Infants de
Carrion, qui s'équipent magnifiquement, »qui paient telle
» chose, et s'endettent pour telle autre." En présence des grands
du royaume, Alfonse demande au Cid ses deux filles pour les
deux Infants de Carrion. Le Cid trouve que ses filles ne sont
ni assez riches ni assez nobles pour eux; mais il obéit à son
roi. » Donnez-les à qui vous voudrez," lui dit-il. Il n'est pas
responsable de ce double mariage; » c'est vous," dit-il à Alfonse. » c'est vous qui donnez mes filles en mariage, ce n'est
» pas moi," et il insiste sans cesse sur ce point, non-seulement dans la Chanson, mais aussi dans des romances. Il dit,
par exemple, dans la remarquable romance »Tres Cortes
» armara el Rey:" »Je vous ai invité à dîner, brave roi;
» vous l'avez accepté, et quand on leva la nappe, vous m'a-
» vez dit: Mariez vos filles aux comtes de Carrion. Je
» vous répondis avec respect et avec amour: Je le deman-
» derai à leur mère, leur mère qui les a mises au monde;
» je le demanderai à leur précepteur, leur précepteur qui
» les a élevées. Le précepteur me répondit: Brave Cid,
» ne le faites pas, non, car les comtes sont très-pauvres et
» très-présomptueux. Cependant, pour ne pas vous con-
» trarier, brave roi, je l'ai fait." Le double mariage a lieu,
et les Infants demeurent pendant deux années à Valence.

Mon Cid demeurait à Valence avec tous ses vassaux; avec lui se trouvaient ses deux gendres les Infants de Carrion. Il était étendu sur un lit de repos, il dormait, le Campéador. Une aventure bien mauvaise, sachez-le, eut lieu alors: le lion brisa ses chaînes et sortit de sa cage. Ceux qui se trouvent au milieu de la cour, sont remplis de crainte; les compagnons du Campéador passent leurs manteaux au bras en guise de bouclier; ils entourent le lit de repos et restent auprès de leur maître. Fernand Gonzalez ne savait où se cacher, il ne vit ouverte ni chambre ni tour; sa peur était si grande qu'il se glissa sous le lit de repos. Diégo Gonzalez s'échappa par la porte en s'écriant: » Jamais »je ne reverrai Carrion!" Rempli de crainte, il se cacha derrière l'arbre d'un pressoir ; il souilla entièrement son manteau et sa cotte d'armes.

Alors s'éveilla celui qui naquit à l'heure favorable. Voyant ses braves entourer le lit de repos: »Qu'y a-t-il, mes compagnons, que voulez-vous?" — » Eh, seigneur honoré, le lion nous a surpris!" Mon Cid s'appuya sur le coude, il se leva; le manteau sur les épaules, il alla droit au lion. Quand le lion le vit, il eut honte; devant Mon Cid, il courba la tête. Mon Cid Don Rodrigue le prit à la crinière, le ramena à sa cage et l'enferma. Tous les assistants s'en étonnaient; quittant la cour, ils retournèrent au palais.

Mon Cid demanda ses gendres, mais on ne les trouva pas; quoiqu'on les appelle, nul ne répond; quand on les trouva et qu'ils arrivèrent, ils étaient pâles. Jamais vous n'avez entendu des railleries comme celles qui se disaient alors. Mon Cid le Campéador ordonna qu'on en finît avec ces railleries ; mais les Infants de Carrion se croyaient cruellement insultés ; ils étaient pleins de rage à cause de ce qui leur était arrivé.

Après la victoire remportée par le Cid sur Bucar, les Infants qui avaient reçu une grande part du butin, désirent retourner à Carrion avec leurs épouses. Le Cid y consent, et les fait accompagner par Felez Muñoz. A Molina, le Maure Abengalvon, allié du Cid, les reçoit très-courtoisement et leur montre ses richesses. Les Infants forment le dessein de le tuer et de s'emparer de ses trésors ; mais un Maure qui comprenait l'espagnol, a entendu ce qu'ils ont dit et en donne avis à son maître. Abengalvon reproche aux Infants la trahison qu'ils ont ourdie ; mais par respect pour le Cid, il les laisse partir sans les en punir comme ils le méritaient. Arrivés dans la chênaie de Corpes, les Infants mettent à exécution

un horrible projet qu'ils avaient déjà conçu avant de quitter Valence. » Les montagnes sont hautes ; les branches des ar-
» bres qu'elles portent, se perdent dans les nues, et les bê-
» tes féroces rôdent alentour. Les Infants trouvent un ver-
» ger avec une source limpide ; ils ordonnent de dresser la tente,
» et ils restent là cette nuit avec tous leurs gens. Ils tiennent
» leurs femmes dans leurs bras, leur montrant leur amour."
Au lever de l'aurore, ils ordonnent à toute leur suite de se mettre en marche, et se trouvant seuls avec Doña Elvira et Doña Sol, ils leur disent qu'ils veulent se venger des insultes qu'ils ont eu à essuyer de la part des compagnons du Cid, à l'occasion de l'aventure avec le lion ; ils leur annoncent qu'elles ne les accompagneront pas à Carrion ; qu'ils les vont abandonner dans cette chênaie déserte. Ils leur ôtent leurs vêtements de dessus et s'apprêtent à battre les malheureuses femmes avec les courroies de leurs éperons. Elles les prient de leur couper plutôt la tête avec les épées Colada et Tizon, que le Cid avait données à ses gendres avant leur départ. Les Infants s'y refusent. Ils battent leurs femmes avec les courroies et les éperons. Le sang coule. A la fin les deux Infants sont las ; les malheureuses femmes ne peuvent plus crier ; leurs maris les abandonnent aux bêtes féroces et aux vautours.

De même que tous les autres, Felez Muñoz avait reçu l'ordre de partir au lever de l'aurore ; mais n'étant pas tranquille sur le sort de ses cousines, il s'était caché derrière une montagne pour les voir arriver. Il vit venir les Infants, qui parlaient de ce qu'ils avaient fait, mais qui ne l'aperçurent pas. Dès qu'ils furent passés, Felez Muñoz retourna dans la chênaie et trouva ses cousines à demi mortes. Il les appelle par leurs noms. A la fin elles ouvrent les yeux. Doña Sol lui demande de l'eau. Il en puise dans son chapeau » neuf et
» frais, qu'il avait apporté de Valence," place les deux dames sur son cheval, les couvre de son manteau, prend son cheval

par la bride, conduit ses cousines à la tour de Doña Urraca, les y laisse, et se rend à Santesteban pour aller trouver Diégo Tellez, auparavant le compagnon d'Alvar Fañez. Diégo va chercher incessamment les deux dames et les loge dans Santesteban. Quand le Cid eut été informé de ce qui était arrivé, » il médita pendant longtemps et se tut. Il éleva la main » et toucha sa barbe: Grâces au Christ, le seigneur du mon- » de, puisque les Infants de Carrion m'ont fait un tel honneur! » Par cette barbe que personne n'a jamais touchée, les Infants » de Carrion ne jouiront pas de ce qu'ils ont fait; mes filles, » je saurai bien les marier!"

Les filles du Cid retournent à Valence. Leur père les embrasse et dit en souriant: » Vous voilà arrivées, mes fil- » les! Que Dieu daigne vous préserver du malheur! J'ai ac- » cepté le mariage parce que je n'osais pas le refuser. Mais » qu'il plaise au créateur qui demeure au ciel, que dorénavant » je vous voie mieux mariées! Que Dieu permette que je me » venge de mes gendres de Carrion!"

Le Cid envoie Muño Gustioz à Alfonse pour demander justice des Infants. Alfonse assemble les cortès à Tolède. Les Infants lui demandent la permission de ne pas y assister, mais Alfonse leur ordonne de venir. Pour faire peur au Campéador, ils arrivent accompagnés de Garcia Ordoñez, de beaucoup de leurs amis et d'une grande suite. Alfonse nomme les deux comtes Henri et Raymond pour arbitres. Le Cid porte sa plainte et redemande ses deux épées Colada et Tizon. Les arbitres approuvent cette demande. Les Infants de Carrion et leurs partisans se consultent. Fort contents d'en être quittes à si bon marché, ils remettent les deux épées à Alfonse. Mais les Infants s'étaient trompés. Quand le Cid a reçu les deux épées, il redemande encore les richesses qu'il avait données aux Infants lorsque ceux-ci quittèrent Valence. Après avoir fait quelques difficultés, les Infants y consentent encore.

A la fin le Cid demande qu'un combat le venge de l'insulte qu'ont éprouvée ses filles. Les trois champions du Cid, Pero Bermuez, Martin Antolinez et Muño Gustioz vainquent les deux Infants et Asur Gonzalez, et les filles du Cid épousent les Infants de Navarre et d'Aragon.

Si le jongleur a eu le dessein, comme je le suppose, de flétrir par ce récit deux familles puissantes, les Gomez et les Infants de Carrion, il ne pouvait le faire mieux qu'en plaçant le récit qu'on vient de lire; principalement parce que, dans son ouvrage, les moeurs n'ont pas la rudesse qu'elles ont dans la Cronica rimada. D'après la manière de voir du jongleur, la conduite des Infants est presque aussi infâme et aussi lâche qu'elle le serait d'après la nôtre.

Une fois devenu le héros de la poésie populaire, le caractère du Cid se modifia sensiblement. Même s'ils l'eussent voulu, les ignorants jongleurs de cette époque n'auraient pu s'attacher à l'histoire, parce qu'elle était écrite dans une langue qu'ils ne comprenaient pas. Mais le Cid de l'histoire n'était pas d'ailleurs assez noble, assez loyal. C'est surtout dans la Chanson que le caractère du Cid se montre avec le plus d'éclat, sans qu'il soit devenu cependant un héros par trop vertueux, et par conséquent insipide, un *pius Aeneas*. Le jongleur se trouvait dans une position fort avantageuse. Il était assez artiste pour idéaliser un caractère, et pourtant il se rapprochait assez du peuple pour conserver quelques-unes de ses opinions.

Du reste les jongleurs et les romanceros racontèrent une foule de guerres et de combats dans lesquels ils faisaient figurer le Cid au premier rang, mais qui n'avaient jamais eu lieu. Nous ne nous y arrêterons pas, parce qu'ils n'offrent que peu de parties saillantes; nous ferons remarquer seulement que les véritables faits et gestes du Cid furent oubliés peu à peu; ce qui prouve que même la tradition orale s'était effacée insensiblement. Il y a plus. Par laps de temps, on oublia non-seulement l'histoire, mais on comprit mal la tradition poétique. Dans les pièces les plus anciennes, Gomez de Gormaz est surnommé *el conde lozano, le comte vert, vigoureux, robuste.* Les romanceros modernes qui ne se doutaient pas que *lozano* est un adjectif, en ont fait un nom propre. Ils parlent tout simplement de M. le comte Lozano.

Mais ce qui surtout était essentiel, c'était que l'amour jouât un rôle dans l'histoire de Rodrigue. Cet élément était à créer; aussi ne se développa-t-il que lentement.

Nous avons remarqué plus haut, qu'il y a des raisons pour supposer qu'Alfonse donna sa cousine-germaine en mariage à Rodrigue, parce qu'il voulait réconcilier la noblesse castillane avec la noblesse asturienne ou léonaise. C'était donc un mariage politique. Chose remarquable: dans la plus ancienne version poétique, dans la romance insérée dans la *Cronica rimada*, ce mariage est resté ce qu'il était réellement. Les circonstances ont été changées; Chimène n'est plus la cousine-germaine d'Alfonse, la fille de Diégo comte d'Oviédo: elle est devenue la fille du comte Don Gomez de Gormaz, et les choses se passent du temps de Ferdinand; mais le mariage est toujours un mariage politique. On pourra en juger par la romance elle-même que je vais traduire. L'auteur de la *Cronica* la fait précéder de cette introduction [1]:

Le pays était en paix, et nulle part il n'y avait guerre.
Le comte Don Gomez de Gormaz causait du dommage à Diégo Laïnez il blessait ses bergers et lui ravissait ses troupeaux.

Diégo Laïnez arriva à Bivar; il répondit incessamment à l'appel. Il envoya avertir ses frères et monta à cheval.

Au lever du soleil, ils chevauchèrent vers Gormaz. Ils brûlèrent le faubourg, et continuant la chevauchée, ils entraînèrent avec eux les vassaux et tout ce qu'ils possédaient [2], emmenèrent tous les troupeaux qui se

---

1) Vs. 279.

2) Lisez *tienen* au lieu de *tiene*.

trouvaient dans les plaines, et pour déshonorer davantage le comte de Gormaz, ils enlevèrent les blanchisseuses qui lavaient au bord de l'eau.

Tout à coup le comte, accompagné de cent cavaliers gentilshommes, se présente à eux, défiant à grands cris le fils de Laïn Calvo:

» Remettez en liberté mes blanchisseuses, fils de l'alcalde citadin, car » vous ne m'attendriez pas si nous étions égaux en nombre."

Voyant que l'autre s'échauffait, Ruy Laïnez, le seigneur de Faro, s'écria : » Cent contre cent, nous vous combattrons volontiers, et à un » pouce de distance!"

On se promet solennellement de se trouver sur le champ de bataille au jour fixé. On rend au comte quelques blanchisseuses et quelques vassaux, mais on ne rend pas les troupeaux, car on voulait les retenir en échange de ce que le comte avait enlevé.

Neuf jours s'étant écoulés, on se met en selle.

C'est ici que se place la romance [2] :

---

1) M. Francisque Michel ne paraît avoir rien compris à ce passage. Il a imprimé:

» ca a mé non me atenderedes a tantos por tantos, por quanto él está Redro Ruy Laynes, señor que era de Faro: (escalentado."

Ce que M. Michel a imprimé comme une seule ligne, doit en former deux comme le montre l'assonance; puis les guillemets doivent se placer, non après *escalentado* (car alors cette phrase serait un non-sens), mais après *tantos*. Il faut donc lire ainsi:

» ca á mi non me atenderedes á tantos por tantos."

Por quanto él está escalentado,

redro Ruy Laynes, señor que era de Faro:

2) Après le vers:

E los nueve dias contados cavalgan muy privado,

on lit ici dans le manuscrit:

Rodrigo, fijo de don Diego, é nieto de Layn Calvo,

é nieto del conde Nuño Alvares de Amaya, é visnieto del rey

et ensuite la romance: (de Leon,

» Dose años avia por cuenta, é aun los trese non son."

Il faut rayer les deux lignes » Rodrigo" et » é nieto," évidemment interpolées. Elles paraissent être une glose qui se rapporte au mot *avia* dans la romance.

Il comptait douze années, pas encore treize; jamais il ne s'était trouvé dans une bataille, mais il brûlait d'y assister. Il se compte parmi les cent combattants, que son père le voulût ou non. Les premiers coups sont les siens et ceux du comte Don Gomez. On était rangé en ordre de bataille, et le combat commença. Rodrigue tua le comte, car celui-ci ne put l'en empêcher [1]. Rodrigue poursuivit les ennemis, sans leur accorder de délai. Il fit prisonniers deux fils du comte, malgré qu'ils en eussent; c'étaient Fernand Gomez et Alfonse Gomez, qu'il emmena à Bivar.

Le comte avait trois filles dont aucune n'était encore mariée [2]. Quand elles surent que leurs frères étaient pris et que leur père était tué, elles revêtirent des habits noirs et se couvrirent entièrement de voiles [3]. Elles sortent de Gormaz et se rendent à Bivar. Don Diégo les voit venir, et va à leur rencontre.

»D'où sont ces nonnes qui viennent me demander quelque chose?"

»Nous vous le dirons, seigneur, car nous n'avons nulle raison pour vous
» le cacher. Nous sommes filles du comte Don Gomez, et vous l'avez fait
» tuer. Vous nous avez enlevé nos frères, et vous les retenez ici prisonniers.
» Et nous, nous sommes des femmes, il n'y a personne pour nous défendre."

Alors Don Diégo dit: » Ce n'est pas moi que vous devez accuser; de-
» mandez à Rodrigue s'il veut vous les rendre. Par le Christ, je n'en serai
» point fâché."

Rodrigue entendit ces paroles, et il parla ainsi:

---

1) Vs. 305—307:

Paradas estan las bases (*lisez* hases), é comiensa (*lisez* comiensan) á
Rodrigo mató al conde, ca non lo pudo tardar. (lidiar.
Venidos son los ciento é pienssan de lydiar.

Il saute aux yeux que le vers 307 qui, comme on le voit, n'est pas à sa place, n'est qu'une rédaction différente du vers 305. Il est à remarquer que le dernier est le vers régulier des romances, de même que le vers 306, et que le vers 307 est irrégulier. Nous avons donc ici un exemple remarquable qui montre comment le vers irrégulier s'est élevé par degrés à la régularité.

2) La ligne 312: » et la première était Elvire Gomez, et la deuxième
» Aldonsa Gomez, et la troisième Chimène Gomez, la cadette," où l'assonance manque, me paraît une glose.

3) J'omets la glose dont j'ai déjà parlé plus haut.

» Vous avez fait mal, seigneur, en niant la vérité. Je serai un fils digne
» de vous, digne de ma mère. Par charité, seigneur, faites attention à ce
» qui se passe dans le monde ! Ce que fit le père n'est pas la faute des filles.
» Rendez-leur leurs frères, car elles en ont grandement besoin ; vous devez vous
» montrer clément envers ces dames."

Alors Don Diégo dit :

» Mon fils, ordonnez qu'on les leur rende !"

On rend la liberté aux frères, et on les donne aux dames.

Quand ils se virent dehors et en sûreté, ils parlèrent ainsi :

» Nous accorderons un délai de quinze jours à Rodrigue et à son père ;
» puis nous viendrons les brûler, pendant la nuit, dans les maisons de
» Bivar."

Chimène Gomez, la soeur cadette, dit alors :

» Doucement, mes frères, pour l'amour de Dieu ! J'irai à Zamora pour
» me plaindre auprès du roi Don Ferdinand ; vous serez en plus grande sû-
» reté et ce sera lui qui vous donnera satisfaction."

Chimène Gomez monta à cheval ; trois demoiselles l'accompagnent ainsi
que des écuyers qui doivent la protéger.

Elle arriva à Zamora, où se trouva la cour du roi. Les yeux baignés
de larmes et demandant pitié :

» Roi, je suis une dame infortunée, ayez pitié de moi ! Quand la com-
» tesse ma mère mourut, j'étais bien petite encore. Un fils de Diégo Laïnez
» m'a fait beaucoup de mal : il m'a enlevé mes frères et tué mon père.
» Auprès de vous qui êtes roi, je viens me plaindre. Seigneur, par grâce,
» ordonnez que l'on me fasse justice !"

Le roi était très en peine et parla ainsi :

» La situation est tendue dans mes royaumes ; la Castille se révoltera
» contre moi, et si les Castillans se révoltent, ils me feront beaucoup de
» mal."

Quand Chimène Gomez eut entendu ces paroles, elle alla baiser les
mains au roi. » Par grâce, seigneur," dit-elle, » ne m'en veuillez pas de
» ce que je vais vous proposer. Je vous montrerai comment vous pourrez
» apaiser la Castille et vos autres royaumes. Donnez-moi pour mari Ro-
» drigue, celui qui tua mon père."

Que l'on ne se trompe pas sur les motifs qui décidèrent
Chimène à offrir sa main à Rodrigue. Elle ne fut mue ni par
un sentiment d'admiration romanesque, ni par une passion

ardente. On jugera peut-être que le récit que je viens de traduire, ressemble, jusqu'à un certain point, à plusieurs récits du cycle breton; la conduite de Chimène rappellera peut-être dans la mémoire celle de l'amante de Lancelot du Lac, qui vit maritalement avec le meurtrier de son père, celle de Laudine qui épouse le meurtrier de son mari dès que ce dernier a été enterré. Mais cette ressemblance est trompeuse. Chimène est une tout autre femme que les héroïnes du cycle breton. Ce fut précisément à cause de son caractère immoral (pour ne pas parler de son caractère mystique) que ce cycle-là ne put se naturaliser en Espagne. Chimène n'est nullement une amante passionnée. Ce qui l'engagea à offrir sa main à Rodrigue, ce fut le désir d'empêcher une guerre civile. Elle n'aime pas Rodrigue, mais avec ce dévouement que peut-être la femme seule sait pratiquer, elle se sacrifie; elle se flatte que le farouche Rodrigue, bien qu'il ne l'aime pas plus qu'elle ne l'aime, s'adoucira quand il saura les nobles intentions de Chimène, lui qui avait dit que ce que faisait le père n'était pas la faute des filles; » celui qui m'a fait tant de mal, » je sais qu'il me fera quelque bien," dit-elle dans une ancienne romance [1]. Au commencement, Rodrigue répond assez incourtoisement quand Ferdinand lui offre la main de Chimène. » Seigneur," dit-il, »vous m'avez fiancé plutôt contre ma volonté »qu'avec ma volonté." Mais plus tard, tout va à merveille, et le mariage de Rodrigue et de Chimène est fort heureux.

En effet, d'autres personnes ont déjà observé qu'au moyen âge on ne chantait guère en Espagne que l'amour dans le mariage. L'idéal de cet amour-là était la comtesse Dirlos. On voulait d'ailleurs que la femme fût très-soumise à son mari, qu'elle approuvât toutes ses actions, crût toutes ses paroles. Alvar Fañez, lit-on dans le *Conde Lucanor* du prince

---

1) » Dia era de los reyes."

Don Juan Manuel [1], avait épousé Doña Vascuñana, la fille cadette du comte Pierre Ansurez. Certain jour, il reçut la visite d'un de ses cousins. Quand celui-ci eut séjourné pendant quelques jour dans la maison d'Alvar Fañez, il lui dit qu'il ne lui trouvait qu'un seul défaut, savoir qu'il était trop soumis à sa femme. Alvar Fañez promit de lui répondre avant peu, et sans se rendre auprès de son épouse, il alla avec son cousin à un autre endroit. Après y être resté pendant quelques jours, il envoya chercher Doña Vascuñana et alla à sa rencontre avec son cousin; puis ils continuèrent tous leur route, mais Alvar Fañez n'eut point d'entretien avec sa femme; il allait devant avec son cousin, et Doña Vascuñana suivait à quelque distance. Ils rencontrèrent un troupeau de vaches et Alvar Fañez dit à son cousin: »Voyez-vous bien, mon cousin, »quelles belles juments nous avons ici?" Le cousin lui répondit: »Comment donc! ce ne sont que des vaches!" — »Mais vous avez »perdu l'esprit, mon cousin, je le crains du moins, car ce sont des »juments!" — De son côté, le cousin crut qu'Alvar Fañez était devenu fou. En attendant, Doña Vascuñana était arrivée, et Alvar Fañez dit à son cousin: »Voici Doña Vascuñana; elle jugera." — »A merveille," répondit le cousin. Puis il informa la dame de quoi il s'agissait. L'épouse d'Alvar Fañez crut d'abord, avec son cousin, que les quadrupèdes en question étaient des vaches; mais quand elle entendit que son mari disait que c'étaient des juments, elle le crut fermement, car elle se tenait convaincue que son mari ne se trompait jamais. Bien plus, elle raisonna si bien, elle prouva si clairement que les vaches étaient des juments, que son cousin et le reste de la compagnie commençaient à croire qu'ils s'étaient trompés et qu'Alvar Fañez avait raison. On continua de marcher et l'on rencontra des juments véritables. »Voilà des vaches!" s'écria Alvar Fañez. Même dispute et même décision. Le pauvre

---

1) Capítulo V.

cousin et tous les autres commencèrent à douter de leur raison. On se mit de nouveau en route et l'on arriva à un ruisseau où il y avait beaucoup de moulins. On abreuva les chevaux et Alvar Fañez remarqua que le cours de ce ruisseau remontait, et que les moulins étaient mis en mouvement par cette eau qui rebroussait contre sa source. On se disputa de nouveau là-dessus; mais le cousin était presque persuadé à présent d'avoir perdu la tête. Doña Vascuñana donna encore pleinement raison à son mari, et sut prouver à toute la compagnie que l'eau de ce ruisseau marchait en sens inverse. Le cousin était sûr à présent d'avoir perdu la raison ; il n'en doutait plus le moins du monde. Quand Alvar Fañez le vit triste et abattu, il le consola et lui dit qu'il avait seulement voulu répondre au reproche que son cousin lui avait adressé quelque temps auparavant. C'est de cette aventure que vient le proverbe espagnol : Si le mari dit que le ruisseau rebrousse contre sa source, la bonne femme doit le croire et dire que c'est vrai.

Dans la Chanson, où le Cid est un homme grave et posé, Chimène est une femme qui ressemble à Doña Vascuñana. Elle a le plus profond respect pour son mari ; elle se montre toujours soumise et obéissante ; jamais elle ne cherche à entraver, de quelque manière que ce soit, les desseins de son mari qui, du reste, ne la consulte pas ; elle s'efface de son plein gré, et le jongleur l'a peinte avec une adresse vraiment admirable, tout en ayant l'air de ne point s'occuper d'elle.

Quand plus tard les idées chevaleresques et galantes pénétrèrent en Espagne, Chimène ne pouvait rester ce qu'elle était. On commença par lui substituer une autre femme, la Doña Lambra du cycle des Infants de Lara [1]. Cette substi-

---

[1] On sait que l'on transportait souvent des personnages d'un cycle dans un autre. M. le baron Ferdinand de Roisin (voyez sa traduction de la Poésie des Troubadours, par M. Diez, p. 190 dans la note) a déjà fait remarquer

tution était assez maladroite. Doña Lambra est une femme
hautaine, un caractère altier ; dame de haut parage, elle méprise et insulte la famille de son mari ; insultée à son tour, elle
ne vit plus que pour la vengeance. Mais elle avait été offensée d'une manière grossière et brutale, et il lui sied à merveille
de dire à son mari :

J'étais à Barbadillo, mon bien héréditaire. En Castille, ceux-là me
haïssent qui devraient me protéger. Les fils de Doña Sancha ont proféré
contre moi d'horribles menaces ; ils ont menacé de me rogner la jupe à un
endroit honteux ; de nourrir leurs faucons dans mon colombier ; de violer
mes dames mariées et non mariées. Ils ont tué mon écuyer tranchant sous
les plis de ma robe! Si tu ne me venges pas de toutes ces insultes, je vais
me faire maure!

Certes, les Infants de Lara qui l'avaient offensée, étaient
bien faits pour mettre leurs menaces à exécution, le plus jeune d'entre eux ayant répondu ainsi à une provocation de Doña
Lambra :

» Aimez, putains, aimez, chacune celui que vous voudrez ; car un
» seul chevalier de la maison de Lara vaut plus que quarante ou cin» quante de Buerveva 1, la ville dans la plaine ! A vous, Doña Lambra,
» je rognerai la jupe à un endroit honteux, un palme et beaucoup plus
» encore au-dessus du genou."

Mais il est peu convenable de prêter les paroles de Doña
Lambra à Chimène. Rodrigue n'est nullement galant dans
les anciennes poésies, mais il n'est pas brutal ; il ne menace

---

l'analogie qui existe entre l'entrevue des quatre Aymons avec leur père
et une des premières romances du Cid. Il serait curieux que l'on pût
prouver que le livre des quatre Aymons était connu de bonne heure en
Espagne, d'où il résulterait que le romancero l'a imité à cette occasion.

1) Le texte porte *Cordoba*, ce qui ne convient pas ici. D'après la
Cronica general (fol. 261, col. 2), Doña Lambra était née à *Buerveva*.
On s'explique aisément que, dans la bouche du peuple, la célèbre *Cordoue* a été substituée à un nom propre peu connu tel que *Buerveva*.

pas Chimène de la traiter comme l'on traitait les filles publiques. La chose prend même une tournure ridicule. Quand les sept Infants de Lara menacent de violer toutes les dames de Doña Lambra, mariées ou non mariées, il n'y a là rien d'extraordinaire; mais que dire, quand Rodrigue menace de violer, à lui seul, toutes les dames de Chimène, mariées ou non mariées?

Dans trois romances, les paroles de Doña Lambra, plus ou moins altérées, ont été prêtées à Chimène; ce sont précisément trois des quatre que j'ai nommées plus haut (p. 639) comme présentant des indices d'antiquité, à savoir : »Dia era »de los Reyes," »En Burgos está el buen Rey" et »Delante »el Rey de Leon." Les deux premières ne paraissent être que deux rédactions différentes de la même pièce, et la troisième n'en est qu'une imitation pâle et maniérée; de sorte que nous n'avons, à vrai dire, qu'une seule romance, avec l'assonance *a*, et où les rimes féminines comptent pour masculines. L'auteur de cette romance, composée, je crois, dans la première moitié du XIVe siècle, a réuni les paroles de Doña Lambra avec les deux anciennes romances que nous avons traduites plus haut d'après la *Cronica rimada*, et avec quelques autres fragments de poésie populaire, sans doute fort anciens et assez remarquables [1]. Chimène dit entre autres choses à Ferdinand:

---

1) Je crois utile d'établir le texte de cette romance d'après les deux rédactions. L'introduction de »Dia era" (quatre vers avec l'assonance féminine *a-o*) est moderne parce qu'on y trouve nommé le comte Lozano (comparez plus haut, p. 684); c'est l'introduction de l'autre romance qui est ancienne.

En Burgos está el buen Rey asentado á su yantar,
Cuando la Ximena Gomez se le vino á querellar.
Cubierta toda de luto, tocas de negro cendal,
Las rodillas por el suelo, comenzara de fablar:
5 » Con mancilla vivo, Rey, con ella vive (*ou* murió) mi madre;

»Un roi qui se rend coupable d'un déni de justice, ne devrait ni régner,
»ni monter à cheval, ni chausser des éperons d'or, ni manger du pain sur
»des nappes, ni se divertir avec la reine, ni entendre la messe dans un
»lieu saint; car il en est indigne."

» Cada dia que amanece, veo al que mató á mi padre
» Caballero en un caballo y en su mano un gavilan.
» Por facerme mas despecho cébalo en mi palomar;
» Con sangre de mis palomas ensangrentó mi brial.
10 » Enviéselo á decir, envióme á amenazar
» Que me cortará mis haldas por vengonzoso lugar,
» Me forzará mis doncellas casadas y por casar;
» Matárame un pagecico so haldas de mi brial.
» Rey que non face justicia, non debiera de reinar,
15 » Ni cabalgar en caballo, ni espuela de oro calzar,
» Ni comer pan en manteles, ni con la Reina holgar,
» Ni oir misa en sagrado, porque no merece mas."
El Rey de que aquesto oyera comenzara de fablar:
» Si yo prendo ó mato al Cid, mis Cortes revolveránse;
20 » Y si no hago justicia, mi alma lo pagará." —
» Tén tú las tus Cortes, Rey, no te las revuelva nadie,
» Y á que á mi padre mató, dámelo tú por igual;
» Que quien tanto mal me hizo, sé que algun bien me hará."
Entonces dijera el Rey, bien oireis lo que dira:
25 » Siempre lo oí decir, y agora veo que es verdad,
» Que el seso de las mugeres que non era natural:
» Hasta aquí pidió justicia, ya quiere con él casar:
» Yo lo haré de muy buen grado, de muy buena voluntad.
» Mandarle quiero una carta, mandarle quiero llamar."
30 Las palabras no son dichas, la carta camino va,
Mensagero que la lleva, dado la habia á su padre.
» Malas mañas habeis, Conde, no os las puedo yo quitar,
» Que cartas que el Rey os manda, no me las querais mostrar."—
» No era nada, mi fijo, sino que vades allá;
35 » Quedaos vos aquí, mio fijo, yo iré en vuestro lugar."
» Nunca Dios tal cosa quiera, ni Santa María lo mande,
» Sino que adonde vos fuéredes, que allá vaya yo delante."

Mais quoique le vieux jongleur n'ait pas eu une idée fort heureuse en prêtant à Chimène les paroles de Doña Lambra, il n'a pas pourtant faussé entièrement le caractère de Rodrigue ; il pèche en le peignant plus grossier qu'il n'était ; d'autres romanceros péchèrent par un défaut contraire. Pour eux le Cid devint peu à peu un galant beau diseur, et Chimène, une dame romanesque et sentimentale. La manière dont l'ancienne romance raconte la mort du comte de Gormaz, est parfaitement en harmonie avec les moeurs du moyen âge ; plus tard, *l'algara* fut remplacée par un duel en bonne forme : le comte a insulté Diégo, trop vieux pour se venger ; le tendre amant de Chimène venge son père en tuant celui de sa maîtresse. La situation est intéressante ; mais les romanceros n'ont pas su l'exploiter avec talent. Leur Chimène est une dame à vertugadins et à paniers, qui parle à merveille le langage de l'hôtel de Rambouillet. Quand Rodrigue va partir pour la guerre elle s'écrie :

Roi de mon âme et comte de ce pays, pourquoi m'abandonnes-tu ? Où vas-tu, où vas-tu 1 ?

ou bien :

Par une trop longue absence,
Tu ôtes à Chimène la vie et la patience 2.

Dans une autre occasion, cette larmoyante Chimène (cette fois elle verse des "larmes amoureuses") plaint le sort des dames de cour, et vante le bonheur des villageoises dont les maris ne vont pas à la guerre. Le Cid qui ne peut la voir pleurer, jure sur la croix de sa Tizona de ne plus retourner au camp,

---

1) "Al arma, al arma sonaban." Il paraît que le romancero admirait beaucoup ce vers, assez détestable pour figurer avec honneur dans un air d'opéra, car il le répète quatre fois comme refrain.

2) "Espántame, mi Rodrigo." Ces deux lignes ridicules se placent trois fois comme refrain.

de rester auprès de sa tendre Chimène. *Quantum mutatus ab illo!* Et voyez comment cette Chimène flatte son mari:

<blockquote>Si tu es un Mars dans la guerre, tu es un Apollon à la cour, où tu tues les belles dames comme là-bas les Maures féroces.</blockquote>

Il est vrai que la princesse Urraca est folle de Rodrigue. Elle lui reproche d'avoir épousé Chimène; »avec elle, tu eus de » l'argent, avec moi, tu aurais eu une principauté." Rodrigue lui répond :

<blockquote>Si os parece, mi señora, bien podemos desviallo.</blockquote>

Cette réponse, qui donne à penser, apaise tout à coup Urraca, bien qu'elle se donne l'air de n'oser accepter cette offre. Rodrigue se retire, disant fort galamment qu'il a été blessé au coeur par une flèche et que pour cette blessure il n'y a aucun remède. Mais il nous sera permis de ne plus nous occuper de ces niaiseries; la plupart d'entre elles n'appartiennent plus au moyen âge, et il nous reste encore à parler de la vieille et naïve légende de Cardègne.

Le Cid ne devint pas précisément le héros favori des moines en général, comme il devint celui des nobles et des paysans. Quelquefois, il est vrai, les moines se montrèrent peu favorables aux rois, et le langage que Gonzalo de Berceo prête à Domingo de Silos, quand il parle au roi Garcia, celui de Najera, ne diffère pas beaucoup du langage des chevaliers dans les romances [1]. Mais ce n'est que dans des circonstances exceptionnelles que les moines parlaient ainsi; ils se montraient fiers et audacieux quand le roi les avait lésés dans leurs droits; mais en général, ils préféraient le roi aux nobles. Quand les nobles les avaient vexés, quand ils avaient pillé et brûlé leur cloître — ce qui arrivait assez fréquemment — le roi, pourvu que cela lui fût possible, leur faisait justice et rebâtissait leur

---

[1] *Vida de S. Domingo de Silos*, copla 127 et suiv.

couvent [1]. Puis les rois dotaient magnifiquement les cloîtres, on n'a qu'à jeter les yeux sur les chartes pour s'en convaincre. Cependant le Cid devint le héros favori des moines d'un seul couvent bénédictin, de celui de Saint-Pierre de Cardègne. Là tout rappelait sa mémoire; là se trouvait son tombeau; là on conservait sa bannière, son bouclier, sa coupe de cristal violet, la croix qu'il portait sur la poitrine dans le combat et qui contenait, disait-on, un morceau de la vraie croix, l'un des coffres qu'il laissa en gage aux juifs Rachel et Vidas (l'autre se trouvait dans l'église de Santa Agueda à Burgos), et plusieurs autres reliques, plus ou moins apocryphes: un coffret d'argent dans lequel le soudan de Perse envoya au Cid du baume et de la myrrhe, un superbe jeu d'échecs, cadeau du même soudan. Dans la Chanson, le Cid laisse sa femme et ses enfants dans le cloître de Cardègne quand il part pour son exil [2]. Non contents de posséder le tombeau du Cid lui-même, les moines de Cardègne disputèrent à ceux de Saint-Jean de la Peña l'honneur de posséder celui de Chimène; ils montrèrent même les ossements de cette dame, »mais ils sont si grands qu'ils font »peur," dit Sandoval, »et ils paraissent plutôt d'un homme »que d'une femme." Ils prétendirent aussi que dans l'église de leur cloître était enterré Diégo Rodriguez, le fils du Cid, de même que ses deux filles (que les moines appelèrent, avec la Chanson, Doña Elvira et Doña Sol), son gendre Sancho d'Aragon (qui est enterré à Saint-Jean de la Peña et qui n'épousa

---

1) Voyez, par exemple, Sandoval, *S. Pedro de Eslonça*, fol. 37.

2) Dans la Chanson, l'abbé de Cardègne s'appelle Sancho. Il ne paraît pas que, pendant toute cette époque, il y ait eu dans ce cloître un abbé de ce nom. En 1076 on trouve Sigebut (Sandoval, *Cinco Reyes*, fol. 54, col. 4), en 1088, Pedro (*ibid.*, 45, 3; 79, 2), en 1097, Diégo Nuñez (*ibid.*, 89, 2), en 1103 et en 1119, Pedro (*ibid.*, 94, 2; 60, 2).

nullement une fille du Cid), son petit-fils, le roi Don Garcia de Navarre (qui est enterré dans la cathédrale de Pampelune), Diégo Laïnez et son épouse Thérèse Nuñez, le père et la mère du Cid, Fernand Diaz, son frère bâtard, et la femme de ce dernier qui, dit-on, était fille d'Anton Antolinez de Burgos, cinq compagnons du Cid, tous les cinq, dit-on, fils de ce bâtard Fernand Diaz, à savoir, Pero Bermudez [1], Alvar Salvadores [2], Ordoño, Martin Antolinez (bien connu par la Chanson) et Fernand Alonso, Alvar Fañez, Martin Pelaez l'Asturien, Fernand Cardeña, maréchal-des-logis du Cid, Martin Fernandez de Peñacadiella, vassal et chevalier du Cid, l'évêque Jérôme (qui est enterré à Salamanca), et enfin le comte Don Gomez de Gormaz et son épouse, qui, d'après les romances, furent les parents de Chimène [3]. On le voit: Saint-Pierre de Cardègne devint un véritable panthéon, consacré à tous les personnages, réels ou fabuleux, qui avaient eu quelques rapports avec le Cid de l'histoire ou avec celui de la poésie populaire. Certes, cette quantité de tombeaux où reposeraient des personnages qui sont enterrés ailleurs ou qui n'ont jamais existé, ne plaide pas trop pour la bonne foi des moines; mais on voit du moins que, parmi ces braves gens, la mémoire du Cid était fort en honneur. Ils le prouvèrent du reste par leurs légendes.

La plus ancienne de ces légendes paraît être celle du lé-

---

1) Ce personnage, connu sous le nom de Pero Mudo (Pierrot le muet), a existé; son nom se trouve dans une charte de l'année 1085, par laquelle Alfonse et Constance donnent à l'hôpital de Burgos toute la ville d'Arcos; *voir* Sota, p. 539, col. 1.

2) Voyez sur ce personnage, Sota, p. 514, 520; Moret, *Annales*, t I, p. 758.

3) Voyez sur tous ces tombeaux, Sandoval, *S. Pedro de Cardeña*, à la fin.

preux. On la rencontre déjà dans la *Cronica rimada* ¹, et elle se trouve aussi dans la *General* ². D'après la dernière, cette aventure arriva à Rodrigue quand il alla en pèlerinage à Saint-Jacques de Compostelle ; d'après la première, il était déjà retourné de son pèlerinage et il se rendait à Calahorra. Il y a encore d'autres différences entre les deux récits; l'auteur de la *Rimada* ayant sans doute suivi la tradition orale, et Alfonse, la tradition consignée dans la légende écrite de Cardègne. Voici la substance des deux récits:

Etant arrivé à un gué, Rodrigue trouva un lépreux qui s'était enfoncé dans un bourbier, et qui priait les passants de vouloir l'en retirer et l'aider à passer le gué. Tous les autres chevaliers évitèrent le contact de ce malheureux, mais Rodrigue eut pitié de lui, le prit par la main, l'enveloppa d'un manteau, le plaça sur un mulet et le mena à l'endroit où il allait coucher. Le soir, Rodrigue le fit asseoir à ses côtés, et le fit manger avec lui dans la même écuelle. Le dégoût que les autres chevaliers ressentaient pour le lépreux, fut si fort qu'ils s'imaginaient que la lèpre était tombée dans leurs assiettes. Ils se hâtèrent de quitter l'appartement. Rodrigue et le lépreux couchèrent ensemble, enveloppés dans le même manteau. Il était minuit et Rodrigue dormait, lorsqu'il sentit passer sur ses épaules un souffle très-fort qui le réveilla. Il chercha le lépreux, mais ne le trouvant pas et l'ayant appelé en vain, il se leva et alla chercher une lumière ; le lépreux avait disparu. Rodrigue s'était couché de nouveau laissant la lumière allumée, lorsqu'un homme, vêtu de blanc, se présenta à lui. »Dors-tu, Rodrigue?" — »Non, je ne » dors pas; mais qui es-tu, toi qui répands une telle clarté et

---

1) Vers 557—579.
2) Fol. 281.

» une odeur si suave?" — » Je suis Saint-Lazare. Sache que
» le lépreux auquel tu as fait beaucoup de bien et beaucoup
» d'honneur pour l'amour de Dieu, c'était moi; et pour te
» récompenser, Dieu veut que, chaque fois que tu sentiras
» le souffle que tu as senti cette nuit, tu conduises à bonne
» fin toutes les choses que tu entreprendras. Ton honneur
» croîtra de jour en jour, Maures et Chrétiens te craindront,
» tu seras invincible, et quand tu mourras, tu mourras ho-
» norablement."

Quand on se rappelle quelle aversion les lépreux inspiraient pendant le moyen âge, époque où l'on considérait la lèpre comme un châtiment de Dieu, on ne peut qu'admirer cette touchante légende, toute empreinte de l'esprit de l'Evangile. La tradition monacale ne se contenta pas d'un seul miracle; elle y en ajouta d'autres. Un moine de Cardègne les consigna par écrit sous le pseudonyme d'Abenalfarax [1]. Voici ce qu'il raconte:

Le roi Bucar, le fils du roi de Maroc, marchait contre Valence avec une nombreuse armée. Etendu sur son lit, le Cid songeait aux moyens de le repousser; tout à coup il aperçut une grande clarté, sentit une odeur suave, et vit devant lui un homme, vêtu de vêtements blancs comme de la neige. C'était Saint-Pierre. » Je viens t'annoncer," dit-il, » qu'il ne te
» reste que trente jours à vivre; mais Dieu veut te faire la grâce
» que tes compagnons mettent en déroute le roi Bucar, et
» qu'étant déjà mort, tu sois cependant vainqueur dans cette
» bataille. Dieu t'enverra Saint-Jacques pour t'aider; mais au-
» paravant tu te repentiras devant Dieu de tous tes péchés.
» Pour l'amour de moi et à cause du respect que tu as toujours

---

1) Voyez plus haut, p. 409—411.

» témoigné pour mon église de Saint-Pierre d'Arlanza [1], Jésus-
» Christ veut qu'il t'arrive ce que je t'ai dit." Le Cid était
fort joyeux de ces nouvelles; il se leva pour baiser les pieds à
l'apôtre, mais celui lui dit: » Ne te donnes point de peine,
» car tu ne pourrais arriver jusqu'à moi; mais sois sûr que
» tout ce que je t'ai dit arrivera." Cela dit, l'apôtre remonta au ciel.

Le lendemain matin, le Cid rassembla tous ses chevaliers
dans l'alcaçar, et leur annonça que sa vie touchait à sa fin.
» Je n'ai plus que trente jours à vivre," dit-il; » j'en suis bien
» sûr, car déjà depuis sept nuits, des visions me poursuivent;
» je vois mon père Diégo Laïnez et mon fils Diégo Ruyz; et
» chaque fois que je les vois, ils me disent: » Vous êtes
» » resté bien longtemps ici; rendons-nous auprès des bien-
» » heureux!" Il est vrai que l'on ne doit pas croire à ces
» visions, mais d'un autre côté, je sais très-certainement
» qu'avant ces trente jours, je devrai quitter ce monde."
Puis il leur annonça qu'ils sortiraient vainqueurs de la bataille
qu'ils livreraient au roi Bucar et aux trente-six rois maures qui
l'accompagnaient. Quand il eut fini son discours, il se sentit
malade. Néanmoins il alla à l'église de Saint-Pierre, et en
présence des chevaliers, des dames et du peuple, il confessa à
l'évêque Jérôme tous ses péchés et toutes ses erreurs; l'évêque
lui imposa une pénitence et lui donna l'absolution. Puis le
Cid prit adieu de tout le monde, retourna en pleurant à l'alcaçar et se mit au lit pour ne plus se relever. Chaque jour il
se sentait plus faible, et quand il ne lui resta que sept jours
à vivre, il fit appeler Chimène et Gil Diaz, et leur ordonna de
lui donner le baume et la myrrhe dont le grand soudan de Perse

---

1) C'est-à-dire, de Saint-Pierre de Cardègne. Ce cloître est situé sur
les bords de l'Arlanza.

lui avait fait cadeau [1]. Il prit une cuillerée de baume et de myrrhe, qu'il mêla, dans une coupe d'or, avec de l'eau rose. Pendant les six jours suivants, il ne prit d'autre nourriture qu'une cuillerée de baume et de myrrhe par jour ; sa chair en devint plus belle et plus fraîche qu'elle ne l'avait été auparavant, mais ses forces diminuèrent.

La veille de sa mort, le Cid appela Chimène, l'évêque Jérôme, Alvar Fañez, Pero Bermudez et Gil Diaz. Quand ils furent tous réunis, il leur indiqua comment ils devaient faire avec son cadavre ; nous verrons plus tard quelles furent les dispositions du héros.

Le lendemain, ces cinq personnes, de même que Martin Antolinez de Burgos, se rendirent de grand matin auprès du Cid. Celui-ci dicta son testament, où, parmi d'autres dispositions, on remarque celles-ci : il voulait être enterré à Saint-Pierre de Cardègne ; il donna à ce cloître de grandes propriétés, » raison pour laquelle l'endroit où repose son corps, » est très-honoré et très-bien servi ;" il enjoignit aux siens de vêtir quatre mille pauvres quand ils seraient arrivés à Cardègne ; Chimène devait demeurer dans ce cloître pendant le reste de ses jours, et Gil Diaz devait la servir. A l'heure de sexte, le Cid pria l'évêque de lui donner le corps du Seigneur. Il le reçut avec beaucoup de dévotion, prononça une courte prière, et rendit son âme à Dieu. Ses amis lavèrent deux fois son cadavre dans de l'eau chaude et une fois dans de l'eau rose ; puis ils l'embaumèrent comme le Cid l'avait ordonné.

Trois jours après la mort du Cid, Bucar et ses trente-six rois maures établirent leurs quinze mille tentes devant les por-

---

1) La légende de Cardègne a raconté plus haut (*Cronica general*, fol. 357) que le grand soudan de Perse, ayant entendu parler des prouesses du Cid, lui envoya un magnifique présent.

tes de Valence. Dans le camp musulman se trouvait une négresse qui avait deux cents négresses sous ses ordres. Toutes avaient la tête rasée à l'exception de quelques mèches de cheveux au sommet de la tête, car elles accomplissaient un pèlerinage. Leurs armes étaient des arcs turcs. Bucar plaça ces négresses aux avant-postes, tout près du mur. Pendant douze jours, il attaqua la ville. Les compagnons du Cid la défendirent bravement, et pendant cet intervalle, ils préparèrent tout ce que le Cid avait ordonné. Ils placèrent donc son cadavre embaumé sur son fidèle cheval Babiéca, l'y fixèrent au moyen de morceaux de bois ronds, fabriqués par Gil Diaz, chargèrent les mulets de tous les biens meubles qui se trouvaient dans Valence, et le treizième jour, à minuit, ils ouvrirent la porte qui conduisait vers la Castille. Le Cid paraissait vivant; son visage avait de la couleur, ses yeux étaient ouverts, sa barbe était soignée, il se tenait droit sur sa selle, grâce à la machine de Gil Diaz; il portait le bouclier au cou, sur la tête un heaume de parchemin peint (on aurait juré qu'il était de fer), dans la main sa redoutable épée Tizona. D'un côté marchait l'évêque, de l'autre, Gil Diaz. Ils sortirent donc de la ville. Pero Bermudez formait l'avant-garde avec quatre cents chevaliers; ensuite venaient les mulets avec le bagage, suivis de quatre cents chevaliers; le cadavre du Cid, escorté de cent des meilleurs chevaliers, venait à l'arrière-garde; il était suivi de Chimène avec sa suite et de six cents chevaliers. Personne ne parlait et on marchait au pas. Quand le cortége fut sorte de la ville, le soleil s'était déjà levé. Alvar Fañez avait préparé l'attaque. Cent négresses [1] qui n'avaient pas eu le temps de s'armer ni de monter à cheval, furent tuées à l'instant même;

---

1) L'ensemble du récit montre suffisamment qu'on doit lire: *aquellas moras* au lieu de *aquellos moros*.

mais la négresse qui avait le commandement, résista vigoureusement, avec les cent autres, au choc des ennemis. Sachant toutes très-bien manier l'arc, elles causèrent beaucoup de dommage aux Chrétiens ; mais quand celle qui avait le commandement eut été tuée ¹, elles prirent la fuite. Les Chrétiens attaquèrent alors le gros de l'armée musulmane. Les Maures se figurèrent qu'ils étaient attaqués par une armée de soixante mille cavaliers en vêtements plus blancs que la neige, et qu'à leur tête se trouvait un cavalier plus grand que les autres, monté sur un cheval blanc et tenant dans la main gauche un étendard blanc, et dans la main droite, une épée qui paraissait de feu. Epouvantés par ce spectacle étrange, ils prirent la fuite, et tandis que les Chrétiens les poursuivaient, l'arrière-garde de l'armée chrétienne continua sa route vers la Castille. Arrivée dans une plaine, elle fit halte pour attendre le retour du reste de l'armée. Les Chrétiens poursuivirent les Maures à outrance. Ces derniers se jetèrent avec tant de précipitation dans leurs vaisseaux que dix mille d'entre eux se noyèrent ; les autres déployèrent toutes leurs voiles et se sauvèrent. Après avoir pillé le camp ennemi, les Chrétiens rejoignirent leurs compagnons et continuèrent, à petites journées, leur route vers la Castille.

Quand ils furent arrivés à Saint-Pierre de Cardègne, ils

---

1) La légende dit à son sujet (*General*, fol. 362, col. 1) : » L'his» toire dit que cette négresse maniait si habilement l'arc turc, que c'était » une merveille ; et pour cette raison, l'histoire dit qu'on l'appela en » arabe *nugueymat turya*, ce qui veut dire : étoile des arcs de Turquie." Ce passage est assez singulier. Il paraît que le légendaire (on sait que la légende se prétend écrite en arabe) a voulu placer une expression arabe ; malheureusement il ne l'a pas comprise, car نُجَيْمَة الثُّرَيَّا ne signifie pas : *étoile des arcs de Turquie* (ce qui, en tous cas, serait un non-sens), mais bien : *la petite étoile parmi les Pléiades*.

n'enterrèrent pas le Cid. On le plaça sur un siége d'ivoire, à droite de l'autel. La tête reposait sur un coussin de pourpre. Habillé de la même étoffe, le Cid appuyait la main gauche sur son épée Tizona, et de la main droite, il touchait les fils de son manteau. Il était placé sous un dais magnifique, à ses propres armes et à celles de Castille et de Navarre. L'abbé Don Garcia Tellez et Gil Diaz fondèrent un anniversaire. Pendant cette fête ils donnaient de la nourriture et des vêtements à un grand nombre de pauvres.

On célébrait le septième anniversaire: La foule était trop nombreuse pour que l'église pût la contenir, et l'abbé prêchait à découvert sur la place. Beaucoup de juifs et de maures étaient venus assister à cette fête, et un juif était entré dans l'église pour voir le Cid. Il y était seul. » Voilà donc," pensa-t-il, » le cadavre de ce Ruy Diaz le Cid, dont personne n'a » touché la barbe tant qu'il vivait. Je veux lui toucher la barbe » à présent, moi; voyons ce qui arrivera, voyons ce qu'il me » fera!" Il étendit la main. Tout à coup Dieu envoya son esprit dans le Cid. La main droite du cadavre saisit la poignée de Tizona et la tira un palme hors du fourreau. Le juif tomba à la renverse et poussa des cris épouvantables. L'abbé interrompit son prêche ; lui et tous ses auditeurs se précipitèrent dans l'église. Le juif ne criait plus ; il semblait mort. L'abbé jeta les yeux sur le cadavre et s'aperçut que la main droite avait changé de position. Quelques gouttes d'eau ramenèrent le juif à la vie. Il raconta le miracle, se convertit à la foi de Jésus-Christ, reçut dans le baptême le nom de Diégo Gil, et devint le serviteur de Gil Diaz.

Gil Diaz prit le plus grand soin de Babiéca, que personne ne monta après la mort du Cid. Quand cet étalon mourut deux ans et demi après la mort du Campéador, Gil Diaz l'enterra à droite de a porte du couvent, et planta deux ormes sur son tombeau ; » ils sont si grands que c'est une merveille, » ainsi que ceux qui voudront bien se rendre au couvent, pour- » ront le voir." Gil Diaz survécut longtemps à Babiéca, et fut enterré à côté de l'étalon. Avant cette époque, le Cid avait déjà été enterré, car dix années après sa mort, son cadavre commença à tomber en putréfaction.

Le miracle que raconte la légende de Cardègne, ne fut pas le dernier. La bière du Cid fut déplacée à différentes reprises. La dernière fois, en 1541, on l'ouvrit. A côté du cadavre se trouvaient une lance et une épée ; le cadavre lui-même était enveloppé d'un vêtement mauresque. Une odeur suave se répandit aussitôt qu'on ouvrit la bière. Depuis longtemps on avait prié Dieu qu'il daignât donner de la pluie. Quand on déplaça la bière, une pluie abondante arrosa toute la Castille, bien qu'il y eût certains districts où il n'avait encore jamais plu en même temps que dans d'autres. Ce miracle préserva le pays de la famine.

De cette manière le Cid devint de plus en plus un saint pour le peuple. Les soldats se procuraient des petits morceaux du bois de sa bière ; c'étaient de précieuses reliques qui les préservaient contre les périls de la guerre. Il ne manquait au Cid que la canonisation en bonne forme : ce fut Philippe II qui la fit demander au pape par son ambassadeur à Rome. Les événements du temps forcèrent l'ambassadeur espagnol à quitter Rome à l'improviste, et l'affaire n'eut point de suite ; mais il est bien remarquable que ce fut un farouche tyran, que ce fut Philippe II, qui demanda que le Cid fût canonisé ; le Cid qui était plutôt musulman que catholique, qui, même dans sa tombe, portait un vêtement arabe ; le Cid que Philippe aurait fait brûler par ses inquisiteurs comme hérétique, comme sacrilège, s'il avait vécu dans le XVIe siècle ; le Cid qui, pendant si longtemps, avait été l'idole d'un peuple avide de liberté, de cette liberté que Philippe sut si bien étouffer en Espagne.

De tous les personnages qui sont devenus les héros de la poésie populaire, le Cid est le seul dont l'histoire véritable nous soit parfaitement connue, grâce surtout aux écrits de ses ennemis arabes. Nous savons pourquoi il est devenu l'idéal du chevalier castillan. Son histoire dans les poèmes, c'est véritablement l'histoire de la Castille; derrière les inventions des romanceros, il y a des vérités saisissantes; ce que l'on croyait être des mensonges, est vrai et très-vrai : il ne s'agit que de le comprendre. Tout le moyen âge castillan, avec ses luttes politiques, ses passions, ses amours, sa foi naïve, tout ce tableau mouvant se déroule devant nous, quand nous comparons les chansons des jongleurs entre elles et avec l'histoire.

ADDITIONS ET CORRECTIONS.

Page 47, ligne 18. Ibn-Khaldoun, dans son histoire des princes chrétiens de l'Espagne, nous apprend que la mère et tutrice de Bérenger Ier, comte de Barcelone (c'est à-dire, la comtesse Ermesinde, veuve de Raymond Borrell III), fut en guerre avec Yahyá ibn-Mondhir.

Page 62, note 1. Ce Pélage, fils de Bermude le Goutteux, signe aussi comme témoin une charte du cloître de San Lorenzo de l'ère 1017, c'est-à-dire, de l'année 979. Voyez Salazar (*Casa de Silva*, t. I, p. 54) qui renvoie au Ve volume de Yepes (script. 7). Pélage s'y nomme *proles Beremundi Regis*. Je soupçonne que la date de cet acte a été mal lue, car Bermude ne commença à régner que dans l'année 982.

Page 83, l. 11 et 13. Au lieu de *Schantabous*, il faut lire *Schantibaus*. Ce nom semble une altération de *Santiponce* ; comparez la traduction française de la Géographe d'Abou-'l-fedá par M. Reinaud, t. II, 1re partie, p. 237.

Page 116, note 1. D'après Ibno-'l-Abbár (voyez plus haut, p. 174), al-Motacim envoya un régiment de calaverie, commandé par un de ses fils.

Page 121, note 3, ligne antépénultième. Cette observation a besoin d'être modifiée. La substance de ce récit se trouve bien chez al-Makkarí (voyez le texte dans le 15e chapitre de mes *Scriptorum Arabum loci de Abbadidis*), mais M. de Gayangos y a ajouté une foule de circonstances.

Page 128. Les Arabes ont attribué une signification à chacune des lettres de l'alphabet. L'*alf* désigne un homme méprisé et faible ; le *bá*, un libertin, etc. Voyez mon Catalogue des manuscrits orientaux de la Bibliothéque de Leyde (ouvrage sous presse), t. I, p. 21.

Page 136, l. 12. Ceci, en effet, ne se trouve pas chez al-Makkarí ; voyez le 15e chapitre de mes *Script. Arab. loci de Abbadidis*.

Page 149. Comparez p. 630—634.

Page 175, l. 4—6. Ces trois vers se trouvent aussi dans le deuxième livre du *Kaláyid* d'Ibn-Kháçán (chapitre sur Abou-'l-Hasan ibno-'l-Háddj). Au lieu de اشكاه مُخْتَتِرْم مَن, il faut lire, d'après les manuscrits du *Kaláyid*: مَن. أَشْلاء مُخْتَتِرْم. Au lieu de وَاحْوَالْهِم, comme porte le man. d'Ibno-'l-Abbár, il ne faut pas lire أحْوَالْهِم, comme je l'ai fait, mais رَاحُوا لَهُم.

Page 203, l. 19—204, l. 3. Dans le second volume de son *al-Bayáno 'l-mogrib* (p. ٨٢), sous l'année 209, Ibn-Adhárí fait mention d'Oretum, أُورِبِط.

Page 222, l. 10 et 11, et note 4. D'après ma promesse, je dois revenir sur la date de la prise de Coïmbre par Ferdinand, à présent que j'ai à ma disposition le livre portugais de Ribeiro, intitulé: *Dissertações chronologicas e criticas sobre a historia e jurisprudencia ecclesiastica e civil de Portugal, publicadas por ordem da Academia R. das sciencias de Lisboa*. Bien que cet excellent livre n'ait été imprimé à Lisbonne qu'en 1810, il paraît être devenu rare, du moins en Espagne, où l'on n'a pu m'en procurer un exemplaire; mais MM. les bibliothécaires de l'université de Goettingue ont eu la bonté de me prêter celui de leur bibliothèque.

Après avoir lu la longue et consciencieuse dissertation de Ribeiro, je dois avouer que, si j'ai appelé celle de Florez sur le même sujet, » un » vrai modèle de critique historique, que le résultat de Florez soit vrai » ou non," je dois avouer, dis-je, que celle de Ribeiro a droit au même éloge. Ribeiro combat d'abord un à un les arguments de Florez, tout en reconnaissant le mérite du beau travail du savant espagnol; puis il produit des pièces qui étaient inconnues à Florez, et d'où il résulte clairement que Coïmbre fut prise en 1064, et non en 1058. Deux de ces pièces sont surtout décisives. Il est très-certain que le comte Sisnand assista à la prise de Coïmbre, et qu'il resta dans cette ville en qualité de gouverneur. Or Ribeiro a trouvé dans le *Livro Preto* de la cathédrale de Coïmbre elle-même, deux donations de ce comte Sisnand, l'une de l'année 1080, l'autre de l'année 1086. Dans toutes les deux il dit formellement que Coïmbre fut prise par Ferdinand dans l'ère 1102, c'est-à-dire, dans l'année 1064.

Page 227, dernier alinéa — page 228, l. 4. J'ai à me reprocher de n'avoir pas eu présent à ma mémoire un passage du *Kitábo 'l-iktifá*, qui avait été traduit par M. de Gayangos, et dont j'ai depuis publié le texte dans mes *Script. Arab. loci de Abbadidis* (t. II, p. 17). De ce passage, ainsi que du témoignage de la chronique arabe-valencienne, traduite dans la *Cronica general* (fol. 309, col. 3 et 4), et de celui de Roderich de Tolède (VI, 23), il résulte ce qui suit.

Une émeute ayant éclaté à Tolède pendant la nuit, et plusieurs maisons ayant été pillées, al-Kádir pria Alfonse de lui envoyer une armée chrétienne, à l'aide de laquelle il pût contenir ses sujets. Alfonse se montra disposé à lui accorder sa demande, mais il exigea une forte somme d'argent. Al-Kádir ne se trouvant pas en mesure de la lui donner, rassembla les principaux citoyens, et leur jura que, s'ils ne lui procuraient cette somme à l'instant même, il livrerait leurs parents et leurs fils comme otages à Alfonse. Comme tous gardaient un profond silence, Abou-Schodjá ibn-Labboun (1) prit la parole. » Par vos propres paroles," dit-il, » vous » avez abdiqué la couronne; et si vous demeurez ferme dans votre senti- » ment, si vous persistez dans votre résolution, vous verrez ce qui s'en- » suivra." Les Tolétans prièrent alors secrètement al-Motawakkil de Badajoz de se rendre dans leur ville. Ayant éventé ce complot, al-Kádir s'enfuit de Tolède pendant la nuit, et se rendit à Huete; mais Ibn-Wahb, le gouverneur de cette forteresse, refusa de lui prêter asile. Cependant al-Motawakkil était entré dans Tolède, et il ne restait à al-Kádir d'autre parti à prendre que d'implorer le secours d'Alfonse. Celui-ci exigea qu'al-Kádir lui cédât les contributions de Tolède, ainsi que deux forteresses. Quand al-Kádir eut accepté ces conditions, Alfonse alla mettre le siège devant Tolède. Al-Motawakkil prit bientôt la fuite, Tolède se rendit, et al-Kádir remonta sur le trône.

Page 250, l. 1 et 2. Je sais bien que l'année où Hugues Capet mourut, est controversée, et que l'on fixe cette mort soit à l'année 996, soit à l'année 997, soit à l'année 998. Baluze, l'éditeur des pièces qui se trouvent à la suite de la *Marca Hispanica*, s'est déclaré pour l'année 997, qu'il compte pour la première du règne de Robert. Mais pour les titres de la Catalogne, ce calcul est erroné; pour les notaires de ce pays,

---

1) Voyez sur ce personnage, la page 522, ci-dessus.

Robert commença à régner le 24 octobre de l'année 996 ; voyez Villanueva, *Viage literario á las iglesias de España*, t. VII, p. 212 et une foule de chartes chez M. Bofarull.

Page 250, l. 6 — p. 251, l. 10. Un titre latin dans les archives de l'église de Vich, du 16 décembre 1010 (*apud* Villanueva, t. VI, p. 171 et suiv.), fixe aussi l'*ultimum praelium*, c'est-à-dire, la bataille du Guadiaro, au 21 juin 1010, de même qu'an-Nowairí. Il résulte d'ailleurs du testament d'Arnolphe, évêque de Vich (ce testament a été publié par Villanueva, t. VI, p. 285—287), que les Catalans étaient déjà de retour dans leur patrie le 29 juillet. C'est ce qui s'accorde parfaitement avec le témoignage d'an-Nowairí, d'après lequel ils quittèrent Cordoue le 8 juillet ; mais cette pièce prouve qu'il est impossible que la bataille du Guadiaro ait eu lieu le 1er septembre 1010. Du reste, je vois par le livre de Villanueva (VI, p. 175, dans la note) que la pièce en vers latins sur Otton, évêque de Gironne (le seul document sur lequel se soient fondés Marca, M. Romey et tous ceux qui fixent la bataille du Guadiaro au 1er septembre) n'est pas une épitaphe, comme on l'a prétendu. Ces vers latins se trouvent sur une tablette suspendue à côté du tombeau. Il y a bien une épitaphe véritable sur la pierre sépulcrale ; mais le texte qu'offre celle-ci, est tout à fait différent de celui qui se trouve sur la tablette. Dans l'épitaphe, il est tout de suite question d'une bataille contre les Maures et de l'année *mille decem*. Villanueva croyait en 1821 qu'avec le temps on parviendrait à déchiffrer cette inscription dans son entier. J'ignore si l'on y a réussi.

Il est donc probable que la tablette est trop moderne pour qu'elle puisse être de quelque poids dans cette question ; c'est ce qu'observe aussi Villanueva. Du reste, j'ai la satisfaction de voir que ce savant (dont je n'avais pas encore le livre à ma disposition lorsque j'écrivis ce mémoire) est parfaitement d'accord avec moi. » Les seuls faits, " ai-je dit, » qui « résultent de ces vers, sont qu'Otton — fut tué par les Infidèles le 1er » septembre 1010 ; mais je ne vois point comment il pourrait en résulter » que la bataille du Guadiaro eut lieu à cette époque." Villanueva dit de même : » en la misma letra del epitafio, aunque hallo que el obispo » Oton murió dia 1°. de Setiembre ; mas no hallo que la batalla fuese « ese dia."

Page 284, note 2. Comparez p 514, note 1 à la fin.

Page 286, note 1. Dans le second volume du *Bayáno l-mogrib* (événements de l'année 230), il est aussi question de cet endroit. On y lit deux fois طَلْيَاطَة, « village (قَرْيَة) à deux lieues de Séville." Les Normands y essuyèrent une déroute, sous le règne d'Abdorrahmán II. Voyez aussi l'article de M. Defrémery sur l'Histoire de Don Pèdre Ier, par M. Prosper Mérimée, dans le *Constitutionnel* du 6 février 1849.

Page 358, note 2. Comparez p. 592, note 1 à la fin.

Page 510, l. 12—16. » Il avait caché dans sa ceinture un collier, » composé de pierres précieuses, et qui avait appartenu à Zobaïdah, la » célèbre épouse de Hároun ar-Raschíd; plus tard il avait passé dans les » mains des Omaïyades d'Espagne." J'ai négligé, je ne sais comment, de faire remarquer que ce renseignement est une nouvelle preuve de l'authenticité et de l'origine arabe du récit que donne la *Cronica general*. En effet, on lit dans le second volume du *Bayáno l-mogrib* : » Pendant » le règne d'Abdorrahmán II, il entra en Espagne des tapis précieux et des » objets fort rares, qu'on apporta de Bagdád et d'autres endroits. Lors- » que Mohammed al-Amín, fils de Hároun ar-Raschíd, eut été tué [dans » l'année 813] et que ses richesses furent mises au pillage, tous ses bijoux » et tous ses meubles précieux furent apportés en Espagne, et l'on remit à » Abdorrahmán le collier connu sous le nom de *collier de lentilles d'eau* (عَقْد الشَّبَا); on l'appelait ainsi, à ce qu'il semble, parce qu'il se com- posait de petites pierres vertes et rondes, de petites émeraudes), » qui » avait appartenu à Zobaïdah Omm-Djafar [la mère de Djafar]."

Page 621, l. 3—5. Ces vers sur Otton, évêque de Gironne, sont probablement de beaucoup postérieurs à l'année 1010; voyez la page qui précède.

TABLE DES MATIÈRES

DU PREMIER VOLUME.

                                                    Pages

LETTRE à MM. REINAUD ET DEFRÉMERY, SERVANT DE PRÉFACE.   III

RECHERCHES SUR LES TODJIBIDES D'ARAGON, LES BENOU-HÂSCHIM, ROIS DE SARAGOSSE, ET LES BENOU-ÇOMÂDIH, ROIS D'ALMÉRIE.   1

QUELQUES REMARQUES SUR L'HISTOIRE DE MURCIE PENDANT LA PREMIÈRE MOITIÉ DU CINQUIÈME SIÈCLE DE L'HÉGIRE.   140

VARIA.   145

EXAMEN DE L'OUVRAGE DE M. HOOGVLIET, SUR L'HISTOIRE DES AFTASIDES ET SUR LA VIE DU POÈTE IBN-ABDOUN. (PREMIER ARTICLE.)   151

LES HISTORIENS ARABES ET LES NUMISMATES EUROPÉENS.   238

UN RELIEUR MALADROIT ET LES HISTORIENS DE L'ESPAGNE.   269

NOTICE SUR LES BECRITES, SEIGNEURS D'HUELVA ET DE DJEZÍRAH SCHALTÍSCH, ET SUR LA VIE ET LES OUVRAGES DU CÉLÈBRE GÉOGRAPHE ABOU-OBAID AL-BECRÍ.   282

HISTOIRE DE VALENCE DEPUIS 1061 JUSQU'À 1084.   308

LE CID. TEXTES ET RÉSULTATS NOUVEAUX.   320

ADDITIONS ET CORRECTIONS.   707

FAUTES A CORRIGER.

Page.	Ligne.		*Lisez*	
94.	7 de la 2ᵉ note.	Et	—	En
101.	3.	d'alA-kik	—	d'al-Akik
101.	15.	fidèle,	—	fidèle ;
200.	1 de la note.	عوذ	—	هوذ
205.	6.	peut-être	—	peut être
234.	1.	dont	—	donc
311.	1 des notes.	I,	—	II,
357.	9.	ton	—	ta
380.	15.	*destroyid*	—	*destroyed*
406.	8.	on	—	ou
435.	pénultième des notes.	touours	—	toujours

www.ingramcontent.com/pod-product-compliance
Lightning Source LLC
Chambersburg PA
CBHW071705300426
44115CB00010B/1310